2024
中国 500 强企业发展报告

中国企业联合会
中国企业家协会 编

企业管理出版社
ENTERPRISE MANAGEMENT PUBLISHING HOUSE

图书在版编目（CIP）数据

2024 中国 500 强企业发展报告 / 中国企业联合会，中国企业家协会编. -- 北京：企业管理出版社，2024.9.

ISBN 978-7-5164-3122-1

Ⅰ．F279.2

中国国家版本馆 CIP 数据核字第 2024HE8816 号

书　名：	2024 中国 500 强企业发展报告
书　号：	ISBN 978-7-5164-3122-1
作　者：	中国企业联合会　中国企业家协会
责任编辑：	尤　颖　田　天　徐金凤　宋可力　黄　爽
出版发行：	企业管理出版社
经　销：	新华书店
地　址：	北京市海淀区紫竹院南路 17 号　　邮　编：100048
网　址：	http://www.emph.cn　　电子信箱：emph001@163.com
电　话：	编辑部（010）68701638　　发行部（010）68414644　68417763
印　刷：	北京联兴盛业印刷股份有限公司
版　次：	2024 年 9 月第 1 版
印　次：	2024 年 9 月第 1 次印刷
开　本：	880mm×1230mm　　1/16
印　张：	36.5
字　数：	905 千字
定　价：	300.00 元

版权所有　翻印必究·印装有误　负责调换

2024 中国 500 强企业发展报告

主　编：王忠禹

副主编：朱宏任　王基铭　李建明

目　录

第一章　2024中国企业500强分析报告 1
- 一、2024中国企业500强的规模特征 1
- 二、2024中国企业500强的效益特征 5
- 三、2024中国企业500强的所有制格局和发展特征 10
- 四、2024中国企业500强的行业特征 12
- 五、2024中国企业500强的总部地区分布特征 22
- 六、2024中国企业500强的创新特征 24
- 七、2024中国企业500强的国际化特征 30
- 八、2024中国企业500强的兼并重组活动 32
- 九、2024中国企业500强的其他相关分析 35
- 十、当前中国大企业发展迎来新环境 39
- 十一、促进中国大企业提质增效发展的对策建议 42

第二章　2024中国制造业企业500强分析报告 47
- 一、2024中国制造业企业500强规模特征分析 47
- 二、2024中国制造业企业500强利税状况分析 51
- 三、2024中国制造业企业500强创新投入与产出分析 55
- 四、2024中国制造业企业500强所有制比较分析 58
- 五、2024中国制造业企业500强行业指标比较分析 62
- 六、2024中国制造业企业500强区域分布特征分析 65
- 七、2024中国制造业企业500强国际化经营分析 68
- 八、现阶段中国制造业企业发展面临形势分析 72
- 九、新形势下促进制造业大企业高质量发展的建议 76

第三章　2024 中国服务业企业 500 强分析报告 ············ 81

一、2024 中国服务业企业 500 强规模特征分析 ············ 82
二、2024 中国服务业企业 500 强的经济效益情况分析 ············ 85
三、2024 中国服务业企业 500 强的行业分布情况分析 ············ 88
四、2024 中国服务业企业 500 强地域分布情况分析 ············ 94
五、2024 中国服务业企业 500 强所有制分布情况分析 ············ 95
六、2024 中国服务业企业 500 强国际化情况分析 ············ 98
七、当前服务业大企业高质量发展面临的主要机遇和挑战 ············ 100
八、促进更多服务业大企业建设世界一流的主要建议 ············ 103

第四章　2024 中国跨国公司 100 大及跨国指数分析报告 ············ 106

一、我国企业国际化取得积极进展 ············ 106
二、2024 中国跨国公司 100 大及跨国指数 ············ 107
三、2024 世界跨国公司 100 大及跨国指数 ············ 122
四、我国跨国公司国际化程度还不高 ············ 126
五、不断提高企业国际化经营水平 ············ 127

第五章　2024 中国大企业创新 100 强分析报告 ············ 132

一、2024 中国大企业创新 100 强评价指标、方法和结果 ············ 132
二、2024 中国大企业创新 100 强主要分析结论 ············ 137
三、加快提高企业创新能力的建议 ············ 142

第六章　2024 中国战略性新兴产业领军企业 100 强分析报告 ············ 148

一、2024 中国战略性新兴产业领军企业 100 强基本情况 ············ 149
二、战略性新兴业务对企业经营发展的贡献分析 ············ 161
三、我国企业发展战新业务面临的挑战与机遇 ············ 164
四、促进我国战略性新兴产业相关企业发展的建议 ············ 167

第七章　2024 中外 500 强企业对比分析报告 ············ 169

一、2024 世界 500 强最新格局及中外上榜企业发展对比 ············ 169
二、2024 世界、美国、中国 500 强总体发展态势比较 ············ 188
三、加快建设具有行业领先优势的世界一流企业 ············ 209

第八章 2024中国500强与世界500强行业领先企业主要经济指标对比 ······ 212

 表8-1 2024中国500强与世界500强财产与意外保险（股份）业领先企业对比 ············ 213

 表8-2 2024中国500强与世界500强采矿、原油生产业领先企业对比 ················· 213

 表8-3 2024中国500强与世界500强车辆与零部件业领先企业对比 ················· 213

 表8-4 2024中国500强与世界500强船务业领先企业对比 ···························· 214

 表8-5 2024中国500强与世界500强电信业领先企业对比 ···························· 214

 表8-6 2024中国500强与世界500强电子、电气设备业领先企业对比 ············· 214

 表8-7 2024中国500强与世界500强多元化金融业领先企业对比 ················· 215

 表8-8 2024中国500强与世界500强工程与建筑业领先企业对比 ················· 215

 表8-9 2024中国500强与世界500强工业机械业领先企业对比 ···················· 215

 表8-10 2024中国500强与世界500强公用设施业领先企业对比 ·················· 216

 表8-11 2024中国500强与世界500强航天与防务业领先企业对比 ··············· 216

 表8-12 2024中国500强与世界500强互联网服务和零售业领先企业对比 ······· 216

 表8-13 2024中国500强与世界500强化学品业领先企业对比 ····················· 217

 表8-14 2024中国500强与世界500强计算机、办公设备业领先企业对比 ······· 217

 表8-15 2024中国500强与世界500强建材、玻璃业领先企业对比 ··············· 217

 表8-16 2024中国500强与世界500强金属产品业领先企业对比 ·················· 218

 表8-17 2024中国500强与世界500强炼油业领先企业对比 ······················· 218

 表8-18 2024中国500强与世界500强贸易业领先企业对比 ······················· 218

 表8-19 2024中国500强与世界500强能源业领先企业对比 ······················· 219

 表8-20 2024中国500强与世界500强保健品批发业领先企业对比 ··············· 219

 表8-21 2024中国500强与世界500强人寿与健康保险（股份）业领先企业对比 ··· 219

 表8-22 2024中国500强与世界500强人寿与健康保险（互助）业领先企业对比 ··· 220

 表8-23 2024中国500强与世界500强食品生产业领先企业对比 ·················· 220

 表8-24 2024中国500强与世界500强网络、通信设备业领先企业对比 ········· 220

 表8-25 2024中国500强与世界500强商业银行储蓄业领先企业对比 ············ 221

 表8-26 2024中国500强与世界500强邮件、包裹及货物包装运输业领先企业对比 ······· 221

 表8-27 2024中国500强与世界500强制药业领先企业对比 ······················· 221

第九章 2024中国企业500强 ··· 222

 表9-1 2024中国企业500强 ·· 223

 表9-2 2024中国企业500强重新上榜和新上榜名单 ··· 238

 表9-3 2024中国企业500强各行业企业分布 ··· 240

 表9-4 2024中国企业500强各地区分布 ··· 250

  表 9-5　2024 中国企业 500 强净利润排序前 100 名企业 ………………………………… 259
  表 9-6　2024 中国企业 500 强资产排序前 100 名企业 …………………………………… 260
  表 9-7　2024 中国企业 500 强从业人数排序前 100 名企业 ……………………………… 261
  表 9-8　2024 中国企业 500 强研发费用排序前 100 名企业 ……………………………… 262
  表 9-9　2024 中国企业 500 强研发强度排序前 100 名企业 ……………………………… 263
  表 9-10　2024 中国企业 500 强净资产利润率排序前 100 名企业 ……………………… 264
  表 9-11　2024 中国企业 500 强资产利润率排序前 100 名企业 ………………………… 265
  表 9-12　2024 中国企业 500 强收入利润率排序前 100 名企业 ………………………… 266
  表 9-13　2024 中国企业 500 强人均营业收入排序前 100 名企业 ……………………… 267
  表 9-14　2024 中国企业 500 强人均净利润排序前 100 名企业 ………………………… 268
  表 9-15　2024 中国企业 500 强人均资产排序前 100 名企业 …………………………… 269
  表 9-16　2024 中国企业 500 强收入增长率排序前 100 名企业 ………………………… 270
  表 9-17　2024 中国企业 500 强净利润增长率排序前 100 名企业 ……………………… 271
  表 9-18　2024 中国企业 500 强资产增长率排序前 100 名企业 ………………………… 272
  表 9-19　2024 中国企业 500 强研发费用增长率排序前 100 名企业 …………………… 273

第十章　2024 中国制造业企业 500 强 …………………………………………………… 274

  表 10-1　2024 中国制造业企业 500 强 …………………………………………………… 275
  表 10-2　2024 中国制造业企业 500 强各行业企业分布 ………………………………… 290
  表 10-3　2024 中国制造业企业 500 强各地区分布 ……………………………………… 299
  表 10-4　2024 中国制造业企业 500 强净利润排序前 100 名企业 ……………………… 308
  表 10-5　2024 中国制造业企业 500 强资产排序前 100 名企业 ………………………… 309
  表 10-6　2024 中国制造业企业 500 强从业人数排序前 100 名企业 …………………… 310
  表 10-7　2024 中国制造业企业 500 强研发费用排序前 100 名企业 …………………… 311
  表 10-8　2024 中国制造业企业 500 强研发强度排序前 100 名企业 …………………… 312
  表 10-9　2024 中国制造业企业 500 强净资产利润率排序前 100 名企业 ……………… 313
  表 10-10　2024 中国制造业企业 500 强资产利润率排序前 100 名企业 ……………… 314
  表 10-11　2024 中国制造业企业 500 强收入利润率排序前 100 名企业 ……………… 315
  表 10-12　2024 中国制造业企业 500 强人均营业收入排序前 100 名企业 …………… 316
  表 10-13　2024 中国制造业企业 500 强人均净利润排序前 100 名企业 ……………… 317
  表 10-14　2024 中国制造业企业 500 强人均资产排序前 100 名企业 ………………… 318
  表 10-15　2024 中国制造业企业 500 强收入增长率排序前 100 名企业 ……………… 319
  表 10-16　2024 中国制造业企业 500 强净利润增长率排序前 100 名企业 …………… 320
  表 10-17　2024 中国制造业企业 500 强资产增长率排序前 100 名企业 ……………… 321

表10-18	2024中国制造业企业500强研发费用增长率排序前100名企业	322
表10-19	2024中国制造业企业500强行业平均净利润	323
表10-20	2024中国制造业企业500强行业平均营业收入	324
表10-21	2024中国制造业企业500强行业平均资产	325
表10-22	2024中国制造业企业500强行业平均纳税总额	326
表10-23	2024中国制造业企业500强行业平均研发费用	327
表10-24	2024中国制造业企业500强行业人均净利润	328
表10-25	2024中国制造业企业500强行业人均营业收入	329
表10-26	2024中国制造业企业500强行业人均资产	330
表10-27	2024中国制造业企业500强行业人均纳税额	331
表10-28	2024中国制造业企业500强行业人均研发费用	332
表10-29	2024中国制造业企业500强行业平均资产利润率	333

第十一章 2024中国服务业企业500强 ······ 334

表11-1	2024中国服务业企业500强	335
表11-2	2024中国服务业企业500强各行业企业分布	351
表11-3	2024中国服务业企业500强各地区分布	361
表11-4	2024中国服务业企业500强净利润排序前100名企业	370
表11-5	2024中国服务业企业500强资产排序前100名企业	371
表11-6	2024中国服务业企业500强从业人数排序前100名企业	372
表11-7	2024中国服务业企业500强研发费用排序前100名企业	373
表11-8	2024中国服务业企业500强研发强度排序前100名企业	374
表11-9	2024中国服务业企业500强净资产利润率排序前100名企业	375
表11-10	2024中国服务业企业500强资产利润率排序前100名企业	376
表11-11	2024中国服务业企业500强收入利润率排序前100名企业	377
表11-12	2024中国服务业企业500强人均营业收入排序前100名企业	378
表11-13	2024中国服务业企业500强人均净利润排序前100名企业	379
表11-14	2024中国服务业企业500强人均资产排序前100名企业	380
表11-15	2024中国服务业企业500强收入增长率排序前100名企业	381
表11-16	2024中国服务业企业500强净利润增长率排序前100名企业	382
表11-17	2024中国服务业企业500强资产增长率排序前100名企业	383
表11-18	2024中国服务业企业500强研发费用增长率排序前100名企业	384
表11-19	2024中国服务业企业500强行业平均净利润	385
表11-20	2024中国服务业企业500强行业平均营业收入	386

表 11-21　2024 中国服务业企业 500 强行业平均资产 ……………………………………… 387
表 11-22　2024 中国服务业企业 500 强行业平均纳税总额 …………………………………… 388
表 11-23　2024 中国服务业企业 500 强行业平均研发费用 …………………………………… 389
表 11-24　2024 中国服务业企业 500 强行业人均净利润 ……………………………………… 390
表 11-25　2024 中国服务业企业 500 强行业人均营业收入 …………………………………… 391
表 11-26　2024 中国服务业企业 500 强行业人均资产 ………………………………………… 392
表 11-27　2024 中国服务业企业 500 强行业人均纳税总额 …………………………………… 393
表 11-28　2024 中国服务业企业 500 强行业人均研发费用 …………………………………… 394
表 11-29　2024 中国服务业企业 500 强行业平均资产利润率 ………………………………… 395

第十二章　2024 中国企业 1000 家　396
表 12-1　2024 中国企业 1000 家第 501 名至 1000 名名单 …………………………………… 397

第十三章　2024 中国部分地区企业 100 强数据 ……………………………………………… 412
表 13-1　2024 天津市企业 100 强 ……………………………………………………………… 413
表 13-2　2024 上海市企业 100 强 ……………………………………………………………… 414
表 13-3　2024 重庆市企业 100 强 ……………………………………………………………… 415
表 13-4　2024 山东省企业 100 强 ……………………………………………………………… 416
表 13-5　2024 浙江省企业 100 强 ……………………………………………………………… 417
表 13-6　2024 江苏省企业 100 强 ……………………………………………………………… 418
表 13-7　2024 湖南省企业 100 强 ……………………………………………………………… 419
表 13-8　2024 广东省企业 100 强 ……………………………………………………………… 420
表 13-9　2024 四川省企业 100 强 ……………………………………………………………… 421

第十四章　2024 世界企业 500 强 ……………………………………………………………… 422
表 14-1　2024 世界企业 500 强 ………………………………………………………………… 423

第十五章　中国 500 强企业按照行业分类名单 ………………………………………………… 440
表 15-1　中国 500 强企业按照行业分类 ………………………………………………………… 441

后　记 ……………………………………………………………………………………………… 479

The Development Report on 2024 China Top 500 Enterprises
Contents

Chapter I : Analysis of 2024 China Top 500 Enterprises

    Scale Features of 2024 China Top 500 Enterprises
    Performance Features of 2024 China Top 500 Enterprises
    Ownership and Development Features of 2024 China Top 500 Enterprises
    Industry Characteristics of 2024 China Top 500 Enterprises
    Regional Distribution of Headquarters of 2024 China Top 500 Enterprises
    Innovative Features of 2024 China Top 500 Enterprises
    Internationalization Features of 2024 China Top 500 Enterprises
    Mergers and Acquisitions of 2024 China Top 500 Enterprises
    Other Relevant Analysis of 2024 China Top 500 Enterprises
    The Development of Chinese Large Enterprises has Ushered in a New Environment
    Suggestions for Improving the Quality and Efficiency of Chinese Large Enterprises

Chapter II : Analysis of 2024 China Top 500 Manufacturing Enterprises

    Scale Features of 2024 China Top 500 Manufacturing Enterprises
    Analysis of Profit and Tax of 2024 China Top 500 Manufacturing Enterprises
    Analysis of Innovative Input and Output of 2024 China Top 500 Manufacturing Enterprises
    Comparative Analysis of Ownership Features of 2024 China Top 500 Manufacturing Enterprises
    Comparative Analysis of Industry Indexes of 2024 China Top 500 Manufacturing Enterprises
    Regional Distribution of 2024 China Top 500 Manufacturing Enterprises
    Internationalization Features of 2024 China Top 500 Manufacturing Enterprises
    Current Situation Facing the Development of Chinese Manufacturing Enterprises

Suggestions for Promoting High – Quality Development of Chinese Large Manufacturing Enterprises Under New Conditions

Chapter Ⅲ: Analysis of 2024 China Top 500 Service Enterprises

Scale Features of 2024 China Top 500 Service Enterprises
Performance Features of 2024 China Top 500 Service Enterprises
Industry Distribution of 2024 China Top 500 Service Enterprises
Regional Distribution Features of 2024 China Top 500 Service Enterprises
Ownership Features of 2024 China Top 500 Service Enterprises
Internationalization Features of 2024 China Top 500 Service Enterprises
Major Opportunities and Challenges Facing the High – Quality Development of Service Enterprises at present
Major Suggestions for Building World – Class Level for Large Service Enterprises

Chapter Ⅳ: Analysis of 2024 China Top 100 Transnational Enterprises and Their Transnationality Index

Internationalization of China's Enterprises Have Made Positive Progress
2024 China Top 100 Transnational Enterprises and Their Transnationality Index
2024 World Top 100 Transnational Enterprises and Their Transnationality Index
The Degree of Internationalization of Chinese Transnational Enterprises is Not High
Continuously Improving the Level of Enterprise Internationalization Management

Chapter Ⅴ: Analysis of 2024 China Top 100 Innovative Enterprises

Index, Approach and Outcome of Evaluation of 2024 China Top 100 Innovative Enterprises
Key Findings of the 2024 China Top 100 Innovative Enterprises
Recommendations for Accelerating the Improvement of Enterprise Innovation Capacity

Chapter Ⅵ: Analysis of 2024 China Top 100 Enterprises in Strategic Emerging Sector

Basic Information of 2024 China Top 100 Champion Enterprises in Strategic Emerging Sector
Contribution of Strategic Emerging Businesses to the Business Development of Enter-

prises

Opportunities and Challenges for Chinese Enterprises to Develop Strategic Emerging Sector

Suggestions on Promoting Large Enterprises to Develop Strategic Emerging Sector

Chapter VII: Comparative Analysis of Domestic and Foreign Top 500 Enterprises

New Pattern of 2024 World Top 500 Enterprises and Comparison of Chinese and Foreign Shortlisted Enterprises

Comparison of the Overall Development Trend of the Top 500 Enterprises in China, America and the World

Accelerating the Construction of World-Class Enterprises with Industry Leading Advantage

Chapter VIII: Comparison of Major Economic Indicators of Sectoral Leading Enterprises Between Global Top 500 and China Top 500 in 2024

Chapter IX: Data of 2024 China Top 500 Enterprises

Chapter X: Data of 2024 China Top 500 Manufacturing Enterprises

Chapter XI: Data of 2024 China Top 500 Service Enterprises

Chapter XII: Data of 2024 China Top 1000 Enterprises

Chapter XIII: Data of 2024 China Top 100 Regional Enterprises

Chapter XIV: Data of 2024 World Top 500 Enterprises

Chapter XV: Data of 2024 China Top 500 Enterprises by Industry

Postscript

第一章
2024 中国企业 500 强分析报告

2024 中国企业 500 强由中国企业联合会、中国企业家协会连续第 23 年向社会公开发布。2023 年是全面贯彻党的二十大精神的开局之年，是在党的领导下以中国式现代化擘画发展新蓝图的起始之年，也是新冠疫情后经济恢复发展之年。国际环境复杂严峻，国内改革发展任务艰巨，在以习近平同志为核心的党中央坚强领导下，各地区各部门全面贯彻新发展理念，加快构建新发展格局，着力推动高质量发展。全年经济运行波浪式发展、曲折式前进，经济社会发展的主要预期目标基本实现。2023 年，国内生产总值 126.06 万亿元，同比增长 5.2%。2024 年以来，中国经济形势整体呈现出积极发展态势，经济运行的稳定性、协调性增强，市场活力增强，企业信心持续提升，但同时也面临一些挑战和需要解决的问题，不确定因素显著增多。党的二十届三中全会提出了"加快建设世界一流企业"的目标任务，作为经济发展的顶梁柱，中国大企业应正视发展所面临的问题与挑战，坚持以全面深化改革破解发展难题，加快塑造发展新动能新优势，提升核心竞争力，努力在中国式现代化建设中发挥更大作用，实现更好发展。

一、2024 中国企业 500 强的规模特征

2024 中国企业 500 强营业收入小幅增加，迈上了 110 万亿元大关。500 强企业营业收入相对全国 GDP 的比重略有下降。入围门槛保持提升态势，增长至 473.81 亿元，保持着榜单首次发布以来的 22 连升。500 强企业资产中低速增长，总额为 428.86 万亿元。千亿俱乐部成员首次缩容，企业数量减少 1 家；千亿企业占全部 500 强营业收入的比重相应下降，企业平均营业收入小幅增长。2024 中国企业 500 强的员工数量回落，对社会总就业的贡献有所下降。

1. 入围门槛小幅提升，门槛增幅继续回落

入围门槛持续保持提升态势。2024 中国企业 500 强的入围门槛为 473.81 亿元，比上年中国企业 500 强入围门槛小幅提高了 3.83 亿元；自 2002 年以来，企业入围门槛一直保持提升态势。从入围门槛增幅看，总体处于波动之中；但近年来的门槛增幅呈持续下降态势，2024 中国企业 500 强入围门槛增幅更是大幅缩减到不足 4 亿元。详见图 1-1。

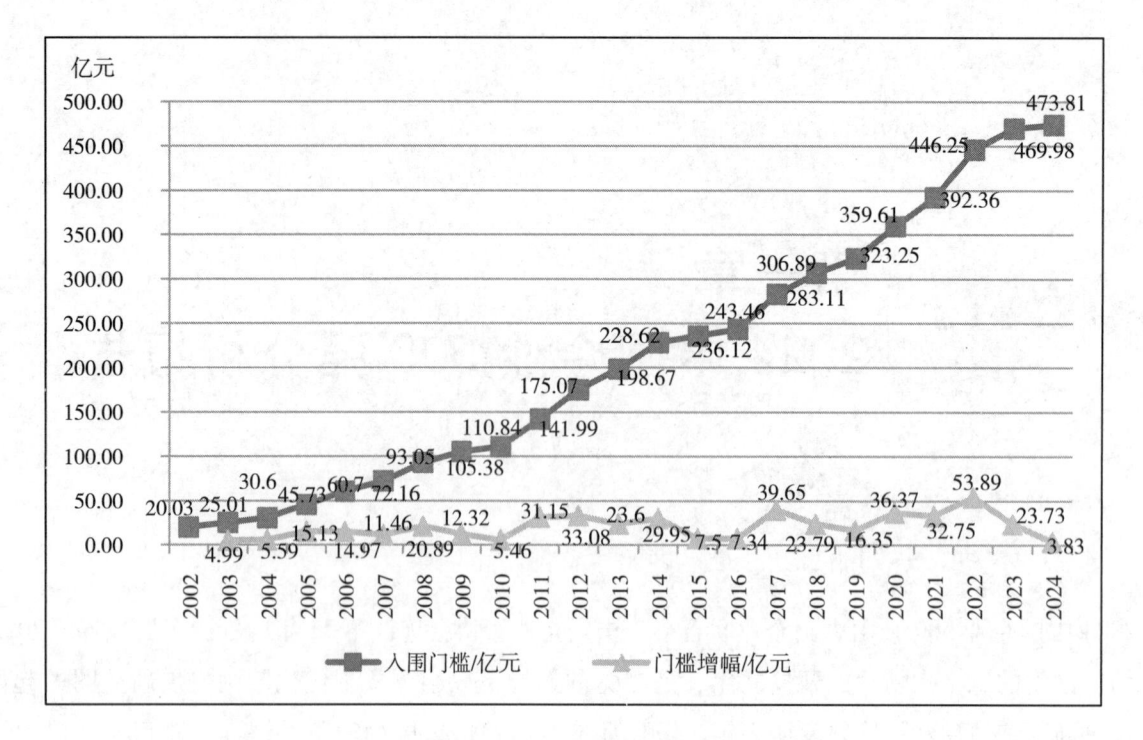

图 1-1　中国企业 500 强入围门槛及其变动趋势

2. 营业收入再上新台阶，营业收入相对 GDP 比重连续两年下降

中国企业 500 强营业收入总额稳定增长，总额再次迈上新台阶。2024 中国企业 500 强共实现营业收入 110.07 万亿元，突破了 110 万亿元大关；与上年 500 强相比，营业收入增加了 1.71 万亿元，增长 1.58%；但本身同口径相比，营业收入增加了 4.05 万亿元，增速为 3.82%。详见图 1-2。

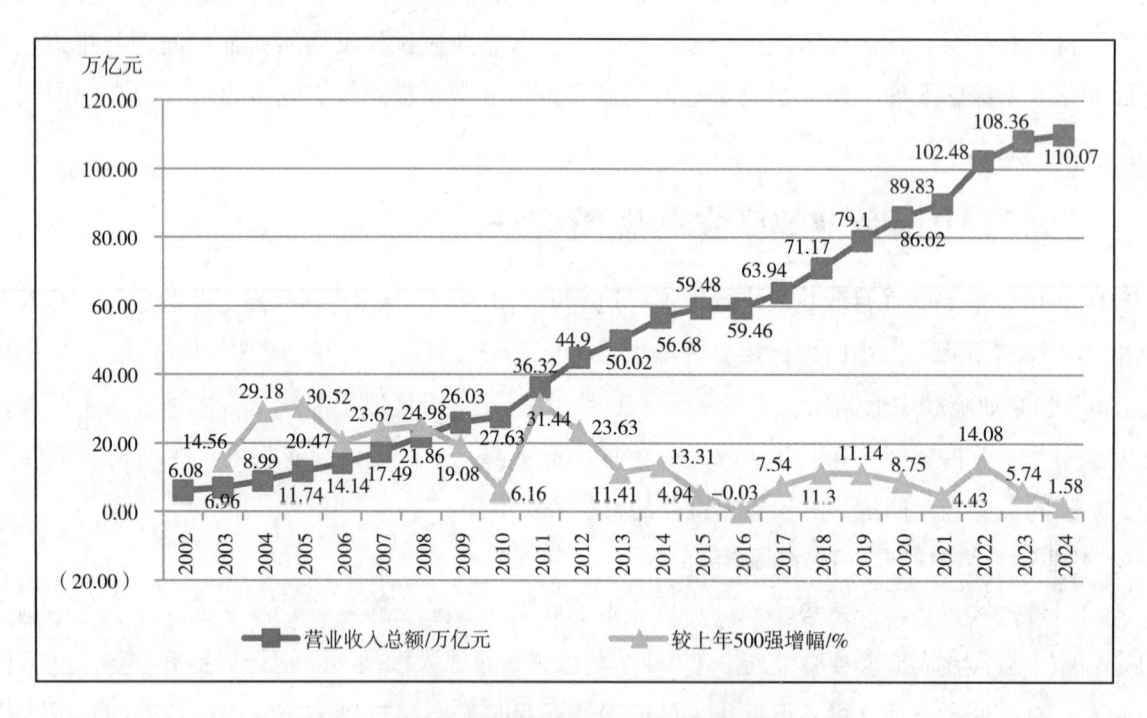

图 1-2　中国企业 500 强营业收入总额与增速变化趋势

中国企业 500 强对经济增长的贡献连续下降。2024 中国企业 500 强营业收入总额，相当于 2023

年全国GDP总额126.06万亿元的87.32%，与上年500强相比，下降了2.22个百分点。总体上看，中国企业500强营业收入总额与当年全国GDP总额的相对比值，经历了6年的波动提升后，迎来了新一轮的持续下降。详见图1-3。这也在一定程度上反映了创新创业与中小微企业发展状况的改善和对经济增长重要性的提升。

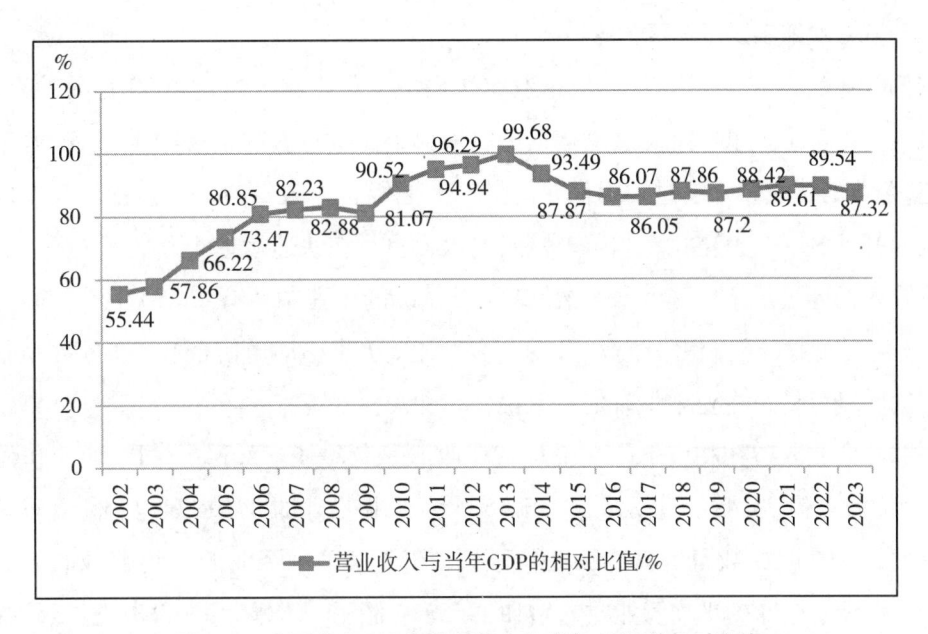

图1-3 中国企业500强营业收入与当年GDP的相对比值

3. 资产总额保持中速增长，净资产增速快于资产增速

资产总额保持中低速增长。2024中国企业500强资产总额为428.86万亿元，比上年500强资产总额增加了29.09万亿元，增长了7.28%，资产总额增速较上年下降了0.03个百分点，增速继续保持在中速增长区间。中国企业500强资产总额增速已经连续3年呈下降走势。详见图1-4。总体上看，500强企业资产总额增速近年来维持波动下降态势。

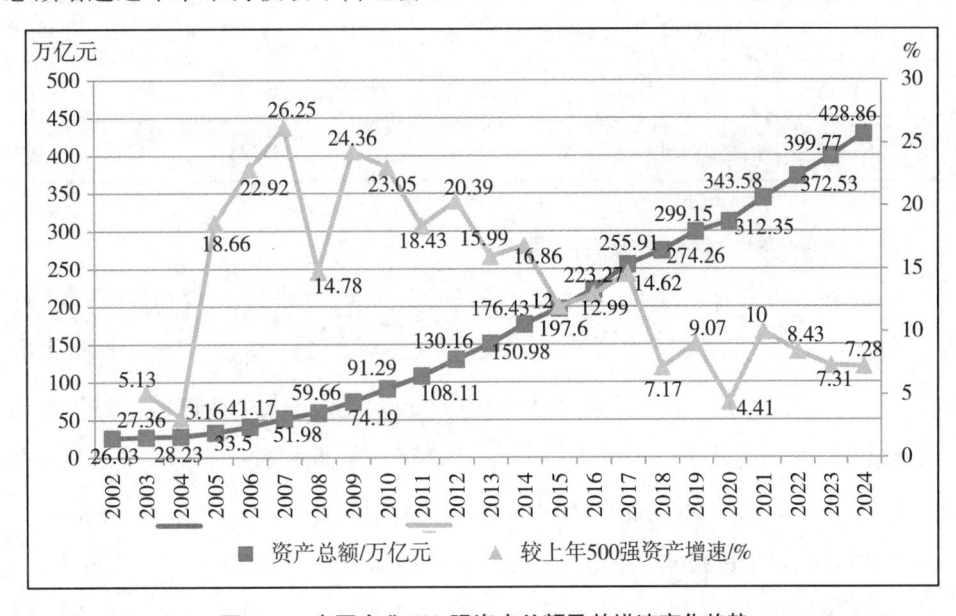

图1-4 中国企业500强资产总额及其增速变化趋势

净资产与归属母公司股东净资产均保持增长，净资产增速快于资产总额增速。2024中国企业500强的净资产总额为77.15万亿元，比上年500强的净资产总额增加了12.81万亿元，增速为19.91%，比资产总额增速快12.63个百分点；其中归属母公司的净资产总额为56.27万亿元，比上年500强增加了3.53万亿元，增速为6.70%，比资产总额增速慢0.58个百分点。

4. 千亿俱乐部首次缩容，万亿级企业持平

千亿俱乐部企业数量减少。2024中国企业500强中，营业收入超过1000亿元的企业有253家，比上年500强的254家减少了1家，这也是千亿俱乐部企业数量首次出现减少。253家千亿俱乐部成员中，有16家企业的营业收入超过了万亿元门槛，万亿级企业数量与上年持平，其中国家电网、中国石化营业收入都超过了3万亿元，国家电网营业收入更是在快速接近4万亿元大关，中国石油、中国建筑的营业收入都超过了2万亿元。另外12家万亿级的企业中，有4家银行、2家铁路工程建筑企业、2家石油化工企业、1家保险企业、1家钢铁企业、1家移动通信企业和1家网络平台企业。平安保险和京东集团是万亿级企业中仅有的2家民营企业。

千亿俱乐部营业收入占比相应下降，平均营业收入稳定增长。2024中国企业500强千亿俱乐部253家企业的营业收入为93.49万亿元，占全部500强营业收入的84.94%；千亿俱乐部在500强营业收入中的占比，随着成员数量的减少而相应下降。253家千亿企业的平均营业收入为3695.18亿元，比上年500强千亿企业的平均营业收入增加了55.70亿元，增幅为1.53%，这一增速稍慢于中国企业500强总体水平。详见表1-1。

表1-1 千亿俱乐部企业主要指标比较

	千亿企业数量/家	千亿俱乐部营收/万亿元	500强营收/万亿元	千亿俱乐部占比/%	千亿俱乐部企均营收/亿元
2021	222	73.23	89.83	81.52	3298.72
2022	244	86.28	102.48	84.19	3535.92
2023	254	92.44	108.36	85.31	3639.48
2024	253	93.49	110.07	84.94	3695.18

5. 员工总数有所减少，社会就业贡献有所回落

中国企业500强员工数量有所减少。2024中国企业500强的员工总数为3173.57万人，比上年500强员工数量减少了107.97万人，减少了3.29%。中国企业500强这一大企业群体员工总数在经历上年的小幅反弹后，再次出现下降；近年来中国企业500强这一大企业群体，整体呈现出去劳动密集型的趋势。详见图1-5。同口径用工数量保持增长态势。从同口径比较看，2024中国企业500强的员工数量比企业上一年员工数量增加了59.45万人，同比增长了1.87%。

中国企业500强的就业贡献度再次回落。2023年全国城镇就业人口为47032万人，比2022年增加1101万人；全国城镇就业人口在经历首次负增长后，重回增长轨道。中国企业500强是一个拥有众多子分公司的庞大企业群体，有21039家分公司、22053家控股公司和91905家参股子公司，吸纳了数量巨大的就业人口，是促进社会就业的中坚力量。2024中国企业500强员工总数占当年全国城镇就业人口的6.75%，与上年相比下降了0.39个百分点。中国企业500强的社会就业贡献再次回落。

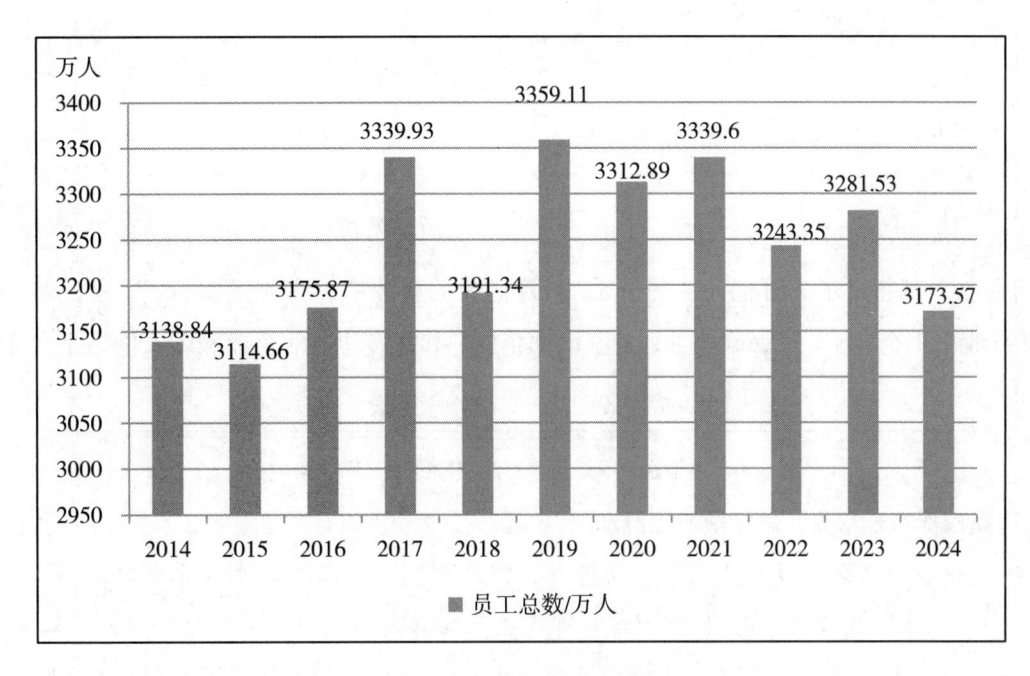

图1-5 中国企业500强员工总数及其变化趋势

二、2024中国企业500强的效益特征

2024中国企业500强共实现归属母公司股东净利润（下文简称净利润）45092亿元，比上年500强增长5.01%。2024中国企业500强收入利润率有所提升，资产利润率、净资产利润率有所下降。39家企业发生亏损，亏损面收窄，亏损额明显下降。企业利润变化幅度存在显著差异，利润下滑企业大幅减少39家。企业纳税额减少，综合税负压力减轻。服务业收入利润率改善，非银企业的盈利水平提升，与商业银行之间盈利差距缩小。

1. 净利润增速由负转正，经济效益有所改善

2024中国企业500强实现归属母公司股东的净利润45092亿元，比上年500强增长了5.01%，由上年的负增长转为正增长。详见图1-6。

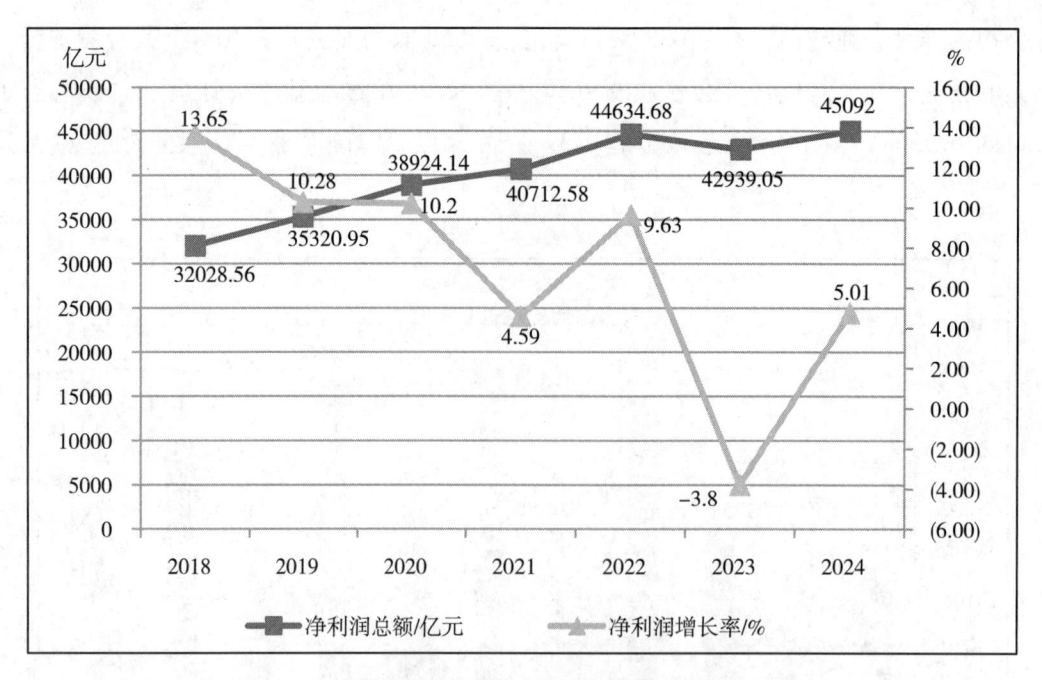

图 1-6 中国企业 500 强净利润总额及增长率变化趋势

2. 利润率指标有升有降，总体呈窄幅波动

2024 中国企业 500 强的收入利润率有所提升，资产利润率、净资产利润率下降。2024 中国企业 500 强净资产利润率为 8.01%，比上年 500 强净资产利润率下降了 0.13 个百分点，已经是两连降，近 10 多年来总体上呈波动下降态势；资产利润率为 1.05%，比上年 500 强资产利润率微降了 0.02 个百分点，同样是两连降，和净资产利润率一样呈波动下降态势；收入利润率为 4.10%，比上年 500 强收入利润率提高了 0.14 个百分点。详见图 1-7。总体上看，三项利润率指标有升有降，但波动都不大。

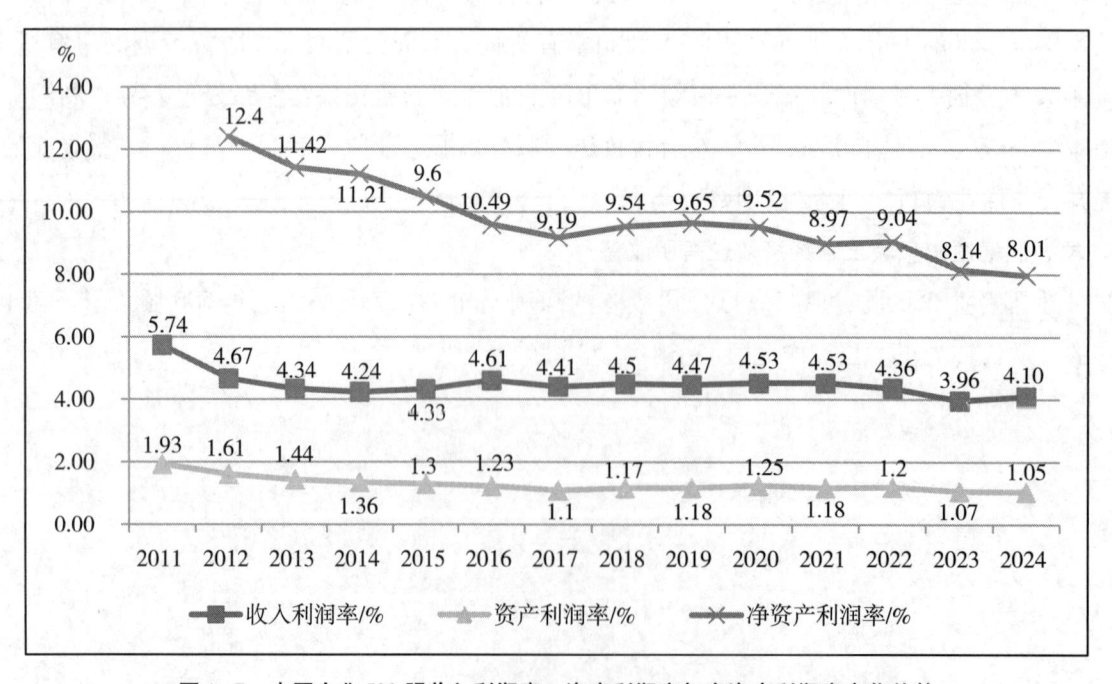

图 1-7 中国企业 500 强收入利润率、资产利润率与净资产利润率变化趋势

3. 企业亏损面有所收窄，黑色冶金是亏损多发领域

2024中国企业500强的亏损面收窄，企业亏损总额明显减少，亏损额与净利润的相对比值下降。2024中国企业500强中，有39家企业发生亏损，比上年500强少了4家，亏损面为7.80%；亏损面在连续3年上升后，转而下降。39家亏损企业合计发生1004.18亿元亏损，与上年500强43家企业的1457.71亿元亏损相比，明显减少；平均亏损额从33.90亿元，大幅下降至25.76亿元。企业亏损额大致相当于2024中国企业500强净利润总额45092亿元的2.22%，低于上年500强的3.39%。详见图1-8。

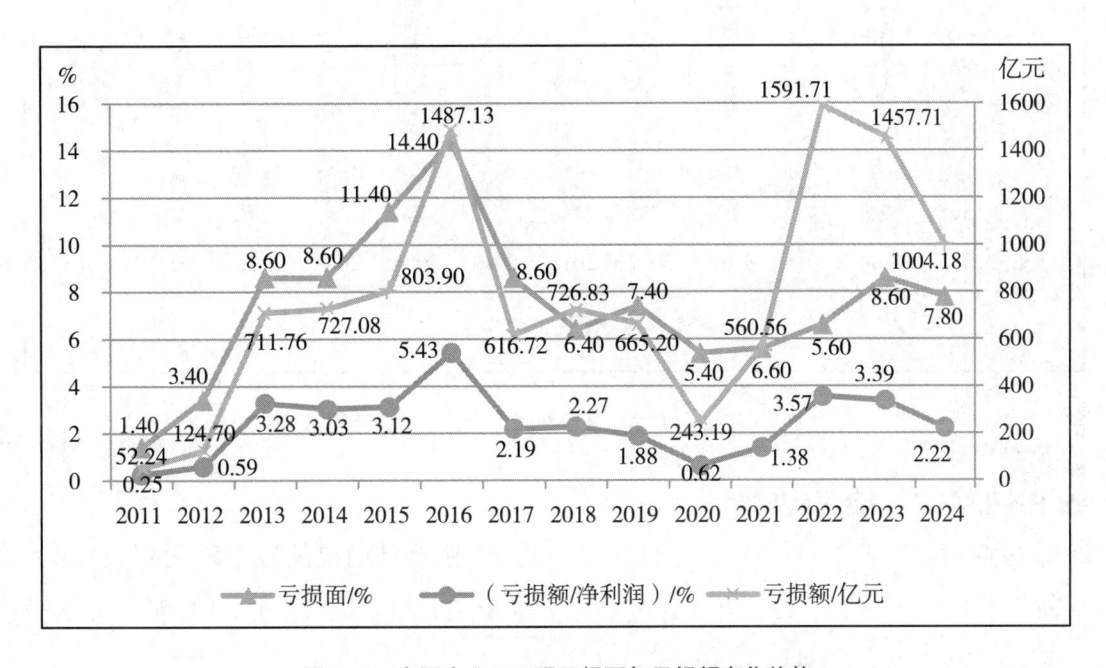

图1-8　中国企业500强亏损面与亏损额变化趋势

亏损企业多数为连续亏损，行业与地区分布都较分散，其中黑色冶金是亏损多发领域。从亏损企业看，39家亏损企业中，有22家为连续亏损；其他17家为由盈转亏。从行业角度看，39家亏损企业分别来自黑色冶金等21个行业，其中黑色冶金有5家，农副食品有4家，化学原料及化学品制造、汽车及零部件制造、一般有色各有3家。从亏损金额看，单个企业亏损最多的来自化学原料及化学品制造领域，亏损额为259.52亿元。从地区看，39家亏损企业来自21个省（区、市），同样较为分散，其中北京最多，有5家，广东、江苏各有4家。

4. 企业利润增速差异巨大，盈利下滑企业大幅减少

2024中国企业500强的利润增速差异巨大，盈利下滑企业的数量较上年500强有所减少。在2024中国企业500强中，有4家企业的净利润增长超过10倍，最高达到了34.79倍；净利润增长1倍以上的企业，有45家。与此同时，也有17家企业的利润下滑超过了100%，由盈转亏。2024中国企业500强中盈利减少的企业为219家，比上年500强大幅减少了39家。详见图1-9。

图 1-9　中国企业 500 强净利润负增长企业数波动态势

5. 减税效果显现，综合税负下降

2024 中国企业 500 强纳税额下降。2024 中国企业 500 强合计纳税额为 4.55 万亿元，比上年 500 强纳税额减少了 0.19 万亿元。2023 年全国税收收入为 18.11 万亿元，其中，500 强企业纳税总额占全国税收收入的 25.12%。详见图 1-10。

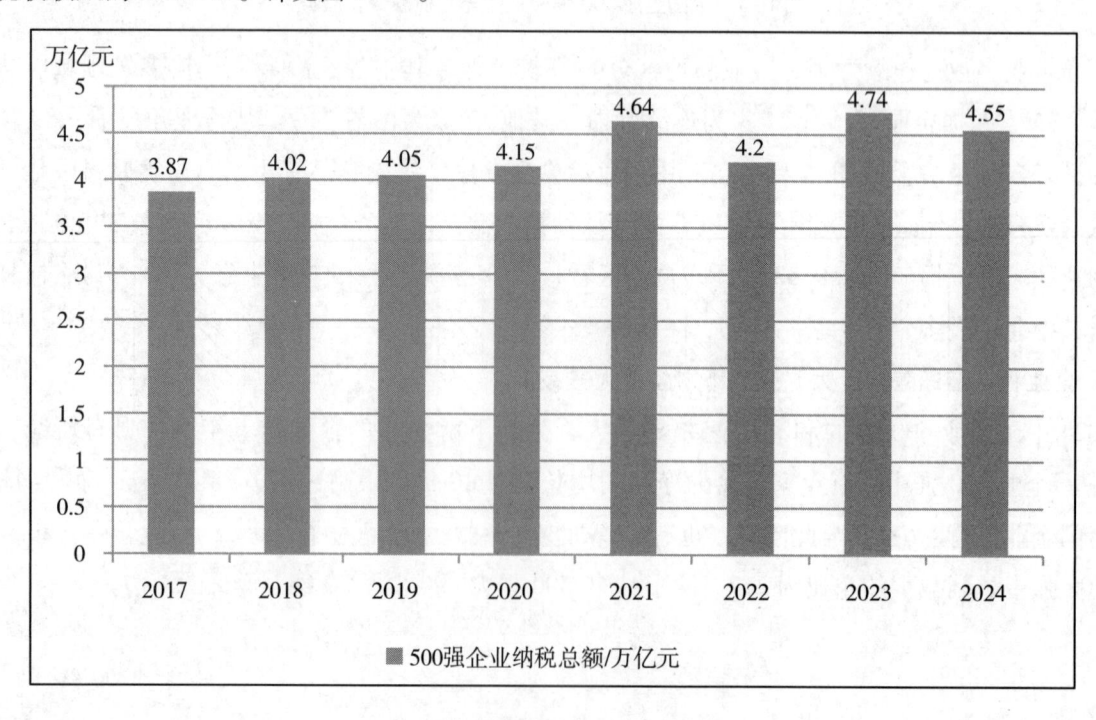

图 1-10　中国企业 500 强纳税总额

2024中国企业500强综合税负下降。受营业收入增长和纳税总额下降共同影响，2024中国企业500强的综合税负（纳税额/营业收入）为4.14%，比上年500强降低了0.24个百分点，整体上处于近8年来的第二低值。详见图1-11。

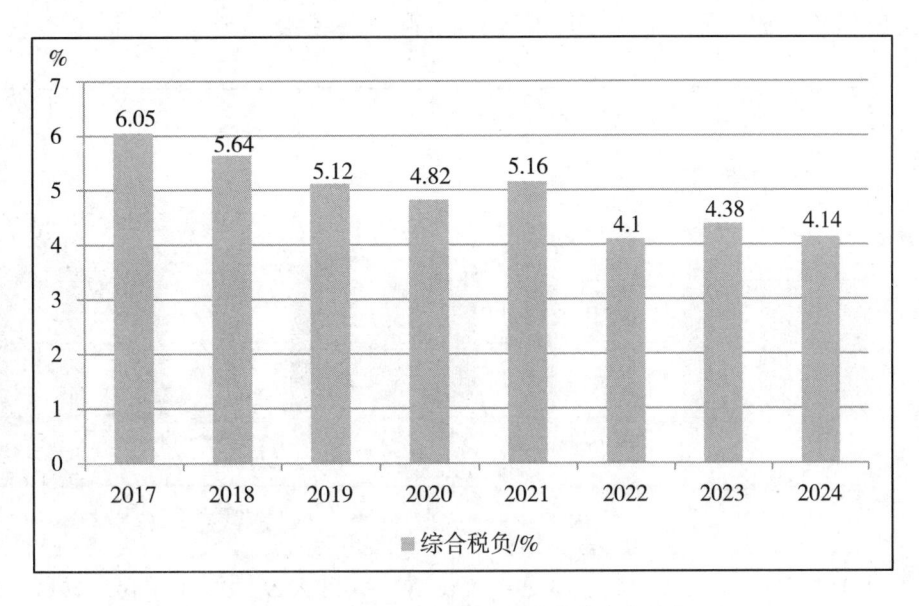

图1-11 中国企业500强综合税负变化趋势

6. 服务业收入利润率向好，非银企业盈利有所改善

服务业的收入利润率提升。2024中国企业500强中，服务业的整体收入利润率为6.81%，比上年提升了0.30个百分点；净资产利润率为8.01%，比上年下降了0.13个百分点。制造业的整体收入利润率和净资产利润率分别为2.11%、8.41%，分别比上年降低了0.09个百分点、0.15个百分点。其他行业表现较好，收入利润率、净资产利润率分别比上年提高了0.24个百分点、0.03个百分点。从大类对比看，制造业的收入利润率远低于服务业，但净资产利润率好于服务业。详见图1-12。

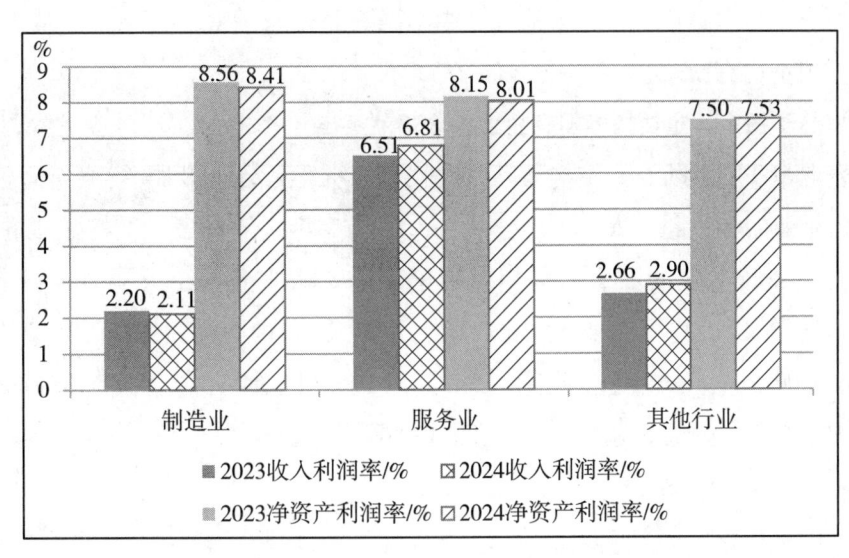

图1-12 中国企业500强三大行业收入利润率、净资产利润率变化

非银企业盈利水平反弹改善，非银企业与银行之间的盈利差距有所缩窄。2024 中国企业 500 强中，482 家非银企业的收入利润率、净资产利润率分别为 2.75%、7.26%，与上年 500 强相比，分别提高了 0.19 个百分点、0.05 个百分点，盈利水平得到改善；与此同时，商业银行的收入利润率、净资产利润率均不同程度下降，非银企业与商业银行之间的盈利差距有所缩窄。详见图 1-13。

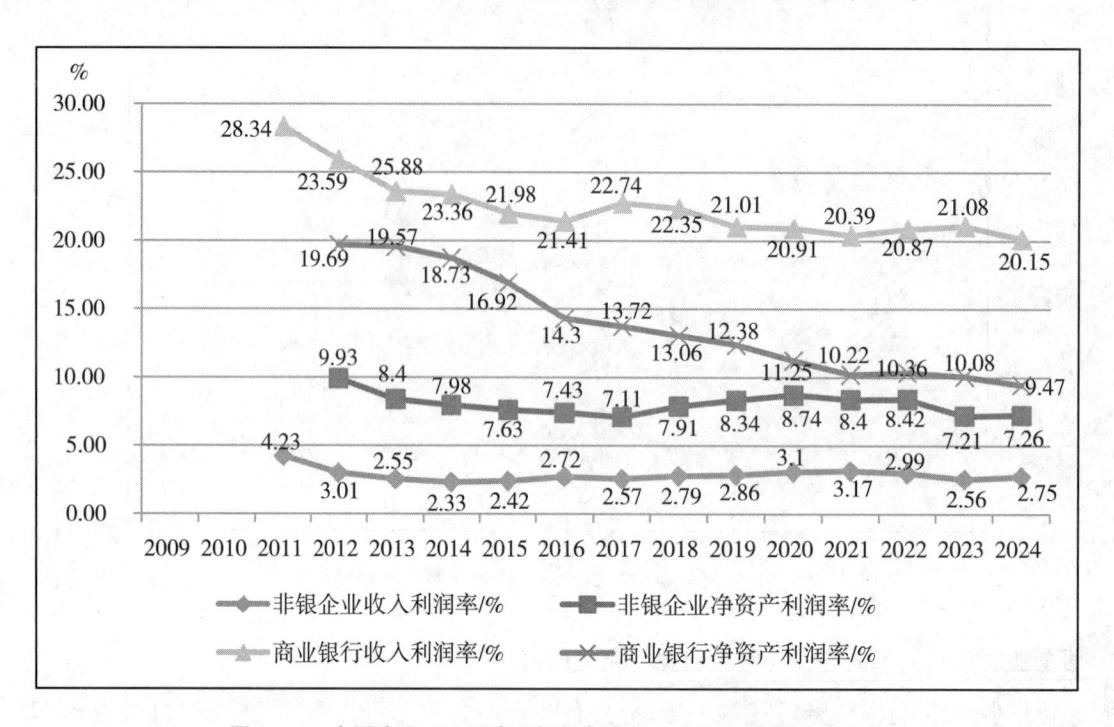

图 1-13　中国企业 500 强商业银行与非银企业盈利指标变化趋势

三、2024 中国企业 500 强的所有制格局和发展特征

2024 中国企业 500 强中，民营企业数量减少 1 家，所有制结构基本稳定。在主要指标的占比上，依然是以国有企业为主，国有企业在各主要指标上的占比都超过了其数量上的占比。国有企业收入利润率有所改善，资产与净资产利润率下滑，其中金融央企经营绩效全面下滑；从人均产出指标看，非金融央企与地方国企均有所改善。

1. 所有制结构趋于稳定，主要指标国有企业占比仍然突出

近 4 年中国企业 500 强的所有制结构波动幅度收窄，所有制结构相对趋于稳定。长期以来，中国企业 500 强中民营企业的数量总体保持着增长趋势，但近 7 年来随着二者上榜数量的逐渐接近，500 强企业中国有企业与民营企业的数量结构相对趋于稳定。总体上看经历了两个稳定期。第一个是 2018 中国企业 500 强到 2020 中国企业 500 强，第二个是 2022 中国企业 500 强到 2024 中国企业 500 强。2024 中国企业 500 强中，民营企业数量为 244 家，与上年持平，占全部 500 强的 48.80%；国有企业为 256 家，占全部 500 强的 51.20%。详见图 1-14。

图1-14 中国企业500强入围企业所有制结构变化趋势

国有企业在收入、资产等主要指标上，仍占突出地位。2024中国企业500强中，256家国有企业营业收入为75.71万亿元，占全部500强营业收入的68.79%；净利润为31767.64亿元，占全部500强的70.63%；资产、归母净资产（归属母公司净资产，下同）分别为374.49万亿元、44.15万亿元，分别占全部500强的87.34%、78.86%；员工总数2301.78万人，占全部500强的71.20%。详见图1-15。国有企业在上述指标中的占比，明显都高于其数量占比，表明国有企业在总体规模体量上仍大于民营企业。

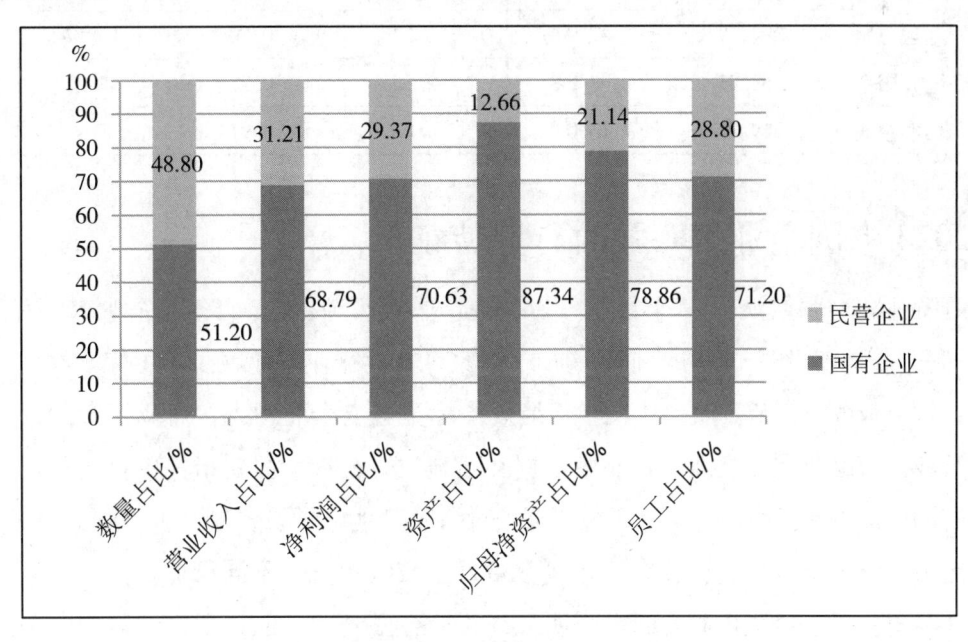

图1-15 2024中国企业500强国企民企主要指标分布占比

2. 金融央企利润率指标全面下滑，人均产出指标总体改善

2024 中国企业 500 强中各类国有企业的经营绩效表现各异，总体上看，金融央企的利润率指标全面下滑，非金融央企和地方国企的收入利润率有所改善，资产与净资产利润率均下滑。2024 中国企业 500 强中，金融央企、非金融央企、地方国企数量分别为 12 家、57 家、187 家；非金融央企减少 4 家，地方国企增加 3 家。国有企业人均营业收入为 328.94 万元，比上年 500 强提高了 9.24 万元；人均净利润为 13.80 万元，比上年 500 强增加 0.77 万元。国有企业收入利润率为 4.20%，比上年提升 0.12 个百分点；资产利润率、净资产利润率分别 0.85%、7.12%，分别比上年 500 强中国有企业下降 0.06 个百分点、0.41 个百分点。国有企业的资产周转率为 0.20 次/年，也低于上年 500 强的 0.22 次/年。从国有企业整体情况看，人均产出水平有所改善，人均营业收入增加了 9.24 万元，人均净利润增加了 0.77 万元，其中，金融央企人均营业收入、人均净利润分别提高了 37.48 万元、5.79 万元；地方国企人均营业收入提高了 16.31 万元，人均净利润减少了 0.33 万元；非金融央企的人均营业收入下降了 0.92 万元，人均净利润提高了 0.37 万元。详见表 1-2。

表 1-2 国有企业主要指标变化

		人均营业收入/万元	人均净利润/万元	收入利润率/%	资产利润率/%	净资产利润率/%	资产周转率/（次/年）
2024 中国企业 500 强	非金融央企	297.25	8.32	2.80	1.28	6.24	0.46
	金融央企	334.67	53.73	16.05	0.74	9.58	0.05
	地方国企	379.12	8.21	2.17	0.70	5.16	0.32
	国有企业	328.94	13.80	4.20	0.85	7.12	0.20
2023 中国企业 500 强	非金融央企	298.17	7.95	2.67	1.31	6.42	0.49
	金融央企	297.19	47.94	16.13	0.80	10.17	0.05
	地方国企	362.81	8.54	2.35	0.77	5.92	0.33
	国有企业	319.70	13.03	4.08	0.91	7.53	0.22

四、2024 中国企业 500 强的行业特征

2024 中国企业 500 强共涉及 74 个行业。其中制造业企业 264 家，服务业企业 165 家，其他行业企业 71 家；制造业企业持平，服务业企业增加了 1 家，其他行业企业减少了 1 家。在主要指标占比上，服务业、制造业各有高低。服务业在经营绩效指标排名上全面领先，商业银行的收入利润率大幅领先其他行业。金融业在二级细分行业中占据突出地位，在 4 个主要指标中排名位居二级行业之首，但在净利润中的占比持续下降。计算机、通信设备及其他电子设备制造业在研发费用投入总额、国际标准制定上贡献突出。多个行业企业入围数量发生较大变化，不同行业之间在收入增速、利润增速之间存在显著差异。金融企业盈利水平明显高于非金融企业，但二者之间盈利水平差距有所缩小。汽车和房地产的重要性不断下降，工业机械及设备制造、互联网服务的重要性明显上升；工业

机械及设备制造行业盈利快速增长，互联网服务成为净利润贡献仅次于商业银行的第二大行业。

1. 制造业企业数量保持稳定，主要指标占比各有高低

中国企业 500 强中制造业企业数量保持稳定。在上年 500 强中制造业企业增加 8 家后，2024 中国企业 500 强上榜制造业企业数量在阶段性高位与上年持平；与 2020 中国企业 500 强相比，制造业企业增加了 26 家。服务业企业比上年增加 1 家，其他行业企业减少了 1 家。详见图 1-16。

图 1-16 中国企业 500 强三大类行业数量结构变动情况

在主要指标上，制造业、服务业占比各有高低。2024 中国企业 500 强中，服务业在归母净利润、资产总额、归母净资产、员工人数、分公司数、参股公司数、全资和控股子公司数的指标上占比居于首位；尤其是在资产总额指标上，服务业占到全部 500 强资产总额的 79.03%；此外，服务业分别占归母净利润、归母净资产的 64.66%、64.58%，服务业明显处于优势地位。制造业则在营业收入、国际标准数、研发费用、拥有专利项数、发明专利项数、总标准数、国内标准数的指标上占比居于首位；特别是在拥有专利项数、发明专利项数上处于绝对优势，分别占全部 500 强的 62.16%、71.44%，同时，制造业的研发费用占全部 500 强研发费用的 58.50。详见表 1-3。

表 1-3 2024 中国企业 500 强三大类企业主要指标占比

	营业收入/%	归母净利润/%	资产总额/%	归母净资产/%	员工人数/%
制造业	41.07	21.15	11.06	20.08	37.20
服务业	38.90	64.66	79.03	64.58	40.01
其他行业	20.03	14.19	9.91	15.05	22.79
	并购或重组企业数/%	分公司数/%	国际标准数/%	研发费用/%	参股公司数/%
制造业	15.64	17.75	64.63	58.50	30.34

续表

	并购或重组企业数/%	分公司数/%	国际标准数/%	研发费用/%	参股公司数/%
服务业	19.69	43.12	30.59	19.05	43.35
其他行业	64.68	39.13	4.78	22.45	26.31

	全资和控股子公司数/%	拥有专利项数/%	发明专利项数/%	总标准数/%	国内标准数/%
制造业	35.53	62.16	71.44	59.92	60.06
服务业	40.65	14.78	17.35	19.35	18.11
其他行业	23.82	23.06	11.21	20.73	21.83

2. 服务业在三级行业排名中领先，商业银行收入利润率远高于其他行业

在6个经营绩效指标的三级行业排名中，位居首位的都是服务业。商业银行在收入利润率中排名居首，行业整体收入利润率为20.15%，远高于其他行业。软件和信息技术在资产利润率中排在首位，资产利润率为11.62%。教育服务在净资产利润率中排在首位，行业净资产利润率为41.86%，远高于其他行业。人力资源服务在资产周转率和人均营业收入中均排在首位，资产周转率高达41.54次/年，人均营业收入为10791.01万元，均遥遥领先。铁路运输行业的人均净利润为130.95万元，排在人均净利润的首位。详见表1-4。

表1-4 2024中国企业500强主要经营绩效指标前五行业

三级行业	收入利润率/%	三级行业	资产利润率/%	三级行业	净资产利润率/%
商业银行	20.15	软件和信息技术（IT）	11.62	教育服务	41.86
互联网服务	10.18	轮胎及橡胶制品	10.82	软件和信息技术（IT）	22.00
软件和信息技术（IT）	8.41	饮料	6.88	轮胎及橡胶制品	20.50
饮料	8.26	生活消费品商贸	6.80	饮料	19.48
通信设备制造	8.02	互联网服务	6.57	家用电器制造	19.13
三级行业	资产周转率/（次/年）	三级行业	人均营业收入/万元	三级行业	人均净利润/万元
人力资源服务	41.54	人力资源服务	10791.01	铁路运输	130.95
能源矿产商贸	3.56	铁路运输	5134.42	商业银行	81.59
生产资料商贸	2.98	金属品商贸	2976.67	软件和信息技术（IT）	76.10
化学纤维制造	2.28	能源矿产商贸	2700.39	金属品商贸	38.33
轮胎及橡胶制品	2.14	生产资料商贸	1973.29	轮胎及橡胶制品	35.86

3. 二级细分行业金融业优势最为突出，其净利润占比持续下降

金融业在二级细分行业中占据突出地位，在5个主要指标中排名位居二级行业之首，在归母净利润中的占比持续下降，在缴纳税款上，金融业也进入前三位。2024中国企业500强在二级行业中，金融业企业只有34家，仅占全部500强数量的6.80%，但却在营业收入、归母净利润、资产总额、归母净资产、员工人数共5个指标的绝对贡献中排名第一，尤其是在资产总额上，金融业占62.31%；在归母净利润上，金融业也占据了43.64%，不过这一占比与上年500强相比下降了3.41个百分点，呈持续下降趋势。详见表1-5。

计算机、通信设备及其他电子设备制造业继续在多个指标上领先。在研发费用投入总额的贡献中占据行业榜首，贡献了2024中国企业500强研发费用的16.80%；在创新成果上，贡献了2024中国企业500强拥有专利项数的17.59%、2024中国企业500强发明专利项数的33.83%；国际标准制定上同样贡献突出，共贡献了2024中国企业500强国际标准数的42.36%，高居行业榜首。机械设备业在总标准数、国内标准数上占据行业排行榜首位，分别贡献了2024中国企业500强总标准数、国内标准数的13.93%、14.68%。详见表1-5。

表1-5　2024中国企业500强主要指标行业贡献排名前三行业

营业收入/%		归母净利润/%		资产总额/%		归母净资产/%	
金融业	12.58	金融业	43.64	金融业	62.31	金融业	37.33
金属产品	11.25	电信及互联网信息服务	11.95	邮政和物流	4.21	电信及互联网信息服务	8.59
化学品制造	9.41	采矿业	8.39	采矿业	3.37	采矿业	7.87
缴纳税款/%		研发费用/%		员工人数/%		并购或重组企业数/%	
采矿业	24.56	计算机、通信设备及其他电子设备制造	16.80	金融业	12.43	电力生产	53.32
化学品制造	15.06	电信及互联网信息服务	10.28	采矿业	10.27	商务服务	4.95
金融业	10.72	交通运输设备及零部件制造	9.64	金属产品	7.12	房屋建筑	4.67
全资和控股子公司数/%		参股公司数%		分公司数%		拥有专利项数/%	
房地产	9.65	商务服务	11.35	邮政和物流	19.38	计算机、通信设备及其他电子设备制造	17.59
金属产品	7.54	房地产	9.59	土木工程建筑	17.22	消费品生产	14.44
公用事业服务	7.50	金属产品	8.54	房屋建筑	15.01	土木工程建筑	9.21

续表

发明专利项数/%		总标准数/%		国内标准数/%		国际标准数/%	
计算机、通信设备及其他电子设备制造	33.83	机械设备	13.93	机械设备	14.68	计算机、通信设备及其他电子设备制造	42.36
消费品生产	11.06	计算机、通信设备及其他电子设备制造	11.30	金属产品	10.98	电信及互联网信息服务	21.87
公用事业服务	10.29	金属产品	10.44	公用事业服务	9.78	公用事业服务	6.57

4. 行业入围数量有增有减，收入、利润增速差异显著

多个行业企业入围数量发生较大变化。入围企业增加最多的是综合制造业，新增 4 家入围企业；互联网服务、多元化金融新增入围企业 3 家，石化及炼焦、药品制造、一般有色、土木工程建筑、公路运输各新增 2 家。房屋建筑减少企业数最多，入围企业减少了 4 家；商业银行减少了 3 家，电力电气设备制造、航空航天、综合商贸、住宅地产各减少了 2 家。详见表 1-6。

表 1-6 2024 中国企业 500 强三级行业入围企业数量变化

三级行业	变化量/家	三级行业	变化量/家
综合制造业	4	房屋建筑	-4
互联网服务	3	商业银行	-3
多元化金融	3	电力电气设备制造	-2
石化及炼焦	2	航空航天	-2
药品制造	2	综合商贸	-2
一般有色	2	住宅地产	-2
土木工程建筑	2	电力生产	-1
公路运输	2	食品	-1
农林牧渔业	1	饮料	-1
煤炭采掘及采选业	1	酒类	-1

不同行业之间在收入增速、净利润增速之间存在显著差异。74 个行业中，水上运输、保险业等 20 个行业的整体收入同比下降，其他 54 个行业收入都同比增加；其中航空运输收入增长最快，增加了 112.65%；文化娱乐收入增长了 83.87%，商业地产业收入增长了 79.33%；总体上看，收入增幅居于前十的行业中服务业更占优势。在净利润增长方面，除航空运输、商业地产、水务、连锁超市及百货外，其他 70 个行业净利润有不同程度增加；工业机械及设备制造净利润增长最快，大幅增长了约 13.13 倍；文化娱乐净利润增长了约 1.22 倍。详见表 1-7。

表1-7 2024中国企业500强行业收入、利润增长前十排名

三级行业	收入增速/%	三级行业	净利润增速/%
航空运输	112.65	工业机械及设备制造	1313.11
文化娱乐	83.87	文化娱乐	121.88
商业地产	79.33	轮胎及橡胶制品	109.54
商务中介服务	28.20	通信设备制造	93.75
锅炉及动力装备制造	27.07	化学纤维制造	91.94
轮胎及橡胶制品	19.76	电力电气设备制造	81.75
化工医药商贸	15.25	锅炉及动力装备制造	80.59
动力和储能电池	14.70	港口服务	64.09
教育服务	14.09	电力生产	52.39
能源矿产商贸	12.54	软件和信息技术（IT）	42.67

5. 金融企业盈利水平明显高于非金融企业，非金融企业收入与净利润增速均高于金融企业

金融业的收入利润率、净资产利润率、人均净利润均高于非金融企业，其中商业银行表现好于金融业整体水平。2024中国企业500强中，有34家金融企业，其中商业银行为18家；金融企业的收入利润率、净资产利润率分别为14.17%、9.32%，均明显高于466家非金融企业的2.63%、7.17%。尤其是其中的18家商业银行，其收入利润率为20.15%，更是显著高于非金融企业。在人均净利润方面，非金融企业的人均净利润仅有8.95万元，金融企业的人均净利润为48.86万元，商业银行的人均净利润更是高达81.59万元。显然，金融企业的盈利水平明显高于非金融企业。从增速看，非金融企业营业收入增速明显快于金融企业，2024中国企业500强中，非金融企业的营业收入增长了4.13%，快于金融企业的1.73%；净利润增速方面，非金融企业净利润增长了12.12%，而金融企业却下降了3.54%，非金融企业净利润增长明显快于金融企业。总体上看，2024中国企业500强中，非金融企业无论是营业收入还是净利润，其增速都快于金融企业。详见图1-17。

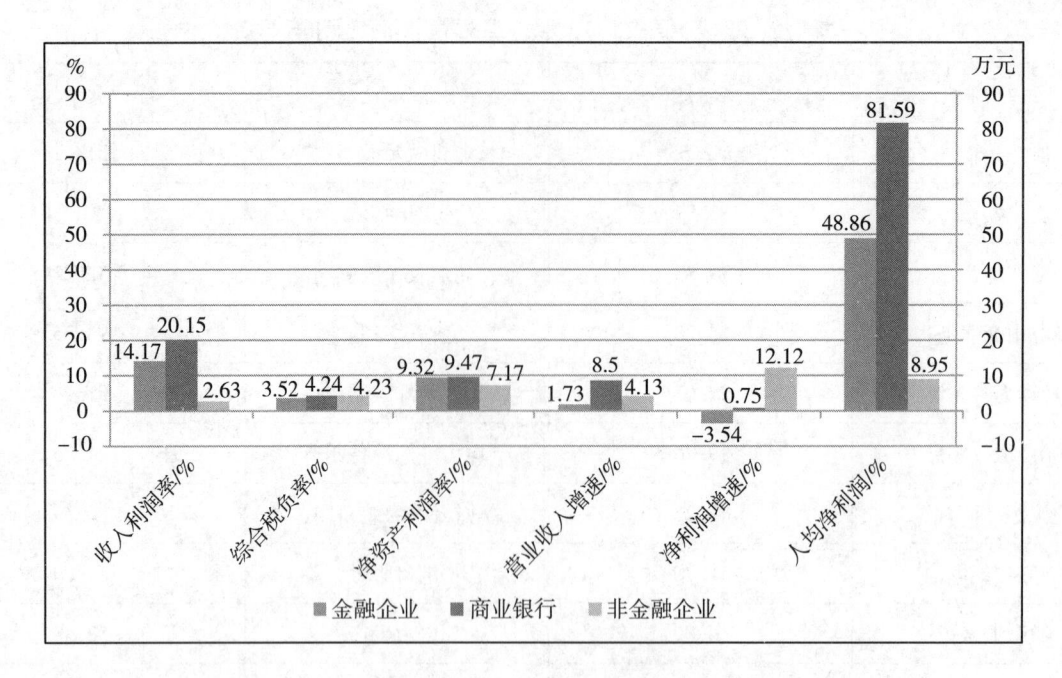

图 1-17 2024 中国企业 500 强金融与非金融企业盈利水平比较

6. 汽车行业收入贡献增加，利润率指标再次下降

汽车行业入围企业的收入占比反弹增加。2024 中国企业 500 强中，有 16 家汽车企业入围，与上年 500 强持平。从汽车企业对全部 500 强的贡献看，16 家汽车企业贡献了 2024 中国企业 500 强营业收入的 4.61%，贡献度比上年 500 强提高了 0.47 个百分点，呈反弹上升态势；贡献了全部 500 强净利润的 2.01%，比上年 500 强降低了 0.22 个百分点，在连续多年下降的短暂反弹后再次下降。详见图 1-18。

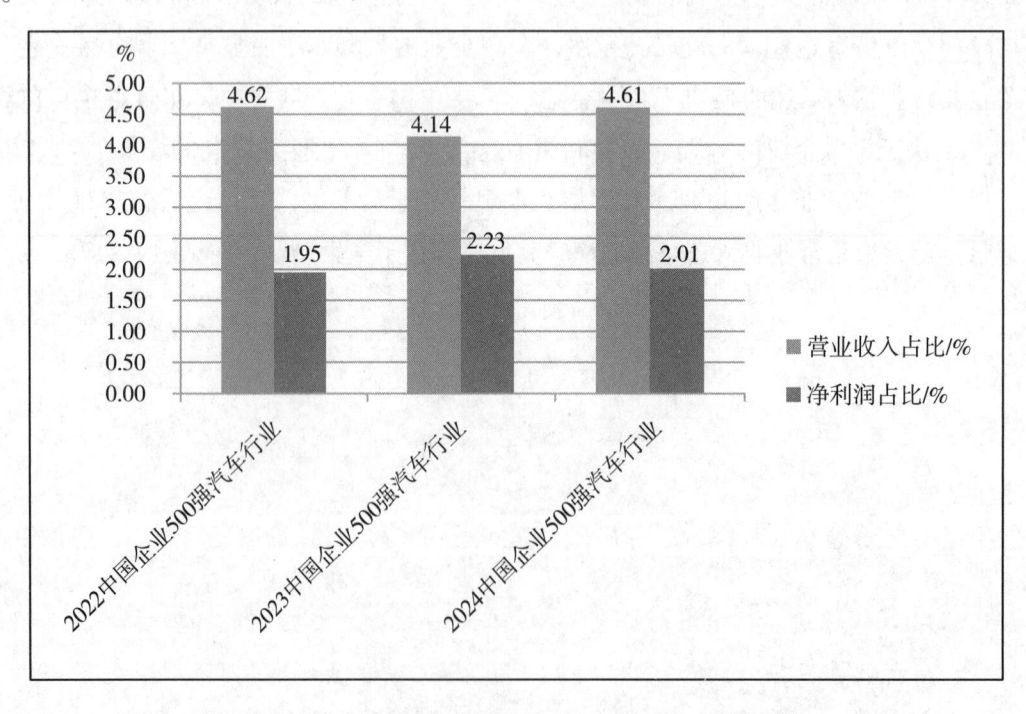

图 1-18 2022—2024 中国企业 500 强中汽车行业营业收入与净利润占比变化

汽车行业盈利指标不同程度下降。2024中国企业500强中，16家汽车企业的收入利润率为1.78%，比上年500强下降了0.35个百分点；资产利润率为1.65%，比上年500强下降了0.27个百分点；净资产利润率为7.60%，比上年500强汽车企业下降了0.42个百分点。汽车企业的人均营业收入为281.69万元，人均净利润为5.02万元，与上年500强相比，前升后降。汽车企业的营业收入增长率从上年的1.98%快速提升至11.71%，净利润增长率则从上年的11.85%大幅下滑至-3.96%。从综合税负率看，2024中国企业500强中16家汽车企业的综合税负率从7.59%降至5.97%，行业整体税负压力有所降低。详见表1-8。

表1-8 中国企业500强中汽车行业主要利润率指标及其他指标变化趋势

汽车行业主要指标	收入利润率/%	资产利润率/%	净资产利润率/%	人均营业收入/万元	人均净利润/万元	综合税负率/%	营业收入增长率/%	净利润增长率/%
2017	2.88	3.3	13.62	332.14	9.57	10.21	13.67	16.28
2018	2.78	3.03	13.11	359.26	9.99	9.92	13.51	9.96
2019	2.54	2.76	12.33	288.88	7.34	9.08	7.93	-1.35
2020	1.99	2.01	9.3	300.42	5.98	7.06	0.54	-17.81
2021	1.82	1.77	8.24	324.86	5.92	6.69	3.87	-2.85
2022	1.83	1.75	7.81	323.02	5.92	6.78	4.17	3.73
2023	2.13	1.92	8.02	266.49	5.68	7.59	1.98	11.85
2024	1.78	1.65	7.60	281.69	5.02	5.97	11.71	-3.96

7. 房地产收入与净利润贡献均下降，利润率指标持续下滑

房地产业对中国企业500强的贡献持续下降。2024中国企业500强中，房地产业共有34家企业入围，比上年500强减少6家，入围数量连续减少。34家房地产企业的营业收入占全部500强营业收入的6.76%，与上年500强相比，降低了0.86个百分点。34家房地产企业净利润占全部500强净利润的3.42%，比上年500强降低了1.29个百分点，房地产业对中国企业500强净利润的贡献持续下降。详见图1-19。

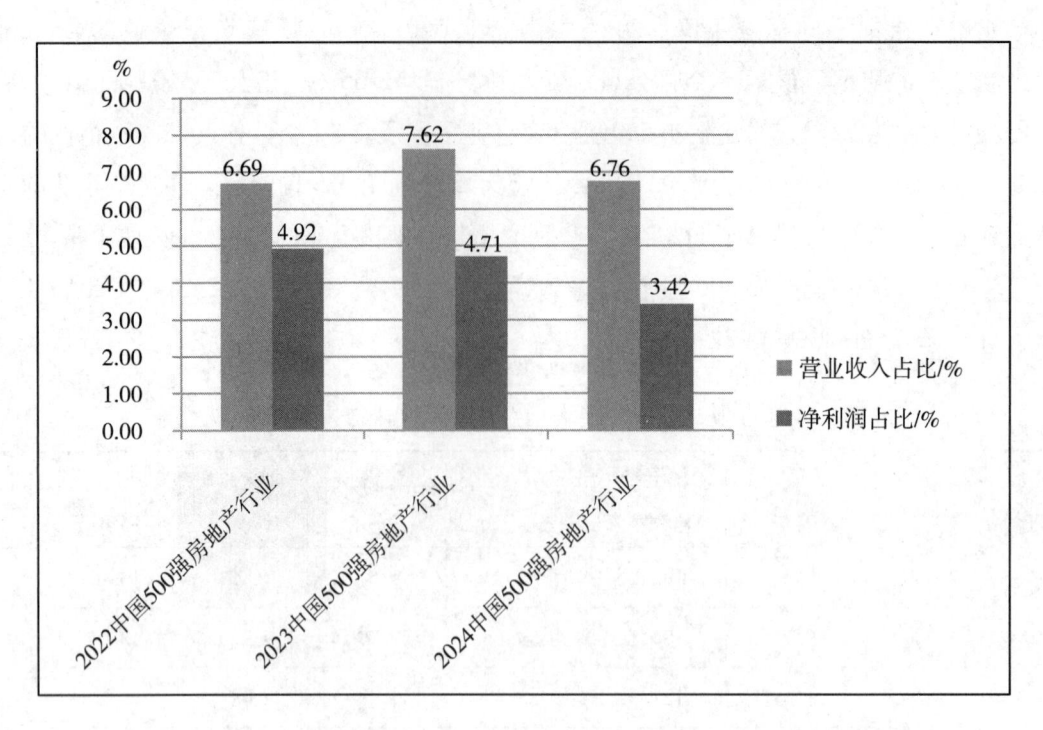

图 1-19　2022—2024 中国企业 500 强中房地产行业营业收入与净利润占比变化

房地产业利润率指标连续下降。2024 中国企业 500 强中，房地产业的收入利润率为 1.59%，比上年 500 强下降了 0.86 个百分点；资产利润率为 0.79%，比上年 500 强下降了 0.32 个百分点；净资产利润率为 5.87%，比上年 500 强下降了 1.53 个百分点。房地产业的 3 项利润率指标都呈下降走势，其中收入利润率 3 连降，资产利润率 6 连降，净资产利润率 6 连降。从增速看，房地产企业处于增收减利状态，营业收入增长了 3.82%，但净利润却大幅下降了 19.87%。详见表 1-9。

表 1-9　中国 500 强中房地产行业主要利润率指标及其他指标变化趋势

房地产	收入利润率/%	资产利润率/%	净资产利润率/%	人均营业收入/万元	人均净利润/万元	综合税负率/%	营业收入增长率/%	净利润增长率/%
2017	3.18	1.68	12.34	179.3	5.7	6.45	11.07	1.19
2018	4.56	2.18	14.94	201.71	9.2	6.11	15.54	37.17
2019	3.97	1.84	14.84	233.46	9.28	6.11	18.13	23.53
2020	4.03	1.8	13.61	275.9	11.11	5.77	19.19	10.42
2021	4.34	1.63	13	255.09	11.06	6.78	5.93	-0.16
2022	3.2	1.32	9.51	261.94	8.39	3.78	20.6	-13.34
2023	2.45	1.11	7.4	334.68	8.19	3.25	5.1	-24.93
2024	1.59	0.79	5.87	379.28	6.02	4.09	3.82	-19.87

8. 工业机械及设备制造净利润快速增长，互联网服务的重要性更加突出

工业机械及设备制造行业的净利润快速增长。2024中国企业500强中，工业机械及设备制造企业只有4家，与上年500强持平。4家企业的营业收入整体上实现了缓慢增长，增速为1.16%。但行业整体净利润却高速增长，增长了约13.13倍，在所有行业中高居第一位。详见图1-20。这一情况表明，在国家推动工业母机发展政策的影响下，工业机械及设备制造行业迎来了发展的春天。

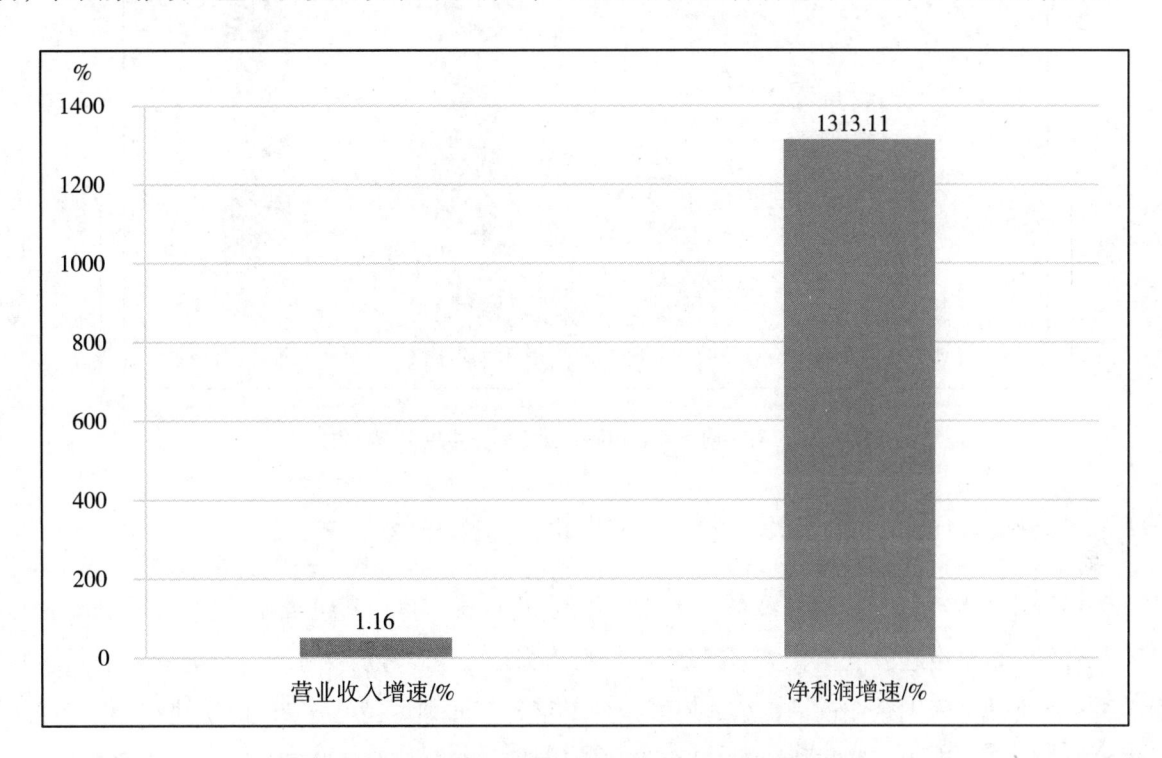

图1-20 工业机械及设备制造营业收入与净利润增速

互联网服务的重要性持续提升，成为中国企业500强中的重要行业。2024中国企业500强中，互联网服务企业净增3家，入围企业数量增至10家，成为第十六大行业。互联网服务行业的营业收入占比提升至3.45%，净利润占比更是高达8.58%，对研发投入的贡献也占到了6.87%；互联网企业对营业收入、净利润与研发投入的贡献，都明显超过了其在中国企业500强中的数量占比。尤其是在行业净利润贡献上，互联网服务行业已经成为仅次于商业银行的第二大行业。详见图1-21。

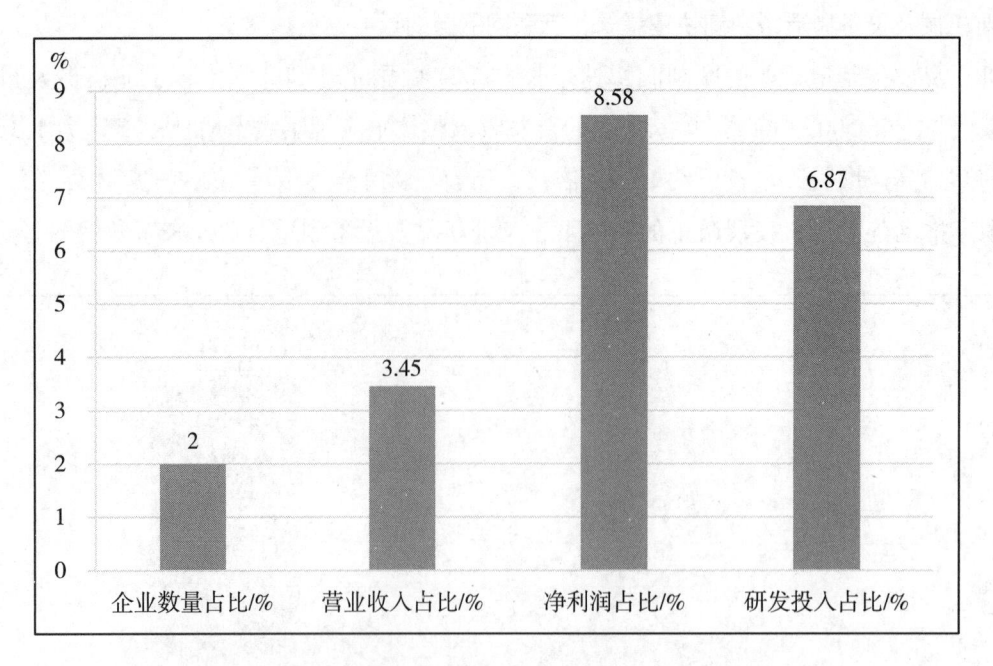

图 1-21　互联网服务在中国企业 500 强中主要指标占比

五、2024 中国企业 500 强的总部地区分布特征

2024 中国企业 500 强中，除西藏自治区外，其他 30 个省（区、市）都有企业入围。总体上看，各地区入围企业数量更趋分散化，头部区域与尾部区域之间差异有所缩小。中部地区入围企业数量持续增加，西部地区入围企业持平，东部地区减少 1 家，东北地区持平。四川省新增 4 家入围企业，广东省减少 4 家，分别为新增与减少最多地区。由于大量央企总部聚集北京，北京入围企业中国有企业占绝大多数，而东部沿海地区的河北、山东、江苏、浙江、广东，则以民营企业为主。

1. 头部区域与尾部区域差距进一步缩小，四川净增加企业最多

中国企业 500 强的省级区域梯次分布更加趋向于橄榄型。2024 中国企业 500 强中，北京地区的企业有 78 家，比上年 500 强进一步减少 2 家；第二梯队（入围企业数量在 40 家以上的省级区域），包括广东、山东、江苏和浙江，共有 198 家企业入围，也比上年 500 强减少了 6 家；第三梯队（入围企业数量在 10～39 家的省级区域），包括上海、河北、四川、重庆、福建、安徽、河北，共有 156 家企业入围，比上年 500 强增加了 8 家；第四梯队（入围企业数量在 9 家及以下的省级区域），包括河南等 17 个省级区域，共有 68 家企业入围，与上年 500 强持平。详见图 1-22。随着两端入围企业的连续减少和中间的连续增加，中国企业 500 强区域分布的橄榄型结构越发突出。

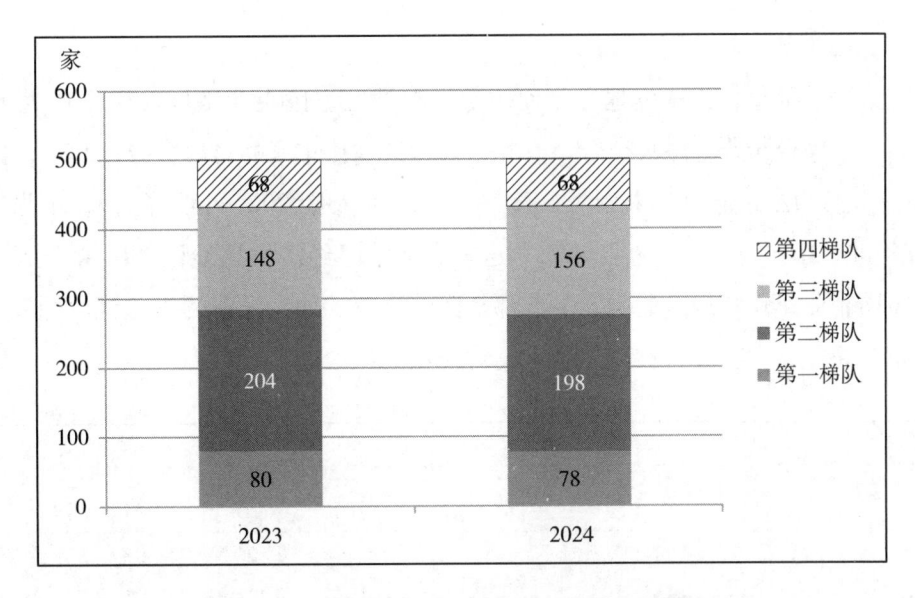

图1-22 中国企业500强各梯队入围企业数量分布

多个省（区、市）入围企业数量均有不同程度变化，四川入围企业数量增加最多，广东减少最多。2024中国企业500强分布在30个省（区、市），西藏依然没有企业入围中国企业500强。四川共有19家企业入围2024中国企业500强，比上年500强净增加4家，是入围企业增加最多的省级区域；其次是上海与河北，各增加了3家；再次是广西和山东，均增加了2家。广东入围企业减少最多，净减少了4家；其次是北京、江苏、浙江、福建、贵州，各减少了2家。

2. 中部地区企业数量持续增加，东部地区稳中有降

四大区域中，中部地区入围中国企业500强的企业数量连续增加，东部地区则稳中有降，东北地区企业低位趋稳。2024中国企业500强中，东部地区入围企业数量为363家，比上年500强减少2家；中部地区入围企业58家，在上年500强增加1家的基础上，再次增加了2家，入围企业数量连续增加；西部地区入围企业为74家，与上年500强持平；东北地区入围企业5家，与上年500强持平。详见图1-23。

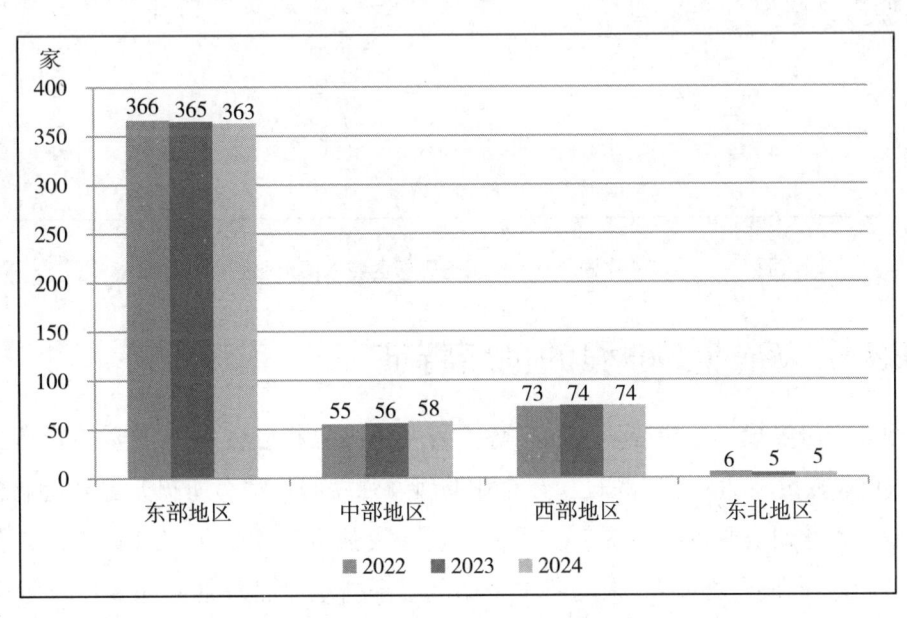

图1-23 中国企业500强四大区域入围企业数量变化

3. 央企总部扎堆北京，东部沿海民企为主

北京仍旧是央企总部最为集中的地方，而东部沿海地区入围企业则以民营企业为主。2024中国企业500强中，金融央企与非金融央企合计有69家，其中有54家的总部集聚在北京，再加上北京市属的10家地方国企，国有企业一共有64家，占了北京入围2024中国企业500强78家企业的82.05%。而在河北、山东、江苏、浙江、广东这些东部沿海经济发达地区，民营经济高度繁荣，所以在当地入围中国企业500强的企业中，多数都是民营企业。如在江苏的40家企业中，有28家是民营企业；在山东的55家企业中，也有37家是民营企业。详见图1-24。

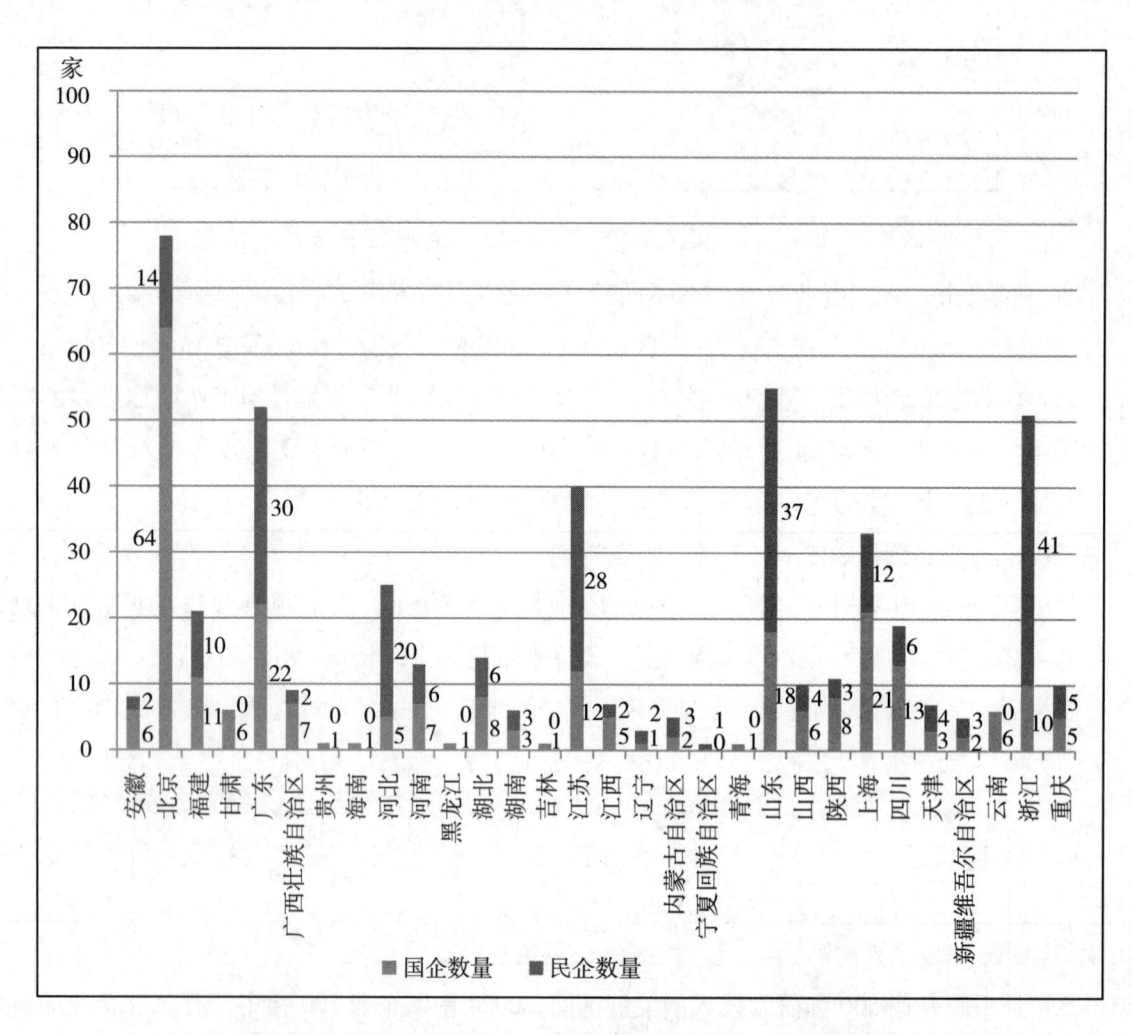

图1-24 2024中国企业500强各省级区域入围企业所有制分布

六、2024中国企业500强的创新特征

中国企业500强研发投入保持持续增加态势，研发强度也相应创下1.90%的新高。研发投入强度在5%以上的企业数量增加1家，超过半数企业的研发强度同比都有所提升。制造业企业研发强度持续高于服务业，平均研发强度有所提升。民营企业研发强度持续高于国有企业，二者差距进一步扩大。通信设备制造业在研发强度、人均研发费用的行业排名中都高居首位。广东省企业在区域研发强度排名中位居榜首，明显领先于其他地区。中国企业500强的专利与发明专利数量持续增加，发

明专利占比明显提高，企业参与国际标准制定更为积极。

1. 研发投入持续增加，研发强度进一步提升

中国企业500强研发投入保持持续增加态势。2024中国企业500强共投入研发费用18137.35亿元，比上年500强增加了2350.47亿元，增幅为14.89%；与自身同口径比，企业研发投入同比增长了8.88%。企业平均研发投入为39.17亿元，比上年500强企业平均研发投入35.80亿元增长了9.41%。详见图1-25。

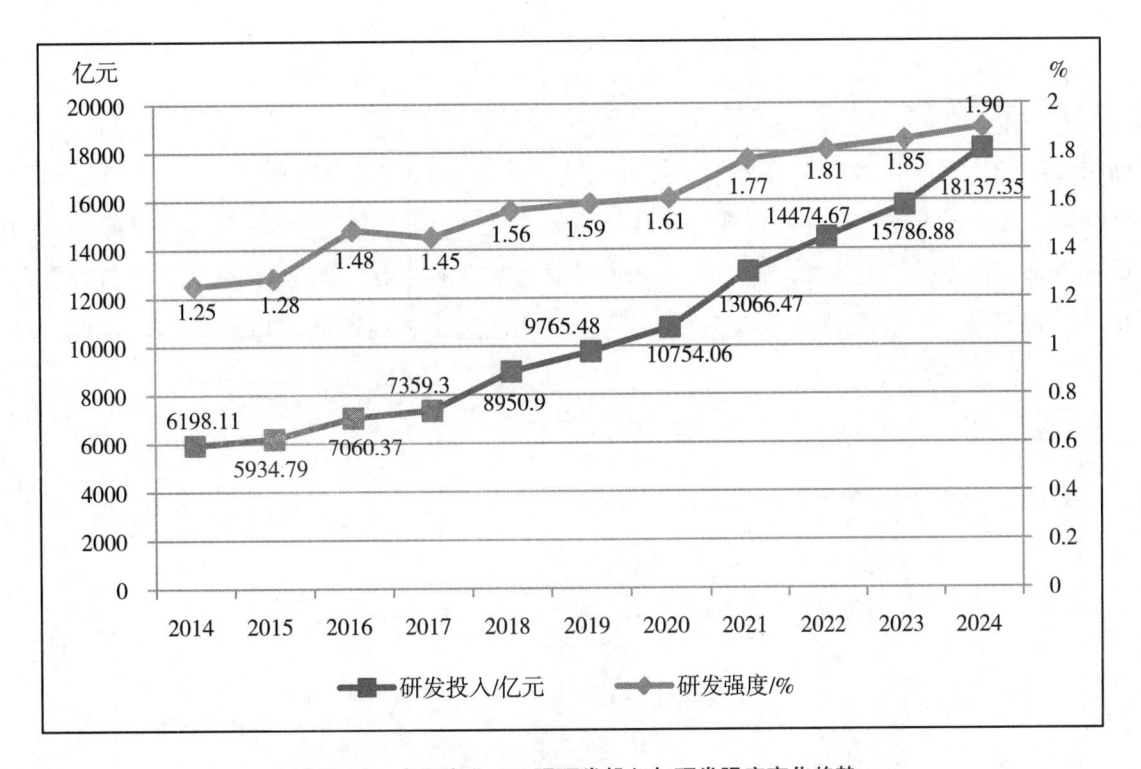

图1-25 中国企业500强研发投入与研发强度变化趋势

中国企业500强的平均研发强度呈持续提升态势，再创新高。2024中国企业500强研发投入总额占其营业收入总额的1.90%，为2002年以来的最高值。与上年500强相比，企业平均研发强度继续提高了0.05个百分点，这已经是中国企业500强平均研发强度连续第7年提高。

2. 2%~5%是研发投入主要区间，多数企业研发强度提升

2%~5%是中国企业500强研发投入的关键区间。2024中国企业500强中，有7家企业的研发强度超过了10%，比上年500强增加1家；合计投入研发费用2697.81亿元，占全部研发投入的14.88%。有18家企业研发强度位于5%~10%，与上年500强持平；合计投入研发费用2368.86亿元，占全部研发投入的13.07%。有122家企业研发强度位于2%~5%，比上年500强增加16家；合计投入研发费用8715.62亿元，占全部研发投入的48.07%。有316家企业研发强度位于2%以下，合计投入研发费用4347.71亿元，占全部研发投入的23.98%。显然，2%~5%区间的企业已经成为500强企业研发创新的主要投入力量。详见表1-10。

表1-10 2024中国500强企业研发投入强度区间分布

	企业数量/家	研发投入/亿元	研发投入占比/%
10%以上	7	2697.81	14.88
5%~10%	18	2368.86	13.07
2%~5%	122	8715.62	48.07
2%以下	316	4347.71	23.98
合计	463	18130.00	100.00

研发强度同比有所提升的企业多于下降的企业。2024中国企业500强中，与上年同口径相比，其中249家企业的研发强度有不同程度的提升，35家企业的研发强度与上年持平，179家企业的研发强度同比下降，研发投入同比增加的企业明显多于同比减少的企业。详见图1-26。从研发费用同比增长率看，有17家企业的研发投入在2023年增长了1倍以上；同比增长超过50%的企业，总共有42家。

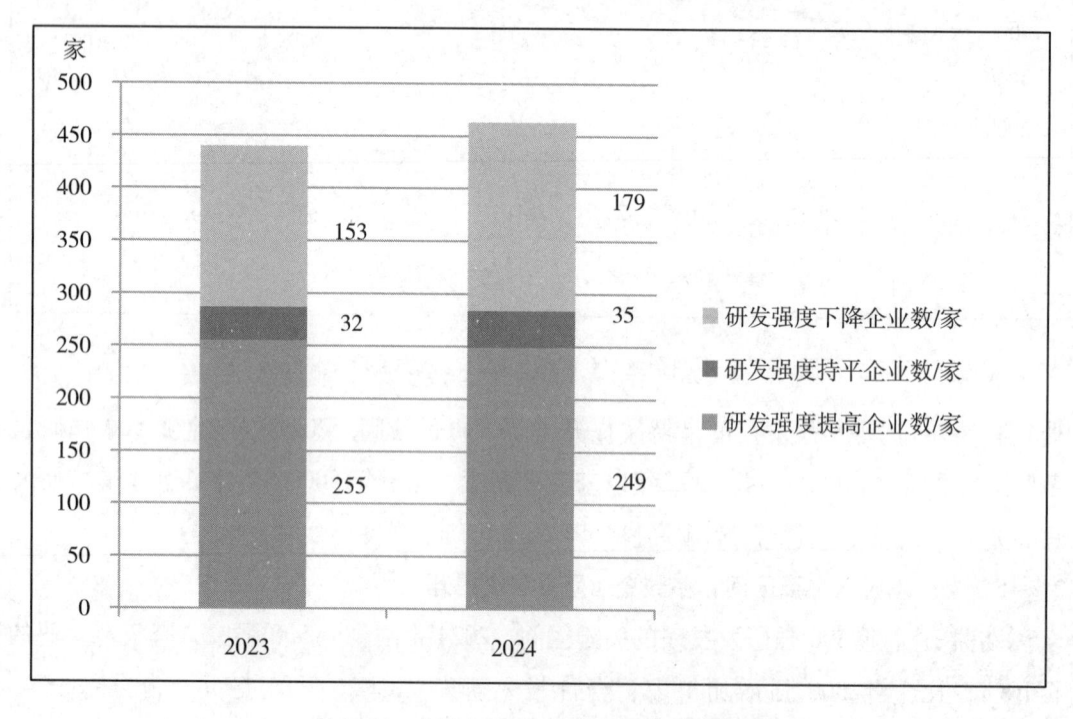

图1-26 中国企业500强研发强度升降情况

3. 制造业研发强度上升，非金融央企平均研发投入金额远超其他企业

制造业企业研发强度高于服务业企业，并且保持上升态势。2024中国企业500强中，制造业企业的平均研发强度为2.39%，比上年500强提高了0.09个百分点；服务业企业平均研发强度为1.15%，与上年500强持平。总体上看，制造业企业平均研发强度高于服务业企业，而且这一差距在2024中国企业500强中有所扩大。详见图1-27。

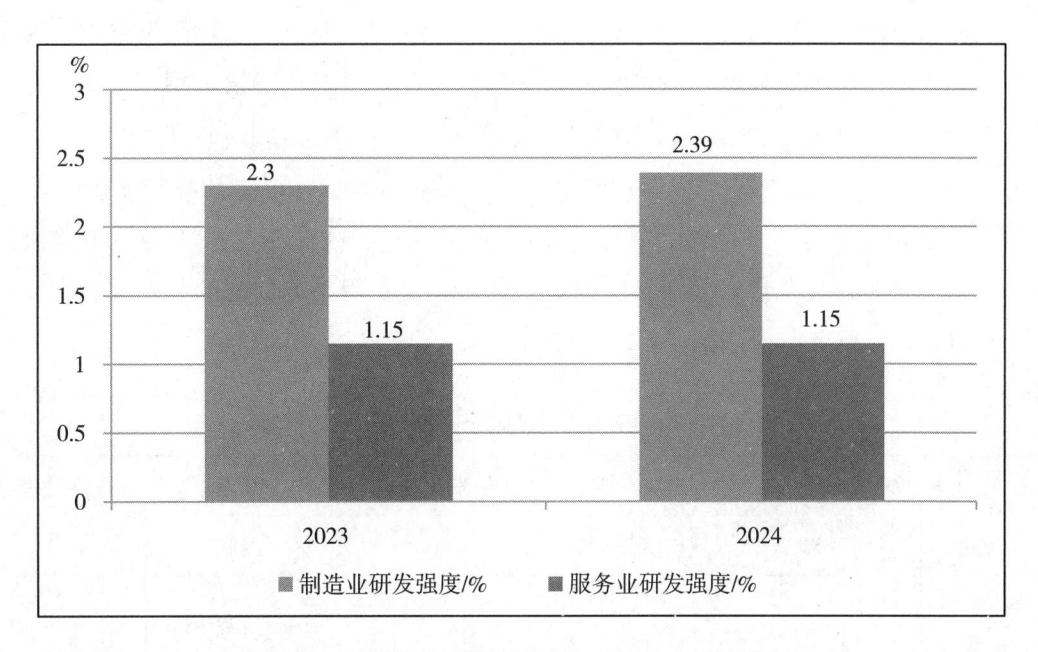

图 1-27　中国企业 500 强制造业、服务业研发强度变化

民营企业研发强度持续高于国有企业。2024 中国企业 500 强中，民营企业研发费用投入为 8206.77 亿元，平均研发强度为 2.75%；与上年 500 强相比，提高了 0.42 个百分点。国有企业研发费用投入为 9930.58 亿元，平均研发强度为 1.51%；与上年 500 强相比，下降了 0.05 个百分点。一升一降，国有企业与民营企业之间研发强度差距进一步扩大。详见图 1-28。

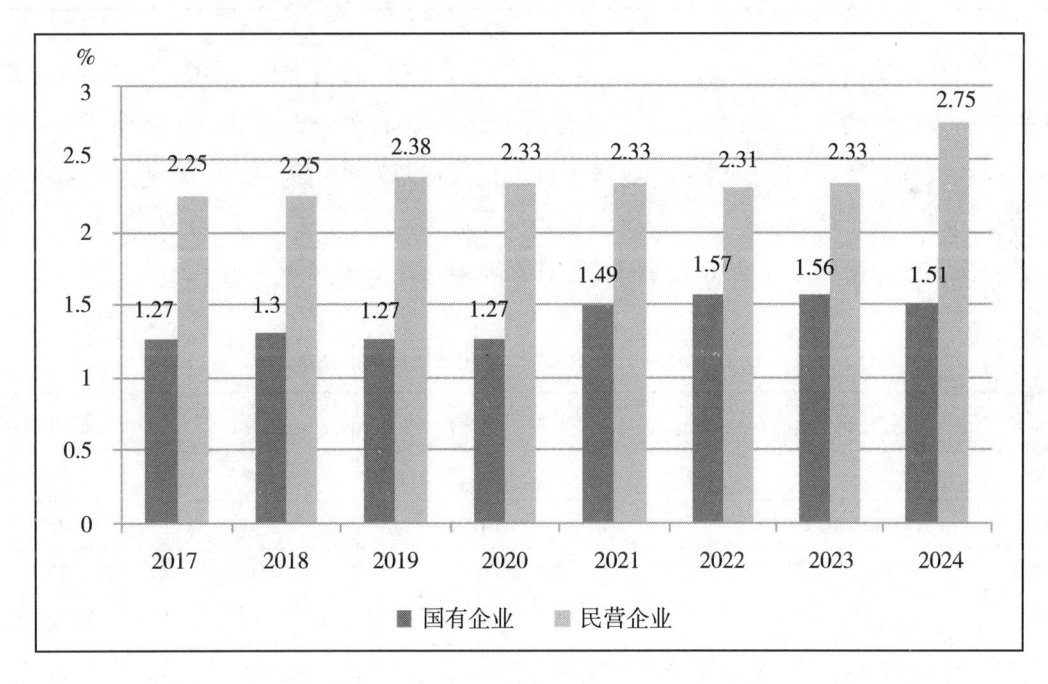

图 1-28　中国企业 500 强国企民企研发强度变化

4. 高端装备制造业研发力度持续领先，广东企业研发强度整体领先

高端装备制造业在研发上持续保持领先。通信设备制造业在研发强度、人均研发费用的行业排名中居于首位，兵器制造在平均研发费用的行业排名上居于首位。通信设备制造业的平均研发强度

为 13.64%，持续居于行业榜首；其次是轨道交通设备及零部件制造业，平均研发强度为 6.06%；再次是半导体、集成电路及面板制造是，平均研发强度为 5.38%。人均研发费用行业排名中，通信设备制造业居首位，为 48.45 万元；其次是软件和信息技术（IT）业，为 42.39 万元；再次是人力资源服务业，为 32.13 万元。企业平均研发费用排名中，兵器制造业居首位，平均研发费用为 213.79 亿元；其次是通信设备制造业，平均研发费用为 208.03 亿元；再次是航空航天业，平均研发费用为 186.15 亿元。显然，从研发强度、人均研发费用、平均研发费用排名前五的行业看，主要是高端设备制造行业，以及现代服务业。详见表 1-11。

表 1-11　2024 中国企业 500 强中行业研发排序前五

三级行业	研发强度/%	三级行业	人均研发费用/万元	三级行业	平均研发费用/亿元
通信设备制造	13.64	通信设备制造	48.45	兵器制造	213.79
轨道交通设备及零部件制造	6.06	软件和信息技术（IT）	42.39	通信设备制造	208.03
半导体、集成电路及面板制造	5.38	人力资源服务	32.13	航空航天	186.15
兵器制造	4.98	纺织印染	15.30	互联网服务	178.13
软件和信息技术（IT）	4.68	互联网服务	14.77	石油、天然气开采及生产业	152.82

广东省企业在区域研发强度排名中位居榜首，明显领先于其他地区。2024 中国企业 500 强中，广东企业平均研发强度为 3.93%，与上年相比提高了 0.21 个百分点，明显高于其他地区企业的平均研发强度。但在人均研发费用上，吉林企业居于首位，人均研发费用为 16.22 万元。在企业平均研发费用上，吉林同样占据了榜首，企业平均研发费用为 166.10 亿元。不过这一地位并不可靠，因为吉林仅有 1 家企业入围，单一企业的研发数据并不具备典型的代表性。详见表 1-12。

表 1-12　2024 中国企业 500 强中地区研发排序前五

地区	研发强度/%	地区	人均研发费用/万元	地区	平均研发费用/亿元
广东	3.93	吉林	16.22	吉林	166.10
湖南	3.24	湖南	14.95	北京	102.23
吉林	2.62	浙江	11.95	广东	77.75
辽宁	2.36	广东	9.81	辽宁	44.70
内蒙古自治区	2.28	山东	8.73	湖南	37.75

5. 专利数量与质量持续提升，国际标准制定参与度更高

中国企业 500 强的专利与发明专利数量持续增加，发明专利再次回升。2024 中国企业 500 强共申报专利总数 202.97 万件，比上年 500 强增加了 14.44 万件，增长了 7.66%。其中申报发明专利

88.96万件，比上年500强增长了19.67%。2024中国企业500强中发明专利占全部专利的43.83%，占比比上年500强提高了4.40个百分点，发明专利占比在两连降后重新回升。详见图1-29。

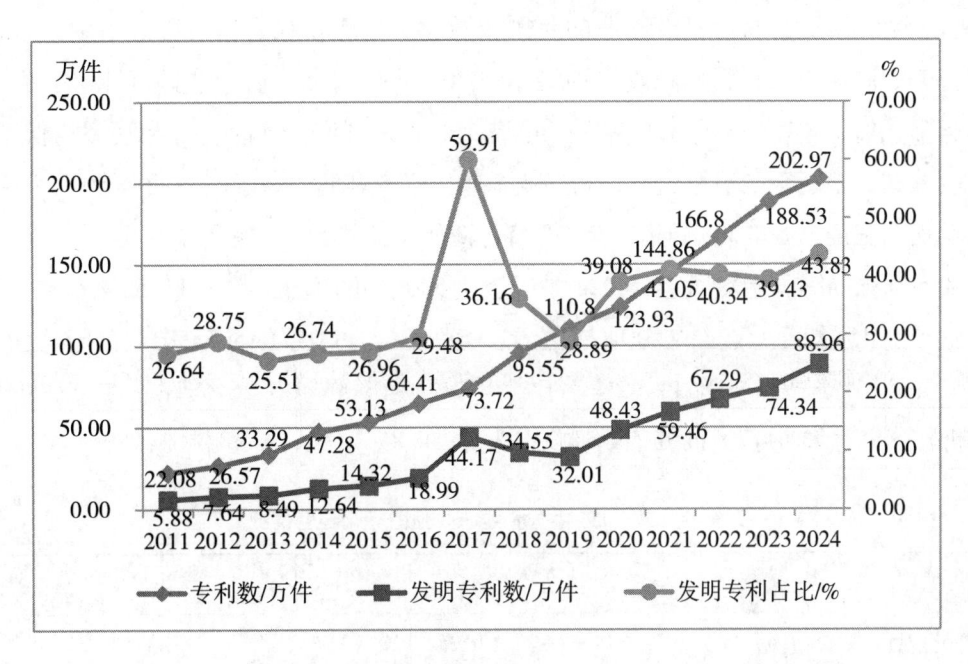

图1-29 中国企业500强专利与发明专利、发明专利占比变动态势

企业参与标准制定活跃度均有所提升。2024中国企业500强共申报参与标准制定75252项，较上年500强申报数增加142项，企业申报参与标准制定数据实现了6连升。在参与国际标准制定上，企业共申报参与了5267项国际标准制定，这一数据比上年500强增加了275项。详见图1-30。这在一定程度上表明，我国企业积极参与国际标准制定，活跃度提升，话语权增强。

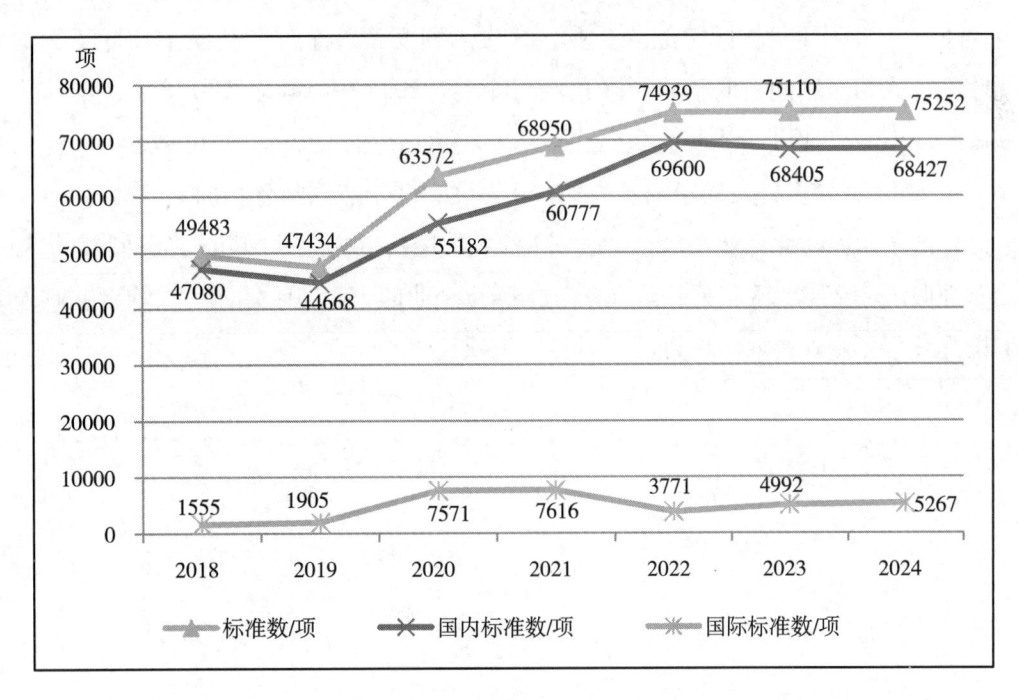

图1-30 中国企业500强企业参与标准制定情况变动趋势

七、2024 中国企业 500 强的国际化特征

2024 中国企业 500 强国际化经营企业的跨国指数比上年 500 强有所下降。中国大企业国际化经营能力有待提升，国际化经营企业的收入利润率、净资产利润率均低于非国际化经营企业，但在规模上大于非国际化经营企业。从分类比较看，国有企业收入利润率、净资产利润率均低于民营企业，服务业企业收入利润率高于制造业企业，制造业企业净资产利润率高于服务业企业。

1. 国际化经营程度与上年 500 强相比有所下降，海外人员占比有所提高

中国企业 500 强的跨国指数回落。2024 中国企业 500 强的跨国指数为 11.53%，与上年 500 强相比，指数回落了 0.15 个百分点。从分项指数看，海外收入占比为 15.55%，比上年 500 强下降了 0.29 个百分点；海外资产占比为 11.92%，比上年 500 强下降了 0.26 个百分点；海外人员占比为 7.12%，比上年 500 强提高了 0.11 个百分点。详见表 1-13。

表 1-13 2024 中国企业 500 强国际化经营情况

	2023 年指标值/%	2024 年指标值/%
跨国指数	11.68	11.53
其中：海外资产占比	12.18	11.92
海外收入占比	15.84	15.55
海外人员占比	7.01	7.12

2. 国际化经营企业的盈利能力不如非国际化企业，但企业规模大于非国际化企业

2024 中国企业 500 强中的国际化经营企业，其收入利润率、净资产利润率均低于非国际化经营企业，人均收入、人均净利润也低于非国际化经营企业。2024 中国企业 500 强中，国际化经营企业的收入利润率为 3.16%，低于非国际化经营企业 2.52 个百分点；净资产利润率为 7.49%，低于非国际化经营企业 1.14 个百分点；人均净利润为 11.30 万元，低于非国际化企业 6.53 万元；企均净利润为 85.60 亿元，低于非国际化企业 8.92 亿元。但在营业收入指标上，国际化企业占有优势；国际化企业的企均营业收入为 2712.68 亿元，远高于非国际化企业的 1665.04 亿元；人均营业收入为 358.02 万元，比非国际化经营企业高 43.84 万元。详见图 1-31。

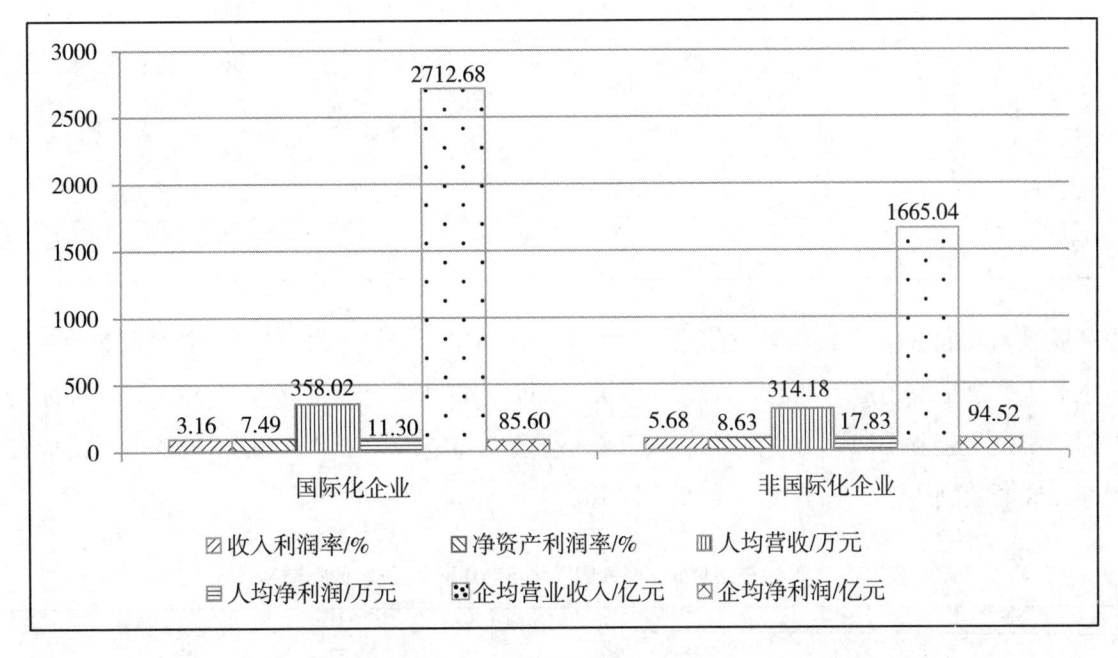

图 1-31 2024 中国企业 500 强国际化与非国际化企业比较

排位越靠前的企业，越倾向于国际化。2024 中国企业 500 强中，前 100 强企业中有 62 家企业参与了国际化经营，占全部国际化经营企业的 24.22%；第 101~200 位的企业中，有 71 家企业参与了国际化；而在第 301~500 位的企业中，一共只有 67 家企业参与了国际化。这一结果表明：企业国际化经营早期的绩效可能并不理想；规模越大的企业，越倾向于国际化经营，倾向于开拓国际市场，并将其作为新的收入与利润增长点。详见表 1-14。

表 1-14 2024 中国企业 500 强中国际化经营企业排名区间分布

区间分布排名	国际化企业数/家	分布比率/%	累计占比/%
1~100	62	24.22	24.22
101~200	71	27.73	51.95
201~300	56	21.88	73.83
301~400	33	12.89	86.72
401~500	34	13.28	100.00

3. 国际化经营能力所有制各有高低，行业互有优劣

2024 中国企业 500 强中，国际化经营的国有企业，其收入利润率、净资产利润率都低于民营企业。2024 中国企业 500 强中，国有企业的平均收入利润率为 3.13%，低于民营企业的 3.24%；其平均净资产利润率为 6.67%，远低于民营企业的 11.78%。详见表 1-15。

表 1-15　2024 中国企业 500 强国际化与非国际化企业的所有制差异比较

	平均收入利润率/%		平均净资产利润率/%	
	非国际化企业	国际化企业	非国际化企业	国际化企业
国有企业	6.60	3.13	7.85	6.67
民营企业	4.43	3.24	10.76	11.78

服务业收入利润率高于制造业，但制造业净资产利润率高于服务业。2024 中国企业 500 强国际化经营企业中，制造业企业的平均收入利润率为 2.15%，低于服务业企业的 4.59%；但在净资产利润率方面，制造业企业平均值为 8.50%，高于服务业企业的 6.83%。从行业比较看，制造业与服务业的国际化经营盈利水平各有千秋。详见表 1-16。

表 1-16　2024 中国企业 500 强国际化与非国际化企业行业差异比较

	平均收入利润率/%		平均净资产利润率/%	
	非国际化企业	国际化企业	非国际化企业	国际化企业
制造业	2.04	2.15	8.25	8.50
服务业	9.27	4.59	8.91	6.83

八、2024 中国企业 500 强的兼并重组活动

2024 中国企业 500 强的并购重组强度回落，共有 142 家企业参与了并购重组，与上年 500 强持平；共实施了 909 次并购重组，比上年 500 强减少了 108 次。国有企业是并购重组的关键力量，102 家国有企业完成了 688 次并购重组；32 家其他行业企业共完成了 281 次并购重组，并购强度高于制造业企业和服务业企业；从区域看，北京、广东和浙江地区企业并购重组较为活跃。参与并购的 142 家企业，其盈利水平整体上都明显好于未参与并购重组的企业，但净利润增速慢于非并购企业。

1. 并购重组活跃度下降，国企是并购参与关键力量

中国企业 500 强的并购重组活跃度有所下降。2024 中国企业 500 强中，有 142 家企业参与了并购重组，共完成对 909 家企业的并购重组，其中参与并购企业数与上年持平，完成并购重组的次数比上年 500 强减少了 108 次。从企业平均并购次数看，2024 中国企业 500 强中 142 家并购主体的平均并购次数为 6.40 次，比上年 500 强的企业平均并购次数少了 0.76 次。详见图 1-32。

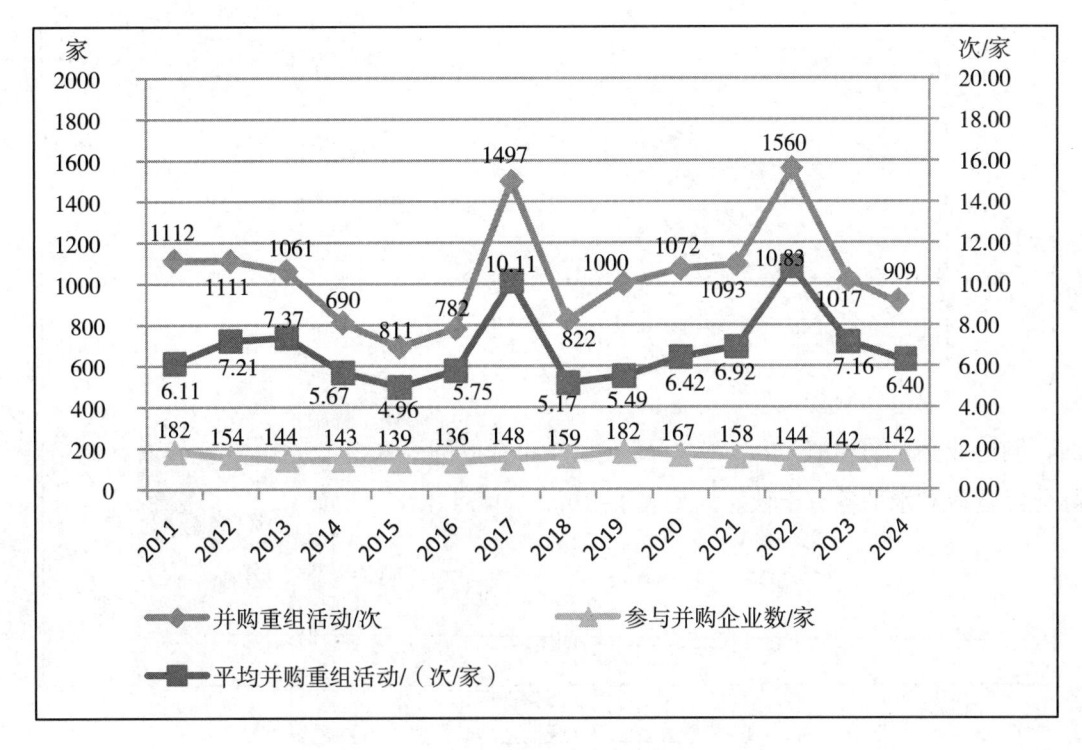

图 1-32 中国企业 500 强并购重组变化趋势

国有企业是实施并购重组的关键力量。2024 中国企业 500 强中，有 102 家国有企业参与了并购重组，占全部国有企业的 39.84%，国有企业参与并购重组的比例高于民营企业 23.45 个百分点。从实施并购次数看，国有企业共实施了 708 次并购重组，占全部并购重组次数的 77.89%，也明显高于国有企业在 2024 中国企业 500 强中的数量占比。从企业平均并购次数看，国有企业为 6.94 次，高于民营企业的 5.02 次。详见表 1-17。

表 1-17 2024 中国企业 500 强不同所有制企业并购参与情况

	并购参与企业数/家	并购次数/次	平均并购次数/次	并购参与率/%
国有企业	102	708	6.94	39.84
民营企业	40	201	5.02	16.39

2. 其他行业平均并购重组次数最多，广东、北京和浙江企业并购重组最为活跃

2024 中国企业 500 强中，60 家制造业企业共实施了 278 次并购重组，50 家服务业企业共实施了 350 次并购重组，32 家其他行业的企业，共实施了 281 次并购重组，占全部并购重组次数的 30.91%。详见图 1-33。从平均并购次数看，其他行业为 8.78 次，服务业为 7.00 次，制造业为 4.63 次。

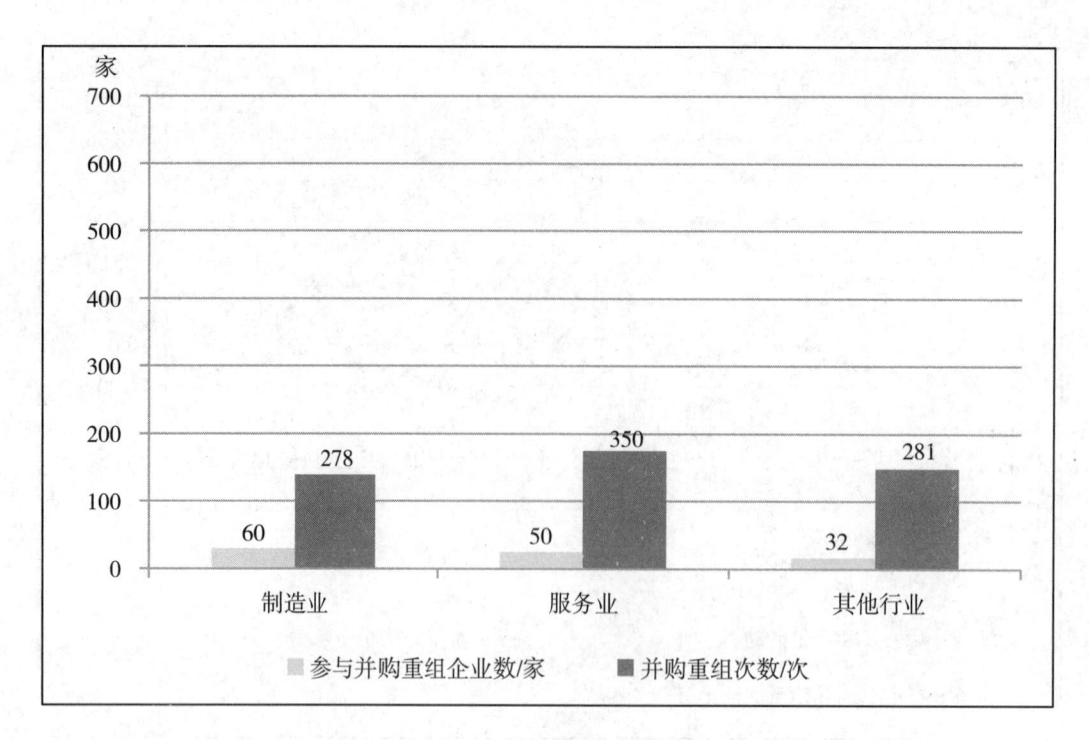

图 1-33 2024 中国企业 500 强制造业、服务业并购重组比较

北京、广东和浙江地区的企业，在并购重组上相对较为活跃。2024 中国企业 500 强中，企业并购活跃前十位地区排名如表 1-18 所示。北京有 22 家企业共并购重组了 161 家企业，平均并购强度为 7.32 家，广东有 20 家企业共并购重组了 286 家企业，平均并购强度 14.30 家，浙江有 14 家企业共并购重组 127 家，平均并购强度为 9.07 家。

表 1-18 2024 中国企业 500 强并购重组活跃地区

地区	参与并购数/家	并购企业数/家	入围企业数/家	平均并购强度/家
北京	22	161	78	7.32
广东	20	286	52	14.30
山东	16	80	55	5.00
浙江	14	127	51	9.07
四川	8	19	19	2.38
江苏	8	20	40	2.50
福建	7	54	21	7.71
上海	6	41	33	6.83
广西壮族自治区	5	10	9	2.00
河北	5	11	25	2.20

3. 并购参与企业的盈利水平高于非并购企业，但净利润增速慢于非并购企业

参与并购的企业，其盈利水平整体上明显高于未参与并购重组的企业。2024 中国企业 500 强中，142 家参与并购重组的企业，其收入利润率、净资产利润率分别为 2.38%、7.13%，均明显高于非并购重组企业的 1.94%、6.15%；人均净利润为 9.69 万元，同样远高于非并购企业的 6.56 万元。详见图 1-34。这一数据反映了 2023 年并购重组市场的新特征：由优质企业大量发起并购重组，整合市场资源。

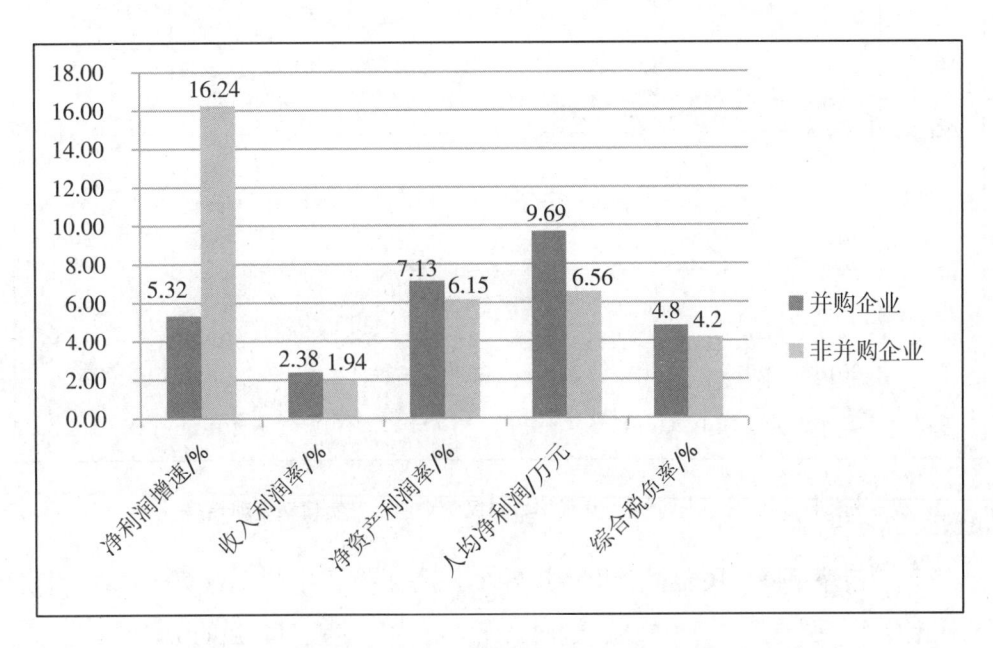

图 1-34 2024 中国企业 500 强并购企业与非并购企业盈利与税负比较

2024 中国企业 500 强中，并购重组企业的净利润增速为 5.32%，远低于 358 家非并购企业的 16.24%，这表明并购重组在一定程度上影响了净利润的增长。此外，并购企业的税负水平整体上高于非并购企业；2024 中国企业 500 强中并购重组企业的综合税负率为 4.80%，比未参与并购重组的企业高 0.60 个百分点。

九、2024 中国企业 500 强的其他相关分析

2024 中国企业 500 强的资产负债率反转下降，民营企业的资产周转明显加快。企业资本劳动比持续提高，技术水平的提升推动大企业由劳动密集向资本密集转变。人均产出水平持续提升，民营企业人均产出好于国有企业。企业换榜率自高位趋稳后有所回落，新进企业营业收入与净利润均快速增长，效益明显好于连续上榜企业，更具发展活力。新进上榜企业主要来自东部沿海地区；连续上榜企业的排名变化明显，部分企业的排名变动较大。

1. 资产负债率下降，民营企业资产周转加快

企业资产负债率下降。2024 中国企业 500 强的资产负债率为 81.96%，与上年 500 强相比，下降了 0.61 个百分点。其中国有企业资产负债率为 83.52%，下降了 0.91 个百分点；民营企业资产负债率为 71.57%，大幅降低了 8.02 个百分点。总体上看，民营企业表现出加快去杠杆的特征。详见图 1-35。

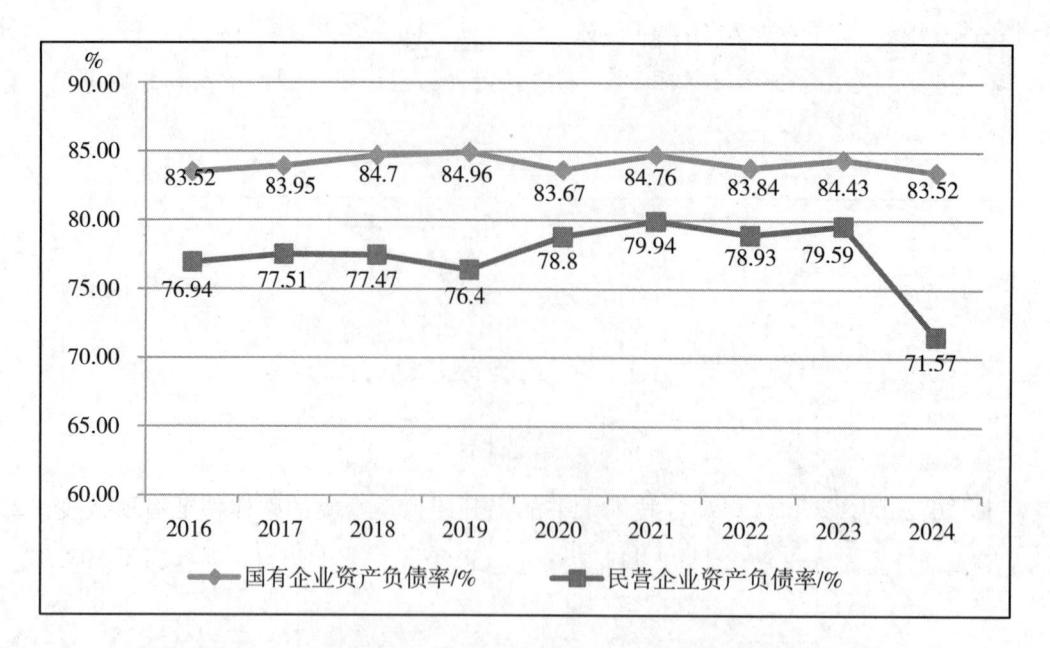

图 1-35 中国企业 500 强国有与民营企业资产负债率变动趋势

国有企业资产周转率下降，民营企业资产周转率提高。2024 中国企业 500 强综合资产周转率为 0.26 次/年，比上年 500 强微降了 0.01 次。近两三年来，中国企业 500 强的资产周转水平总体上小幅走低。其中非银企业的资产周转率为 0.50 次/年，明显高于总体水平，但与上年 500 强非银企业相比，资产周转率微降了 0.02 次。其中国有企业资产周转率为 0.20 次/年，比上年 500 强国有企业降低了 0.02 次；民营企业资产周转率为 0.63 次/年，比上年 500 强民营企业提高了 0.11 次，民营企业的资产周转明显加快。详见表 1-19。

表 1-19 中国企业 500 强资产周转率变化

	总体资产周转率/（次/年）	非银企业资产周转率/（次/年）	国有企业资产周转率/（次/年）	民营企业资产周转率/（次/年）
2008	0.37	0.37	0.32	1.46
2009	0.35	0.35	0.32	0.34
2010	0.30	0.30	0.28	0.59
2011	0.34	0.34	0.31	0.61
2012	0.34	0.34	0.31	0.61
2013	0.33	0.33	0.30	0.68
2014	0.32	0.32	0.28	0.73
2015	0.30	0.30	0.26	0.66
2016	0.27	0.27	0.23	0.62
2017	0.25	0.51	0.21	0.51
2018	0.26	0.52	0.21	0.59
2019	0.26	0.51	0.22	0.58

续表

	总体资产周转率/（次/年）	非银企业资产周转率/（次/年）	国有企业资产周转率/（次/年）	民营企业资产周转率/（次/年）
2020	0.28	0.50	0.23	0.50
2021	0.26	0.48	0.21	0.50
2022	0.28	0.51	0.23	0.53
2023	0.27	0.52	0.22	0.52
2024	0.26	0.50	0.20	0.63

2. 资本劳动比连续提升，人均产出水平继续升高

企业资本与劳动的比率持续提高，技术水平的提升使劳动密集的整体特征有所改变。2024 中国企业 500 强的人均资本投入（资产/员工数）为 1326.30 万元，比上年 500 强提高了 108.07 万元；其中非银企业的人均资本投入为 677.65 万元，比上年 500 强提高了 53.18 万元。具体见图 1-36。人均资本投入水平可以视为资本劳动比；人均资本投入水平的变化趋势，也代表了资本劳动比的变化趋势。图 1-36 表明，中国企业 500 强的资本劳动比一直呈上升态势，这意味着中国企业 500 强的整体技术水平在不断提高，对劳动投入的依赖持续弱化，劳动密集型特征有所减弱，资本密集特征逐渐突出。

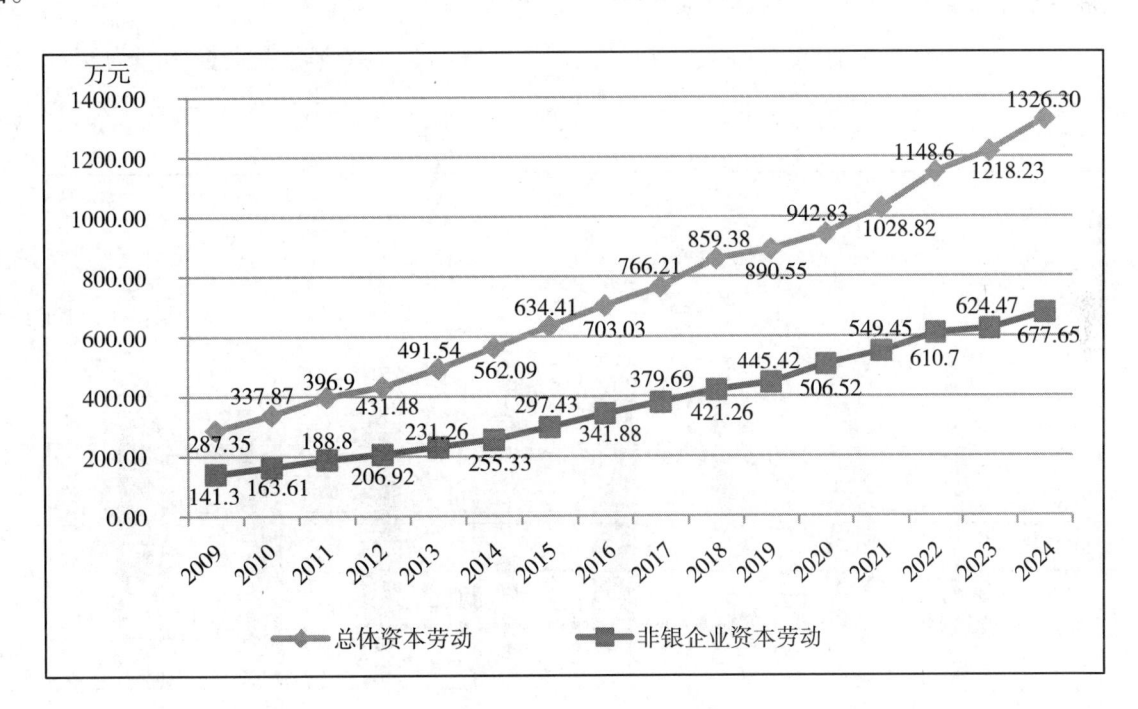

图 1-36 中国企业 500 强总体与非银企业资本劳动变动趋势

中国企业 500 强人均产出水平继续升高。2024 中国企业 500 强的人均营业收入为 340.42 万元，比上年 500 强增加了 10.20 万元，呈持续提升态势；人均净利润为 13.91 万元，比上年 500 强提高了 0.82 万元，扭转了上年人均净利润下降的趋势，实现反弹回升，创下历史最好水平。详见图 1-37。其中国有企业人均营业收入为 328.94 万元，民营企业人均营业收入为 369.03 万元；国有企业人均净利润为 13.80 万元，民营企业人均净利润为 14.19 万元。

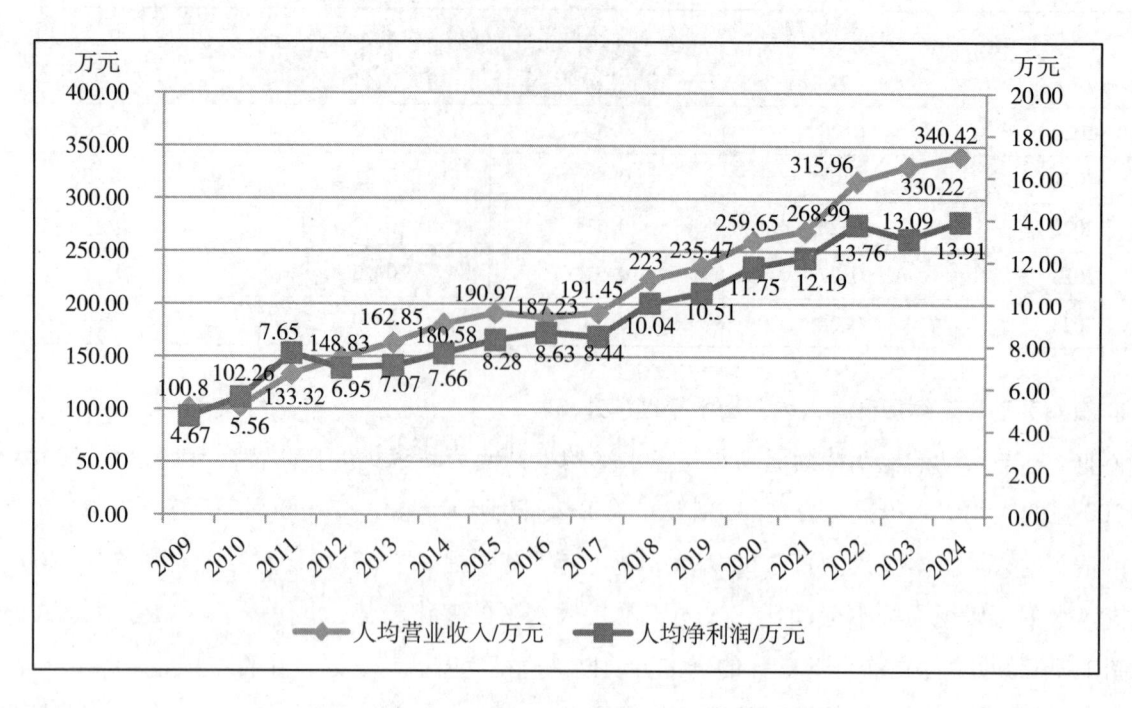

图 1-37　中国企业 500 强人均营业收入、人均净利润变动趋势

3. 换榜率保持稳定，新进企业更具发展活力

2024 中国企业 500 强中有 48 家企业进出，换榜企业数与上年持平，企业换榜率为 9.60%。详见图 1-38。

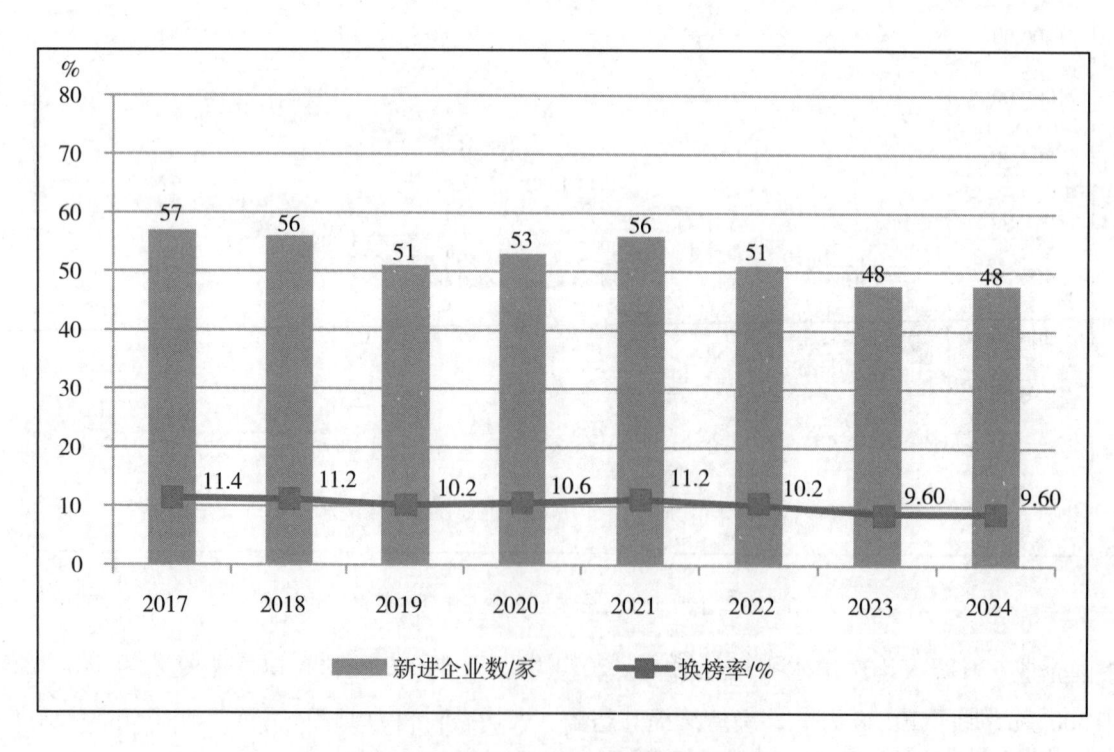

图 1-38　中国企业 500 强换榜率变化趋势

新进企业整体效益好于连续上榜企业。2024中国企业500强中的48家新进企业的收入利润率为6.30%，净资产利润率为10.05%，分别比452家连续上榜企业的收入利润率、净资产利润率高2.28个百分点、2.12个百分点，新进企业盈利能力明显好于连续上榜企业。

4. 新进企业主要来自东部沿海地区，部分企业排名变化较大

新进上榜企业主要来自东部沿海地区。2024中国企业500强中的48家新进企业，包括江苏、山东、四川、河北均有新进企业5家，上海、北京各有4家，河南、广东各有3家，重庆、福建、广西各有2家；整体上看，东部地区的江苏、山东、河北、上海、北京、广东、福建、天津、海南、浙江，合计有新进企业32家，占全部48家新进企业的66.67%。详见图1-39。

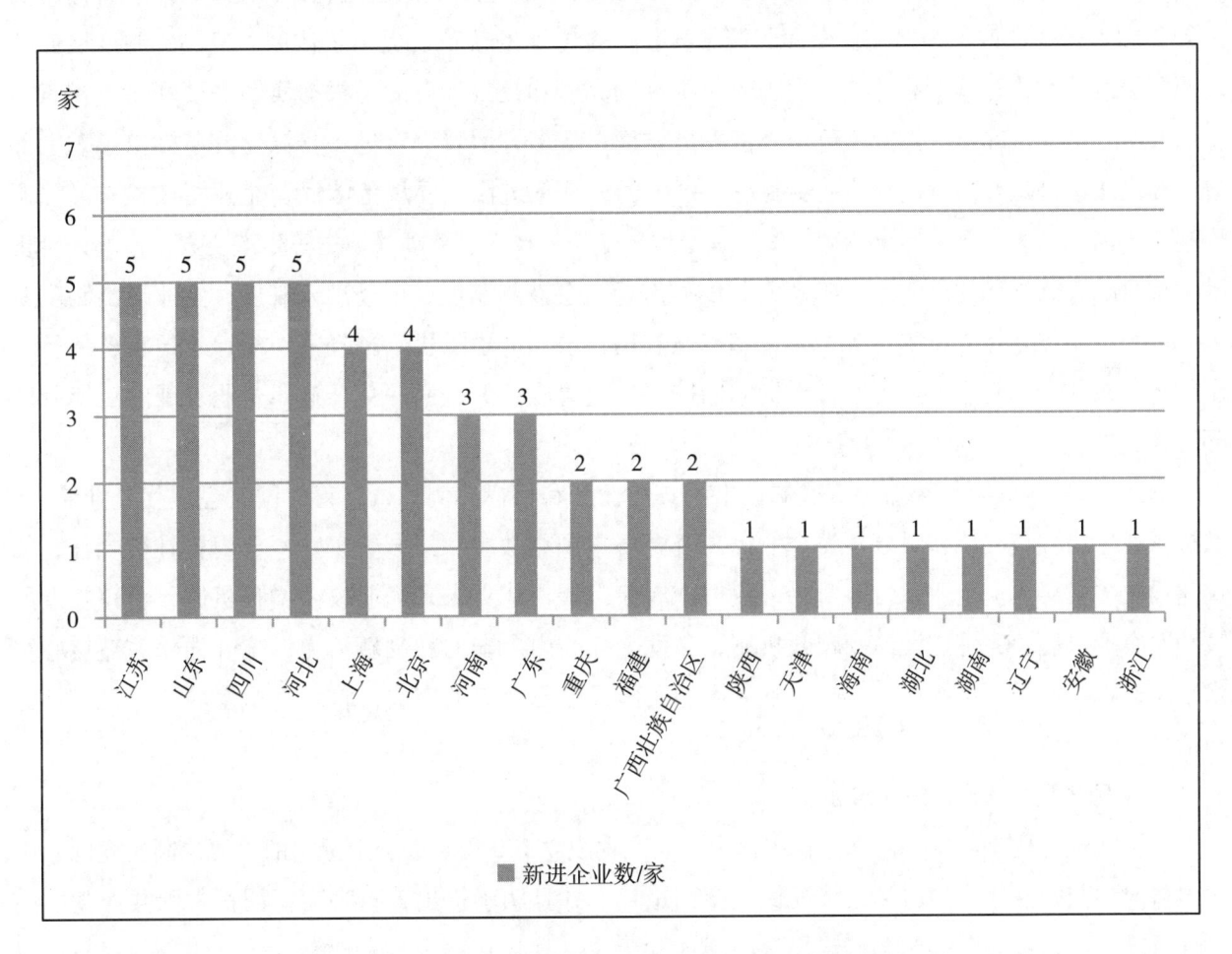

图1-39 2024中国企业500强新进企业来源地区分布

连续上榜企业的排名变化明显，部分企业的排名变动较大。在2024中国企业500强的446家连续上榜企业中，有18家企业的排名维持不变，270家企业排名上升，158家企业排名下降；排名上升超过50位的有29家，排名下降超过50位的有15家。

十、当前中国大企业发展迎来新环境

2024年，是企业复苏振兴之年，也是发展提质增效之年；是中国式现代化建设加快推进之年，也是全面深化改革再度起航之年。企业既面临着稳增长增效益的巨大压力，也迎来了改革全面深化所开创的发展新局面。总体上看，中国大企业所面对的是一个整体向好的新环境。

1. 全面深化改革再度起航

党的十八大以来，以习近平同志为核心的党中央把全面深化改革纳入"四个全面"战略布局，持续发力、多点突破，诸多改革领域实现历史性变革、系统性重塑、整体性重构，带动经济社会发展活力大幅提升、动力持续释放。改革的成效显而易见，改革对经济社会发展的作用充分凸显。

改革只有进行时，没有完成时。改革解决了旧问题，推动了新发展；新发展孕育着新问题，新问题需要新改革来解决。针对经济社会环境的发展变化，结合中国式现代化建设的需要，党的二十届三中全会通过了《中共中央关于进一步全面深化改革、推进中国式现代化的决定》（以下简称《决定》），以经济体制改革为牵引，全面部署了各领域各方面的改革，提出了体制、机制、制度层面的多项重要改革举措；其中有的是对过去改革举措的完善和提升，有的是根据实践需要和试点探索提出的改革新举措。在经济体制改革与经济发展方面，从多方面着手对进一步深化改革做出了重大部署，提出法治是最好的营商环境，要制定出台民营经济促进法，要规范涉民营企业行政检查。强调要构建全国统一大市场，健全劳动、资本、土地、知识、技术、管理、数据等生产要素由市场评价贡献、按贡献决定报酬的机制；完善产权制度、市场信息披露制度、市场准入制度、企业退出制度及健全社会信用体系和监督制度等，防止和纠正利用行政、刑事手段干预经济纠纷，对侵犯各种所有制经济产权和合法利益的行为实行同责同罪同罚。随着改革的全面深化推进，企业发展的法律制度环境将更加优良。

与此同时，《决定》还对经济发展提出了具体任务和目标。例如，完善中国特色现代企业制度，弘扬企业家精神，支持和引导各类企业提高资源要素利用效率和经营管理水平、履行社会责任，加快建设更多世界一流企业；引导新兴产业健康有序发展，建立未来产业投入增长机制，培育壮大科技领军企业机制；完善扩大消费长效机制，激发全社会内生动力和创新活力；统筹强化关键核心技术攻关，提高成果转化效率。这些改革举措的实施及改革任务的完成，将为企业发展注入强大动力与活力。

2. 中国式现代化建设加快推进

中国式现代化是习近平总书记在庆祝中国共产党成立100周年大会上提出的重要论断，党的二十大报告对中国式现代化的内涵与特征做了全面论述，并且明确提出，新时代新征程中国共产党的中心任务就是"团结带领全国各族人民全面建成社会主义现代化强国、实现第二个百年奋斗目标，以中国式现代化全面推进中华民族伟大复兴"。

随着党的二十大精神的全面贯彻落实，中国式现代化建设加快推进。第一，改革的持续深化为推进中国式现代化持续注入了强劲动力，阻碍中国式现代化建设的不利因素逐步被清除。第二，以中国式现代化全面推进中华民族伟大复兴已经成为普遍共识，各行各业、各领域、各地区都在加快部署推进落实中国式现代化建设的各项具体工作。2023年以来，中国式现代化建设不断取得新突破：全国粮食总产量创历史新高，经济总体回升向好，高质量发展扎实推进，现代化产业体系建设取得重要进展，新质生产力加快形成，改革开放向纵深推进，安全发展基础巩固夯实，民生保障有力有效，中国特色大国外交扎实推进，向全面建设社会主义现代化国家迈出坚实步伐；创新生态持续优化，全社会支持创新、投入创新、参与创新、推动创新的热情高涨，中国创新能力综合排名上升至第十位，进一步向创新型国家前列迈进；重大科技创新成果不断涌现，"奋斗者"号完成国际首次环大洋洲载人深潜科考任务，C919完成首次商业载客飞行，全球首台16兆瓦海上风电机组并网发电，自主三代核电技术"华龙一号"全球首堆示范工程通过竣工验收，全球首枚忆阻器存算一体芯片诞生。

3. 金融对实体经济发展的支持显著增强

习近平总书记多次就"为实体经济服务是金融立业之本"做出重要论述，深刻指出实体经济是金融的根基，金融是实体经济的血脉，为实体经济服务是金融的天职，也是防范金融风险的根本举措。但在实践中金融发展与实体经济发展之间的不协调一直都是影响中国经济高质量发展的重要因素。在历年中国企业500强中，虽然金融业入围企业的数量与美国500强基本相同，但其利润占比却远高于美国500强。融资难、融资贵是中国民营企业所面临的突出难题。

随着金融改革的持续推进，金融与实体经济的关系明显改善，金融对实体经济发展的支持显著增强，为实体经济的复苏振兴注入了强大动力。党的二十届三中全会也对金融服务实体经济提出了新要求，部署了推动金融更好服务实体经济发展的改革新举措，将有助于加快构建金融与实体经济协同发展的新格局。从融资供给角度看，金融机构加大了信贷资金供给力度，2023年年末社会融资规模存量为378.09万亿元，同比增长9.5%；其中对实体经济发放的人民币贷款余额为235.48万亿元，同比增长10.4%；对科技型中小企业本外币贷款余额同比增长21.9%，制造业中长期贷款余额同比增长31.9%，本外币绿色贷款余额同比增长36.5%，普惠小微贷款余额同比增长23.5%，均明显快于全部贷款增速。从结构上看，2023年年末实体经济人民币贷款余额占同期社会融资规模存量的62.3%，同比提高0.5个百分点。从融资成本看，企业融资成本保持低位运行。2023年，企业贷款加权平均利率为3.88%，同比下降0.29个百分点，创有统计以来新低；其中普惠型小微企业贷款平均利率4.78%，较2022年下降0.47个百分点；2024年上半年，各类债券发行利率几乎全线走低，小微企业普惠型贷款利率也稳中有降。2024年5月，国家发展改革委等部门联合发布《关于做好2024年降成本重点工作的通知》，提出推动贷款利率稳中有降。7月22日，央行将公开市场7天期逆回购操作利率由此前的1.80%调整为1.70%，1年期LPR（贷款市场报价利率）调整为3.35%，5年期以上LPR调整为3.85%，均较上月下降10个基点，释放了利率下行的信号，将有助于拉动银行存贷款利率的下调。

4. 宏观政策将"持续用力、更加给力"

2024年7月30日中共中央政治局召开会议，分析研究当前经济形势，部署下半年经济工作。上半年经济社会发展取得满意成绩，但也面临不少问题，认为当前外部环境变化带来的不利影响有所增多，国内有效需求不足，经济运行出现分化，在部分重点领域存在较多风险隐患，新旧动能转换存在阵痛。面对这些发展中出现的问题，政府和企业都应保持战略定力，坚定发展信心，积极主动应对，同时要增强风险意识，坚持底线思维，守住发展底线。

会议对下半年经济工作做出了部署，强调要正确处理"改革、发展、稳定"之间关系，"要以改革为动力促进稳增长、调结构、防风险""围绕推进中国式现代化进一步全面深化改革，加大宏观调控力度，深化创新驱动发展，深入挖掘内需潜力，不断增强新动能新优势，增强经营主体活力，稳定市场预期，增强社会信心"；强调"下半年改革发展稳定任务很重"，宏观政策要"持续用力、更加给力"，要"加强逆周期调节"，在充分落实好已确定政策的同时，"及早储备并适时推出一批增量政策举措"，确保"坚定不移完成全年经济社会发展目标任务"。

基于此，在货币政策方面，将着眼于引导融资成本的进一步下降。基于此，在财政政策方面，将加快超长期特别国债、专项债的发行与使用，将适度增加债券发行额度，尽快形成更多实物工作量，形成促进经济增长的有效投资。加快推进大规模设备更新和消费品以旧换新，实质性满足国内市场需求。

5. 国际经贸环境稳中向好

2023年的国际经贸环境，总体上看对中国企业的发展有较大的不利影响。一方面，部分国家对中国企业陆续出台了一些限制性甚至禁止性政策，包括将特定的中国企业列入所谓的"实体清单"，或是在招标和现有设施中移除中国企业设备；另一方面，全球出口贸易额同比下滑4.6%，以美元计算的中国出口贸易额同样下滑了4.6%。此外，美元加息及其所导致的全球汇率波动效应持续存在，国际资本流动压力高企，招商引资难度加大，2023年实际使用外资1632.5亿美元，折合人民币1.13万亿元，同比减少8.0%。

2024年以来，中国企业所面临的国际经贸环境总体上稳中向好。在国际金融方面，美元加息的冲击余波基本过去，而新一轮的美元降息尚未开启，人民币汇率总体上保持双向小幅波动态势，国际资本的流动总体上安全可控。在国际贸易方面，2024年全球经济预计可实现软着陆，全年增长预期向好，国际货币基金组织、世界银行等国际机构纷纷上调了关于2024年全球经济增速的预测值；在经济复苏向好预期的推动下，一季度全球货物贸易、服务贸易同比分别增长1%、1.5%，预计全年全球贸易总额增速在2%以上。在全球贸易稳定复苏增长和国家稳外贸政策的共同推动下，2024年1—5月中国货物出口贸易9.95万亿元，同比增长6.1%，保持良好增长态势；实现贸易顺差2.4万亿元，同比扩大5.2%。与此同时，国际经贸合作也在朝着积极的方向发展；中欧经贸关系的紧张程度有所缓解，连续中断5年的中日韩领导人峰会再次举行，印度也传出有关降低中国商品非贸易关税的信号，2024年以来举办的多个国际贸易峰会均取得丰硕成果。总体上看，中国企业当前正迎来一个相对更稳定、更包容、更具可预测性的国际经贸环境。

十一、促进中国大企业提质增效发展的对策建议

党的二十届三中全会再次强调了"高质量发展是全面建设社会主义现代化国家的首要任务"这一重大论断，提出要完善推动高质量发展的激励约束机制，塑造发展新动能新优势。发展质量上的不足，是中国大企业的突出短板之一。在未来发展中，大企业应以发展质量的持续提升为关键目标，从改革、创新与结构调整等维度出发，采取有效发展举措。

1. 全面深化企业内部经营体制机制改革

党的二十届三中全会开启了新一轮全面深化改革进程，谋划部署了政治、经济、科技、社会等

各领域的改革大政方针与路线图。党中央部署的改革，旨在为各微观主体的发展创造良好的外部环境；而内部条件改善与基础提升，则需要通过微观主体自身的改革来加速。企业作为关键微观经济主体，需要在全面深化改革的进程中，结合企业自身发展所面临的突出问题，扎实有序深化内部经营体制机制改革，为高质量发展建立健全高效率的、市场化的经营体制机制。

企业内部经营体制机制改革具体包括以下几个方面。一是进一步推进现代企业制度建设。2024年6月11日，中央全面深化改革委员会第五次会议再次强调了中国特色现代企业制度建设的重要性，要求着眼于发挥中国特色社会主义制度优势，加强党的领导，完善公司治理，推动企业建立健全产权清晰、权责明确、政企分开、管理科学的现代企业制度；大企业要按照新《中华人民共和国公司法》的要求，依法完善公司治理结构，厘清各治理主体权责边界，形成治理合力；特别是国有企业，要始终坚持党的领导，将党的领导有机、高效地融入中国特色国有企业现代公司治理。二是建立健全市场化经营机制。要尊重并利用好市场的决定性作用，在高水平改革开放中主动融入国内国际市场竞争；要推进人员、资本、土地等各类生产要素的市场化配置、管理与流动调整，建立市场化薪酬与考核激励机制。三是深化内部管理流程变革。流程复杂化是企业规模扩张所带来的一个副产品，日益复杂的管理流程，既有规范化的积极贡献，也有效率损失的不利影响；大企业要全面梳理内部管理流程，深度应用大数据技术和现代信息化手段，调整优化流程，提升流程效率。四是推进企业动力机制变革。切实理顺并正确处理所有者与经营者、经营者与生产者之间的利益关系，充分调动与发挥企业职工积极性、主动性和创造性，增强企业发展内生动力。五是完成运转机制变革。优化经营管理制度，完善内部组织机构，健全决策体制；构建数字化运营管控机制，完善风险应对机制，增强可持续发展保障能力。

2. 加快发展新质生产力

新质生产力是习近平总书记2023年在黑龙江考察时提出的新概念。近一年来，加快发展新质生产力已经成为党和国家对教育、科技与产业发展的新要求。企业要着眼于形成与发展新质生产力，教育和科技部门则要服务于新质生产力的发展，要为新质生产力提供人才培养和科研创新支撑。2024年以来，我国重大科技成果不断涌现，首个"地面空间站"通过验收，C919大型客机累计交付6架，嫦娥六号实现月背采样返回，成功搭建国际首个通信与智能融合的6G试验网，科技自立自强水平持续提升，为加快发展新质生产力注入了新动能。国有企业是国民经济发展的中坚力量，也是实现国家重大战略目标的重要工具，更应该主动将发展新质生产力纳入其核心能力体系，按照党中央、国务院，以及国务院国资委的部署，全力培育、发展新质生产力。

大企业是新质生产力发展的主力军、带头人，要将培育与发展新质生产力作为当前企业发展最重要的经济目标。只有基于新质生产力提升的发展，才是最有价值、最有意义的发展。大企业加快培育和发展新质生产力，应着手做好以下几方面的工作。一是要始终坚持将创新作为发展的第一动力。要进一步提升创新意识，推动企业自主创新能力持续提升，尽快在核心技术、关键技术方面取得重大突破，早日实现技术自立自强；不仅要加大创新投入，更要完善创新机制；不仅要增强创新力量，更要激发创新活力、动力与潜力；不仅要整合创新资源，更要聚焦创新目标；不仅要增加创新产出，更要提升创新质量。二是要以壮士断腕的气魄大力推进产业结构调整。战略性新兴产业和未来产业，是新质生产力最突出的代表，大企业既要勇于从传统产业中及时退出，更要敢于大力投资布局发展战略性新兴产业和未来产业；一方面要结合自身的产业基础、用户领域和技术优势，选择发展新产业、新业态，另一方面要依靠技术创新做好不宜放弃的传统产业的转型升级。三是要聚焦实体经济领域发展新质生产力。大企业要坚守清晰的产业与功能定位，将金融的还给金融，让实体的回归实体；实体领域的大企业要保持发展的战略定力，坚持聚焦实体经济主业培育和发展新质生产力，以新质生产力推动主业进一步做强做优做大；金融企业则要着力推进金融科技发展，以金融创新更好地服务于实体经济领域的新质生产力发展，让金融与实体企业在新质生产力框架下实现协同发展。四是要以大中小企业的协同创新带动新质生产力全面提升。在新发展理念下，产业生态的作用日益凸显，大企业越来越难以在产业生态中脱离中小微企业而独自发展，通过协同创新来整体提升全产业链的技术水平，已经成为创新发展的新要求；所以，对大企业来说，必须带领产业链上的广大中小微企业开展协同创新，提升全产业链技术水平，推动全产业链新质生产力发展。

3. 持续提升价值创造能力

价值创造能力是企业根据顾客需求和偏好创造优异顾客价值的能力，是整合企业研发能力、产品生产能力及员工能力等要素的核心能力。尽管我国大企业一直都在努力提升自我价值创造能力，目前也取得了积极进展，但总体上看，与美国大企业在价值创造能力上仍有很大差距；无论是企业人均产出水平，还是企业人均创利水平，都远远落后于美国大企业。在推进高质量发展和建设世界一流企业的当前阶段，加快提升大企业的价值创造能力，显得尤为重要。

价值创造能力的提升是一项复杂的系统工程，多个维度的因素都对企业价值创造能力具有实质性的影响。一些企业无法控制或不能完全施加影响的因素，譬如市场的不规范竞争行为，会严重阻碍企业价值创造能力的实现。国内企业间的恶意降价竞争，显著削弱了中国企业的盈利水平，影响了中国企业价值创造能力的充分展现。大企业提升自我价值创造能力，大致可以从以下几个维度切入。一是借助技术创新来提升增加值率。中国企业的增加值率总体上远低于欧美国家的企业，造成这一不利局面的关键原因在于技术水平的落后，通过技术创新可以有效弥补这一差距，从而缩小中国企业与欧美企业之间的增加值率的差距。二是加强品牌建设，获取品牌溢价率。知名品牌可以获得更高的市场认同，同时获得更高的品牌溢价率；中国企业在品牌建设上起步较晚，对品牌建设的投入也相对不足，尤其是较为缺乏国际知名品牌，这无疑在很大程度上影响了中国企业价值创造能力的提升；大企业应增强品牌意识，加大品牌建设投入，努力打造更多中国知名品牌，以更高的品牌溢价率推动价值创造能力的提升。三是抓实精细化成本管理，拓宽盈利空间。大企业要树立全过程成本管理理念，从产品研发设计阶段着手做好成本节约的细节管理；既要想方设法精简结构，也要精打细算减少原材料损耗；既要提高人员产出水平，也要提高产线产出质量。四是增强核心竞争力，获取超额利润。核心竞争力能够为企业带来超额利润，大企业要努力构建并强化核心竞争力；核心竞争力的来源，可以是领先的技术优势，也可以是无可模拟的商业模式；可以是核心专利、商业诀窍或领先的标准，也可以是难以超越的最低成本；可以是优质的人力资源，也可以是独具特色的企业文化。

4. 塑造国际经济合作与竞争新优势

推进高水平开放是一项长期国策，国际经济合作与国际化经营还将持续迈进。大企业是参与国际经济合作与竞争的关键主体，其一举一动都代表着中国形象，牵扯着中国利益。只有树立并巩固自身竞争优势，中国大企业才能在国际经济合作与竞争中占据有利位置。改革开放以来，帮助中国企业在国际经济合作与竞争中取得有利地位的优势主要有低成本优势、产业体系优势、成熟产业工人优势和超大规模市场优势等。但在当前国际市场中，传统优势的重要性正在逐步弱化，中国大企业要想在国际经济合作与竞争中继续保持住有利地位，需要加快塑造竞争新优势。

中国大企业要立足新阶段，塑造"五化"新优势：绿色化、智慧化、高端化、生态化、人本化。一是塑造绿色化优势。绿色化发展已经成为全球趋势，绿色化、低碳化也是中国对世界的承诺；目前中国企业已经在绿色化发展上取得了显著成就，绿色金融甚至已经走到了全球前列，清洁能源的发展与应用也是全球领先者之一。二是塑造智慧化优势。产业数字化的加快推进，有力推动中国企业朝着智慧化的方向发展；中国智能制造的应用规模和发展水平全球领先，建成2000家左右引领行业发展的数字化车间和智能工厂，最新一批全球153座"灯塔工厂"中，62家中国企业位列其中，包含光伏、新能源汽车等高科技企业，数量位居世界第一。三是塑造高端化优势。低端化的传统产业正在逐步退场，高端化正在逐步成为中国制造的新标签。一方面，中国在部分领域已经实现了从技术跟跑到并跑与领跑的飞跃，世界经济论坛发布的"2024年度技术先锋"榜单中，中国有11家企业上榜，数量位居世界第二；另一方面，中国的轨道交通、核电设施、特高压输变电设备、新能源汽车、智慧家电等产品，都在全球处于领先地位；生产过程清洁化、资源利用循环化、能源消费低碳化、产品供给绿色化、产业结构高端化，正在成为中国企业生产的突出特征。四是塑造生态化优势。基于产业体系的完整性所形成的生态化优势，是中国企业的特殊优势。一方面，产业体系的完整性使中国企业可以打造完整产业生态，甚至可以形成全产业链布局；另一方面，新型举国体制下，创新的大力发展使中国企业可以打造完整的创新链，形成良好的创新生态。五是塑造人本化优势。构建和谐劳动关系一直都是党中央和国家对中国企业的要求，以人为本的发展和中国式现代化框架下的共同富裕，也对企业发展提出了要求；对人的重视，既是新时代中国企业的新特征，也是新时代中国企业的新优势，这无疑将有助于更充分激发员工积极性与创造性。

5. 推动优化区域经济布局，打造新增长极

中国特色社会主义进入新时代，我国社会主要矛盾已经转化为人民日益增长的美好生活需要和不平衡不充分的发展之间的矛盾。区域经济协调发展战略的提出，就是为了加快解决区域经济发展中的不平衡问题。大企业不仅是规模大，同时，由于其业务范围广、产业布点多，因此对区域经济发展的影响也比较大。大企业的投资决策，不仅关乎企业自身的发展，也影响着区域经济的发展。大企业要主动贯彻落实党中央和国家关于区域经济协调发展的重大战略，要在服务区域经济协调发展的大局中谋求企业的发展。所以，大企业应将推动优化区域经济布局，打造区域经济和企业新的增长点，作为当前发展的一项重要任务。

大企业，尤其是国有大企业，彰显核心功能，推动区域经济布局优化调整，打造新的增长点，促进区域经济协调发展，应做好以下几方面的工作。一是找准推动区域经济布局优化调整的路径。

一方面，大企业可以通过调整在不同区域的产业布局，如有目的性地进行区域产业转移，来直接推动区域经济结构的调整；另一方面，大企业可以通过区域技术布局的调整，如有针对性地布局区域技术研发中心，来推动区域技术发展，从而带动区域产业结构调整。二是找对推动区域经济布局优化调整的具体切口。譬如在产业方面，大企业可以加大力度投资发展区域传统优势产业、具有区域资源要素禀赋的战略性新兴产业和未来产业；在技术方面，大企业可以结合区域技术积累、技术生态，在当地设立相关技术与产品研发中心，帮助提升区域技术优势。三是要结合区域经济发展基础与区域资本实力，采取合适的投资发展战略。如果当地经济发展基础相对较好，区域资本实力也较强，可以采取与当地资本合作的方式，在当地投资发展产业；反之，如果区域经济发展更多需要外部资金的支持，大企业则应倾向于采取以自投为主的方式。

6. 稳健推进国际化经营

党的二十届三中全会提出要加快建设更多世界一流企业。作为世界一流企业，不仅要在国内市场独占鳌头，也要在国际市场领先竞争对手。加快国内国际双循环发展新格局建设，也需要企业积极走出国门参与国际市场竞争。尽管超大规模市场优势可以为中国大企业的发展提供广阔的发展空间，但更为庞大的国际市场显然可以为中国大企业创造更多发展机会。大企业要主动融入全球化浪潮，积极整合利用国内国际两类资源，服务国内国际两个市场，在国际市场上参与竞争，在国际竞争中实现发展。

大企业的国际化经营，既是机会，也是挑战，持续推进国际化经营面临着很大压力。当前的国际政治环境，并不利于中国大企业开展国际化经营；但高水平对外开放格局的建设，需要中国大企业迎难而上，逆势而为，在国际化经营道路上开辟新天地，展现新作为，收获新业绩。一是要面向国际市场开展业务布局。大企业要树立全球战略思维，致力于在国内国际两个市场同步发展，将生产、科研与服务在全球范围内进行合理布局。二是要利用国际资源促进企业发展。大企业要正视与世界一流企业之间的发展差距，学会借力发展，积极主动整合全球资源推动企业加快发展；要突破重重阻力，按照企业发展战略需求，在国际市场积极开展并购重组，进而获得国际优质生产要素、创新资源与市场渠道，加快缩小与世界一流企业之间的差距。三是要做好国际化经营的合规与风控。国内市场与国际市场之间有着巨大的政治、文化、法律制度等方面的差异，大企业在国际化经营过程中，必须高度重视这一差异，扎实做好合规管理与风险控制，确保海外投资经营的资产与人员安全。四是要提质增效开展国际化经营。一方面，在国际化经营过程中，不仅要"走出去"，更要"走进去""走上去"，要实现在东道国的本土化经营，真正与东道国经济融为一体，服务并促进东道国经济社会发展；另一方面，中国大企业在国际化经营中，也要充分考虑经营效益与发展质量，要实现有效益、高质量的国际化经营，不能为了国际化而损害效益与质量。

第二章
2024 中国制造业企业 500 强分析报告

2024 中国制造业企业 500 强是中国企业联合会、中国企业家协会连续第 20 次向社会发布的中国制造业最大 500 家企业年度排行榜。总体上看，2023 年，国际环境复杂多变，外部环境的复杂性、严峻性、不确定性上升，全球经济增长放缓，同时，国内经济处于转型期，改革发展稳定任务艰巨繁重，长期积累的深层次矛盾加速显现，国内国际因素的叠加交织使企业发展面临着巨大挑战。2024 中国制造业企业 500 强总体营业收入和资产规模延续往年增长态势，但增速相较此前明显放缓，企业经济效益水平再次下滑，收入利润率和净资产利润率均不及此前水平，而且地区分布更为集中，区域差异有所扩大。全球需求不振也导致我国制造业大企业出海之路受阻，海外资产、收入均受到较大程度的影响。与此同时，中国制造业 500 强企业紧紧把握新一轮科技革命和产业变革机遇，增加研发投入，大力推进科技创新，取得了丰硕的创新成果，新动能、新优势不断成形，传统行业转型升级和战略性新兴产业培育发展成效显著。现阶段，企业面临的发展环境仍是战略机遇和风险挑战并存，国际局势纷繁复杂，经济政治化和政治经济化趋势越发明显，不确定、不稳定因素进一步增加；内需恢复不及预期，国内有效需求不足问题仍显严峻。同时，企业营商环境持续优化，发展环境得到进一步改善；传统产业转型加速，大规模设备更新创造新机遇；产业科技创新能力持续提升，新质生产力加快形成；产融合作实现新突破，金融支持制造业发展更加有力有效，为企业稳增长和实现高质量发展提供了有力支撑。广大制造业企业要紧跟党的二十届三中全会决策部署，以科技创新推动产业创新，大力发展新质生产力；进一步开拓多元化市场，持续优化企业市场布局；持续深化风险管理，加快建立现代企业制度；不断强化新要素赋能，推动实现高端化、智能化、绿色化发展；壮大制造业产业集群，推动全产业体系协同发展，以提高资源要素利用效率和经营管理水平为主线，加快建设世界一流企业。

一、2024 中国制造业企业 500 强规模特征分析

2024 中国制造业企业 500 强总体营业收入规模、入围门槛保持增长态势，但增速均较上年出现明显下滑，人均营业收入和增速则较上年有所提高。企业总体资产规模也同步扩大，但资产负债率

相较上年却有所上升。此外，企业并购重组活跃度有所下降，并购重组总数和参与企业数双双减少，但较往年并购重组的发生却更为集中。

1. 营业收入规模低速增长

2024 中国制造业 500 强总体营业收入高达 52.01 万亿元，继续保持增长态势，但增长率较此前出现明显下滑，较上年制造业 500 强增长 1.86%。总体来看，受新冠疫情的影响，中国制造业企业总体恢复面临诸多困境，这也与 2023 年全球经济增长滞缓、国内需求恢复不足等密切相关，如图 2-1 所示。

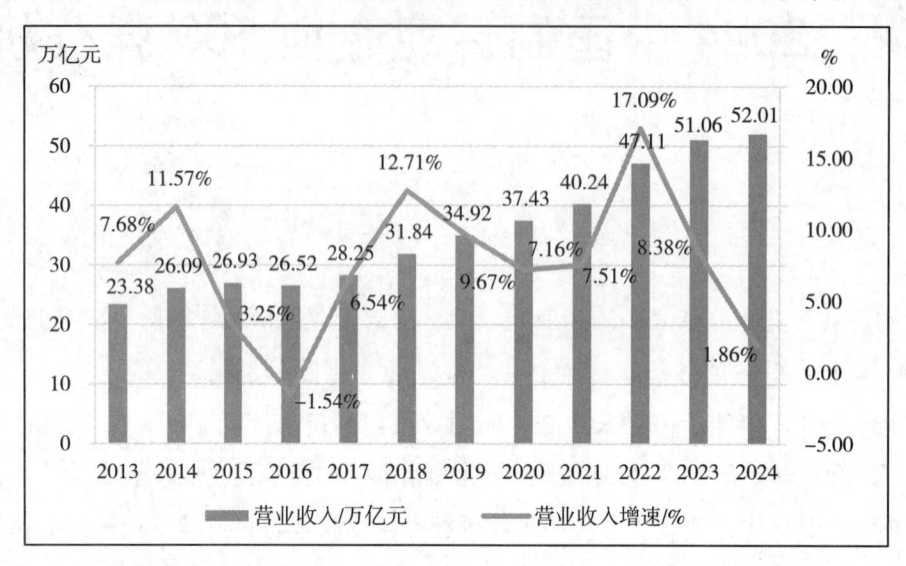

图 2-1 2013—2024 中国制造业企业 500 强营业收入及增速变化

入围门槛继续走高。2016 中国制造业企业 500 强榜单发布以来，中国制造业企业 500 强入围门槛保持连年提升趋势，从 2016 中国制造业企业 500 强的 65.40 亿元攀升至 2024 中国制造业企业 500 强的 170.62 亿元，近 5 年门槛不断突破，2020 中国制造业企业 500 强突破 100 亿元，2021 中国制造业企业 500 强突破 110 亿元，2022 中国制造业企业 500 强突破 140 亿元，2023 中国制造业企业 500 强突破 160 亿元，2024 中国制造业企业 500 强突破 170 亿元。中国制造业企业 500 强入围门槛的多次突破，从另外一个角度折射出制造业大企业积极进取的发展态势。但与制造业总体规模增长趋势相似，2024 中国制造业企业 500 强入围门槛虽实现了新的突破，但仅比上年提升了 5.12 亿元，提高幅度为 3.10%，如图 2-2 所示。

图 2-2 2013—2024 中国制造业企业 500 强入围门槛变化

人均营业收入增速略有上升。2016 中国制造业企业 500 强榜单发布以来，中国制造业 500 强人均营业收入始终呈现上涨态势，2024 中国制造业企业 500 强人均营业收入增长至 353.85 万元，较上年增长了 9.65 万元，增幅为 2.80%，相比上年增幅略有提升。人均营业收入的增长，一方面在于总体营业收入规模实现了小幅增长，另一方面则是相比上年，本年度制造业 500 强企业员工规模有所缩减，而人均营业收入增速的持续低位，表明中国制造业大企业发展仍面临着较大的增长压力，如图 2-3 所示。

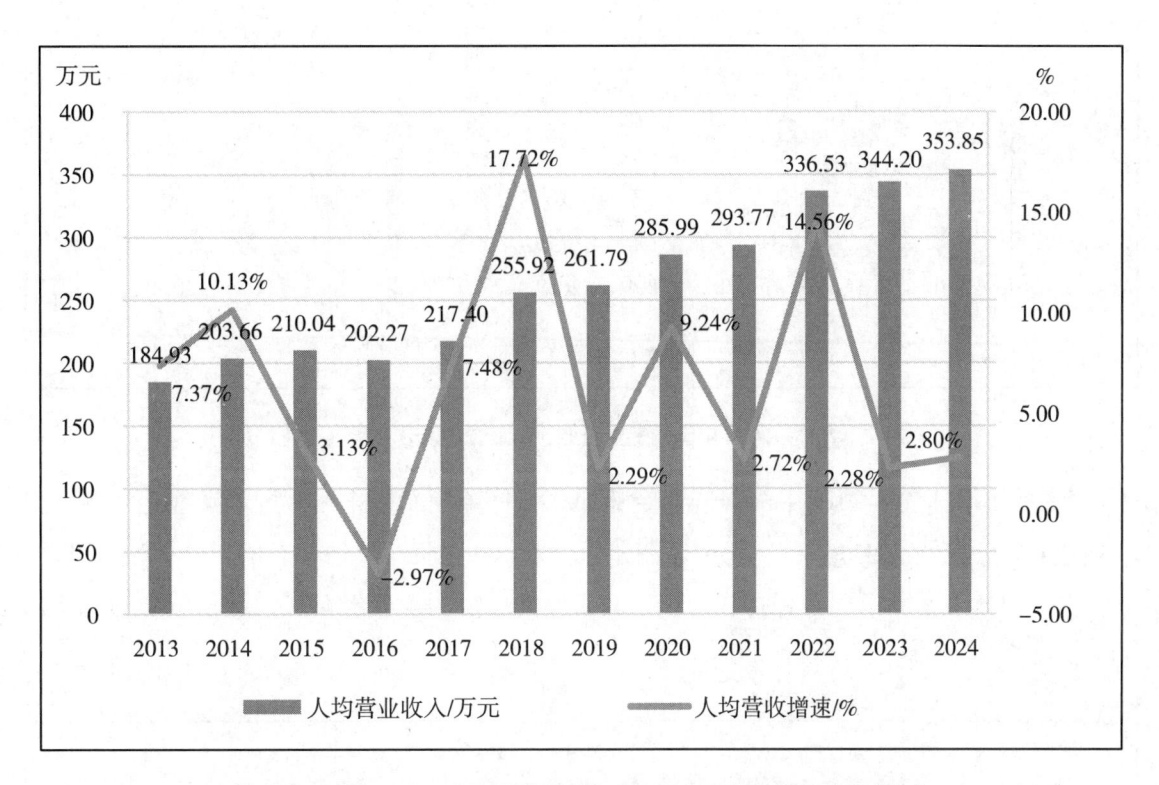

图 2-3 2013—2024 中国制造业企业 500 强人均营业收入及增速变化

2. 企业资产规模增速大幅减缓

资产规模虽然仍保持稳定增长态势，但增速较上年却大幅放缓。2024 中国制造业企业 500 强总资产规模延续 2016 中国制造业企业 500 强的增长趋势，实现再次增长，共计 54.64 万亿元。但是总体增速却明显减慢，2024 中国制造业企业 500 强资产增速为 3.06%，较上年下降了 8.21 个百分点，下滑显著。这在一定程度上反映了 2023 年内外部经济环境的不确定性导致企业发展信心不足，企业扩大投资相对谨慎，如图 2-4 所示。

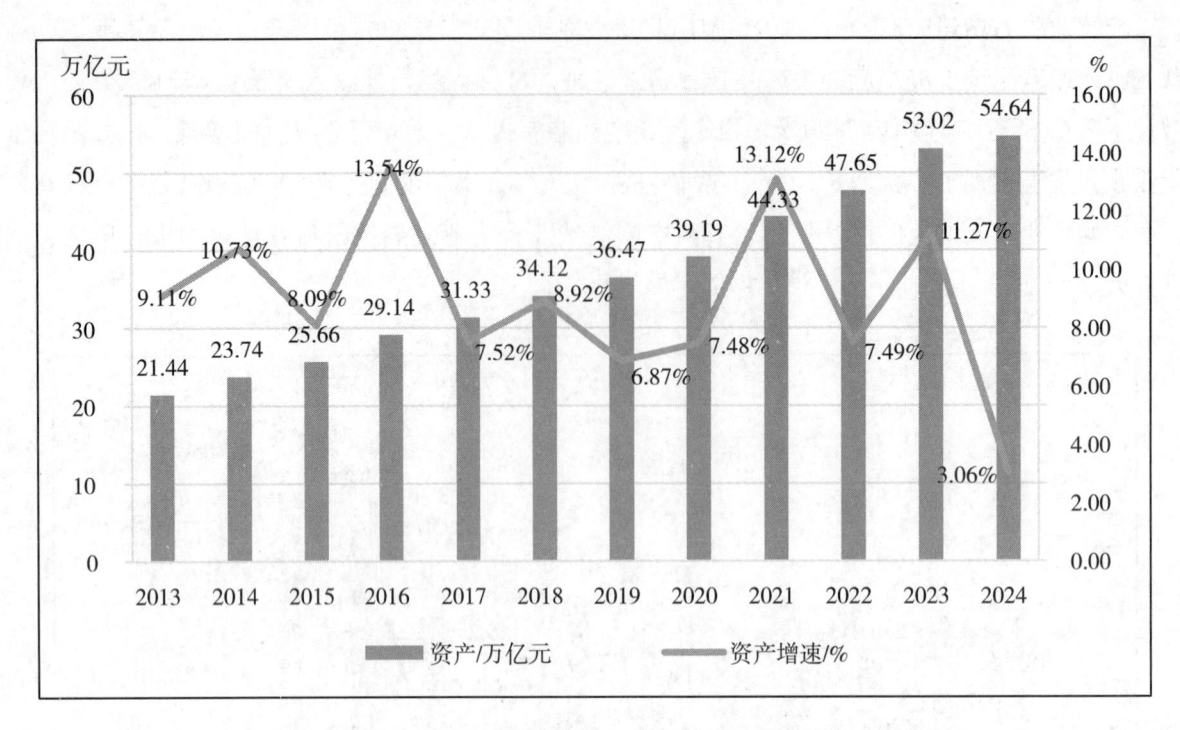

图 2-4　2013—2024 中国制造业企业 500 强资产及资产增速变化情况

资产负债率小幅上升。2016 中国制造业企业 500 强榜单发布以来，中国制造业企业 500 强资产负债率长期保持稳定下降的态势，2024 中国制造业企业 500 强资产负债率有所上升，为 61.88%，较上年提高了 1.65 个百分点，虽仍保持在合理区间，但其反映的企业经营风险和偿债能力可能出现波动，如图 2-5 所示。

图 2-5　2013—2024 中国制造业企业 500 强资产负债率变化情况

3. 企业并购重组基本稳定

并购重组次数和参与并购重组企业数量基本保持稳定。2024中国制造业企业500强在2023年共实现并购重组351次，比上年的357次减少6次，共有98家企业参与并购重组，较上年减少了6家，大企业并购重组参与度有所下降。从集中度来看，与往年相比，本年度并购重组发生较为集中，最多达到57次，第二为47次，第三为28次，三者合计132次，占并购重组总数的37.61%，如图2-6所示。

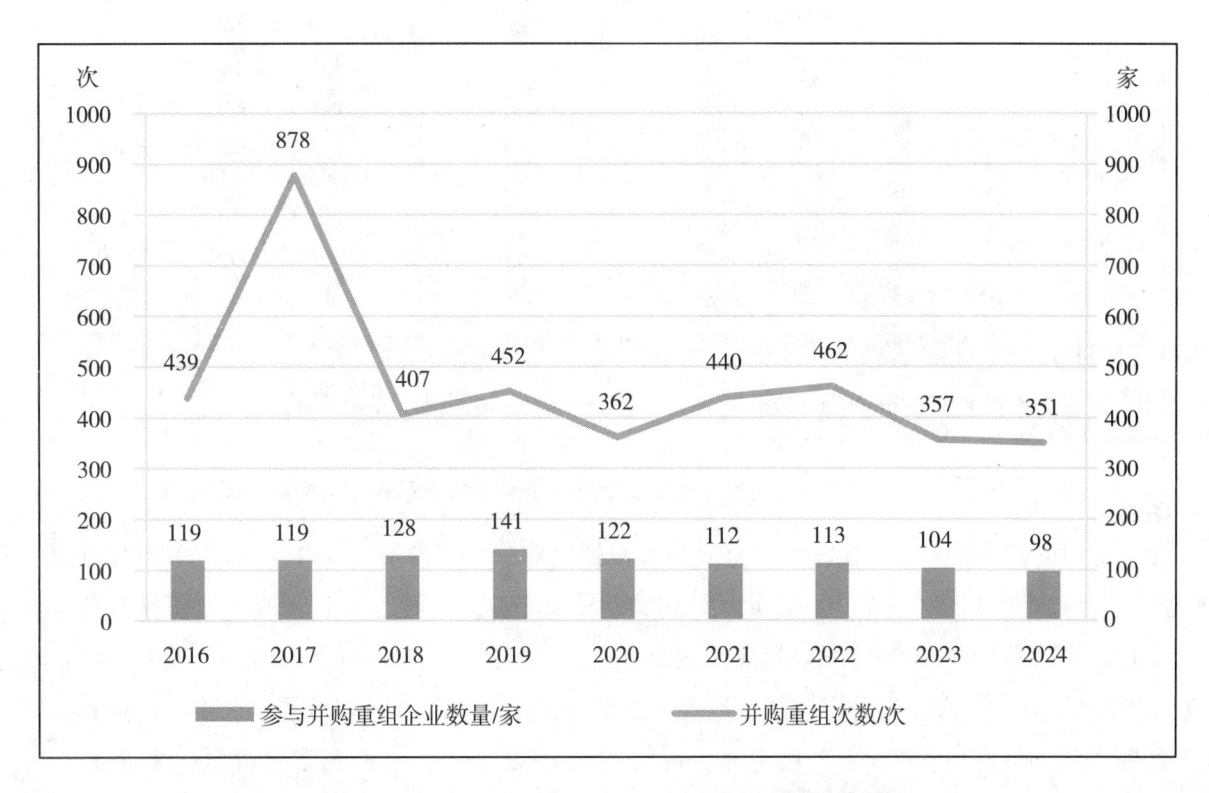

图2-6 2016—2024中国制造业企业500强并购重组情况

二、2024中国制造业企业500强利税状况分析

2024中国制造业企业500强利税整体状态再次下滑，净利润规模、净资产利润率、营业收入利润率等较上年均出现了不同程度的下降。企业纳税总额和纳税额占营业收入比重有所下降，资产周转率与上年基本持平。企业亏损方面，2024中国制造业企业500强中，亏损企业数量较上年小幅减少，亏损面收窄，亏损企业的行业分布相对集中，上榜企业中农副食品亏损率相对较高。

1. 净利润规模降幅收窄

2024中国制造业企业500强净利润（归属母公司股东净利润，下同）为11945.87亿元，与上一年度相比减少了731.16亿元，降幅为5.77%，降幅有所收窄。2016中国制造业企业500强榜单发布以来，中国制造业企业500强净利润总体上保持稳定增长，但是受国内外经济环境不稳定、不确定性因素增加的影响，中国制造业企业500强净利润总规模再次出现下滑，说明企业要改善经济效益情况仍需付出艰苦努力，如图2-7所示。

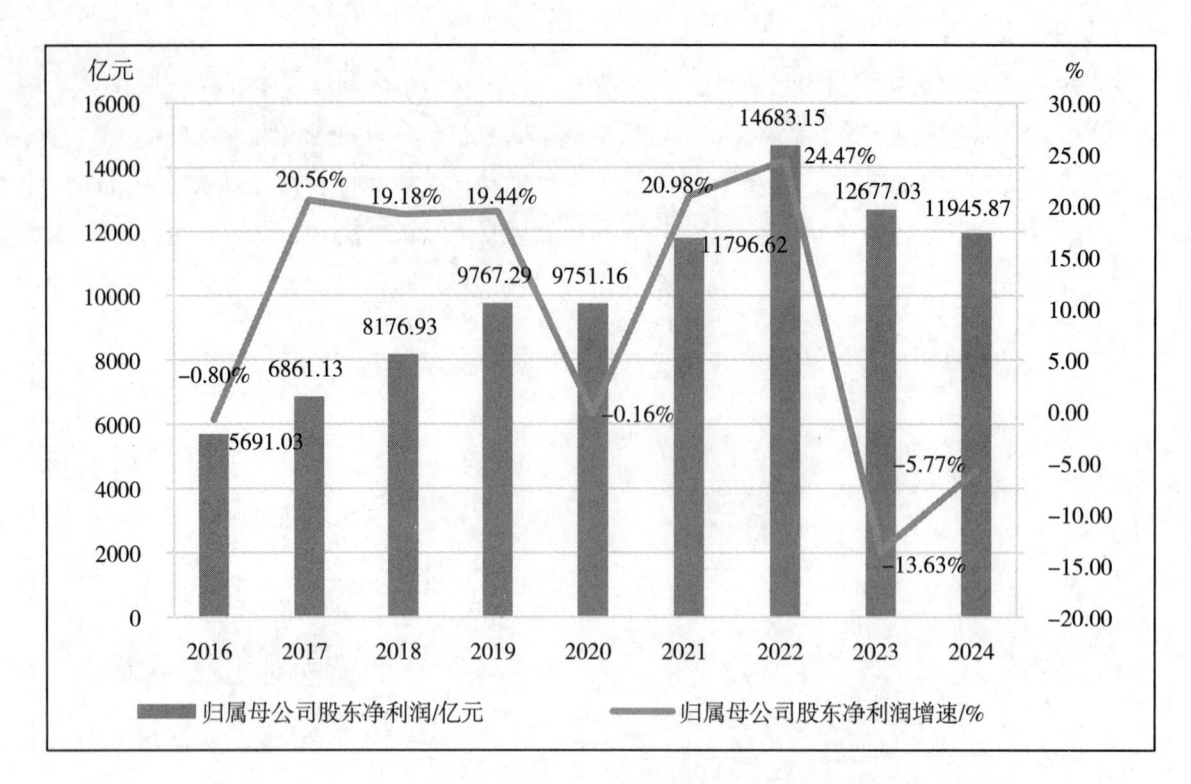

图 2-7　2016—2024 中国制造业企业 500 强归属母公司股东净利润规模及增速

企业亏损面有所收窄，亏损深度略有升高，亏损企业分布行业较为集中。2024 中国制造业企业 500 强中有 44 家企业发生亏损，亏损面为 8.80%，亏损企业数量较上年有所减少。在亏损深度（亏损额/净利润总额）上，2024 中国制造业企业 500 强的亏损深度为 8.07%，亏损深度略有升高，较上年的 5.65% 升高了 2.42 个百分点。从亏损企业主要分布行业来看，44 家亏损企业中，亏损企业较为集中的行业分别是黑色冶金（7 家企业，占亏损企业的 15.91%）、农副食品（6 家企业，占比 13.64%）、石化及炼焦（6 家企业，占比 13.64%）、汽车及零配件制造（5 家企业，占比 11.36%）、化学原料及化学品制造（5 家企业，占比 11.36%），这五类行业亏损企业共 29 家，约占亏损企业的六成。其他如造纸及包装、一般有色等也是亏损较为集中的行业。可以看到，2024 中国制造业企业 500 强亏损企业相较上年：一是农副食品企业亏损率较高，上榜的 18 家企业中，有 6 家企业出现了亏损；二是亏损面收窄的同时亏损深度有所升高，意味着亏损企业的亏损程度相对提高；三是从所有制看，国有企业和民营企业均出现了亏损，其中国有企业 21 家，民营企业 23 家，如图 2-8 所示。

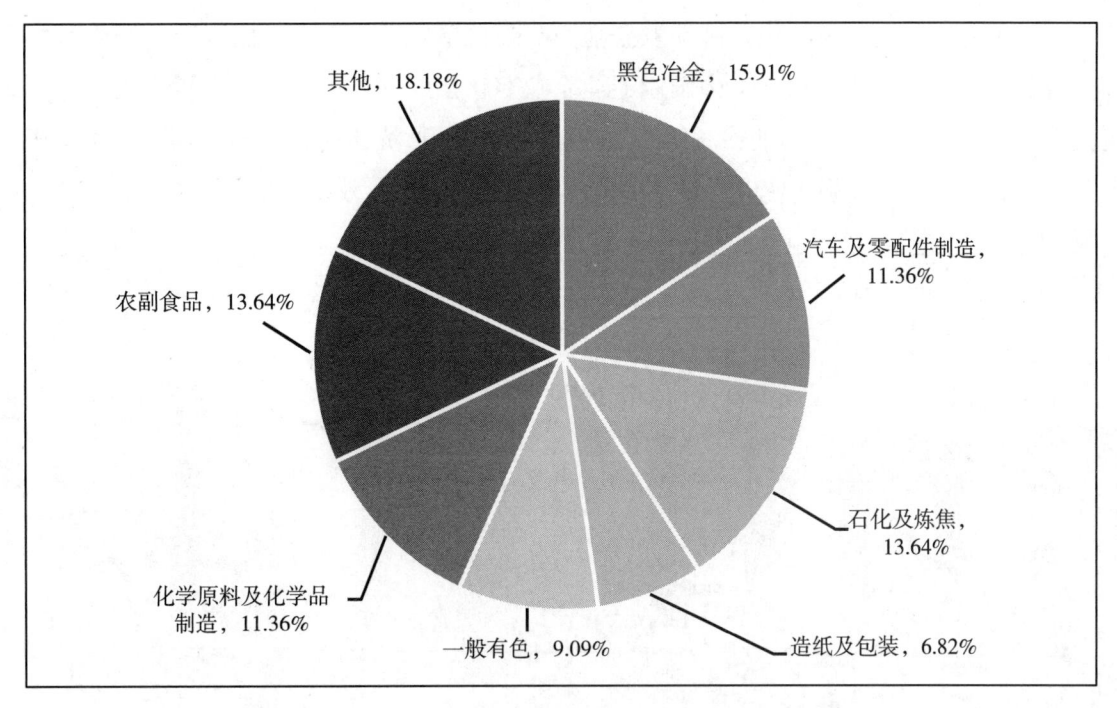

图 2-8　2024 中国制造业企业 500 强亏损企业行业分布情况

2. 企业经营绩效再次下滑

净资产利润率和营业收入利润率再次双双下滑。2016 中国制造业企业 500 强榜单发布以来，中国制造业 500 强企业的经营绩效基本保持上升趋势，受新冠疫情等因素冲击，2023 中国制造业企业 500 强经营绩效出现明显下滑，本年度再次出现下滑，净资产利润率降至 7.91%，下降了 1.18 个百分点，营业收入利润率降至 2.30%，下降了 0.18 个百分点，如图 2-9 所示。

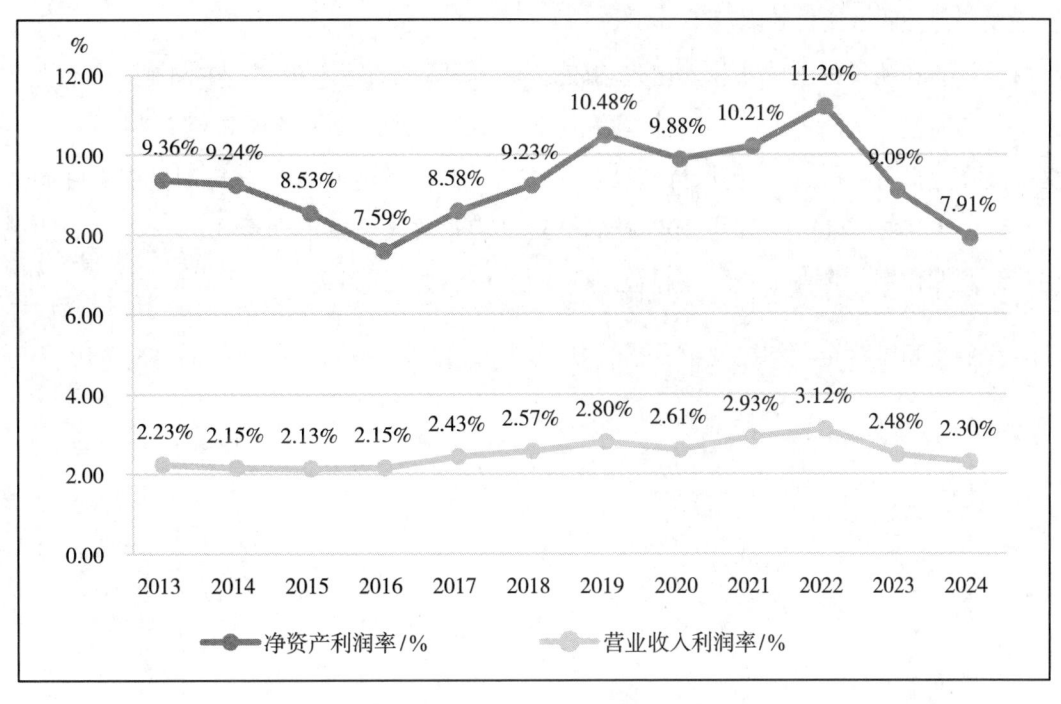

图 2-9　2013—2024 中国制造业企业 500 强净资产利润率及营业收入利润率变化

资产周转率基本稳定。2016 中国制造业企业 500 强榜单发布以来，中国制造业企业 500 强资产周转率始终保持相对稳定状态，2024 中国制造业企业 500 强的资产周转率较上年小幅下降 0.01 次/年。说明 2023 年中国制造业大企业面对纷繁复杂的国内国际形势，创新管理方式，持续提升资产管理质量和利用效率，不断增强企业应对经济环境风险的能力和运营效率，如图 2-10 所示。

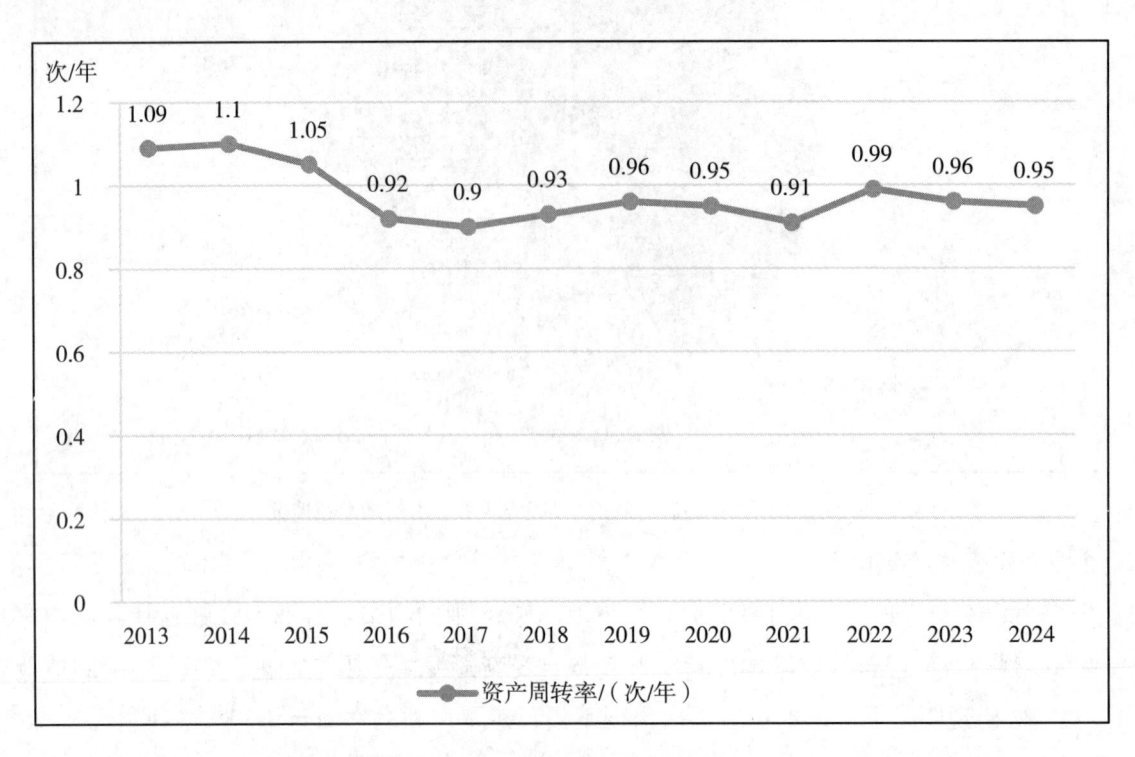

图 2-10 2013—2024 中国制造业企业 500 强资产周转率变化

3. 企业纳税总额和占比自高位下降

企业纳税总额和纳税额占营业收入比重均较上年小幅降低。近 3 年来，中国制造业企业 500 强纳税总额总体上较前些年有所上升。2023 中国制造业企业 500 强纳税总额提高至 2.24 万亿元。本年度企业纳税总额降至 1.96 万亿元，仍保持较高水平。纳税额占营业收入比重长期呈现下降态势，在上年短暂提升后，2024 中国制造业企业 500 强纳税额占营业收入比重下降至 3.77%，这表明减税降费政策仍在持续发挥作用，企业负担降低趋势总体上仍在延续，如图 2-11 所示。

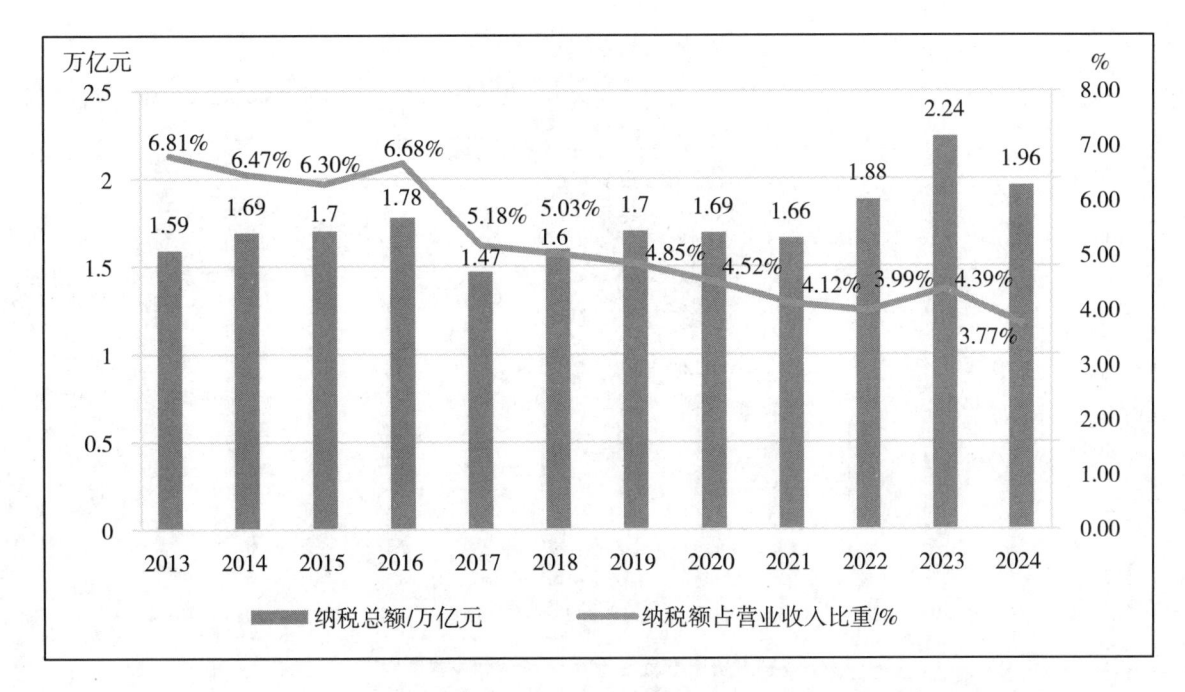

图 2-11 2013—2024 中国制造业企业 500 强纳税总额及纳税额占营业收入比重变化

三、2024 中国制造业企业 500 强创新投入与产出分析

2024 中国制造业企业 500 强研发投入实现较大幅度增长，研发强度稳中有升。在创新投入增长的同时，企业创新产出水平也实现了较大幅度提升，专利持有量和发明专利占比均较上年有所增加和提升。其中，民营企业总体专利数量随着入围企业数量的增加而再次占比提升，但从平均水平和专利质量来看，仍与国有企业存在一定差距。

1. 企业研发投入持续增长

企业研发投入延续此前增长态势，实现较大幅度上涨，研发强度持续提高。2016 中国制造业企业 500 强榜单发布以来，中国制造业企业 500 强的研发费用规模总体上呈现出不断扩大的趋势，2024 中国制造业企业 500 强中 488 家企业共计投入研发费用 12333.80 亿元，较上年增长了 12.51%，增幅显著。与此同时，2024 中国制造业企业 500 强的总体研发强度（研发费用占企业营业收入比重）也有所提升，从上年的 2.33% 提高至 2.37%，主要原因在于，虽然制造业企业 500 强的总体营业收入和研发投入均较上年有所增加，但与营业收入相比，研发投入规模的增幅更大、增速更快，研发投入强度由此提高，这在一定程度上反映出 2023 年我国制造业大企业坚持增加研发投入，以技术创新推动企业发展，并取得了一定成效，如图 2-12 所示。

从企业研发投入增速来看，2024 中国制造业企业 500 强中，国有企业和民营企业研发投入均较上年实现了较大幅度的增长，其中，国有企业提升幅度显著，较上年增长了 16.99%，增速远高于上年，民营企业较上年增长了 10.03%，增速略低于上年。与总体相比，国有企业研发投入增速高于总体水平 4.42 个百分点，而民营企业研发投入增速则略低于整体水平，表明 2023 年，国有企业的平均研发投入增长高于民营企业，在制造业企业 500 强中发挥了支柱作用，如图 2-13 所示。

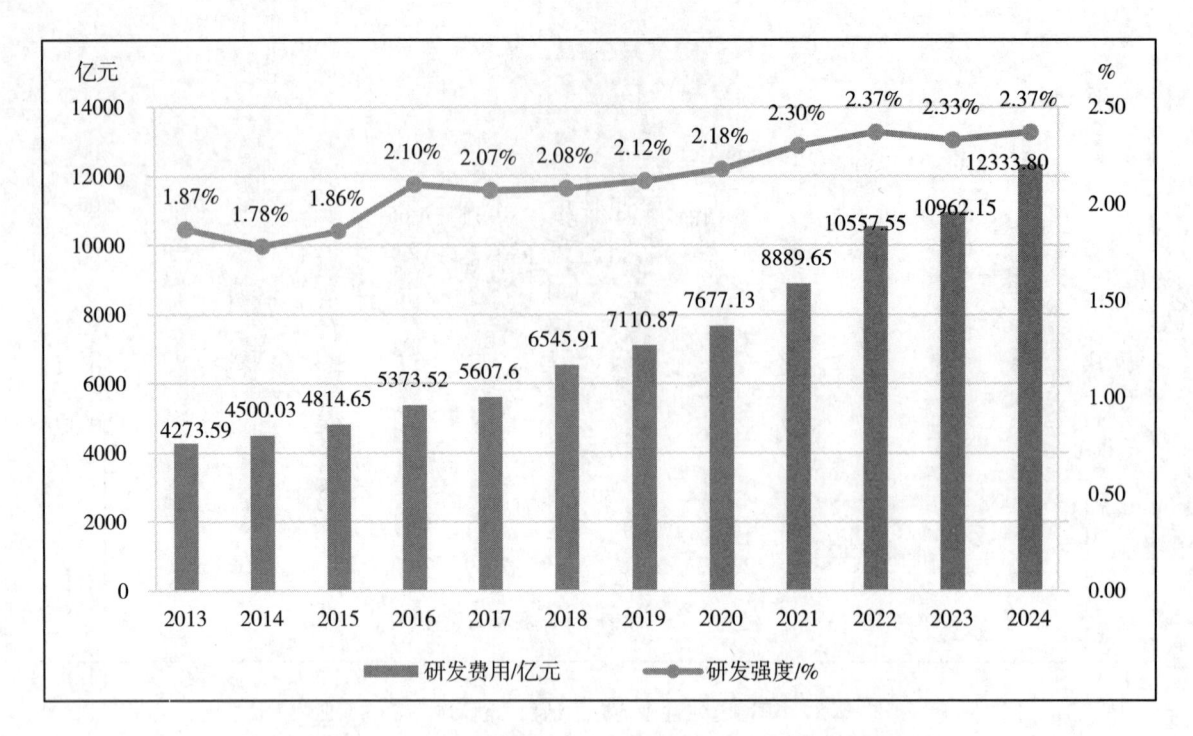

图 2-12　2013—2024 中国制造业企业 500 强研发费用及研发强度变化

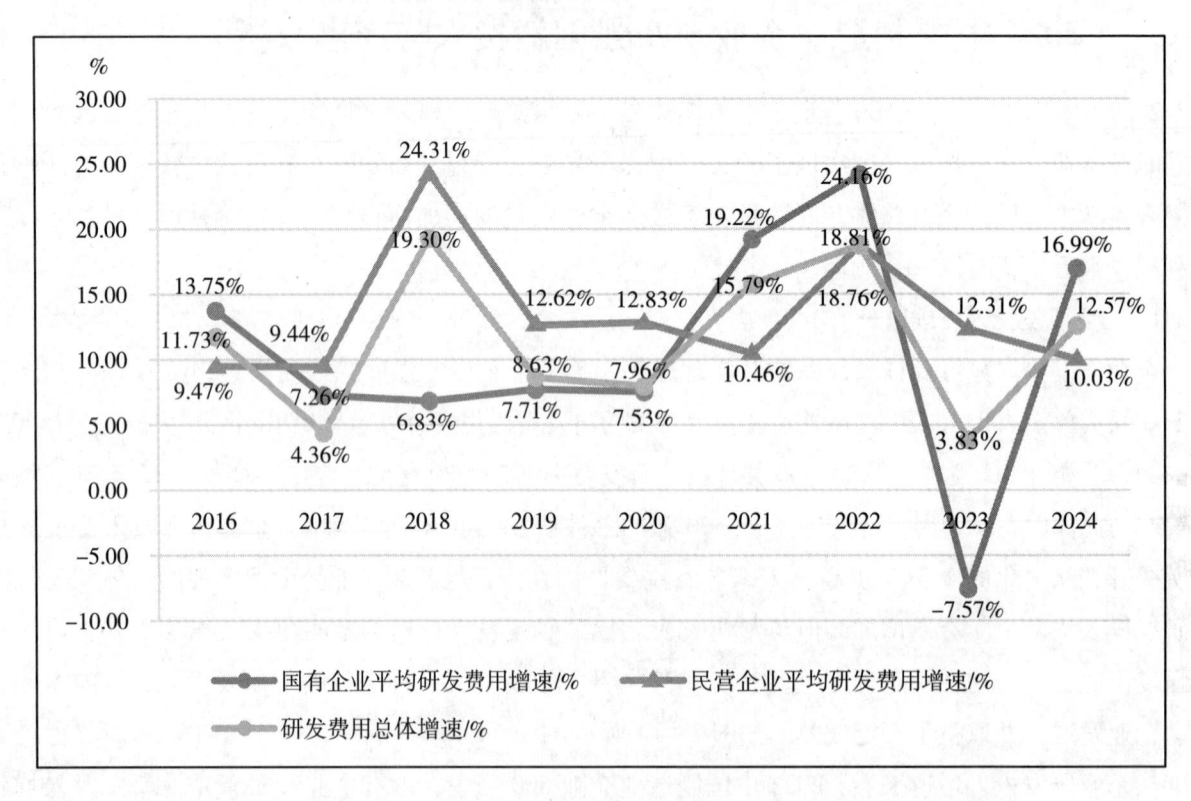

图 2-13　2016—2024 中国制造业企业 500 强不同所有制企业平均研发费用增速

2. 企业创新产出量质齐升

企业拥有的专利数、发明专利数保持持续增长态势。2016 中国制造业企业 500 强榜单发布以来，中国制造业企业 500 强持有专利数量始终呈现增长趋势，从 2016 中国制造业企业 500 强的 497457 项增长至 1493747 项，增加 996290 项，增长了 200.28%，较上年增加了 55367 项，增长了 3.85%。其中发明专利达 717255 项，较上年总体增加了 73131 项，增幅为 11.35%，如图 2-14 所示。

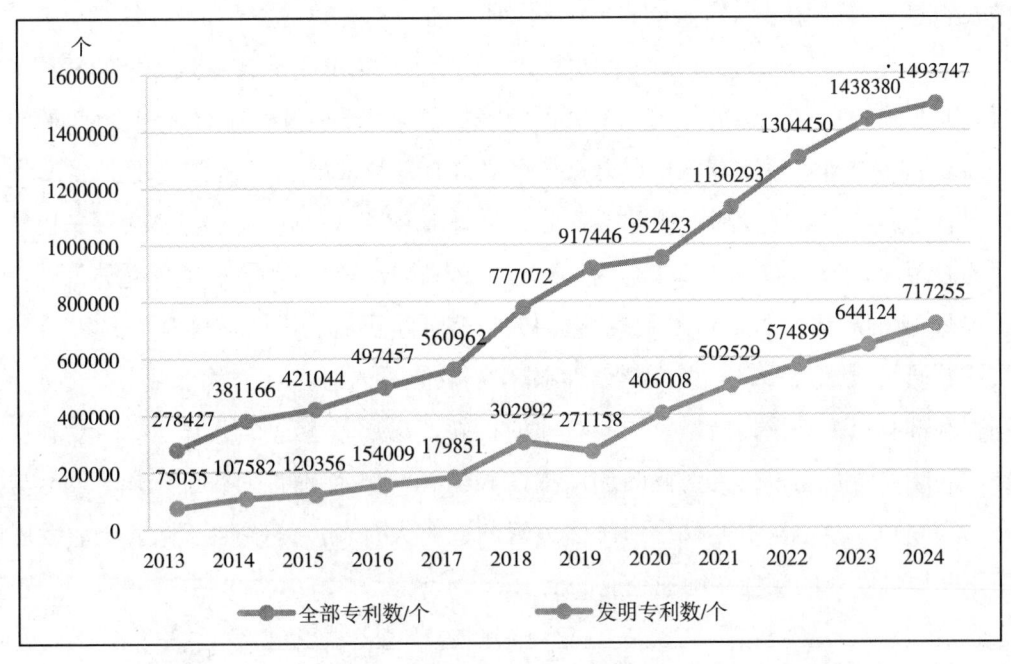

图 2-14 2013—2024 中国制造业企业 500 强全部专利数及发明专利数

发明专利数量不断提高。2016 中国制造业企业 500 强榜单发布以来，中国制造业企业 500 强发明专利数量占全部专利数量比重基本保持不断增长趋势，自 2020 中国制造业企业 500 强榜单发布突破 40% 之后，发明专利比重连年增长，本年度达到新的峰值，比重为 48.02%，较上年提高了 3.24 个百分点。综合来看，尽管 2023 年中国制造业大企业在经济效益方面表现相对下滑，但是却更重视创新，力图在增加创新投入的同时提高创新产出质量和效率，创造新的动力源，构筑企业新时期新的增长点，以创新带动企业穿越经济周期，如图 2-15 所示。

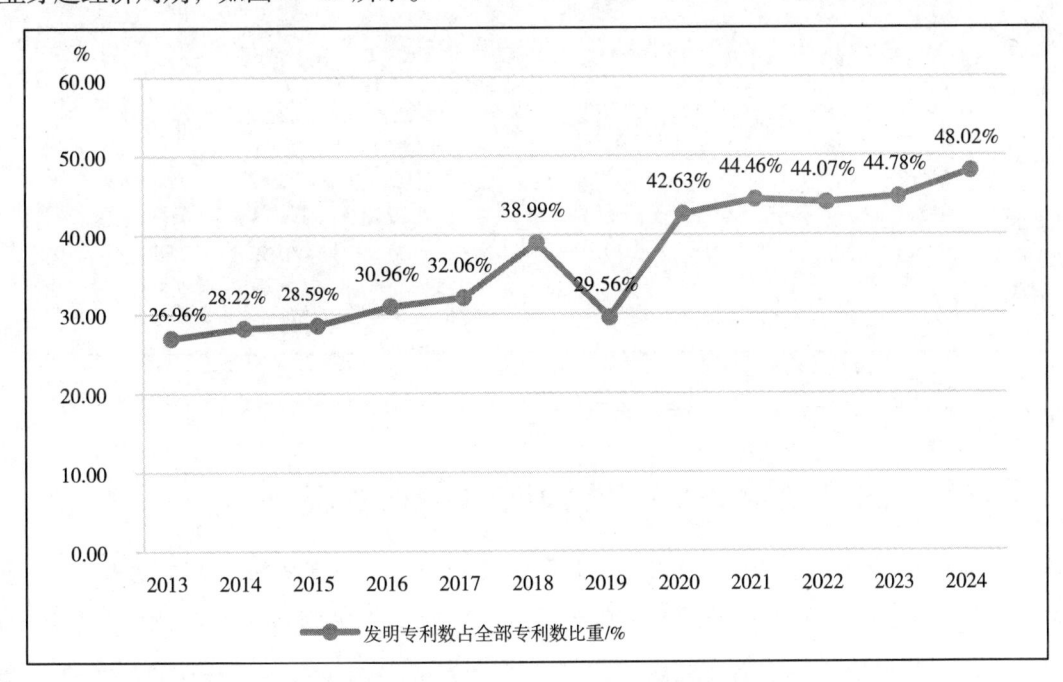

图 2-15 2013—2024 中国制造业企业 500 强发明专利数占全部专利数比重

民营企业专利数占比扩大。2016中国制造业企业500强榜单发布以来，民营企业专利数量始终保持稳定增长态势，2024中国制造业企业500强总体持有专利总数增长到1493747项，其中民营企业持有专利数量比重为59.79%，接近六成，如图2-16所示。从企业持有专利数量的平均值看，国有企业和民营企业平均持有专利数量都实现了新的增长，但是民营企业与国有企业之间的差距却在不断扩大。2023中国制造业企业500强中民营企业平均持有专利2261项，本年度增加至2388项，增加了127项，国有企业平均持有专利则从上年的4492项增加到4766项，增加了274项，民营企业与国有企业之间的差距由2231项扩大至2378项。从发明专利占比来看，国有企业的总体发明专利占比为49.02%，民营企业的总体发明专利占比为47.34%，略低于国有企业。总体来看，2023年，国有企业和民营企业的研发投入均呈现增长趋势，但国有企业的投入总额相对增长更快，这与国家布局、企业战略等因素都有相关关系，同时，国有企业的创新产出质量也持续上升，平均专利持有量和发明专利占比均高于民营企业；民营企业的创新投入和创新产出水平也在不断上升，虽然与国有企业之间还存在一定差距，但是从中可以看到我国民营制造业大企业始终将创新作为企业发展的不竭动力，以创新不断锤炼企业的韧性，增强企业的活力。

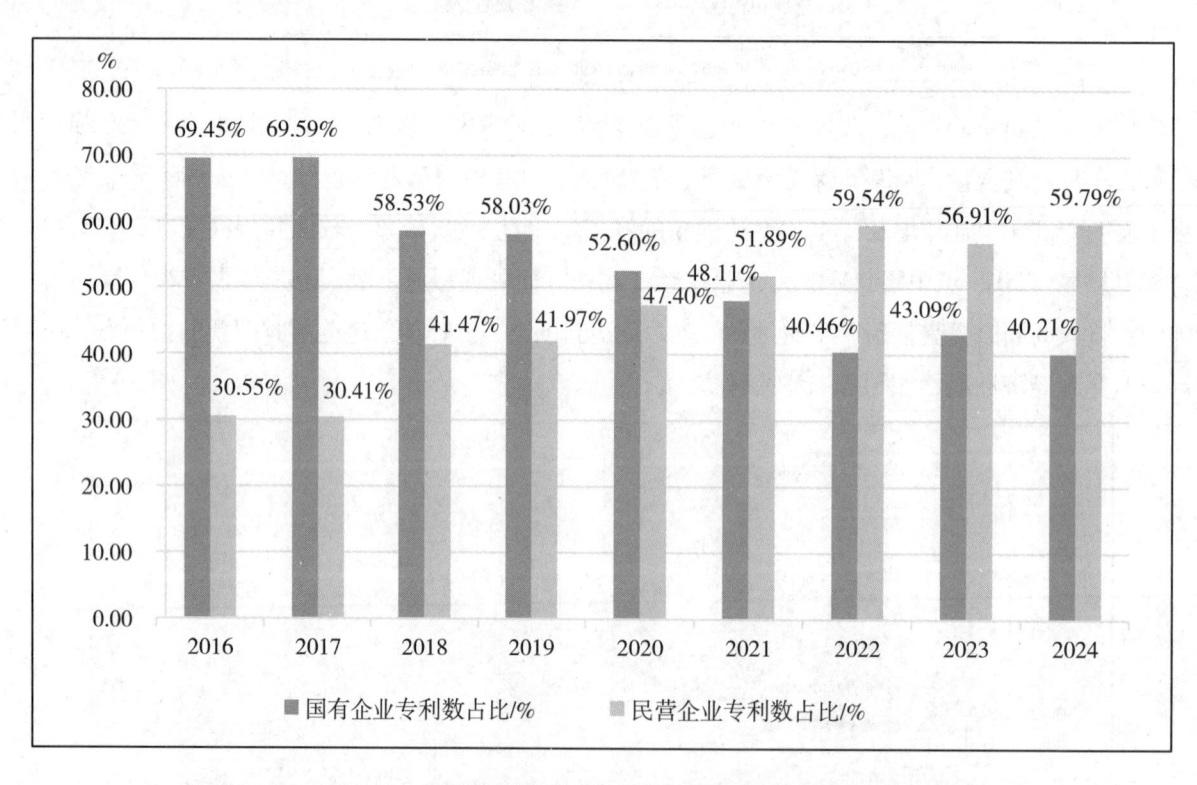

图2-16 2016—2024中国制造业企业500强不同所有制企业专利数占比变化

四、2024中国制造业企业500强所有制比较分析

2024中国制造业企业500强中，国有企业和民营企业入围数量基本保持稳定，千亿级企业俱乐部数量稳定，民营企业数量占优。就企业盈利情况而言，2024中国制造业企业500强中的国有企业和民营企业的盈利情况均有所下滑，其中，民营企业受到的冲击更大，下滑幅度更大，需要政府、

社会、企业多方合力为企业恢复发展提供良好环境。

1. 民营企业数量占比扩大

2024 中国制造业企业 500 强中共入围 374 家民营企业，较上年增加了 12 家。2016 中国制造业企业 500 强榜单发布以来，中国制造业企业 500 强中的民营企业数量基本保持稳定增长趋势，继 2022 中国制造业企业 500 强入围企业数量实现较大幅度增加之后，本年度入围民营企业数量再次增长，从 2016 中国制造业企业 500 强的 317 家增加到 374 家，增加了 57 家，总体占比由 2016 中国制造业企业 500 强的 63.40% 上升至 74.80%，增加了 11.40 个百分点。入围的民营企业数量与国有企业数量之间的差距有所扩大，入围企业中，民营企业数量约为国有企业数量的 3 倍，如图 2-17 所示。此外，2024 中国制造业企业 500 强中入围千亿级企业俱乐部的企业数量为 124 家，与上年基本持平。其中共有民营企业 69 家、国有企业 55 家，两者数量分布基本与上年保持一致，民营企业数量呈超越态势，这在一定程度上表明 2023 年民营企业总体发展水平保持稳定，发展实力基本稳固，已经成为中国大企业队伍中不可缺少的中坚力量，如图 2-18 所示。

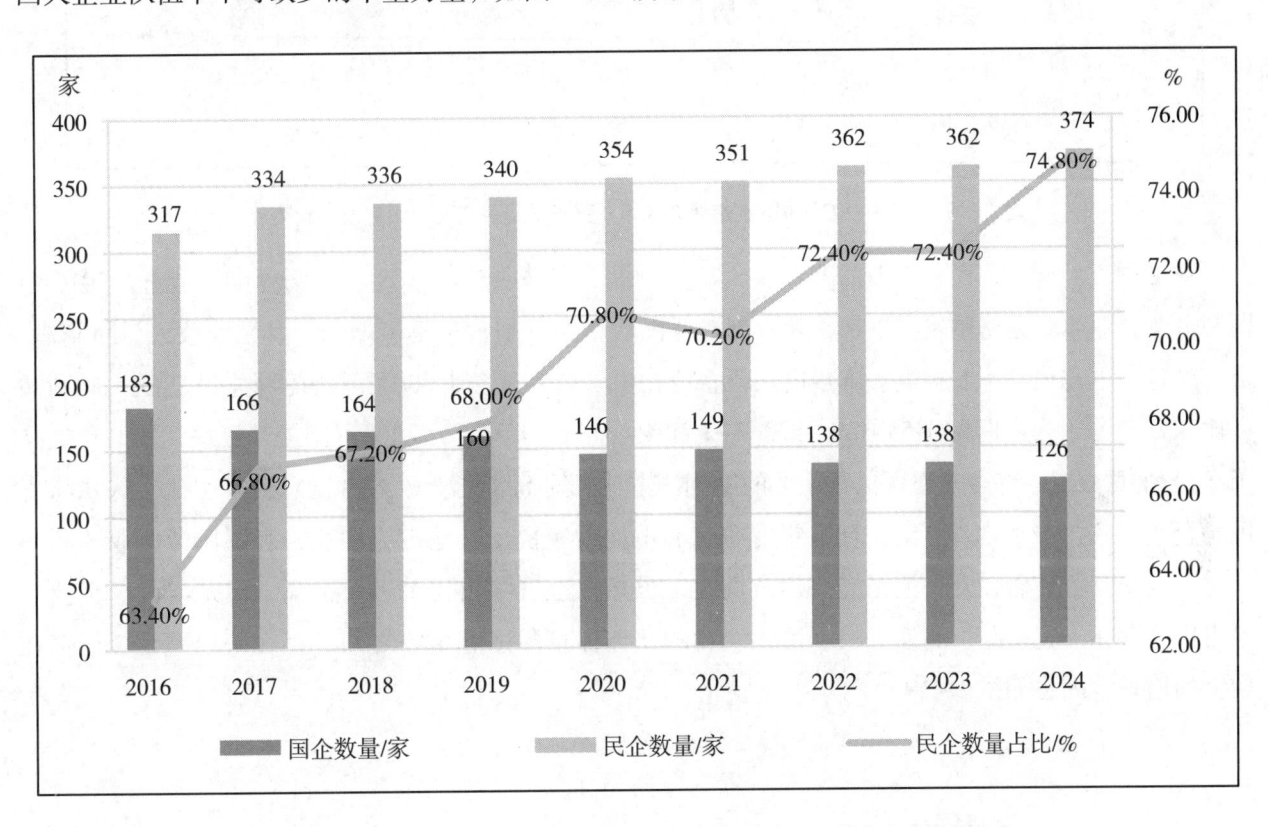

图 2-17 2016—2024 中国制造业企业 500 强民营企业、国有企业数量变化

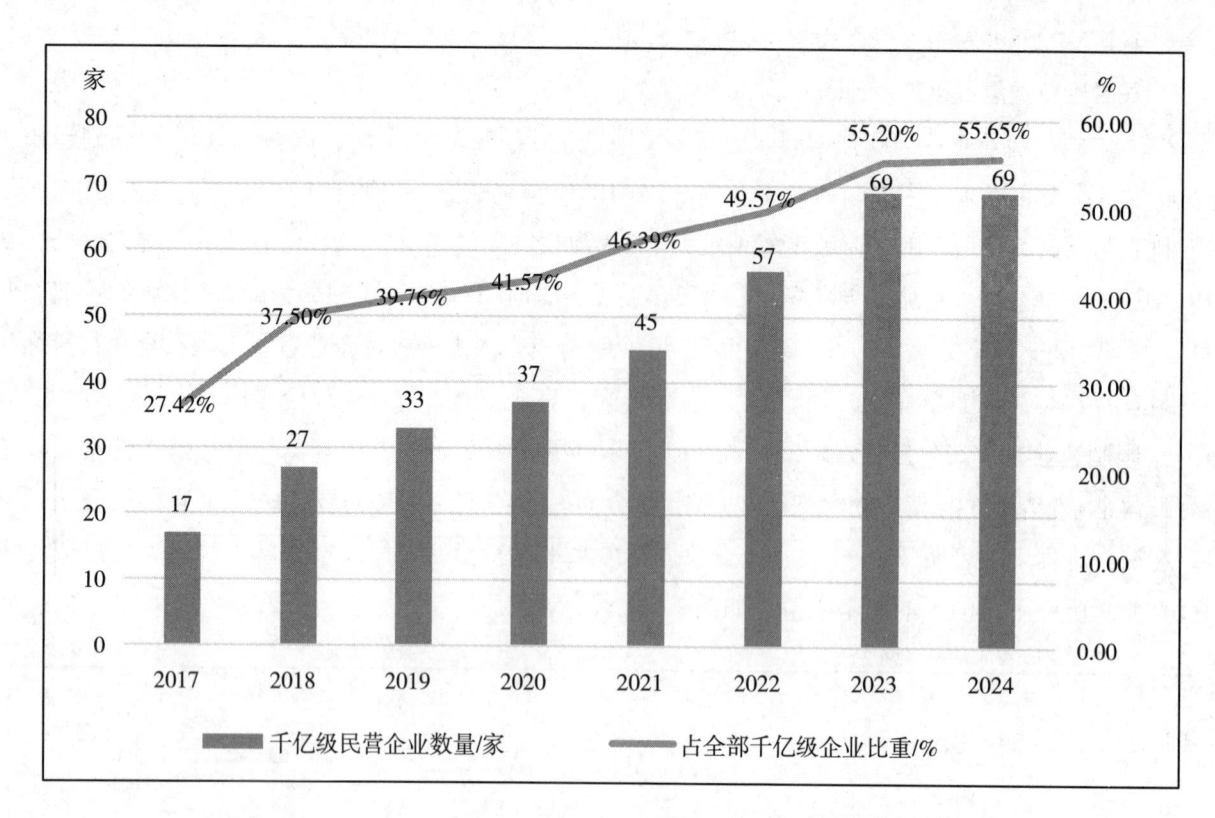

图 2-18 2017—2024 中国制造业企业 500 强千亿级民营企业数量及占比变化

数量增长的同时，民营企业的营业收入、净利润、资产占比均实现了不同程度的上升。2016 中国制造业企业 500 强榜单发布以来，随着制造业民营企业入围数量不断增长，其营业收入、净利润、资产等各项占比也在不断提高。本年度民营企业在中国制造业企业 500 强中的营业收入占比、净利润占比和资产占比分别提高到 55.32%、70.74% 和 46.41%，其中，净利润占比提升最快，较上年提高了 9.68 个百分点。综合来看，民营企业的净利润占比相对高于营业收入占比和资产占比，这意味着民营企业的效益水平相对更高，且本年度净利润占比增速快于其他占比增速，表明民营企业的利润率水平也得到了显著提升。但是需要注意的是，虽然以上三项占比都有所提高，但是与民营企业数量占比还存在一定差距，侧面反映了民营企业的总体体量与国有企业之间还存在一定差距，还存在较大的增长空间，如图 2-19 所示。

图2-19 2016—2024民营企业营业收入、净利润及资产占中国制造业企业500强比重变化

2. 国有企业、民营企业盈利率增长趋势分化

国有企业利润率指标小幅下滑，民营企业经济效益有所回升。2024中国制造业企业500强中民营企业的收入利润率和资产利润率均出现小幅回升。其中，民营企业的总体收入利润率为2.94%，较上年提高了0.07个百分点；资产利润率为3.33%，较上年提高了0.04个百分点，经济效益总体呈现出小幅回升态势，但是仍显著低于2022中国制造业企业500强前水平。国有企业的营业收入利润率和资产利润率则再次下滑，2024中国制造业企业500强中国有企业的收入利润率为1.50%，较上年下降了0.55个百分点，资产利润率为1.19%，较上年下降了0.48个百分点，延续此前下降趋势。这也说明，与国有企业相比，民营企业在2023年创新技术和管理方式、提升经济效益的效果更为显著，实现了止跌回升，而国有企业仍需一段时间的调整期；但是不论是国有企业还是民营企业，经济效益总体水平仍与此前水平存在一定差距，这不仅需要企业迎难而上、主动求变、积极应变，也需要政府加大扶持力度，为企业发展营造更加优良的发展环境，助力国内需求回暖，企业发展回春，如图2-20所示。

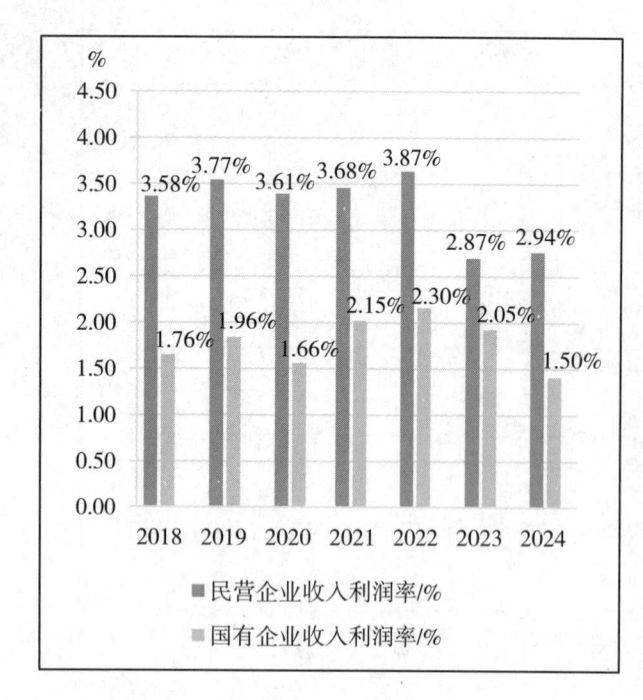

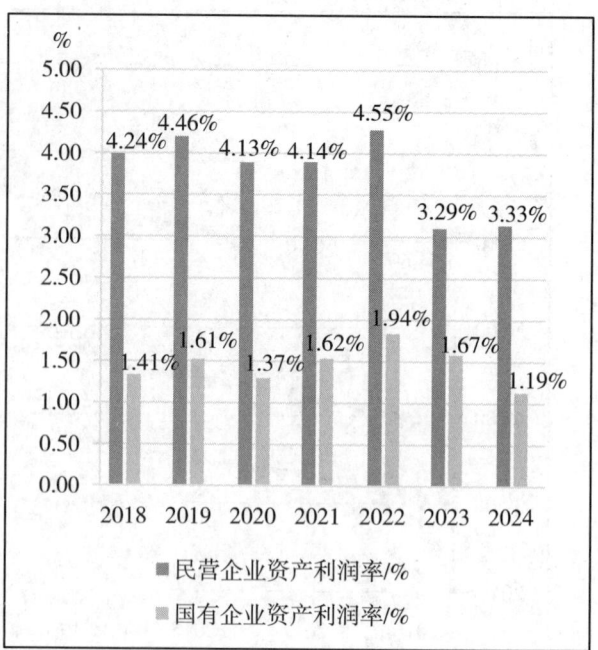

图 2-20　2018—2024 中国制造业企业 500 强民营企业、国有企业营业收入利润率及资产利润率对比

五、2024 中国制造业企业 500 强行业指标比较分析

从总体行业营业收入和行业利润来看，2024 中国制造业企业 500 强中，重化工行业总入围企业数量依然保持领先地位，从而带动总营业收入、总利润规模也占据最高比例。行业营业收入总规模前 5 位中，重化工行业包揽 4 席，分别为：黑色冶金、化学原料及化学品制造、一般有色、石化及炼焦，其中黑色冶金行业入围企业数量出现较大幅度增长。行业规模净利润总额前 5 位中，重化工行业仅有黑色冶金和石化及炼焦两个行业入围，说明 2023 年化学原料及化学品制造和一般有色两个行业入围企业的效益水平不佳。从行业平均指标来看，重化工行业则略逊一筹，航空航天、兵器制造、船舶制造等高技术制造业行业企业表现更为突出。从增长情况来看，传统制造业效益规模增长较快，转型升级成效显著，战略性新兴产业资产规模扩张速度加快，逐渐成为中国经济的又一新支柱。

1. 重化工行业入围企业数量始终保持领先地位

以黑色冶金为代表的重化工行业企业入围数量最多，且总体营业收入占比最高。2024 中国制造业企业 500 强中，入围企业最多的五个行业分别是：黑色冶金（75 家）、化学原料及化学品制造（41 家）、一般有色（39 家）、石化及炼焦（36 家）和汽车及零配件制造（30 家），其中排名前 4 的行业均为重化工行业，且黑色冶金行业入围企业增加较多，由上年的 66 家增加至 75 家。在行业营业收入方面与此相似，2024 中国制造业企业 500 强中，黑色冶金、石化及炼焦、汽车及零配件制造、化学原料及化学品制造、一般有色包揽前 5 位，与上年一致。可以看到，尽管化学原料及化学品制造和一般有色的入围企业数量高于石化及炼焦和汽车及零配件制造，但是总营业收入却少于这两个行业，说明单个企业规模相对较小。同时，5 个行业对制造业营业收入的总贡献率较上年略有提升，达到 53.88%。

行业利润方面，与营业收入贡献排名略有差别。2024 中国制造业企业 500 强中行业归母净利润规模最大的五个行业分别为：通信设备制造、黑色冶金、石化及炼焦、汽车及零配件制造、家用电器制造。其中，虽然通信设备制造行业的入围企业数量和营业收入未进入前五位，但是其利润仍力压黑色冶金、石化及炼焦和汽车及零配件制造三个行业，位居第一，可见其经济效益水平相对较高，家用电器制造行业入围企业利润贡献率也远超其他行业企业。前五个行业的总体贡献率较上年有所上升，从 38.17% 提升至 46.95%，如表 2-1 所示。

表 2-1 2024 中国制造业企业 500 强营业收入及利润贡献前 5 行业

排名	行业	营业收入/亿元	营业收入占比/%	排名	行业	归母净利润/亿元	归母净利润占比/%
1	黑色冶金	82690.02	15.90	1	通信设备制造	1476.68	12.36
2	石化及炼焦	60354.80	11.61	2	黑色冶金	1270.36	10.63
3	汽车及零配件制造	54683.46	10.51	3	石化及炼焦	1068.51	8.94
4	化学原料及化学品制造	41751.80	8.03	4	汽车及零配件制造	909.10	7.61
5	一般有色	40744.21	7.83	5	家用电器制造	885.78	7.41
	合计	280224.29	53.88		合计	5610.43	46.95

2. 先进制造业行业平均指标表现更佳

从行业内各企业平均指标来看，航空航天、兵器制造、船舶制造等部分先进制造业的表现更为突出。在行业平均营业收入指标方面，航空航天、兵器制造、船舶制造、汽车及零配件制造、锅炉及动力装备制造占据前五位，与去年排位基本一致。其中，航空航天和兵器制造两个行业的平均营业收入远超其他行业，动力和储能电池虽未进入前五行列，但平均收入也达到了 1421.68 亿元，位居第 7 位。在行业平均利润指标方面，航空航天、船舶制造、饮料、兵器制造、通信设备制造分列前五位，其中饮料虽然在平均营业收入和入围企业数量方面不占优势，但是企业总体效益质量相对更优。值得注意的是，动力和储能电池与风能、太阳能设备制造行业企业的平均利润水平较上年排位再次提升，位居第 7、第 8 位。这在一定程度上表明新能源企业已经逐步迈上稳定发展的轨道。在行业平均研发费用指标方面，兵器制造、航空航天、通信设备制造三个行业遥遥领先，平均研发费用超过 130 亿元，远远高于其他行业，如表 2-2 所示。汽车及零配件制造、锅炉及动力装备制造和家用电器制造三个行业分列第 6、第 8 和第 9 位，平均研发费用均在上年的基础上再次增加，反映了近年来我国传统制造业企业积极适应新发展阶段新消费趋势，实施改造升级和设备更新，努力发新芽、长新枝、开新花，让传统产业成为形成新质生产力的重要载体。

从行业效益指标来看，2024 中国制造业企业 500 强中，饮料行业企业的平均营业收入利润率和资产利润率高居榜首，如表 2-3 所示。综合来看，2024 中国制造业企业 500 强中，无论是平均营业收入还是收入利润率、净资产利润率，饮料行业的利润率水平均超过 10%，远高于其他行业。从资产利润率来看，服装及其他纺织品、轻工百货生产等轻资产行业平均资产利润率相对更高。而诸如航空航天、兵器制造、船舶制造等资产投入多、研发投入高的行业，虽然平均利润水平也处于相对高位，但是受回报周期等方面的影响，其短期平均效益水平不及其他行业。从其他行业的利润水平看，一方面，风能、太阳能设备制造，动力和储能电池，药品制造等行业利润率水平居于相对高位，反映了战略性新兴产业正逐步发力，成为新的利润增长点；另一方面，摩托车及零配件制造和家用电器制造等传统行业的利润率水平也在不断提升，体现了我国传统制造业转型升级取得了一定成效。

表2-2　2024中国制造业企业500强平均营业收入、平均利润及平均研发费用排名前5行业

排名	行业名称	平均营业收入/亿元	排名	行业名称	平均利润/亿元	排名	行业名称	平均研发费用/亿元
1	航空航天	5896.80	1	航空航天	116.39	1	兵器制造	213.79
2	兵器制造	4293.45	2	船舶制造	113.22	2	航空航天	186.15
3	船舶制造	1877.70	3	饮料	112.54	3	通信设备制造	138.95
4	汽车及零配件制造	1822.78	4	兵器制造	108.66	4	船舶制造	78.53
5	锅炉及动力装备制造	1797.42	5	通信设备制造	77.72	5	轨道交通设备及零部件制造	77.00

表2-3　2024中国制造业企业500强平均营业收入利润率、资产利润率排名前5行业

排名	行业名称	平均营业收入利润率/%	排名	行业名称	资产利润率/%
1	饮料	13.33	1	饮料	11.21
2	通信设备制造	7.23	2	服装及其他纺织品	5.76
3	酒类	6.30	3	轻工百货生产	5.76
4	船舶制造	6.03	4	摩托车及零配件制造	5.25
5	其他建材制造	5.44	5	计算机及办公设备	5.21

3. 传统行业转型升级成效显著

从行业内各企业平均营业收入、利润增长情况来看，锅炉及动力设备制造、轮胎及橡胶制品、汽车及零配件制造、工业机械及设备制造等传统制造行业增长显著；从行业内各企业平均资产增长情况来看，风能、太阳能设备制造，动力和储能电池等战略性新兴产业的资产扩张速度加快。从行业平均营业收入增长率看，锅炉及动力设备制造，轮胎及橡胶制品，动力和储能电池，风能、太阳能设备制造，汽车及零配件制造五大行业增长最快，其中，锅炉及动力设备制造增长率将近30%，远高于其他行业企业，说明该行业转型升级成效显著，但是与上年相比，这五个行业的收入增长率均不及上年水平，与制造业500强总体营业收入增长趋势一致。从行业平均利润增长率看，轮胎及橡胶制品、锅炉及动力装备制造、通信设备制造、工业机械及设备制造、电力电气设备制造居于前五位，其中轮胎及橡胶制品、锅炉及动力装备制造两大行业依然占据前两位，且轮胎及橡胶制品行业

的平均利润增长率超过100%，高于行业平均营业收入增长率，表明轮胎及橡胶制品行业的效益水平增长较快。从平均资产增长率看，饮料，风能、太阳能设备制造，动力和储能电池，通信设备制造，计算机及办公设备为前五位行业，其中，风能、太阳能设备制造，以及动力和储能电池居于第二、第三位，平均资产增长率相对较高，在一定程度上反映了我国战略性新兴产业2023年平均资产规模扩张速度较快，我国战略性新兴产业实力不断壮大，如表2-4所示。

表2-4　2024中国制造业企业500强平均营业收入、平均利润及平均资产增长率排名前5行业

排名	行业名称	平均营业收入增长率/%	排名	行业名称	平均利润增长率/%	排名	行业名称	平均资产增长率/%
1	锅炉及动力装备制造	27.07	1	轮胎及橡胶制品	117.25	1	饮料	17.94
2	轮胎及橡胶制品	12.86	2	锅炉及动力装备制造	80.59	2	风能、太阳能设备制造	17.56
3	动力和储能电池	12.78	3	通信设备制造	79.84	3	动力和储能电池	16.27
4	风能、太阳能设备制造	12.30	4	工业机械及设备制造	71.67	4	通信设备制造	14.05
5	汽车及零配件制造	12.07	5	电力电气设备制造	51.15	5	计算机及办公设备	11.88

六、2024中国制造业企业500强区域分布特征分析

从区域分布状况来看，2024中国制造业企业500强在各地区的数量分布情况出现小幅波动，东部地区企业入围数量重现增长趋势，而中部、西部、东北地区企业数量则变化较小。与此对应，在营业收入和净利润贡献度方面，东部地区企业始终是500强企业的最大组成力量，且本年度贡献率明显升高，尤其是净利润占比，已经超过了80%。从各省市入围的500强企业数量来看，本年度浙江摘取桂冠，浙江、山东、河北等省份入围企业数量出现较大幅度调整。从总体营业收入角度看，北京仍居各省市首位，新增安徽、江西两个过万亿省份。

1. 东部地区企业入围企业数量再次增加

东部地区企业数量较上年增加。2024中国制造业企业500强各地区分布仍保持不均衡态势，且由于本年度东部地区入围企业数量增多，从上年的361增加到365家，与其他地区的差距进一步扩大。中部地区、西部地区和东北地区分别有68、61和6家企业入围，其中，西部地区入围企业数量与上年基本持平，增加了1家，中部地区和东北地区入围企业均较上年有所减少，分别减少了2家和3家，东北地区入围企业占比再次缩减，如图2-21所示。

从各个地区企业贡献看，与东部地区企业数量最多相对应，东部地区总体营业收入、净利润占500强企业总体营业收入、净利润的比重始终保持最高，本年度占比再次提高，达到79.19%和82.74%。而中部、西部和东北地区的营业收入和净利润所占比例分别为9.73%、8.67%、2.39%和8.91%、6.49%、1.86%。从营业收入的各地区占比看，与上年相比，各地区占比并未发生实质性变化，而从净利润总额的各地区占比看，相较于营业收入，净利润总额的年度变化幅度更大，尤其是

东部地区和西部地区的净利润占比变化更为显著，其中东部地区占比提高了 5.91 个百分点，西部地区占比降低了 5.87 个百分点，中部地区和东北地区分别提高了 0.84 和降低了 0.88 个百分点。这意味着各地区的效益水平差异较大，东部地区企业的总体效益水平提升最为明显，西部地区下降幅度最大，中部地区的入围企业数量、营业收入占比虽然都有所下降，但是利润占比相对提高，说明 2023 年中部地区入围企业的效益水平高于上年，如表 2-5 所示。

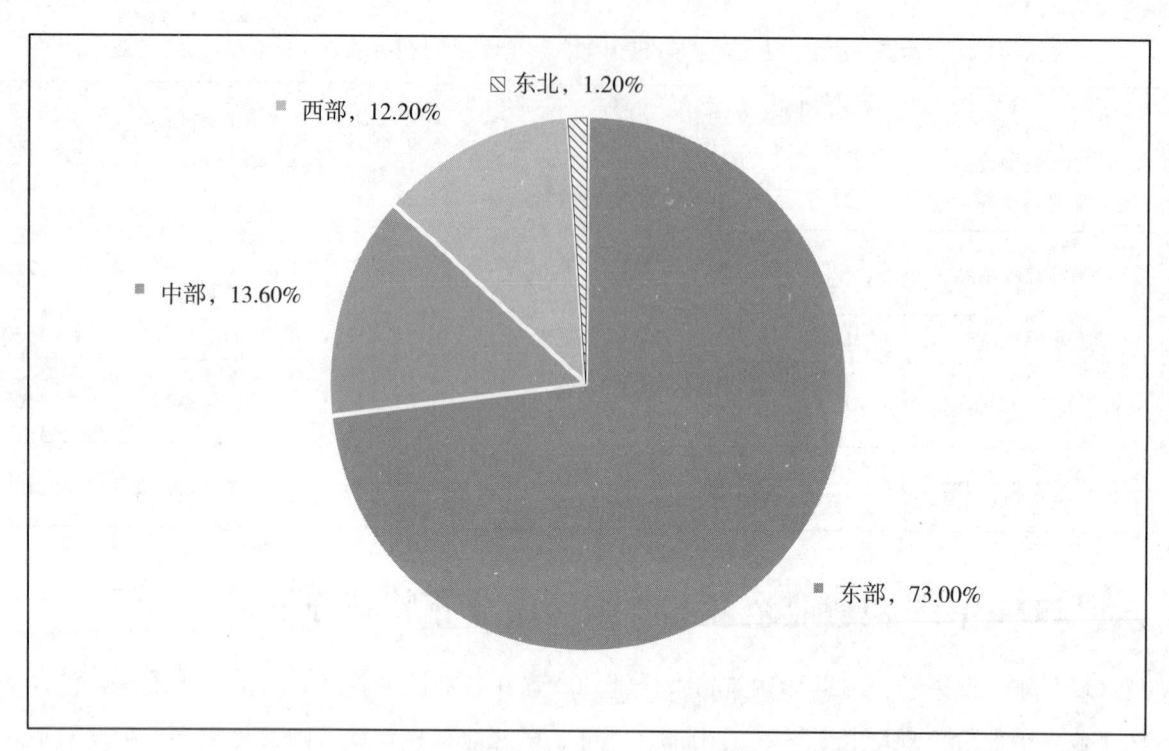

图 2-21 2024 中国制造业企业 500 强数量地区分布情况

表 2-5 2024 中国制造业企业 500 强营业收入及利润地区分布情况

地区	营业收入/万亿元	营业收入所占比重/%	同比上年/百分点	利润/亿元	利润所占比重/%	同比上年/百分点
东部	41.19	79.19	↑0.45	9885	82.74	↑5.91
中部	5.06	9.73	↓0.09	1064.57	8.91	↑0.84
西部	4.51	8.67	↓0.27	774.57	6.49	↓5.87
东北	1.24	2.39	↓0.11	221.73	1.86	↓0.88

注：同比上年变化部分，"↑"代表同比增长，"↓"代表同比减少。

2. 浙江入围企业数量高居首位

浙江、山东、江苏、广东四省入围企业数量居于前四位，浙江力压其他省市高居首位。2024 中国制造业 500 强企业中，共有 86 家企业出自浙江，较上年增加了 10 家，比位居第二名的山东多出 18 家，差距较大。居于其后的是山东、江苏、广东三省，入围企业数量分别为 68、56 和 43 家，这四个省份入围企业数量合计253家，总占比超五成。拥有20家及以上制造业500强企业的省份仍为9个省市。从营业收入来看，北京市入围企业的营业收入远高于其他省市，共计约10.98万亿元，略逊于上年水平，广东虽然入围企业数量少于江苏，但营业收入总规模更高，说明入围企业的规模更大。此外，本年度共有12个省市制造业500强总体营业收入规模突破1万亿元，较上年增加了江西和安徽两省。在入围企业数量变动方面，除前文所提的浙江增加10家企业之外，河北也增加了10家企业，两省为本年度变化最大的省市，山东减少了8家企业，广东减少了6家企业，云南增加了4家企业，如表2-6所示。

表2-6 2024中国制造业企业500强省份分布情况

数量排名	地区	企业数量/家	数量较上年变化	营业收入/亿元
1	浙江	86	↑10	66695.47
2	山东	68	↓8	52923.39
3	江苏	56	—	46660.51
4	广东	43	↓6	51867.05
5	河北	33	↑10	29134.26
6	北京	26	—	109797.78
7	河南	24	↓1	11018.11
8	福建	22	—	16742.56
9	上海	20	↓1	33507.03
10	四川	17	↑3	14983.58
11	安徽	14	↑1	10938.24
12	天津	11	↓1	4579.55
13	重庆	10	↓1	4680.02
14	广西壮族自治区	9	↓1	4664.55
15	湖北	9	—	8014.33
16	江西	8	—	10058.10
17	湖南	8	—	5988.71
18	云南	7	↑4	2924.44
19	陕西	6	↑2	4423.35
20	山西	5	↓2	4610.06
21	辽宁	4	↓1	5889.95
22	内蒙古自治区	3	↓1	3071.51

续表

数量排名	地区	企业数量/家	数量较上年变化	营业收入/亿元
23	甘肃	3	—	5607.19
24	新疆维吾尔自治区	3	↓1	2952.40
25	吉林	1	↓1	6334.85
26	黑龙江	1	↓1	214.16
27	贵州	1	↓3	520.54
28	青海	1	↓1	591.11
29	宁夏回族自治区	1	—	663.35
30	海南	0	—	0
31	西藏自治区	0	—	0

注：同比上年变化部分，"↑"代表同比增长，"↓"代表同比减少，"—"代表与上年持平。

七、2024中国制造业企业500强国际化经营分析

2024中国制造业企业500强海外收入减少，海外资产、海外员工数量却不同程度增加。从海外营业收入占比来看，2024中国制造业500强企业海外营业收入时隔三年再次出现负增长，导致海外营业收入占比也有所下降，但部分行业海外收入占比却远超上年。从海外资产看，总体和平均海外资产规模双双扩大，海外资产占比也随之上升，同时也导致海外员工数量增加。

1. 海外营业收入规模缩减

海外营业收入规模负向增长。2024中国制造业企业500强中共有314家企业拥有一定规模的海外业务，较上年减少3家，同时，海外营业收入总体规模也有所下降，从上年的7.20万亿元滑落至7.13万亿元，增速下降至-0.97%，同时也低于总体营业收入增速，如图2-22所示。从平均海外营业收入看，2024中国制造业企业500强中的314家企业平均海外营业收入为227.09亿元，低于上年的227.13亿元。随着企业海外营业收入的绝对值减少，海外营业收入占全部营业收入的比重也有所下滑，下降至18.23%，较上年减少0.20个百分点，如图2-23所示。一定程度上反映了2023年制造业大企业的海外订单量保持较为稳定的状态，海外业务对企业总业务的支撑作用显著。

在制造业各行业中，海外营业收入占全部营业收入比例最大的五个行业是：工程机械及零部件，半导体、集成电路及面板制造，兵器制造，家用电器制造，锅炉及动力装备制造，所占比重分别为36.63%、35.63%、34.54%、31.57%和29.84%，如表2-7所示。与上年基本集中于重化工行业不同，本年度占比最高的五个行业均非重化工行业，且各行业海外营业收入占比增幅明显，37个行业中，有17个行业的海外营业收入占比超过10%。海外营业收入所占比重相对较低的五个行业分别是摩托车及零配件制造、药品制造、电线电缆制造、船舶制造和酒类，这五个行业的海外营业收入占比也高于上年水平。可以看到，2023年，各行业"出海"的步伐明显加快，在国内需求恢复不及预

期的情况下，我国制造业大企业开始加快拓展海外市场，并取得了不俗的成绩。从数据看，海外市场已经成为支撑制造业 500 强大企业发展的重要板块，且与之前相比，我国制造业大企业的出口结构发生变化，从以黑色冶金、有色金属为代表的重化工行业转向以半导体、集成电路及面板制造、兵器制造为代表的高技术制造业。

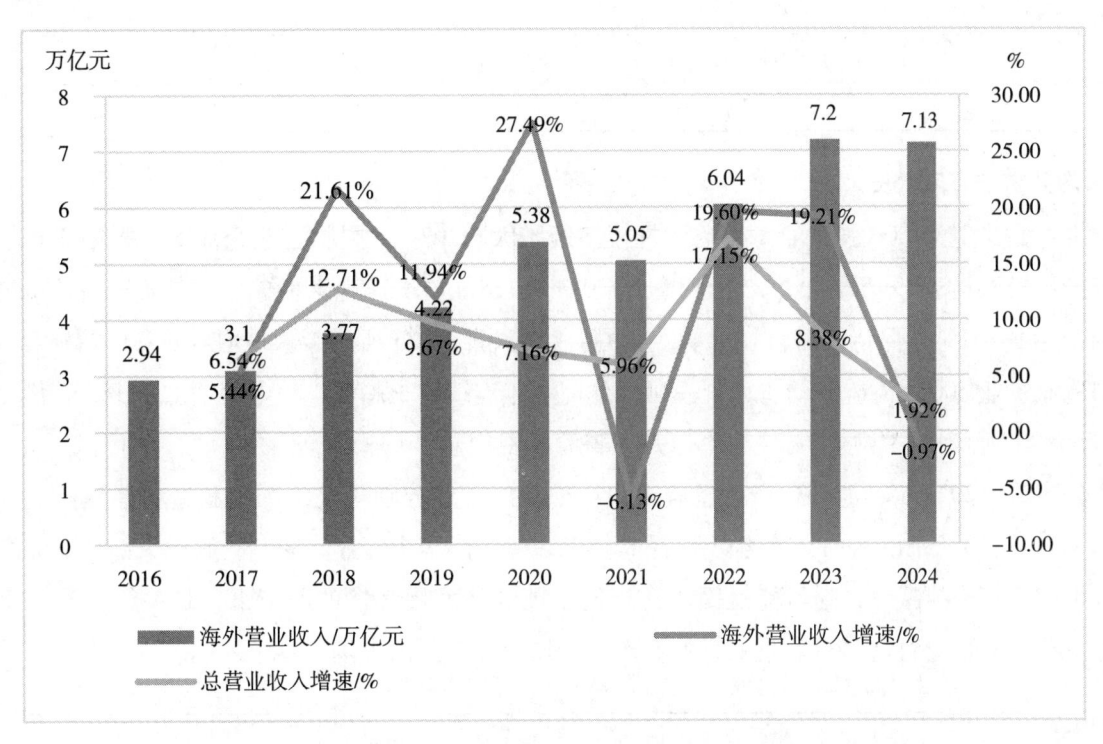

图 2-22　2016—2024 中国制造业企业 500 强海外营业收入及增速变化

图 2-23　2016—2024 中国制造业企业 500 强海外营业收入占全部营业收入的比例

表 2-7　2024 中国制造业企业 500 强海外营业收入占全部营业收入比例排名前 5 行业

排名	行业	海外营业收入占全部收入比例/%
1	工程机械及零部件	36.63
2	半导体、集成电路及面板制造	35.63
3	兵器制造	34.54
4	家用电器制造	31.57
5	锅炉及动力装备制造	29.84

2. 海外资产有所增长

2024 中国制造业 500 强企业海外资产规模持续扩大。2024 中国制造业企业 500 强中 270 家企业海外资产规模共计 7.29 万亿元，较上年增加了 0.40 万亿元，增速为 5.81%。海外资产占比也高于上年水平，为 18.67%，保持相对较高水平，如图 2-24、图 2-25 所示。从平均海外资产指标看，2024 中国制造业企业 500 强海外平均资产规模延续此前几年连续增长趋势，较上年增加了 16.68 亿元，增速为 6.59%，低于上一年度 26.24 个百分点，与海外资产总体增长趋势保持一致，如图 2-26 所示。从行业分布看，2023 年，海外资产总规模出现负增长的行业分别是化学纤维制造、计算机及办公设备、纺织印染、金属制品加工、酒类、食品、轻工百货生产 7 个行业，同时，其中大部分行业海外营业收入也较上年有所减少，这可能是因为在当前全球经济发展缓慢的环境下，相关行业海外市场拓展之路不顺，从而导致这些行业收缩海外资产，更加专注于国内市场。

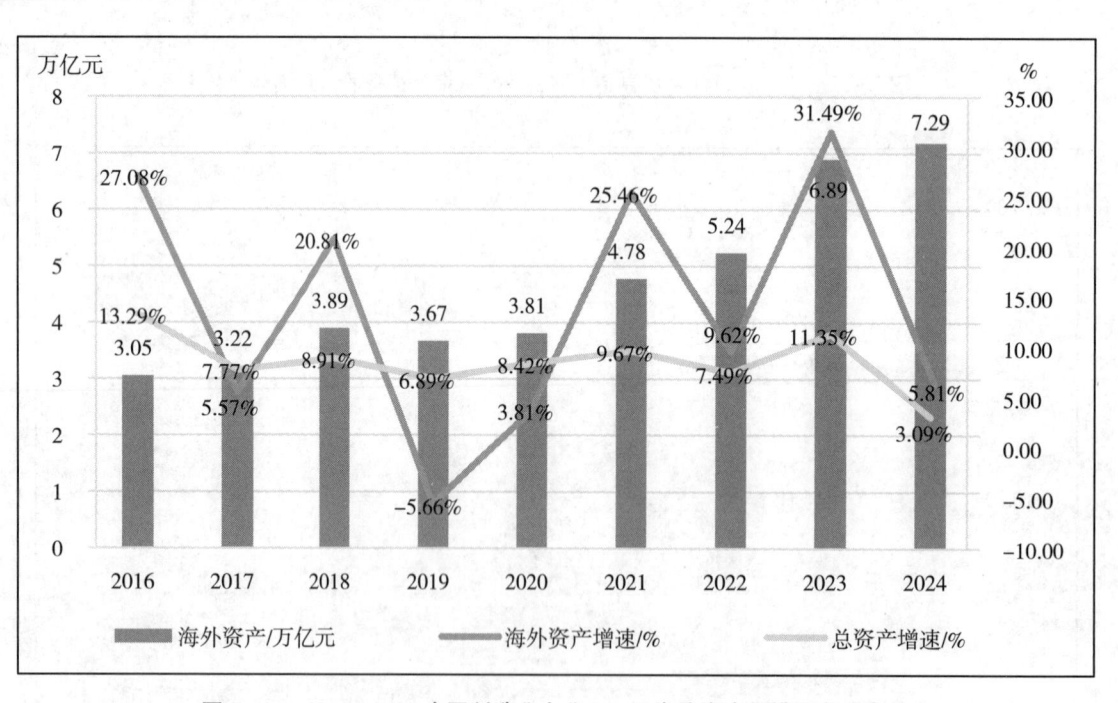

图 2-24　2016—2024 中国制造业企业 500 强海外资产规模及增速变化

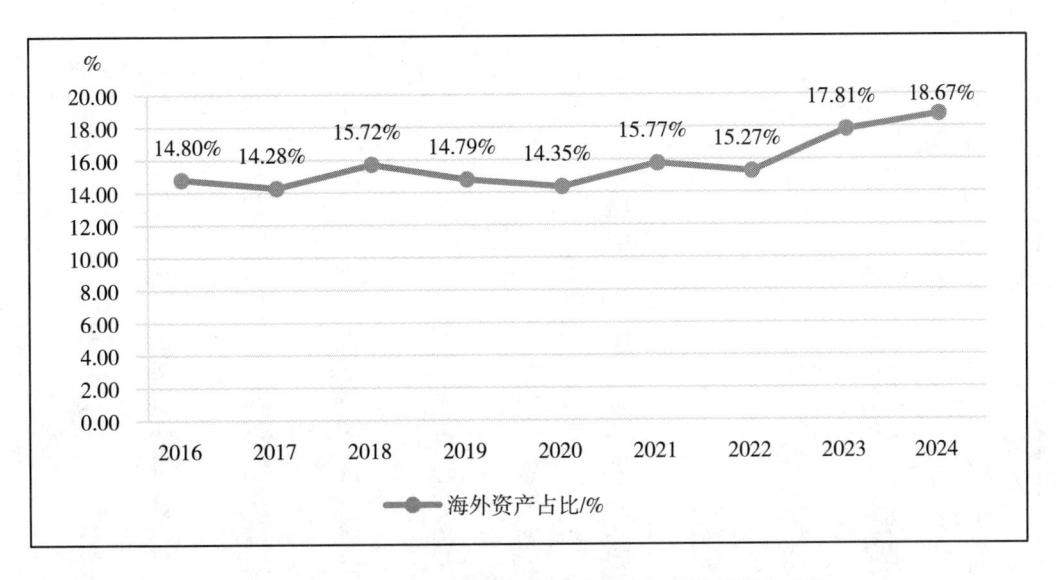

图 2-25　2016—2024 中国制造业企业 500 强海外资产占比

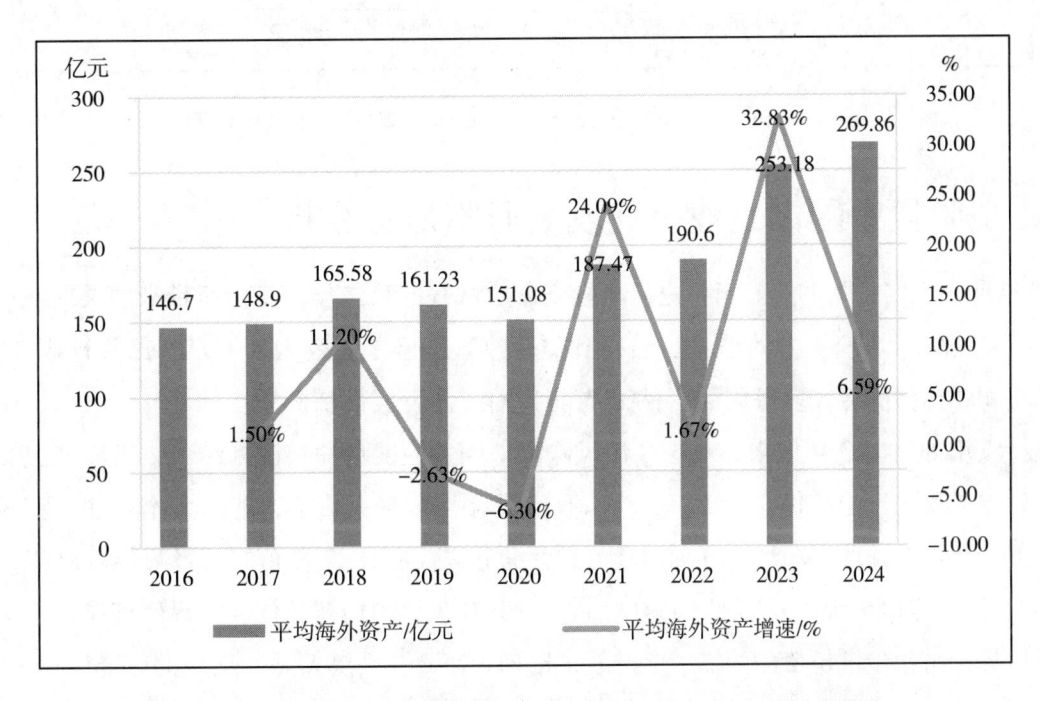

图 2-26　2016—2024 中国制造业企业 500 强平均海外资产规模及增速变化

3. 海外员工人数小幅减少

2024 中国制造业 500 强企业员工总数较上年有所减少，为 1469.72 万人，较上年人数减少了约 0.93%。海外员工占比略有上升，较上年增加了 0.70 个百分点，可以看到，海外员工的增速为 14.26%，速度远快于员工总数的减少速度，如图 2-27 所示。一方面，部分行业 500 强企业海外资产规模扩大，需要的员工数量也相应增加；另一方面，伴随着国内机械化、智能化等转型升级进程的不断加快，部分工作出现机器代人的现象，各项因素综合导致海外员工占比上升。

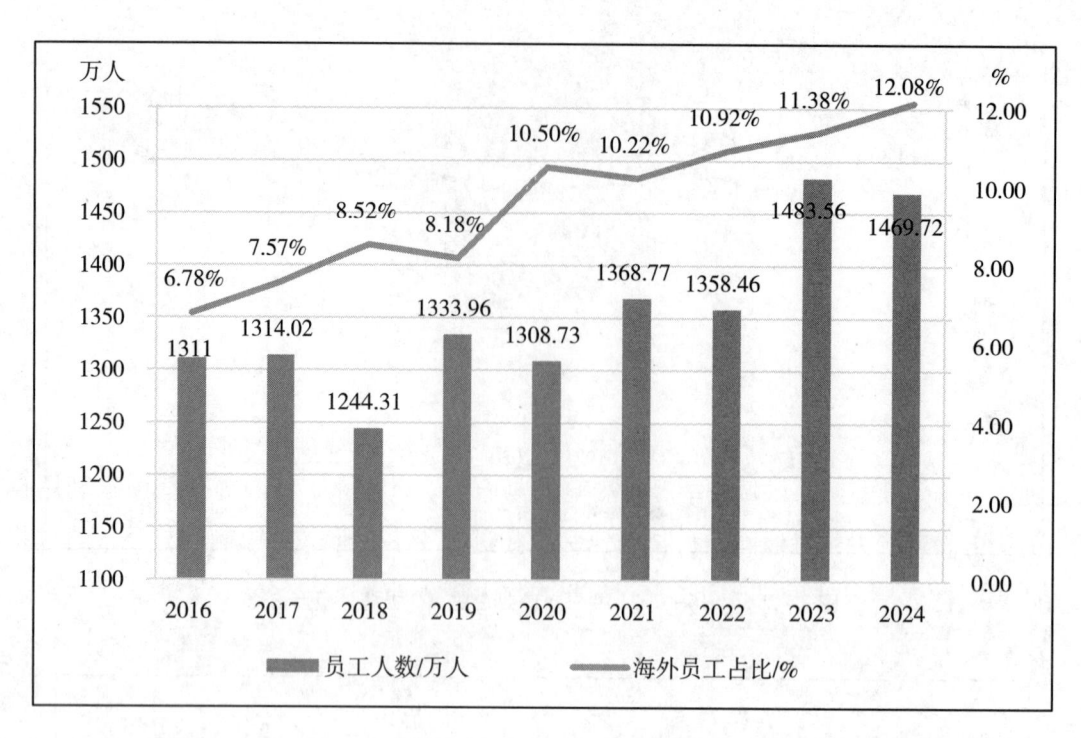

图 2-27　2016—2024 中国制造业企业 500 强员工人数和海外员工占比变化情况

八、现阶段中国制造业企业发展面临形势分析

2024 年是"十四五"的第三年，也是新冠疫情后恢复的第二年，疫情所带来的长期疤痕效应使经济仍处于恢复期，增速缓慢的趋势虽然得到显著改善，但是有效需求不足、部分行业产能过剩、社会预期偏弱、风险隐患较多等问题仍然是当前我国经济发展面临的重要问题。一方面，国际地缘政治风险持续增加，2023 年以来，地缘政治风险事件频发，俄乌冲突尚未结束，巴以冲突又不断升级，地缘政治风险上升趋势仍在延续。受地缘政治风险持续攀升影响，能源成本存在上涨压力。全球经济复苏趋势不及预期，2024 年 7 月 IMF（国际货币基金组织）发布的《世界经济展望报告》显示，2024 年世界经济将继续以 3.2% 的速度增长，与 2023 年的增速相同。世界经济风险总体上保持平衡，但世界经济稳步增长依然面临一定挑战，"灰犀牛"与"黑天鹅"出现的可能性仍不能忽视。国内方面，房地产风险、境外金融传导风险、产能过剩风险等潜在风险点还客观存在，进一步增加了经济发展的不确定性。但另一方面，我国经济长期向好的基本面没有改变，仍具有较大的韧性和潜力。2024 年上半年，随着扩内需、稳增长等各项政策推动和积极财政措施的落地，国际国内市场逐渐回暖，需求持续恢复，发达经济体制造业去库存见底、高利率环境得以调整等利好因素增多，我国国际贸易、汇率和投资环境都将呈现好转趋势。党的二十届三中全会召开之后，全面深化改革的总目标更加清晰，推进中国式现代化的原则更加明确，强化了中国经济发展保障。

1. 国际局势变乱交织，我国制造业企业发展机遇与风险并存

当前，国际局势变乱交织，百年变局加速演进，诸多影响因素交织叠加，全球经济发展不确定性进一步提升。2023 年以来，经济与政治冲突相互强化，地缘政治冲突在全球经济压力加大的大背景下呈现出结构化、整体化、长期化的趋势，作为世界前两大经济体，中美关系变化的溢出性地缘政治和地缘经济效应不断涌现，中美关系的走向对中国经济发展有着重要影响，特别是对于"中国制造"走向世界更是巨大挑战。

一是全球经济增长放缓，中国经济复苏外部阻力凸显。联合国于2024年1月初发布了《2024年世界经济形势与展望》报告，虽然2023年全球经济表现高于预期水平，但需要注意的是短期风险和结构脆弱性问题仍然存在，利率持续高企、冲突进一步升级、国际贸易疲软、气候灾害增多等因素将给全球经济增长带来巨大挑战。报告预计，全球经济增长将从2023年的2.7%放缓至2024年的2.4%，低于新冠疫情前3%的增长率。全球低增长率会导致全球需求放缓，进而打击商品出口，对于商品出口已成为经济增长主要动力之一的中国而言，经济复苏将面临一定阻力。

二是地区竞争持续蔓延，区域壁垒严重影响贸易合作。近年来，美国等一些国家利用自身在高科技领域的优势和影响力，对他国的科技企业和机构进行了多种形式的限制和打压，通过将高科技领域制裁和限制变成盟友之间的地缘经济组合，滥用出口管制规则，以此打造一个"科技民主同盟"，即从技术、硬件管控和产业替代两个方面对高科技产业进行"卡脖子"，加紧地缘科技攻势。如2023年，美国不断加速推动更多盟友一同编织一个更紧密的地缘科技"硅幕"，试图巩固在以芯片、量子计算和人工智能为核心的高科技产业链、供应链和价值链上的优势地位。美国针对半导体产业链特点，通过给予高额投资补贴等方式，拉拢日、欧、韩知名生产商加强对美国的高科技产业投资，通过美国自己的再工业化进程控制和主导全球计算机芯片和高端半导体的产业链和供应链。在美国投资的半导体企业在对华投资和销售上受到美国商务部、财政部的重大限制。这些均实质性地影响中国与欧洲国家、日本、韩国等地区的高科技贸易与投资合作。

三是进一步加征关税，中国战新产业出口道路受阻。2024年5月14日，美方发布对华加征301关税四年期复审结果，宣布在原有对华301关税基础上，进一步提高对自华进口的电动汽车、锂电池、光伏电池、关键矿产、半导体，以及钢铝、港口起重机、个人防护装备等产品的加征关税。其中，电动汽车、锂电池、光伏电池等"新三样"产品是近年来中国出口的重要增长点，2023年"新三样"合计出口首次突破万亿元，比上年增长29.9%，高于整个出口增速29.3个百分点。本次美国加征关税对中国电动汽车的进口关税从现有的25%提高到100%，对天然石墨和永磁体加征25%关税的时间推至2026年，对非动力电池从7.5%的301加征关税提高到25%，但实施时间也推迟至2026年，以"新三样"为代表的中国制造产品出口渠道受阻。

可以看到，全球经济增长环境、地缘政治、科技围堵、关税打压等都给我国制造业企业的发展带来了前所未有的挑战，经济政治化和政治经济化趋势越发明显，在当前复杂多变的国际环境中，我国制造业企业逆势增长之路可能面临着更多的不确定性。

2. 内需恢复不及预期，有效需求不足问题仍显严峻

国内需求一直是推动中国经济发展的主要动力，这些年对经济增长的贡献率超过90%。2023年我国社会消费品零售总额达47.1万亿元，总量创历史新高，对经济增长的贡献率达到111.4%，其中最终消费支出拉动经济增长4.3个百分点，贡献率为82.5%，内需支撑作用明显增强。随着各项宏观政策发力显效，2024年国民经济持续回升向好，但国内有效需求不足问题犹存，其中存在多方面的原因。

一是收入增长预期制约消费恢复速度。消费支出主要受当前和未来收入、预防性储蓄和财富效应等的预期影响，如果对未来收入增长预期趋于谨慎，同时财富增长速度停滞，居民消费将主要集中于必需品，消费扩张动力不足。当前受新冠疫情"疤痕效应"和市场预期偏弱的影响，居民对于未来收入预期不够乐观，预防性储蓄增加，消费性支出减少，从而导致内需增长乏力。

二是民间投资下滑导致投资需求不足。在社会主义市场经济中，投资主体是各类企业，以扩大投资需求来拉动经济增长基础是激发各类市场主体活力的重要手段。当前受国内外市场需求下降、产业链外迁压力增加、收入回报率下滑等因素影响，企业对扩大投资和生产较为谨慎，虽然高技术产业投资占比有所增加，技术创新应用和产能升级优化趋势进一步加强，但总体来看，当前民间资本投资动能仍显不足。

三是基础设施投资面临债务约束和融资约束。基础设施投资是固定资产投资的重要支柱，但是政府主导基础设施建设的投资模式面临着债务约束，在当前地方政府城投债面临较大风险的情况下，基础设施投资回报周期长及成本收益率不稳定等特征，使得地方政府对基础设施建设的投资存在融资约束。

但是与此同时，我国有着 14 亿多人口、4 亿多中等收入群体的大规模市场优势，当前居民消费能力和消费意愿提升空间仍然很大。同时，以数字化为核心驱动力的新型消费蓬勃发展、超长期特别国债和专项债陆续发行和下达、民间投资环境有所优化等也为内需恢复扩大提供了有力支撑。

3. 营商环境持续优化，企业发展环境得到进一步改善

优化营商环境是社会主义市场经济健康发展的需要，也是我国深化体制改革的必然趋势。党的十八大以来，习近平总书记高度重视优化营商环境，做出一系列重要指示，强调"营商环境只有更好，没有最好"。在党的二十大报告中，习近平总书记更是提出了"完善产权保护、市场准入、公平竞争、社会信用等市场经济基础制度，优化营商环境"的明确要求。当前，我国重点领域改革深入推进，全国营商环境持续优化。

一是市场环境更加竞争有序。《中共中央 国务院关于加快建设全国统一大市场的意见》印发实施，出台建设全国统一大市场总体工作方案，打破地方保护和市场分割，打通制约经济循环的关键堵点，促进商品要素资源在更大范围内畅通流动；自 2024 年 8 月 1 日起施行《公平竞争审查条例》，全面落实公平竞争审查制度，规范不当市场干预行为。

二是法治环境更加公平公正。"法治是最好的营商环境"。2019 年，国务院印发《优化营商环境条例》，29 个省（区、市）结合本地实际制定了优化营商环境地方性法规或政府规章，截至目前，我国基本建立了以《优化营商环境条例》为主干、以各类政策文件为补充、以地方优化营商环境立法为支干的优化营商环境立法体系，法治化水平大大提高。

三是政策环境更加公开透明。2024 年《政府工作报告》提出，增强宏观政策取向一致性，营造稳定透明可预期的政策环境。自 2022 年开展宏观政策取向一致性评估工作以来，各项政策的协同性明显提升，与宏观政策取向的一致性不断增强。同时，政府部门与企业常态化沟通交流机制进一步建立健全，惠企政策精准直达机制进一步完善，惠企政策兑现效果逐步显现。

多部门全方位促进企业发展壮大措施的出台，为我国企业营造了更加优良的发展环境，对于激发企业创新活力、提振企业发展信心具有积极意义。

4. 传统产业转型加速，为大规模设备更新创造新机遇

通常所说的传统产业是指那些产业发展时间较长、产业体量规模较大、市场需求广、吸纳就业能力强、以劳动密集型和资金密集型为主的产业。这些产业是国民经济发展的重要基础，生产的产品都是我们日常生活中不可或缺的东西，主要包括石化化工、钢铁、有色金属、建材、机械、轻工、纺织等，其增加值、营收、利润、用工人数等主要指标都占全部制造业的80%左右，可以说，传统产业是现代化产业体系的基底，也是我国制造业发展的基本盘。近年来，传统制造业重大技术改造升级和大规模设备更新逐步开展，逐渐开始"老树发新芽"。

一是设备更新不断加快。2024年2月23日，习近平总书记主持召开中央财经委员会第四次会议专题研究，强调"加快产品更新换代是推动高质量发展的重要举措，要鼓励引导新一轮大规模设备更新和消费品以旧换新"。设备更新是企业技术改造的重要抓手，能提高生产效率和技术水平，提升先进产能比重，释放工业经济增长新动能。国家统计局最新数据表明，大规模设备更新将成为拉动工业企业盈利改善的重要因素。2024年3月7日，国务院印发《推动大规模设备更新和消费品以旧换新行动方案》，为推动新一轮大规模设备更新和消费品以旧换新提供了行动路径。

二是数字赋能深入开展。当前，工业互联网、物联网等建设不断提速，制造业数字化转型加速推进，2023年，数字化研发设计工具普及率达79.0%，关键工序数控化率达60.9%，经营管理数字化普及率为75.5%，工业互联网平台普及率为27.5%，为传统制造业企业借助大数据、云计算等新技术改造提升生产工艺流程和技术，实现材料、人员、工位的优化配置，提高生产质量和效率，打下了坚实基础。

三是绿色低碳持续开展。2023年工业和信息化部推广158项先进适用环保技术装备，累计培育5000余家绿色工厂、600余家绿色供应链管理企业、59家环保装备规范条件企业，建设近400家绿色工业园区，传统工业企业绿色制造工程实施效果显著，绿色发展新动能持续增长。

5. 产业科技创新能力持续提升，新质生产力加快形成

习近平总书记提出，"整合科技创新资源，引领发展战略性新兴产业和未来产业，加快形成新质生产力"。新质生产力的形成和发展，离不开源源不断的技术创新和科学进步。2023年中央经济工作会议提出，要以科技创新推动产业创新，特别是以颠覆性技术和前沿技术催生新产业、新模式、新动能，发展新质生产力。近年来，我国围绕提升产业科技创新能力、以科技创新推动产业创新、以产业升级构筑竞争优势，加快建设需求导向、应用牵引、企业主体、政产学研金有机结合、"四链"（创新链、产业链、资金链、人才链）深度融合的现代化产业科技创新体系取得积极成效，有力支撑引领了我国的新型工业化建设。

一是网络化创新体系初步形成。国家制造业创新中心是支撑关键共性技术攻关，推动行业实现技术迭代、工艺改进、产品创新的重要一环，截至2024年上半年，我国已建设完成30个国家级制造业创新中心，涵盖345家国家级创新平台，突破关键共性技术439项，实现技术成果转化460余项，建立23个国家自主创新示范区和178个国家高新技术产业开发区，为加快重点产业链关键共性技术

攻关，推动上中下游大中小企业协同合作，加快科技成果转化提供了重要平台。

二是技术要素市场建设成效显著。所谓技术要素，是指在物质生产和价值创造中发挥关键性独立作用的科学知识、技术经验和信息等。加快推进技术要素市场建设，有利于强化市场机制和需求导向，提高市场配置创新资源成效，不断创新科技成果转化机制。2022年9月，科技部印发《"十四五"技术要素市场专项规划》，提出建设高标准技术要素市场，至2023年年底，我国技术市场管理机构累计超过1000家，技术合同登记机构累计超过1500家，国家技术转移（示范）机构累计达到450家，国家技术转移区域中心12个，高标准技术要素市场化建设取得显著成效。

三是企业整体创新实力持续提升。至2024年上半年，我国规模以上工业企业数量达50.1万多家，高新技术企业数量达46.3万家。产业链骨干企业加快壮大。"专精特新"企业不断涌现，"专精特新"中小企业累计超过14万家，其中专精特新"小巨人"企业1.2万家、制造业单项冠军企业1557家。从研发投入和产出成果上看，2023年全国研发经费投入超过3.3万亿元，与上一年相比增长8.1%，研发投入强度达到2.64%；全年签订技术合同95万个，成交额达到6.15万亿元，与上年相比增长28.6%；授权发明专利达到92.1万件，与上年相比增长15.3%。

6. 产融合作实现新突破，金融支持制造业发展更加有力有效

当前，我国正处在新旧动能转换的关键节点，产业结构优化升级持续推进，传统制造业转型升级和战略性新兴产业快速成长，都需要金融业加大服务力度。2024年4月，《国家金融监督管理总局 工业和信息化部 国家发展改革委关于深化制造业金融服务 助力推进新型工业化的通知》明确提出将推动更多金融资源用于促进先进制造，实现我国从制造大国向制造强国转变，引导金融机构以服务制造业高质量发展为主题，深化金融服务，助力推进新型工业化。2024年5月，国家金融监督管理总局印发《国家金融监督管理总局关于银行业保险业做好金融"五篇大文章"的指导意见》，强调要切实把"五篇大文章"落地落细，提高金融服务实体经济的质量和水平。

近年来，金融机构"坚持把金融服务实体经济作为根本宗旨"，在提供短期流动资金贷款的同时，不断提升制造业中长期贷款占比，为制造业升级发展注入了资金活水。截至2024年上半年，人民币贷款增加13.27万亿元，同比增加2.46万亿元，6月末人民币贷款余额250.85万亿元，同比增长8.8%，其中，制造业中长期贷款同比增长18.1%，高技术制造业中长期贷款同比增长16.5%；"专精特新"企业贷款同比增长15.2%，均明显高于同期全部贷款增速，表明金融对实体经济特别是制造业重点领域的支持力度仍处于较高水平。

当前，在新经济和外需拉动下，制造业发展信心有所提升，结合金融服务实体经济等相关政策的落地落实，将有效扩大制造业融资贷款规模，为支持制造业转型升级，加快发展新质生产力提供有力金融支持。

九、新形势下促进制造业大企业高质量发展的建议

新一轮科技革命和产业革命正深刻影响着全球技术要素和市场要素的配置，叠加全球经济增长滞缓、国家关系变化等各方面的影响，给当前制造业的发展带来了前所未有的挑战。在这个不确定性成为常态的时代，通过制造业创新提升国家综合实力和国际竞争力已经成为多个国家的战略选择。

我国是世界制造业第一大国，制造业增加值占全球比重约30%，连续14年位居全球首位。随着我国制造业转型升级的步伐持续加快，传统制造业高端化、智能化、绿色化、融合化发展水平实现有效提升，包括新一代信息技术、生物技术、新能源、新材料、高端装备、新能源汽车、绿色环保等产业在内的一批高端化、智能化、绿色化新型支柱产业快速崛起，重大创新成果不断涌现，更多中小企业走上"专精特新"之路。但同时也要看到，中国部分制造业行业大而不强的问题仍然存在，产品技术含量与品质仍有较大提升空间。未来，一方面要把改造提升传统产业摆在更加重要的位置，让传统产业"老树发新芽"，另一方面要积极发展新质生产力，培育更多新支柱、新赛道，努力抢占全球产业竞争制高点，更要前瞻布局未来产业，推动人工智能、人形机器人、元宇宙、6G、量子信息等前沿技术研发和应用推广，构筑未来发展新优势。

1. 以科技创新推动产业创新，大力发展新质生产力

2023年中央经济工作会议提出，要以科技创新推动产业创新，特别是以颠覆性技术和前沿技术催生新产业、新模式、新动能，发展新质生产力。科学技术是第一生产力，创新是发展新质生产力的根本动力，而发展新质生产力的关键载体是制造业。近年来，我国制造业发展虽然面临着较大阻力，但中国制造业仍然是全球规模最大、体系最全的，是中国经济稳定增长的压舱石，因此，制造业是加速形成新质生产力的主阵地，而制造业的发展离不开企业的创新。以科技创新推动产业创新，归根结底是企业要充分发挥科技创新主体作用，力争实现更多原创性、颠覆性技术和前沿技术突破。

一是发挥好科技创新主体作用，搭建原始创新策源地和创新成果转化桥。企业是最具活力的科技创新主体，是社会主义市场经济的主要参与者，了解市场和应用场景，具有更强的市场导向优势，能够更加精准地识别技术创新中的"堵点""卡点"和"难点"，从而集中力量展开靶向攻关，实现原创性、颠覆性技术的创新突破。因此，企业要充分发挥好善于捕捉机遇的天然优势，瞄准关键核心技术、产业共性技术、颠覆性技术和前沿技术瓶颈，增强优势资源整合，强化需求牵引与场景驱动，建立科技成果转化机制，打通科技成果向新质生产力转化"最后一公里"。

二是打造企业主导创新联合体，进一步完善创新协同机制。培育新质生产力，必须构建以企业为主体、以市场为导向、产学研深度融合的创新体系。骨干型企业要充分发挥"链主"引领作用，根据企业发展实际适度开放创新资源，吸纳"专精特新"中小企业卡位入链，形成多方协同联动、融通创新的创新联合体，以搭建创新平台、联合共建实验室、技术入股等多种方式为抓手，聚焦创新链的开发研究、中间试验、产业化等环节，推动产业链上下游企业、高校与科研院所联合创新。

三是推动多链条深度融合，打通束缚新质生产力发展的堵点卡点。科技供给和产业需求之间往往存在脱节现象，既不利于基础研究的长期可持续发展，也进一步抬高了企业的创新成本。因此，企业要在成本控制的同时得到更多创新成果，就需要促进基础研究、成果转化、商业化应用全链条融合发展，吸引更多产业链上下游企业、高校、科研院所等多元创新主体和创新资源向企业集聚，实现产业链、创新链、人才链深度融合，打通从基础研究到商业化应用流程环节存在的梗阻，提高科技成果转化率。

2. 进一步开拓多元化市场，持续优化市场布局

在社会主义市场经济条件下，企业的生存和发展取决于市场。2024年《政府工作报告》提出，

支持企业开拓多元化市场。经济学中对于市场主体最基本的假设就是以追求利润最大化为目的，也就是说利润最大化是市场主体的立身之基，从另一个角度看，追求利润最大化的前提是商品能够满足市场需求，能够有市场，因此，获取市场是企业发展的长期追求。当前背景下，世界经济增长动能不足，国内国际需求尚未完全恢复，保持市场规模稳定成为企业面临的重大课题。

一方面，企业要做大做强主业，巩固传统业务市场。2024年5月23日召开的企业和专家座谈会上，习近平总书记提到，"我观察这些异军突起的企业，就是心无旁骛、一以贯之、做强主业。"主业是企业生存发展的基石，是企业的根，承载着企业的使命和愿景。根深才能叶茂，做强主业是企业成长和发展的根本途径。企业要以主营业务作为市场经营的主攻点，做强做优主业，深耕核心市场，对现有市场资源深入挖掘、分析、整合，以更为专业的产品和服务强化与现有合作方的合作纽带，增强产品和服务的不可替代性，提升客户黏性。

另一方面，企业要提前谋划、超前部署，积极开发新市场。做强做大主业是根基，但并不是原地踏步，而是不断创新，习近平总书记指出"创新是企业经营最重要的品质"。随着技术不断更新迭代、生产方式向绿色低碳转型、消费需求日益个性化，企业要想保持市场竞争力，就必须以市场为导向持续创新，找准市场经营的"突破点"，不断把"老产品"做出"新花样"，积极开辟新市场，深挖潜在市场，建立更为广泛的合作"朋友圈"。

3. 持续深化风险管理，加快建立现代企业制度

在当前充满不确定性和变化的经济背景下，企业面临着各种各样的风险挑战，如市场波动、竞争加剧、技术变革、自然灾害等。这些风险可能对企业的生存和发展产生严重影响。要有效应对这些风险，就需要增强风险应对能力，包括对企业内外部环境的分析，风险的识别和评估，以及风险的管理和控制等方面，以确保企业能够实现预期目标。面对多种不稳定性、不确定性因素，企业既要有防范风险的先手，也要有应对和化解风险挑战的高招。

一是系统谋划，构筑全面风险防控体系。企业要以内控为基础，搭建全面风险管理框架，从风险组织架构与人员、风险战略与政策、风险沟通与透明度、风险管理流程、工具与系统、风险文化等多个方面，推进建设和完善企业全面风险管理体系。对于大企业而言，要高度关注集团公司内部各企业间的业务往来规范管理和资源统筹，以制度形式明确集团各层级风险管理的便捷和管控方式，严格落实各项规章制度，加强对系统内各级子公司重点风险环节的集中管控，全面提高对全系统风险的掌控力。

二是见微知著，提高风险识别预判能力。风险是未来不确定性对目标的影响。研究未来之不确定性，恰恰是风险管理工作中最核心和最困难的部分。企业要长期跟踪分析国际国内经济形势、企业内部经营管理情况，根据行业和企业实际情况针对各项重大风险建立风险监控指标体系，进行动态监控，以及时掌握风险发生的"前兆"，提前采取防范措施，发现苗头果断出手，避免单一微小风险演化为系统性全局性风险，减少风险损失。

三是积极化解，强化综合监督和问题整改。企业要加强重点领域日常管控，聚焦重点业务领域、关键风险环节，有针对性地制定风险应对方案，明确重要业务领域和关键环节的风险应对措施；定期梳理分析相关风险应对情况，结合当前企业内外部风险水平变化情况，及时研究制定改进措施，

确保应对方案体系完整、全面控制、执行有效。

4. 不断强化新要素赋能，推动实现高端化、智能化、绿色化发展

2023年中央经济工作会议提出，"大力发展数字消费、绿色消费、健康消费，积极培育智能家居、文娱旅游、体育赛事、国货'潮品'等新的消费增长点"，当前，消费者的产品和服务需求不断升级，更加个性化和多样化，同时以人工智能、大数据、工业互联网为代表的数字技术成为引领新一轮产业变革的关键力量，数据显示，截至2023年12月底，我国已培育421家国家级示范工厂、万余家省级数字化车间和智能工厂。在这种形势下，企业要持续发展，就需要顺应转型大趋势，运用各种新要素、新技术升级产品和服务。

一是加强数字赋能，促进数字技术与业务服务深度融合。当前，世界经济数字化转型已是大势所趋，企业要多措并举、科学高效地开展数字化转型，深化数字技术在研产供销服用等各环节的应用，发挥数据要素赋能、赋值、赋智作用，加速实现产品和服务变革。企业应对转型进展和成效进行评估，因时因势优化转型策略，按照"评估—规划—实施—优化"的逻辑闭环，明确数字化转型优先级，优先从基础扎实、潜在价值高的环节切入，再逐步扩大数字化在业务环节和管理环节的覆盖范围，合理规划转型路径，实现数据贯通和业务协同，提升产品服务质量。

二是注重绿色赋能，推动企业绿色化、低碳化发展。习近平总书记深刻指出，绿色发展是高质量发展的底色，新质生产力本身就是绿色生产力。企业节能减排目标的实现，离不开企业自身的转型升级，从短期来讲，企业要基于自身现有的产品结构、技术架构、工艺设备能力、能源结构等方面，加强产品生产全流程管理，提高资源使用效率；从中长期来讲，企业要抓住绿色低碳转型过程中催生的新能源、新材料、新装备等新产业绿色发展机遇，建立先发优势，甚至实现换道超车。

三是推进融合赋能，实现融合发展。制造业和服务业的跨界融合日益普遍，特别是研发设计、第三方物流、融资租赁、信息技术、节能环保、检验检测认证、电子商务、商务咨询、服务外包、售后、人力资源和品牌建设等生产性服务业对制造业转型升级具有重要支撑作用，企业要积极探索个性化定制、共享制造、全生命周期管理、总集成总承包等新模式，根据不同的客户需求，定制生产方案，构建需求牵引、客户参与、合作研发、集成创新、应用示范、规模发展的企业生产模式。

5. 发挥产业集群带动作用，推动产业体系协同共进

滴水不成海，独木难成林。企业因分工而聚集，因聚集而成产业，产业集群对推动企业专业化分工协作、有效配置生产要素、降低创新创业成本、节约社会资源、促进区域经济社会发展都具有重要意义。随着我国加快从制造大国转型迈入制造强国，培育世界级先进制造业集群参与国际竞争、维护国家安全成为制造产业发展重中之重的大事，而通过建设制造业集群提升产业链安全、打造供应链网络、优化内部结构，对于身处其中的企业更具有重要意义。

一方面要坚持开放包容。物有所不足，智有所不明，单一企业包揽产业链所有环节既不是可行解，更不是最优解，建立产业集群，就是要充分发挥各家所长，相互包容、协同、促进，将自身精专的领域做到最优，协同发展。其中，龙头企业必须要发挥带动作用，应聚焦在产业链前端不断创新，在材料、设计等方面推动产业链前进，吸引越来越多的中小企业汇聚起来，聚链成群。同时，中小型企业则要发挥自己的核心竞争力，在成本把控、规模生产、效率提升等方面持续改进，不断优化成本、提升效率，最终形成更加具有竞争优势的集群效应，保持产业集群的先进性。

另一方面要注重虚实结合。制造业集群作为一种传统产业集群，重在制造业的集聚发展，地理空间在其发展中仍扮演着较为重要的角色，但受制于地理空间的约束，先进制造集群外企业为获得集群效益而迁入集群往往面临较大阻力。针对于此，企业可以借助于信息通信技术与制造业的深度融合，突破地理空间限制，实现对资源的跨区域整合配置和创新技术知识的获取，实现上下游产业链的垂直整合，建设互通有无、相互促进的虚拟产业集群，最终形成一个线下"实体"与线上"虚拟"的有机结合体。

第三章
2024 中国服务业企业 500 强分析报告

中国企业联合会、中国企业家协会自 2005 年开始向社会发布中国服务业企业 500 强榜单及分析报告，2024 年是连续第二十次发布这一榜单。2024 中国服务业企业 500 强反映了我国服务业大企业在 2023 年的发展情况。

2023 年是全面贯彻党的二十大精神的开局之年，是三年新冠疫情防控转段后经济恢复发展的一年。我国服务业恢复增长势头明显，服务业企业 500 强发展态势整体向好，总体规模保持较好增长韧性，特别是资产积累水平幅度提升较大，盈利能力恢复增长，非银服务业利润率提升，净利润总额超出疫情前水平。也要看到，受到外部环境压力影响，服务业企业 500 强群体发展出现分化，入围门槛下降。服务业 500 强企业保持战略定力，积极发展新质生产力，新动能新产业有建树，数字技术服务持续进步，商务服务势头良好，物流供应链服务稳中有进，消费服务品质化多样化能力提升，有力支撑了现代化产业体系建设。从不同地区看，广东入围数量继续保持领先优势，江苏、浙江快速崛起，位居第二位和第三位。国有企业、民营企业在规模数量、经营效益、创新发展和行业发展等方面各有优势，共同引领了服务业企业的高质量发展。

党的二十大报告提出，要构建优质高效的服务业新体系，推动现代服务业同先进制造业、现代农业深度融合。党的二十届三中全会对完善发展服务业体制机制做出专门部署，这些安排为服务业企业高质量发展提供了明确方向和根本遵循，将更好激发服务业企业发展的内生动力和创新活力。2024 年上半年，我国经济运行总体平稳、稳中有进，GDP 以 5% 的成绩居于大国前列。服务业延续回升向好态势，新动能持续增强，新热点不断涌现，展现出较大发展潜力。不容忽视的是，当前外部环境变化带来的不利影响增多，国内有效需求不足，新旧动能转换存在阵痛。以服务业 500 强为代表的服务业大企业要发挥主引擎作用，坚定发展信心，积极主动应对，主动拓展多种市场，扩大有效服务供给，同时又要保持战略定力，着力服务优化升级，持续增强竞争能力。当前和今后一个时期是我们以中国式现代化全面推进强国建设、民族复兴伟业的关键时期。中国式现代化建设迫切需要一批对经济社会发展有支撑、对产业升级优化有引领、对人们生活品质有保障的世界一流服务业大企业。服务业企业要积极发展新质生产力，健全现代企业制度，着力在品质品牌、市场扩容、融合发展和国际化经营等方面不断创新发展，持续发力，提升价值创造能力，提升发展质量，不断成长为具有国际竞争力和品牌影响力的现代服务业一流企业。

一、2024中国服务业企业500强规模特征分析

2023年，受到外部环境压力的影响，中国服务业企业500强群体发展分化，入围门槛出现下降，但总体规模保持较好增长韧性，特别是资产积累水平幅度提升较大。经过多年发展，中国服务业企业500强已经成为从业人员超过1500万人，营业收入总额接近50万亿元，拥有子公司6万家、控股公司1.6万家、分公司2.8万家的大企业群体。它们服务民生福祉，畅通物流、商流、信息流和资金流，是服务业发展的中流砥柱，也是服务新发展格局、建设现代化产业体系的重要主体和支撑力量。

1. 总体规模保持较好增长韧性，入围门槛出现下降

2024中国服务业企业500强的规模小幅度增长，实现营业收入总额49.23万亿元，与2023中国服务业500强企业（以下简称上年）相比，微增1.89%，与自身相比同比增长4.13%。尽管外部环境复杂严峻，中国服务业企业500强群体还是保持了较好的增长韧性，如图3-1所示。

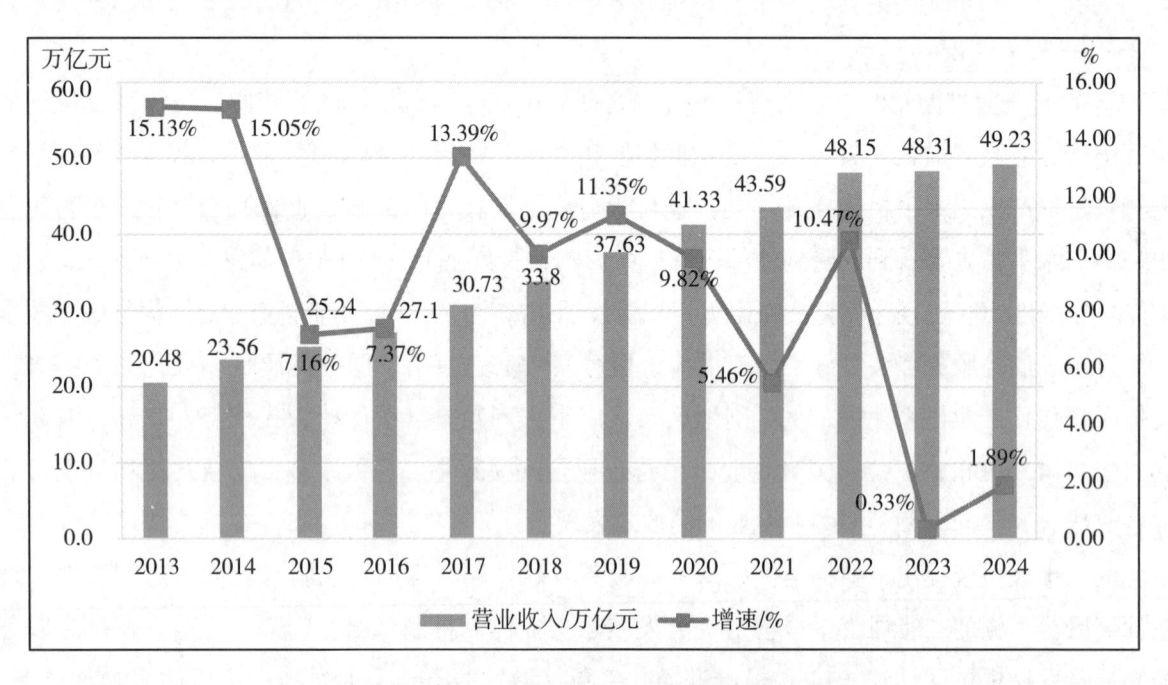

图3-1　2013—2024中国服务业企业500强营业收入及增速

2024中国服务业企业500强的入围门槛出现榜单发布以来的首次下降，为72.08亿元，比上年降低6.15亿元；资产总额达到370.81万亿元，与上年相比增长7.88%，与自身相比同比增长9.97%；所有者权益总额52.98万亿元，与上年相比大幅增长21.96%，与自身相比同比增长9.53%；员工总人数为1570.13万人，较上年相比增长了4.89%，与自身相比同比增长4.24%，如图3-2、图3-3所示。

可以看到，中国服务业企业500强群体的总资产、净资产保持较快增长，入围门槛出现下降，营业收入出现了相对低的增长水平。数据变化表象的背后要关注到，一是严峻的市场环境加速了企业

的优胜劣汰和发展分化,二是入榜企业更加注重规模实力的积累和发展质量的提高。在盈利水平、产业结构的分析中同样可以看到这样的态势。

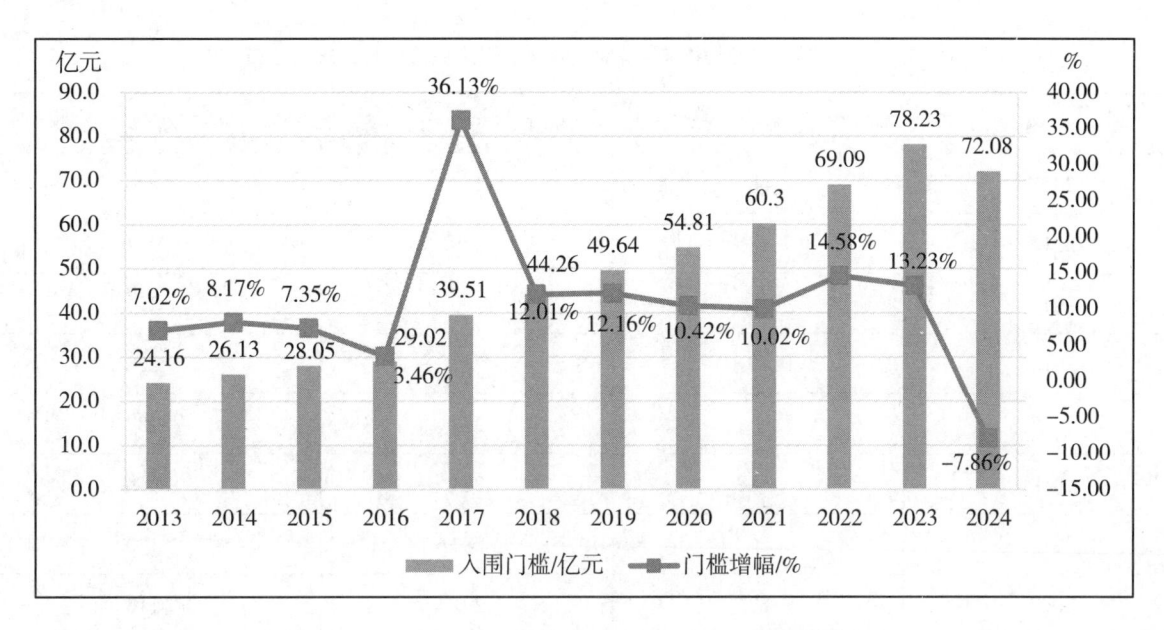

图 3-2 2013—2024 中国服务业企业 500 强入围门槛及增速

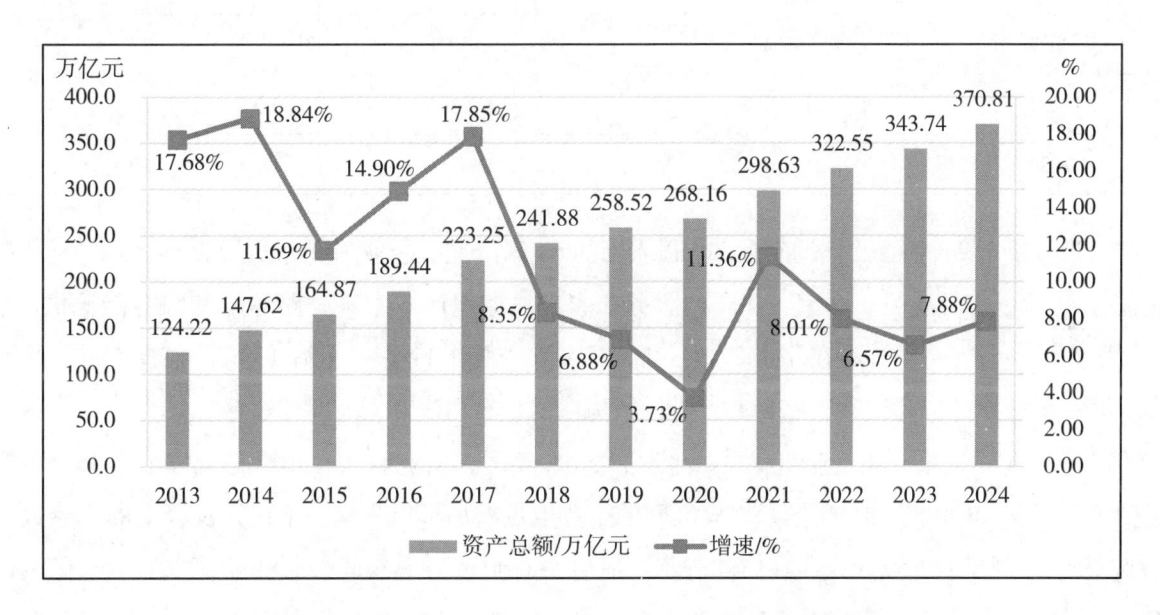

图 3-3 2013—2024 中国服务业企业 500 强资产总额及增速

2. 千亿级以上企业数量 5 年保持稳定

2024 中国服务业企业 500 强中,营业收入达到万亿元及以上的企业数量达到 8 家,分别是国家电网、工商银行、建设银行、农业银行、中国银行、京东集团、中国平安和中国移动,数量和上年齐平。除了中国人寿暂时退出万亿元俱乐部外,其他 7 家保持不变,中国移动首次营业收入规模达到万亿元。

营业收入达到千亿元及以上的企业数量为 88 家,比上年增加 1 家。与此同时,营业收入在 100

亿元以下规模区间的企业数量为69家，比上年增加19家。100亿～1000亿元规模区间的企业数量减少20家，达到了343家，如表3-1所示。

表3-1 2013—2024中国服务业企业500强企业营业收入规模分布

	超过1000亿元/家	100亿～1000亿元/家	100亿元以下/家
2013	46	174	280
2014	48	188	264
2015	53	190	256
2016	59	213	228
2017	65	247	187
2018	68	284	148
2019	76	284	140
2020	87	297	116
2021	88	315	97
2022	88	340	72
2023	87	363	50
2024	88	343	69

进一步分析2024中国服务业企业500强入围的88家千亿级企业情况，从行业上看，主要分布在商业银行11家、多元化投资9家、互联网服务8家，住宅地产6家、公路运输和综合能源供应各5家；从所在城市看，主要分布在北京27家、广东14家、浙江11家、上海10家、福建5家；从所有制看，国有企业60家，民营企业28家。上述结构性的分布情况和上年基本一致。

2013—2024中国服务业企业500强榜单发布的12年间，营业收入在100亿元以下的企业数量大幅减少了211家，100亿～1000亿元规模区间的企业数量增加了169家，千亿元及以上的企业数量增加了42家，体现了服务业大企业整体的进步。但也要看到过去5年间，服务业500强中千亿级俱乐部企业数量基本上维持不变，既有外部冲击的影响，也应关注到服务业大企业从百亿级向千亿级迈进的过程可能遇到的增长瓶颈问题。

2024中国服务业企业500强中，企业平均营业收入为984.55亿元，超过这一数字的企业数量为88家，正好是千亿元企业入围数量。这88家企业，在数量上占比17.6%，但其营业收入贡献了76.46%的份额。另有412家企业营业收入低于平均值。中国服务业企业500强的企业营业收入规模差异较大。

3. 并购主体数量提高，并购次数处于低水平

2024中国服务业企业500强依然保持活力，有134家企业发生了741次并购。发起并购企业主体数量较上年继续提高，基本和新冠疫情之前相当。但发生并购的次数出现了5年来的最低水平，单个企业并购次数约为5.53次，也是近5年来的最低水平，如表3-2所示。

表3-2 2020—2024中国服务业企业500强并购情况

	企业数量/家	重组并购次数/次
2020	135	992
2021	125	1025
2022	116	1183
2023	124	748
2024	134	741

参与并购的134家企业主体中，国有企业94家，民营企业40家，和上年基本一致，国有企业依然是并购的主力；主要行业分布是，多元化投资22家、综合能源供应14家、物流及供应链9家；主要地区分布是，广东21家、浙江13家和江苏11家。其中，多元化投资和综合能源供应大都有地方投融资平台功能，近几年这些企业正处于并购的高峰期。此外，物流及供应链服务企业受到行业整体处于上升周期的影响，也是近几年并购的活跃领域。在地区中，广东、浙江和江苏等都是服务业发展大省，服务业快速崛起，相关企业参与并购整合步伐提升，如表3-3所示。

表3-3 2024中国服务业企业500强并购的部分行业和地区分布

行业	企业数量/家	地区	企业数量/家
多元化投资	22	广东	21
综合能源供应	14	浙江	13
物流及供应链	9	江苏	11
住宅地产	9	上海	10
公路运输	7	福建	9
软件和信息技术（IT）	7	山东	9
多元化金融	6	北京	8
医药及医疗器材零售	6	湖北	8
综合服务业	6	四川	7
港口服务	4	河北	6

二、2024中国服务业企业500强的经济效益情况分析

2024中国服务业企业500强的经济效益明显恢复增长，亏损企业减少，收入利润率和资产利润率都有不同程度提升。

1. 净利润总额恢复增长，亏损企业减少

2024中国服务业企业500强实现净利润（指归属母公司股东净利润，下同）总额为3.13万亿

元，较上年大幅增长8.45%，与自身相比同比增长6.28%。净利润总额恢复显著，较新冠疫情之前还有所提升，如图3-4所示。

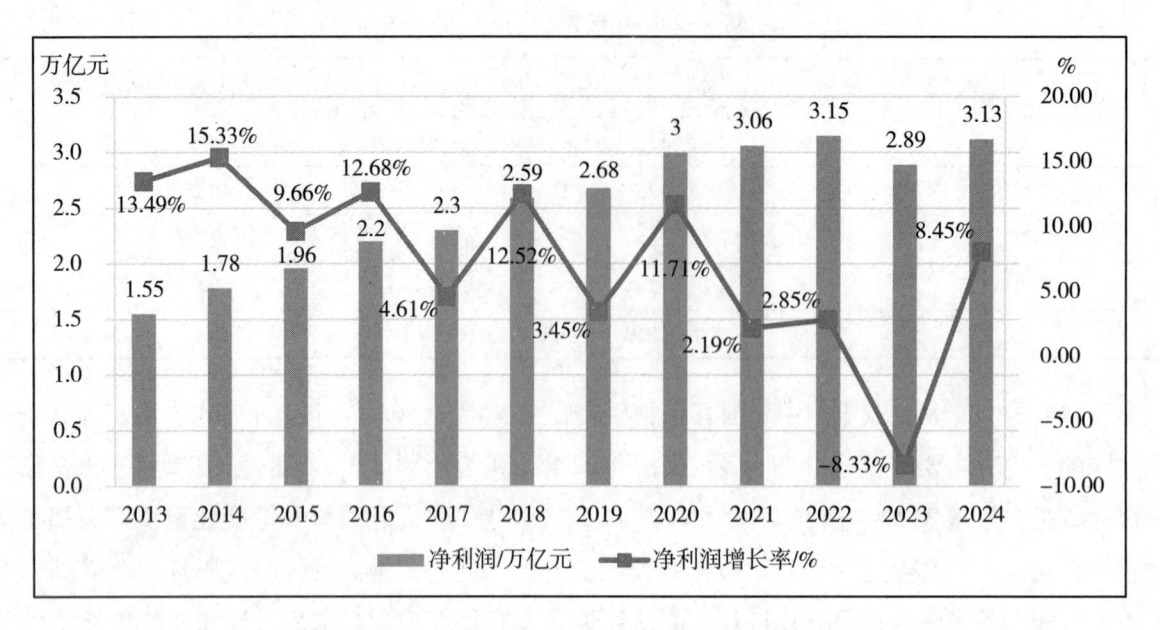

图3-4　2013—2024中国服务业企业500强净利润总额及增长情况

从具体分布看，净利润水平在100亿元以上、10亿~100亿元之间、0~10亿元之间的企业数量分别为43家、121家和289家，相比上年分别减少5家、6家，增加13家。同时，亏损企业为47家，相比上年减少13家，如表3-4所示。

表3-4　2024中国服务业企业500强净利润分布情况

净利润	2023	2024	变化
100亿元以上	38	43	5
10亿~100亿元之间	127	121	-6
0~10亿元之间	276	289	13
亏损	59	47	-12
合计	500	500	—

2. 非银服务业企业收入利润率提高，不同行业差异较大

2024中国服务业企业500强的平均收入利润率（指归属母公司股东收入净利润率）为6.36%，相比上年提高0.39个百分点，近5年来首次实现提高。除去商业银行，非银服务业企业500强的平均收入利润率为3.39%，相比上年提高0.62个百分点，扭转了近5年来持续下降的趋势，同时提高幅度要大于服务业企业500强的平均水平。需要看到的是，受到商业银行利润水平较高的影响，非银服务业企业500强的平均收入利润率长期以来低于服务业500强企业平均水平，如图3-5所示。

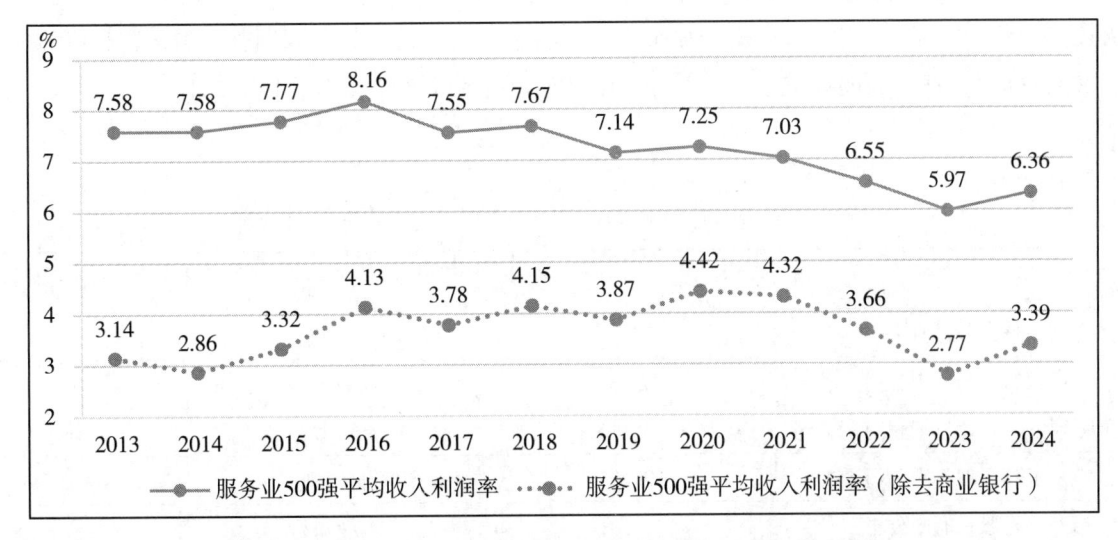

图 3-5　2013—2024 中国服务业企业 500 强平均收入利润率情况

不同行业，不同企业间之间收入利润率依旧差异较大。证券业，商业银行，科技研发、规划设计和互联网服务的平均收入利润率达到两位数，分别为 26.36%、19.69%、12.66% 和 10.15%。值得关注的是，科技研发、规划设计行业的平均收入利润率水平首次进入前三名。平均收入利润率达到 5% 以上的行业还有互联网服务、水上运输、电信服务、软件和信息技术（IT）、旅游和餐饮、商务中介服务、多元化金融、园区地产、教育服务和邮政。另有 23 个行业的平均收入利润率在 1%~5% 之间，6 个行业的平均收入利润率低于 1%，如表 3-5 所示。

表 3-5　2024 中国服务业企业 500 强各行业平均收入利润率情况

行业	平均收入利润率/%	行业	平均收入利润率/%	行业	平均收入利润率/%
证券业	26.36	文化娱乐	4.44	电网	1.75
商业银行	19.69	港口服务	3.94	多元化投资	1.65
科技研发、规划设计	12.66	综合能源供应	3.49	农产品及食品批发	1.54
互联网服务	10.15	生活消费品商贸	3.36	国际经济合作（工程承包）	1.34
水上运输	6.65	保险业	2.99	商业地产	1.33
电信服务	6.54	广播电视服务	2.97	化工医药商贸	1.30
软件和信息技术（IT）	6.45	公路运输	2.87	物流及供应链	1.15
旅游和餐饮	6.42	航空港及相关服务业	2.74	金属品商贸	1.01
商务中介服务	6.39	铁路运输	2.50	水务	0.96
多元化金融	6.16	综合服务业	2.29	汽车摩托车零售	0.70
园区地产	6.05	连锁超市及百货	2.26	生产资料商贸	0.58
教育服务	5.90	基金、信托及其他金融服务	2.06	能源矿产商贸	0.50
邮政	5.22	家电及电子产品零售	1.86	住宅地产	0.32
医疗卫生健康服务	4.81	医药及医疗器材零售	1.81	综合商贸	0.30

从具体企业看，平均收入利润率排在前 10 名的企业的收入利润率均超过了 20%，排在第一名的东方财富信息股份有限公司达到 73.94%。这 10 家企业分属于 7 个行业，国有、民营各占一半，如表 3-6 所示。

表 3-6 2024 中国服务业企业 500 强平均收入利润率前 10 名企业

公司名称	平均收入利润率/%	行业名称	企业性质
东方财富信息股份有限公司	73.94	互联网服务	民营
重庆银行股份有限公司	37.31	商业银行	国有
上海国际港务（集团）股份有限公司	35.16	港口服务	国有
广发证券股份有限公司	29.95	证券业	民营
招商银行股份有限公司	28.81	商业银行	国有
网易股份有限公司	28.43	软件和信息技术（IT）	民营
蚂蚁科技集团股份有限公司	28.30	互联网服务	民营
杭州泰格医药科技股份有限公司	27.42	科技研发、规划设计	民营
江苏江阴农村商业银行股份有限公司	26.19	商业银行	民营
深圳高速公路集团股份有限公司	25.04	公路运输	国有

3. 资产利润率稳中微升，资产周转率持续下降。

近几年来，中国服务业企业 500 强的资产利用水平持续走低。2024 中国服务业企业 500 强的资产收益情况逆转下降态势，稳中回升，但资产使用效率还是持续在走低。具体而言，平均总资产利润率为 0.84%，与上年持平；平均净资产利润率为 7.36%，较上年提高 0.01 个百分点；平均总资产周转率为 0.1328 次/年，较上年下降 0.0078 次/年。这或将与近几年市场环境严峻加速企业并购重组，以及资产扩张速度快于营业收入增长有关，如表 3-7 所示。

表 3-7 2020—2024 中国服务业企业 500 强资产利用情况

	平均总资产利润率/%	平均净资产利润率/%	平均总资产周转率/（次/年）
2020	1.12	9.77	0.1541
2021	1.03	8.84	0.146
2022	0.98	8.45	0.1493
2023	0.84	7.35	0.1406
2024	0.84	7.36	0.1328

三、2024 中国服务业企业 500 强的行业分布情况分析

服务业涉及行业众多，中国服务业企业 500 强行业分布亦是如此。2024 中国服务业企业 500 强共分布在 44 个小类行业，12 个中类行业，既有商超百货、餐饮旅游等提升民生福祉的消费性服务业，也有与产业端相关的研发设计、专业咨询、金融、物流仓储、供应分销、信息服务等影响经济运

行效率和发展质量的生产性服务业。多年来，中国服务业企业500强的行业分布不断优化，现代服务持续崛起。2024中国服务业企业500强榜单显示，中国服务业企业500强在推动生活性服务业品质化和多样化、生产性服务业专业和高端化方面有新的突破。

1. **行业分化显著，现代服务业持续崛起。**

自榜单发布以来，中国服务业企业500强的行业发展分化显著。从入围企业数量看，互联网及信息技术服务、金融业、物流及供应链等现代服务业持续进步，企业数量从2006中国服务业企业500强中的59家攀升至2024中国服务业企业500强中的162家，入围数量增加了103家。这是服务业发展的重要方向，也是发展新质生产力、构建优质高效的服务业新体系的重要内容。相对应的，批发、零售和交通运输等传统服务的入围数量持续走低，合计数量从313家减少至178家，达到了榜单发布以来的最低值。服务业500强群体行业结构优化显著，如图3-6所示。

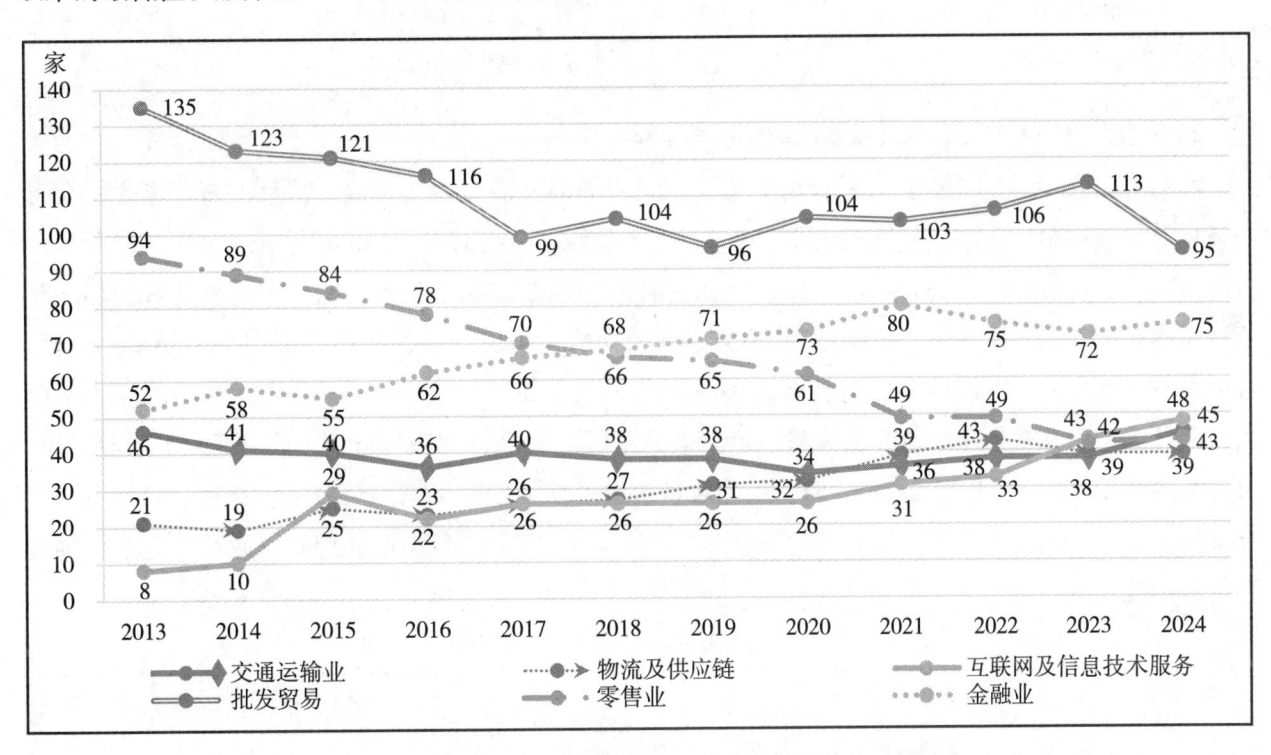

图3-6 2013—2024中国服务业企业500强部分行业入围数量

从2024中国服务业企业500强榜单看，入围企业数量排名前十位的小类行业情况和上年基本一致。商业银行依然排在第一位，入围46家。受到地方政府产业投资平台快速发展的影响，多元化投资服务入围45家，位居第二位。近年来物流及供应链大力发展，入围数量为38家，位居第三位。作为数字经济发展重要支撑的互联网服务和软件和信息技术（IT）的入围数量均保持在前10位行业，分别为27家和18家。值得关注的是，住宅地产依然维持在前10位，但仅剩下29家，出现榜单发布以来入围数量的历史最低值，相比2018年入围数量高点的52家，已经减少接近一半，如表3-8所示。

表3-8　2023—2024中国服务业企业500强中企业入围数量前10名的行业情况

行业前十名（2023）	企业数量/家	行业前十名（2024）	企业数量/家
商业银行	47	商业银行	46
综合商贸	39	多元化投资	45
多元化投资	39	物流及供应链	38
物流及供应链	38	综合商贸	33
住宅地产	33	住宅地产	29
软件和信息技术（IT）	22	互联网服务	27
互联网服务	21	公路运输	24
金属品商贸	19	软件和信息技术（IT）	18
公路运输	18	综合能源供应	17
综合服务业	18	综合服务业	16

2. 消费服务有所扩张，提升服务品质化多样化有进步

2023年，新冠疫情防控转段后经济恢复发展，服务消费潜力持续释放，接触型聚集型生活服务恢复增长势头明显，旅游、餐饮等企业营业收入大幅增长。中国国际航空股份有限公司、携程集团有限公司、上海春秋国际旅行社（集团）有限公司和中国东方航空集团有限公司的营业收入增长都超过了100%，海底捞下属四川新派餐饮管理有限公司的营业收入也增长了33.92%。在2024中国服务业企业500强中，发展型享受型生活服务业有所扩张。旅游餐饮企业入围5家，相比上年增加1家。除此之外，文化娱乐、教育服务和医疗卫生健康服务三个行业中，分别入围7家、3家和3家，合计数量为13家，相比上年增加4家，入围数量达到了榜单发布以来的最高值。这些企业的进榜也在很大程度上表明了我国服务业企业提升生活性服务业高品质和多样化供给方面的持续进步，如表3-9所示。

表3-9　2024中国服务业企业500强部分企业营收增长率

企业名称	营业收入增长率/%
中国国际航空股份有限公司	166.74
携程集团有限公司	122.12
上海春秋国际旅行社（集团）有限公司	121.66
中国东方航空集团有限公司	108.64
四川航空股份有限公司	89.27
湖北文化旅游集团有限公司	83.87
中国南方航空集团有限公司	83.22
同程旅行控股有限公司	80.67
四川新派餐饮管理有限公司	33.92

3. 数字技术服务持续进步，发展新质生产力有作为

当前，数字技术已经成为驱动生产力变革的关键力量。数字经济是培育和发展新质生产力的重要内容。2024中国服务业企业500强中，作为数字产业化方阵的主力军，电信、互联网服务、软件和信息技术（IT）等数字技术服务企业入围数量合计48家，相比上年小幅增加2家。从所有制看，这48家企业中，有42家民营企业，6家国有企业。从地域分布看，排名前5位的地域分别是：上海11家，北京9家，广东9家，江苏6家、浙江5家。这些企业的发展壮大是企业家精神、政策环境、产业环境和人才支撑等多方面共同作用的结果。

值得关注的是，数字技术服务企业是服务业500强企业创新的主力军。2024中国服务业企业500强中，研发强度投入前10名的企业中，有9家是数字技术服务企业。其中携程集团有限公司、百度集团股份有限公司、网易股份有限公司、广州华多网络科技有限公司、浙江世纪华通集团股份有限公司、蚂蚁科技集团股份有限公司的研发强度都超过了10%。有数据申报的45家数字技术服务业企业在研发费用方面贡献了52.06%的份额，如表3-10所示。

表3-10 2024中国服务业企业500强部分企业研发投入情况

排名	企业名称	研发强度/%	研发费用/亿元	行业名称
1	携程集团有限公司	27.23	121.20	互联网服务
2	百度集团股份有限公司	17.97	241.92	互联网服务
3	网易股份有限公司	15.93	164.85	软件和信息技术（IT）
4	同程旅行控股有限公司	15.30	18.21	旅游和餐饮
5	广州华多网络科技有限公司	13.04	20.84	软件和信息技术（IT）
6	蚂蚁科技集团股份有限公司	11.88	211.97	互联网服务
7	浙江世纪华通集团股份有限公司	11.84	15.73	软件和信息技术（IT）
8	东方财富信息股份有限公司	9.75	10.81	互联网服务
9	新大陆科技集团有限公司	8.25	7.39	软件和信息技术（IT）
10	安克创新科技股份有限公司	8.08	14.14	互联网服务

4. 商务服务势头良好，服务生产制造领域有成绩

现代化产业体系的建设是一个持续的过程，需要不断适应技术进步和市场变化，发展对生产制造环节有支撑、对产业转型升级有引领的知识密集型商务中介服务业。从2024中国服务业企业500强数据看，这一类型企业发展势头良好。商务中介服务，人力资源服务，科技研发、规划设计三类商务服务业入围数量分别为2家、5家和2家，合计达到9家，比上年增加3家。其中，云账户技术（天津）有限公司以数字化手段和云上赋能的方式为众多平台企业提供综合管理服务，为个体提供灵活就业服务。杭州泰格医药科技股份有限公司为新药研发提供临床试验全过程专业服务的合同研究组织（CRO），为全球医药和医疗器械创新企业提供全面而综合的临床研究解决方案。这是在经济发

展进程中，市场分工程度不断细化的结果，也是以商务中介服务为代表的生产性服务业在服务高端化、专业化方面不断进步，以更强的服务供给能力在生产制造领域有所作为的结果。需要注意的是，当前入围榜单的商务中介服务企业大都规模不大，还需要进一步提升竞争能力，持续成长，如表3-11所示。

表 3-11 2024 中国服务业企业 500 强部分企业营业收入增长率

企业名称	行业名称	地区	营业收入/亿元	营业收入增长率/%
福建省人力资源发展集团有限公司	人力资源服务	福建	143.85	28.88
贝壳控股有限公司	商务中介服务	北京	777.77	28.20
仕邦控股有限公司	人力资源服务	广东	163.76	18.59
上海赞华实业有限公司	人力资源服务	上海	186.04	17.04
广东省广告集团股份有限公司	商务中介服务	广东	166.73	14.20
长江设计集团有限公司	科技研发、规划设计	湖北	102.06	13.95
邦芒服务外包有限公司	人力资源服务	浙江	119.64	12.72
云账户技术（天津）有限公司	人力资源服务	天津	1084.50	11.31
杭州泰格医药科技股份有限公司	科技研发、规划设计	浙江	73.84	4.21

5. 物流服务稳中有进，提高经济运行效率有空间

中央财经委员会第四次会议强调，物流是实体经济的"筋络"，联接生产和消费、内贸和外贸，必须有效降低全社会物流成本，增强产业核心竞争力。近年来，物流企业在中国服务业 500 强群体中发展迅速，不仅入围数量显著提高，服务模式也由传统的单一物流业态向提供物流、贸易和资金融通等提供综合服务的供应链业态转型。这些企业利用新一代信息技术，大力发展智慧物流，通过数字化技术实现供应链各个环节间的无缝连接，提高物流供应链各环节的可视化、透明度和协调性，切实为提升经济整体运行效率持续展现担当作为。

2024 中国服务业企业 500 强中，物流及供应链服务企业入围 38 家，邮政入围 1 家，合计入围 39 家，与上年持平。其中，国有企业 14 家，民营企业 25 家。地域排在前列的有，广东 10 家、福建 8 家，江苏 5 家、上海 4 家，其他地区相对较少。按照营业收入排在前 5 位的分别为：中国邮政、厦门建发、厦门象屿、顺丰控股、传化集团。

考虑到中国邮政中邮储银行占比较大，相关行业特性和物流供应链行业存在差异。因此在经营层面的分析中，将中国邮政单独列为邮政，不计入物流及供应链企业。如此，38 家物流及供应链企业实现营业收入总额 2.58 万亿元，占服务业 500 强的比重为 5.24%，营业收入总额和占比较上年都有所下降。38 家入围企业平均营业收入规模为 679.96 亿元，较上年也有所下降，同时距离服务业500 强的营业收入的平均水平（984.55 亿元）也还有差距；平均资产总额为 588.30 亿元，较上年增长 25.95%。物流及供应链服务行业具有极强的规模效应和网络效应，一定的资产规模水平是企业提升服务能力和竞争能力的基础，下一步要在营业收入上更进一步。

6. 现代金融不断进步，服务好实体经济有期待

2024 中国服务业企业 500 强中，金融业入围 75 家，相比上年增加 3 家。具体为：商业银行 46 家、保险业 12 家、证券业 2 家、基金信托 3 家和多元化金融 12 家。

第一，商业银行一直都是服务业企业 500 强中的庞大存在。2024 中国服务业企业 500 强中，商业银行入围数量减少 1 家，实现营业收入、净利润、资产和从业人数分别为 8.98 万亿元、1.77 万亿元、237.02 万亿元和 222.82 万人。其中入围数量、净利润和从业人数占比出现下降，营业收入和资产占比提升。尽管净利润总额的绝对值和占比均出现下降，但依然处于近年来比较高的水平。商业银行如何服务好实体经济，不同行业之间如何实现净利润的均衡，受到各个方面多年关注，在当前实体经济发展承压的背景下将更加受到重视，如表 3–12 所示。

第二，非银金融业入围 29 家，比上年增加 4 家。近年来非银金融业不断进步，优化金融业的内部结构，同时也在服务居民财富增长和企业资金需求中不断探索商业银行之外的多种方式。保险业入围数量 11 家，相比上年又增加 1 家。此外，这 11 家企业中有 5 家入围了 2024 世界 500 强，保险业的头部企业规模实力不俗。但同时也要看到，我国保险产业发展仍处于成长期。一方面，在国民经济中保险的密度和深度均不足，同时保险的品种有待丰富，管理和服务能力不足导致保险业的发展还有很大提升空间。另一方面，在投资领域，险资数量庞大，投资期限较长，且资金使用成本相对较低，是难得的直接融资渠道，如何服务好实体经济发展，支撑现代化产业体系建设备受期待。

表 3–12 2013—2024 中国服务业企业 500 强中银行业各项指标占比

	企业个数占比/%	营业收入占比/%	净利润占比/%	资产占比/%	从业人数占比/%
2013	7.8	21.68	67.55	71.27	16.64
2014	8.6	22.94	70.95	72.35	17.94
2015	8.22	24.36	67.69	71.25	17.5
2016	9	23.84	61.5	69.34	16.55
2017	8.62	20.48	60.25	66.27	14
2018	9	19.4	56.41	65.59	14.51
2019	7.8	19.1	56.1	63.52	13.07
2020	8.2	17.37	49.62	60.39	12.97
2021	9.2	17.31	49.21	60.65	13.4
2022	9	17.15	53.74	61.14	14.73
2023	9.4	17.94	62.01	63.74	15.16
2024	9.2	18.24	56.67	63.94	14.19

四、2024 中国服务业企业 500 强地域分布情况分析

2024 中国服务业企业 500 强分布在全国 25 个省（自治区、直辖市）中，宁夏、西藏、海南、吉林、青海、贵州 6 个地区没有企业入围。

1. 广东保持领先，江苏、浙江、福建快速崛起

2024 中国服务业企业 500 强中，入围企业分布在少数区域的特征依然显著，但地区格局已经发生较大变化。江苏、浙江、福建奋起直追，北京、上海、广东传统三强地位被打破，除了广东依旧保持领先，北京和上海入围数量涨势不足，有被江苏、浙江取代进入前三强之势，如表 3-13 所示。

从入围数量看，广东 74 家，较上年减少 6 家，依然在第一梯队独占鳌头；江苏 56 家、浙江 49 家、上海 43 家、北京 42 家、福建 41 家，位列第二梯队。前面两个梯队合计数量 305 家，占比 61%，其中福建服务业大企业快速发展，从 2019 年的 24 家，增长到 41 家，增加了 17 家，从第三梯队跃升至第二梯队。山东、河北也保持了比较好的发展态势，入围数量分别为 26 家和 21 家，处于第三梯队。此外还有湖北 17 家、重庆 17 家、天津 15 家、湖南 15 家、四川 15 家、安徽 15 家、广西 13 家和河南 11 家，处于第四梯队。

表 3-13　2020—2024 中国服务业企业 500 强部分地区入围分布

	北京/家	上海/家	广东/家	江苏/家	浙江/家	福建/家
2020	55	47	91	44	47	31
2021	53	49	73	52	47	32
2022	50	38	75	53	49	40
2023	41	47	80	42	52	41
2024	42	43	74	56	49	41

从企业规模看，北京地区入围企业保持了绝对的优势，企业平均营业收为 4984.91 亿元，企业营业收入总额在榜单中贡献了 42.53% 的份额，远高于入围数量的占比（8.40%）。广东和上海两个地区的入围企业在数量占比和营业收入占比方面较为一致，广东入围企业营业收入总额占比 15.08%，位居第二位；上海为 8.34%，位居第三位。受到新晋企业较多的影响，江苏地区企业营业收入占比大幅低于数量占比，前者为 3.36%，后者为 11.20%。浙江和福建，情况和江苏类似。北京、上海、广东传统服务三强的优势不容忽视，江苏、浙江、福建要在保持入围企业数量优势的同时，在成长规模上进一步发力，形成一批数量和质量俱佳的服务业领头企业，如图 3-7 所示。

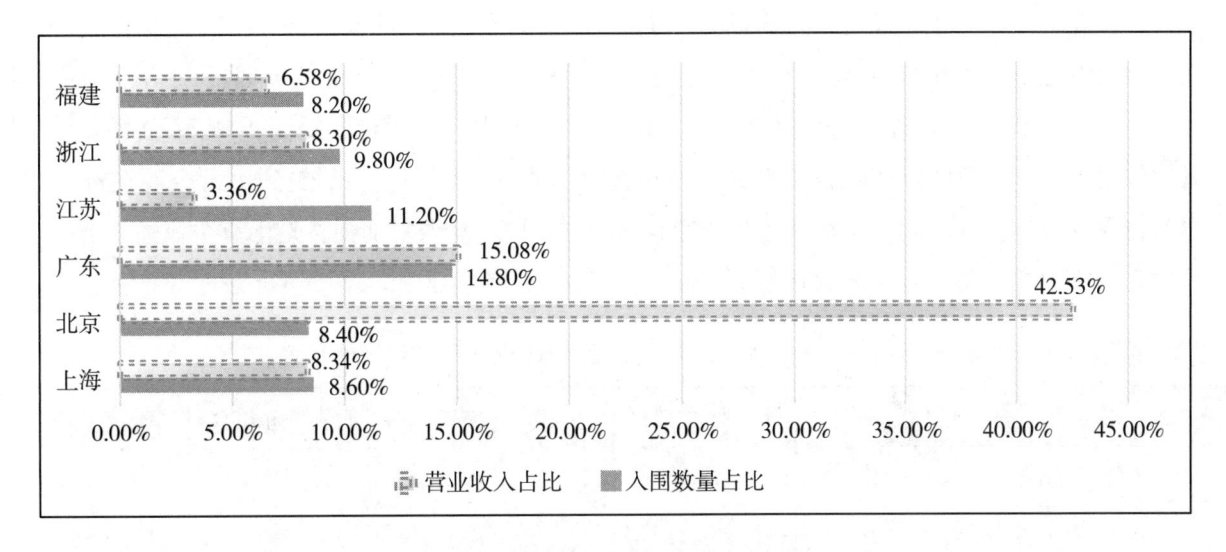

```
福建    6.58%
        8.20%
浙江    8.30%
        9.80%
江苏    3.36%
        11.20%
广东    15.08%
        14.80%
北京                                            42.53%
        8.40%
上海    8.34%
        8.60%
```

图 3-7　2024 中国服务业企业 500 强部分地区比较

2. 西部入围数量增加，东部和中部有所减少

按照东部、中部、西部和东北部四大板块来看，相比上年，受到四川入围数量大幅增加 6 家的影响，西部地区入围数量增加了 4 家，同时东部和中部地区入围数量有所减少，东北部地区仅入围 3 家，其中吉林地区没有企业入围。2020—2024 中国服务业企业 500 强中，东部地区从 372 家企业减少到 367 家企业，中部地区从 58 家企业增加到 68 家企业，西部地区从 65 家企业减少到 62 家，东北部地区从 5 家企业入围减少到 3 家，如表 3-14 所示。

表 3-14　2020—2024 中国服务业企业 500 强地区分布

单位：家

地域	2020	2021	2022	2023	2024
东部	372	370	365	370	367
中部	58	59	65	69	68
西部	65	62	65	58	62
东北部	5	9	5	3	3

五、2024 中国服务业企业 500 强所有制分布情况分析

民营企业入围数量继 2022 榜单中首次出现下降后，2024 榜单入围数量再次减少，为 227 家，低于国有企业入围数量（273 家）。这也是在 2020 榜单、2021 榜单中短暂超过国有企业的入围数量两年后，被国有企业连续第三年反超。

1. 国有企业和民营企业经营效益各有优势

2024 中国服务业企业 500 强中，国有企业和民营企业分别入围 273 家和 227 家，国有企业增加了 12 家，民营企业减少 12 家。它们的营业收入分别为 36.4 万亿元和 12.83 万亿元，分别获得净利润 2.41 万亿元和 0.79 万亿元。国有企业在营业收入规模和净利润总额方面有绝对的优势，在服务业 500 强中的占比分别为 73.93% 和 78.73%，相应的民营企业占比仅为 26.07% 和 21.52%。

国有企业和民营企业的经营效益指标有不同程度的恢复提高。具体而言，国有企业和民营企业的收入利润率分别为6.61%和5.66%，相较上年分别提高0.28个百分点和0.65个百分点；资产收益率分别为1.04%和2.44%，国有企业下降了0.07个百分点，民营企业提高了0.74个百分点。从二者比较看，民营企业的资产收益率更高，国有企业的收入利润率更高，受到民营企业在资产收益率方面较大幅度提高的影响，民营企业在资产收益率方面的优势恢复加强，是国有企业的2倍多。同时在收入利润率方面与国有企业的差距也在缩小，如表3-15所示。

表3-15 2020—2024中国服务业企业500强不同所有制企业比较

	所有制	数量/家	营业收入/万亿元	净利润/万亿元	收入利润率/%	资产收益率/%
2020	国有	243	28.05	2.03	7.23	1.31
	民营	257	13.28	0.97	7.30	3.35
2021	国有	242	28.90	2.01	6.95	1.23
	民营	258	14.69	1.05	7.17	3.73
2022	国有	257	34.33	2.32	6.76	1.24
	民营	243	13.83	0.83	6.01	2.43
2023	国有	261	34.73	2.20	6.33	1.11
	民营	239	13.58	0.68	5.01	1.70
2024	国有	273	36.40	2.41	6.61	1.04
	民营	227	12.83	0.79	5.66	2.44

从创新水平看，国有企业研发费用合计为1967.8亿元，占比48.46%，相比上年研发费用贡献减少0.66个百分点，与国有企业入围数量占比（54.6%）和营业收入占比（73.93%）相比略显不足。这和国有服务业企业所处的行业相对大都比较传统有关。民营企业研发费用合计为2093.2亿元，占比51.54%，相比上年提高0.66个百分点。同时也要看到，国有企业的专利数量为294963项，占比82.24%，比上年减少6.48个百分点，但仍具有绝对优势。民营企业的专利数量为63684项，占比为17.76%。总体看，民营企业的研发投入小幅超过国有企业，但在专利数量积累上与国有企业还有较大差距。

2. 国有企业、民营企业具有明显行业属性

2024中国服务业企业500强中，国有企业和民营企业依旧在不同行业中具有各自明显的优势。就入围数量而言，国有企业在公共服务领域具有绝对优势，民营企业在电信、交通等公共基础设施之上提供的新兴服务更具活力；国有企业在政策性或者自然垄断属性较高的行业上更具优势，民营企业在准入门槛较低或者市场开放程度较高的行业更具有竞争力，如表3-16所示。

表3-16 2024中国服务业企业500强所有制&行业分布比较

	总数/家	国有/家	民营/家	国有-民营/家
电网	3	3	0	3
水务	7	7	0	7
综合能源供应	17	14	3	11
铁路运输	3	3	0	3
公路运输	24	22	2	20
水上运输	1	1	0	1
港口服务	11	10	1	9
航空运输	5	4	1	3
航空港及相关服务业	1	1	0	1
邮政	1	1	0	1
物流及供应链	38	13	25	-12
电信服务	3	3	0	3
广播电视服务	2	2	0	2
软件和信息技术（IT）	18	1	17	-16
互联网服务	27	2	25	-23
能源矿产商贸	7	3	4	-1
化工医药商贸	13	3	10	-7
生活消费品商贸	10	3	7	-4
农产品及食品批发	13	8	5	3
生产资料商贸	6	5	1	4
金属品商贸	13	3	10	-7
综合商贸	33	15	18	-3
连锁超市及百货	14	4	10	-6
汽车摩托车零售	13	1	12	-11
家电及电子产品零售	1	0	1	-1
医药及医疗器材零售	10	1	9	-8
商业银行	46	37	9	28
保险业	12	7	5	2
证券业	2	1	1	0
基金、信托及其他金融服务	3	2	1	1
多元化金融	12	11	1	10
住宅地产	29	11	18	-7
商业地产	9	3	6	-3
园区地产	4	3	1	2
多元化投资	45	39	6	33
商务中介服务	2	1	1	0
人力资源服务	5	1	4	-3
科技研发、规划设计	2	1	1	0
国际经济合作（工程承包）	1	1	0	1
旅游和餐饮	5	2	3	-1
文化娱乐	7	7	0	7
教育服务	3	1	2	-1
医疗卫生健康服务	3	2	1	1
综合服务业	16	10	6	4

六、2024中国服务业企业500强国际化情况分析

2024中国服务业企业500强中，分别有173家企业获得了海外收入，172企业布局了海外资产，152家企业在海外有员工，企业数量占比均不足50%。这些企业获得的海外收入占其总营业收入的比重平均为8.89%；布局的海外资产占其总资产的比重平均为10.16%，拥有的海外员工占其总员工的比重平均为4.23%。其中，只有132家企业同时在海外获得收入、布局资产并拥有员工，企业数量占比仅为26.4%。服务业大企业"走出去"任重道远。

从海外收入看，这173家企业来自20个地区，其中广东最多，有37家企业，其次为北京22家，上海21家、浙江20家和福建11家；分布在39个行业中，位居前5位的分别是：多元化投资16家、互联网服务13家、物流及供应链13家、综合商贸12家和住宅地产11家。从具体企业看，海外收入占其总营业收入比重排在前10名都在40%以上，如表3-17所示。

表3-17 2024中国服务业企业500强海外收入占比前10名

公司名称	海外收入占收入比/%	海外收入/亿元	地区	行业名称
傲基科技股份有限公司	100.00	86.83	广东	互联网服务
安克创新科技股份有限公司	96.36	168.69	湖南	互联网服务
广州华多网络科技有限公司	84.66	135.36	广东	软件和信息技术（IT）
联想控股股份有限公司	72.67	3168.53	北京	多元化投资
福建纵腾网络有限公司	59.46	138.03	福建	物流及供应链
中国远洋海运集团有限公司	58.98	2251.77	上海	水上运输
郑州瑞茂通供应链有限公司	48.00	282.20	河南	物流及供应链
浙江世纪华通集团股份有限公司	46.03	61.15	浙江	软件和信息技术（IT）
杭州泰格医药科技股份有限公司	42.65	31.50	浙江	科技研发、规划设计
深圳华强集团有限公司	41.08	122.13	广东	软件和信息技术（IT）

从海外资产看，这172家企业来自21个地区，其中广东地区最多，有37家企业，其次为上海22家，北京20家、浙江19家和福建13家；分布在39个行业中，排在前5位的是：多元化投资15家、物流及供应链13家、住宅地产13家、综合商贸11家和港口服务10家。从具体企业看，海外资产占其总资产的比重排在前10位的企业最低也达到了29%，如表3-18所示。

表 3-18　2024 中国服务业企业 500 强海外资产占比前 10 名

公司名称	海外资产占总资产比/%	海外资产/亿元	地区	行业名称
北京嘀嘀无限科技发展有限公司	69.09	993.70	北京	互联网服务
深圳市天行云供应链有限公司	64.00	31.87	广东	互联网服务
中国远洋海运集团有限公司	51.70	5561.45	上海	水上运输
东方国际（集团）有限公司	51.22	303.18	上海	生活消费品商贸
福建纵腾网络有限公司	50.26	38.54	福建	物流及供应链
湖南博深实业集团有限公司	50.16	95.21	湖南	综合商贸
联想控股股份有限公司	49.71	3309.51	北京	多元化投资
腾讯控股有限公司	40.01	6310.69	广东	互联网服务
傲基科技股份有限公司	34.06	17.64	广东	互联网服务
杭州泰格医药科技股份有限公司	29.81	88.49	浙江	科技研发、规划设计

从海外员工看，这152家企业来自22个地区，其中广东最多，有31家企业，其次为上海21家、北京19家、浙江17家和福建11家；分布在39个行业中，排在前5位的是：住宅地产15家、多元化投资11家、物流及供应链11家、互联网服务11家和综合商贸11家。从具体企业看，海外员工占其总员工的比重排前10位的企业最低也达到了30%，如表3-19所示。

表 3-19　2024 中国服务业企业 500 强海外员工占比前 10 名

公司名称	海外员工占比/%	海外员工/人	地区	行业名称
东方国际（集团）有限公司	78.20	45157	上海	生活消费品商贸
湖南博深实业集团有限公司	68.54	782	湖南	综合商贸
中国江苏国际经济技术合作集团有限公司	57.96	5674	江苏	国际经济合作（工程承包）
厦门象屿集团有限公司	53.58	17796	福建	物流及供应链
福建纵腾网络有限公司	45.63	1760	福建	物流及供应链
联想控股股份有限公司	34.21	30640	北京	多元化投资
腾讯控股有限公司	33.89	35730	广东	互联网服务
深圳市华富洋供应链有限公司	32.03	74	广东	物流及供应链
深圳市天行云供应链有限公司	31.80	353	广东	互联网服务
江苏省苏豪控股集团有限公司	30.87	5938	江苏	综合商贸

七、当前服务业大企业高质量发展面临的主要机遇和挑战

党中央、国务院高度重视服务业发展，先后出台一系列政策措施鼓励、支持和培育服务经济发展。党的二十届三中全会在对健全推动经济高质量发展体制机制部署时，专门提出要完善发展服务业体制机制。这些举措安排为我国服务业企业的高质量发展提供了制度保障和方向指引。当前，服务消费潜力持续释放，先进制造业和现代服务业深度融合，服务业发展新动能新优势不断增强，服务业呈现持续回升向好的良好态势。在肯定成绩的同时，也要看到服务业企业自身也还存在优质供给不足、标准化建设起步较晚、国际知名品牌缺乏等情况，要看到影响服务业大企业高质量发展的因素较以往更加复杂，不稳定、不确定因素依然较多，充满着机遇，也有不少挑战。

1. 服务业新体系对企业发展战略提出要求

党的二十大报告提出，要构建优质高效的服务业新体系。这为服务业提质扩容，服务业企业高质量发展指明了新要求、新方向。当前和今后一个时期是我们以中国式现代化全面推进强国建设、民族复兴伟业的关键时期。这是构建服务业新体系需要把握的宏观大势和时代要求，也是服务业企业明确战略方向和发展定位的基本遵循。

一方面，服务业企业的战略方向要深刻把握推进中国式现代化对服务业发展提出的使命要求。人口规模巨大的现代化，要求服务业发展必须广泛惠及民生，以优质服务满足人民日益增长的美好生活需要，要努力把握超大规模市场的发展机遇。全体人民共同富裕的现代化，要求服务业企业共享式发展，以服务业面向消费终端的毛细血管优势，发挥企业服务主体作用，通过市场化手段加强基础性、普惠性服务供给。同时，努力发挥服务业作为劳动力蓄水池的重要作用。物质文明和精神文明相协调的现代化，要求服务业企业必须创新发展，努力发展服务新领域新业态，既要满足终端消费，也要满足产业端需求；既要做好物质产品的流通和呈现，更要着力于精神文化服务的传递和创造。人与自然和谐共生的现代化，要求服务业企业必须坚持节能、绿色、可持续发展。走和平发展道路的现代化，要求服务业企业在高水平的制度性开放中充分利用国内国际两个市场、两种资源，持续提升国际竞争能力。

另一方面，服务业企业的发展定位要紧密围绕现代化产业体系建设的内在要求。产业竞争已成为大国竞争的主战场，现代化产业体系是最为关键的"胜负手"。现代服务业具有高附加值、高技术、高连接性、高融合性等特点，是现代化产业体系的催化剂和融合剂。当前，我国工业门类齐全、产业体系完备，但产业链整体上处于中低端，大而不强、宽而不深。服务现代化产业体系建设，服务业企业要着力发挥支撑性和引领性作用，推进生产性服务业不断向专业化和价值链高端延伸，着力现代服务业与先进制造业深度融合，推动产业转型升级，赋能提升产业链稳定性和抗冲击能力；也要切实提升生活性服务业的高品质和多样化，缩小医疗、住房、养老、育幼等生活性服务业供给质量与消费市场期待之间的差距。构建优质高效服务业新体系，我国服务业企业要着力走好品质更优、效率更高、创新动能更强、发展更加绿色、国际水平更高的现代服务业企业成长道路。

2. 国际环境复杂对企业"走进去"形成掣肘

当前，国际环境日益严峻复杂，世界经济体系遭遇人为切割，这给服务业企业进入国际市场，

参与国际分工带来了强干扰，对国际化水平本就不高、服务贸易长期逆差局面的改善更为掣肘。2024年是全球"超级选举年"，除了成为焦点的美国大选，约有76个国家和地区举行100多场选举，国际问题国内化、经济问题政治化、安全问题关联化等问题更加突出。国际体系转型、大国博弈加剧带来的世界变革动荡，会加剧服务业企业在国际化经营中长期面临的文化风俗差异、制度法律障碍、合规管理等困境，出现更多的不确定性。

第一，高端专业化生产性服务"走出去"或将面临更多壁垒。国际竞争的本质不是利润增长和资产保值，而是争夺国际分工的制高点和定价权，乃至是控制国际分工的领导权。长期以来，欧美国家对我国企业采取了一系列以强化监管为名的打击与制裁措施，对技术使用和知识产权保护的力度不断强化，旨在降低我国企业在全球供应链中的地位。以金融服务、技术服务、供应链服务为代表的高端专业化生产性服务对各个产业在国际市场的竞争力提升具有引领性，对产业链的安全和稳定具有支撑性，其在国际市场的布局和拓展中可能会遇到更多限制。

第二，数据服务的标准和确权问题会更加凸显。当前，数据作为一种资产，其经济价值、安全属性不断凸显。国家安全、互联网数据服务企业和普通用户之间在数据标准、数字使用权、所有权上的冲突频发。这既是全球在互联网世界成为一个难以分割整体的客观事实，也有大国博弈的考量。2024年3月，美国众议院以压倒性多数投票通过了"非卖即走"提案，要求字节跳动在限定日期内拆分或出售TikTok业务，否则美国应用商店就会将其下架。这并非我国互联网服务企业第一次遭遇这样的霸凌行径。相关企业需要警醒的是，未来国际化之路一时也难以获得一个公平、公正和非歧视的营商环境。

3. 有效需求不足对服务市场扩容构成约束

当前，国内有效需求不足带来的市场扩容困境依然是企业经营发展面临的主要挑战之一。与此同时，要看到我国服务业企业的规模水平还比较低。2023年我国服务业增加值占GDP比重达到54.6%，对经济增长的贡献率超过60%，大幅高于制造业增加值的相关指标。而在企业这个层面，2024中国服务业企业500强的入围门槛仅为同期中国制造业企业500强的40%左右。服务大企业在规模增长上需要有更大作为。然而，当前外部环境变化带来的不利影响增多，消费终端和生产制造端的服务需求还不够强劲，不同地区、行业、企业之间存在分化现象，这给服务业企业的发展和转型都带来了不小的挑战。

一方面，有效需求不足影响了服务业企业的增长空间和利润水平，企业经营压力较大，甚至面临着存亡困境。叠加企业投资意愿下降的影响，服务业的质量提升会受到较大限制。有效需求不足的另一面是供给相对过剩，进而带来更为激烈的竞争，甚至是以价格战为代表的低端竞争和"内卷式"的恶性竞争。这不仅影响着企业的高质量发展和转型升级进程，甚至会加速部分企业的破产和出局。

另一方面，有效需求不足还会对产业链和供应链产生负面连锁影响。现代经济是一个相互关联、相互依存的有机整体，服务业联通着各个产业，大企业更是各类资源要素的整合者。服务需求的不足很容易在产业间、企业间和要素间发生传导和连锁反应，进而对整个产业生态造成不利影响。近两年，房地产大企业发生的变化正是鲜明的注脚。同时要注意的是，服务业是吸纳就业的主要力量，企业经营困境带来的裁员可能会把压力转移给就业市场，导致失业率上升，影响经济增长和社会稳定，进而又会恶化企业发展的生态环境。

4. 数字经济对企业深度转型升级提供动能

当前，大数据、云计算等数字技术不断推陈出新，AI 大模型日趋成熟。作为新质生产力，数字技术不局限于基础应用和基础设备，而是赋能产业焕新，深度参与和改变着产业的发展方式和人们的生活习惯。数字化、智能化已经席卷各行各业，在酒店、医疗、教育、家政和研究咨询等服务业领域获得了不同程度的应用。这对服务业企业既有的发展模式是不容忽视的挑战，同时也将对服务业企业的转型升级发展形成动能和支撑，是服务业企业降本增效、提升服务效率和质量的重要路径，也将为我国服务业企业的发展提供弯道超车的机会。

一方面，数字技术是新质生产力的内核，将推动服务力指数级增长。一是有利于服务标准化和服务产品化的实现。长期以来，服务业企业因为服务个性化的特质在品质保障和规模复制方面受到制约。各类数据的挖掘和智能化设备的出现将极大缓解这一难题，并为顾客提供更精准、便捷的体验。二是数据已经超越了辅助者的角色，跃升为至关重要的独立生产要素，生成式 AI 的兴起还将为企业带来更强的创造能力。对现有员工的代替，与现有员工的交互和协同，将加快推动员工结构转型，推动员工从执行者向学习者和思考者转型。三是数字技术打破了组织边界，服务的数据化也为用户服务打开了无穷的空间，这都将促进企业之间的生态合作，企业之间的竞争演变为产业生态圈的竞争。

另一方面，数字技术应用为服务业企业探索新型服务方式和服务业态提供了可能。我国庞大的市场需求、丰富的应用场景和政策的有力支持，也为服务业企业在商业模式方面的创新提供了有利条件。越来越多的传统服务业从线下转到线上，线上购物、外卖送餐、手机打车成为生活常态，生活服务业发展空间得到有效拓展。还值得服务业企业关注的是，数字技术可以助力服务跨越生产与消费、时间和空间的距离，让服务质量从过去依靠员工个体差异转变为集成式的组织服务能力，从而能够提供个性化、系统化、精准化的解决方案，都是服务业企业可以争取的机会。

5. 政策体系不健全与新业态发展需求不适配

服务业新业态、新模式不断涌现的同时，与之相适应的政策体系不健全、监管方式存在薄弱环节，制约了服务业企业的创新发展，客观上会为新兴服务市场的无序竞争提供土壤。

一方面，社会各界长期对服务业的发展缺乏足够了解，不少还将其定位于低端的、生产生活的配套产业层面。近些年服务创新层出不穷，服务业态范围和发展实践极大丰富。部分政策制定缺乏对服务业态客观、全面和与时俱进的认知，政策出台和监管手段难以跟上服务新业态发展的速度，甚至完全照搬传统的发展思路和监管模式，存在政策"空档"和监管"盲点"。加上不少违法违规行为伴随新业态发生，且隐蔽复杂，违法行为识别和判定难度加大，执法力量短期难以跟上，加剧了政策和监管领域对新业态的"一刀切"现象。

另一方面，也要看到，很多服务新业态的发展大都处于初级阶段，自身在发展逻辑、发展模式、风险防范等存在阶段性乃至先天性不足，在与利益相关者的交互中也处于探索中。相配套的监管制度和政策体系缺位，会加剧新兴服务市场无序竞争现象频发，甚至会造成风险隐患，不利于服务新业态的发展壮大。

八、促进更多服务业大企业建设世界一流的主要建议

服务业是经济增长的"稳定器"、转型升级的"助推器"、新兴动能的"孵化器"和居民就业的"容纳器",在经济社会发展中起着越来越重要的作用。现代服务业的发达和繁荣,已成为现代化国家发展建设的标配。中国式现代化建设,迫切需要一批对经济社会发展有支撑,对产业升级优化有引领,对人们生活品质有保障的世界一流服务业大企业。服务业企业要积极发展新质生产力,健全现代企业制度,着力在品质品牌、市场扩容、融合发展和国际化经营等方面不断创新发展,持续发力,提升价值创造能力,提升发展质量,不断成长为具有国际竞争力和品牌影响力的现代服务业一流企业。

1. **积极发展新质生产力,推动服务创新更强**

进入新时代,习近平总书记创造性地提出"因地制宜发展新质生产力",这是一项重大理论和实践创新,是服务业现代化和创新发展的重要着力点。作为国民经济的重要组成部分,服务业是培育和发展新质生产力的重要载体。服务业大企业要以技术创新引领企业转型升级,为高质量发展形成强劲推动力。

一是提升现代性,努力培育和发展新质生产力。现代服务业是以现代科学技术特别是数字技术为主要支撑,建立在新的商业模式、服务方式和管理方法基础上的服务产业,是发展新质生产力的重要内容,是经济高质量发展的新增长点。服务业企业要着力以数字经济为发力点,在科技创新、新业态方面持续提升水平,在培育新模式新动能上做好文章。一方面,服务业大企业要发挥领军带动作用,强化创新主体地位,继续加强创新投入,强化创新策源,推动从基础研究到产业化的全链条创新,建立协同高效的产业创新组织机制,更好融入国家创新体系;另一方面,要着力于新技术应用,推动数字经济与服务业深度融合,推动服务业新产业规模不断壮大,同时要运用数字技术对传统服务业进行改造,推动服务业发展转型升级。

二是着眼服务性,努力支撑好新质生产力发展。发展新质生产力需要有强有力的新服务。高端生产性服务业,尤其是和数字技术相融合发展的生产性服务是传统产业改造、战略性新兴产业发展和未来产业发展的重要支撑。这是我国生产力的短板,更是服务业企业需要突破和跃升的方向。服务业企业要着力提升生产性服务的价值创造能力,建立与新质生产力相适应的新型生产关系,让数字技术成为驱动生产力变革的关键力量,大力发展产业互联网,促进实体经济和数字经济深度融合,推动制造业和服务业深度融合,依托其在产业链、供应链中的关键位置对现代化产业体系产生积极影响,为产业深度转型升级、提升产业链供应链韧性和安全水平贡献企业力量。

2. **深入推进融合发展,推动服务发展更新**

融合发展已经成为现代化产业体系建设的"点睛之笔",也是构建优质高效的服务业新体系必须突出的重点取向。这个过程中,既要看到服务业与制造业、农业的融合发展态势,也不能忽视服务业各行业内交叉渗透发展的可能性。服务业大企业要充分利用我国实体经济体量优势和超大规模市场优势,持续探索"服务+"行动,打破组织边界,进行跨界融合,夯实服务业融合发展根基,增强融合化质效,推动服务业发展。

一是强化服务赋能，推动产业融合发展，提升产业链现代化水平。二十届中央财经委员会第一次会议强调，要坚持三次产业融合发展，避免割裂对立。服务业是经济社会生活的筋络和血管，连接着研发、生产和消费，贯穿产业链价值链增值环节。服务业大企业要着力发挥专业服务优势和资源整合优势，围绕金融、物流、研发设计、节能环保、管理咨询等专业服务领域，延伸服务链条，激发产业链上企业协同创新能力，强化服务业固链、强链、补链、控链和融链功能，深度嵌入制造业、农业各环节，深化业务关联、链条延伸、技术渗透，着力形成相融相长、耦合共生的产业生态系统。

二是聚焦服务集成，发展服务新业态。近年来，不少服务业企业跨越传统产业边界，推动业态集成式发展、融合式创新，催生出不少新的服务方式和服务消费新热点。比如，集成贸易商、物流商和金融服务于一体的供应链服务获得了快速发展。旅游业态不断丰富，与文化、体育、影视相融合，促进旅游场景扩容。电视剧《我的阿勒泰》上映，带动新疆阿勒泰地区旅游实现大幅增长。旅游演艺日渐成为各地的"新名片"。服务业企业要善于挖掘和激发多样化、个性化的市场需求，大力发展"文化+""科技+""信息+""旅游+"等融合型服务业，拓展服务增值空间，实现服务功能完善，同时要善于整合各细分行业关键资源，发挥专业优势叠加的放大效应，实施跨地区、跨行业、跨所有制兼并重组，打造跨界融合产业集团和产业联盟。

3. 努力实施价值创造，推动服务品牌更响

价值创造是企业组织存在的理由，也是经营发展和市场竞争力的核心主题。努力创造价值，增加优质供给，提升品牌影响力，是促进服务业企业提升发展质量，加快建设更多世界一流的迫切任务。

一是着眼品质升级和品牌提升，夯实一流服务软实力。要将品质作为建设服务业企业高质量发展的生命线，把握好服务业发展中"为人服务，为产业服务"的本质要求，增强供给质量，提升服务效率，突出优质高效，推进生产性服务向专业化和高端化发展，生活性服务业向高品质和多样化升级。要认识到"品牌卓越"是世界一流企业建设的内在要求，有意识打响服务品牌，全面加强服务业品牌建设，健全品牌营运管理体系，不断壮大服务业品牌经济。大企业要发挥带动作用，联合中小服务业企业和制造业企业开展海外品牌建设推广，着力塑造中国服务品牌新形象。

二是着眼标准建设，构建一流服务硬底座。标准引领是国家、行业、企业参与高质量竞争和实现高质量发展的重要标志。大企业要发挥引领示范作用，完善行业性标杆化服务标准，研发与我国国情相适应的优质服务标准，积极主导或参与国际服务业标准制定。大企业要强化企业质量主体责任，带头加强服务质量管理体系建设、试点优质服务承诺标识制度、加强服务业质量评价反馈等方式，不断完善质量管理体系。同时，加快先进制造业和现代服务业融合发展标准化建设，推行跨行业跨领域综合标准化。

4. 主动拓展多种场景，推动服务市场更广

当前，服务业企业成长正处于宏观经济从高速发展转向高质量发展的进程中，面临着做强做优做大的并联式任务，必须同时要关注发展速度规模和发展质量效益。服务业企业要坚定发展信心，积极主动应对，主动拓展多种市场，扩大有效服务供给，同时又要保持战略定力，着力服务水准，在构建优质高效的服务业新体系中持续提升竞争能力。

一是丰富服务场景，促进消费市场扩容升级。国务院在2024年8月发布了《关于促进服务消费

高质量发展的意见》，提出要挖掘餐饮住宿、家政服务、养老托育等基础型消费潜力；激发文化娱乐、旅游、体育、教育和培训、居住服务等改善型消费活力；培育壮大数字、绿色、健康等新型消费，持续优化服务消费环境、强化政策保障，这无疑为服务业企业量质齐升提供了及时有力的政策支持。服务业企业要抓住政策机遇，聚焦居民消费升级需要，把握服务消费新特征新趋势，不断丰富消费场景，聚焦优质高效服务产品供给，不断提高服务供给对需求升级的适配性，推动消费服务市场扩容。

二是坚持服务创新，优化文化产品供给。党的二十届三中全会专门对深化文化体制机制改革做出安排，《中共中央关于进一步全面深化改革 推进中国式现代化的决定》强调了要健全社会力量参与公共文化服务机制。我国已成为文化产品生产大国，进入了全面创新发展的新阶段。服务业企业要聚焦建设社会主义文化强国建设，坚定文化自信，打造文化消费新引擎。探索文化和科技融合，大力发展数字+文化产业，提升文化产品活力；推动文化和旅游融合，以文塑旅、以旅彰文，提升文化产品魅力；探索传统文化和新时尚融合，丰富文创产品、国风体验、非遗技艺等体验，推动文化繁荣，提升国家文化软实力和中华文化影响力。

三是响应以旧换新政策，拓展服务发展空间。一方面，抓住回收循环利用的契机，拓展二手产品交易流通业务，建立废旧产品回收网络，完善线上线下循环交易平台，拓展物流供应链服务机会；另一方面，充分发挥标准引领作用，增强资源和产品循环利用的标准建立能力，在检验检测、认证认可、质量标准等方面蓄积服务标准话语权。与此同时，要结合企业发展实际，更新服务设施，进行智能化、绿色化、高效化改造，提升服务效能。

5. 着力提升政策效能，助力服务业态更新

党的二十届三中全会着力于全面深化改革，对健全推动经济高质量发展的体制机制做出部署，其中对完善发展服务业体制机制做出专门安排，这些政策举措将更好激发服务业企业发展的内生动力和创新活力。着眼于服务业企业发展中面临的问题，相关部门应以落实三中全会精神为契机，着力完善支持服务业发展政策体系，提升政策效能，助力服务业企业创新发展。

一是优化对服务业新业态的监管规则。着眼新业态发展特征、服务业国际化进程和世界发展潮流，完善服务业新业态的规则、管理和标准等。建立政策制定、执法机构与企业之间常态化的有效沟通机制，对于新现象新问题形成最大共识，为企业提供有针对性的帮扶，同时帮助企业强化对政策方向和法律边界的了解，提升合规意识。此外，还要保护消费者权益，打造良好的消费环境，积极开展宣传活动，提升公众对服务新业态的认知，激发服务消费潜力，提振市场信心。

二是切实提升精准执法能力。面对经济发展中的新问题，执法部门需要在包容与审慎中找到平衡点，既要鼓励创新，又要确保新业态、新模式在法治轨道上运行。一方面，以科技赋能智慧执法，切实提升执法效能。新产业新业态领域具有创新性强、变化快、跨界融合的特点，执法队伍的力量和经验往往不足，要善于发挥新技术手段在新业态监管中的支撑，力求以风险为核心，以信用为基础，推行分类分层监管分级执法，着力实现对守法者"无事不扰"，对违法者"利剑高悬"。另一方面，要以"精准执法+优质服务"为抓手，形成监管对象、工作模式、检查内容、服务措施、执法流程、监督措施等方面精准执法的体系化安排。

第四章
2024中国跨国公司100大及跨国指数分析报告

为深入贯彻落实习近平新时代中国特色社会主义思想和党的二十大及二十届二中、三中全会精神，发展我国大型跨国公司，提高国际化经营水平，加快建设更多世界一流企业，同时为社会各界提供我国大企业跨国经营水平及其相关信息，中国企业联合会、中国企业家协会连续13年推出"中国跨国公司100大及跨国指数分析报告"。

"中国100大跨国公司及跨国指数"是在中国企业500强、中国制造业企业500强、中国服务业企业500强的基础上，依据企业自愿申报的数据，参照联合国贸易和发展组织的标准产生的。中国100大跨国公司是由拥有海外资产、海外营业收入、海外员工的非金融企业，依据企业海外资产总额的多少排序产生；跨国指数则按照（海外营业收入÷营业收入总额＋海外资产÷资产总额＋海外员工÷员工总数）÷3×100%计算得出。

一、我国企业国际化取得积极进展

2023年是企业拓展海外业务不平凡的一年。3年新冠疫情虽已渐渐平息，但是全球地缘政治变局丛生，地区冲突加剧，大国博弈波澜起伏，世界经济增长前景晦暗不明。面对复杂的外部环境，中国企业再次展现了十足的勇气与韧性，我国对外投资平稳发展，稳中有进。据商务部、国家外汇局统计，2023年，我国全行业对外直接投资10418.5亿元人民币，比上年增长5.7%（以美元计为1478.5亿美元，增长0.9%）。其中，我国境内投资者共对全球155个国家和地区的7913家境外企业进行了非金融类直接投资，累计投资9169.9亿元人民币，增长16.7%（以美元计为1301.3亿美元，增长11.4%）。截至2022年年底，我国境外中资企业数量已经达到4.6万家，分布在全球190个国家和地区，对外直接投资存量达到2.8万亿美元，境外企业中方员工超过150万人。

2023年，我国对外承包工程业务完成营业额11338.8亿元人民币，比上年增长8.8%（以美元计为1609.1亿美元，增长3.8%），新签合同额18639.2亿元人民币，增长9.5%（以美元计为2645.1亿美元，增长4.5%）。

2023年，我国企业共向境外派出各类劳务人员34.7万人，比上年增加8.8万人；其中承包工程项下派出11.1万人，劳务合作项下派出23.6万人。年末在外各类劳务人员54.1万人。

企业国际化是一个趋势，资本是逐利的。中国经历了40多年改革开放，在17个大类的工业品里位居世界第一。2022年以来，我国企业国际化出现了几个比较明显的趋势：一是很多中国企业纷纷到海外设厂，例如东南亚的越南和泰国等，也有很多到了中欧的匈牙利，值得一提的是中国企业到墨西哥绿地投资近年来非常火爆，因为墨西哥既属于北美，又是拉美门户，在墨西哥生产的产品可以通过《美墨加三国协定》自由进入美国市场；二是很多企业到新加坡建立国际总部，从而辐射全球，导致新加坡的劳工市场异常火爆，租金也不断攀升；三是很多小公司成为国际化主角，从创立的那一刻起就瞄准了国际市场前沿，"生而全球化"，国内、国际市场同步发力，甚至先拿下海外高份额市场，然后再进入中国市场，这个与以往的经验完全相反。

据北京出海领航与中国机电产品进出口商会联手对100家优质中国制造业企业2023年的海外业务进行的调查报告显示：受访企业中海外国别市场覆盖广度各异，22%的调研企业海外覆盖国家或地区数量多于100个，17%的调研企业海外业务覆盖国家或地区数量少于10个。2023年有65%的调研企业海外业务收入占比超过20%，更有28%的调研企业海外业务收入占比超过50%。2023年，海外业务占比超过20%的企业比例从上年的55%提升至65%，虽然不如2022年相比2021年的跳跃式增长（从2021的36%跃升至2022的55%），但也延续了迅猛的增长势头；从业务增速上来看，2023年俄罗斯、中东、东南亚市场成为中国企业业务增速最高的三个区域；相比上年，俄罗斯和中东地区增速大幅提升。报告显示，随着新冠疫情的影响基本消散，企业经营回归商业本质。地缘政治冲突、市场需求下降、中国企业间恶性竞争成为企业海外业务发展的最大阻碍，成本上升、贸易壁垒的影响也不可忽视。2023年，全球市场需求增长趋缓，中国企业海外业务收入增速下降，实现高速增长的企业比例从31%下降至20%，不增长或负增长的比例从17%提高至32%。83%的受访企业选择进军国际市场的主要原因是——国际化是公司的重要发展战略，公司选择主动出击海外市场。在内外因的多重影响下，受访企业的经营重心愈加回归商业本质，海外业务顶层设计、提升产品竞争力、推进本地化经营得到最大限度的重视。

二、2024中国跨国公司100大及跨国指数

依据2024中国企业500强、2024中国制造业企业500强、2024中国服务业企业500强的海外资产数据，中国企业联合会排出了2024中国跨国公司100大及其跨国指数，中国石油天然气集团有限公司、中国中化控股有限责任公司、中国石油化工集团有限公司、华为投资控股有限公司、腾讯控股有限公司、中国远洋海运集团有限公司、中国海洋石油集团有限公司、国家电网有限公司、中国交通建设集团有限公司、联想控股股份有限公司位列前10名，中国石油天然气集团有限公司连续13年居第一位，中国中化控股有限责任公司、中国石油化工集团有限公司分别居第二、第三位。详见表4-1。2024中国跨国公司100大及其跨国指数有以下主要特点。

1. 主要国际化指标有升有降，但国际化程度有所下降

受世界百年未有之大变局加速演进，局部冲突和动荡频发，全球性问题加剧，来自外部的打压遏制不断升级的影响，尽管中国跨国公司积极开拓国际市场，2023年的国际化指标有升有降，但国际化程度仍有所下降。2024中国跨国公司100大海外资产总额为123690亿元、海外员工总数为1273583人，分别

比上年增加5.12%、6.90%；海外营业收入为86205亿元，比上年下降5.37%。2024中国跨国公司100大入围门槛为198.40亿元，比上年提高19.31亿元，提高了10.78%。2024中国跨国公司100大的平均跨国指数为15.35%，与上年相比下降了0.55个百分点。2024中国跨国公司100大的海外资产占比、海外营业收入占比、海外员工占比分别为16.88%、19.36%、9.81%，与上年相比，海外资产占比、海外营业收入占比分别下降了0.60、1.43个百分点，海外员工占比提高了0.37个百分点。

表4-1 2024中国跨国公司100大及其跨国指数

排名	公司名称	海外资产/万元	企业资产/万元	海外营业收入/万元	营业收入/万元	海外员工/人	企业员工/人	跨国指数/%
1	中国石油天然气集团有限公司	108173516	447560258	122082534	298541055	69804	1026301	23.95
2	中国中化控股有限责任公司	88101705	158532371	7531173	101402951	99138	203727	37.22
3	中国石油化工集团有限公司	75139899	271624254	79414890	304194600	33964	513434	20.13
4	华为投资控股有限公司	69199396	126359700	23182874	70417400	45000	207200	36.47
5	腾讯控股有限公司	63106857	157724600	5797535	60901500	35730	105417	27.81
6	中国远洋海运集团有限公司	55614497	107563227	22517656	38178011	17083	106221	42.26
7	中国海洋石油集团有限公司	53119388	160298196	59394412	100335259	6174	82560	33.27
8	国家电网有限公司	42341052	554427738	10175092	386489168	19270	1442302	3.87
9	中国交通建设集团有限公司	34966664	256551917	19654774	96752434	67503	219034	21.59
10	联想控股股份有限公司	33095083	66573257	31685289	43601217	30640	89577	52.20
11	广州越秀集团股份有限公司	28563313	100575794	546766	12372199	2080	35976	12.87
12	复星国际有限公司	26601986	80838759	7086579	19820031	30755	108000	32.38
13	中国铝业集团有限公司	22750051	61657142	9619183	45020689	2818	127701	20.16
14	中国电力建设集团有限公司	19723805	141011127	10104692	68693274	11658	184567	11.67
15	中国建筑股份有限公司	18338101	290332252	11575951	226552924	32384	382894	6.63
16	蚂蚁科技集团股份有限公司	17145229	61813799	1297981	17845321	1025	29740	12.82
17	中国兵器工业集团有限公司	17066665	55841606	29659190	54161047	14461	219697	30.64
18	海尔集团公司	16486009	52156119	13671890	37182197	39512	122742	33.52
19	洛阳栾川钼业集团股份有限公司	16053202	17297453	11835329	18626897	6963	11995	71.46
20	潍柴控股集团有限公司	15845279	36569899	10686845	31050808	45310	105811	40.19
21	中国广核集团有限公司	14430068	100085384	3723764	14984906	3268	47109	15.40
22	紫金矿业集团股份有限公司	14430000	34300571	6161468	29340324	27948	55239	37.89
23	深圳市投资控股有限公司	12828422	115285973	2600185	29042736	8864	103928	9.54
24	国家电力投资集团有限公司	12524125	175347695	2151258	38570952	2225	127514	4.82
25	美的集团股份有限公司	10987000	48603818	15090568	37370980	35000	198613	26.87
26	中国能源建设集团有限公司	10887865	80129071	5612825	40852938	6725	119182	10.99

续表

排名	公司名称	海外资产/万元	企业资产/万元	海外营业收入/万元	营业收入/万元	海外员工/人	企业员工/人	跨国指数/%
27	山东能源集团有限公司	10530173	100204140	26868723	86637961	4382	214409	14.52
28	中国华能集团有限公司	10167702	156084742	3577787	40982294	861	124623	5.31
29	北京嘀嘀无限科技发展有限公司	9937000	14382649	784215	19237992	2100	19300	28.02
30	上海汽车集团股份有限公司	9744173	100665028	11203868	74470513	27296	150670	14.28
31	中国铁道建筑集团有限公司	9739753	166781911	6030987	113867666	11226	336433	4.82
32	中国宝武钢铁集团有限公司	9575535	136252241	21741929	111297172	15025	235971	10.98
33	中国铁路工程集团有限公司	8919260	183703708	6225632	126408895	8663	317641	4.17
34	中国华电集团有限公司	8174573	109775214	2401911	32234637	2943	93459	6.02
35	中国移动通信集团有限公司	8041213	240151652	3202197	101114414	8795	453394	2.82
36	中粮集团有限公司	8023916	73065438	11529968	69210215	2312	111630	9.90
37	江苏沙钢集团有限公司	7317256	36672833	4886930	27779839	1031	44004	13.30
38	河钢集团有限公司	7124822	54559511	10142208	40159331	13592	97802	17.40
39	三一集团有限公司	6912000	27966735	4150410	11955604	6191	49504	23.98
40	中国有色矿业集团有限公司	6881000	11563130	7381612	12867231	15211	41924	51.05
41	中国电子信息产业集团有限公司	6599655	43359969	5165388	25054057	12509	183469	14.22
42	北京首都创业集团有限公司	6422177	40089435	59528	5753954	340	33395	6.02
43	中国国际海运集装箱(集团)股份有限公司	5969741	16176323	6103922	12780952	4366	68940	30.33
44	宁夏天元锰业集团有限公司	5966023	12809347	720733	6633537	1208	19869	21.17
45	浙江华友钴业股份有限公司	5868486	12552027	3716439	6630404	10255	29548	45.84
46	国家能源投资集团有限责任公司	5731867	209302206	1605498	79321897	662	309744	1.66
47	闻泰科技股份有限公司	5658644	7696795	3908477	6121280	12000	31497	58.49
48	青山控股集团有限公司	5578207	14654583	9305393	38213706	68275	107805	41.92
49	海信集团控股股份有限公司	5561690	20404885	8584434	20222566	24663	107647	30.87
50	浙江恒逸集团有限公司	5278240	13362876	4510723	40682953	1968	22147	19.82
51	光明食品(集团)有限公司	5081275	26796474	4522348	13274018	16961	89698	23.98
52	金川集团股份有限公司	4919914	15456904	1768523	35325909	4059	31025	16.64
53	山东魏桥创业集团有限公司	4810238	27912834	5347108	52021385	9586	97281	12.46
54	山东高速集团有限公司	4680900	151374345	1024707	26011809	5179	56432	5.40
55	京东方科技集团股份有限公司	4552627	41918710	9400147	17454345	3092	90563	22.71
56	万向集团公司	4529763	11565483	9634621	20237496	9715	34589	38.29
57	中国南方电网有限责任公司	4518309	122819788	433448	84110863	800	313062	1.48

续表

排名	公司名称	海外资产/万元	企业资产/万元	海外营业收入/万元	营业收入/万元	海外员工/人	企业员工/人	跨国指数/%
58	中国中车集团有限公司	4331737	54370353	2863409	24437304	6808	161133	7.97
59	中国机械工业集团有限公司	4144745	32542123	3861227	32905848	9745	114730	10.99
60	中国建材集团有限公司	4144327	70509454	5080023	34751095	24105	199122	10.87
61	首钢集团有限公司	3926532	52700728	2952971	23801320	2318	83509	7.54
62	中联重科股份有限公司	3876500	13086239	1790512	4707485	3457	30563	26.32
63	云南省投资控股集团有限公司	3860775	58647128	774372	20980590	456	46756	3.75
64	厦门国贸控股集团有限公司	3776477	35662496	9889031	60753156	769	37208	9.64
65	上海德龙钢铁集团有限公司	3740962	15483494	3157127	24352182	10706	42843	20.70
66	广东小鹏汽车科技有限公司	3539875	6100124	175863	3100642	314	15112	21.93
67	宁波均胜电子股份有限公司	3508166	5688684	4216030	5572847	38389	43965	74.88
68	山东如意时尚投资控股有限公司	3484810	7227261	2964789	5461245	9663	39845	42.25
69	晶澳太阳能科技股份有限公司	3468968	10658947	4442776	8155618	3504	43559	31.69
70	中国化学工程集团有限公司	3452850	26744134	3537645	20093574	3805	56508	12.42
71	TCL实业控股股份有限公司	3446819	11962209	7092624	12032191	4304	42421	32.64
72	晶科能源股份有限公司	3199119	13211654	7274465	11868178	10000	57375	34.31
73	珠海华发集团有限公司	3096016	72964896	1763033	17568688	6569	43882	9.75
74	徐州工程机械集团有限公司	3078982	20483741	3762107	10270677	5835	30502	23.60
75	东方国际(集团)有限公司	3031835	5919503	1251904	7699275	45157	57745	48.56
76	TCL科技集团股份有限公司	3011000	38285909	5442638	17444617	3869	75217	14.74
77	海亮集团有限公司	2893772	7316645	3230900	25274166	2621	26828	20.70
78	中国电信集团有限公司	2871121	107827456	1661606	62270012	5078	391691	2.21
79	北京控股集团有限公司	2846165	43794135	1581659	12885103	2357	126128	6.88
80	奇瑞控股集团有限公司	2710696	26507961	5502962	27673962	1265	56584	10.78
81	中国大唐集团有限公司	2677129	86864341	318607	25673816	1818	87991	2.13
82	厦门建发集团有限公司	2669838	88724752	12969972	78342822	232	62740	6.64
83	南山集团有限公司	2665488	22834315	1763342	17120433	3183	39729	9.99
84	宁波力勤资源科技股份有限公司	2598104	3067971	842382	2106841	14300	17358	69.02
85	中国东方航空集团有限公司	2572141	38316143	254795	13764119	1105	98786	3.23
86	双星集团有限责任公司	2566427	3844575	2281844	2660861	10128	16822	70.91
87	阳光电源股份有限公司	2520653	8287651	3336933	7225067	1423	13697	29.00

续表

排名	公司名称	海外资产/万元	企业资产/万元	海外营业收入/万元	营业收入/万元	海外员工/人	企业员工/人	跨国指数/%
88	广东省广晟控股集团有限公司	2512485	18162307	4894079	12773109	5529	55949	20.68
89	中国联合网络通信集团有限公司	2420729	70281657	855619	37398581	1159	255353	2.06
90	云南省建设投资控股集团有限公司	2414402	82395804	320903	17221630	363	41129	1.89
91	天合光能股份有限公司	2410209	12031229	4687673	11339178	3488	43031	23.16
92	新疆广汇实业投资（集团）有限责任公司	2376674	24719285	1920679	21460318	228	69301	6.30
93	铜陵有色金属集团控股有限公司	2204998	10104739	4200447	24950389	1715	21443	15.55
94	亨通集团有限公司	2203083	10236221	1926732	17401914	4871	21050	18.58
95	鞍钢集团有限公司	2119763	48267392	2696698	28801572	520	135598	4.71
96	隆基绿能科技股份有限公司	2061800	16396920	4347233	12949767	8256	75006	19.05
97	万华化学集团股份有限公司	2059452	25304039	7920555	17536093	3654	29053	21.96
98	正泰集团股份有限公司	2053158	17499502	1949082	15501491	2282	48231	9.68
99	内蒙古伊利实业集团股份有限公司	2028193	15162025	662737	12617945	3378	64305	7.96
100	安徽海螺集团有限责任公司	1983967	29793207	834439	21696994	4289	64134	5.73
	合计	1236896251	7329133245	862054941	4452979428	1273583	12977888	

注1：中国中化控股有限责任公司、华为投资控股有限公司、腾讯控股有限公司的海外资产、海外营业收入和海外员工数，以及联想控股股份有限公司的海外资产来自2023世界跨国公司100大；复星国际有限公司、中粮集团有限公司、中国电子信息产业集团有限公司的海外资产、海外营业收入和海外员工数来自2022发展中国家跨国公司100大。其余数据都由企业申报。

注2：海外收入以年平均汇率折算：2022年为1美元=6.7144元人民币；2023年为1美元=7.0510元人民币。海外资产以年底汇率折算：2022年为1美元=6.9646元人民币；2023年为1美元=7.0827元人民币。

2024中国跨国公司100大海外营业收入排前10位的企业分别是中国石油天然气集团有限公司、中国石油化工集团有限公司、中国海洋石油集团有限公司、联想控股股份有限公司、中国兵器工业集团有限公司、山东能源集团有限公司、华为投资控股有限公司、中国远洋海运集团有限公司、中国宝武钢铁集团有限公司、中国交通建设集团有限公司。中国交通建设集团有限公司首次进入前10位。详见表4-2。

2024中国跨国公司100大海外员工数排前10位的企业分别是中国中化控股有限责任公司、中国石油天然气集团有限公司、青山控股集团有限公司、中国交通建设集团有限公司、潍柴控股集团有限公司、东方国际（集团）有限公司、华为投资控股有限公司、海尔集团公司、宁波均胜电子股份有限公司、腾讯控股有限公司。详见表4-3。

表4-2 2024中国跨国公司100大海外营业收入排序

排名	公司名称	海外资产/万元	海外营业收入/万元	海外员工/人	跨国指数/%
1	中国石油天然气集团有限公司	108173516	861798736	69804	23.95
2	中国石油化工集团有限公司	75139899	122082534	33964	20.13
3	中国海洋石油集团有限公司	53119388	79414890	6174	33.27
4	联想控股股份有限公司	33095083	59394412	30640	52.20
5	中国兵器工业集团有限公司	17066665	31685289	14461	30.64
6	山东能源集团有限公司	10530173	29659190	4382	14.52
7	华为投资控股有限公司	69199396	26868723	45000	36.47
8	中国远洋海运集团有限公司	55614497	23182874	17083	42.26
9	中国宝武钢铁集团有限公司	9575535	22517656	15025	10.98
10	中国交通建设集团有限公司	34966664	21741929	67503	21.59
11	美的集团股份有限公司	10987000	19654774	35000	26.87
12	海尔集团公司	16486009	15090568	39512	33.52
13	厦门建发集团有限公司	2669838	13671890	232	6.64
14	洛阳栾川钼业集团股份有限公司	16053202	12969972	6963	71.46
15	中国建筑股份有限公司	18338101	11835329	32384	6.63
16	中粮集团有限公司	8023916	11575951	2312	9.90
17	上海汽车集团股份有限公司	9744173	11529968	27296	14.28
18	潍柴控股集团有限公司	15845279	11203868	45310	40.19
19	国家电网有限公司	42341052	10686845	19270	3.87
20	河钢集团有限公司	7124822	10175092	13592	17.40
21	中国电力建设集团有限公司	19723805	10142208	11658	11.67
22	厦门国贸控股集团有限公司	3776477	10104692	769	9.64
23	万向集团公司	4529763	9889031	9715	38.29
24	中国铝业集团有限公司	22750051	9634621	2818	20.16
25	京东方科技集团股份有限公司	4552627	9619183	3092	22.71
26	青山控股集团有限公司	5578207	9400147	68275	41.92
27	海信集团控股股份有限公司	5561690	9305393	24663	30.87
28	万华化学集团股份有限公司	2059452	8584434	3654	21.96
29	中国中化控股有限责任公司	88101705	7920555	99138	37.22
30	中国有色矿业集团有限公司	6881000	7531173	15211	51.05
31	晶科能源股份有限公司	3199119	7381612	10000	34.31
32	TCL实业控股股份有限公司	3446819	7274465	4304	32.64

续表

排名	公司名称	海外资产/万元	海外营业收入/万元	海外员工/人	跨国指数/%
33	复星国际有限公司	26601986	7092624	30755	32.38
34	中国铁路工程集团有限公司	8919260	7086579	8663	4.17
35	紫金矿业集团股份有限公司	14430000	6225632	27948	37.89
36	中国国际海运集装箱（集团）股份有限公司	5969741	6161468	4366	30.33
37	中国铁道建筑集团有限公司	9739753	6103922	11226	4.82
38	腾讯控股有限公司	63106857	6030987	35730	27.81
39	中国能源建设集团有限公司	10887865	5797535	6725	10.99
40	奇瑞控股集团有限公司	2710696	5612825	1265	10.78
41	TCL科技集团股份有限公司	3011000	5502962	3869	14.74
42	山东魏桥创业集团有限公司	4810238	5442638	9586	12.46
43	中国电子信息产业集团有限公司	6599655	5347108	12509	14.22
44	中国建材集团有限公司	4144327	5165388	24105	10.87
45	广东省广晟控股集团有限公司	2512485	5080023	5529	20.68
46	江苏沙钢集团有限公司	7317256	4894079	1031	13.30
47	天合光能股份有限公司	2410209	4886930	3488	23.16
48	光明食品（集团）有限公司	5081275	4687673	16961	23.98
49	浙江恒逸集团有限公司	5278240	4522348	1968	19.82
50	晶澳太阳能科技股份有限公司	3468968	4510723	3504	31.69
51	隆基绿能科技股份有限公司	2061800	4442776	8256	19.05
52	宁波均胜电子股份有限公司	3508166	4347233	38389	74.88
53	铜陵有色金属集团控股有限公司	2204998	4216030	1715	15.55
54	三一集团有限公司	6912000	4200447	6191	23.98
55	闻泰科技股份有限公司	5658644	4150410	12000	58.49
56	中国机械工业集团有限公司	4144745	3908477	9745	10.99
57	徐州工程机械集团有限公司	3078982	3861227	5835	23.60
58	中国广核集团有限公司	14430068	3762107	3268	15.40
59	浙江华友钴业股份有限公司	5868486	3723764	10255	45.84
60	中国华能集团有限公司	10167702	3716439	861	5.31
61	中国化学工程集团有限公司	3452850	3577787	3805	12.42
62	阳光电源股份有限公司	2520653	3537645	1423	29.00
63	海亮集团有限公司	2893772	3336933	2621	20.70
64	中国移动通信集团有限公司	8041213	3230900	8795	2.82
65	上海德龙钢铁集团有限公司	3740962	3202197	10706	20.70

续表

排名	公司名称	海外资产/万元	海外营业收入/万元	海外员工/人	跨国指数/%
66	山东如意时尚投资控股有限公司	3484810	3157127	9663	42.25
67	首钢集团有限公司	3926532	2964789	2318	7.54
68	中国中车集团有限公司	4331737	2952971	6808	7.97
69	鞍钢集团有限公司	2119763	2863409	520	4.71
70	深圳市投资控股有限公司	12828422	2696698	8864	9.54
71	中国华电集团有限公司	8174573	2600185	2943	6.02
72	双星集团有限责任公司	2566427	2401911	10128	70.91
73	国家电力投资集团有限公司	12524125	2281844	2225	4.82
74	正泰集团股份有限公司	2053158	2151258	2282	9.68
75	亨通集团有限公司	2203083	1949082	4871	18.58
76	新疆广汇实业投资（集团）有限责任公司	2376674	1926732	228	6.30
77	中联重科股份有限公司	3876500	1920679	3457	26.32
78	金川集团股份有限公司	4919914	1790512	4059	16.64
79	南山集团有限公司	2665488	1768523	3183	9.99
80	珠海华发集团有限公司	3096016	1763342	6569	9.75
81	中国电信集团有限公司	2871121	1763033	5078	2.21
82	国家能源投资集团有限责任公司	5731867	1661606	662	1.66
83	北京控股集团有限公司	2846165	1605498	2357	6.88
84	蚂蚁科技集团股份有限公司	17145229	1297981	1025	12.82
85	东方国际（集团）有限公司	3031835	1581659	45157	48.56
86	山东高速集团有限公司	4680900	1041776	5179	5.40
87	中国联合网络通信集团有限公司	2420729	1024707	1159	2.06
88	宁波力勤资源科技股份有限公司	2598104	855619	14300	69.02
89	安徽海螺集团有限责任公司	1983967	842382	4289	5.73
90	北京嘀嘀无限科技发展有限公司	9937000	834439	2100	28.02
91	云南省投资控股集团有限公司	3860775	784215	456	3.75
92	宁夏天元锰业集团有限公司	5966023	774372	1208	21.17
93	内蒙古伊利实业集团股份有限公司	2028193	720733	3378	7.96
94	广州越秀集团股份有限公司	28563313	662737	2080	12.87
95	中国南方电网有限责任公司	4518309	546766	800	1.48
96	云南省建设投资控股集团有限公司	2414402	433448	363	1.89
97	中国大唐集团有限公司	2677129	320903	1818	2.13
98	中国东方航空集团有限公司	2572141	318607	1105	3.23

排名	公司名称	海外资产/万元	海外营业收入/万元	海外员工/人	跨国指数/%
99	广东小鹏汽车科技有限公司	3539875	254795	314	21.93
100	北京首都创业集团有限公司	6422177	175863	340	6.02

表4-3 2024中国跨国公司100大海外员工数排序

排名	公司名称	海外资产/万元	海外营业收入/万元	海外员工/人	跨国指数/%
1	中国中化控股有限责任公司	88101705	7531173	99138	37.22
2	中国石油天然气集团有限公司	108173516	122082534	69804	23.95
3	青山控股集团有限公司	5578207	9305393	68275	41.92
4	中国交通建设集团有限公司	34966664	19654774	67503	21.59
5	潍柴控股集团有限公司	15845279	10686845	45310	40.19
6	东方国际（集团）有限公司	3031835	1251904	45157	48.56
7	华为投资控股有限公司	69199396	23182874	45000	36.47
8	海尔集团公司	16486009	13671890	39512	33.52
9	宁波均胜电子股份有限公司	3508166	4216030	38389	74.88
10	腾讯控股有限公司	63106857	5797535	35730	27.81
11	美的集团股份有限公司	10987000	15090568	35000	26.87
12	中国石油化工集团有限公司	75139899	79414890	33964	20.13
13	中国建筑股份有限公司	18338101	11575951	32384	6.63
14	复星国际有限公司	26601986	7086579	30755	32.38
15	联想控股股份有限公司	33095083	31685289	30640	52.20
16	紫金矿业集团股份有限公司	14430000	6161468	27948	37.89
17	上海汽车集团股份有限公司	9744173	11203868	27296	14.28
18	海信集团控股股份有限公司	5561690	8584434	24663	30.87
19	中国建材集团有限公司	4144327	5080023	24105	10.87
20	国家电网有限公司	42341052	10175092	19270	3.87
21	中国远洋海运集团有限公司	55614497	22517656	17083	42.26
22	光明食品（集团）有限公司	5081275	4522348	16961	23.98
23	中国有色矿业集团有限公司	6881000	7381612	15211	51.05
24	中国宝武钢铁集团有限公司	9575535	21741929	15025	10.98
25	中国兵器工业集团有限公司	17066665	29659190	14461	30.64
26	宁波力勤资源科技股份有限公司	2598104	842382	14300	69.02
27	河钢集团有限公司	7124822	10142208	13592	17.40
28	中国电子信息产业集团有限公司	6599655	5165388	12509	14.22

续表

排名	公司名称	海外资产/万元	海外营业收入/万元	海外员工/人	跨国指数/%
29	闻泰科技股份有限公司	5658644	3908477	12000	58.49
30	中国电力建设集团有限公司	19723805	10104692	11658	11.67
31	中国铁道建筑集团有限公司	9739753	6030987	11226	4.82
32	上海德龙钢铁集团有限公司	3740962	3157127	10706	20.70
33	浙江华友钴业股份有限公司	5868486	3716439	10255	45.84
34	双星集团有限责任公司	2566427	2281844	10128	70.91
35	晶科能源股份有限公司	3199119	7274465	10000	34.31
36	中国机械工业集团有限公司	4144745	3861227	9745	10.99
37	万向集团公司	4529763	9634621	9715	38.29
38	山东如意时尚投资控股有限公司	3484810	2964789	9663	42.25
39	山东魏桥创业集团有限公司	4810238	5347108	9586	12.46
40	深圳市投资控股有限公司	12828422	2600185	8864	9.54
41	中国移动通信集团有限公司	8041213	3202197	8795	2.82
42	中国铁路工程集团有限公司	8919260	6225632	8663	4.17
43	隆基绿能科技股份有限公司	2061800	4347233	8256	19.05
44	洛阳栾川钼业集团股份有限公司	16053202	11835329	6963	71.46
45	中国中车集团有限公司	4331737	2863409	6808	7.97
46	中国能源建设集团有限公司	10887865	5612825	6725	10.99
47	珠海华发集团有限公司	3096016	1763033	6569	9.75
48	三一集团有限公司	6912000	4150410	6191	23.98
49	中国海洋石油集团有限公司	53119388	59394412	6174	33.27
50	徐州工程机械集团有限公司	3078982	3762107	5835	23.60
51	广东省广晟控股集团有限公司	2512485	4894079	5529	20.68
52	山东高速集团有限公司	4680900	1024707	5179	5.40
53	中国电信集团有限公司	2871121	1661606	5078	2.21
54	亨通集团有限公司	2203083	1926732	4871	18.58
55	山东能源集团有限公司	10530173	26868723	4382	14.52
56	中国国际海运集装箱（集团）股份有限公司	5969741	6103922	4366	30.33
57	TCL实业控股股份有限公司	3446819	7092624	4304	32.64
58	安徽海螺集团有限责任公司	1983967	834439	4289	5.73
59	金川集团股份有限公司	4919914	1768523	4059	16.64
60	TCL科技集团股份有限公司	3011000	5442638	3869	14.74
61	中国化学工程集团有限公司	3452850	3537645	3805	12.42

续表

排名	公司名称	海外资产/万元	海外营业收入/万元	海外员工/人	跨国指数/%
62	万华化学集团股份有限公司	2059452	7920555	3654	21.96
63	晶澳太阳能科技股份有限公司	3468968	4442776	3504	31.69
64	天合光能股份有限公司	2410209	4687673	3488	23.16
65	中联重科股份有限公司	3876500	1790512	3457	26.32
66	内蒙古伊利实业集团股份有限公司	2028193	662737	3378	7.96
67	中国广核集团有限公司	14430068	3723764	3268	15.40
68	南山集团有限公司	2665488	1763342	3183	9.99
69	京东方科技集团股份有限公司	4552627	9400147	3092	22.71
70	中国华电集团有限公司	8174573	2401911	2943	6.02
71	中国铝业集团有限公司	22750051	9619183	2818	20.16
72	海亮集团有限公司	2893772	3230900	2621	20.70
73	北京控股集团有限公司	2846165	1581659	2357	6.88
74	首钢集团有限公司	3926532	2952971	2318	7.54
75	中粮集团有限公司	8023916	11529968	2312	9.90
76	正泰集团股份有限公司	2053158	1949082	2282	9.68
77	国家电力投资集团有限公司	12524125	2151258	2225	4.82
78	北京嘀嘀无限科技发展有限公司	9937000	784215	2100	28.02
79	广州越秀集团股份有限公司	28563313	546766	2080	12.87
80	浙江恒逸集团有限公司	5278240	4510723	1968	19.82
81	中国大唐集团有限公司	2677129	318607	1818	2.13
82	铜陵有色金属集团控股有限公司	2204998	4200447	1715	15.55
83	阳光电源股份有限公司	2520653	3336933	1423	29.00
84	奇瑞控股集团有限公司	2710696	5502962	1265	10.78
85	宁夏天元锰业集团有限公司	5966023	720733	1208	21.17
86	中国联合网络通信集团有限公司	2420729	855619	1159	2.06
87	中国东方航空集团有限公司	2572141	254795	1105	3.23
88	江苏沙钢集团有限公司	7317256	4886930	1031	13.30
89	蚂蚁科技集团股份有限公司	17145229	1297981	1025	12.82
90	中国华能集团有限公司	10167702	3577787	861	5.31
91	中国南方电网有限责任公司	4518309	433448	800	1.48
92	厦门国贸控股集团有限公司	3776477	9889031	769	9.64
93	国家能源投资集团有限责任公司	5731867	1605498	662	1.66
94	鞍钢集团有限公司	2119763	2696698	520	4.71
95	云南省投资控股集团有限公司	3860775	774372	456	3.75

续表

排名	公司名称	海外资产/万元	海外营业收入/万元	海外员工/人	跨国指数/%
96	云南省建设投资控股集团有限公司	2414402	320903	363	1.89
97	北京首都创业集团有限公司	6422177	59528	340	6.02
98	广东小鹏汽车科技有限公司	3539875	175863	314	21.93
99	厦门建发集团有限公司	2669838	12969972	232	6.64
100	新疆广汇实业投资（集团）有限责任公司	2376674	1920679	228	6.30

2. 53家公司的跨国指数高于平均跨国指数

2024中国跨国公司100大按照跨国指数排序，前10名的企业分别是宁波均胜电子股份有限公司、洛阳栾川钼业集团股份有限公司、双星集团有限责任公司、宁波力勤资源科技股份有限公司、闻泰科技股份有限公司、联想控股股份有限公司、中国有色矿业集团有限公司、东方国际（集团）有限公司、浙江华友钴业股份有限公司、中国远洋海运集团有限公司。其中宁波均胜电子股份有限公司达到74.88%，已连续四年居首位。2024中国跨国公司100大的平均跨国指数为15.35%，比上年下降0.55个百分点，共有53家公司跨国指数高于平均跨国指数。详见表4-4。

表4-4 2024中国跨国公司100大跨国指数排序

排名	公司名称	海外资产/万元	海外营业收入/万元	海外员工/人	跨国指数/%
1	宁波均胜电子股份有限公司	3508166	4216030	38389	74.88
2	洛阳栾川钼业集团股份有限公司	16053202	11835329	6963	71.46
3	双星集团有限责任公司	2566427	2281844	10128	70.91
4	宁波力勤资源科技股份有限公司	2598104	842382	14300	69.02
5	闻泰科技股份有限公司	5658644	3908477	12000	58.49
6	联想控股股份有限公司	33095083	31685289	30640	52.20
7	中国有色矿业集团有限公司	6881000	7381612	15211	51.05
8	东方国际（集团）有限公司	3031835	1251904	45157	48.56
9	浙江华友钴业股份有限公司	5868486	3716439	10255	45.84
10	中国远洋海运集团有限公司	55614497	22517656	17083	42.26
11	山东如意时尚投资控股有限公司	3484810	2964789	9663	42.25
12	青山控股集团有限公司	5578207	9305393	68275	41.92
13	潍柴控股集团有限公司	15845279	10686845	45310	40.19
14	万向集团公司	4529763	9634621	9715	38.29
15	紫金矿业集团股份有限公司	14430000	6161468	27948	37.89
16	中国中化控股有限责任公司	88101705	7531173	99138	37.22
17	华为投资控股有限公司	69199396	23182874	45000	36.47

续表

排名	公司名称	海外资产/万元	海外营业收入/万元	海外员工/人	跨国指数/%
18	晶科能源股份有限公司	3199119	7274465	10000	34.31
19	海尔集团公司	16486009	13671890	39512	33.52
20	中国海洋石油集团有限公司	53119388	59394412	6174	33.27
21	TCL实业控股股份有限公司	3446819	7092624	4304	32.64
22	复星国际有限公司	26601986	7086579	30755	32.38
23	晶澳太阳能科技股份有限公司	3468968	4442776	3504	31.69
24	海信集团控股股份有限公司	5561690	8584434	24663	30.87
25	中国兵器工业集团有限公司	17066665	29659190	14461	30.64
26	中国国际海运集装箱（集团）股份有限公司	5969741	6103922	4366	30.33
27	阳光电源股份有限公司	2520653	3336933	1423	29.00
28	北京嘀嘀无限科技发展有限公司	9937000	784215	2100	28.02
29	腾讯控股有限公司	63106857	5797535	35730	27.81
30	美的集团股份有限公司	10987000	15090568	35000	26.87
31	中联重科股份有限公司	3876500	1790512	3457	26.32
32	光明食品（集团）有限公司	5081275	4522348	16961	23.98
33	三一集团有限公司	6912000	4150410	6191	23.98
34	中国石油天然气集团有限公司	108173516	122082534	69804	23.95
35	徐州工程机械集团有限公司	3078982	3762107	5835	23.60
36	天合光能股份有限公司	2410209	4687673	3488	23.16
37	京东方科技集团股份有限公司	4552627	9400147	3092	22.71
38	万华化学集团股份有限公司	2059452	7920555	3654	21.96
39	广东小鹏汽车科技有限公司	3539875	175863	314	21.93
40	中国交通建设集团有限公司	34966664	19654774	67503	21.59
41	宁夏天元锰业集团有限公司	5966023	720733	1208	21.17
42	上海德龙钢铁集团有限公司	3740962	3157127	10706	20.70
43	海亮集团有限公司	2893772	3230900	2621	20.70
44	广东省广晟控股集团有限公司	2512485	4894079	5529	20.68
45	中国铝业集团有限公司	22750051	9619183	2818	20.16
46	中国石油化工集团有限公司	75139899	79414890	33964	20.13
47	浙江恒逸集团有限公司	5278240	4510723	1968	19.82
48	隆基绿能科技股份有限公司	2061800	4347233	8256	19.05
49	亨通集团有限公司	2203083	1926732	4871	18.58
50	河钢集团有限公司	7124822	10142208	13592	17.40

续表

排名	公司名称	海外资产/万元	海外营业收入/万元	海外员工/人	跨国指数/%
51	金川集团股份有限公司	4919914	1768523	4059	16.64
52	铜陵有色金属集团控股有限公司	2204998	4200447	1715	15.55
53	中国广核集团有限公司	14430068	3723764	3268	15.40
54	TCL科技集团股份有限公司	3011000	5442638	3869	14.74
55	山东能源集团有限公司	10530173	26868723	4382	14.52
56	上海汽车集团股份有限公司	9744173	11203868	27296	14.28
57	中国电子信息产业集团有限公司	6599655	5165388	12509	14.22
58	江苏沙钢集团有限公司	7317256	4886930	1031	13.30
59	广州越秀集团股份有限公司	28563313	546766	2080	12.87
60	蚂蚁科技集团股份有限公司	17145229	1297981	1025	12.82
61	山东魏桥创业集团有限公司	4810238	5347108	9586	12.46
62	中国化学工程集团有限公司	3452850	3537645	3805	12.42
63	中国电力建设集团有限公司	19723805	10104692	11658	11.67
64	中国机械工业集团有限公司	4144745	3861227	9745	10.99
65	中国能源建设集团有限公司	10887865	5612825	6725	10.99
66	中国宝武钢铁集团有限公司	9575535	21741929	15025	10.98
67	中国建材集团有限公司	4144327	5080023	24105	10.87
68	奇瑞控股集团有限公司	2710696	5502962	1265	10.78
69	南山集团有限公司	2665488	1763342	3183	9.99
70	中粮集团有限公司	8023916	11529968	2312	9.90
71	珠海华发集团有限公司	3096016	1763033	6569	9.75
72	正泰集团股份有限公司	2053158	1949082	2282	9.68
73	厦门国贸控股集团有限公司	3776477	9889031	769	9.64
74	深圳市投资控股有限公司	12828422	2600185	8864	9.54
75	中国中车集团有限公司	4331737	2863409	6808	7.97
76	内蒙古伊利实业集团股份有限公司	2028193	662737	3378	7.96
77	首钢集团有限公司	3926532	2952971	2318	7.54
78	北京控股集团有限公司	2846165	1581659	2357	6.88
79	厦门建发集团有限公司	2669838	12969972	232	6.64
80	中国建筑股份有限公司	18338101	11575951	32384	6.63
81	新疆广汇实业投资（集团）有限责任公司	2376674	1920679	228	6.30
82	中国华电集团有限公司	8174573	2401911	2943	6.02
83	北京首都创业集团有限公司	6422177	59528	340	6.02
84	安徽海螺集团有限责任公司	1983967	834439	4289	5.73

续表

排名	公司名称	海外资产/万元	海外营业收入/万元	海外员工/人	跨国指数/%
85	山东高速集团有限公司	4680900	1024707	5179	5.40
86	中国华能集团有限公司	10167702	3577787	861	5.31
87	中国铁道建筑集团有限公司	9739753	6030987	11226	4.82
88	国家电力投资集团有限公司	12524125	2151258	2225	4.82
89	鞍钢集团有限公司	2119763	2696698	520	4.71
90	中国铁路工程集团有限公司	8919260	6225632	8663	4.17
91	国家电网有限公司	42341052	10175092	19270	3.87
92	云南省投资控股集团有限公司	3860775	774372	456	3.75
93	中国东方航空集团有限公司	2572141	254795	1105	3.23
94	中国移动通信集团有限公司	8041213	3202197	8795	2.82
95	中国电信集团有限公司	2871121	1661606	5078	2.21
96	中国大唐集团有限公司	2677129	318607	1818	2.13
97	中国联合网络通信集团有限公司	2420729	855619	1159	2.06
98	云南省建设投资控股集团有限公司	2414402	320903	363	1.89
99	国家能源投资集团有限责任公司	5731867	1605498	662	1.66
100	中国南方电网有限责任公司	4518309	433448	800	1.48

3. 经济发达地区占大多数，国有控股公司仍然占据明显的主导地位

从公司总部所在地看，2024中国跨国公司100大覆盖17个省、自治区、直辖市，主要在经济发达地区，其中北京占34%，广东占13%，山东占10%，浙江占9%，上海占8%，江苏、安徽各占4%，福建占3%，河北、湖南、云南各占2%。河南、湖北、江西、辽宁、内蒙古、陕西、新疆、甘肃、宁夏各占1%。

从公司所有制性质看，2024中国跨国公司100大中，国有及国有控股公司64家，民营公司36家，国有及国有控股公司比上年增加1家。

从公司所在行业看，2024中国跨国公司100大中，有色冶炼及制品10家，黑色冶金7家，土木工程建筑6家，汽车及零配件制造、风能太阳能设备制造、电力生产各5家，家用电器制造、多元化投资各4家，半导体集成电路及面板制造、工业和商业机械装备业、互联网服务、通信设备制造、电信服务各3家，化学原料及化学品制造、水泥及玻璃制品、石油天然气开采及生产业、煤炭采掘及采选业、电网、纺织印染、房屋建筑、住宅地产各2家，食品、工程机械及零部件、电力电气设备制造、兵器制造、汽车摩托车零售、饮料、化学纤维制造、水务、石化及炼焦、轮胎及橡胶制品、金属制品加工、贵金属、锅炉及动力装备制造、轨道交通设备及零部件制造、农产品及食品批发、生活消费品商贸、航空运输、水上运输、公路运输、物流及供应链、综合能源供应、综合制造业、综合商贸各1家。

三、2024世界跨国公司100大及跨国指数

联合国贸发会议出版的《2024年世界投资报告》中公布了2024世界跨国公司100大及跨国指数，丰田汽车、壳牌、大众汽车、德国电信、法国能源、英国石油、斯特兰蒂斯、埃克森美孚、百威英博、微软荣列2024世界跨国公司100大前10名。详见表4-5。

受近年来一些国家逆全球化思潮的涌现、贸易保护主义抬头、贸易摩擦频繁爆发和全球新冠疫情的影响，2024世界跨国公司100大全球化经营出现停滞或倒退，主要指标除入围门槛指标、海外营业收入稍有提高外，其他指标出现下降。一是入围门槛稍有提高。2024世界跨国公司100大入围门槛为488亿美元，比上年提升了17亿美元。二是跨国指数小幅下降。2024世界跨国公司100大的跨国指数为49.21%，比上年下降2.64个百分点。2024世界跨国公司100大的海外资产占比、海外营业收入占比分别为48.90%、51.36%，分别比上年下降了3.53个百分点、6.05个百分点，海外员工占比为47.37%，比上年提高了1.67个百分点。三是海外资产、海外营业收入增长，海外员工数下降。2024世界跨国公司100大海外资产总额、海外营业收入总额、海外员工总数分别为102226亿美元、69706亿美元、9554056人，分别比上年增加1397亿美元，减少5022亿美元、增加451449人。详见表4-6。

从跨国公司总部所在国家看，2024世界跨国公司100大主要分布在发达国家。美国有22家，法国13家，英国、德国各11家、中国10家（大陆8家、香港和台湾各1家），日本9家，瑞士5家，意大利3家，加拿大、韩国、爱尔兰、西班牙各2家，比利时、瑞典、卢森堡、马来西亚、荷兰、挪威、沙特阿拉伯、新加坡各1家。美国排第一位，法国排第二位，英国、德国并列第三位。

从跨国公司所在行业看，2024世界跨国公司100大分布在以下行业：汽车及零部件业12家，电力煤气和水、制药业各10家，采矿采石和采油业8家，石油精炼及相关行业7家，电信业6家，计算机与数据处理业、食品饮料业各5家，化学品制造业4家，电子零部件3家，工业和商业机械、通信设备、建材、建筑、商务服务、零售贸易、运输和存储、烟草、批发石油和燃料、批发金属和矿物各2家，计算机设备、飞机制造、电子设备、消费电子、电子商务、家庭用品、仪器及相关产品、金属和金属制品、纺织品、批发贸易各1家。

表4-5 2024世界跨国公司100大及跨国指数

排名	公司名称	海外资产/百万美元	企业资产/百万美元	海外收入/百万美元	营业收入/百万美元	海外员工/人	企业员工/人	跨国指数/%
1	丰田汽车	432593	596039	241505	312040	174571	380793	65.27
2	壳牌	370409	405810	265423	309186	72000	103000	64.96
3	大众汽车	283902	663357	283994	348490	391025	684025	60.49
4	德国电信	258794	320779	93262	121075	121052	199652	72.78
5	法国能源	250281	284008	164216	214525	67579	102579	76.85
6	英国石油	234688	279977	166160	205196	33300	87800	67.58

续表

排名	公司名称	海外资产/百万美元	企业资产/百万美元	海外收入/百万美元	营业收入/百万美元	海外员工/人	企业员工/人	跨国指数/%
7	斯特兰蒂斯	203262	223346	192044	204957	123064	258275	77.45
8	埃克森美孚	189245	376317	156243	334697	39360	62000	53.48
9	百威英博	186777	219614	49766	58181	133529	154540	85.66
10	微软	160309	411976	105171	211915	101000	221000	44.75
11	本田汽车	158543	196934	104043	141358	158627	197039	78.20
12	雪佛龙	154802	261632	108198	196913	23962	45600	55.55
13	宝马	153237	277227	147782	168142	63727	154950	61.43
14	中国石油天然气	152897	637084	225356	504849	70109	1600000	24.34
15	索尼集团	144606	225596	69149	90098	56500	113000	63.62
16	ENEL	143653	215717	48594	100435	29585	61055	54.48
17	CK 和记黄埔	140827	148364	31386	35200	293000	309000	92.97
18	沃达丰集团	140152	156054	32408	39823	92560	104000	86.73
19	英美烟草公司	139020	150942	33596	33913	42962	46725	94.37
20	EDF	137178	403107	64912	151076	34544	171862	32.37
21	西门子	132562	153693	67190	82954	234000	320000	80.12
22	梅赛德斯-奔驰集团	132337	290632	137780	165677	27240	166056	48.37
23	Iberdrola	128716	165782	33522	53347	32382	42276	72.36
24	中国中	124390	229661	16081	173835	99138	227657	35.65
25	鸿海精密工业	118952	128217	194321	197742	711633	767062	94.61
26	雀巢公司	118048	151014	102255	103481	261696	270000	91.30
27	强生公司	112726	167558	38715	85159	84680	131900	58.98
28	埃尼	110148	157641	65168	101338	11393	33142	56.19
29	嘉能可	106837	123729	150091	212714	72037	83426	81.09
30	Alphabet	104052	402392	161108	307394	47192	182502	34.71
31	力拓	103371	103549	53960	54041	56677	57000	99.70
32	中国石化	102610	368670	16081	499928	56500	527487	13.92
33	Engie	99338	215072	64030	89279	51223	97297	56.85
34	辉瑞公司	98859	226502	31408	58496	53000	88000	52.52
35	RWE	98813	117673	16019	30889	16908	20135	73.27
36	亚马逊公司	98325	527854	131200	574785	645103	1525000	27.92
37	华为	97702	177849	32879	99422	45000	207272	36.57
38	武田药品	96476	99933	26377	29503	43363	49095	91.42
39	罗氏	95984	107957	64579	65334	89405	103605	91.35
40	安赛乐米塔尔	93458	94034	62370	66897	64683	126756	81.22

续表

排名	公司名称	海外资产/百万美元	企业资产/百万美元	海外收入/百万美元	营业收入/百万美元	海外员工/人	企业员工/人	跨国指数/%
41	腾讯	89100	221994	8222	85986	35730	105417	27.86
42	美敦力	87943	90948	31129	31227	91861	95000	97.69
43	福特汽车	87742	273310	59196	176191	88800	177000	38.62
44	西班牙电信	85309	115275	30979	43958	82699	104142	74.63
45	三菱	84860	155168	73248	135399	17200	86000	42.93
46	苹果	84196	352583	244712	383285	38446	161000	37.20
47	拜耳	83808	128463	36279	51511	56265	99723	64.03
48	赛诺菲	81869	139739	47447	50221	51553	87994	70.55
49	尼桑汽车	81787	131327	74389	87780	72884	134111	67.12
50	中国远洋海运	81761	1615171	50876	930717	17700	132000	7.98
51	诺华公司	81691	119266	50425	51919	41598	76057	73.44
52	阿斯利康	81411	101005	38655	44735	79200	89900	85.04
53	克里斯汀·迪奥	81244	155661	85773	93159	141662	181013	74.18
54	三井物产	80171	111778	43349	92203	33574	46811	63.49
55	中国海洋石油	80098	219417	100111	164763	5741	81775	34.76
56	林登	78560	80811	31347	32854	64475	66323	96.61
57	三星集团	78120	351392	163227	198116	152445	270372	53.67
58	联合利华	77263	83063	61708	64436	102000	128000	89.49
59	沙特阿拉伯国家石油公司	76245	660784	192036	495033	8459	73311	20.62
60	罗伯特·博世	74129	119702	78657	99044	293800	427600	70.02
61	加拿大管道	72916	136078	14719	32337	3549	11500	43.32
62	文斯	72765	131003	56021	75280	174643	279266	64.17
63	Equinor	72116	143054	21524	102495	3218	23449	28.38
64	日本电报电话	71380	195810	18104	92546	148452	338450	33.29
65	AerCap	71275	71275	7091	7091	211	679	77.03
66	空中客车公司	70879	131349	42942	70768	79806	147893	56.20
67	威立雅	68790	80183	39056	49039	169154	219508	80.83
68	英特尔	66231	191572	40270	54228	61152	124800	52.61
69	橙色	66148	121604	28538	47710	84372	127109	60.20
70	通用汽车	65355	273064	32237	171842	64000	163000	27.32
71	英国国家电网	65251	124305	13555	24943	17469	31425	54.14
72	蒙迪斯	64975	72845	8351	10498	21065	23617	85.98
73	SAP	62045	75508	28424	33745	58411	107602	73.56
74	英美资源集团	62024	66469	28181	29932	55000	58000	94.10

续表

排名	公司名称	海外资产/百万美元	企业资产/百万美元	海外收入/百万美元	营业收入/百万美元	海外员工/人	企业员工/人	跨国指数/%
75	巴斯夫	60659	85518	62125	74505	60585	111991	69.47
76	豪西蒙	60320	62871	29105	30053	45926	63448	88.39
77	托克集团	59822	83383	144666	244280	8953	12479	67.57
78	施耐德电气	59784	65082	36586	38821	103091	168044	82.48
79	葛兰素史克	59718	75022	36837	37698	39967	70212	78.08
80	菲利普莫里斯国际公司	58805	65304	33306	35254	74470	82700	91.52
81	可口可乐	58753	97703	29204	45754	70100	79100	70.86
82	亿滋国际1	58477	71391	26435	36016	79000	91000	80.71
83	宝洁公司	57932	120829	43303	82006	78110	107000	57.92
84	TC能源	57509	94358	7834	11805	3853	7415	59.76
85	马来西亚国家石油公司	57419	168292	53633	75340	11092	54105	41.94
86	中国国家电网	56557	710768	13437	530012	18995	870287	4.23
87	通用电气	56259	163045	38864	67954	81000	125000	52.17
88	微米技	55603	64254	7735	15540	34400	43000	72.10
89	标准普尔全球	55367	60589	4995	12497	28900	40450	67.60
90	德国邮政	52600	73828	65755	88406	374469	594396	69.54
91	雷诺	51451	134710	40085	56635	67396	105497	57.62
92	沃尔沃	50378	67128	50781	52091	66374	90735	81.90
93	Seven&iHoldings	50368	70553	59787	80161	119398	167248	72.45
94	沃尔玛	50074	252399	116049	648125	500000	2100000	20.52
95	雅培生命	49953	134711	12435	54318	18541	50000	32.35
96	IBM	49906	135241	30194	61860	169891	305300	47.12
97	韩华	49778	161657	9285	40654	16910	54918	28.14
98	法国圣戈班集团	49177	63314	35687	51843	123612	159145	74.73
99	液化空气	48805	53406	26146	29853	61320	67100	90.12
100	康卡斯特	48793	264811	27197	121572	55800	186000	23.60
	合计数	10222602	20904433	6970583	13572326	9554056	20168980	49.21

数据来源：联合国贸发会议（UNCTAD）的《2023年世界投资报告》。

表4-6 2016—2024世界跨国公司100大有关指标

	入围门槛/亿美元	跨国指数/%	海外资产占比/%	海外营业收入占比/%	海外员工占比/%
2016	351	61.01	61.96	64.21	56.87
2017	372	61.31	62.49	64.06	57.38
2018	411	61.91	62.15	64.93	58.65
2019	412	58.07	59.67	59.68	54.86
2020	435	55.80	58.30	59.96	51.13
2021	455	51.90	53.70	55.95	46.06
2022	463	52.45	53.81	57.59	45.95
2023	471	51.85	52.43	57.41	45.70
2024	488	49.21	48.90	51.36	47.37

四、我国跨国公司国际化程度还不高

世界一流跨国公司是在世界范围内跨国化程度高、拥有全球行业领导地位、全球资源配置高效的跨国公司。具体来说，世界一流跨国公司的一般标准包括：跨国化程度高，在品牌营销、技术创新、商业模式、管理水平、服务能力等方面在全球行业拥有领先地位，有能力高效配置和重组全球资源，具有较强的企业软实力或影响力。按照上述标准衡量，我国跨国公司与世界一流跨国公司之间还存在较大差距。

1. 我国跨国公司国际化水平还不高

2024中国100大跨国公司的平均跨国指数只有15.35%，不仅远远低于2024世界100大跨国公司的平均跨国指数49.21%，而且也大大低于2023发展中国家100大跨国公司的平均跨国指数28.70%。2024中国100大跨国公司中跨国指数在30%以上的只有26家，比上年增加2家；达到2024世界100大跨国公司平均跨国指数的企业只有7家，达到2023发展中经济体100大跨国公司平均跨国指数的企业有27家，还有14家企业的跨国指数没有超过5%。

除此之外，中国跨国公司100大的海外资产、海外营业收入、海外员工的比例都亟须提高，海外经营业绩也亟待改善。2024中国100大跨国公司的入围门槛只有198.40亿元，而2024世界100大跨国公司的入围门槛高达3455.86亿元、2023发展中经济体100大跨国公司的入围门槛也达到658.57亿元；2024中国跨国公司100大的平均海外资产比例只有16.88%，而2024世界100大跨国公司的平均海外资产比例高达48.90%、2023发展中经济体100大跨国公司的平均海外资产比例为25.05%；2024中国跨国公司100大的平均海外营业收入比例只有19.36%，而2024世界100大跨国公司的平均海外营业收入比例高达51.36%、2023发展中经济体100大跨国公司的平均海外营业收入比例为31.18%；2024中国跨国公司100大的平均海外员工比例只有9.81%，而2024世界100大跨国公司的平均海外员工比例高达47.37%、2023发展中经济体100大跨国公司的平均海外员工比例为29.86%。详见表4-7。

表 4-7 中外跨国公司 100 大有关指标

	入围门槛/ 亿元人民币	海外资产 比例/%	海外营业收入 比例/%	海外员工 比例/%	跨国指数/ %
2024 中国	198.40	16.88	19.36	9.81	15.35
2023 发展中经济体	658.57	25.05	31.18	29.86	28.70
2024 世界	3455.86	48.90	51.36	47.37	49.21

注：汇率按照 2022 年 1 美元 = 6.9646 元人民币换算、2023 年 1 美元 = 7.0827 元人民币换算。

2. 与发达国家跨国公司相比我国跨国公司国际化水平差距还比较大

我国与 2024 世界跨国公司 100 大入围企业数居前的美国、法国、英国、德国、日本比较。入围企业数，美国最多，有 22 家，中国大陆只有 8 家，比美国少 14 家；海外资产总数，美国最多，达到 18218 亿美元，中国大陆只有 7851 亿美元，中国大陆只有美国的 43.10%；海外员工总数，也是美国最多，达到 2093598 人，中国大陆只有 777511 人，中国大陆只有美国的 37.14%；海外资产占比，英国最高，达到 86.78%，中国大陆只有 18.78%，比英国低 68 个百分点；海外员工占比，德国最高，达到 63.02%，中国大陆为 60.60%，比德国低 2.42 个百分点；跨国指数，英国最高，达到 68.24%，中国大陆为 49.49%，比英国低 18.75 个百分点。详见表 4-8。

表 4-8 2024 世界跨国公司 100 大中前六名国家企业跨国经营数据

	企业数/ 家	海外资产/ 亿美元	海外营业收入/ 亿美元	海外员工/ 人	海外资产 占比/%	海外营业收入 占比/%	海外员工 占比/%	跨国指数/ %
美国	22	18218	7690	2093598	37.22	34.40	38.41	36.68
法国	13	11377	10160	1099709	57.51	56.56	32.71	48.93
英国	11	14119	4520	580024	86.78	59.43	58.50	68.24
德国	11	13929	8932	1422939	60.39	51.32	63.02	58.24
日本	9	12008	6483	517406	67.34	34.29	48.04	49.89
中国大陆	8	7851	10309	777511	18.78	69.10	60.60	49.49

数据来源：联合国贸发会议（UNCTAD）：《2023 年世界投资报告》。

3. 复合型国际化人才缺乏

在实施全球化经营过程中，我国大企业负责人放眼世界，把握国际市场动向和需求特点的能力、把握国际规则能力、国际市场开拓能力、防范国际市场风险能力有待进一步提高，企业内部也缺少统筹规划与协调推进全球化业务的专业团队。尤其缺乏既精通企业业务，又懂管理、会外语的高素质人才。高层次、复合型、全球化经营人才更是凤毛麟角，严重制约企业进一步全球化发展。

五、不断提高企业国际化经营水平

尽管经过改革开放 40 多年的发展，我国已经涌现出华为、中国石油、海尔等一批成功的全球化企业，但大多数企业仍然处在全球化的起步阶段，与世界一流跨国公司仍有较大差距。对于任何企业来说，全球化都是一个漫长的征程，其中难题与陷阱层出不穷，时时刻刻需要全力去应对。在全球化过程中，锤炼能力、提升认知、开阔格局、增强韧性，是每一位希望在新时代有所发展的企业家的必修课。为此，我国大企业要增强使命感和责任感，努力提高高层管理者领导力，坚持创造独特价值，坚守长期主义，建立健全经营管理机制，培养国际化经营人才，积极利用数字化，加强跨文化管理，不断提高国际化经营水平。

1. 增强使命感和责任感，提高高层管理者领导力

当前世界百年未有之大变局加速演进，局部冲突和动荡频发，全球贸易保护主义抬头，经济全球化遭遇逆流，国际环境更趋复杂严峻、不确定性上升，以美国为首的西方对我国全方位打压遏制不断加剧升级，截至2024年4月，美国商务部工业与安全局涉华"实体清单"共发布37次，"实体清单"共涉及中国科研机构（研究院、中心）117家、人员16名、高校9所、国家机关19个，相关企业617家。领域涵盖新一代信息技术、高档数控机床和机器人、航空航天装备、海洋工程装备及高技术船舶、先进轨道交通装备、节能与新能源汽车、电力装备、新材料、生物医药及高性能医疗器械、农业机械装备等。与此同时，发达国家出于保护内部市场和维护公平竞争的目的，对中国企业尤其是国有背景甚至利用国有银行资金的企业进入设置障碍。即便是在发展中国家市场，美国等西方国家的抵制围堵和长臂管辖也将进一步增强。中国企业在发展中国家投资面临的国家安全、劳工、汇率、环境等限制或壁垒可能进一步提高，中国企业境外先进技术收购和向境内生产转移面临较大阻力，也会进一步加大国际投资合作中的风险。受地缘政治、部分国家国内经济政治因素及错误舆论的影响，共建"一带一路"国家的营商环境有所恶化，企业海外经营风险有所上升，我国企业开展全球化经营面临愈加严峻的国际形势，国内结构调整持续深化，企业经营面临多重压力。但我们要清醒地认识到，我国发展面临的有利条件强于不利因素，经济回升向好、长期向好的基本趋势没有改变。我们既要增强忧患意识、直面问题和挑战，更要增强信心和底气、充分认识我国经济发展的韧性和潜力。新一轮科技革命与产业变革也为中国企业开展全球化经营提供了重要的历史机遇。不同于欧美国家在新冠疫情后采取的经济收缩政策，刚刚闭幕的党的二十届三中全会提出："建设更高水平开放型经济新体制。要稳步扩大制度型开放，深化外贸体制改革，深化外商投资和对外投资管理体制改革，优化区域开放布局，完善推进高质量共建'一带一路'机制。"相较于欧美市场而言，中国企业处于更为积极的对外开放政策周期内。现代经济发展表明，企业强则国家强，大企业是我国综合国力和先进生产力的代表，是我国参与国际竞争的主力军。党的二十届三中全会强调，要加快建设更多世界一流企业，我国大企业责无旁贷。为此，我国大企业要提高站位，增强使命感和责任感，着眼长远，把思想和行动统一到中央决策部署上，更加主动和高效地参与国际经济循环，更好地利用国内国际两个市场、两种资源。我国大企业应该争当扩大开放的"先行者"，在新格局中聚焦主业，优化结构，发展新业态、新技术、新产品，不断提高企业国际竞争力。要顺应全球趋势，以全球视野和超前思维，科学评估企业短板、长板，既要补"短板"，更要锻"长板"，努力参与全球价值链重构，推动产业基础再提升、产业链再升级、产业集群再增强，为确保开放发展做出应有的贡献。要大力发展新质生产力，突围产业链、供应链中存在的"卡脖子"和"技术孤岛"，加速提

高企业高端化、智能化、绿色化发展水平，促进制造模式、生产方式及企业形态变革，带动企业全方位转型升级，为提升我国产业链、供应链的稳定性和竞争力做出积极贡献。

高层管理者是否具有转型变革领导力，是新时代企业建设世界一流跨国公司的首要与核心问题。新时代对高层领导在能力要素上提出了新的要求，包括长期主义与使命驱动、全球视野与全球布局、新技术与新产业洞见力、跨界融合协同力、创新资源整合力、数字洞察与智能应用力、愿景牵引与赋能式领导方式、自我批判与变革担当力等。数智化时代、万物互联时代，需要跨界的知识结构。搭档之间的专业最好有互补性，以适应混合作战、立体联合作战之需，最好能培养复合式领军人才，从金字塔式单一中心领导转型为驾驭多中心的复合式领导。过去是权威式领导方式，现在需要赋能式领导，需要有数字化与AI应用技能。基于数智化与新质生产力要求进行新一轮的认知与思维革命，进行知识刷新、能力升级、事业激情重塑、领导力再造。打破认知障碍，全面理解新质生产力的本质和背后的逻辑，以及对企业未来的深远影响，统一高管思想和心智模式，形成新质生产力的创新变革文化与组织氛围。

2. 坚持创造独特价值，坚守长期主义

中国企业在全球竞争中持续保有自己的竞争优势，就是要从战略角度思考清楚，一家企业在当下和未来存在于世的意义是什么、企业家的使命是什么。企业要为达成企业长期的战略目标而去国际市场寻找解法、适配资源、开拓市场，而不能是跟风出海、盲目布局全球化。尤其是在国内各行各业普遍内卷的当下，全球化动作尤其需要谨慎。全球化取得长期性成功的企业，都是在这之前或过程中，通过常年的投入，创造了自己在产业上的独特价值，才持续保有了自己在全球市场上的地位。TCL做半导体、海尔做高端家电，莫不如此。一些失败的案例，都是因为在没有深入思考企业的价值和定位、更没有对全球化做通盘长远的考虑就贸然行动，又在整个过程中三心二意，缺乏战略定力，最终导致整个企业为决策失误买单。其中的关键在于，企业在全球化过程中，要在战略上始终铭记这是一把手工程，关系到企业长远的存亡成败，因此对于全球产业的走向要有前瞻、精准的判断；而在具体的策略上，要分清楚何为战略预算、何为经营预算。

从战略层面思考全球化，还要求企业坚持长期主义。全球化是一个长期的、艰苦卓绝的过程，中间可能遇到无数难题，要有长期主义的立场，步步为营。在这方面，华为的经验可做参考。1997年，华为正式开始全球化布局，采用了先易后难、稳扎稳打的区域拓展路径，"集中优势兵力、制胜薄弱环节"，先从电信发展薄弱的国家入手，层层包围，逐步攻克发展中国家、发达国家，最终在2012年进入电信行业最成熟的美国市场。即使是在同为主流市场的欧洲，华为也采取了先易后难，先集中兵力攻克特定区域，再拓展全局的策略。

3. 建立健全经营管理机制

真正好的企业，无关国界，一定带有某种人类社会普遍认可的优秀价值观。华为的艰苦奋斗、TCL的不断超越、海尔的追求卓越，都是它们赢得国际用户的法宝。全球化过程中，企业既要持续提升自己的核心文化，又要保持初始基因。这需要强大的文化自信，更需要制度上的整体设计。世界一流的跨国公司往往都在发展过程中构建和磨合了一套适合自身管理特点的国际化经营机制或制度。尽管此类机制或制度有可能会降低企业全球化经营决策的效率，但却是跨国公司减少投资决策失误

并使企业长期稳定运营的重要保证。换言之，我国大企业真正崛起同样离不开全球化经营机制或制度的建立与完善。海外业务有其天然的特殊性和复杂性，这要求在公司海外业务达到一定规模时，及时建设适合于海外业务的管理制度和流程，避免因制度流程不健全、不适应、不匹配导致的效率低下，损害市场竞争力。一是战略先行。新的国际形势下，要将全球化发展作为企业可持续发展的战略选择，充分考虑外部环境的不确定性，制订清晰的海外业务战略规划和顶层设计，谋定而动。当前的环境下，海外经营遇到困难、挑战是常态，企业切不可因一时的风险而"动作变形"、匆忙调整方向或直接放弃原有战略，导致企业的努力前功尽弃。面对全球增速放缓和地缘政治冲突风险导致的海外市场碎片化，真正形成"一国一策"，切实找到适合各国市场的策略和打法。二是进一步提高投资决策的科学性和规范性，在企业内部建立健全投资决策会商机制，经过可行性研究、专家评估、多部门人员会商等关键步骤，从制度上减少投资失误的发生。三是加强海外运营，对全球各区域的业务实现统一管控，将并购与自建业务放在一个统一的管理平台上，实现业财一体化与数据透明化管理，以支持公司进行全球化决策。四是建立科学有效的全球化经营绩效考核机制及相应的人才晋升和流动制度，从而在强化对国际化经营效益监管的同时调动全球化管理人员的积极性。五是适应不同国家间的文化差异和本土化要求，适时修订企业行为规范，及时补充完善与全球化相适应的制度规程，修改与全球化经营不相适应的规章，不断优化风险管理、企业文化、企业社会责任等制度和机制，推动管理规范化和监管常态化。六是要高度重视社会责任。以全球"企业公民"为追求，加强与投资地政府、社区、居民和非政府组织、媒体的沟通，积极参与所在地国家和地区的公益活动，构建具有企业特色的社会责任体系，增强企业的"软实力"。

4. 大力培养全球化人才

真正的全球化是以人为代表的，如果外国工厂的管理者都是中国人，就不是全球化的企业。持续加强海外业务人才队伍建设依旧是我国每个大企业的首要和长期任务。一是要加强全球经营人才的储备。一方面，要大胆放手，让现有企业管理人员涉足国际化业务，在实战中锻炼培养全球化人才队伍，另一方面，大力引进境外跨国公司的优秀管理人才，提高高管团队的全球化水平。二是要建立配套机制，发挥所在国家的人才优势。特别是在企业向海外发展的初期，更需要关注外籍员工的人力资源建设。用好外籍人才，可以说是企业"走出去"的第一步，其可以帮助企业更好地适应当地环境，从而实现可持续发展。三是建立中方员工定期外派和外方员工定期赴中国培训的跨国人才交流制度，强化人才的国际接轨，同时积极在海外培养当地人才，为中国公司服务，由此建立起一个真正国际化的团队。华为要求海外市场的员工到中国总部接受培训，越是级别高的本地人才，培训时间越长，要求越严格。四是要做好人才本地化，尊重海外员工的文化并促进融合。随着企业规模的扩大，经过长期培养的本地化团队也可以逐渐被委以重任。外籍员工逐步走上管理岗位，甚至影响母公司的决策，这对企业全球化而言可能更具有积极的意义。虽然外籍高管的比例高并不必然意味着企业在文化融合方面优秀，但也可以在一定程度上反映企业高层对文化包容的认同，这符合全球化的发展方向。

5. 加强跨文化管理

企业全球化程度越高，能否融入当地商业生态和文化就越重要。在企业全球化经营中，文化融入难始终是一个重要挑战，而其中来自文化价值观的挑战尤为巨大，涉及国家、企业、人才三大层面。整体而言，包括不同形态的文化或者文化要素之间相互对立、相互排斥造成的文化冲突，跨国企业在他国经营时与东道国的文化观念不同而产生的冲突，以及在一个企业内部由于员工不同文化背景、价值观而产生的冲突等。多元背景、国际化人才价值观与文化冲突，人才对本组织的企业文化认同，人才对海外属地（出海国家）文化尊重和认同，海外本地管理文化与公司总部文化差异带来的冲突，海外当地机构文化建设与践行5个方面会带来企业跨境、跨文化的认同与融合挑战。企业要以谦逊开放的心态对待不同文化背景的员工和合作伙伴，尊重其价值观和习俗，并通过高效的跨文化沟通与培训手段，搭建理解和信任的桥梁，助力来自不同文化背景的员工和谐共事，推动跨国团队高效协作。近些年来，中国企业出海遭遇目的市场、政府的抵制，其中的原因，除了贸易保护之外，不能回避的一条就是一些中国企业在全球化过程中没有让当地社区、企业等利益相关方共赢。究竟是出去"卷"别人，还是为当地市场创造长期价值，这是两种完全不同的全球化价值观，也会在当地市场受到完全不同的对待。越来越多的中国企业意识到了这一点，采取了更为妥帖的方式来处理与当地利益主体的关系。建龙控股是全球排名第八、中国排名第五的钢铁企业。2018年，建龙控股收购马来西亚项目时，没有选择全资控股，而是与当地一家民营企业合作，建龙做大股东，当地企业做小股东，共同发展；合资企业生产的产品也是工业钢材，而不是当地企业普遍生产的建筑用钢材。建龙控股的本地化团队已经达到了60%，这一比例还在上升。它还与北京科技大学合作，在当地设立培训中心，帮助当地工人提升技能，这都是赢得社区尊重的好方法。

第五章
2024中国大企业创新100强分析报告

党的二十大报告中指出："加强企业主导的产学研深度融合，强化目标导向，提高科技成果转化和产业化水平。强化企业科技创新主体地位，发挥科技型骨干企业引领支撑作用，营造有利于科技型中小微企业成长的良好环境，推动创新链产业链资金链人才链深度融合。"《中共中央关于进一步全面深化改革 推进中国式现代化的决定》进一步就完善中国特色现代企业制度、强化企业科技创新主体地位等进行了部署，并提出发展以高技术、高效能、高质量为特征的生产力，以及构建促进数字经济发展体制机制等。这些关键论述为新时代发挥企业创新主力军作用明确了方向。

为了深入贯彻落实党的二十大及二十届三中全会精神，强化企业科技创新主体地位，加快提升企业创新能力，着力打造具有全球竞争力的世界一流企业，同时为社会各界提供我国大企业创新水平及其相关信息，中国企业联合会、中国企业家协会在清华大学技术创新研究中心的支持下自2021年开始连续第4年推出"中国大企业创新100强及其分析报告"。

一、2024中国大企业创新100强评价指标、方法和结果

1. 中国大企业创新100强评价指标

依据企业数据的可获得性，本着简明和可操作性原则，评价考虑了创新投入、创新成果和创新效益三方面因素，选取研发投入强度、研发费用、发明专利数、非发明专利数、收入利润率作为评价指标。中国大企业创新100强评价指标体系详见表5-1。

表5-1 中国大企业创新100强评价指标体系

一级指标	二级指标	计算公式	权重
创新投入	研发投入强度	研发费用/当年营业收入	0.40
	研发费用	—	0.10
创新成果	发明专利数	—	0.35
	非发明专利数	拥有专利数－拥有发明专利数	0.05
创新效益	收入利润率	当年利润/当年营业收入	0.10

2. 中国大企业创新100强测算方法及测算结果

（1）中国大企业创新100强测算方法。

首先，考虑到各项指标中排名第一和排名第二的企业指标数值差距大，异常值将降低评价的区分度。故将排名第一的企业指标数值作如下转换：

$$X_{rank1,j} = X_{rank2,j} \times \frac{100}{95}$$

其次，基于转换后的数据，利用功效系数法消除量纲影响：

$$Y_{ij} = 60 + \frac{X_{ij} - \min\limits_{1 \leq i \leq n}(x_{ij})}{\max\limits_{1 \leq i \leq n}(x_{ij}) - \min\limits_{1 \leq i \leq n}(x_{ij})} \times 40$$

其中 x_{ij} 为各指标原始数值，Y_{ij} 为经转换后的指标数值，各项指标的取值范围为[60，100]。

最后，分别赋予研发投入强度、研发费用、发明专利数、非发明专利数和收入利润率0.40、0.10、0.35、0.05、0.10的权重，计算综合得分。

2024中国大企业创新100强（以下简称创新百强）是在2024中国企业500强、2024中国制造业企业500强、2024中国服务业企业500强的基础上，按照入围门槛为发明专利数100件以上、研发强度0.6%以上、营业收入200亿元以上的标准进行筛选，同时依据企业申报的研发费用、研发投入强度、拥有发明专利数、拥有专利数、收入利润率等数据，利用功效系数法计算得到各指标评价值，加权得到各企业综合评价得分值，最后按分值高低排序产生。

（2）2024年中国大企业创新100强测算结果。

基于前述测算方法，2024中国大企业创新100强的指标评分及总体排名如表5-2所示。2024年中国大企业创新100强排名前10位的企业分别为：华为投资控股有限公司、中兴通讯股份有限公司、江苏恒瑞医药股份有限公司、蚂蚁科技集团股份有限公司、国家电网有限公司、中国信息通信科技集团有限公司、中国石油化工集团有限公司、美的集团股份有限公司、浙江大华技术股份有限公司、京东方科技集团股份有限公司。

表5-2 2024中国大企业创新100强

排名	企业排名	研发投入强度	研发费用	发明专利	非发明专利	收入利润率	总得分
1	华为投资控股有限公司	100.00	100.00	100.00	68.99	79.86	96.44
2	中兴通讯股份有限公司	95.53	80.79	90.06	61.02	70.95	87.96
3	江苏恒瑞医药股份有限公司	97.95	63.96	60.43	60.00	87.45	78.47
4	蚂蚁科技集团股份有限公司	80.36	77.41	72.22	60.60	100.00	78.19
5	国家电网有限公司	60.09	77.74	98.00	90.98	63.23	76.98
6	中国信息通信科技集团有限公司	83.24	65.90	70.72	61.22	64.96	74.19
7	中国石油化工集团有限公司	60.22	75.79	89.20	70.51	65.06	72.92
8	美的集团股份有限公司	66.08	71.93	76.54	98.00	74.41	72.75

续表

排名	企业排名	研发投入强度	研发费用	发明专利	非发明专利	收入利润率	总得分
9	浙江大华技术股份有限公司	81.13	63.15	61.41	61.37	93.87	72.72
10	京东方科技集团股份有限公司	70.70	69.23	80.21	63.21	61.29	72.56
11	荣耀终端有限公司	79.55	69.26	64.00	61.35	71.15	71.33
12	中国移动通信集团有限公司	65.61	90.35	67.59	61.24	84.82	70.48
13	TCL科技集团股份有限公司	68.86	67.74	76.09	62.53	63.78	70.46
14	珠海格力电器股份有限公司	65.02	65.46	71.53	89.83	81.57	70.24
15	石药控股集团有限公司	76.86	63.88	60.26	60.01	88.80	70.11
16	中国兵器工业集团有限公司	68.63	83.75	69.06	67.30	66.15	69.98
17	广州数字科技集团有限公司	79.29	61.82	60.85	61.36	75.42	69.81
18	中国中车集团有限公司	69.94	72.12	69.08	69.99	69.04	69.77
19	新华三信息技术有限公司	75.79	63.87	64.33	60.65	69.48	69.20
20	海尔集团公司	64.73	69.56	72.05	78.48	69.57	68.95
21	中国石油天然气集团有限公司	61.12	87.88	70.83	71.19	72.88	68.87
22	上海韦尔半导体股份有限公司	78.12	61.71	62.54	60.11	64.31	68.75
23	中国建筑股份有限公司	62.73	97.99	63.52	100.00	65.41	68.66
24	深圳市汇川技术股份有限公司	74.53	62.03	60.22	61.52	82.04	68.37
25	三一集团有限公司	72.66	67.36	62.17	66.97	71.75	68.08
26	中联重科股份有限公司	74.43	63.20	61.66	62.08	71.98	67.97
27	浪潮集团有限公司	68.88	65.35	68.51	62.66	64.40	67.64
28	宁德时代新能源科技股份有限公司	67.29	75.05	62.29	63.80	78.01	67.21
29	瑞声科技控股有限公司	72.89	61.16	63.70	61.12	65.31	67.15
30	中国铁路工程集团有限公司	63.34	84.69	65.31	78.88	64.78	67.09
31	中国交通建设集团有限公司	64.58	84.41	63.59	78.94	65.96	67.07
32	中国电力建设集团有限公司	65.60	80.54	63.18	80.75	63.92	66.84
33	舜宇集团有限公司	73.59	61.99	61.27	61.81	65.65	66.73
34	深圳市东阳光实业发展有限公司	73.67	62.10	61.08	60.13	66.13	66.68
35	海信集团控股股份有限公司	65.17	65.55	66.79	72.93	68.96	66.54
36	浙江吉利控股集团有限公司	67.33	78.84	62.66	68.01	63.76	66.52
37	广州视源电子科技股份有限公司	71.71	61.04	61.03	64.27	69.82	66.34
38	中国铁道建筑集团有限公司	63.29	81.98	63.93	78.58	64.47	66.27
39	中国广核集团有限公司	65.86	64.56	62.10	63.21	85.44	66.24
40	国家电力投资集团有限公司	66.39	72.88	61.69	66.55	74.09	66.17
41	新疆特变电工集团有限公司	67.77	63.93	60.35	61.10	82.60	65.94
42	中国华能集团有限公司	64.66	70.41	62.62	74.71	73.73	65.93

续表

排名	企业排名	研发投入强度	研发费用	发明专利	非发明专利	收入利润率	总得分
43	人福医药集团股份公司	69.76	61.07	60.15	60.27	78.48	65.93
44	隆基绿能科技股份有限公司	69.76	66.25	60.11	61.66	72.36	65.89
45	鹏鼎控股（深圳）股份有限公司	70.02	61.48	60.60	60.09	74.89	65.86
46	宁波均胜电子股份有限公司	70.81	62.88	61.88	60.35	64.14	65.70
47	中国南方电网有限责任公司	60.16	64.02	71.30	77.35	63.84	65.67
48	佛山市海天调味食品股份有限公司	64.30	60.45	60.08	60.22	96.87	65.49
49	湖北宜化集团有限责任公司	63.99	60.89	60.01	60.37	97.82	65.49
50	中国第一汽车集团有限公司	63.78	73.61	64.24	64.07	68.73	65.43
51	中国建材集团有限公司	64.62	68.75	63.99	72.35	66.42	65.38
52	中国海洋石油集团有限公司	61.03	68.84	62.96	63.39	88.30	65.33
53	歌尔股份有限公司	67.65	63.77	63.88	68.41	60.95	65.31
54	广东德赛集团有限公司	70.28	62.09	60.47	62.51	66.39	65.25
55	中国宝武钢铁集团有限公司	61.19	70.67	68.48	66.80	63.70	65.22
56	国轩高科股份有限公司	70.77	61.57	60.67	62.45	63.92	65.21
57	国家能源投资集团有限责任公司	61.56	68.92	63.26	69.83	80.14	65.16
58	上海汽车集团股份有限公司	63.50	75.06	62.97	73.38	64.58	65.07
59	长城汽车股份有限公司	67.41	66.53	61.16	66.12	65.96	64.93
60	惠科股份有限公司	66.87	61.16	62.10	61.63	72.29	64.91
61	鞍钢集团有限公司	66.04	69.12	63.96	63.47	60.16	64.90
62	中国华电集团有限公司	64.59	68.05	61.18	67.04	73.80	64.79
63	郑州宇通企业集团	69.61	61.51	60.46	61.19	65.38	64.75
64	洛阳国宏投资控股集团有限公司	61.91	60.62	60.09	60.59	97.99	64.69
65	上海龙旗科技股份有限公司	70.20	61.26	60.02	60.35	63.10	64.54
66	阳光电源股份有限公司	65.15	61.89	60.11	62.45	81.26	64.54
67	上海电气控股集团有限公司	67.36	65.33	61.79	63.30	62.60	64.53
68	华勤技术股份有限公司	68.63	63.63	60.61	61.06	64.35	64.52
69	徐州工程机械集团有限公司	66.60	63.43	61.86	65.23	66.00	64.49
70	龙佰集团股份有限公司	65.87	60.70	60.16	60.55	79.61	64.46
71	包头钢铁（集团）有限责任公司	68.06	64.55	60.27	61.26	66.23	64.46
72	山东魏桥创业集团有限公司	65.79	75.96	60.17	60.93	64.23	64.44
73	天合光能股份有限公司	67.82	64.44	60.17	60.70	67.64	64.43
74	江苏长电科技股份有限公司	67.78	61.05	61.37	60.35	66.79	64.39
75	郑州煤矿机械集团股份有限公司	66.76	61.15	60.03	61.03	75.00	64.38
76	万华化学集团股份有限公司	63.26	63.24	63.48	60.05	75.26	64.37

续表

排名	企业排名	研发投入强度	研发费用	发明专利	非发明专利	收入利润率	总得分
77	华鲁控股集团有限公司	66.72	61.54	60.10	60.45	74.42	64.34
78	中国能源建设集团有限公司	64.84	70.72	61.28	66.98	64.83	64.29
79	中国东方电气集团有限公司	67.08	62.32	61.12	61.87	67.34	64.28
80	北京嘀嘀无限科技发展有限公司	67.39	67.25	61.35	61.20	60.31	64.25
81	奇瑞控股集团有限公司	64.20	66.40	62.65	65.98	66.60	64.20
82	潍柴控股集团有限公司	64.08	67.02	62.56	67.87	65.65	64.19
83	安徽江淮汽车集团控股有限公司	67.98	61.71	62.19	60.94	60.03	64.18
84	天津天士力大健康产业投资集团有限公司	67.27	61.04	60.58	60.10	69.11	64.13
85	山西建设投资集团有限公司	67.41	65.33	60.19	63.31	63.99	64.13
86	TCL实业控股股份有限公司	65.17	63.25	62.99	63.78	64.46	64.07
87	深圳传音控股股份有限公司	65.57	61.73	60.52	60.89	74.41	64.07
88	深圳华强集团有限公司	67.96	61.08	60.14	60.27	67.13	64.07
89	泰开集团有限公司	67.46	60.85	60.04	60.66	69.29	64.04
90	金东纸业（江苏）股份有限公司	65.56	60.69	60.05	60.06	77.08	64.02
91	闻泰科技股份有限公司	68.03	62.39	60.17	61.37	64.23	64.00
92	中国联合网络通信集团有限公司	62.98	66.59	63.75	60.92	67.58	63.97
93	中国联塑集团控股有限公司	66.27	60.89	60.15	61.25	71.51	63.86
94	厦门钨业股份有限公司	66.40	61.19	60.43	60.55	69.86	63.84
95	赛轮集团股份有限公司	64.87	60.56	60.02	61.02	77.74	63.83
96	上海建工集团股份有限公司	65.45	68.81	61.37	63.33	61.18	63.82
97	大全集团有限公司	62.52	60.57	60.11	61.17	86.04	63.77
98	心里程控股集团有限公司	66.43	62.44	60.14	60.28	68.42	63.72
99	万丰奥特控股集团有限公司	66.45	61.18	60.02	61.10	69.58	63.72
100	中国化学工程集团有限公司	65.40	65.73	60.87	62.60	65.41	63.71

与2023创新百强相比，2024创新百强的平均发明专利数、平均非发明专利数和平均研发费用较上年均明显上升。其中，平均发明专利数由6301个增加到8123个，增加了28.92%；平均非发明专利数由7842个增加到8357个，增加了6.57%；平均研发费用由984446万元增加到1043365万元，增加了5.98%。与此同时，平均研发投入强度、平均收入利润率则出现了下降。其中，平均研发强度由5.42%下降为5.27%，下降了0.15个百分点；受国内外多种因素影响，平均收入利润率由9.24%降低到8.52%，下降了0.72个百分点。

此外，共有19家新企业跻身于前100强（见表5-3），其中蚂蚁科技集团股份有限公司、国家电网有限公司、京东方科技集团股份有限公司、石药控股集团有限公司、广州数字科技集团有限公司进入大企业创新前20强。

表5-3 新跻身2024创新百强企业的情况

企业名	排名	企业名	排名
蚂蚁科技集团股份有限公司	4	洛阳国宏投资控股集团有限公司	64
国家电网有限公司	5	上海电气控股集团有限公司	67
京东方科技集团股份有限公司	10	包头钢铁（集团）有限责任公司	71
石药控股集团有限公司	15	北京嘀嘀无限科技发展有限公司	80
广州数字科技集团有限公司	17	安徽江淮汽车集团控股有限公司	83
中国南方电网有限责任公司	47	中国联合网络通信集团有限公司	92
湖北宜化集团有限责任公司	49	厦门钨业股份有限公司	94
国轩高科股份有限公司	56	赛轮集团股份有限公司	95
长城汽车股份有限公司	59	心里程控股集团有限公司	98
惠科股份有限公司	60		

二、2024中国大企业创新100强主要分析结论

1. 企业创新能力持续提升

中国企业在2024全球创新百强中的表现反映了其在技术研发、专利保护和市场扩展等方面的持续进步和全球竞争力的提升。根据《2024全球创新百强》报告，中国企业在全球创新中的表现十分亮眼：在电子和计算设备、通信、软件和金融科技等领域表现突出，显示出这些行业的快速发展和技术创新能力；在专利数量、质量和全球化保护方面取得了显著成绩，表明其技术研发水平的不断提升和市场影响力的不断扩大。这些入选的中国企业不仅在国内拥有强大的市场影响力，还积极拓展国际市场，加强全球专利布局。具体来看，共有16家中国企业和机构入选全球创新百强，显示出中国在全球创新领域的重要地位。其中，华为（排名第7）在通信领域继续保持领先地位，京东方（排名第12）在电子和计算设备领域表现突出，腾讯（排名第16）在软件、媒体和金融科技方面展现出强大的创新能力，蚂蚁集团（排名第52）在金融科技领域取得显著成就，瑞声科技（排名第84）在电子和计算设备领域具有竞争力。

2. 科技和能源等相关行业继续引领创新

从创新百强企业的行业分布来看，总体较为稳定，科技、能源等相关行业继续引领创新。比较2023创新百强企业和2024创新百强企业的行业分布情况，总体而言分布较为稳定。其中，创新百强企业的行业类别总数均为33个；分布较多的行业如通信设备制造、汽车及零配件制造等，创新百强企业的数量变化不大，分别由12家增加到13家和保持11家不变；除了汽车及零配件制造之外，土木工程建筑，半导体、集成电路及面板制造，家用电器制造，计算机及办公设备等行业的企业数量保持稳定，说明这些行业在创新方面保持了一定的竞争力。较之于2023创新百强企业，2024创新百

强企业有4个行业（互联网服务、电网、一般有色、多元化投资）的企业跻身为创新百强企业，表明这些领域在技术进步和市场需求推动下展现出强劲的创新能力；同时有4个行业（分别为商业银行、综合制造业、航空航天、金属制品加工）的企业退出了创新百强企业，反映出这些传统行业在创新投入或适应新市场需求方面存在不足，需要加快数字化转型和技术升级，以应对快速变化的竞争环境。此外，化学原料及化学品制造，风能、太阳能设备制造等行业的企业数量有所减少，可能面临更激烈的竞争或创新挑战。电力电气设备制造和工业机械及设备制造等行业的稳定或小幅增长，说明这些行业在技术革新或市场需求方面可能保持了一定的优势。总体而言，2023创新百强企业和2024创新百强企业的行业分布反映出科技和能源等相关行业在创新方面继续引领，而部分传统行业可能需要加强创新力度以保持竞争力。详见图5-1和图5-2。

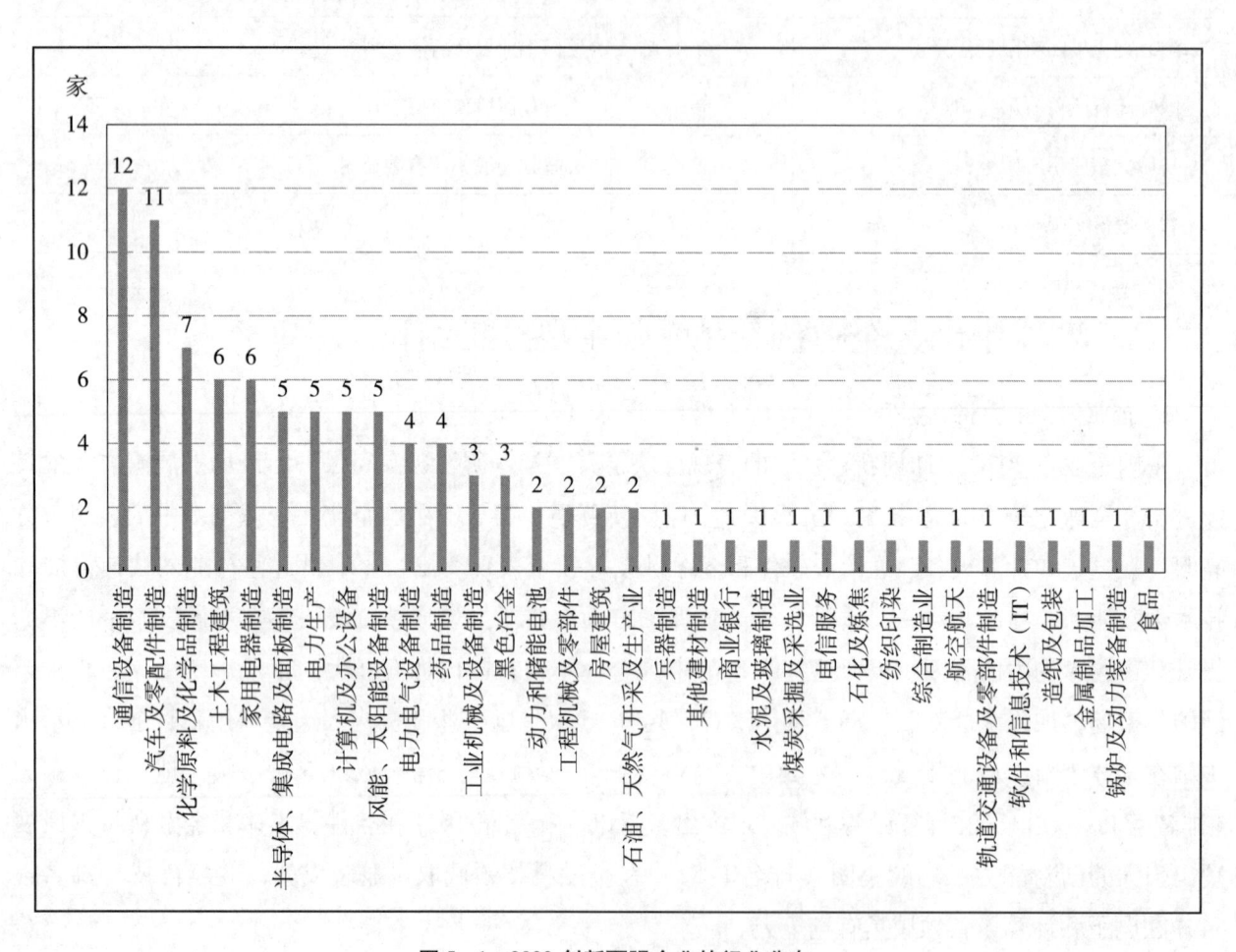

图5-1 2023创新百强企业的行业分布

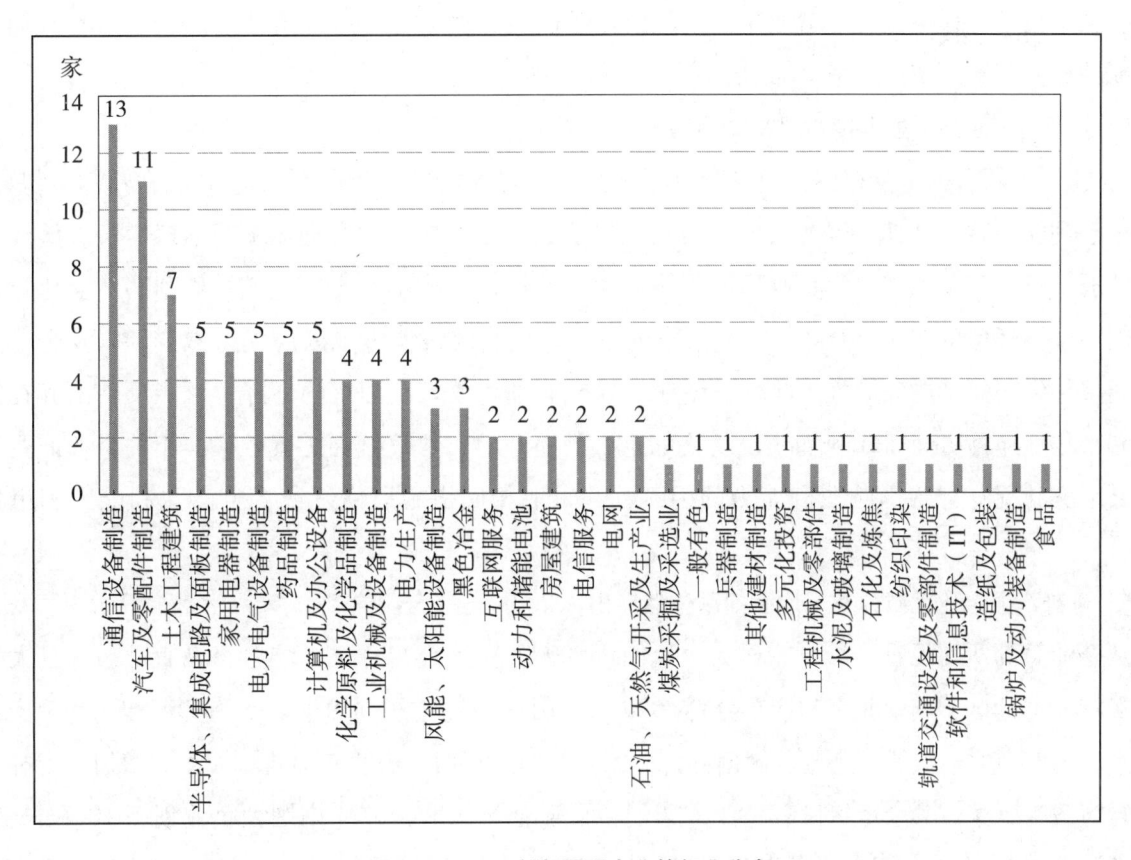

图 5-2　2024 创新百强企业的行业分布

3. 创新百强企业的研发投入持续增加

创新百强企业在长期增长和市场竞争力构建上的投入持续增强。与 2023 创新百强企业相比，2024 创新百强企业的平均研发费用由 98.44 亿元增加到 104.34 亿元，增加了 5.99%，反映出创新百强企业在长期增长和市场竞争力构建上的投入增多，表明企业对研发的重视程度不断提升，企业为了获得竞争优势，愿意在研发上投入更多资金，尤其是在新能源、信息技术等战略性新兴产业领域，研发投入的增加有助于企业抓住市场机遇。创新百强企业研发投入持续增加主要是因为在全球化和技术快速发展的背景下，持续的创新是企业维持竞争优势、适应市场变化、引领行业发展趋势的关键。通过加大研发投入，企业能够开发新产品、优化现有产品和服务、提高生产效率，并最终实现商业模式和技术的革新，从而在激烈的市场竞争中保持领先地位。此外，政府政策的支持和市场需求的增长也可能是驱动这一增长的外部因素。

4. 创新百强企业的创新投入产出效率显著提升

较之于 2023 创新百强企业，2024 创新百强企业发明专利数量显著增加，反映了创新百强企业在技术创新方面取得的显著成果。非发明专利数也显著增加，体现了创新百强企业在技术创新广度上的拓展，涵盖实用新型和外观设计等，在一定程度上反映了企业创新能力和市场竞争力的提升。例如，非发明专利数的提升，在一定程度上反映了这些企业知识产权保护意识的加强，有助于保护企业创新成果并增强竞争力。同时，发明专利数的增加反映了研发投入产出效率的提升，即企业以较低的研发强度获得更多创新成果。究其原因，与这些企业研发资源配置和研发流程效率的提升密不可分，也与技术合作与交流的增强存在关联，如通过与其他企业、研究机构或高校的合作，加速技术创新并提升了成果产出效率。

5. 创新百强企业的盈利能力呈减弱趋势

与 2023 创新百强企业相比，2024 创新百强企业平均收入利润率下降了 0.72 个百分点，反映出企业整体盈利能力减弱。其原因涉及多种因素，包括成本上升导致的利润压缩、销售增长放缓或市场需求减弱、行业竞争加剧迫使企业降低价格或增加市场推广成本、产品组合中低利润产品比重的增加、宏观经济环境的变化、企业投资回报率的下降、税收政策调整或政府支持减少，以及企业自身战略调整导致的短期财务牺牲。此外，创新百强企业平均收入利润率的下降也可能反映出其在风险管理和市场适应性方面面临的挑战，以及可能需要提升的成本效益和运营效率。相关企业需要深入分析其财务状况，评估影响盈利能力的因素，并采取相应措施以恢复或提升其盈利能力和市场竞争力。

6. 创新百强企业区域分布不均衡问题依然突出

从企业总部所在地看，2023 中国大企业创新 100 强覆盖了 20 个省、自治区及直辖市，且大多集中在经济发达地区，其中北京和广东分别有 22 家，山东 11 家，江苏 9 家，上海和浙江均为 7 家，湖北 4 家，河南 3 家，安徽、新疆、湖南均为 2 家，陕西、江西、山西、福建、天津、四川、吉林、辽宁和青海各有 1 家，其余地区没有企业入选创新百强企业榜单。2024 中国大企业创新 100 强覆盖的省份总数依然是 20 个，但新增了内蒙古和河北，减少了青海和江西。其中，广东和北京均为 22 家，山东 10 家，浙江和上海均为 7 家，江苏 6 家，湖北、河南、安徽均为 4 家，河北、湖南、福建均为 2 家，新疆、辽宁、山西、天津、四川、吉林、陕西、内蒙古均为 1 家，其余地区没有企业入选创新百强企业榜单。详见图 5-3 和图 5-4。

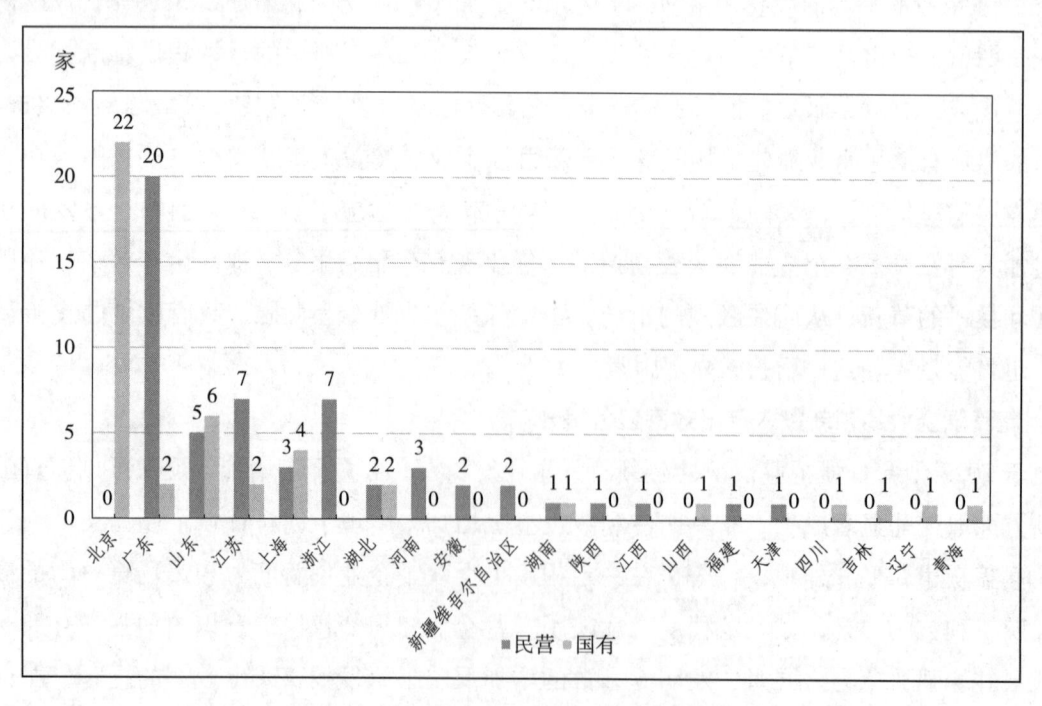

图 5-3　2023 创新百强企业的地区分布

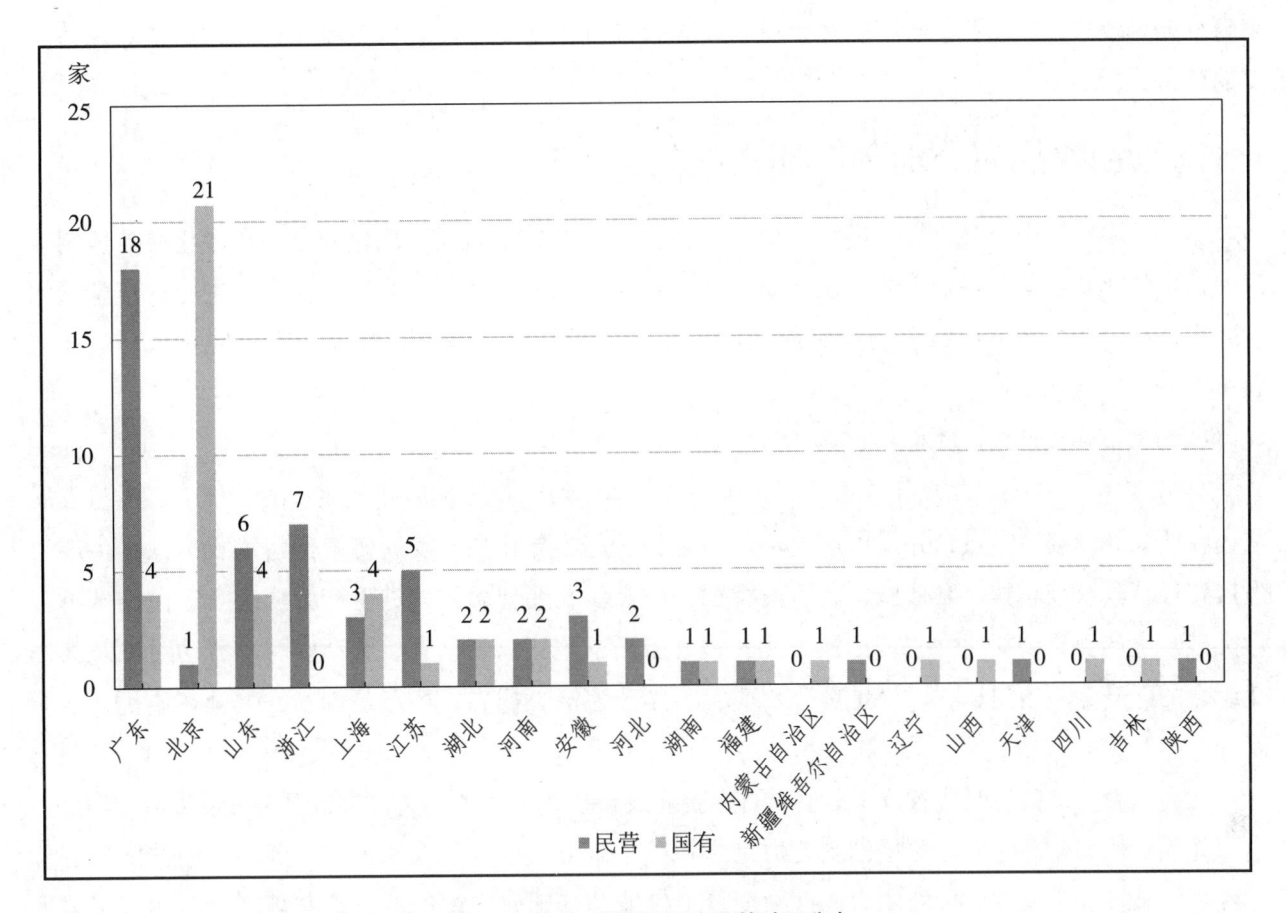

图 5-4 2024 创新百强企业的地区分布

2023—2024 创新百强企业地区分布的数据显示，中国各省（区、市）在创新型企业的分布上存在明显的地区不均衡问题。通过对比各省（区、市）拥有的创新企业数量，可以看到，某些地区特别是经济发达地区，如广东、北京，拥有的创新型企业数量远超其他地区。

地区分布呈现出经济发达地区集中度高、中西部地区参与度低的总体特征。广东、北京、上海和江苏是创新企业的主要聚集地。这些地区拥有较好的经济基础、完善的产业链、丰富的人才资源和先进的技术基础设施，吸引了大量创新型企业。例如，广东在 2023—2024 创新百强企业中均有多家企业上榜，涵盖通信设备制造、家用电器制造等行业。内蒙古、青海、西藏等较少出现在创新百强企业中。这些地区可能由于经济发展水平、工业基础和科技投资影响，导致创新型企业较少。总体而言，地区分布不均的原因可能包括如下方面。一是地区政策支持的差异化，政府的政策倾向和资金支持往往偏向经济发达地区，这些地区的科研投资和财政补贴更为丰富，有助于企业创新和技术研发。二是基础设施和人才的集聚效应，发达地区拥有更完善的基础设施和更丰富的高教资源，能够吸引和培养更多的科技人才，形成良好的创新生态系统。三是市场和资本的选择，大型城市和经济中心拥有更大的市场规模和更活跃的资本市场，这为企业发展提供了充足的市场需求和资金支持。

此外，创新百强企业的所有制分布表现稳定。2024 创新百强企业中国有企业数量为 46 家，较 2023 创新百强企业增加 2 家，反映出国有企业在创新方面的投入和实力有所增强；民营企业仍然在创新百强企业中占据多数，表明国有企业正在积极提升竞争力，而民营企业在创新领域依然保持一定的活力和影响力。

三、加快提高企业创新能力的建议

党的二十届三中全会研究了进一步全面深化改革、推进中国式现代化问题，在深化科技体制改革中提出强化企业科技创新主体地位，建立培育壮大科技领军企业机制，加强企业主导的产学研深度融合。结合当前企业科技创新面临的问题和前述分析结果，提出加快提高企业创新水平的建议如下。

1. 培育新质生产力，赋能企业创新能力发展

2024年1月31日，中共中央政治局第十一次集体学习时提出发展新质生产力是推动高质量发展的内在要求和重要着力点，并提出新质生产力是创新起主导作用，摆脱传统经济增长方式、生产力发展路径，具有高科技、高效能、高质量特征，符合新发展理念的先进生产力质态。它由技术革命性突破、生产要素创新性配置、产业深度转型升级而催生，以劳动者、劳动资料、劳动对象及其优化组合的跃升为基本内涵，以全要素生产率大幅提升为核心标志，特点是创新，关键在质优，本质是先进生产力。

在高质量发展的新时代背景下，创新百强企业或科技领军企业作为发展新质生产力的关键力量，应率先强化原始创新能力。原始创新能力是指在科学研究、技术开发和工程实践中，创造出具有首创性、突破性和引领性成果的能力。这种创新不仅涉及基础研究中的新发现和新理论，还包括技术上的新发明和新工艺。原始创新能力强调从无到有的创造，推动科学技术的前沿发展，并给经济和社会带来深远影响。企业原始创新能力的提升，一是要加大基础研究投入，推动科学原理的突破，形成原始性科学创新，为企业的长期发展和核心竞争力提供理论基础和知识储备；二是要强化技术开发能力，促进技术原理的应用和转化，实现原始性技术创新，开发新技术、新产品和新工艺，推动产业技术进步和升级；三是须重视工程实践，通过解决复杂工程问题，形成原始性工程创新，提升企业在解决国家重大需求和应对社会挑战中的能力。在提升原始创新能力的同时，还须加速颠覆性技术和前沿技术的研发，如人工智能、生物制造等领域，以取得具有原创性和引领性的重大成果。鉴于科技型中小企业在前沿技术和颠覆性技术开发方面的感知能力更加灵敏，大企业须加强与科技型中小企业的合作，包括但不限于建立联合创新平台、开展合作研发项目、风险投资与孵化、技术转移与许可、人才交流与培训等形式。此外，创新百强企业作为行业创新引领者，还须注重系统谋划产业布局，推动产业结构优化升级，建设现代化产业体系，壮大战略性新兴产业，培育未来产业，同时推动传统产业升级，以实现产业的高端化、智能化转型，通过构建现代化产业体系引领新质生产力的培育和发展。

2. 进一步提升企业产出成果的质量及转化率

2024创新百强企业平均研发费用增加但平均研发投入强度下降，平均发明专利数和平均非发明专利数均有所增加，说明投入产出效率得到了提升，应在此基础上进一步提升科技成果的质量和成果转化率。

一是提升企业产出科技成果的质量,即提升创新产出成果的适用性和需求对接精准性。首先,进一步深化市场需求研究,加强市场研究部门的作用,通过数据分析、用户反馈和市场趋势研究,深入了解和预测市场需求,以帮助企业在研发初期就将产品和服务设计与市场需求紧密对接,确保研发方向和资源的正确配置。其次,强化跨界合作,鼓励企业与不同领域的企业、科研机构及高等院校建立合作关系,借此引入外部的新思路和技术,并通过合作方的资源和能力,提升产品的创新性和实用性。再次,强化用户参与的创新,建立用户参与的创新机制,通过建立用户社区、开展联合研发项目、设置用户体验中心等方式,让终端用户直接参与产品的设计和改进过程。最后,在完美知识产权战略、保持创新投入产出效率稳步提升的同时,加强对创新成果的知识产权保护,通过建立完善的知识产权管理体系,确保技术创新能够转化为企业的竞争优势。

二是加强技术经理人队伍建设,提升企业产出科技成果的转化率。2024年7月18日,中国共产党第二十届中央委员会第三次全体会议通过的《中共中央关于进一步全面深化改革 推进中国式现代化的决定》明确提出"深化科技成果转化机制改革,加强国家技术转移体系建设,加快布局建设一批概念验证、中试验证平台,完善首台(套)、首批次、首版次应用政策,加大政府采购自主创新产品力度。加强技术经理人队伍建设。"对科技领军企业而言,通过建立技术经理人队伍提升科技成果转化效率的关键在于研发与市场的有效连接。在实践中,企业应选拔具备深厚技术背景和良好市场洞察力的人员担任技术经理人,使其能够精准评估技术成果的市场应用潜力和可行性。技术经理人应负责制定明确的技术转化策略,包括市场定位、目标客户群及商业化路径,确保科技成果能够满足市场需求并快速响应市场变化。同时,技术经理人需要协调内部资源,如研发、生产、销售等部门的合作,建立起从技术开发到产品上市的快速反应机制,缩短科技成果转化的周期。在此基础上,技术经理人还应推动与外部机构,如高校、研究机构和行业合作伙伴的联合开发及技术引进,通过合作共享资源和知识,提高科技成果的转化效率和成功率。通过这些措施,技术经理人队伍能有效促进企业科技成果从实验室到市场的转化,加速创新成果的商业化进程,从而提高企业的市场竞争力和持续创新能力。

三是促进科技成果向企业转移转化。我国企业包括大企业整体盈利能力有待提升,其中一个主要的原因在于高校、科研院所中的一些科技成果不能有效转化到企业,最终也难以应用到企业科技创新和产品创新。目前我国高校和研究机构的专利等研究成果与企业实际需求存在脱节问题,而且该问题长期存在,因此,需要建立以企业为主体的创新计划体系和技术商业化体系。具体而言,应该改变先研发、后产业化的研发模式,以企业需求作为创新计划项目的来源,应该看是否有企业用户,决定是否给予项目立项,从源头上减少无效科技成果。对企业、高校和科研院所涉及多个利益相关者或研发主体的以用户需求为基础的共性技术合同研发,政府应该给予大力支持。技术商业化体系的核心是通过市场机制建立科技服务业体系,使研发、设计、技术改造、专业知识等服务业可以赋能企业科技创新和新兴产业发展。此外,企业应该加强与技术经理人的沟通与合作。

3. 加强对基础性和长期性研究的投入

企业要想真正提高创新能力和市场竞争力,以实现创新的可持续发展,必须要加强对基础性和长期性研究的投入。我国目前基础研究投入不均衡,高校、科研院所和事业单位的基础研究经费和基础研究类的人才占比较高，而企业的基础研究经费投入和基础研究人才数量相对不足。基础研究周期长，研发投入大，而且收益也存在较大的不确定性，因此企业更偏向于通过应用类的研究获取短期收益，减少对基础研究的投入。从企业主体来看，企业应该重视对基础研究的投入，在保障收益的基础之上，研发经费投入向基础研究倾斜，重视对基础研究人才的引进，用好、培养好基础研究人才；从政府主体来看，应落实落细现有企业投入基础研究税费支持政策，以及推进税前扣除、加计扣除等相关政策全面落地，探索可返还的税收抵免、向后递延抵扣等方式，授权地方政府根据区域发展实际大胆探索激发企业投入基础研究的政策设计，持续创新政策供给，针对有市场前景的基础研究和应用基础研究，建议可通过政府购买服务等模式引导企业进行前瞻性部署，不断拓展企业参与和投入基础研究的广度、深度和力度；从社会层面来看，引导多元化的社会资本参与企业基础研究投入，拓宽企业基础研究经费来源渠道。

4. 科技领军企业牵头组建高能级创新联合体

创新联合体是由企业、高校、政府等多元主体共同参与、面向国家战略需求，通过协同合作强化科技创新主体地位，促进科技成果转化的组织模式，也是推进国家科技结构改革、全面强化国家创新体系效能和突破关键核心技术"卡脖子"问题的重要载体，对于有效破解产学研协同创新瓶颈问题，加快打造原创技术策源地和科技成果场景化应用至关重要。在创新联合体中，企业扮演着出题者、技术攻关者和场景应用者的重要角色。企业作为出题者，能够根据实际市场和生产需求，提出具体的技术难题和研发目标，从而引领和推动科研方向的设定和科技项目的启动。在技术攻关过程中，企业不仅提供资金支持，还可能提供关键的技术资源和研发平台，与高校和研究机构等其他创新主体共同参与科技攻关，增强研发的针对性和实用性。在创新联合体的运行过程中，企业还承担着将科研成果转化为实际应用的角色，通过建立或优化生产线、市场推广等方式，将科技创新成果商业化，实现经济效益和社会价值的双重提升。这种多方合作的模式加快了技术创新的速度，提高了创新效率，使企业能在激烈的市场竞争中保持领先。

2024创新百强企业在多个方面取得了持续进步，应以此为依托，以科技领军企业牵头组建创新联合体，开展周期长、风险大、难度高、前景好的战略性科学计划和科学工程，深化科技领军企业牵头承担国家重大战略科技任务的"业主制"模式。创新投入是科技领军企业进行技术创新的根本条件与重要保障。政府应该强化以企业为主体的研发投入模式，从政策、资金、税收等方面引导、鼓励科技领军企业保持高强度、持续性、精准的创新投入，同时不断优化研发投入结构。支持科技领军企业牵头整合集聚与优化创新资源，与国家实验室、国家技术创新中心、高水平研究型大学等，组成高能级创新联合体，给予建立滚动支持的机制，提前优化布局创新资源，以国家重大任务和未来产业发展需求为导向，针对产业关键共性技术突破重点布局创新资源，进行关键核心技术联合攻关，提升产业技术创新能力。引导科技领军企业跨行业、跨领域联合建设重大科技基础设施，探索前沿不确定性技术，积极参与未来新领域新产业国际规则制定，引领未来产业行业发展。为科技领军企业提供早期重大应用场景支持领军企业做好新技术率先集成应用示范，助力提升科技成果就地转化率和产业化水平。强化科技领军企业的牵引带动作用，促进产业链上下游融通发展。通过给责任、给投入、给机制，要结果、要能力、要未来，促进各种创新要素向科技领军企业集聚，支持以领军企业为主导，建设向中小企业开放的集成化、专业化的场景应用中心，促进产业链上各企业的业务协作与资源共享，形成产业链集群化创新格局。

5. 培育战略性新兴产业，发挥优势领域的引领作用

战略性新兴产业代表新一轮科技革命和产业变革的方向，是培育发展新动能、获取未来竞争新优势的关键领域。早在"十三五"时期，国务院就印发了《"十三五"国家战略性新兴产业发展规划》，以指导和规范加快壮大战略性新兴产业，打造经济社会发展新引擎，带动区域经济转型升级和经济社会高质量发展。培育战略性新兴产业能够为企业提供新的发展机遇和动力，对企业科技创新的引领作用至关重要。鉴于创新百强企业在科技、能源等领域创新能力持续稳定发展，且对创新起到引领作用，应通过培育战略性新兴产业来发挥优势科技领域对于企业创新的引领作用。

首先，企业作为创新的主体，需要在科技创新中发挥主导作用，成为技术创新决策、研发投入、科研组织和成果转化的主体。这要求企业加强与高校、科研机构的合作，组建创新联合体、建设科技创新平台，共同凝练科技问题、联合开展科研攻关、协同培养科技人才。其次，科技创新与产业创新的深度融合是推动新质生产力发展的重要途径，企业需要及时将科技创新成果应用到具体产业和产业链上，改造提升传统产业，培育壮大新兴产业，布局建设未来产业，完善现代化产业体系。再次，良好的科技创新生态能够更好地强化企业的创新主体地位，企业需要完善激励机制，激发创新活力，强化创新协同，提高体系化创新能效，并聚焦科技创新、产业控制、安全支撑，发挥科技创新评价的导向作用。最后，企业应积极参与国家科技重大项目和重大科技攻关工程，加快突破关键核心技术，发挥创新载体作用，加强基础共性技术供给，推动跨领域技术交叉融合创新，加快颠覆性技术突破，打造原创技术策源地。

6. 数字化赋能提升企业科技创新与管理效率

企业利用好数字化赋能科技创新和管理，可以提高企业科技创新和管理效率。一方面，数字化技术可以帮助企业实现自动化、智能化生产转型，降低企业生产制造成本，缩短生产时间和降低劳动力成本，同时缩短企业生产周期，有利于提高企业科技创新效率；另一方面，数字化技术可以帮助企业进一步优化管理流程，提高企业管理效率。企业科技创新的关键是要以市场需求为导向。数字化技术可以使企业快速掌握市场需求动向，紧密跟踪市场用户需求，有利于企业科技创新成果精准转化为市场需求。此外，通过数字化技术评估识别企业科技创新和管理环节的潜在转化和转型价值，有利于企业明确科技创新和管理的现状，提高科技创新和管理的效率。

企业借助数字化提升创新效率的关键在于促进产业的数字化转型。按照"战略制定—顶层设计—业务提升—生态构建—人才支撑—安全保障"的总体思路，一方面，制定数字化转型战略，将数字化转型作为企业战略的核心部分，明确转型目标、方向和关键举措，确保与企业总体发展战略相融合；另一方面，从企业战略层面出发，进行数字化转型的顶层设计，确保数字化转型的全局协同和有效实施，进而推动业务与技术双轮驱动，确保数字化转型既能满足业务需求，也充分利用技术潜力，实现对业务创新和技术升级的双向促进。在此基础上，进一步通过与产业链上下游企业的合作，形成共生共赢的数字化生态系统，提升整个产业链的数字化水平。与此同时，提高员工对数字化转型的认知度，培育数字化人才，优化组织结构以支持数字化转型。鉴于数字化转型对数据安

全和产业安全提出了新的更高要求,在促进数字化转型的同时,还须确保数据安全和隐私保护,构建自适应的安全架构,以应对不断变化的安全威胁。

在数字化赋能创新管理效率方面,重点可关注如下方面:一是组织的数字化管理,利用大数据、人工智能等新兴技术搭建高效、敏捷的管理体系,降低经营风险,提升协调效率;二是组织流程的数字化,通过数字技术的深度嵌入,升级生产流程,提高供应链灵活性,实现运营效率的提升;三是数字技术支撑管理决策,依托数据分析技术,对内外部环境变化趋势进行精准把握,发现潜在机会和挑战,实现基于数据的智慧组织理念和动态能力转化;四是数字化平台的构建和运行,通过数字化平台与各类要素资源有效连接,以数据流驱动技术流、资金流、人才流、信息流,实现资源优化配置和供需精准匹配。

7. 提升要素的区域流动性,强化区域协同

大企业在提升人才、资金等创新要素的区域流动性并促进创新的区域协同发展方面发挥着重要作用。首先,应通过构建区域协同创新平台和实施人才柔性流动政策,促进知识共享、技术交流及人才资源的共享和优势互补。其次,应健全创新资金投入与融资机制,探索多元化资金来源,降低融资成本,提高资金使用效率。此外,可探索发展飞地经济模式,比如在发达地区设立研发中心,将研发成果转化到欠发达地区的生产基地,实现创新要素的跨区域重组。同时,企业与政府合作推动出台有利于创新要素流动的政策措施,如税收优惠和财政补贴。企业还应加强与高校和研究机构的合作,通过产学研用结合,促进基础研究成果的转化,提高创新要素的流动性和使用效率。最后,建立创新要素监测与评价体系,定期分析创新要素流动的态势和效益,为企业科学决策提供依据。通过这些策略,企业不仅能够促进创新资源的优化配置,还能推动区域协同发展,提升整体竞争力。

从区域层面来看,应着力提升中西部企业的创新能力。首先,进一步强化在中西部地区打造科技创新高地。支持西部地区科技创新中心的建设,如成渝科技创新中心和西安科研文教中心的建设,通过重点支持重大科技基础设施和国家技术创新中心,加快科技城建设,提升区域科技创新能力。其次,加强东西部科技合作,推动区域协同创新,提升西部地区科技成果转化能力,同时支持参与"一带一路"科技合作,构建国际科技合作平台网络。再次,加快科技体制机制改革,打造西部科技创新生态体系,赋能西部大开发,同时深化科技体制改革,强化引才引智保障,加大创新投入。最后,中西部地区应积极承接国内外产业转移,特别是劳动密集型产业、能源矿产加工业、农产品加工业等,通过引进先进技术和创新管理模式,促进产业结构调整和优化升级。

8. 积极参与"双循环",提升企业盈利能力

"双循环"是指以国内大循环为主体、国内国际双循环相互促进的新发展格局。这一概念首次在2020年5月中共中央政治局常务委员会上提出,并在党的十九届五中全会中被纳入"十四五"规划建议中。"双循环"的宏观背景包括中美贸易摩擦全方位升级、中国经济总量崛起等因素。其概念内涵涉及打破国内市场要素流通障碍、确保消费市场持续扩大与消费升级、保障民营企业成长空间、维护产业链供应链稳定、进一步加快对外开放步伐等方面。构建"双循环"新发展格局,需要从生产、分配、流通、消费等环节入手,推动供给创新升级,发展新经济、新动能,推动产业结构转型升级,提升产业链水平,促进产业向全球价值链中高端迁移。同时,"双循环"新发展格局强调对外开

放的主动性，不是封闭的国内单循环，而是开放的、相互促进的国内国际双循环，更好利用国内国际两个市场、两种资源，实现更加强劲可持续的发展。

针对宏观经济压力增大背景下创新百强企业销售利润率的下降，可通过参与"双循环"提升盈利能力和创新发展的可持续能力。一是加强关键核心技术的研发和掌握，确保企业在产业链中具有核心竞争力，减少对外依赖，提高盈利能力。二是推动多元主体协同创新，打通从基础研究到应用技术的全链条，实现知识生产、流动、扩散、应用和再生产的本土化。三是积极融入全球科技创新体系，通过国际合作，引进和吸收外部优秀科技成果，提升企业科技创新水平，增强国际竞争力。四是优化产业链和供应链管理，通过协同创新减少成本、提高效率，增强企业对市场变化的响应能力。五是充分利用国家政策支持，比如税收优惠、财政补贴等，减轻企业负担，提高盈利空间。六是推动跨界融合创新，通过不同领域技术的结合产生新的增长点，完善企业的盈利模式和提升盈利能力。

与此同时，通过优化成本结构平衡技术创新与成本控制。首先，开展成本效益分析，全面评估引入新技术或技术升级时的预期成本与收益，决定哪些技术投资能够带来最大的经济效益，并制定相应的预算分配策略，以此确保技术投资与企业战略目标一致，有效控制技术项目的成本，确保投资回报。其次，制定明确的技术路线图。技术路线图为企业提供了清晰的技术发展蓝图，帮助企业优先考虑对业务最重要的技术投资，如通过识别核心业务需求，评估当前技术状况，确定技术目标，并规划实现这些目标的路径。企业可以将有限的资源集中在最有潜力的技术项目上，避免资源浪费。最后，采用敏捷开发方法。敏捷开发方法强调快速迭代、持续交付和灵活反映市场变化，有助于提高项目管理的效率，确保开发团队专注于最具价值的功能，避免资源浪费，并通过持续的顾客反馈循环，及时调整方向，确保产品的市场适应性。

此外，须加强对国家重大科技任务和科技企业的金融支持，健全重大技术攻关风险分散机制，建立科技保险政策体系。首先，企业要用好政府基金，使政府基金发挥对科创金融的带动作用，优化政府基金运用机制和方向，提高适配性，加大对科技创新相关领域，尤其是对新质生产力的资金支持。其次，加大对承担重大科技任务的企业及联合体投资，进一步提升私募股权基金、风险投资基金、天使基金的流动性，建立税收与投资阶段和投资期限挂钩的激励机制。再次，打造服务科技企业的数字化金融服务体系，在对科技企业精准画像的基础上，构建针对不同企业的评价和风控模型，丰富各类金融机构科创金融业务增信和风险处置手段，致力于缓解科创企业信贷服务不对称等问题。最后，对科技创新领域的衍生品和保险产品要加大投资力度，以提高风险管理效率。为满足企业对科技创新的风险管理需求，各大保险机构应在现有专利执行保险、首台（套）保险、知识产权海外纠纷法律费用补偿保险等多种险种的基础上，进一步丰富有关险种，支持有利于企业科技创新的期货期权等衍生品开发与交易。

第六章
2024中国战略性新兴产业领军企业100强分析报告

战略性新兴产业是以重大技术突破和重大发展需求为基础，对经济社会全局和长远发展具有重大引领带动作用，知识技术密集、物质资源消耗少、成长潜力大的产业。党的二十届三中全会正式通过的《中共中央关于进一步全面深化改革 推进中国式现代化的决定》强调，"完善推动新一代信息技术、人工智能、航空航天、新能源、新材料、高端装备、生物医药、量子科技等战略性产业发展政策和治理体系，引导新兴产业健康有序发展"。发展新质生产力是推动高质量发展的内在要求和重要着力点。在新质生产力中，"新"的关键在于创新驱动，"质"的锚点在于高质量发展，与战略性新兴产业的科技创新、要素重组及现代化产业发展密不可分。着力培育好战略性新兴产业，体现了新质生产力的发展要求。

2023年，我国战略性新兴产业增加值占GDP比重超过13%，比2014年提高约5个百分点。高技术制造业和装备制造业增加值占规模以上工业增加值比重分别从2012年的9.4%和28%，提高到2023年的15.7%和33.6%。根据国家统计局统计的数据，2023年规模以上工业中，高技术制造业增加值比上年增长2.9%，占规模以上工业增加值的比重为15.79%；装备制造业增加值增长6.8%，占规模以上工业增加值的比重为33.6%。2023年规模以上服务业中，战略性新兴服务业企业营业收入比上年增长7.7%。2023年高技术产业投资比上年增长10.3%。2023年新能源汽车产量达到944.3万辆，比上年增长30.3%；集成电路产量为3514.4亿块，比上年增长6.9%。

2024年是中国企业联合会连续第六年在中国企业500强、制造业企业500强和服务业企业500强的基础上，推出"中国战略性新兴产业领军企业100强"（以下简称中国战新企业100强）。2023年，以中国500强为代表的国内大企业，战新产业业务呈现良好发展态势，战新业务收入保持较高增长水平，战新业务收入占比持续提升，战新业务利润率逆势上涨，以高端装备制造和新材料为主要战新业务的企业入围数量增加。总体上看，发展战新业务为企业转换发展动能、实现高质量发展提供了强劲动力。

党的二十大以来，培育发展战略性新兴产业集群已经成为我国打造经济发展新引擎、促进产业结构升级的重要途径。贯彻落实党的二十届三中全会精神，需要加快推动科技创新基础上的产业创新，深入改造提升传统产业，着力壮大新兴产业，加快布局建设未来产业，塑造发展新动能、新优势。我国企业应积极拓展战新业务，不断提高产业链供应链韧性，加快推动产业技术标准化进程，着力推动战略性新兴产业融合集群发展，为加快建设世界一流企业提供更加有力的支撑。

一、2024 中国战略性新兴产业领军企业 100 强基本情况

1. 入围企业发展整体情况

战新业务收入增长较快。依据战略性新兴产业业务归口统计的营业收入，2024 中国战新企业 100 强入围门槛为 395.14 亿元，比上年 100 强提高了 19.58 亿元；入围企业共实现战新业务收入 12.79 万亿元，较上年 100 强增长 14.51%，增速下降 5.21 个百分点。与自身相比，相关企业战新业务营业收入较上年增长 12.72%，其中 86 家实现战新业务收入正增长；战新产业资产总额达到 18.63 万亿元，较上年增长 16.67%；从事战新业务员工总数达 339.37 万人，较上年增长 1.15%。2024 中国战新企业 100 强名单，如表 6-1 所示。

表 6-1 2024 中国战新企业 100 强名单

名次	企业名称	所属战新业务领域	战新业务总收入/亿元	主业所属行业
1	国家电网有限公司	新一代信息技术产业	12034.10	电网
2	中国移动通信集团有限公司	新一代信息技术产业	8667.44	电信服务
3	华为投资控股有限公司	新一代信息技术产业	7041.74	通信设备制造
4	中国石油天然气集团有限公司	新能源产业	4044.97	石油、天然气开采及生产业
5	联想控股股份有限公司	新一代信息技术产业	4011.95	多元化投资
6	中国联合网络通信集团有限公司	新一代信息技术产业	3166.80	电信服务
7	中国电力建设集团有限公司	新能源产业	2597.58	土木工程建筑
8	广州医药集团有限公司	生物产业	2570.45	药品制造
9	中国中车集团有限公司	高端装备制造产业	2413.83	轨道交通设备及零部件制造
10	天能控股集团有限公司	新能源产业	2251.51	动力和储能电池
11	国家能源投资集团有限责任公司	新能源产业	2123.53	煤炭采掘及采选业
12	中国宝武钢铁集团有限公司	新一代信息技术产业	2114.38	黑色冶金
13	北京嘀嘀无限科技发展有限公司	相关服务业	1923.80	互联网服务
14	中国航空油料集团有限公司	新能源产业	1921.37	能源矿产商贸

续表

名次	企业名称	所属战新业务领域	战新业务总收入/亿元	主业所属行业
15	蚂蚁科技集团股份有限公司	相关服务业	1784.53	互联网服务
16	中国交通建设集团有限公司	高端装备制造产业	1722.21	土木工程建筑
17	海信集团控股股份有限公司	数字创意产业	1486.18	家用电器制造
18	中国广核集团有限公司	新能源产业	1477.05	电力生产
19	中国兵器工业集团有限公司	高端装备制造产业	1470.30	兵器制造
20	浙江恒逸集团有限公司	新材料产业	1305.17	化学纤维制造
21	卓尔控股有限公司	相关服务业	1299.67	多元化投资
22	隆基绿能科技股份有限公司	新能源产业	1294.98	风能、太阳能设备制造
23	中国能源建设集团有限公司	新能源产业	1273.42	土木工程建筑
24	中国中信集团有限公司	新材料产业	1236.42	多元化金融
25	协鑫（集团）控股有限公司	新能源产业	1225.72	风能、太阳能设备制造
26	中国铝业集团有限公司	新材料产业	1216.38	一般有色
27	浪潮集团有限公司	新一代信息技术产业	1213.11	计算机及办公设备
28	包头钢铁（集团）有限责任公司	新材料产业	1196.35	黑色冶金
29	广东省广晟控股集团有限公司	高端装备制造产业	1176.50	多元化投资
30	超威电源集团有限公司	新能源产业	1166.52	动力和储能电池
31	中国建材集团有限公司	新材料产业	1158.72	水泥及玻璃制造
32	天合光能股份有限公司	新能源产业	1133.92	风能、太阳能设备制造
33	桐昆控股集团有限公司	新材料产业	1124.35	化学纤维制造
34	万向集团公司	新能源汽车产业	1121.78	汽车及零配件制造
35	河北新华联合冶金控股集团有限公司	新材料产业	1108.05	黑色冶金
36	河钢集团有限公司	新材料产业	1087.10	黑色冶金
37	广东省广新控股集团有限公司	新材料产业	1086.74	多元化金融
38	云账户技术（天津）有限公司	新一代信息技术产业	1084.50	人力资源服务
39	新凤鸣控股集团有限公司	新材料产业	1041.86	化学纤维制造
40	辽宁方大集团实业有限公司	相关服务业	1036.42	黑色冶金
41	徐州工程机械集团有限公司	高端装备制造产业	1015.57	工程机械及零部件

续表

名次	企业名称	所属战新业务领域	战新业务总收入/亿元	主业所属行业
42	中国海洋石油集团有限公司	节能环保产业	991.43	石油、天然气开采及生产业
43	歌尔股份有限公司	新一代信息技术产业	985.74	计算机及办公设备
44	荣耀终端有限公司	新一代信息技术产业	983.77	通信设备制造
45	陕西有色金属控股集团有限责任公司	新材料产业	972.15	一般有色
46	TCL实业控股股份有限公司	新一代信息技术产业	957.69	家用电器制造
47	万华化学集团股份有限公司	新材料产业	912.22	化学原料及化学品制造
48	广西柳州钢铁集团有限公司	节能环保产业	883.68	黑色冶金
49	山东能源集团有限公司	新材料产业	868.90	煤炭采掘及采选业
50	上海钢联电子商务股份有限公司	新一代信息技术产业	863.14	互联网服务
51	正泰集团股份有限公司	高端装备制造产业	848.20	电力电气设备制造
52	华勤技术股份有限公司	新一代信息技术产业	827.99	通信设备制造
53	国家电力投资集团有限公司	新能源产业	817.94	电力生产
54	晶澳太阳能科技股份有限公司	新能源产业	815.56	风能、太阳能设备制造
55	亨通集团有限公司	新一代信息技术产业	810.56	通信设备制造
56	中国铁道建筑集团有限公司	高端装备制造产业	756.56	土木工程建筑
57	中天科技集团有限公司	新一代信息技术产业	754.25	电线电缆制造
58	三一集团有限公司	高端装备制造产业	740.20	工业机械及设备制造
59	阳光电源股份有限公司	新一代信息技术产业	709.53	风能、太阳能设备制造
60	中国铁路工程集团有限公司	高端装备制造产业	707.53	土木工程建筑
61	浙江华友钴业股份有限公司	新材料产业	703.18	一般有色
62	四川长虹电子控股集团有限公司	数字创意产业	698.43	家用电器制造
63	中国华能集团有限公司	新能源产业	690.10	电力生产
64	鞍钢集团有限公司	新材料产业	682.44	黑色冶金
65	潍柴控股集团有限公司	高端装备制造产业	677.00	锅炉及动力装备制造
66	广州工业投资控股集团有限公司	新能源汽车产业	663.47	工业机械及设备制造
67	创维集团有限公司	新一代信息技术产业	662.74	家用电器制造
68	广州汽车工业集团有限公司	新能源汽车产业	655.67	汽车及零配件制造

续表

名次	企业名称	所属战新业务领域	战新业务总收入/亿元	主业所属行业
69	中国重型汽车集团有限公司	高端装备制造产业	639.74	汽车及零配件制造
70	TCL科技集团股份有限公司	新能源产业	612.71	半导体、集成电路及面板制造
71	闻泰科技股份有限公司	新一代信息技术产业	612.13	通信设备制造
72	汇通达网络股份有限公司	新一代信息技术产业	605.85	软件和信息技术（IT）
73	广东省建筑工程集团控股有限公司	新能源产业	591.72	土木工程建筑
74	宏旺控股集团有限公司	新材料产业	550.18	金属制品加工
75	广西北部湾国际港务集团有限公司	相关服务业	549.24	港口服务
76	中国国际海运集装箱(集团)股份有限公司	新材料产业	545.62	金属制品加工
77	湖南钢铁集团有限公司	高端装备制造产业	545.13	黑色冶金
78	中国华电集团有限公司	新能源产业	538.74	电力生产
79	重庆智飞生物制品股份有限公司	生物产业	529.18	药品制造
80	新华三信息技术有限公司	新一代信息技术产业	518.58	通信设备制造
81	深圳海王集团股份有限公司	生物产业	514.19	药品制造
82	深圳传音控股股份有限公司	新一代信息技术产业	514.06	通信设备制造
83	海亮集团有限公司	新材料产业	493.41	一般有色
84	华峰集团有限公司	新材料产业	493.38	化学原料及化学品制造
85	中国第一汽车集团有限公司	新一代信息技术产业	481.96	汽车及零配件制造
86	中国化学工程集团有限公司	新材料产业	480.02	土木工程建筑
87	中联重科股份有限公司	高端装备制造产业	470.75	工业机械及设备制造
88	招商银行股份有限公司	相关服务业	463.04	商业银行
89	江铃汽车集团有限公司	新能源汽车产业	462.72	汽车及零配件制造
90	中国黄金集团有限公司	新材料产业	451.91	贵金属
91	海尔集团公司	新一代信息技术产业	442.41	家用电器制造
92	山东黄金集团有限公司	高端装备制造产业	437.86	煤炭采掘及采选业
93	宁波金田投资控股有限公司	新材料产业	430.49	一般有色
94	广东德赛集团有限公司	新一代信息技术产业	430.09	汽车及零配件制造
95	中国机械工业集团有限公司	高端装备制造产业	425.01	工业机械及设备制造

续表

名次	企业名称	所属战新业务领域	战新业务总收入/亿元	主业所属行业
96	恒申控股集团有限公司	新材料产业	415.41	化学纤维制造
97	浙江卫星控股股份有限公司	新材料产业	414.87	化学原料及化学品制造
98	盛虹控股集团有限公司	新材料产业	408.80	化学原料及化学品制造
99	金发科技股份有限公司	新材料产业	398.58	化学原料及化学品制造
100	四川九洲投资控股集团有限公司	新一代信息技术产业	395.14	通信设备制造

2024 中国战新企业 100 强中有 41 家企业战新业务收入超过千亿元，较上年增加 10 家。该 41 家企业战新业务收入总计达到 9.04 万亿元，占战新产业 100 强企业战新业务总收入的 70.68%，头部效应明显。

战新业务经营效益有所上升。2024 中国战新企业 100 强共实现战新业务利润 9048.14 亿元（指按战新业务归口统计的营业利润，下同），较上年 100 强上升 29.53%。战新利润占比为 40.90%；98 家具有两年数据的企业中，65 家企业战新业务利润实现正增长，33 家企业战新业务利润同比下降。

战新业务经营利润率有所上升。2024 中国战新企业 100 强战新业务平均利润率为 7.31%（按战新业务归口统计 98 家具有两年数据的企业），较上年 100 强上升 1.06 个百分点，利润率指标有一定程度上升。同时，这 100 家企业战新业务的利润率明显高于全部业务 6.54% 的利润率水平。2024 中国战新 100 强的营业利润增长速度高于营业收入增长速度，扭转了自 2021 年以来中国战新企业 100 强的营业利润增长速度均低于营业收入增长速度的态势。

国有、民营企业数量各占半壁江山。2024 中国战新企业 100 强中入围的国有企业为 53 家，民营企业为 47 家，国有企业较上年增加 4 家，民营企业较上年减少 4 家。近年来战新企业 100 强基本维持国有、民营企业数量各占半壁江山的局面。53 家国有企业共实现战新业务收入 7.74 万亿元，占全部 100 家企业战新业务总收入的 60.52%，其中有 23 家企业战新业务收入超千亿元；48 家民营企业共实现战新业务收入 5.05 万亿元，占全部 100 强企业战新业务总收入的 39.48%，其中有 18 家企业战新业务收入超千亿元。

2. 入围企业领域特征分析

以新材料产业、新一代信息技术产业为主要战新业务的企业是榜单主体。从战略性新兴产业分类来看，2024 中国战新企业 100 强中以新材料产业作为主要战新业务的企业有 26 家入围，入围企业数量排名第一，其中有 10 家企业实现收入超千亿元；以新一代信息技术产业作为主要战新业务的企业有 25 家入围，入围企业数量排名第二，其中有 8 家企业实现收入超千亿元；以新能源产业作为主要战新业务的企业有 17 家入围，入围企业数量排名第三，其中有 11 家企业实现收入超千亿元；以高端装备制造产业作为主要战新业务的企业共有 15 家入围，入围企业数量排名第四；以相关服务业作为主要战新业务的企业共有 6 家入围，入围企业数量排名第五；新能源汽车产业、生物产业、节能环保产业、数字创意产业入围企业数量分别为4家、3家、2家、2家，如图6-1所示。

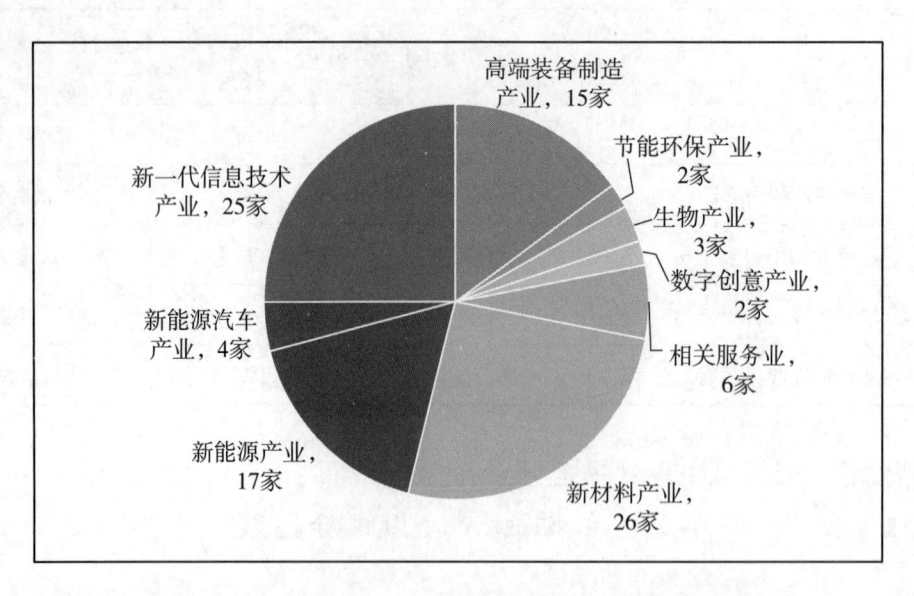

图6-1 2024中国战新企业100强各领域入围企业数量对比

新一代信息技术产业引领战新产业发展。战新业务收入方面，收入最高的是新一代信息技术产业，入围企业共实现战新业务收入50889.65亿元，占比超过入围企业战新业务总收入的三分之一，达到39.78%；新能源产业、新材料产业和高端装备制造产业分别实现战新业务收入24577.34亿元、20782.70亿元和14046.39亿元，占比达到19.21%、16.25%和10.98%，战新业务收入排名分列第二、第三和第四；相关服务业、生物产业、新能源汽车产业、数字创意产业和节能环保产业战新业务收入相对较少，分别为7056.70亿元、3613.82亿元、2903.64亿元、2184.61亿元、1875.11亿元，分别占所有入围企业战新业务收入的5.52%、2.82%、2.27%、1.71%和1.47%，相关产业尚待培育壮大，如图6-2所示。

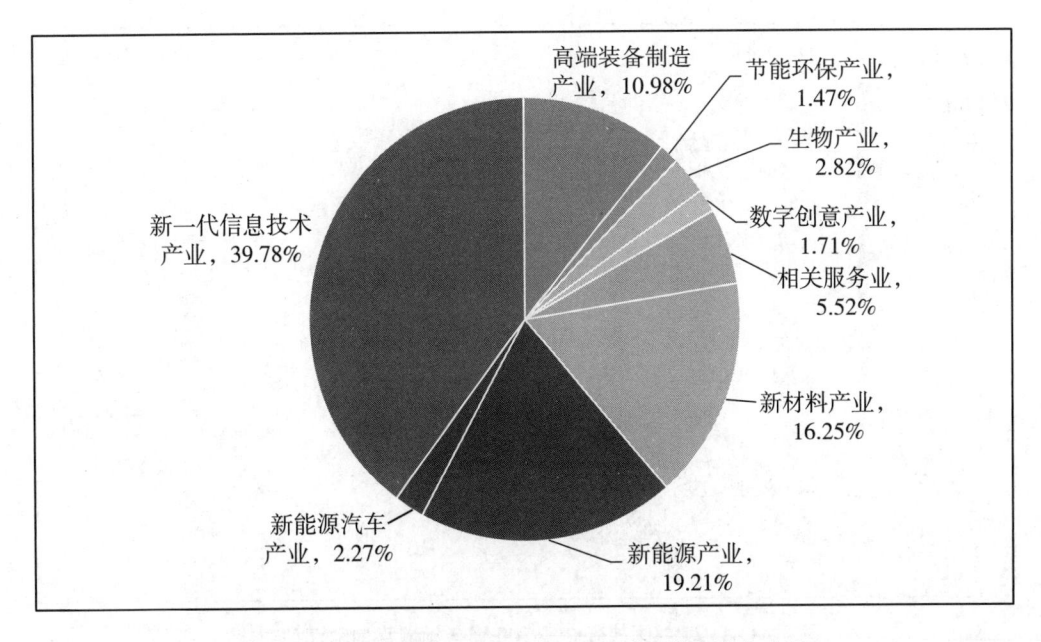

图 6-2　2024 中国战新企业 100 强分产业战新收入占比

从盈利能力来看，战新业务利润额最高的是新一代信息技术产业，入围企业共实现战新业务利润 3732.01 亿元，占 2024 中国战新企业 100 强战新业务利润总额的 41.25%。新能源产业、高端装备制造产业、新材料产业和相关服务业分别实现战新利润 2386.13 亿元、908.70 亿元、824.74 亿元和 681.22 亿元，分列第二、第三、第四和第五；节能环保产业、生物产业、数字创意产业和新能源汽车产业利润规模较小，分别实现战新利润 238.39 亿元、154.45 亿元、95.50 亿元和 26.98 亿元。从企业经营效益来看，战新利润率最高的是节能环保产业，平均利润率达到 12.71%，是入围企业平均利润率（7.31%）的 1.74 倍；紧随其后的是新能源产业，平均利润率达 9.71%；其次是相关服务业、新一代信息技术产业、高端装备制造产业、数字创意产业、生物产业和新材料产业，平均利润率分别为 9.65%、7.82%、6.47%、4.37%、4.27% 和 4.15%；利润率最低的是新能源汽车产业，平均利润率仅为 0.93%，为入围企业平均利润率的 12.72%，各领域入围企业经营效益尚有较大差距。近年来，新能源汽车产业为增加市场份额或打压竞争对手，普遍实施通过降低产品价格来吸引更多消费者的竞争策略，导致了产业利润率的降低，如图 6-3 所示。

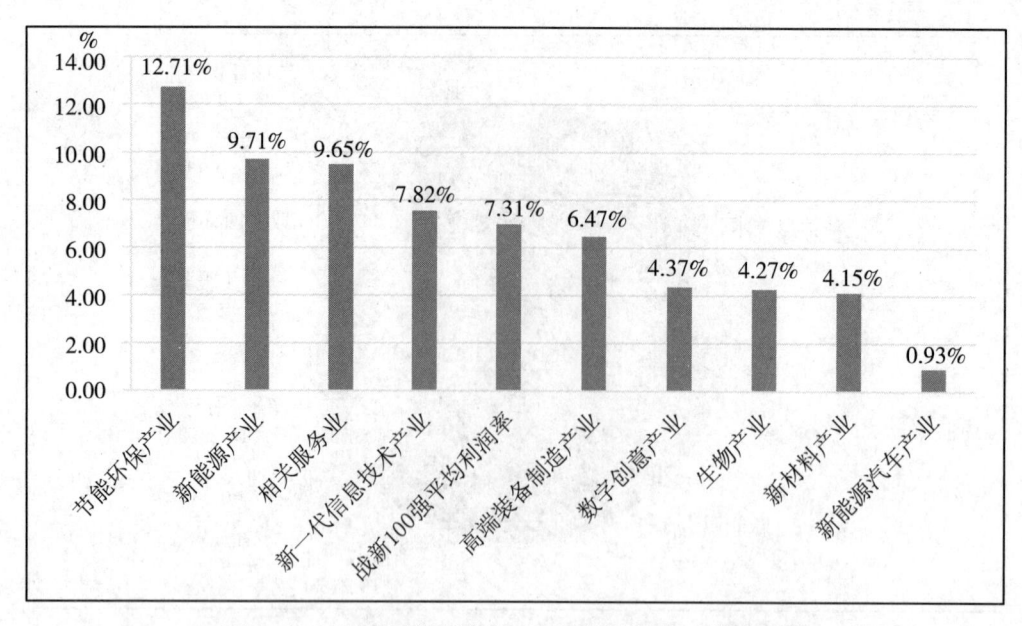

图 6-3　2024 中国战新企业 100 强各领域平均利润率对比

2024 中国战新企业 100 强中有 33 家战新业务出现利润下滑，利润下滑企业中占比最高的是相关服务业，有 4 家企业出现一定程度的利润下滑，占相关产业入围企业数量的 66.67%；其次是数字创意产业和新一代信息技术产业，分别有 1 家、9 家企业出现一定程度的利润下滑，占相关产业入围企业数量的比重分别为 50%、36%，如图 6-4 所示。

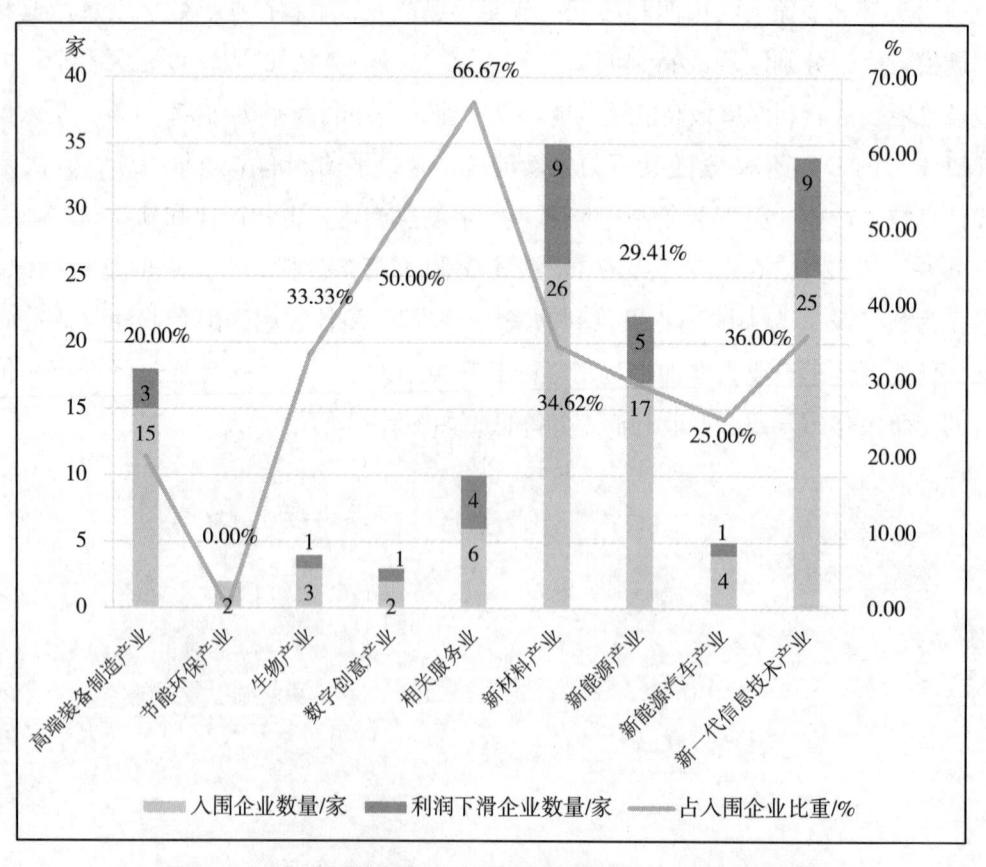

图 6-4　2024 中国战新企业 100 强各领域利润下滑企业占比情况

3. 入围企业研发投入分析

2024中国战新企业100强研发投入较上年有所提升。对入围企业整体研发投入和拥有专利、标准制定情况进行分析，2024中国战新企业100强研发费用总计8833.64亿元，2023中国战新企业100强研发费用总计8348.25亿元，同比增长5.81%，平均每家企业研发费用投入达到88.34亿元，平均研发强度为2.57%。97家入围企业提供了拥有专利情况，共拥有114.86万项专利授权，其中，发明专利55.02万项，占专利授权总数的47.90%，平均每家企业拥有5672项发明专利授权。91家企业提供了标准参与情况，共参与制定标准45615项，平均每家企业参与制定501项标准。

2024中国战新企业100强所涉及领域的研发投入差异明显。从产业分布来看，研发强度最高的是新一代信息技术产业，入围企业平均研发强度达到4.45%，排名第一；高端装备制造产业入围企业平均研发强度达到3.57%，排名第二；相关服务业、新能源产业、数字创意产业和新能源汽车产业入围企业平均研发强度分别为3.49%、2.80%、2.70%和2.16%，分别排第三至第六；新材料产业、节能环保产业和生物产业入围企业平均研发强度偏低，分别为1.89%、1.30%和1.00%。从增速来看，入围企业分属的9个领域，有3个领域平均研发强度较上年有所提高，增速最快的是相关服务业，该产业入围企业平均研发强度较上一年提高0.72个百分点；其次是新材料产业和新能源产业，入围企业平均研发强度分别较上一年提高0.26、和0.12个百分点；生物产业、高端装备制造产业、新能源汽车产业、新一代信息技术产业、数字创意产业、节能环保产业入围企业平均研发强度分别较上一年下降0.12、0.16、0.17、0.49、0.55和1.19个百分点。从图6-5可以看出，战新产业各领域之间研发强度分层较2023年有所缓和，新一代信息技术产业、高端装备制造产业和相关服务业这3个领域入围企业平均研发强度均超过3%。

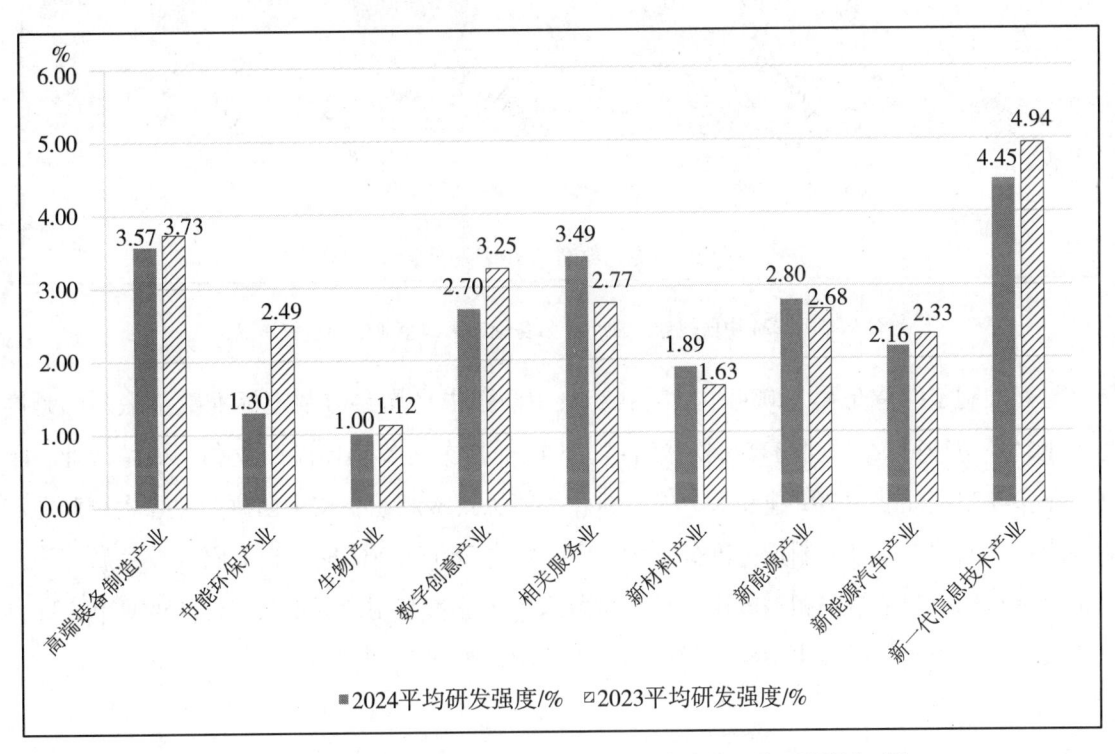

图6-5 2024中国战新企业100强各领域入围企业平均研发强度对比

2024 中国战新企业 100 强所涉及领域的知识产权积累差距较大。从专利拥有情况来看，拥有发明专利授权最多的是新一代信息技术产业，平均每家入围企业获得 12741 件发明专利授权；排名第二的是数字创意产业，平均每家入围企业获得 7682 件发明专利授权；其次是高端装备制造产业、相关服务业、新能源产业和节能环保产业，平均每家入围企业获得 5175 件、4906 件、4650 件和 2737 件发明专利授权；新材料产业、新能源汽车产业和生物产业入围企业获得的发明专利平均授权较少，平均每家入围企业分别获得 1472 件、1000 件和 349 件专利授权，与其他领域尚有较大差距。在专利授权中，发明专利占比最高的是相关服务业，入围企业发明专利占比达 84.11%；其次是新一代信息技术产业、生物产业、节能环保产业、数字创意产业、新材料产业和新能源产业，入围企业发明专利占比分别为 65.26%、63.94%、47.35%、36.32%、35.64% 和 35.43%；高端装备制造产业和新能源汽车产业发明专利占比相对较低，平均入围企业发明专利占比分别为 30.47% 和 29.66%，如图 6-6 所示。

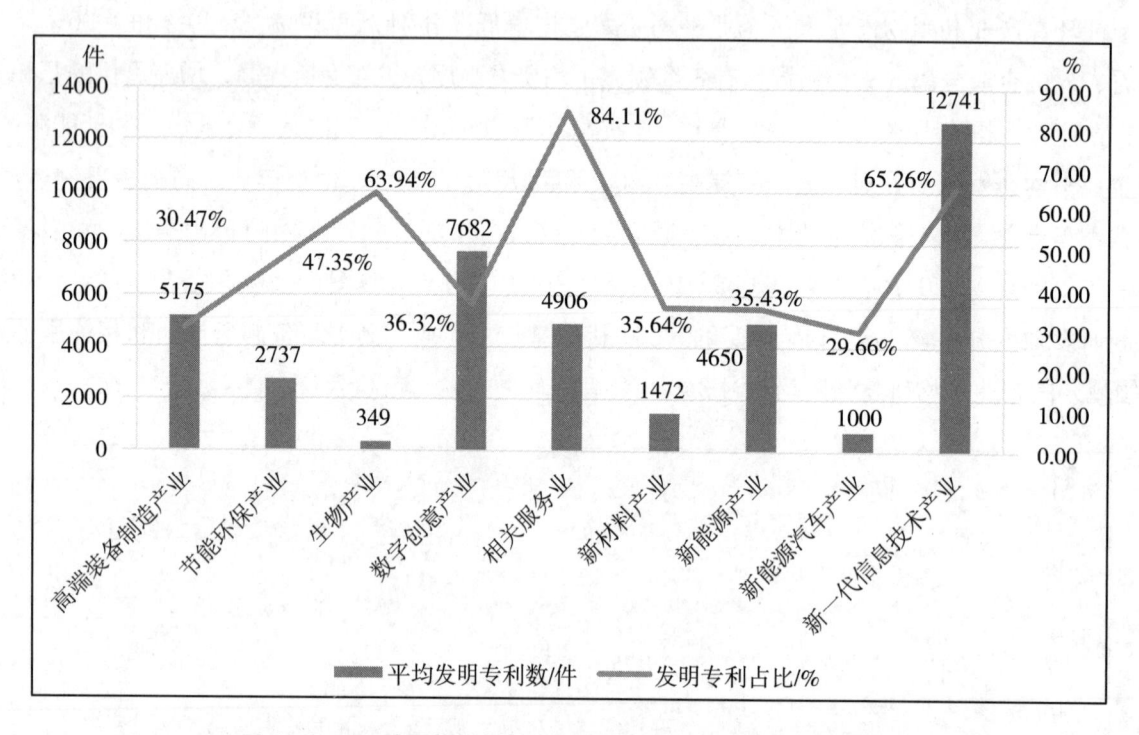

图 6-6　2024 中国战新产业 100 强各领域入围企业专利授权情况

从参与标准制定的情况看，2024 中国战新企业 100 强中平均参与制定标准数量最多的是高端装备制造产业，平均每家入围企业参与制定标准 1058 项；其次是节能环保产业和新能源产业，平均每家入围企业参与制定标准为 901 项和 517 项；新一代信息技术产业、数字创意产业、生物产业和新材料产业平均每家入围企业参与制定标准分别为 490、299、286 和 267 项；相关服务业和新能源汽车产业入围企业参与标准制定情况相对较少，平均每家入围企业参与制定标准分别为 154 项和 135 项。从入围企业来看，各领域在标准化参与方面存在较大差距，如图 6-7 所示。

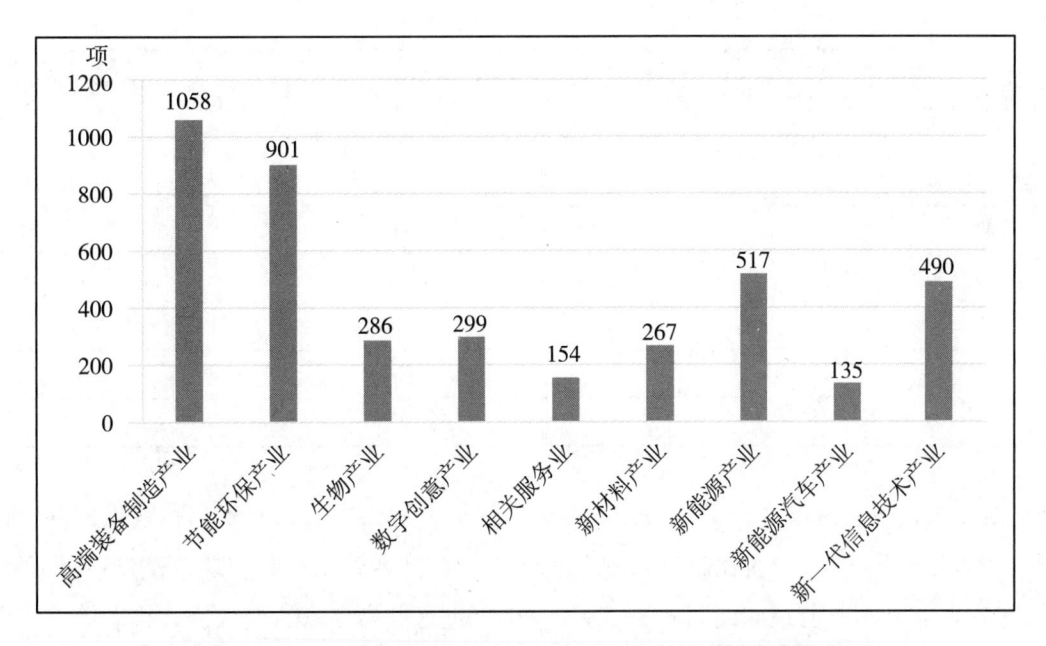

图 6-7　2024 中国战新企业 100 强各领域入围企业标准制定参与情况

4. 入围企业总部分布分析

2024 中国战新企业 100 强中南方入围企业分布更均衡，而北方入围企业分布更集中。在 2024 中国战新企业 100 强中，8 个北方地区共有 44 家企业入围，12 个南方地区共有 56 家企业入围。在北方省份中，北京一枝独秀，有 25 家企业入围，入围企业数占北方地区入围企业数的 56.82%，排名第一；山东共有 9 家企业入围，入围企业数占北方地区入围企业数的 20.45%，排名第二；其余省份入围企业数均不超过 3 家，同时尚有 3 省无一家企业入围。在南方省份中，广东处于领先地位，共有 19 家企业入围，入围企业数占南方地区入围企业数的 33.93%，排名第一；其次是浙江、江苏，分别有 14 家、7 家企业入围，入围企业数分列第二、第三；从整体来看，南北方地区入围企业数量较为均衡，南方省份占比略多；南北方内部，南方各省之间发展相对较为均衡，除了广东、江苏、浙江三省均有超 6 家企业入围以外，上海、湖南各有 3 家企业入围；北方地区入围企业主要集中在北京和山东，两地区合计入围企业数量达 34 家，占北方地区入围企业数量的 77.27%，同时有 27.27% 的北方地区无企业入围，如表 6-2 所示。

表 6-2　南北方各省份（自治区、直辖市）入围 2024 中国战新企业 100 强数量对比

省份（自治区、直辖市）	入围企业数量/家	省份（自治区、直辖市）	入围企业数量/家
北方地区	44	南方地区	56
北京	25	广东	19
山东	9	浙江	14
河北	3	江苏	7
辽宁	2	湖南	3
陕西	2	上海	3

续表

省份（自治区、直辖市）	入围企业数量/家	省份（自治区、直辖市）	入围企业数量/家
吉林	1	广西壮族自治区	2
内蒙古自治区	1	湖北	2
天津	1	四川	2
—	—	安徽	1
—	—	重庆	1
—	—	福建	1
—	—	江西	1

东部地区是我国培育战新产业100强企业的重要摇篮。从四大区域分布来看（见图6-8），东部地区入围企业数量达到82家，占比超过入围企业的八成，排名第一；其中北京战新产业发展最为突出，共有25家企业入围，占东部地区的30.49%。中部地区共有8家企业入围，排名第二；湖南有3家企业入围，湖北有2家企业入围，两省份入围企业数占中部地区入围企业数的62.50%。西部地区共有7家企业入围，排名第三；其中四川和陕西各有2家企业入围，两省份入围企业数占西部地区入围企业数的57.14%。东北地区仅有3家企业入围，分别属于辽宁2家，吉林1家，战新产业发展较为薄弱。

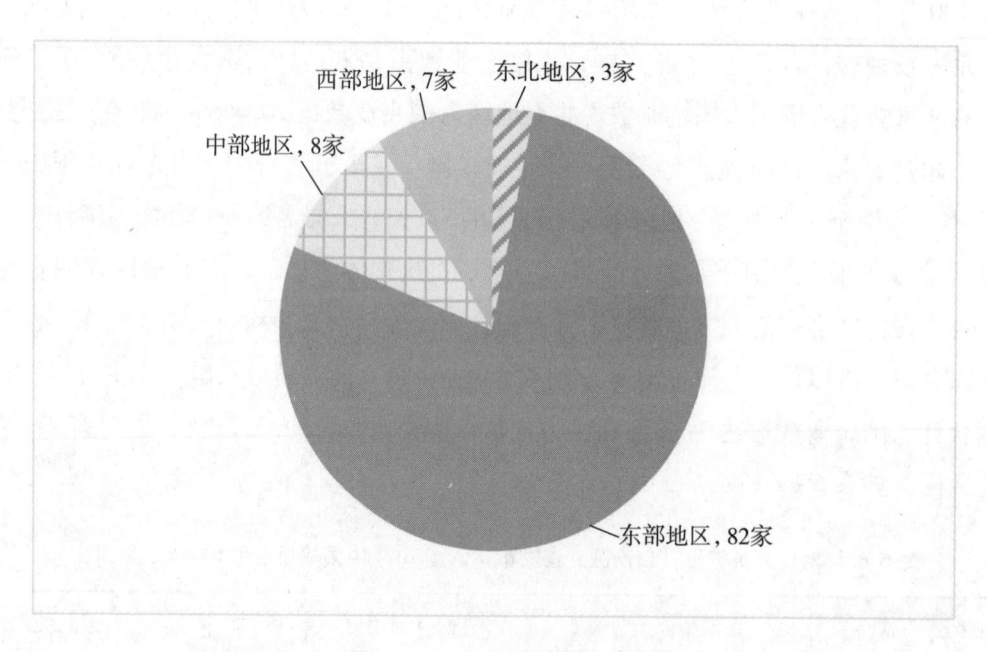

图6-8　2024中国战新企业100强我国四大区域入围企业数量对比

东部地区82家入围企业涵盖战新9个领域，战新产业发展最为均衡。东部地区发展最好的是新材料产业和新一代信息技术产业，分别有23家和21家企业入围，各占东部地区入围企业数量的28.05%和25.61%；其次是新能源产业和高端装备制造产业，分别有16家和12家企业入围，占东部地区入围企业数量的19.51%和14.63%；相关服务业、新能源汽车产业、生物产业、节能环保产业和数字创意产业入围企业数量分别为3家、3家、2家、1家、1家，合计占东部地区入围企业数量的

12.20%。和其他区域相比，东部地区战新产业各领域入围企业数量均处于领先地位，优势最为突出的是新能源产业、新材料产业、新一代信息技术产业和高端装备制造产业，占全国同领域入围企业数量之比分别达到94.12%、88.46%、84%和80%，均超过80%。

中部地区8家入围企业涵盖战新产业6个产业分类，高端装备制造产业有3家企业入围，占中部地区入围企业数量的37.50%。与其他区域相比，中部地区尚无优势突出产业，新能源汽车产业发展相对较好，占该产业全国入围企业数量的25.00%。

西部地区7家入围企业涵盖战新产业7个产业分类，战新产业发展水平仅次于中部地区，新材料产业、新能源产业、节能环保产业、生物产业、新一代信息技术产业、数字创意产业和相关服务业各有1家企业入围。和其他区域相比，西部地区尚无优势突出产业，仅有数字创意产业、节能环保产业较为优秀，占全国同领域入围企业数量之比的50%。生物产业相对较好，占全国同领域入围企业数量之比的33.33%。

东北地区仅有3家企业入围，新材料产业1家、新一代信息技术产业1家和相关服务业1家企业入围，战新产业发展与其他地区差距明显。

二、战略性新兴业务对企业经营发展的贡献分析

1. 战新业务对企业经营总体贡献有所增长

2024中国战新企业100强共实现营业收入34.35万亿元，其中，战新业务收入12.79万亿元，战新业务收入占全部营业收入的比重为37.24%，较上年100强提高了3.65个百分点，显示出战新业务对企业经营总体贡献有所增长。100家企业共实现营业利润22534.19亿元，其中，战新业务利润为9048.14亿元，战新业务利润占营业利润的比重为40.15%，较上一年增长5.20个百分点。就自身同比来看，这100家企业战新利润占比呈现上升趋势。总的来看，2024战新企业100强通过发展战新业务，以37.24%的收入带来了40.15%的利润，说明无论是战新产业相关企业的发展还是传统企业积极发展战新业务，对企业经济效益的提升都有明显效果。中国战新企业100强的实践，在推动企业产业转型升级方面起到了较好的示范作用。

2. 各行业战新业务发展情况分析

依据500强企业行业分类，2024中国战新企业100强共涵盖了36个行业，其中，通信设备制造行业和黑色冶金行业入围企业数达到8家，排名并列第一；土木工程建筑行业有7家企业入围，位列第三位；汽车及零配件制造行业有6家企业入围，位列第四位；一般有色、化学原料及化学品制造、家用电器制造和风能、太阳能设备制造行业，各有5家企业入围，并列排名第五位；化学纤维制造、工业机械及设备制造和电力生产行业各有4家企业入围，并列第九位；互联网服务、多元化投资、煤炭采掘及采选业和药品制造行业各有3家企业入围，并列第十二位。中国战新产业100强企业的行业分布比上年100强分布数量减少四个行业，如表6-3所示。

表6-3 2024中国战新企业100强主营业务行业分布情况

主业所属行业	入围企业数/家	战新业务总收入/亿元	战新业务利润总额/亿元
通信设备制造	8	11703.97	1282.53
黑色冶金	8	8653.55	122.99
土木工程建筑	7	8129.04	427.89
汽车及零配件制造	6	3791.96	-60.17
一般有色	5	3815.61	156.29
化学原料及化学品制造	5	2627.85	139.34
家用电器制造	5	4247.45	159.85
风能、太阳能设备制造	5	5179.71	433.99
化学纤维制造	4	3886.79	92.14
工业机械及设备制造	4	2299.43	155.14
电力生产	4	3523.83	739.83
互联网服务	3	4571.47	612.16
多元化投资	3	6488.12	102.84
煤炭采掘及采选业	3	3430.29	371.86
药品制造	3	3613.82	154.45
动力和储能电池	2	3418.03	48.36
多元化金融	2	2323.16	82.54
电信服务	2	11834.24	1849.61
石油、天然气开采及生产业	2	5036.40	1041.62
计算机及办公设备	2	2198.85	48.61
金属制品加工	2	1095.80	28.17
人力资源服务	1	1084.50	0.18
兵器制造	1	1470.30	123.43
半导体、集成电路及面板制造	1	612.71	45.44
商业银行	1	463.04	87.92
工程机械及零部件	1	1015.57	58.09
水泥及玻璃制造	1	1158.72	135.24
港口服务	1	549.24	3.53
电力电气设备制造	1	848.20	71.39
电线电缆制造	1	754.25	36.20
电网	1	12034.10	273.52
能源矿产商贸	1	1921.37	34.61
贵金属	1	451.91	5.17
轨道交通设备及零部件制造	1	2413.83	156.05
软件和信息技术（IT）	1	605.85	6.81
锅炉及动力装备制造	1	677.00	20.52
合计	100	127929.94	9048.14

通信设备制造行业战新业务发展势头强劲。在中国战新企业 100 强企业行业中，虽然电信服务行业在百强名单中只有两家企业，却贡献了所有 100 强企业战新业务收入的 9.25%。此外，通信设备制造行业不仅有最多的入围企业，也是在战新业务收入上贡献较多的行业之一，其战新业务收入占了所有 100 强企业战新业务收入的 9.15%。

从各个行业的企业平均战新业务收入占比来看，总共有 17 个行业，其企业平均战新业务收入占比超过了 50%。剔除入围企业数量过少的行业（入围企业小于等于 2 家，下同）的干扰后，入围企业战新业务收入占营业收入比重最高的是互联网服务行业，占比达到 100%；然后是药品制造行业，战新业务收入占比达到 99.90%；通信设备制造行业的战新业务收入占比也超过了 90%，达到了 90.99%。

从研发强度看，剔除入围企业数量过少行业的干扰，通信设备制造行业明显领先，大部分行业研发投入低于平均水平。具体来看，研发强度最高的是通信设备制造行业，入围企业平均研发强度达到 8.12%，排名第一；互联网服务行业入围企业平均研发强度为 5.56%，排名第二；工业机械及设备制造行业入围企业平均研发强度为 5.06%，排名第三。此外，共有 18 个行业入围企业平均研发强度低于 2024 战新企业 100 强平均研发强度 2.57% 的水平。

通过对 2024 中国战新企业 100 强的行业统计与分析，可以看出，通信设备制造业的战新业务发展势头最为强劲，表现最为突出，在入围企业数量、战新业务收入贡献及战新业务效益方面均处在领先地位。此外，风能、太阳能设备制造和电信服务业等行业表现也十分突出，表现出了极大的潜力。

3. 制造业、服务业 500 强中战新企业贡献分析

在 2024 中国制造业企业 500 强中，共有 68 家企业入围 2024 中国战新企业 100 强榜单，相比上一年制造业 500 强入围企业减少了 2 家。入围的 68 家企业均提供了完整的收入利润数据，共实现营业收入 13.84 万亿元，占 2024 中国制造业 500 强总营业收入的比重为 26.61%，较上一年降低 0.22 个百分点；共实现营业利润 5948.71 亿元，占 2024 中国制造业 500 强总营业利润的比重为 28.90%，较上一年上升 2.59 个百分点。对 2024 中国制造业企业 500 强中入围中国战新企业 100 强的企业进行分析可以看出，通过发展战新业务，68 家企业以 13.60% 的数量占比，实现了 26.61% 的营业收入占比和 28.90% 的利润占比，制造业大企业转型升级取得扎实进展，展现出良好的发展潜力。

在 2024 中国服务业企业 500 强中，共有 16 家企业入围 2024 中国战新企业 100 强榜单，相比上一年服务业 500 强入围企业下降了 1 家。16 家企业均提供了完整的收入利润数据，共实现营业收入 8.65 万亿元，占 2024 中国服务业 500 强总营业收入的比重为 17.58%，较上一年增加了 0.17 个百分点；共实现营业利润 6782.74 亿元，占 2024 中国服务业 500 强总营业利润的比重为 15.39%，较上一年下降了 6.79 个百分点。对 2024 中国服务业 500 强企业中入围中国战新企业 100 强的企业进行分析可以看出，通过发展战新业务，16 家企业以 3.2% 的数量占比，实现了 17.58% 的营业收入占比和 15.39% 的利润占比，显示出服务业发展势头迅猛，具有良好的示范意义。

三、我国企业发展战新业务面临的挑战与机遇

近年来,世界百年未有之大变局加速演进,新一轮科技革命和产业变革不断催生新业态,全球产业体系正在发生系统性重构。以新产业、新业态、新模式为主要内容的战略性新兴产业代表新一轮科技革命和产业变革的方向,是培育发展新动能、获取未来竞争新优势,形成新质生产力的关键领域。当前,我国战略性新兴产业增加值,在国内生产总值中占比已超过13%,第一批国家级战略性新兴产业集群已达到66个。Wind数据显示,截至2023年年底,我国战略性新兴产业上市公司的总市值已超过30万亿元,与2022年年底相比,总市值增长超过3倍。战略性新兴产业创新能力进一步增强,转型升级成效逐渐显现,为实现"十四五"规划目标、推动经济高质量发展持续注入新动力。

但是,日益复杂的国际形势仍持续制约我国战略性新兴产业的发展,且战新产业集群化发展对我国关键技术攻关、产业协同治理、区域协同发展等方面提出了更高的要求。与此同时,在数字经济蓬勃发展的大环境下,我国战新企业实现全面数字转型依然任重道远。步入新时代,战新企业应充分把握我国经济高质量发展机遇期,积极拓展战新业务,着力推动战新产业融合集群发展。

1. 我国企业发展战新业务面临的挑战

(1) 国际形势日益复杂制约产业发展。

一是美国联合盟友对中国进行长期系统性遏制。近年来,美国与盟友不断加大对我国新兴产业的战略遏制,出台一系列政策措施,从经济、科技、金融等领域全面进行打压。2020年,美国发布《美国对中华人民共和国的战略方针》,认为中国在经济、价值观和国家安全方面对美国构成挑战。自2021年拜登上任以来,他将中国视为美国科技领域的主要竞争对手,加剧了对中国的强硬态度和遏制行动。美国参议院提出了《2021年战略竞争法案》,明确对中国实施全面战略竞争,联合盟友合围中国。俄乌冲突加剧了中美两国的经济状况和科技产业链分离程度。美国借助俄乌冲突,渲染"中国威胁"论,强化以制裁为核心的经济战体系,并在全球治理领域对华施压。美国加紧构建对华围堵的"印太经贸小圈子",未来十年对中国的压制和围堵将更加猛烈。2022年8月9日,拜登签署《芯片与科学法案》,国会将在五年内拨款500亿美元用于美国芯片基金,要求接受资金援助的企业十年内不得在中国或其他相关国家扩大或发展先进半导体制造能力。同月,美国商务部工业和安全局将EDA软件和7个中国实体加入出口管制清单,加快中美半导体领域的脱钩。同年8月16日,拜登签署《通胀削减法案》,意图以美国为中心重组全球新能源汽车供应链,将中国排除在外。

二是全球产业链供应链重构引发新的产业竞争。新冠疫情冲击全球产业链和供应链,对战略性新兴产业发展格局产生深远影响。疫情导致国际产业链出现转移趋势,部分欧美企业考虑减少在中国的投资,低端制造业逐渐转向东南亚国家。全球各国积极调整产业布局,加速推进产业链、供应链的区域化、本土化和关键技术自主化,特别是在医药卫生、粮食安全、重要能源资源、先进技术和高端制造等领域。同时,非关键产品供应链布局更加灵活、多元和分散。主要发达经济体围绕制造业核心技术、顶尖人才和标准规范等方面加大争夺新一轮全球科技创新和产业竞争的力度,直接推动全球产业链分工格局发生深远变化。美国和日本通过政策补贴,支持企业将供应链迁回本国。

2022年5月的调查显示，23%的欧洲企业正在考虑将投资从中国转移到其他地区。中国美国商会的调查显示，52%的美企表示将延后或减少在中国的投资项目。日本通过加强供应链计划，减少对中国作为"世界工厂"的依赖，支持建造新的或额外的制造工厂。

（2）战新产业融合集群发展面临挑战。

一是核心工业基础能力较弱。我国战略性新兴产业在基础原材料、核心制造装备、基础工艺、工业软件等方面能力薄弱，与发达国家在研发、制造、质量、服务等方面存在差距，限制了产业国际竞争力的提升。新一代信息技术产业上游原材料和制造装备薄弱，信息基础设施与发达国家差距明显，全球服务能力不足。生物产业起步晚，核心基础薄弱，与欧美国家在战略架构、核心技术、关键装备等方面差距明显，产品附加值低、成本高、竞争力不足。智能制造装备在设计、共性技术、器件配套、前沿技术研究方面与世界先进水平差距明显，关键元器件、工业软件、高档数控系统、高端功能部件依赖进口。非常规油气开发利用技术走在前列，但基础研究薄弱。结构陶瓷研发和生产与世界先进水平差距明显，基础科学问题和共性关键技术未解决，核心技术薄弱，国际竞争力不足。

二是产业链关键环节缺失。我国战略性新兴产业在全球中高端市场占有率低，关键核心技术落后于发达国家，高质量发展短板突出，产业链关键环节未实现自主可控，部分领域存在"卡脖子"风险。新一代信息技术产业部分核心设备、零部件、元器件依赖进口，制约了产业竞争力和持续发展，技术快速迭代增大了产业和投资风险。生物医药产业，工业菌种和酶的知识产权受制于人，产业安全风险严峻，国产医疗装备多处于中低端水平，体外诊断试剂关键生物原材料依赖进口。高端装备制造产业，宇航级半导体器件依赖进口，海洋装备低端配套占有一定份额，但高端配套设备依赖进口，高档数控机床高端产品对外依存度高，高性能数控系统和超精密机床同样依赖进口，农业装备关键技术及零部件未实现自主可控。新能源汽车产业，产业链完整度高，但车载芯片等关键领域存在"卡脖子"风险。

三是领军企业和高端人才不足。领军企业和高端人才缺乏是我国建设世界级战略性新兴产业集群的主要瓶颈。工业软件领域缺乏能与国际大公司抗衡的企业，国外CAD软件在我国市场占有率高达90%以上。少数发达国家的生物医药企业在全球市场中占据主导地位，我国仍处于跟跑状态，企业数量和规模较小。纤维素酶活性低、成本高，难以满足需求，全球市场被国外公司垄断，国际医疗装备市场缺乏国内大品牌、大企业。卫星应用产业规模不足，难以满足国内外需求。高性能稀土材料企业集中度低，技术开发能力弱。半导体材料和砷化镓行业处于初期阶段，企业少，产量低，多为低端产品。信息领域高端人才缺乏，半导体、操作系统、人工智能、基础材料等领域领军人才匮乏。高端装备制造领域的智能制造、人工智能、信息化、高端精密加工等专业人才缺口大，现有人才配置远不能满足需求。

（3）战新企业数字转型依然任重道远。

一是技术和产业变革带来的挑战。数字转型要求企业整合现有技术并引入新的数字化工具，需要重新构建企业的技术架构和业务流程对于许多传统企业来说，可能导致现有系统的不兼容性和数据迁移问题，增加了转型的难度。技术的快速迭代使得企业在做出技术选择时面临很大的不确定性，企业需要不断追踪最新的技术趋势，确保自身技术始终处于领先地位，这对企业的研发能力和技术敏感度提出了更高要求。

二是资金与资源配置的挑战。数字化转型需要大规模的资金投入，包括购买新的硬件设备、软件系统及开发定制化的数字解决方案，可能会造成较大的财务压力。数字化转型的成果通常难以在短期内显现，尤其是对新兴产业的企业而言，市场需求和技术应用场景尚未成熟，这使得企业难以预测转型带来的具体收益，导致决策层对投入资金的效果产生怀疑，从而拖慢转型进程。

三是人才短缺和管理机制的挑战。数字转型对企业的人才结构提出了新的要求，企业现有员工的技能可能无法满足数字化转型的需求，这需要企业进行大规模的技能培训和人才再教育，从而影响企业的转型进度。具备数字化技能的高端人才供不应求，企业在引进这些人才时往往面临激烈的市场竞争，增加了企业的运营成本。

四是国际化和市场准入的挑战。战略性新兴产业往往涉及高度技术密集型的领域，如生物医药、人工智能、新能源等，不同国家和地区对技术标准和数据保护的要求各不相同，市场准入政策可能存在较大的差异，且这些政策常常随着政府的宏观政策调整而发生变化，这种政策和监管的不确定性增加了企业的市场进入风险。在某些国家或地区，政府为保护本土企业或战略产业，可能会设置贸易壁垒或实施本地保护主义政策，企业需要灵活调整其市场进入策略，以实现有效的市场准入。

2. 我国战新产业发展面临的新机遇

一是中央高度重视与政策支持。发展壮大战新产业是实施创新驱动发展的主战场，是建设现代化产业体系的核心支柱，是构建高水平社会主义市场经济体制的关键支撑。党的二十届三中全会通过的《中共中央关于进一步全面深化改革 推进中国式现代化的决定》明确提出，高质量发展是全面建设社会主义现代化国家的首要任务，并出台了一系列支持战略性新兴产业的政策措施，如健全促进实体经济与数字经济深度融合制度，完善促进数字产业化和产业数字化政策体系。这意味着，企业在生产和管理过程中，可以更加广泛地运用大数据、人工智能等新兴技术，提升生产效率和管理水平。此外，我国政府还积极鼓励企业进行技术创新，通过政策支持和资金投入，帮助企业突破技术瓶颈，提升核心竞争力。

二是市场复苏与国际合作。随着全球新冠疫情影响的逐渐消退，国内外市场正在逐步复苏，将带动相关产业的需求增加，这为我国战略性新兴产业的发展提供了重要契机，企业可以抓住这一机会，扩大市场份额。以新能源汽车、锂电池、光伏产品为代表的中国"新三样"，正成为中国制造转型升级的最新象征，"新三样"企业也应关注产业政策导向和市场竞争环境变化，加快技术创新，提高产品的核心竞争力。同时，"一带一路"倡议的深入推进，为我国战略性新兴产业拓展国际市场提供了广阔的空间，特别是在面向东南亚和欧洲市场时，我国企业可以通过合作与投资，进一步提升产品和服务的国际竞争力，国际市场的拓展也将帮助企业获取更多的技术和管理经验，进一步增强自身的综合实力。

三是新一轮设备换新与产业升级。当前，国家鼓励企业进行设备更新换代，推动产业转型升级。新一轮的设备换新潮正为战略性新兴产业带来巨大的发展机遇。通过引进先进的生产设备，企业可以实现自动化和智能化生产，降低生产成本，提高产品质量。同时，设备的更新换代为企业引入新的生产工艺和管理模式提供了契机，推动企业在技术创新和管理创新方面实现新的突破。设备换新还将带动相关产业的发展，形成新的经济增长点，进一步促进经济结构的优化升级。

四、促进我国战略性新兴产业相关企业发展的建议

党的二十大报告将战略性新兴产业融合集群发展放在建设现代化产业体系的中心位置。"十四五"规划指出，要强化企业创新主体地位，促进各类创新要素向企业集聚。发展壮大战略性新兴产业有助于培育和发展新质生产力，发展壮大战略性新兴产业对我国深入实施创新驱动发展战略，加快发展现代产业体系，构建新发展格局，健全区域协调发展体制机制，推动绿色发展战略，实现高水平对外开放都具有重要的现实意义。目前，我国经济已进入高质量发展阶段，战略性新兴产业正加速推进融合集群发展，为我国企业发展战新业务创造了新的机遇。

1. 加大研发投资，提升创新能力

企业应增加对新技术和新产品研发的资金投入，尤其是人工智能、物联网、生物医药和新能源等前沿领域。通过建立企业内部研发中心、与科研机构开展合作研究，以及参与国际科技合作项目推动技术创新。同时，应强化知识产权保护，确保自主研发成果的合法权益。为激发科研人员的创新活力，企业可以设立专项研发基金、提供科研激励政策，建立快速的技术转化机制，将研发成果迅速推向市场，形成商业价值。通过这些举措，能够提升技术水平，保持在战略性新兴产业中的领先地位，助力国家科技自立自强。

2. 优化产业布局，开拓新兴市场

在产业布局方面，应重点关注国家政策支持区域，特别是国家级高新技术产业开发区和自由贸易试验区，聚焦核心业务，选择具有高附加值和广阔市场前景的产业进行重点布局，优化生产和研发基地的科学布局，提高资源配置效率。通过设立新的生产基地和研发中心，贴近原材料供应地和主要市场，降低物流成本。同时还应制定精准的市场营销策略，积极开拓国内外新兴市场，通过展会、线上推广等方式提升品牌知名度和市场占有率，应积极参与国际市场竞争，优先布局经济增长快、市场潜力大的新兴市场，寻找战略合作伙伴，提升企业国际化水平，增强全球市场影响力。

3. 增强产业链韧性，共筑企业竞争优势高地

企业应积极拓展多元化的供应链布局，通过并购、合资、战略合作等方式，整合上下游产业链资源，形成完整且具有竞争力的产业链条。具体措施包括并购关键原材料供应商和市场渠道分销商，确保生产和销售的稳定性；与合作伙伴共享技术和市场资源，形成协同效应；建立信息共享平台，形成协调一致的应急响应机制，共同应对供应链中断或其他风险，提高整个产业链的应变能力。还可以通过建立产业联盟，与其他企业共同开发新技术、新产品，降低研发和生产成本。通过产业链整合，企业不仅可以提高生产效率、降低成本，还能增强市场响应速度和竞争力，为国家战略性新兴产业发展贡献力量。

4. 发展数字经济，推进数字化转型

在信息化管理方面，企业应加快数字化转型，充分利用大数据、云计算和人工智能技术，提升数据收集、存储、分析和使用能力，推动数据驱动的决策和业务优化，提升企业管理水平和决策效率。利用平台经济模式，发展数字化平台，整合产业链上下游资源。通过建设智能化生产系统，实

现生产过程的实时监控和优化，提升产品质量和生产效率，利用数字技术改善客户体验，提供个性化服务，提升企业的核心竞争力，推动企业高质量发展。

5. 推动产业升级，避免"内卷式"竞争

为了防止行业内企业陷入低质低效的恶性竞争，必须推动产业升级，创造公平的竞争环境。具体措施包括加强关键核心技术的攻关，支持瞪羚企业和独角兽企业的发展，强化行业自律，合理分配资源，并通过政策支持和市场准入的优化，鼓励创新。以此做大市场蛋糕，从根本上解决恶性竞争问题，使企业能够将更多精力转向产品和管理的创新，从而提升整个行业的竞争力。

6. 参与标准体系制定，引领产业发展

工业和信息化部等部门发布的《新产业标准化领航工程实施方案（2023—2035年）》明确了要持续完善新兴产业标准体系建设，前瞻布局未来产业标准研究，充分发挥标准的行业指导作用。具体而言，企业需积极参与国家和行业标准的制定与修订工作，与高校、科研机构、标准化组织紧密合作，联合开展前沿技术研究和标准化研究。同时，积极参与国际标准化组织的工作，加强与国际标准的对接与合作。通过输出中国标准，提升在全球新兴产业标准制定中的话语权，推动中国标准走向国际市场，需聚焦战略性新兴产业，以及元宇宙、人形机器人等九大未来产业，统筹推进标准的研究、制定、实施和国际化，为新兴产业的高质量发展打下坚实的基础，并提高我国在这些领域的国际竞争力。

第七章
2024 中外 500 强企业对比分析报告

2023 年全球经济经历多重挑战，增长乏力，增速由 2022 年的 3.5% 放缓至 3.0%，对全球大企业发展产生深刻影响。美国经济在扩张性财政政策和持续加息背景影响下，表现出较强的韧性，全年经济增速为 2.5% 左右，占全球经济比重接近 1/4。中国经济顶住外部压力、克服内部困难，走出一条回升向好的复苏曲线，全年增长约 5.2%，这一增速在全球主要经济体中保持领先。

2024 世界企业 500 强、美国企业 500 强和中国企业 500 强榜单共同揭示了 2023 年全球大型企业的最新发展状况，展现了各行业与国家间的竞争态势，同时映射出这些企业在全球经济中的经济实力、市场地位及影响力。整体来看，三个 500 强榜单均呈现营业收入增长放缓，整体利润改善向好的态势。中国企业 500 强营业收入和净利润增速虽低于美国企业 500 强，但优于世界企业 500 强。2024 世界企业 500 强中，中国企业虽然入围数量有所下滑，但仍具有很高的全球地位和影响力，同时产业结构持续优化，以新能源汽车为代表的新兴领域异军突起。国际上知名机构发布的报告显示，当前全球经济增速可望保持稳定，但与新冠疫情前相比仍显疲软；中国仍处于新旧动能转换、产业结构优化升级的关键期。中国企业特别是大企业要在推进中国式现代化的进程中，进一步全面深化改革，破解影响发展的体制性和机制性难题，扬优势、补短板，坚持创新驱动发展，加快转型升级，努力建设具有行业领先优势的世界一流企业。

一、2024 世界 500 强最新格局及中外上榜企业发展对比

1. 2024 世界 500 强最新格局

（1）营业收入增长乏力，上榜门槛继续提升。

2024 世界 500 强企业的营业收入总和为 409927.15 亿美元，相当于全球 GDP 的 1/3，比上年略微增长了 0.09%，增幅下降了 8.33 个百分点，详见图 7-1。此次上榜门槛从上年的 309 亿美元增长至 321 亿美元。

从增长驱动因素来看，服务业是推动营业收入增长的主要原因，服务业营业收入为 223526.29 亿美元，较上年增长 5.74%，制造业营业收入为 154155.51 亿美元，较上年下降 4.17%，两者差距进

一步拉大。

从行业分布情况来看，金融业营业收入大幅增加至 84386.45 亿美元，稳居各行业首位，随后依次为化学品制造行业、交通运输设备及零部件制造行业、电信及互联网信息服务行业，三者营业收入分别为 48340.64 亿美元、34795.36 亿美元和 31589.42 亿美元。

从各行业变化情况来看，营业收入增长最快的三个行业分别是金融业、交通运输设备及零部件制造行业及消费品生产行业，营业收入增长率分别为 23.97%、13.68% 和 9.18%。其中，消费品生产行业企业数量保持不变，而金融业和交通运输设备及零部件制造行业上榜企业数量分别增加了 17 家和 3 家，反映了受新冠疫情影响较大的行业正加速恢复。营业收入下降最大的行业分别是房地产行业、采矿业和建材生产，降幅均在 20% 以上，其中房地产行业企业上榜数量减少了 2 家，营业收入降幅高达 38.21%。

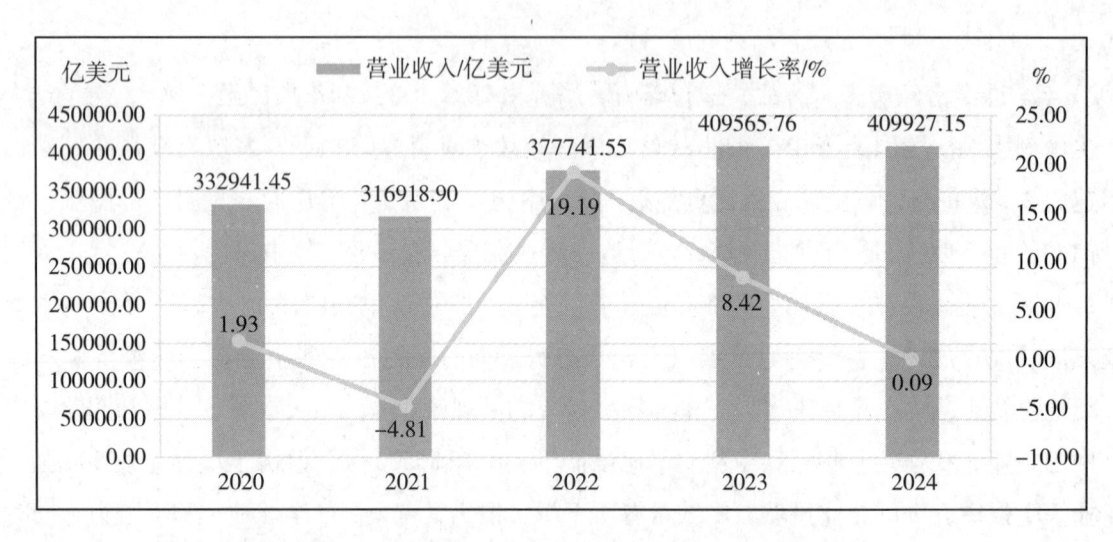

图 7-1 世界 500 强的营业收入总额及增长率（2020—2024）

（2）净利润整体呈回升态势，金融业及互联网相关行业表现突出。

2024 世界 500 强企业净利润总额为 29655.57 亿美元，虽略低于 2022 世界 500 强，但相较上一年增长 2.34%，回升态势明显，详见图 7-2。

从净利润榜单来看，沙特阿美利润虽然同比下降约 24%，却仍然以 1207 亿美元蝉联净利润榜榜首；三家美国科技企业——苹果公司、谷歌母公司 Alphabet 和微软分别位居最赚钱公司（利润榜）的第二位、第四位和第五位。令人关注的是作为上年世界 500 强榜单上亏损最多的企业——伯克希尔-哈撒韦公司，以超过 962 亿美元的净利润，出现在 2024 世界 500 强利润榜第三位。有三家中国公司进入利润榜前十，分别是中国工商银行、中国建设银行和中国农业银行，其中中国工商银行的利润超过 514 亿美元。

从增长驱动因素来看，服务业对净利润增长带动效应显著，相较于上年，服务业净利润总额大幅增加 27.59%，以 16420.49 亿美元大幅领先于制造业的 10820.26 亿美元。

从行业分布情况来看，金融业净利润同比增加 39.40%，以 9215.53 亿美元的净利润总额处于领先地位；电信及互联网信息服务行业以 3951.46 亿美元的净利润位居第二；化学品制造业以 2872.28

亿美元退居第三位；计算机、通信设备及其他电子设备制造行业和交通运输设备及零部件制造行业分别位于第四位和第五位；采矿业下降至第六位。

从各行业变化情况来看，净利润增长最大的三个行业分别是公用事业服务，旅游、餐饮及文化娱乐和交通运输业，增速分别为307.15%、70.78%和47.35%。其中除交通运输业上榜企业数量增加1家以外，公用事业服务行业和旅游、餐饮及文化娱乐上榜企业数量不升反降，均减少了1家。公用事业服务行业凭借其长周期、低波动的特征，利润创造能力日益凸显。净利润下降最大的三个行业分别是邮政和物流、房地产及防务，分别下降了82.82%、81.97%和58.97%，邮政和物流上榜企业数量减少了3家，房地产和防务上榜企业数量均减少了2家。

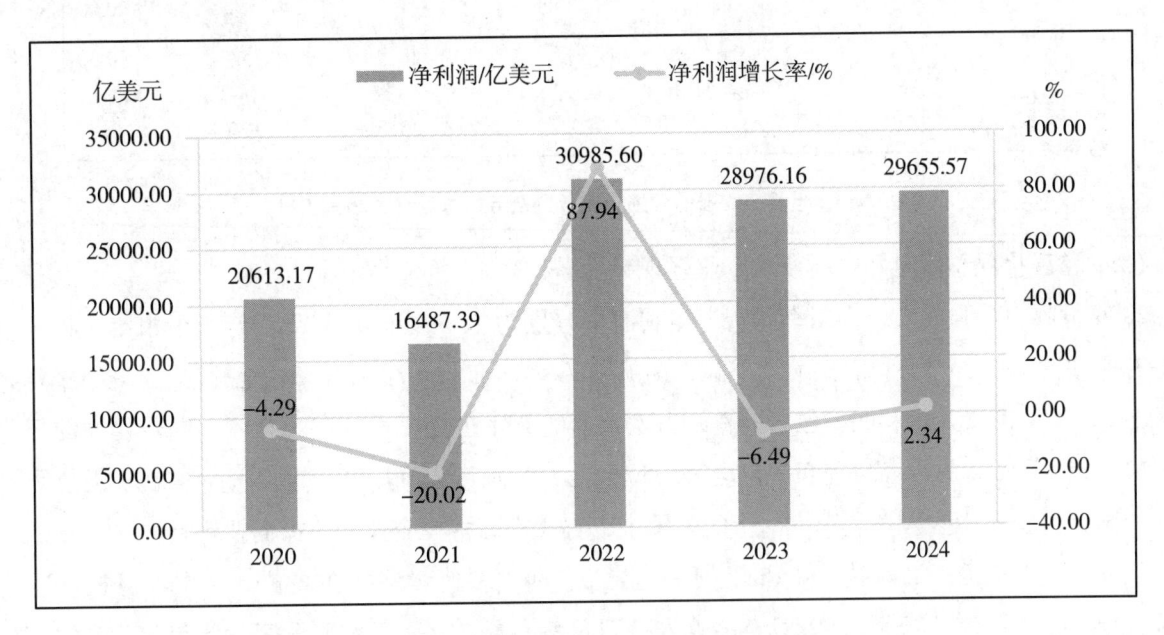

图7-2 世界500强的净利润总额及增长率（2020—2024）

（3）企业亏损面基本稳定，亏损总额大幅下降。

2024世界500强共有33家公司未能实现盈利，比上年增加了1家，亏损总额为855亿美元，相比上年，2024世界500强中亏损公司的亏损总额下降了43.03%，详见图7-3。

从亏损企业个案来看，亏损榜中排名第一的是英美烟草集团，亏损额超过178亿美元；俄罗斯天然气工业股份公司排名第二，亏损额超过73亿美元；3M公司亏损额超过69亿美元，排名第三。

从亏损企业国家分布来看，亏损企业区位分布较为集中。美国亏损企业数量为12家，相较上年减少了1家；中国亏损企业数量仍维持在7家（包括中国台湾1家）；德国和韩国亏损企业数量分别为5家和3家；巴西、俄罗斯、日本、西班牙、法国和英国各有1家亏损企业。

从亏损企业行业分布来看，亏损企业行业涉及广泛。其中金融业有7家企业亏损，公用事业服务、化学品制造和食品饮料生产各有4家企业亏损，电信及互联网信息服务亏损数从5家下降至2家。

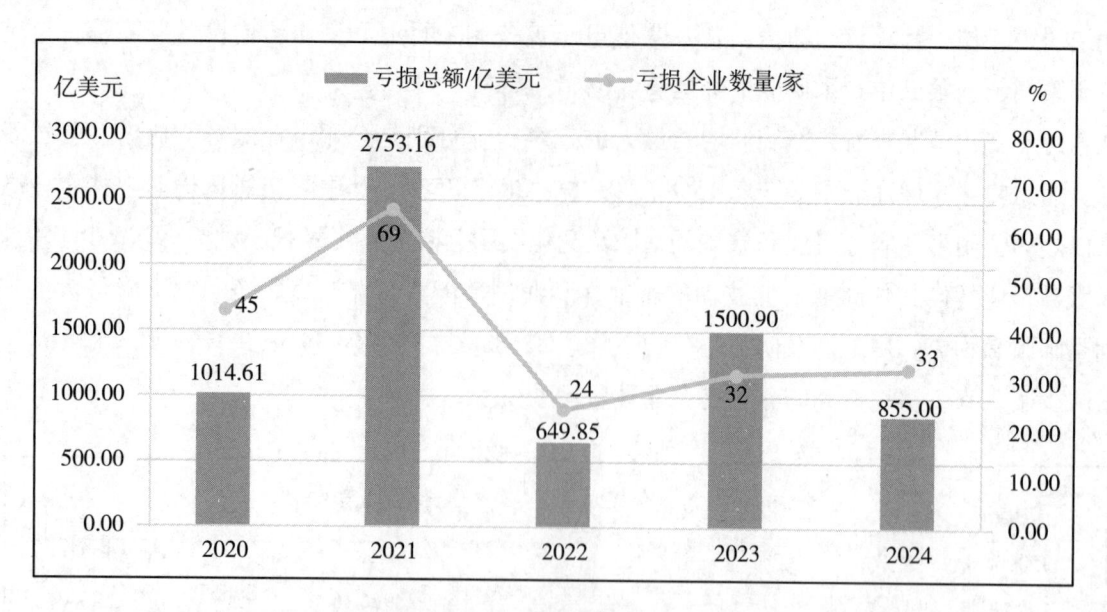

图 7-3　世界 500 强的亏损企业数量及亏损总额（2020—2024）

（4）经营状况总体向好，高技术企业表现突出。

2024 世界 500 强收入净利润率和资产净利润率分别为 7.23% 和 1.77%，与上年相比，收入净利润率有所回升，而资产净利润率继续下降，详见图 7-4。在收入净利润率企业排名中，美国 Visa 公司凭借 52.90% 的收入净利润率位居榜首；首次上榜的英伟达公司凭借在半导体、电子元件的行业领先优势，以 48.85% 的收入净利润率位居第二位；台积公司则以 39.40% 的收入净利润率仍位居第三位。中国上榜公司中收入净利润率前十的公司中，有 3 家高科技企业和 7 家商业银行。

从行业分布来看，高科技行业和医药医疗收入净利润率持续保持在高位。其中计算机、通信设备及其他电子设备制造行业以 19.87% 的收入净利润率位居首位，药品和医疗设备制造、电信及互联网信息服务分别以 15.16% 和 12.51% 的收入净利润率位于第二位和第三位。

从各行业变化情况来看，收入净利润率上升幅度最大的三个行业分别是公用事业服务，旅游、餐饮及文化娱乐和交通运输业，上升幅度分别为 360.09%、75.41% 和 43.19%，其中公用事业服务和旅游、餐饮及文化娱乐的上榜企业数量均减少了 1 家，交通运输业上榜企业数量增加了 1 家。收入净利润率下降幅度最大的行业为邮政和物流、房地产、防务行业，下降幅度分别为 78.07%、70.87% 和 52.66%。邮政和物流上榜企业数量分别减少了 3 家，房地产、防务行业上榜企业数量均减少了 2 家，表明物流和房地产领域衰退风险显现。

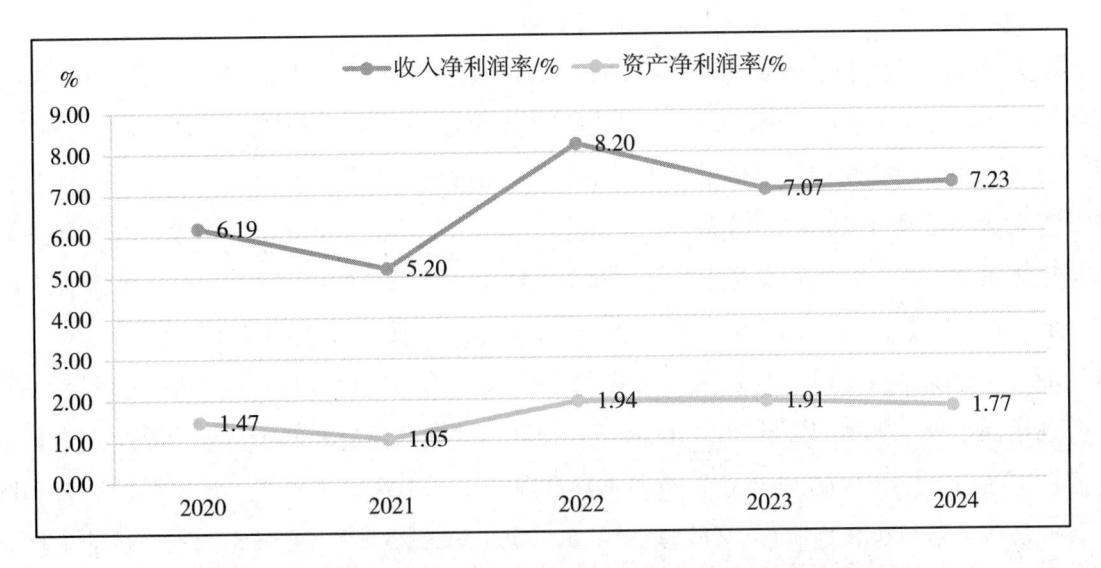

图 7-4　世界 500 强的收入净利润率和资产净利润率（2020—2024）

2024 世界 500 强共拥有归属母公司股东净资产（所有者权益）220284.61 亿美元，与上年相比有所提升，为近 5 年来的最高水平；净资产收益率为 13.46%，详见图 7-5。家得宝公司以超过 1450% 的净资产收益率蝉联榜首，甲骨文公司跃升至第二位，净资产收益率超过 792%。Cencora 公司和苹果公司分别位列第三位、第四位。中国奇瑞控股集团以 35% 的净资产收益率位列第 40 位，进入净资产收益率最高的 50 家公司榜单。

从各行业情况来看，计算机、通信设备及其他电子设备制造以 42.74% 的净资产收益率位居首位，消费品生产行业以 26.53% 的净资产收益率位居第二位，采矿业行业以 24.51% 的净资产收益率位居第三位。公用事业服务，旅游、餐饮及文化娱乐和电信及互联网信息服务分别以 259.68%、92.16% 和 27.89% 的增幅成为净资产收益率上升幅度最大的三个行业。邮政和物流、房地产、防务分别以 76.08%、67.45% 和 51.31% 的降幅成为净资产收益率下降幅度最大的三个行业。

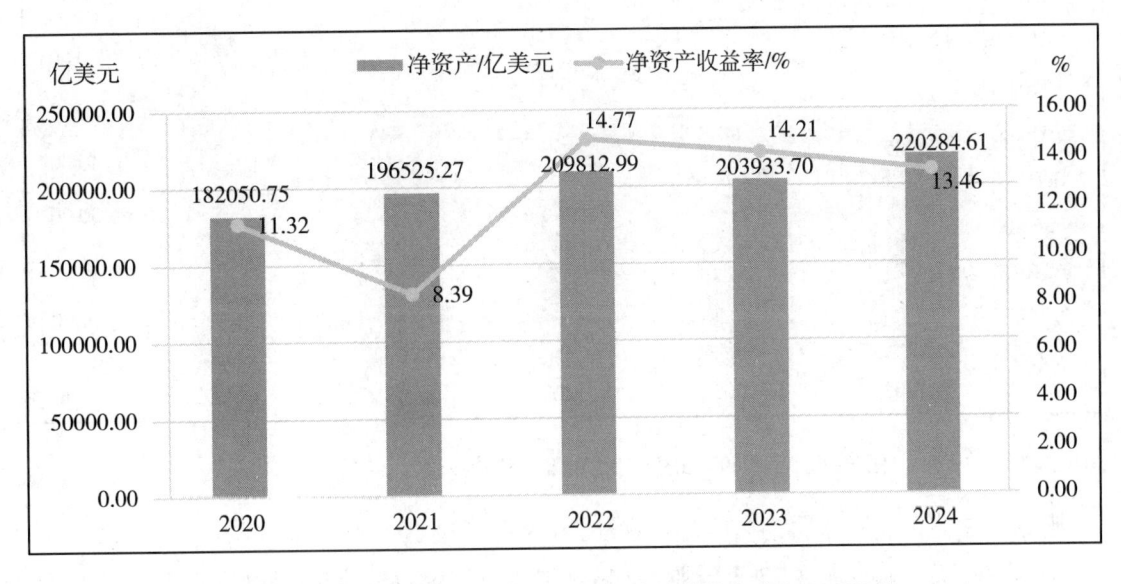

图 7-5　世界 500 强的净资产规模和净资产收益率（2020—2024）

(5) 员工人数再创新高，人均营业收入略有下降。

2024世界500强企业员工人数总计7049.98万人，较上年增加了43.42万人，成为近5年员工人数最多的一年，详见图7-6。沃尔玛仍是最大的雇主，全球员工人数达210万人。国家电网拥有136万名员工，超越中石油成为中国上榜企业中员工人数最多的企业。

从员工人数的行业分布来看，金融业、电信及互联网信息服务和交通运输设备及零部件制造行业位居员工人数前三位，三个行业员工人数占世界500强员工总数的35.58%，较上年增加了1.67个百分点，而上榜企业数量占比31.8%，较上年未变，可见这三个行业吸纳了大量就业人员。

从行业变化情况来看，员工人数增加最多的三个行业为公用事业服务、交通运输业和金融业，较上年分别增加了32.23%、19.63%和10.11%，交通运输业和金融业两个行业上榜企业数量分别增加了1家和17家，公用事业服务行业上榜企业数量则减少了1家。房地产、采矿业及教育和医疗卫生服务行业员工人数减少最为明显，分别减少了30.27%、23.25%和14.91%，三个行业上榜企业数量分别减少了2家、5家和1家。可见，经济结构调整与市场需求的变化正深刻影响着各行业的劳动力需求，呈现出明显的行业分化趋势。

2024世界500强企业人均营业收入为58.15万美元，较上年降低了0.3万美元，详见图7-6。人均营业收入较上年增长幅度最大的三个行业是教育和医疗卫生服务、金融业和交通运输设备及零部件制造行业，人均营业收入分别增加了26.12%、12.59%和9.20%，金融业和交通运输设备及零部件制造两个行业上榜企业数量分别增加了17家和1家，教育和医疗卫生服务行业上榜企业数量减少了1家。公用事业服务、化学品制造和交通运输业是人均营业收入下降幅度最大的三个行业，分别下降了33.15%、16.06%和13.99%。其中化学品制造行业上榜企业数量减少了2家，该行业的规模及其效率相较于上年均有所降低。

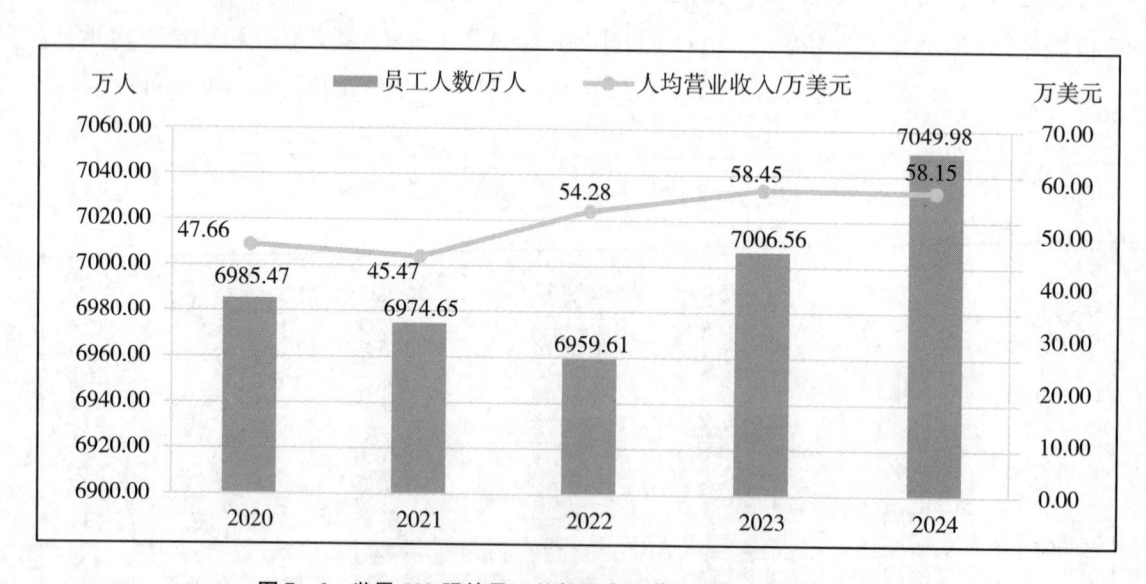

图7-6 世界500强的员工总数及人均营业收入（2020—2024）

(6) 服务业总体优于制造业，上榜企业数量及其各项指标增长。

2024世界500强企业分布在23个行业。其中，制造业198家、服务业266家和其他行业36家，与上年相比，制造业减少了3家，服务业增加了8家，其他行业减少了5家，详见表7-1。从经营规模来看，无论是上榜企业数量、营业收入还是净利润，服务业均高于制造业，且二者的差距较上年进一步拉大。相较于上年，制造业虽在净利润和收入净利润率两个方面有所下降，但在营业收入和净资产收益率方面有所提升，整体呈良好的发展态势。

在制造业中，化学品制造和交通运输设备及零部件制造行业上榜企业数量分别为43家和37家，营业收入分别超过48000亿美元和34000亿美元，依旧在制造业中保持领先优势。其中化学品制造行业的上榜企业数量和营业收入均有所下降，而交通运输设备及零部件制造行业的上榜企业数量和营业收入均有所增加，继续拉大与其他行业的距离。计算机、通信设备及其他电子设备制造的净资产收益率为42.74%，遥遥领先于其他制造业。

在服务业中，金融业始终处于领先地位，上榜企业数量、营业收入、净利润及净资产收益率较上年均有所增加，行业规模继续领先。从经营效益来看，各行业收入净利润率和净资产收益率表现不一。在收入净利润率方面，电信及互联网信息服务行业表现突出，收入净利润率高达12.51%；在净资产收益率方面，综合服务业及教育和医疗卫生服务业表现优异，净资产收益率分别为21.20%和18.08%。

表7-1 2024世界500强行业结构

行业	企业数量/家	营业收入/亿美元	净利润/亿美元	收入净利润率/%	净资产收益率/%
制造业	198	154155.51	10820.257	7.02	15.48
防务	13	7805.18	344.518	4.41	9.85
化学品制造	43	48340.64	2872.278	5.94	13.30
机械设备	25	15222.39	993.399	6.53	12.51
计算机、通信设备及其他电子设备制造	13	10645.27	2115.724	19.87	42.74
建材生产	3	1358.68	62.94	4.63	11.82
交通运输设备及零部件制造	37	34795.36	2091.621	6.01	12.86
金属产品	23	12678.06	223.204	1.76	6.25
食品饮料生产	18	10007.28	469.124	4.69	12.04
消费品生产	7	5234.65	424.092	8.10	26.53
药品和医疗设备制造	16	8068.01	1223.357	15.16	20.22
服务业	266	223526.29	16420.491	7.35	11.86
电信及互联网信息服务	30	31589.42	3951.461	12.51	17.31
房地产	3	1906.85	13.564	0.71	2.12
公用事业服务	28	23313.91	767.846	3.29	6.16
交通运输业	12	5778.04	286.625	4.96	14.91
教育和医疗卫生服务	8	14554.16	534	3.67	18.08
金融业	113	84386.45	9215.526	10.92	10.76

续表

行业	企业数量/家	营业收入/亿美元	净利润/亿美元	收入净利润率/%	净资产收益率/%
零售业	27	17590.60	613.395	3.49	16.85
旅游、餐饮及文化娱乐	5	2379.23	103.7	4.36	6.35
批发贸易	28	25884.23	504.607	1.95	14.86
邮政和物流	9	6165.13	170.357	2.76	8.29
综合服务业	3	9978.27	259.41	2.60	21.20
其他行业	36	32245.35	2414.826	7.49	20.19
采矿业	17	16841.51	2031.208	12.06	24.51
建筑业	19	15403.84	383.618	2.49	10.44

注：世界500强行业均以中国500强行业标准进行归类。

2. 2024世界500强中外上榜企业对比

（1）中国上榜企业数量有所下降，新兴领域企业排名总体上升。

2024世界500强的上榜企业来自34个国家或地区，中国（不含中国香港、中国澳门、中国台湾）上榜企业数量较上年减少了8家，美国上榜企业较上年增加了3家，再次超过中国的上榜企业数量。两者上榜企业数量远远领先全球其他国家和地区。日本和德国上榜企业数量均减少1家，英国上榜企业17家，较上年略有增加。此外，韩国、加拿大和荷兰上榜企业数量分别为15家、14家和11家，也在世界500强中占据一席之地，详见图7-7。

从近5年各国上榜企业数量变化趋势来看，2021—2023世界500强中国企业数量趋于稳定，2024年上榜企业数量有所下降；美国从2021世界500强开始企业数量明显增加。总体上，中国在世界500强排行榜中的地位仍处于稳定状态。

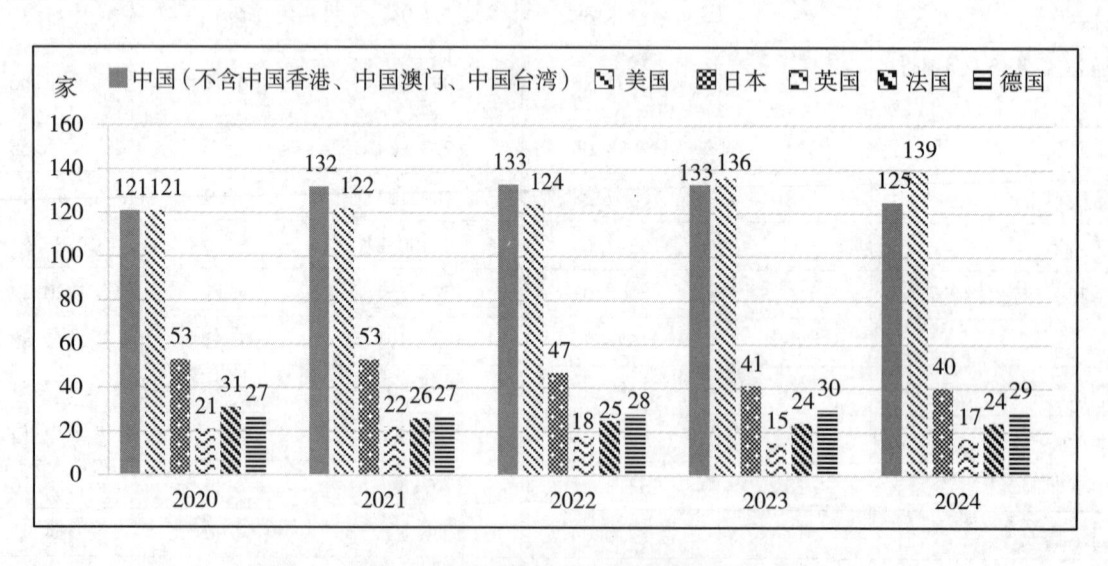

图7-7 世界500强主要国家上榜企业数量（2020—2024）

从新上榜企业情况来看，2024世界500强排行榜一共有43家新上榜和重新上榜公司，43家公司中有15家来自银行业。位居第222位的英伟达，凭借人工智能热潮带来的强劲需求，成为2024世

500强首次上榜公司中排名最前的企业。

在上榜企业排名位次的变化上，2024世界500强中排名上升幅度最大的是瑞银集团，跃升165位，位列第182位；德意志银行上升149名，位列第205位，是排名上升幅度第二大的公司。排名上升幅度最大的10家公司中，除一家保险公司外，其余9家均为银行，详见表7-2。2024世界500强中有4家中国公司上升至少50位，分别是美团、比亚迪股份有限公司、盛虹控股集团有限公司、泰康保险集团股份有限公司。

与2023世界500强榜单相比，在2024世界500强的125家中国大陆企业中，除去新上榜和重新上榜企业，有45家企业位次上升，有6家企业位次未变，有70家企业位次下降。其中，互联网领域总体有所上升，除了阿里巴巴下滑2位之外，京东、腾讯和美团的排位均有提升。受益于中国互联网行业的回暖，美团排名跃升83名，位居第384位，成为榜单中排名提升幅度最大的中国企业；排在第47位的京东则再次进入前50名，成为中国大陆排名最高的民营企业。

表7-2 2024世界500强中排名上升幅度最大的前10名企业

排名	较上年上升位数	公司名称	国家	行业	营业收入/亿美元	净利润/亿美元
182	165	瑞银集团	瑞士	金融业	712.45	278.49
205	149	德意志银行	德国	金融业	659.78	68.45
294	139	蒙特利尔银行	加拿大	金融业	504.95	32.37
224	134	苏黎世保险集团	瑞士	金融业	606.45	43.51
281	134	加拿大丰业银行	加拿大	金融业	525.36	54.95
137	133	加拿大皇家银行	加拿大	金融业	874.99	110.12
168	126	多伦多道明银行	加拿大	金融业	750.63	79.96
174	126	法国BPCE银行集团	法国	金融业	737.75	30.31
226	124	日本瑞穗金融集团	日本	金融业	605.04	46.98
200	118	西班牙对外银行	西班牙	金融业	669.78	86.69

（2）中国上榜企业主要财务指标有所下滑，与其他主要国家相比仍存较大提升空间。

2024世界500强主要国家中，中国上榜企业营业收入为105110.70亿美元，占世界500强总营业收入的比重为25.64%，仍低于美国的营业收入，位居第二位，远超日本、英国、法国和德国等世界500强主要国家。中国上榜企业的净利润为4932.45亿美元，不及美国的1/2，净利润规模有所下降，仍远远领先日本、英国、法国和德国，详见图7-8。从总体规模上看，无论是营业收入还是净利润，中国与美国相比仍存在一定的差距，特别是在盈利能力方面。

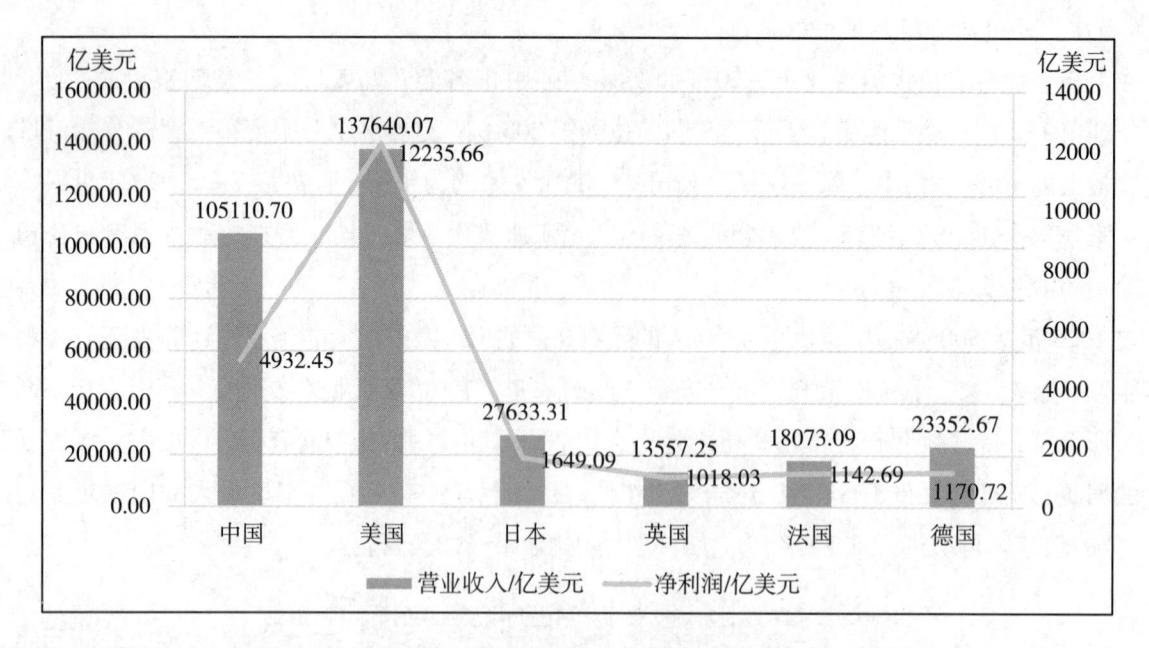

图 7-8　2024 世界 500 强主要国家上榜企业营业收入和净利润

在 2024 世界 500 强主要国家上榜企业的经营效益方面，中国与美国的差距有所增大。从收入净利润率来看，中国企业的收入净利润率为 4.69%，较上年有所增加，但仍低于其他主要国家。与上年相比，中国与美国上榜企业经营效益的差距有所增加，收入净利润率方面，美国从约为中国的 1.78 倍增加到 1.90 倍；净资产收益率方面，美国从约为中国的 2.06 倍增加到 2.24 倍，详见图 7-9。

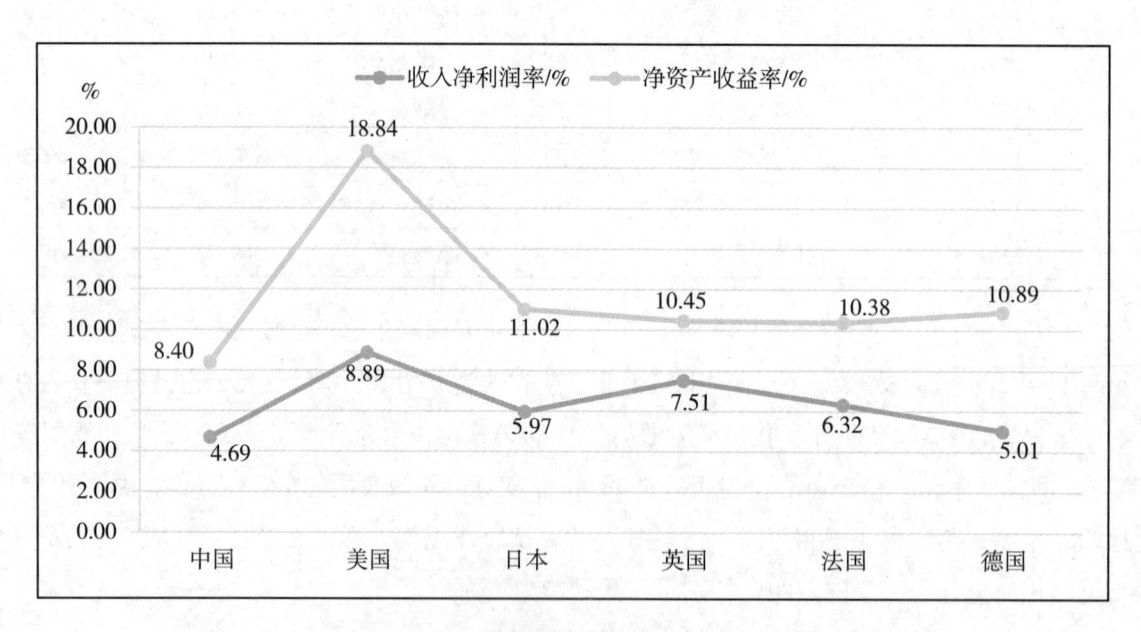

图 7-9　2024 世界 500 强主要国家上榜企业收入净利润率和净资产收益率

从企业经营人均水平来看，2024 世界 500 强中国企业人均营业收入 48.38 万美元，略高于德国，但仍低于美国、日本、英国和法国，其中美国企业人均营业收入约为中国企业的 1.47 倍（上年约为 1.35 倍）。中国企业人均净利润为 2.27 万美元，在 6 个主要国家中处于最低水平，美国 6.31 万美元的人均净利润约为中国的 2.78 倍（上年约为 2.40 倍），详见图 7-10。可见，在主要财务指标方面中国企业赶超美国等主要国家仍任重道远。

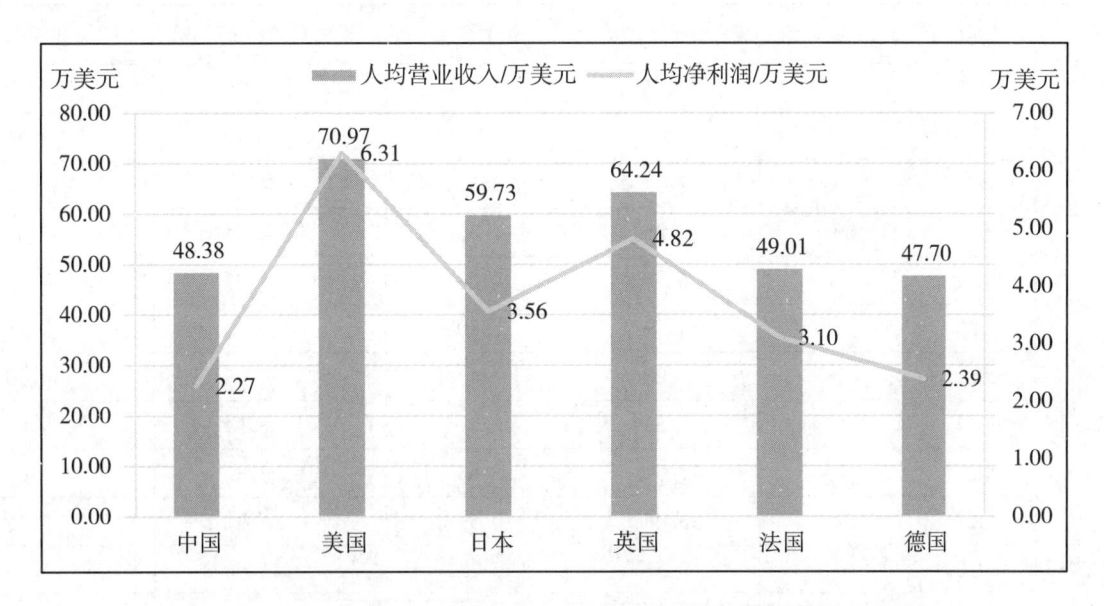

图 7-10 2024 世界 500 强主要国家上榜企业人均营业收入和人均净利润

（3）中国金融业整体表现稳定，非金融业绩效水平有待提升。

金融业在世界 500 强中始终占据重要地位，中国金融业整体表现稳定。2024 世界 500 强主要国家金融业上榜企业除中国和日本各减少 1 家外，其他国家上榜企业数量均有所增加，其中美国增加了 5 家。从收入净利润率指标来看，中国在 6 个国家中排名第二位，仅次于英国；而净资产收益率、人均营业收入在 6 个国家中处于较低位置。相较于上年，金融业整体经营效益有所提升，美国和日本的经营效益指标均有不同程度的提升，而中国、英国、法国和德国的经营效益指标相较上年表现不一，详见表 7-3。

表 7-3 2020—2024 世界 500 强主要国家上榜金融企业有关指标

国家	年度	企业数量/家	收入净利润率/%	净资产收益率/%	人均营业收入/万美元	人均净利润/万美元
中国	2020	21	14.42	12.00	41.83	6.03
	2021	23	13.50	10.09	51.85	7.00
	2022	21	14.04	10.22	58.07	8.15
	2023	21	13.75	10.40	54.51	7.49
	2024	20	13.06	9.24	54.85	7.16
美国	2020	27	15.80	12.96	86.89	13.73
	2021	27	10.61	7.50	80.38	8.53
	2022	26	19.79	14.34	87.54	17.32
	2023	26	6.99	6.11	93.37	6.53
	2024	31	11.41	11.02	111.29	12.70

续表

国家	年度	企业数量/家	收入净利润率/%	净资产收益率/%	人均营业收入/万美元	人均净利润/万美元
日本	2020	11	4.76	6.02	67.05	3.19
	2021	11	5.65	6.95	65.19	3.69
	2022	11	7.33	9.37	64.42	4.72
	2023	11	5.25	7.36	64.44	3.38
	2024	10	6.45	10.84	71.73	4.63
英国	2020	8	4.19	5.80	123.16	5.16
	2021	7	5.08	4.43	84.78	4.30
	2022	6	10.82	8.77	83.44	9.03
	2023	2	17.57	8.66	43.32	7.61
	2024	4	13.28	10.59	65.91	8.75
法国	2020	6	5.52	6.23	115.90	6.40
	2021	5	4.19	3.46	65.91	2.76
	2022	5	8.58	8.36	76.62	6.57
	2023	5	7.51	7.33	69.67	5.23
	2024	6	6.78	7.26	82.60	5.60
德国	2020	5	2.68	4.02	101.31	2.72
	2021	5	3.46	4.63	101.30	3.51
	2022	5	4.90	7.55	109.58	5.37
	2023	4	5.82	11.65	98.02	5.70
	2024	6	6.98	11.29	104.39	7.28

注：金融企业是指主营业务为财产与意外保险（股份）、财产与意外保险（互助）、多元化金融、人寿与健康保险（股份）、人寿与健康保险（互助）、银行：商业储蓄的企业，下同。

2024世界500强中国非金融企业为105家，较上年112家减少了7家，美国非金融企业上榜企业数量大幅上升，较上年增加了31家，共有108家企业上榜，成为非金融企业上榜数量首位，中美两国非金融企业上榜数量均远超其他主要国家。从各项财务指标来看，中国除了人均营业收入高于法国和德国，其他各项财务指标均低于其他主要国家。相较于上年，除中国和德国，其他4个国家的非金融企业数量均有所增加；除美国和英国外，包括中国在内的其他4个国家的收入净利润率均有不同程度的提升，详见表7-4。可见，相较上年，企业经营总体向好。

表 7-4 2020—2024 世界 500 强主要国家上榜非金融企业有关指标

国家	年度	企业数量/家	收入净利润率/%	净资产收益率/%	人均营业收入/万美元	人均净利润/万美元
中国	2020	100	2.91	7.89	38.74	1.13
	2021	109	3.24	7.74	39.24	1.27
	2022	112	3.06	8.35	48.85	1.49
	2023	112	2.71	7.87	49.77	1.35
	2024	105	2.79	7.66	47.12	1.32
美国	2020	94	7.02	20.18	52.43	3.68
	2021	95	5.59	15.17	49.21	2.75
	2022	98	9.47	27.64	56.56	5.36
	2023	77	8.59	26.55	64.95	5.58
	2024	108	8.30	24.42	65.41	5.43
日本	2020	42	2.36	4.93	50.86	1.20
	2021	42	5.08	10.56	48.45	2.81
	2022	36	5.16	9.95	52.38	2.70
	2023	28	4.59	9.02	56.64	2.60
	2024	30	5.83	11.07	56.98	3.32
英国	2020	13	4.77	8.16	43.53	6.68
	2021	15	4.25	6.78	38.28	1.67
	2022	12	9.57	14.08	80.91	7.74
	2023	10	9.97	17.90	68.87	6.86
	2024	13	5.84	10.36	63.77	3.73
法国	2020	25	4.02	8.86	31.56	1.81
	2021	21	1.81	3.41	30.01	0.54
	2022	20	7.01	13.73	36.64	2.57
	2023	15	3.49	7.97	41.11	1.43
	2024	18	6.13	13.00	41.80	2.56
德国	2020	22	3.96	9.62	33.22	1.32
	2021	22	2.14	4.70	32.25	0.69
	2022	23	6.07	13.84	38.08	2.31
	2023	23	3.92	9.76	45.30	1.77
	2024	23	4.64	10.78	43.21	2.00

注：非金融企业是指除去主营业务为财产与意外保险（股份）、财产与意外保险（互助）、多元化金融、人寿与健康保险（股份）、人寿与健康保险（互助）、银行、银行：商业储蓄的企业，下同。

（4）中美两国行业结构差异明显，中国多数行业盈利能力与美国相比存在差距。

2024 世界 500 强主要国家上榜企业的行业分布差异明显，详见表 7-5。中国、英国和日本制造业与服务业上榜企业行业分布较为均衡，美国、法国和德国制造业与服务业上榜企业数量存在明显差异，法国尤为突出，服务业上榜企业数量为制造业的2.14倍。

在制造业中，中国金属产品行业上榜企业17家，远超其他行业；美国位居前列的为计算机、通信设备及其他电子设备制造行业，上榜企业9家；日本和德国交通运输设备及零部件制造行业上榜企业数量较多，分别为8家和7家；英国和法国上榜企业行业分布较为分散。

在服务业中，中国和美国的金融业和电信及互联网信息服务行业上榜企业数量遥遥领先。中国上榜企业在批发贸易和公用事业服务行业分别有9家，但在交通运输业，教育和医疗卫生服务，零售业，旅游、餐饮及文化娱乐，商务服务及综合服务业均存在缺口，尚无企业上榜。美国在电信及互联网信息服务，零售业，教育和医疗卫生服务行业上榜企业数量较多，分别有12家、9家和8家，在建材生产房地产及商务服务行业存在缺口。

在其他行业中，虽然中国上榜企业数量相较上年有所减少，但仍处于领先地位，采矿业和建筑业分别以7家和12家的上榜数量远远领先于其他5个国家。

总的来说，随着中国产业结构性转型升级进程加快，中国化学品制造、建材生产、采矿业和建筑业等传统制造业的上榜企业数量有所减少，在电信及互联网信息服务行业及汽车等高端产业方面有所进步。美国上榜企业行业分布更为广泛，在计算机、医疗等高科技相关领域仍保持领先优势。

表7-5 2024世界500强主要国家上榜企业行业分布

单位：家

行业	中国	美国	日本	英国	法国	德国
制造业总计	53	50	17	7	7	11
防务	6	5	0	0	0	0
化学品制造	6	8	2	3	1	1
机械设备	8	5	5	0	1	1
计算机、通信设备及其他电子设备制造	2	9	0	0	0	0
建材生产	1	0	0	0	1	0
交通运输设备及零部件制造	9	4	8	0	1	7
金属产品	17	1	2	0	0	1
食品饮料生产	1	8	0	1	0	0
消费品生产	2	2	0	1	2	0
药品和医疗设备制造	1	8	0	2	1	1
服务业总计	53	86	22	9	15	18
电信及互联网信息服务	8	12	3	1	1	2
房地产	3	0	0	0	0	0
公用事业服务	9	2	1	1	3	4
交通运输业	0	6	0	0	2	2
教育和医疗卫生服务	0	8	0	0	0	0
金融业	20	31	10	4	6	6

续表

行业	中国	美国	日本	英国	法国	德国
零售业	0	9	2	2	2	0
旅游、餐饮及文化娱乐	0	4	0	1	0	0
批发贸易	9	8	6	0	0	3
商务服务	0	0	0	0	0	0
邮政和物流	4	3	0	0	1	1
综合服务业	0	3	0	0	0	0
其他行业总计	19	3	1	1	2	0
采矿业	7	1	0	1	0	0
建筑业	12	2	1	0	2	0

中国、美国上榜企业行业规模差异突出，两国营业收入领先行业数量各占近半。从各行业营业收入来看，中国企业在防务、化学品制造、机械设备、建材生产、交通运输设备及零部件制造、金属产品、消费品生产、房地产、公用事业服务、采矿业和建筑业11个行业的营业收入超过美国；其中，中国企业在金属产品、公用事业服务、采矿业和建筑业的行业领先优势明显，营业收入分别为美国的27.90倍、12.92倍、8.93倍和17.62倍。美国在计算机、通信设备及其他电子设备制造，食品饮料生产，药品和医疗设备制造，电信及互联网信息服务，金融业，批发贸易，邮政和物流7个行业的营业收入超过中国；并在交通运输业，教育和医疗卫生服务，零售业，旅游、餐饮及文化娱乐和综合服务业5个行业占据主导地位，中国尚无企业上榜，详见图7-11。

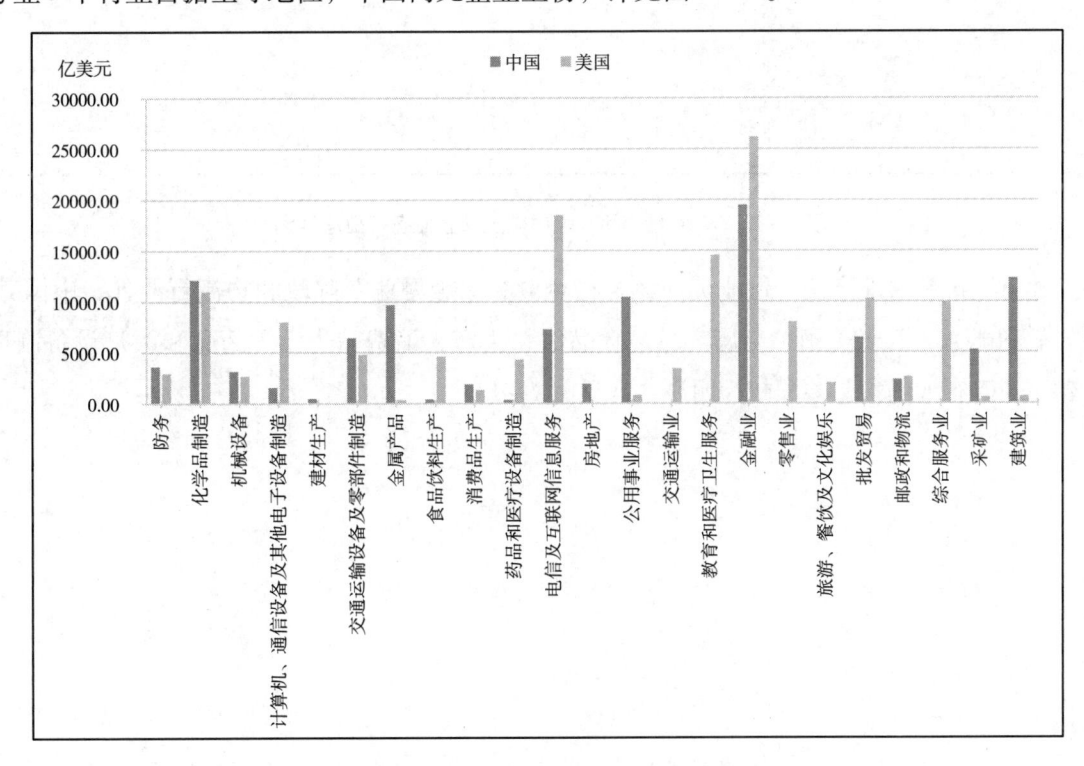

图7-11 2024世界500强中美上榜企业各行业营业收入

中国多数行业盈利规模不及美国，高新技术产业尤为明显。从各行业上榜企业的净利润来看，中国企业在防务、金属产品、公用事业服务、邮政和物流、建材生产、房地产、采矿业和建筑业 8 个行业的净利润高于美国（包括美国未有上榜企业的行业），其他 15 个行业的净利润均低于美国，详见图 7-12。在计算机、通信设备及其他电子设备制造，电信及互联网信息服务行业的净利润与美国差距尤为悬殊，仅占美国的 7.83% 和 21.10%。

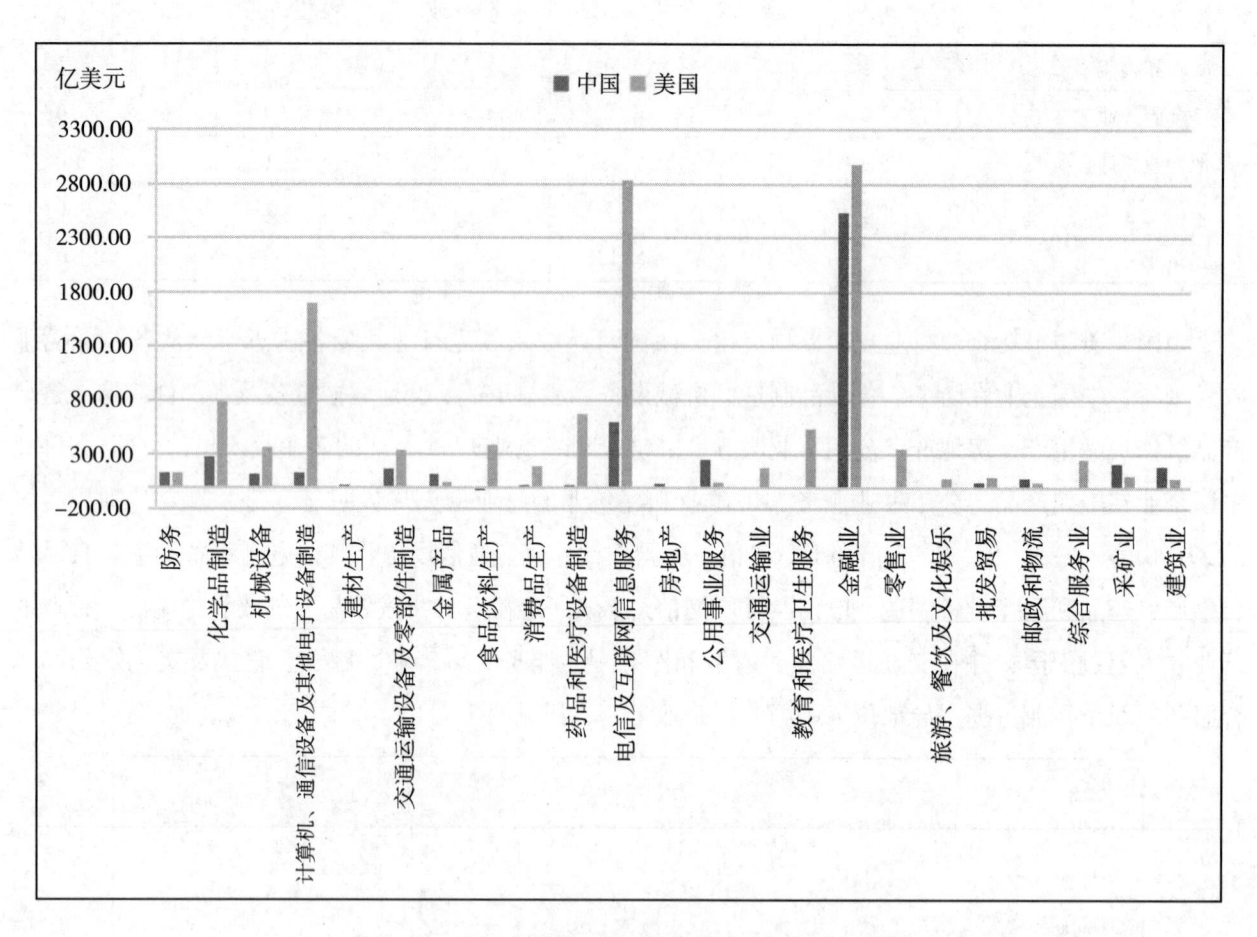

图 7-12　2024 世界 500 强中美上榜企业各行业净利润

剔除建材生产和房地产两个行业美国无上榜企业，除金融业及邮政和物流行业外，中国其他 19 个行业的盈利能力均低于美国，金属产品、食品饮料生产、消费品生产、药品和医疗设备制造、采矿业及建筑业等行业的指标差异较为明显，详见图 7-13。

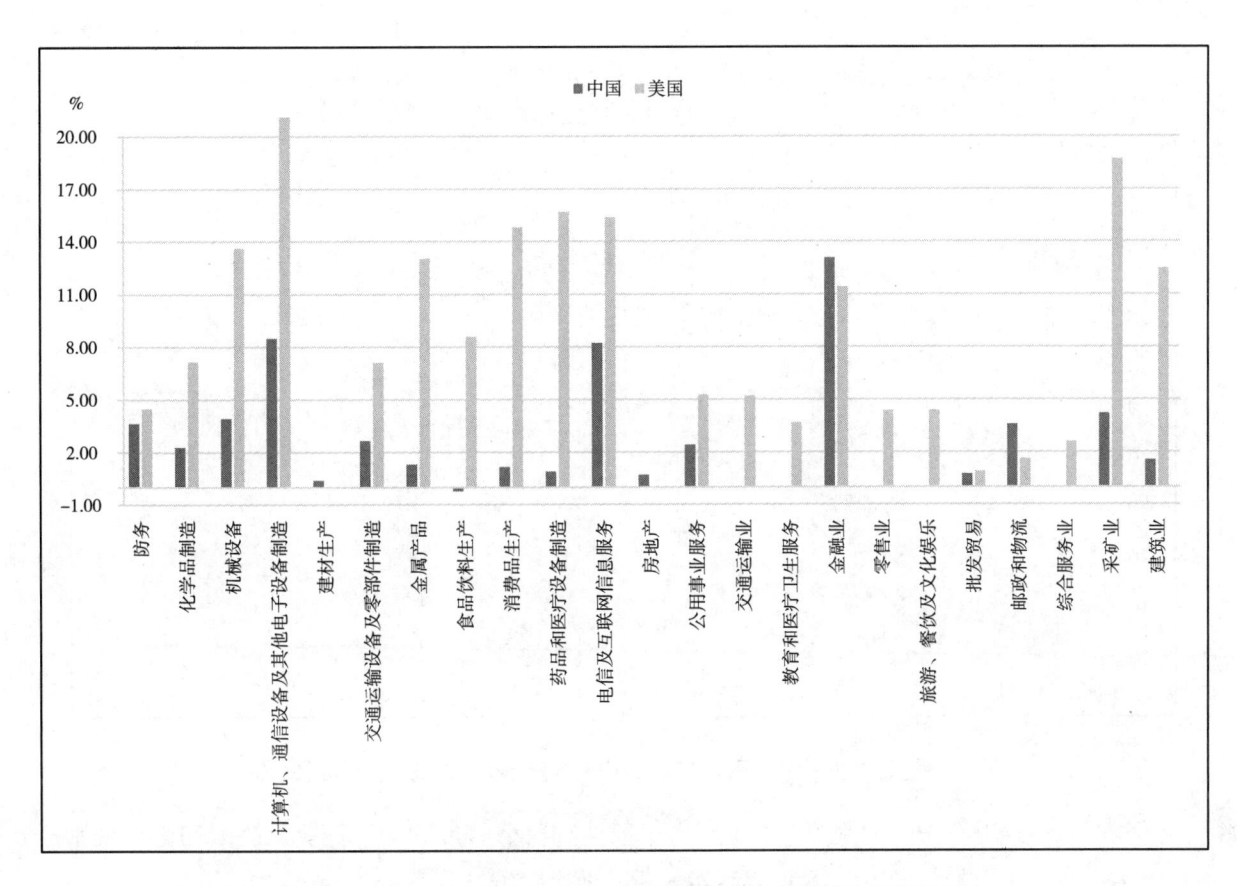

图 7-13　2024 世界 500 强中美上榜企业各行业收入净利润率

（5）中国大型跨国公司发展仍存在提升空间，行业国际影响力有待提升。

中国企业国际化程度普遍低于世界 500 强主要国家。联合国贸发会议发布的《2024 世界投资报告》显示，世界非金融跨国公司 100 强中，美国上榜企业数量最多，为 22 家；其次为法国、英国和德国、日本、中国，详见图 7-14。与上年相比，中国上榜企业数量减少了 1 家；美国上榜企业增加了 3 家，且跨国指数约为中国企业的 2.68 倍；日本、法国和德国约为中国的 4 倍多；英国约为中国的 5.7 倍多。中国上榜企业跨国指数和各项分指数均低于其他主要国家，并且有所下滑，与国际化程度最高的英国相比，英国企业的海外资产占比约为中国企业的 4.6 倍；海外营业收入占比约为中国的 5.6 倍；海外员工占比约为中国的 8.4 倍。与上年相比，中国上榜企业跨国指数从 25.87% 下降为 14.52%；海外资产占比从 30.99% 下降至 18.78%；海外营业收入占比从 29.14% 下降至 15.94%；海外员工占比从 17.47% 下降至 9.3%。可见，中国仍需加大力度发展大型跨国公司。

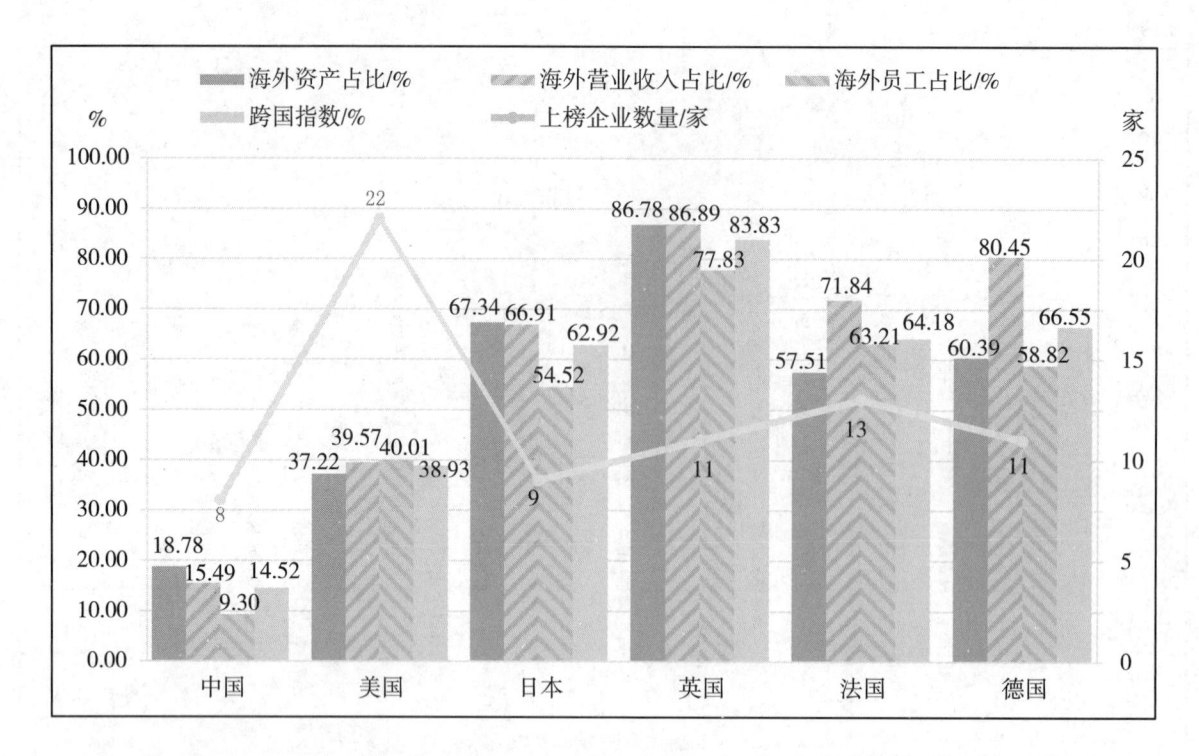

图 7-14 世界非金融跨国公司 100 强主要国家上榜企业数量和国际化水平

从世界非金融跨国公司 100 强分行业看，美国上榜企业分布在 10 个行业，法国和德国分别涉及 9 个和 7 个行业，中国和英国上榜企业均分布在 6 个行业，日本上榜企业较为集中，涉及 4 个行业。相较于上年，在计算机、通信设备及其他电子设备制造行业，中国上榜企业数量减少了 1 家，美国处于领先地位；在电信及互联网信息服务行业，6 个国家均有上榜企业，美国领先优势明显，行业竞争较为激烈；在化学品制造行业，除日本外，其余国家均有上榜企业，且分布相对均匀；在公用事业服务、交通运输业、采矿业，中国与其他国家均存在竞争企业。可见，在诸多行业中国仍无上榜的大型跨国公司；在已有上榜大型跨国公司领域，中国面临势均力敌的竞争者，详见表 7-6。

表 7-6 世界非金融跨国公司 100 强主要国家各行业企业数量

单位：家

行业	中国	美国	日本	英国	法国	德国
制造业总计	3	15	4	6	7	7
防务	0	0	0	0	1	0
化学品制造	2	2	0	2	2	1
机械设备	0	1	0	0	1	1
计算机、通信设备及其他电子设备制造	1	3	0	0	0	0
交通运输设备及零部件制造	0	2	3	0	1	4
食品饮料生产	0	3	0	2	0	0
消费品生产	0	1	0	0	1	0
药品和医疗设备制造	0	3	1	2	1	1
服务业总计	3	7	5	2	4	4

续表

行业	中国	美国	日本	英国	法国	德国
电信及互联网信息服务	1	5	1	1	1	2
公用事业服务	1	0	0	1	3	1
交通运输业	1	0	0	0	0	1
零售业	0	1	0	0	0	0
批发贸易	0	0	4	0	0	0
商务服务	0	1	0	0	0	0
其他行业总计	2	0	0	3	2	0
采矿业	2	0	0	3	0	0
建筑业	0	0	0	0	2	0

从各个行业的跨国指数来看，除德国外，其余各国的制造业跨国指数均高于服务业。中国制造业和服务业的跨国指数均低于其他5个国家。从制造业来看，相较于上年，中国计算机、通信设备及其他电子设备制造的跨国指数与美国的差距进一步拉大。美国在食品饮料生产、消费品生产、商务贸易等行业的跨国指数均高于50%，但中国在上述行业并未有上榜企业。从服务业来看，中国虽在电信及互联网信息服务、公用事业服务、交通运输业有上榜企业，但跨国指数均低于其他国家上榜企业。可见，中国大型跨国公司国际化程度及其影响力有待进一步提升，见表7-7。

表7-7 世界非金融跨国公司100强主要国家各行业跨国指数

单位：%

行业	中国	美国	日本	英国	法国	德国
制造业总计	28.71	55.59	75.50	85.20	72.57	64.85
防务	0.00	0.00	0.00	0.00	56.20	0.00
化学品制造	24.79	54.52	0.00	82.09	83.48	69.47
机械设备	0.00	52.17	0.00	0.00	82.48	80.12
计算机、通信设备及其他电子设备制造	36.57	53.97	0.00	0.00	0.00	0.00
交通运输设备及零部件制造	0.00	32.97	70.20	0.00	57.62	60.08
食品饮料生产	0.00	81.03	0.00	91.93	0.00	0.00
消费品生产	0.00	57.92	0.00	0.00	74.18	0.00
药品和医疗设备制造	0.00	47.95	91.42	81.56	70.55	64.03
服务业总计	13.36	38.03	55.16	70.44	57.56	72.29
电信及互联网信息服务	27.86	35.62	33.29	86.73	60.20	73.17
公用事业服务	4.23	0.00	0.00	54.14	56.68	73.27
交通运输业	7.98	0.00	0.00	0.00	0.00	69.54
零售业	0.00	20.52	0.00	0.00	0.00	0.00
批发贸易	0.00	0.00	60.62	0.00	0.00	0.00
商务贸易	0.00	67.60	0.00	0.00	0.00	0.00
其他行业总计	29.55	0.00	0.00	86.25	69.45	0.00
采矿业	29.55	0.00	0.00	86.25	69.45	0.00
建筑业	0.00	0.00	0.00	0.00	0.00	0.00

二、2024 世界、美国、中国 500 强总体发展态势比较

1. 2024 美国 500 强最新态势

（1）营业收入增速放缓，上榜门槛略有下降。

2024 美国 500 强营业收入增长至 188439.81 亿美元，较上年增长了 3.86%，增幅有所下降，详见图 7-15。上榜门槛从上年的 72 亿美元小幅下降至 71.05 亿美元，上榜公司总收入相当于美国当年 GDP 的 2/3。从上榜企业来看，沃尔玛凭借 6481.25 亿美元的营业收入位居榜首，其 12 年的累计营业收入达到了 6.3 万亿美元。亚马逊以 5747.85 亿美元位居第二，苹果公司营业收入 3832.85 亿美元，相较上年下降了 2.8%，为 2019 年来首次负增长，位居第三，而埃克森美孚下降至第七位。榜单前十名的公司总营业收入接近 3.9 万亿美元，这 10 家公司年收入均超过 2600 亿美元。榜单前 25 家公司中，有 8 家来自医疗行业，合计营业收入达 2 万亿美元，其中以联合健康集团和 CVS Health 公司为首。特斯拉连续 8 年上榜，排名跃升到第 40 位，成为升至榜单前 50 位最快的公司。英伟达（排名第 65 位）营业收入增长 126%，公司排名上升 87 位，首次入围榜单百强阵营。在最赚钱的前十家公司中，有 6 家为科技公司，其中，英伟达 2023 年盈利达到了创纪录的 297.6 亿美元，比 2022 年增长 581%，首次跻身利润榜前十。

从行业分布来看，营业收入前三位的行业分别是金融业、电信及互联网信息服务，以及教育和医疗卫生服务，与上年相比，教育和医疗卫生服务替代化学品制造，重返营业收入前三名。位居榜单前三位的企业分别来自综合服务业、电信及互联网信息服务，以及计算机、通信设备及其他电子设备制造，相较于上年，化学品制造从第三位跌至第七位。可见，美国金融业和电信及互联网信息服务行业处于较稳定的高收入状态，而化学品制造出现较大的市场波动。

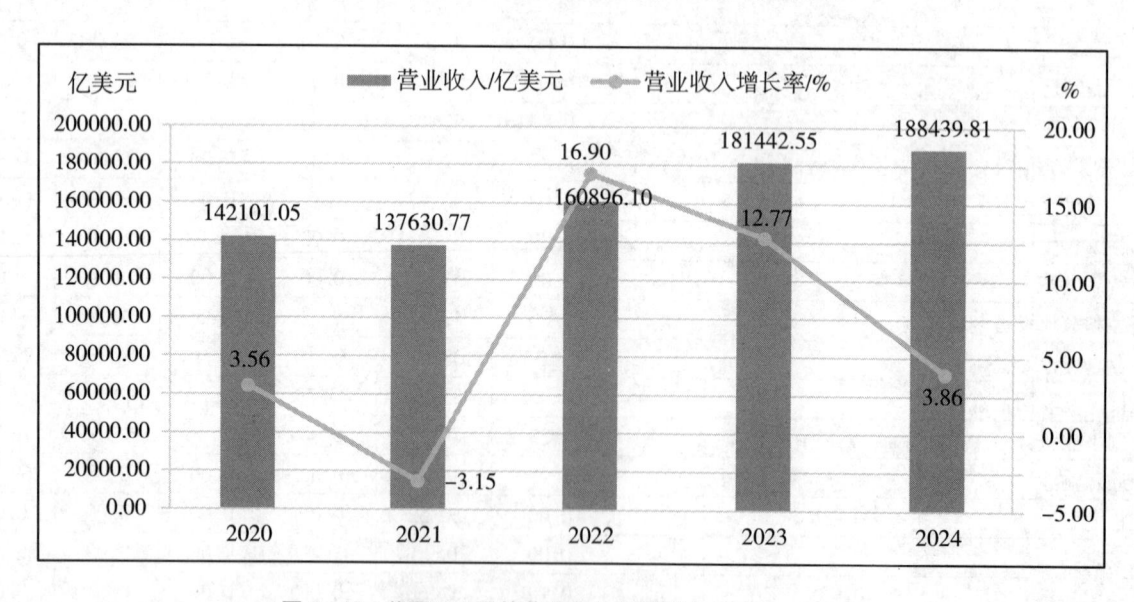

图 7-15 美国 500 强的营业收入及增长率 （2020—2024）

（2）净利润总额有所提升，高科技公司盈利能力突出。

2024 美国 500 强的净利润为 17173.42 亿美元，较上年增加了 10.03%，仅次于 2022 年，详见图

7-16。从上榜企业来看，蝉联利润榜榜首的苹果公司盈利969.95亿美元，较上年下降约2.8%；伯克希尔-哈撒韦公司在2023年实现扭亏为盈，盈利高达962.23亿美元，重回利润榜第二位。在最赚钱的前十家公司中，有6家为高科技公司，其中，英伟达盈利达到了创纪录的297.6亿美元，比上年增长581%，首次跻身利润榜前十；最赚钱的25家公司的总利润达到了8130亿美元，占整个500家上榜公司的47%。

从具体行业来看，金融业，电信及互联网信息服务，计算机、通信设备及其他电子设备制造是净利润最高的三个行业。其中，金融业为传统盈利行业，而电信及互联网信息服务，计算机、通信设备及其他电子设备制造行业作为高科技产业，随着新一代信息技术产业的加速发展也获得了市场红利。

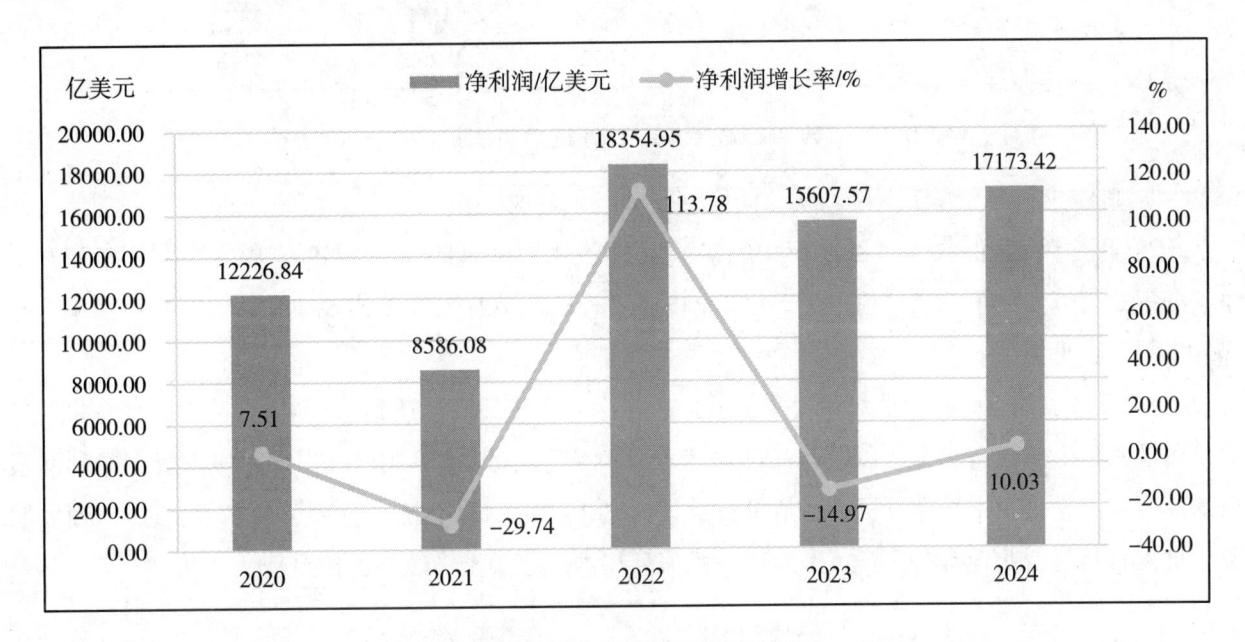

图7-16 美国500强的净利润及增长率（2020—2024）

（3）上榜企业亏损面有所缩小，亏损额下降显著。

2024美国企业500强中，有51家上榜公司亏损，相比上年，减少了3家；企业亏损总额达748.97亿美元，较上年下降38%，详见图7-17。其中，居亏损榜首的Lumen Technologies公司亏损额超过102亿美元，最高亏损额相较上年下降超55%；3M公司位列亏损榜第二位，亏损额超过69亿美元。从行业角度来看，亏损额前10家企业并未呈现行业特点。

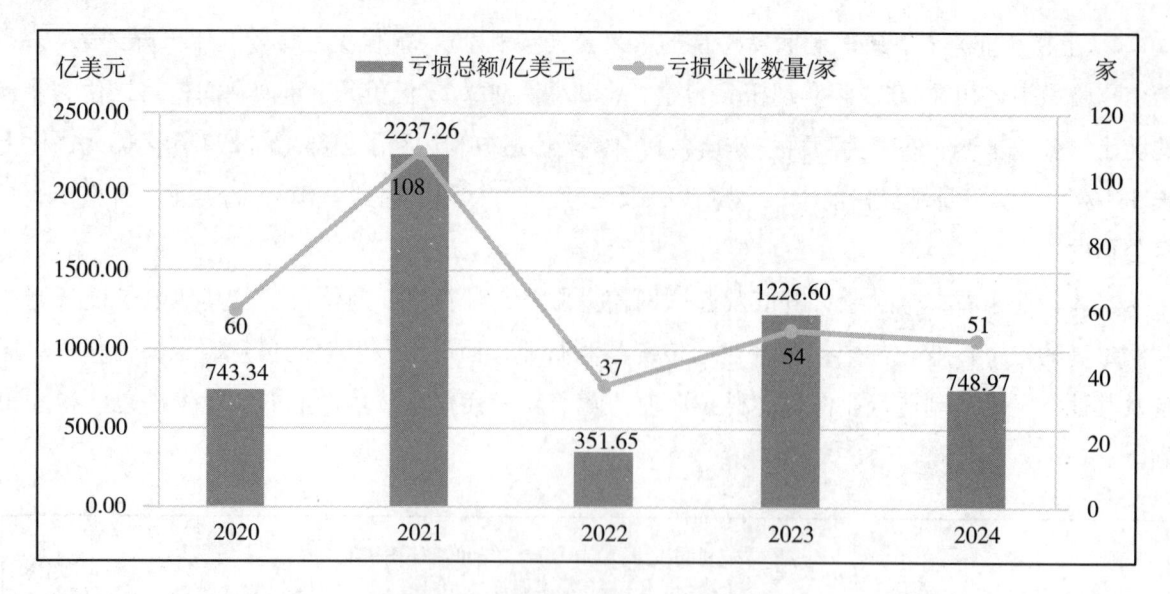

图7-17 美国500强的亏损企业数量及亏损总额（2020—2024）

（4）整体盈利水平好于上年，新一代信息技术产业表现优异。

2024美国500强的收入净利润率和资产净利润率分别为9.11%和2.98%，收入净利润率和资产净利润率是近五年的第二高峰值。近5年来，美国500强收入净利润率出现波动，资产净利润率呈现回升态势，详见图7-18。

根据2024美国500强行业统计，采矿业的收入净利润率最高，达到19.54%，其次为计算机、通信设备及其他电子设备制造，以及药品和医疗设备制造，分别为19.19%和16.34%。资产净利润最高的前十家上榜公司中，计算机、通信设备及其他电子设备制造上榜企业数量最多（4家），商务服务、批发贸易等行业各有一家。可见，新一代信息技术产业的经济效益已经显现。

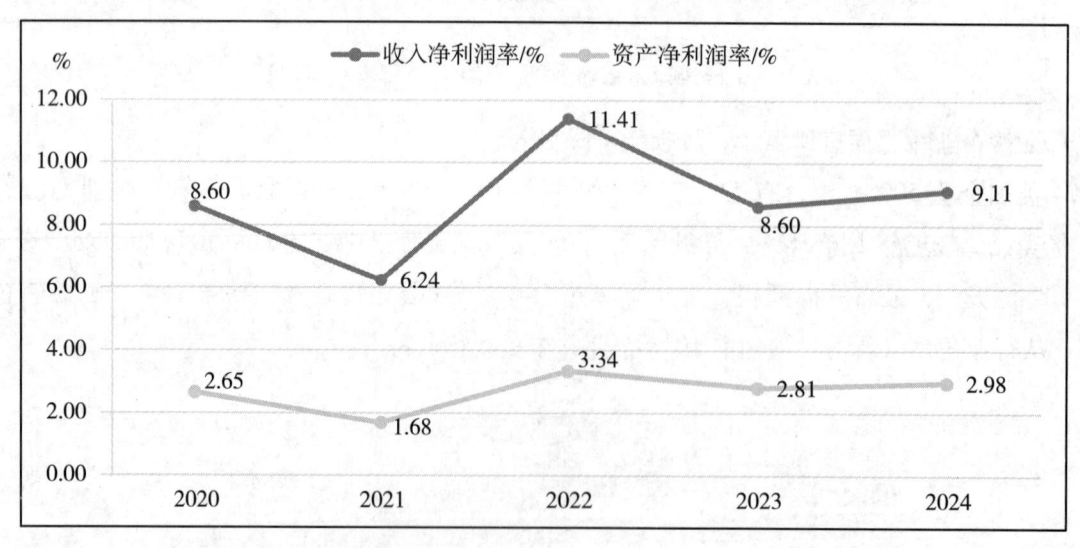

图7-18 美国500强的收入净利润率和资产净利润率（2020—2024）

2024美国500强的上榜企业共拥有归属母公司的所有者权益（净资产）为98929.88亿美元，较上年增加了8.53%；与此同时，净资产收益率为17.36%，较上年增加了0.24%，达到近五年的第二高峰值，详见图7-19。从各行业净资产收益率来看，零售业、机械设备，以及计算机、通信设备及其他电子设备制造分别排在前三位,净资产收益率分别为46.24%、35.07%及34.90%,与收入净利润率和资产净利润率排在前列的行业有所差异,表明美国500强企业多维盈利性指标行业发散,但计算机、通信设备及其他电子设备制造业在各类指标中均表现优异。

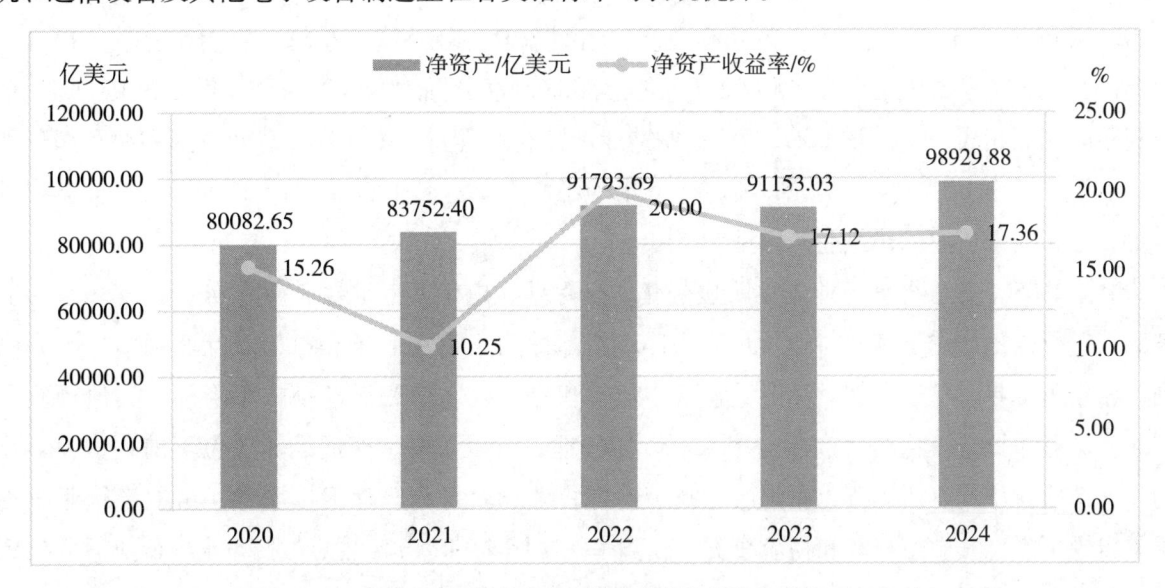

图7-19 美国500强的净资产规模和净资产收益率(2020—2024)

(5)员工总数达到近五年新高,人均营业收入再创新高。

2024美国500强共有员工3100.22万人,相比上年增加了59.47万人;人均营业收入也从59.67万美元增加至60.78万美元,员工总数和人均营业收入均持续增长,再创近五年新高,详见图7-20。排在榜首的沃尔玛员工人数与上年持平,仍为210万人;亚马逊员工人数为152.5万人,相较上年下降1.5万人,排在第二位。其余企业员工人数均低于百万人;还有87家上榜企业的员工人数不足万人,数量相较上年有所下降。员工人数前十位的企业以零售业、邮政和物流、综合服务业,以及电信及互联网信息服务业为主。从人均营业收入来看,人均营业收入排名前十的上榜公司分别属于金融业、交通运输业和化学品制造业,各有3家企业。

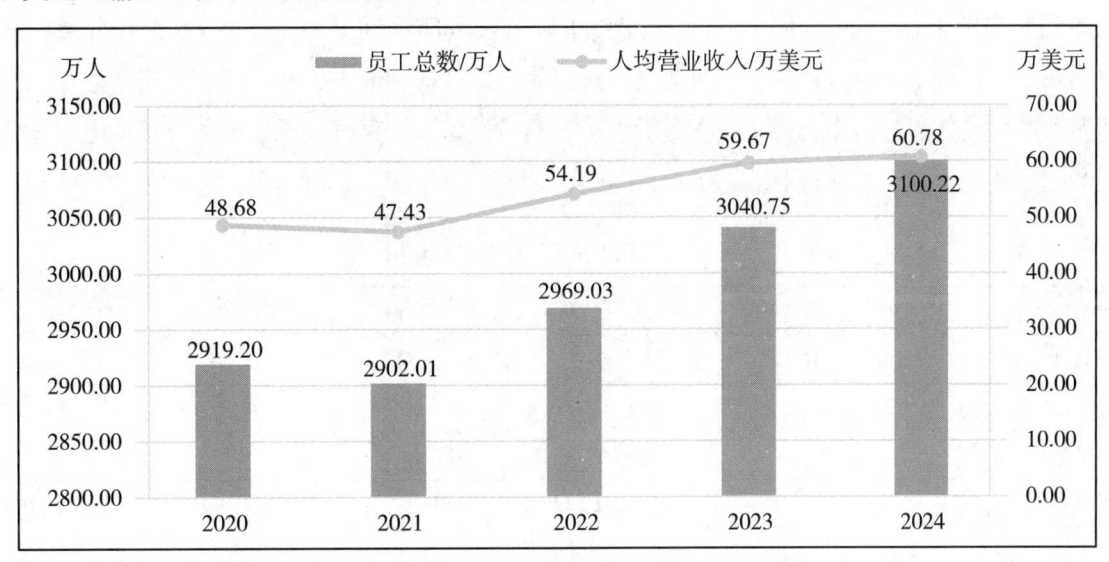

图7-20 美国500强的员工总数和人均营业收入(2020—2024)

(6) 服务业继续增长，制造业及其他行业萎缩。

2024美国500强行业门类较为齐全，上榜企业分布在24个行业，其中制造业10个、服务业12个，其他行业2个。

2024美国500强上榜企业中，服务业规模远超制造业，且经营效益与上年相比有较大提升。服务业上榜企业309家，较上年新增4家，营业收入和净利润分别为128206.48亿美元和10311.27亿美元，其中净利润相较上年提升了41.09%；制造业上榜企业维持在166家，营业收入和净利润分别为55812.86亿美元和6222.74亿美元，相较于上年均小幅下降；其他行业共计25家，相较上年减少4家，主要分布在采矿业和建筑业，详见表7-8。

2024美国500强服务业行业未见明显变化，金融业，电信及互联网信息服务，教育和医疗卫生服务的营业收入仍领先于其他行业。从收入净利润率来看，商务服务和电信及互联网信息服务位居前列；相较于上年，除教育和医疗卫生服务，邮政和物流收入净利润率小幅下降外，其他行业收入净利润率均有所提升。从净资产收益率来看，零售业、批发贸易、交通运输业位于前列；大多数行业的净资产收益率均有所提升，而邮政和物流、零售业、教育和医疗卫生服务、房地产行业净资产收益率出现下降，其中，邮政和物流净资产收益率下降了11.45%。可见，服务业各行业财务指标表现不一，电信及互联网信息服务的经营效益占据服务业的重要地位，邮政和物流等行业在服务业中的贡献度有所降低。

2024美国500强制造业企业主要集中在计算机、通信设备及其他电子设备制造，食品饮料生产，化学品制造，消费品生产，以及药品和医疗设备制造等行业。其中，化学品制造，计算机、通信设备及其他电子设备制造的营业收入相较上年存在小幅下降，但仍领先于其他行业。制造业中，计算机、通信设备及其他电子设备制造的利润最高，其次为药品和医疗设备制造，而化学品制造净利润大幅下滑，相较上年下降了46.02%。从经营指标来看，计算机、通信设备及其他电子设备制造收入净利润率超越药品和医疗设备制造，成为净利润最高的行业，机械设备收入净利润率上升了5.44个百分点，跻身制造业收入净利润率前三名；药品和医疗设备制造、化学品制造、金属产品、消费品生产的收入净利润率则出现下降，其中药品和医疗设备制造收入净利润率下降了4.86个百分点。从净资产收益率来看，相较于上年，计算机、通信设备及其他电子设备制造，建材生产，金属产品，消费品生产，药品和医疗设备制造的净资产收益率有所下降，机械设备，计算机、通信设备及其他电子设备制造的净资产收益率仍领先于其他行业。

表7-8 2024美国500强行业结构

行业	企业数量/家	营业收入/亿美元	净利润/亿美元	收入净利润率/%	净资产收益率/%
制造业总计	166	55812.86	6222.74	11.15	22.29
防务	8	3404.03	160.93	4.73	13.95
化学品制造	23	13139.63	927.20	7.06	15.23
机械设备	18	4474.92	640.89	14.32	35.07
计算机、通信设备及其他电子设备制造	25	10659.96	2045.85	19.19	34.90

续表

行业	企业数量/家	营业收入/亿美元	净利润/亿美元	收入净利润率/%	净资产收益率/%
建材生产	4	417.75	41.84	10.02	20.53
交通运输设备及零部件制造	11	5805.54	359.83	6.20	17.09
金属产品	7	1277.14	98.14	7.68	15.14
食品饮料生产	25	6463.04	625.80	9.68	20.97
消费品生产	23	3865.59	291.72	7.55	19.66
药品和医疗设备制造	22	6305.26	1030.54	16.34	18.54
服务业总计	309	128206.48	10311.27	8.04	15.26
电信及互联网信息服务	37	21782.79	2980.78	13.68	22.02
房地产	5	800.66	67.23	8.40	7.96
公用事业服务	32	5586.21	547.87	9.81	10.72
交通运输业	18	5276.97	495.32	9.39	23.92
教育和医疗卫生服务	16	15616.07	577.63	3.70	17.85
金融业	87	33643.83	3735.88	11.10	10.90
零售业	39	12721.11	567.21	4.46	46.24
旅游、餐饮及文化娱乐	19	4270.08	305.46	7.15	12.83
批发贸易	23	12254.38	187.37	1.53	30.44
商务服务	17	2943.21	441.04	14.98	19.27
邮政和物流	9	2572.86	135.27	5.26	20.61
综合服务业	7	10738.31	270.21	2.52	20.36
其他行业总计	25	4420.50	639.39	14.46	18.59
采矿业	13	2365.50	462.22	19.54	18.65
建筑业	12	2055.00	177.17	8.62	18.41

2. 世界、美国和中国500强对比

（1）中国500强表现优异，营业收入增长超过世界500强。

2024世界500强、美国500强和中国500强营业收入与上年相比持续保持增长状态，但增速再次放缓。美国500强的营业收入增长率为3.86%，中国500强的营业收入增长率为1.58%，美国500强企业的营业收入增长率约为中国的2.44倍。2022年以来，世界500强、美国500强和中国500强的营业收入增长率持续下降。相较于世界500强企业，中国500强企业近两年营业收入增长率下降幅度相对较小，但中国500强企业的恢复速度滞后于美国500强企业，详见图7-21。

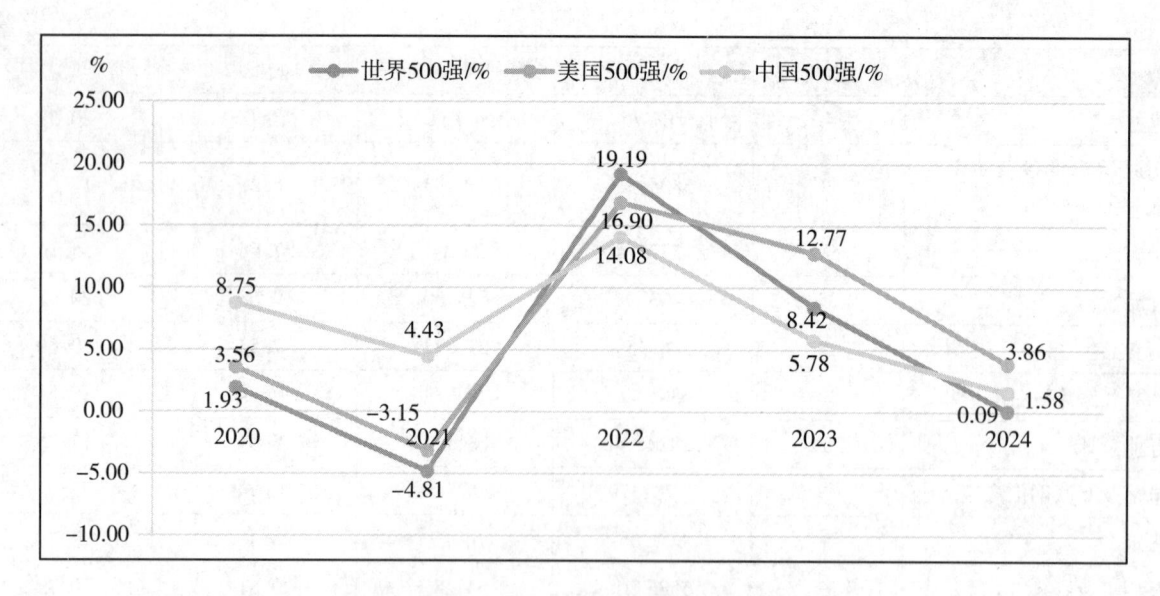

图 7-21　世界、美国和中国 500 强的营业收入增长率（2020—2024）

2024 世界 500 强、美国 500 强和中国 500 强的净利润均有不同程度的恢复，其中，美国 500 强净利润增长率为 10.03%，增长幅度最大；中国 500 强的净利润增长率为 5.01%，中国企业经营表现较为稳定。2020—2024 世界 500 强和美国 500 强的净利润增长率波动幅度均大于中国 500 强企业，凸显了中国 500 强企业的经营韧性，详见图 7-22。

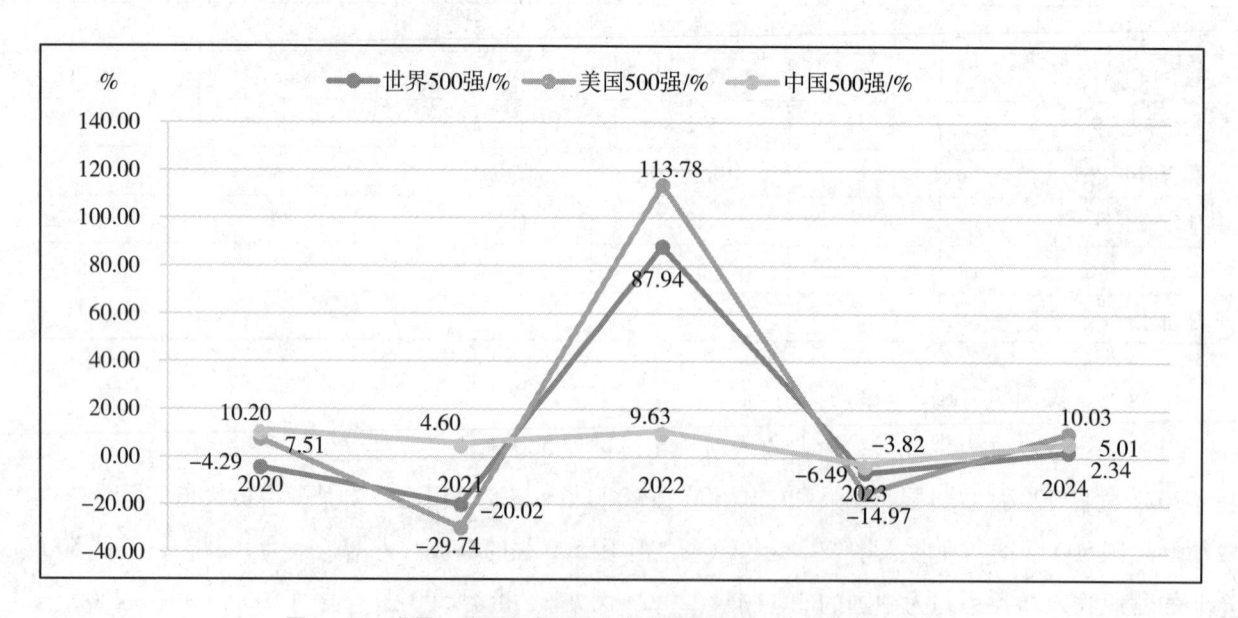

图 7-22　世界、美国和中国 500 强的净利润增长率（2020—2024）

（2）中国 500 强效益效率增长放缓，仍需加快追赶。

2024 世界 500 强、美国 500 强和中国 500 强相比，美国 500 强的收入净利润率和净资产收益率均最高，且收入净利润率相较上年进一步增长；其次为世界 500 强企业，收入净利润率和净资产收益率分别为 7.23% 和 13.46%，中国 500 强企业的收入净利润率和净资产收益率分别为 4.10% 和 8.01%。从 2022—2024 年 500 强的变化情况来看，2024 中国 500 强企业的收入净利润率有所回升，而净资产收益率有所下降；美国和世界500强企业虽具有明显的波动，整体处于高位，中国企业的盈利水平仍与美国500强和世界500强存在差距，详见图7-23和图7-24。

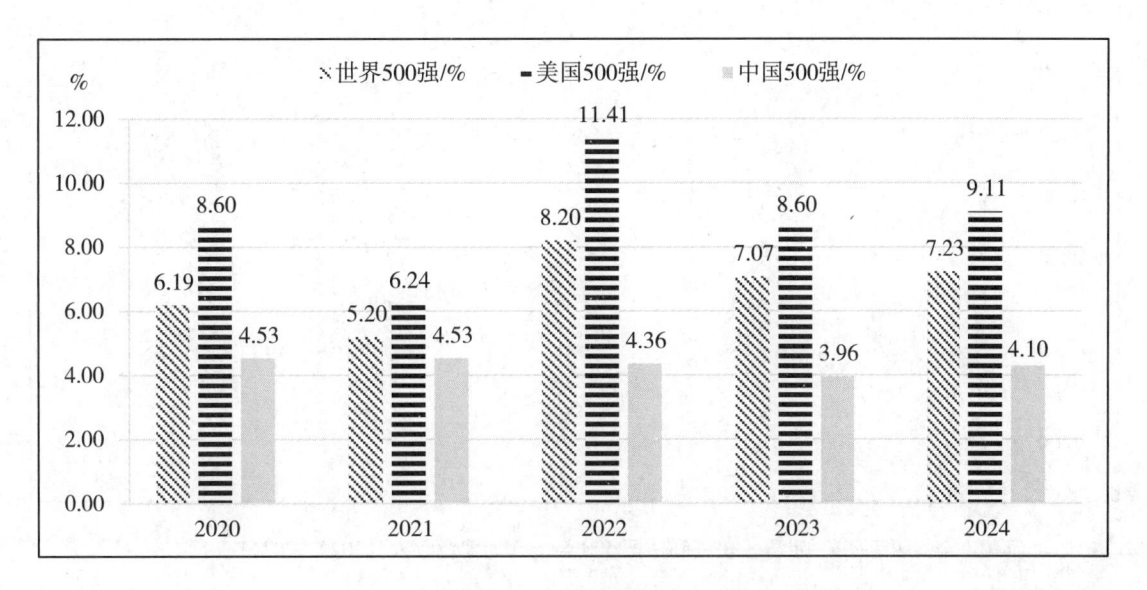

图7-23 世界、美国和中国500强的收入净利润率（2020—2024）

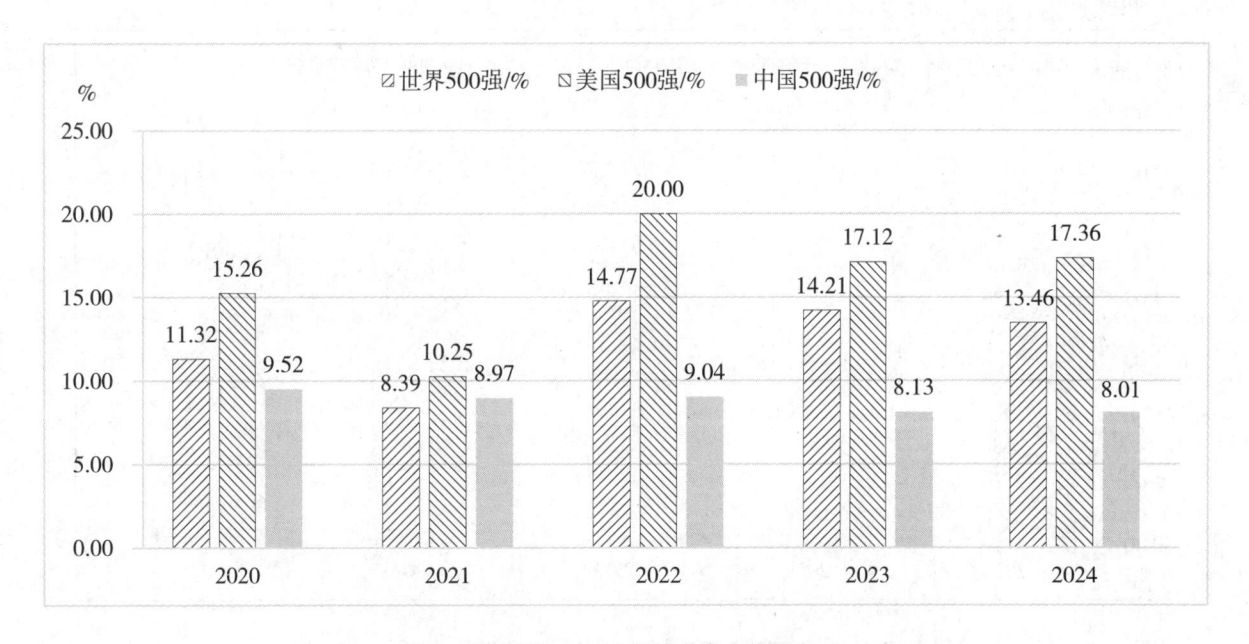

图7-24 世界、美国和中国500强的净资产收益率（2020—2024）

从人均营业收入和人均净利润来看，2024年美国500强和世界500强处于领先地位，特别是人均净利润优势明显。虽然2024年中国500强人均净利润有所增加，但仍与美国500强和世界500强存在差距。整体而言，中国500强的效益和效率提升空间较大，详见图7-25和图7-26。

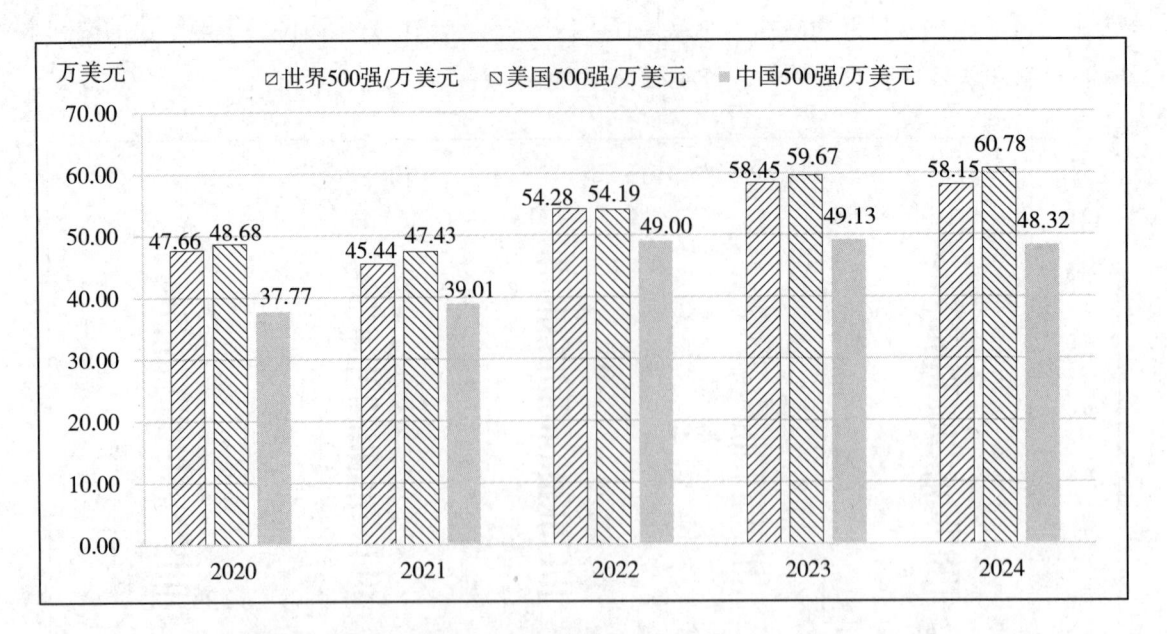

图 7-25　世界、美国和中国 500 强的人均营业收入（2020—2024）

注：中国 500 强的营业收入、净利润、按年平均汇率换算，资产、所有者权益按年底汇率换算，下同。

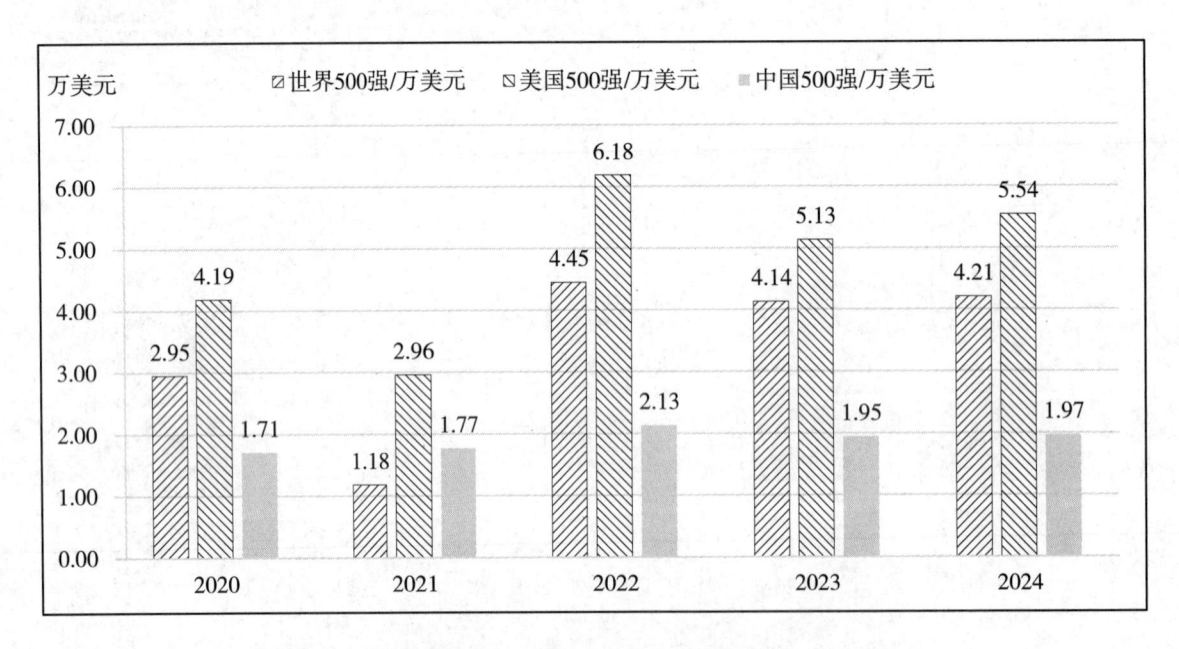

图 7-26　世界、美国和中国 500 强的人均净利润（2020—2024）

（3）中国与美国行业结构差异明显，两国优势行业各不相同。

2024 中国 500 强制造业企业数量为 264 家，远超世界 500 强和美国 500 强制造业上榜企业数量。其中，中国 500 强制造业企业数量与上年持平，而世界 500 强为 198 家，相较上年减少了 3 家，美国 500 强数量保持在 166 家。中国和美国 500 强企业行业结构迥异，美国 500 强上榜企业多以服务业为主，上榜企业数量高达 309 家，超过中国 500 强的 165 家和世界 500 强的 266 家。2024 美国 500 强新上榜了 4 家服务业企业，世界 500 强服务业新上榜企业为 8 家，而中国 500 强服务业企业增加了 1 家。总的来看，与上年相比，世界 500 强、美国 500 强和中国 500 强制造业和服务业上榜企业数量总体变化不大。

中国500强服务业经营效益与世界500强和美国500强企业存在较大差距，制造业的经营效益差异相较上年有所减少。2024世界500强和美国500强企业制造业的收入净利润率和净资产收益率均存在不同程度的下降，中国500强企业部分指标下降幅度较小，且在其他行业的收入净利润率和净资产收益率等方面有所上升。2024中国500强服务业的净资产收益率进一步下降，详见表7-9。

表7-9 2020—2024 世界、美国和中国500强制造业、服务业、其他行业有关指标

行业		制造业					服务业					其他行业				
		2020	2021	2022	2023	2024	2020	2021	2022	2023	2024	2020	2021	2022	2023	2024
企业数量/家	世界500强	190	201	207	201	198	274	268	258	258	266	36	31	35	41	36
	美国500强	169	170	167	166	166	308	308	307	305	309	23	21	26	29	25
	中国500强	238	249	256	264	264	181	176	171	164	165	81	75	73	72	71
收入净利润率/%	世界500强	5.08	3.76	7.88	7.71	7.02	7.09	6.35	8.61	6.09	7.35	5.37	3.60	7.17	9.93	7.49
	美国500强	8.89	6.79	12.75	12.36	11.15	8.59	6.29	10.75	6.20	8.04	4.96	-4.65	12.11	20.59	14.46
	中国500强	2.50	2.69	2.89	2.19	2.11	7.55	7.32	6.88	6.50	6.81	1.87	1.94	1.99	2.66	2.90
净资产收益率/%	世界500强	10.85	7.05	17.14	18.08	15.48	11.25	8.96	13.00	10.50	11.86	15.75	9.79	21.27	29.02	20.19
	美国500强	18.58	12.73	25.87	26.77	22.29	14.36	9.87	17.81	12.01	15.26	6.61	-6.19	17.68	32.27	18.59
	中国500强	7.15	9.79	10.97	8.56	8.41	9.08	9.55	9.16	8.13	8.01	3.74	5.05	5.58	7.50	7.53
人均营业收入/万美元	世界500强	49.90	45.43	57.75	64.28	61.64	46.29	45.54	51.21	53.27	54.90	46.98	44.67	59.71	69.69	67.50
	美国500强	56.19	51.43	63.12	71.92	69.12	45.37	45.60	50.12	53.85	56.84	70.14	62.81	89.57	126.88	118.87
	中国500强	44.82	44.78	55.29	53.76	53.36	37.99	40.24	51.05	49.68	46.97	28.65	29.14	37.23	41.15	42.42
人均净利润/万美元	世界500强	2.53	1.71	4.55	4.96	4.33	3.28	2.89	4.41	3.24	4.03	1.61	4.28	6.92	5.05	
	美国500强	4.99	3.49	8.05	8.89	7.71	3.90	2.87	5.39	3.34	4.57	3.48	-2.92	10.85	26.13	17.19
	中国500强	1.12	1.20	1.60	1.18	1.13	2.87	2.95	3.51	3.23	3.21	0.54	0.57	0.74	1.09	1.23

中国500强与美国500强细分行业结构差异明显。中国500强企业分布于27个行业，主要集中在金属产品、化学品制造、金融业、建筑业和机械设备行业，分别有86家、53家、52家、40家和29家企业。美国500强企业分布在24个行业，主要集中在金融业，零售业，公用事业服务，计算机、通信设备及其他电子设备制造和食品饮料生产等行业，分别有87家、39家、32家、25家和25家企业。总体上看，中国更侧重于制造业和基础材料，而美国则重点在服务业尤其是金融和零售及高科技产业，两国经济结构和产业布局的差异显著。

中国500强与美国500强相比存在优势行业，但多数行业存在差距。从各行业收入净利润率和净资产收益率指标来看，中国500强仅在教育和医疗卫生服务、综合制造业、电力生产及农林牧渔业展现出较强的竞争力。相较于上年，中国在附加值较高的服务业中有进步，但中国500强与美国500强相比，在计算机、通信设备及其他电子设备制造，药品和医疗设备制造等高端制造业和其他服务业等方面仍存在差距，详见表7-10。

表 7-10　2024 中国 500 强和美国 500 强行业企业数量和盈利能力比较

行业	企业数量/家		收入净利润率/%		净资产收益率/%	
	中国 500 强	美国 500 强	中国 500 强	美国 500 强	中国 500 强	美国 500 强
制造业总计	264	166	2.11	11.15	8.41	22.29
防务	4	8	2.81	4.73	6.16	13.95
化学品制造	53	23	1.34	7.06	7.24	15.23
机械设备	29	18	2.99	14.32	10.53	35.07
计算机、通信设备及其他电子设备制造	19	25	5.70	19.19	11.20	34.90
建材生产	3	4	1.01	10.02	4.29	20.53
交通运输设备及零部件制造	17	11	1.82	6.20	7.12	17.09
金属产品	86	7	1.44	7.68	7.10	15.14
食品饮料生产	16	25	1.53	9.68	6.06	20.97
消费品生产	21	23	3.90	7.55	14.45	19.66
药品和医疗设备制造	5	22	3.40	16.34	13.28	18.54
综合制造业	11	0	0.84	0.00	3.95	0.00
服务业总计	165	309	6.78	8.04	7.93	15.26
电信及互联网信息服务	17	37	8.89	13.68	10.69	22.02
房地产	12	5	1.24	8.40	2.59	7.96
公用事业服务	13	32	1.93	9.81	3.23	10.72
交通运输业	21	18	2.62	9.39	2.67	23.92
教育和医疗卫生服务	1	16	4.97	3.70	41.85	17.85
金融业	52	87	12.26	11.10	9.04	10.90
零售业	6	39	0.98	4.46	4.95	46.24
旅游、餐饮及文化娱乐	1	19	0.02	7.15	0.08	12.83
批发贸易	28	23	0.85	1.53	6.43	30.44
商务服务	2	17	3.17	14.98	8.17	19.27
邮政和物流	9	9	2.37	5.26	8.25	20.61
综合服务业	3	7	2.25	2.52	3.69	20.36
其他行业总计	71	25	2.90	14.46	7.53	18.59
采矿业	22	13	4.33	19.54	8.50	18.65
电力生产	7	0	3.21	0.00	5.98	0.00
建筑业	40	12	1.79	8.62	7.04	18.41
农林牧渔业	2	0	0.29	0.00	0.36	0.00

(4) 中国 500 强制造业规模继续扩大，整体盈利能力有待提升。

2024 中国 500 强制造业企业数量与上年持平，共有 264 家，远超美国的 166 家。中国 500 强制造业企业主要集中于化学品制造、机械设备、交通运输设备及零部件制造、金属产品和综合制造业，企业数量超过美国；而在防务，计算机、通信设备及其他电子设备制造，建材生产，食品饮料生产，消费品生产，药品和医疗设备制造行业，企业数量不及美国。

2020—2024 年，中国 500 强制造业企业数量呈稳步上升态势，从 238 家增加到 264 家，而美国 500 强制造业企业数量略有下降，五年间减少了 3 家企业。从具体行业来说，中国的化学品制造，机械设备，计算机、通信设备及其他电子设备制造，金属产品，消费品生产和综合制造业企业数量均有增加，尤其是计算机、通信设备及其他电子设备制造行业，五年间企业数量增加了 90%；而美国仅在化学品制造、建材生产、药品和医疗设备制造行业的企业数量有所增加，机械设备和金属产品行业的企业数量保持不变，其余行业企业数量均有不同程度的减少，详见表 7-11。

表 7-11 2020—2024 中国 500 强和美国 500 强制造业企业数量变化趋势

单位：家

行业	2020 中国500强	2020 美国500强	2021 中国500强	2021 美国500强	2022 中国500强	2022 美国500强	2023 中国500强	2023 美国500强	2024 中国500强	2024 美国500强
制造业总计	238	169	249	171	256	167	264	166	264	166
防务	6	11	7	8	6	8	7	8	4	8
化学品制造	39	21	38	22	46	23	52	25	53	23
机械设备	27	18	27	19	29	17	30	17	29	18
计算机、通信设备及其他电子设备制造	10	26	15	28	15	27	18	26	19	25
建材生产	6	2	6	2	5	3	4	5	3	4
交通运输设备及零部件制造	21	12	19	11	17	12	17	11	17	11
金属产品	74	7	83	7	86	8	84	8	86	7
食品饮料生产	17	26	18	26	18	24	19	24	16	25
消费品生产	20	28	23	27	21	24	21	22	21	23
药品和医疗设备制造	8	18	6	21	4	21	3	20	5	22
综合制造业	10	0	7	0	9	0	7	0	11	0

2024 中国 500 强和美国 500 强制造业营业收入相较上年均有所降低，美国降幅大于中国。各行业营业收入比较结果表明，中国 500 强在化学品制造、机械设备、建材生产、交通运输设备及零部件制造、金属产品、消费品生产和综合制造业 7 个行业的营业收入高于美国，仍具有行业规模优势；在金属产品领域，中国 500 强营业收入是美国 500 强的 13.76 倍。然而，在计算机、通信设备及其他电子设备制造，药品和医疗设备制造高端制造业，美国 500 强具有较大的行业规模优势，中国 500 强计

算机、通信设备及其他电子设备制造的营业收入仅为美国 500 强的 39.36%，药品和医疗设备制造行业约为美国的 15.10%。

从 2020—2024 中国和美国 500 强的变化趋势来看，除了建材生产行业外，中国 500 强制造业各行业营业收入均有所增长，特别是机械设备，计算机、通信设备及其他电子设备制造等行业，详见表 7–12。

表 7–12 2020—2024 中国 500 强和美国 500 强制造业营业收入变化趋势

单位：亿美元

行业	2020		2021		2022		2023		2024	
	中国 500 强	美国 500 强	中国 500 强	美国 500 强	中国 500 强	美国 500 强	中国 500 强	美国 500 强	中国 500 强	美国 500 强
制造业总计	46881.82	44581.49	50399.49	40806.05	62734.45	50572.45	65874.20	58359.16	64166.15	55812.86
防务	2447.92	3732.24	3027.05	2940.73	3451.57	3075.74	3494.84	3162.82	2546.55	3404.03
化学品制造	9300.62	10003.65	8550.95	7168.84	11556.55	11146.04	14924.14	15780.14	14695.92	13139.63
机械设备	3372.17	4109.07	3053.69	3761.88	4923.71	3874.38	5855.13	4171.045	6038.98	4474.92
计算机、通信设备及其他电子设备制造	2791.17	8249.80	3743.82	8661.29	3391.50	10433.93	4017.08	11054.431	4196.06	10659.96
建材生产	1291.71	144.40	1360.14	156.14	1474.52	370.28	1084.30	573.52	903.75	417.75
交通运输设备及零部件制造	6845.95	4183.15	7082.14	3659.05	7715.99	4480.49	7018.64	5268.684	7552.39	5805.54
金属产品	12377.49	795.86	14657.86	687.32	19399.10	1360.91	18739.15	1551.778	17571.19	1277.14
食品饮料生产	2175.82	5108.25	2493.18	5090.96	2866.29	5684.83	3195.40	6345.383	2526.41	6463.04
消费品生产	3355.07	3741.36	3644.09	3627.15	4537.98	3829.70	4350.94	3885.628	4405.58	3865.59
药品和医疗设备制造	934.39	4513.70	820.40	5052.70	820.44	6316.17	779.22	6565.731	952.16	6305.26
综合制造业	1989.52	0.00	1966.34	0.00	2596.80	0.00	2415.61	0.00	2777.16	0.00

中国 500 强制造业企业的盈利能力仍有待提升。中国和美国制造业各行业的收入净利润率比较结果表明，美国制造业的盈利能力较强。相较于上年，两国制造业整体收入净利润率的差距有所缩小，但除了美国没有综合制造业企业上榜以外，在其他制造业行业中，中国 500 强的收入净利润率均低于美国 500 强。其中，2024 美国 500 强建材生产行业收入净利润率是中国的 9.92 倍；食品饮料生产是中国的 6.33 倍；金属产品是中国的 5.33 倍；计算机、通信设备及其他电子设备制造，以及药品和医疗设备制造高端制造业收入净利润率分别是中国的 3.37 倍和 4.81 倍。近五年，美国 500 强制造业有 9 个行业的收入净利润率有所增加，而中国 500 强制造业仅有机械设备，计算机、通信设备及其他电子设备制造，以及药品和医疗设备制造 3 个行业的收入净利润率有所增长，详见表 7–13。

表 7-13 2020—2024 中国 500 强和美国 500 强制造业收入净利润率变化趋势

单位：%

行业	2020 中国500强	2020 美国500强	2021 中国500强	2021 美国500强	2022 中国500强	2022 美国500强	2023 中国500强	2023 美国500强	2024 中国500强	2024 美国500强
制造业总计	2.50	8.89	2.69	6.79	2.89	12.75	2.19	12.36	2.11	11.15
防务	3.27	6.40	3.45	-0.03	3.24	6.30	3.78	5.31	2.81	4.73
化学品制造	1.75	3.81	1.88	-4.82	2.54	7.75	1.47	10.89	1.34	7.06
机械设备	2.12	6.57	3.33	8.40	3.19	8.08	3.18	8.88	2.99	14.32
计算机、通信设备及其他电子设备制造	4.70	16.02	4.37	15.79	8.16	20.06	3.17	18.57	5.70	19.19
建材生产	2.61	4.34	2.69	-0.45	2.73	8.79	1.74	10.37	1.01	10.02
交通运输设备及零部件制造	1.95	1.78	1.80	1.16	1.86	8.66	2.15	5.08	1.82	6.20
金属产品	1.80	1.38	2.06	0.69	2.35	14.01	1.48	11.65	1.44	7.68
食品饮料生产	6.37	8.40	6.22	9.26	2.96	10.20	4.43	9.46	1.53	9.68
消费品生产	4.01	6.01	4.25	7.67	4.26	10.96	3.78	10.37	3.90	7.55
药品和医疗设备制造	3.39	22.25	3.15	12.64	2.25	21.75	1.53	21.20	3.40	16.34
综合制造业	1.69	0.00	1.16	0.00	1.35	0.00	0.51	0.00	0.84	0.00

（5）中国大型企业韧性较强，在外部冲击下表现突出。

中国企业具有较强的抵御外部冲击的韧性。企业韧性指面对外部威胁时，企业所承载冲击，进而恢复，直至发展的能力。企业韧性尤其是大型企业的韧性一定程度反映了所在行业的韧性。采用 CRITIC 赋值法，从抵抗力（营业收入、所有者权益、员工数量）、恢复力（净利润率、净资产收益率及劳动生产率的增长速度）和进化力（净利润率、净资产收益率及劳动生产率增长的加速度）三个维度测量近五年世界 500 强企业韧性发现，2020—2022 年，中国企业韧性突出，远超其他主要国家，近两年美国企业韧性凸显，尽管中国受地缘政治影响，中国企业韧性仍远超其他主要国家的企业。相比之下，日本、法国、德国与英国的企业在新冠疫情期间遭受的冲击更大，英国企业韧性尤为脆弱。近两年世界 500 强中的美国、法国与日本企业韧性有所恢复，而中国、德国与英国企业则出现波动，详见图 7-27。

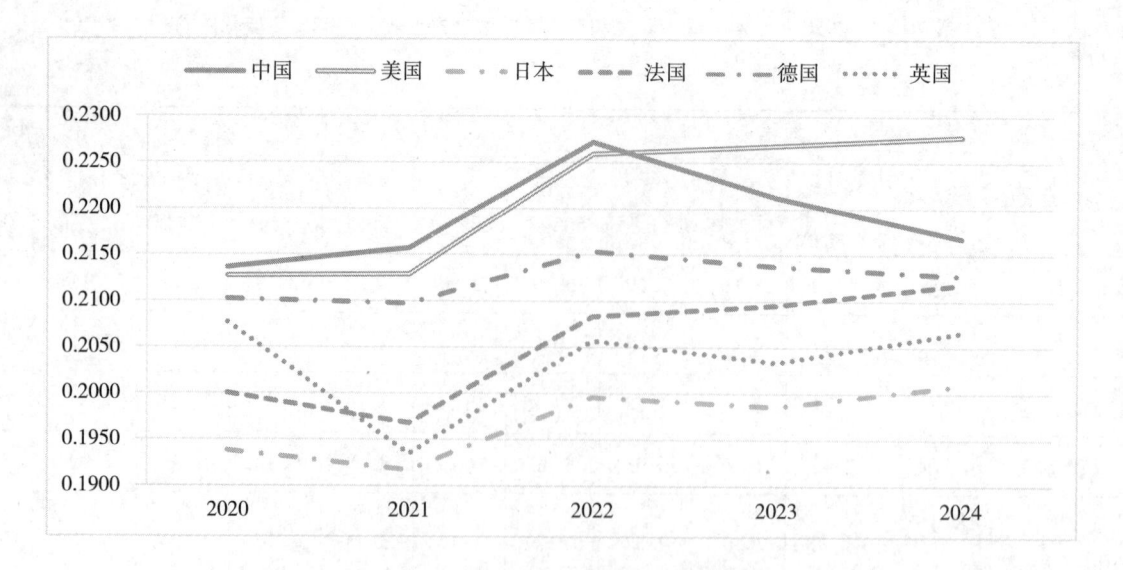

图 7-27　2020—2024 世界 500 强主要国家韧性变化趋势

注：CRITIC 赋值法计算出的韧性为无量纲的相对数，用于表示各国在综合评价体系中的相对位置或优劣程度。

虽然在 2024 世界 500 强中，中国企业在金属产品与消费品生产领域展现出显著的韧性，但在制造业的整体比较中，尤其是机械设备与药品和医疗设备制造板块，中国企业的韧性尚存不足，与其他主要国家企业存在一定差距。相比之下，德国企业在制造业的韧性方面表现优异，特别是在交通运输设备及零部件制造领域，稳居 2024 世界 500 强主要国家之首。与此同时，美国在计算机、通信设备及其他电子设备制造行业彰显出其特有的韧性优势，详见表 7-14。

从服务业韧性的视角来看，在 2024 世界 500 强中，美国与中国的服务业企业表现出色，尤以美国服务业的韧性最为突出。中国企业在房地产和公用事业服务领域的韧性表现突出。其中，在公用事业服务行业中，国家电网有限公司的韧性较高，居于 2024 世界 500 强第三位。美国则在电信及互联网信息服务，教育和医疗卫生服务，零售业，旅游、餐饮及文化娱乐，邮政和物流，批发贸易和综合服务业等高技术与民生相关领域展现了高韧性。以沃尔玛为代表的综合服务业公司，其韧性水平在 2024 世界 500 强中独占鳌头。总的来说，尽管在某些特定领域中国企业韧性表现不俗，但中国需在制造业的薄弱环节及服务业的创新领域持续努力，以提升整个行业及经济体系的韧性。

表 7-14　2024 世界 500 强主要国家各行业韧性比较

行业	中国	美国	日本	法国	德国	英国
制造业总计	0.2024	0.2061	0.2075	0.2069	0.2322	0.2007
防务	0.1999	0.1947	—	—	—	—
化学品制造	0.2616	0.2284	0.1824	0.2710	0.1966	0.2193
机械设备	0.1841	0.1954	0.1986	0.1859	0.2282	—
计算机、通信设备及其他电子设备制造	0.2066	0.2188	—	—	—	—
建材生产	0.1905	—	—	0.1938	—	—
交通运输设备及零部件制造	0.1901	0.2438	0.2308	0.1962	0.2595	—

续表

行业	中国	美国	日本	法国	德国	英国
金属产品	0.1891	—	0.1851	—	0.1780	—
食品饮料生产	0.1909	0.1897	—	—	—	0.1828
消费品生产	0.2114	0.1960	—	0.2017	—	0.1962
药品和医疗设备制造	0.1726	0.1929	—	0.1981	0.1895	0.1860
服务业总计	0.2306	0.2420	0.1975	0.2142	0.1982	0.2164
电信及互联网信息服务	0.2453	0.2791	0.1993	0.1927	0.2117	0.1941
房地产	0.1932	—	—	—	—	—
公用事业服务	0.2480	—	0.1762	0.2137	0.1890	—
交通运输业	—	0.1816	—	0.2042	0.2058	—
教育和医疗卫生服务	—	0.2710	—	—	—	—
金融业	0.2394	0.2240	0.1970	0.2278	0.1980	0.2430
零售业	—	0.2170	0.2094	0.2066	—	0.2008
旅游、餐饮及文化娱乐	—	0.1999	—	—	—	—
批发贸易	0.1912	0.2173	0.1972	—	0.1930	—
商务服务	—	—	—	—	—	—
邮政和物流	0.2314	0.2357	—	0.1950	—	—
综合服务业	—	0.3955	—	—	—	—
其他行业总计	0.2198	—	0.1757	0.2137	—	0.1877
采矿业	0.2062	—	—	—	—	0.1877
建筑业	0.2303	—	0.1757	0.2137	—	—

注:"—"代表数据缺失,由于测度进化力需要用到企业连续三年的数据,故存在部分行业样本数据因限制而无法测度的情况;CRITIC赋值法计算出的韧性为无量纲的相对数,用于表示各国在综合评价体系中的相对位置或优劣程度。

(6)中国500强医药企业稳步发展,企业竞争力仍需提升。

医药作为传统产业和现代产业相结合的产业,对于提高人民健康水平、促进经济发展至关重要。500强企业中的医药企业主要涉及药品和医疗设备制造、医疗卫生服务、与医药相关的批发与零售。新冠疫情得到有效控制后,2024世界500强医药领域上榜企业共有24家,相较于上年减少了7家。其中,美国占据16家,世界著名药企强生的营业收入达到951.95亿美元,位于第115强,成为全球营业收入最高的制药企业;瑞士和英国各有2家企业上榜,其中瑞士的罗氏公司以672.70亿美元位于全球制药企业第二位;中国、丹麦、德国和法国各有1家医药企业上榜。中国的广州医药集团有限公司较上年排名提升9名,位于417位。

从经营规模和效益指标上来看,2024世界500强美国上榜医药企业遥遥领先于包括中国在内的其他主要国家。在上榜企业数量与中国相同的国家中,除丹麦外,德国和法国的营业收入均高于中国,且丹麦和法国的净利润远超中国,分别是中国企业的37.48倍和18.02倍,详见图7-28。

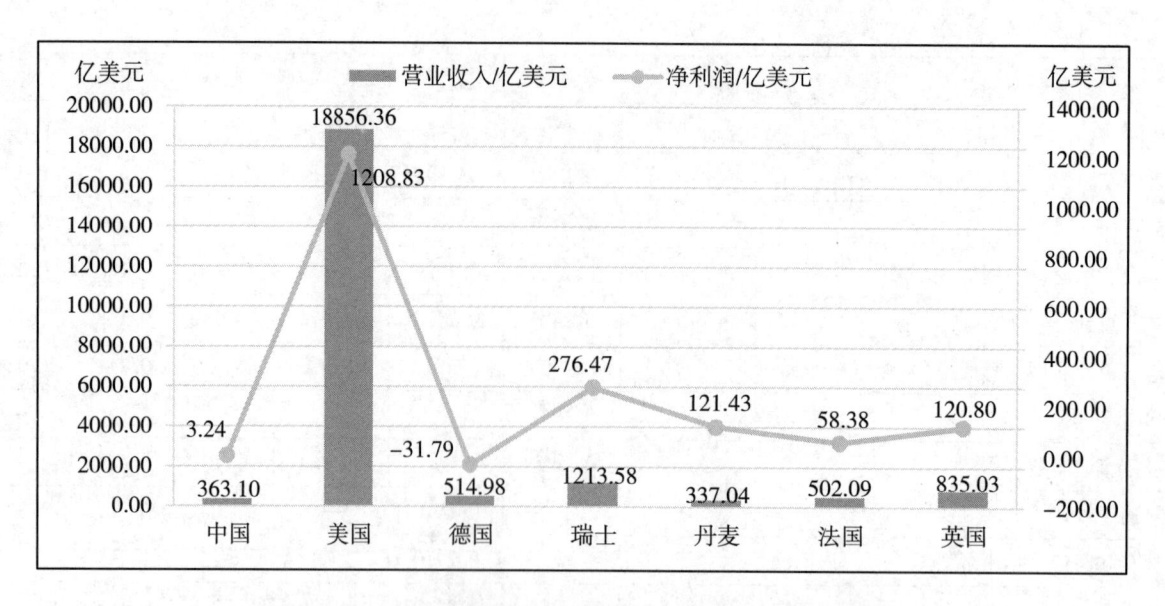

图 7-28 2024 主要国家 500 强医药企业营业收入和净利润

从人均营业收入和人均净利润两个指标来看，中国医药企业的人均营业收入处于领先地位，但净利润仅高于德国，与其他主要国家存在较大差距，详见图 7-29。

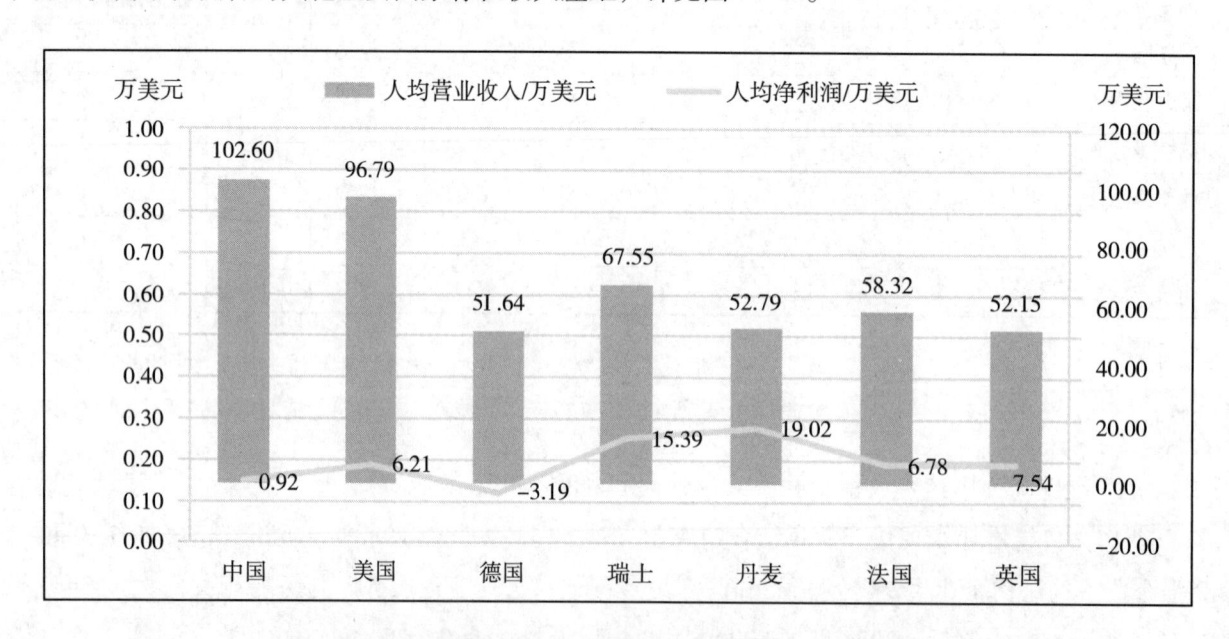

图 7-29 2024 主要国家 500 强医药企业人均营业收入和人均净利润

从收入净利润率和净资产收益率来看，美国上榜医药企业的收入净利润率约为中国的 7.20 倍，净资产收益率约为中国的 1.33 倍。整体而言，中国医药企业的经营效益与其他主要国家相比，仍有较大提升空间，详见图 7-30。

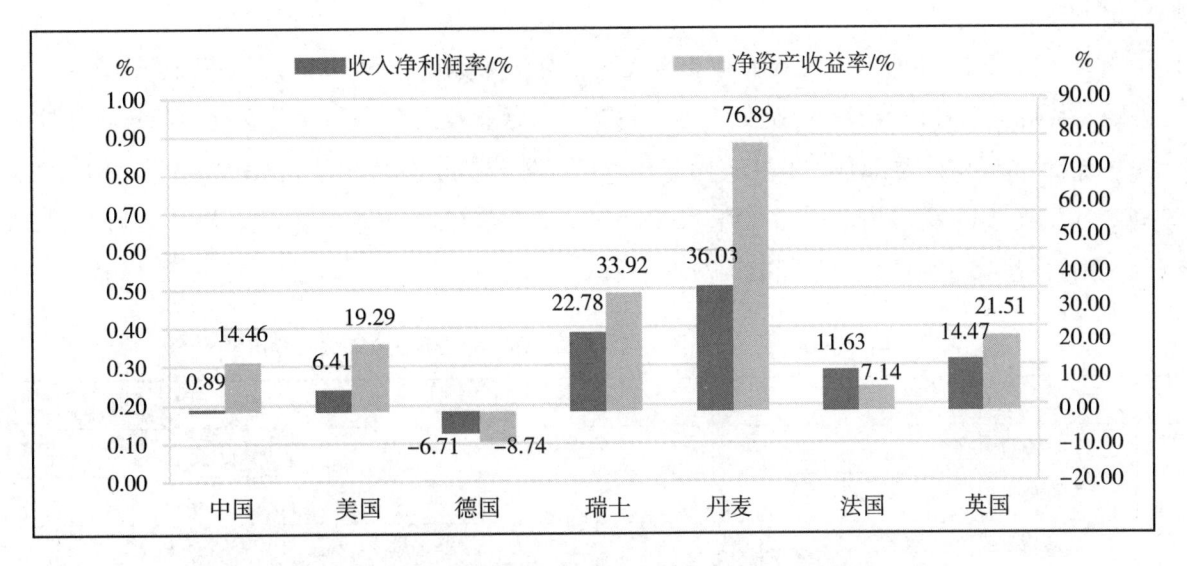

图 7-30　2024 主要国家 500 强医药企业收入净利润率和净资产收益率

2024 中国 500 强上榜的医药企业维持在 10 家，美国 500 强上榜的医药企业数量从上年的 40 家下降至 38 家。中国上榜医药企业主要集中在药品制造、化工医药商贸和医药及医疗器材零售行业，分别有 5 家、3 家和 2 家，以制药为主。2024 美国 500 强的医药企业主要分布在医疗卫生服务、药品制造和医疗设备制造方面，分别有 16 家、13 家和 9 家，医疗卫生服务和药品制造是美国医药行业的重点领域。

从规模上来看，2024 美国 500 强上榜医药企业的营业收入和净利润分别约为中国的 8.99 倍和 30.36 倍，较上年均有所减少。从盈利能力来看，美国 500 强的收入净利润率为中国的 3.38 倍，净资产收益率是中国的 1.95 倍，人均营业收入和人均净利润分别是中国的 1.38 倍和 4.64 倍，详见表 7-15。无论是从规模还是盈利能力指标来看，中国医药行业与美国的整体性差距较上年有所缩小，但中国医药行业的竞争力与美国相比仍显不足。

表 7-15　2024 中国 500 强和美国 500 强医药企业有关指标比较

指标	中国 500 强	美国 500 强
企业数量/家	10	38
营业收入/亿美元	2436.41	21921.33
净利润/亿美元	52.97	1608.17
收入净利润率/%	2.17	7.34
净资产收益率/%	9.39	18.29
人均营业收入/万美元	55.49	76.64
人均净利润/万美元	1.21	5.62

（7）中国 500 强互联网产业链持续发展，整体经营效益有所提升。

互联网产业链既包括计算机软硬件开发制造企业，也涵盖了高技术应用层面的零售、社交媒体、搜索引擎等诸多环节，以制造业的"计算机、通信设备及其他电子设备制造"和服务业的"电信及互联网信息服务"为主。

中国 500 强上榜的互联网产业链企业相较上年增加了 3 家，达到 36 家，但仍与美国 500 强存在一定差距。从规模上看，美国 500 强互联网产业链企业营业收入和净利润分别是中国 500 强的 2.50 倍和 4.94 倍。从经营效益来看，2024 美国 500 强互联网产业链企业的收入净利润率是中国 500 强的 1.97 倍，净资产收益率是中国的 2.40 倍。2024 美国 500 强互联网产业链企业的人均营业收入和人均净利润分别为中国 500 强的 1.40 倍和 2.77 倍，详见表 7-16。

表 7-16 2024 中国 500 强和美国 500 强互联网产业链企业有关指标比较

指标	中国 500 强	美国 500 强
企业数量/家	36	62
营业收入/亿美元	12954.88	32442.75
净利润/亿美元	1018.20	5026.63
收入净利润率/%	7.86	15.49
净资产收益率/%	10.80	25.91
人均营业收入/万美元	37.70	52.96
人均净利润/万美元	2.96	8.21

在计算机、通信设备及其他电子设备制造行业，中国 500 强在通信设备制造领域有一定的优势，企业数量、营业收入和净利润均高于美国 500 强，但其收入净利润率、净资产收益率及人均净利润均低于美国 500 强。在半导体、集成电路及面板制造领域，中国 500 强整体经营效益相较上年有所提升，尤其是在人均净利润方面扭亏为盈，但在各个经营效益指标上的表现尚不足。

在电信及互联网信息服务行业，中国 500 强的经营效益相较上年有所提升，在软件和信息技术领域的收入净利润率、人均营业收入和人均净利润高于美国企业。但中国 500 强和美国 500 强之间的规模差距仍然明显，在互联网服务和电信服务领域的经营效益与美国相比仍需进一步提高，详见表 7-17。

表 7-17 2024 中国 500 强和美国 500 强互联网产业链比较

行业		计算机、通信设备及其他电子设备制造				电信及互联网信息服务			
财务指标	产业链	半导体、集成电路及面板制造	计算机及办公设备	通信设备制造	科学、摄影和控制设备	软件和信息技术	互联网服务	电信服务	计算机软件
企业数量/家	中国 500 强	3	4	12	0	4	10	3	0
	美国 500 强	15	6	3	1	10	13	7	7
营业收入/亿美元	中国 500 强	850.80	748.80	2596.47	0.00	520.51	5388.98	2849.32	0.00
	美国 500 强	3696.04	5740.05	795.31	428.57	1824.76	11756.79	4733.91	3467.33
净利润/亿美元	中国 500 强	7.03	24.13	208.16	0.00	43.77	548.81	186.31	0.00
	美国 500 强	779.12	1044.28	162.50	59.95	103.33	1578.09	340.12	959.24

续表

行业		计算机、通信设备及其他电子设备制造				电信及互联网信息服务			
财务指标	产业链	半导体、集成电路及面板制造	计算机及办公设备	通信设备制造	科学、摄影和控制设备	软件和信息技术	互联网服务	电信服务	计算机软件
收入净利润率/%	中国500强	0.83	3.22	8.02	0.00	8.41	10.18	6.54	0.00
	美国500强	21.08	18.19	20.43	13.99	5.66	13.42	7.18	27.67
净资产收益率/%	中国500强	1.92	14.21	12.99	0.00	22.00	12.66	6.76	0.00
	美国500强	19.80	112.68	30.42	12.83	18.61	23.48	10.99	30.31
人均营业收入/万美元	中国500强	24.36	21.50	50.40	0.00	128.43	49.76	25.89	0.00
	美国500强	49.65	125.02	39.59	35.13	12.70	58.39	79.31	62.81
人均净利润/万美元	中国500强	0.20	0.69	4.04	0.00	10.80	5.07	1.69	0.00
	美国500强	10.47	22.74	8.09	4.91	0.72	7.84	5.70	17.38

（8）中国新一代信息技术产业处于前列，领域缺口亟须填补。

新一代信息技术是近年来备受关注的战略性新兴产业之一，包括一系列以物联网、云计算、大数据、人工智能为代表，旨在推动信息处理、存储、传输和应用技术的革新与集成的先进科技企业。2024世界500强共有29家新一代信息技术的上榜企业，其中，美国以17家上榜企业处于绝对领先地位，英特尔公司、惠普公司、微软和英伟达公司在物联网、云计算、大数据、人工智能多个领域均处于领先地位；中国有4家企业上榜，分别是阿里巴巴集团控股有限公司、华为投资控股有限公司、腾讯控股有限公司和小米集团，阿里巴巴集团控股有限公司涉及人工智能和云计算两个领域（当某一企业涉及两个以上领域，公司数量、营业收入及净利润等指标都按涉及领域数量做均值处理，故会出现0.5个企业）；德国有3家上榜企业，法国、英国、韩国和印度各有1家上榜企业。从领域分布来看，美国最为完整，新一代信息技术产业所涉及的四个主要领域均有上榜企业，人工智能领域优势最为明显，大数据领域相对薄弱。中国上榜企业数量位居第二，主要集中于人工智能领域，上榜企业未涉足大数据和物联网领域，领域缺口亟须填补。

从经营规模和盈利能力来看，美国新一代信息技术上榜企业的营业收入和净利润位居首位，远超包括中国在内的其他国家，其中，人工智能领域的营业收入和净利润分别是中国的6.30倍和8.73倍；云计算领域的营业收入和净利润分别是中国的3.78倍和11.70倍。从收入净利润率和净资产收益率来看，中国新一代信息技术上榜企业的收入净利润率和净资产收益率分别为11.88%和12.22%，在经营效益上领先于英国和韩国，但相较于美国、德国仍存在差距；从人均营业收入和人均净利润来看，中国上榜企业与美国企业差距较小，尤其是在人均营业收入方面，详见表7-18。

表 7-18　2024 世界 500 强主要国家新一代信息技术产业比较

财务指标	国家	新一代信息技术企业总计	人工智能	大数据	云计算	物联网
企业数量/家	中国	4	3.5	0.0	0.5	0.0
	美国	17	9.5	0.5	3.5	3.5
	德国	3	1	0.0	0.0	2
	法国	1	0.0	0.0	0.0	1
	英国	1	0.0	0.0	0.0	1
	韩国	1	1	0.0	0.0	0.0
	印度	1	0.0	0.0	0.0	1
营业收入/亿美元	中国	3551.13	2894.44	0.00	656.69	0.00
	美国	22526.22	18221.98	268.59	2480.89	1554.76
	德国	1778.94	604.20	0.00	0.00	1174.74
	法国	388.12	0.00	0.00	0.00	388.12
	英国	488.72	0.00	0.00	0.00	488.72
	韩国	1982.57	1982.57	0.00	0.00	0.00
	印度	536.35	0.00	0.00	0.00	536.35
净利润/亿美元	中国	421.84	366.01	0.00	55.83	0.00
	美国	4064.42	3195.45	16.32	653.31	199.34
	德国	191.94	40.81	0.00	0.00	151.13
	法国	43.28	0.00	0.00	0.00	43.28
	英国	12.36	0.00	0.00	0.00	12.36
	韩国	110.82	110.82	0.00	0.00	0.00
	印度	37.94	0.00	0.00	0.00	37.94
收入净利润率/%	中国	11.88	12.65	0.00	8.50	0.00
	美国	18.04	17.54	6.07	26.33	12.82
	德国	10.79	6.75	0.00	0.00	12.87
	法国	11.15	0.00	0.00	0.00	11.15
	英国	2.53	0.00	0.00	0.00	2.53
	韩国	5.59	5.59	0.00	0.00	0.00
	印度	7.07	0.00	0.00	0.00	7.07

续表

财务指标	国家	新一代信息技术企业总计	人工智能	大数据	云计算	物联网
净资产收益率/%	中国	12.22	6.44	0.00	8.17	0.00
	美国	31.97	32.91	—	35.36	17.20
	德国	15.93	17.10	0.00	0.00	15.38
	法国	14.81	0.00	0.00	0.00	14.81
	英国	1.91	0.00	0.00	0.00	1.91
	韩国	4.06	4.06	0.00	0.00	0.00
	印度	37.24	0.00	0.00	0.00	37.24
人均营业收入/万美元	中国	64.46	64.54	0.00	64.10	0.00
	美国	66.99	73.94	92.62	63.45	32.51
	德国	33.53	58.69	0.00	0.00	27.47
	法国	23.10	0.00	0.00	0.00	23.10
	英国	50.76	0.00	0.00	0.00	50.76
	韩国	74.02	74.02	0.00	0.00	0.00
	印度	58.62	0.00	0.00	0.00	58.62
人均净利润/万美元	中国	7.66	8.16	0.00	5.45	0.00
	美国	12.09	12.97	5.63	16.71	4.17
	德国	3.62	3.96	0.00	0.00	3.53
	法国	2.58	0.00	0.00	0.00	2.58
	英国	1.28	0.00	0.00	0.00	1.28
	韩国	4.14	4.14	0.00	0.00	0.00
	印度	4.15	0.00	0.00	0.00	4.15

注：新一代信息技术产业企业划分标准来源于Statista Company Insights数据库。其中，阿里巴巴集团控股有限公司、微软、英伟达公司、英特尔公司、惠普公司经营业务均涉及了两个产业，故上述公司数量、营业收入及净利润等指标按涉及领域数量做均值处理。

数据来源：2024世界500强。

三、加快建设具有行业领先优势的世界一流企业

从党的十九大报告首次提出"培育具有全球竞争力的世界一流企业"，到2022年2月中央全面深化改革委员会第二十四次会议审议通过《关于加快建设世界一流企业的指导意见》的重大政策文件，再到2024年3月政府工作报告将打造世界一流企业纳入本年政府工作任务中，建设世界一流企业目标已经成为国家意志、国家战略及国家行动，是推进中国式现代化的重大举措。在百年未有之大变局的背景下，加快建设世界一流企业不仅是为了维护产业链、供应链的安全稳定，更在于提升中国在全球经济治理体系中的影响力和话语权。这既是对外部环境变化的积极应对，也是发展新质

生产力的内在要求。

中国企业在世界经济中处于举足轻重的地位，加快建设世界一流企业仍需聚焦做强做优做大。尽管在2024世界500强中，中国上榜企业数量比上年减少8家，这是自2018年以后，中国上榜企业数量首次少于美国。与此同时，中国以新能源汽车为代表的新兴行业异军突起，中国汽车及汽车部件企业有10家进入榜单，奇瑞首次上榜，比亚迪排名由212位上升到143位，其他企业排名同比多数都有上升。横向比较分析表明，中国企业在盈利能力和竞争力方面仍有提升空间。增强国有经济竞争力、创新力、控制力、影响力、抗风险能力具有必要性和紧迫性，中国企业需要客观评价竞争力现状，对标世界一流企业，强化现代公司治理和经营管理，探求可持续发展之路。中国企业要抓住数智化时代赋予的机遇，通过创新发展，继续进行转型、升级和优化，不断塑造企业竞争新优势，加快建设产品卓越、品牌卓著、创新领先、治理现代的世界一流企业。

加快建设世界一流企业要以发展新质生产力为核心，不断提高企业核心竞争力。目前，无论制造业还是服务业，中国企业盈利能力指标仍然存在短板。新质生产力是马克思主义生产力理论的创新和发展，是科技创新交叉融合突破所产生的根本性成果，是先进生产力的具体体现形式。发展新质生产力就是发挥创新的主导作用，摆脱传统经济增长方式、生产力发展路径，突出高科技、高效能、高质量特征。在数字技术快速发展趋势下，中国企业要大力推进科技创新和数智化转型升级，实现企业降本增效，特别是500强上榜企业要下大力气加强管理，从科技创新和管理中要效率、要效益，从根本上实现成本控制与盈利能力提升。不仅要做500强上榜企业，更要追求500强利润榜单前列企业，争取逐步扭转目前上榜企业盈利能力落后的局面。

加快建设世界一流企业要以企业现有优势为基础，持续扩大企业全球竞争优势。目前，中国与美国等其他主要国家分行业比较各有千秋，中国企业应巩固优势产业的领先地位，积极开创新领域和开拓新的增长点。近年来，中国企业深度参与了全球产业链的优化升级，但价值创造能力不足成为制约企业高质量发展的主要瓶颈，在增强中国企业国际竞争优势的过程中，中国企业要正视自身快速发展中面对的结构性困局。在将先进制造业与现代服务业深度融合的基础上，以高质量发展为核心导向，加快创新型高端行业薄弱环节的技术攻坚，为加快建设世界一流企业寻找新的发展领域。此外，全球价值链与区域格局重构必然导致新技术、新资源向高附加值产业聚集，中国企业亟须全面释放内在潜能，保障企业的现金流动性和融资渠道，争抢下一轮行业整合与价值链重组中的新领域，寻找发展新动力，不断提升企业全球竞争优势。

加快建设世界一流企业应以高水平对外开放为前提，加快大型跨国公司发展步伐。大力推进中国企业国际化，加快发展大型跨国公司不仅是"一带一路"倡议和充分利用"两个市场、两种资源"背景下的必然趋势，而且是加快建设世界一流企业和实现高质量对外开放的必然选择。中国企业持续提升国际化水平，是实现平台化、规模化高质量发展的方向，国际化经营能力是建设世界一流企业的重要支撑，国际化已成为企业价值链延伸发展的必然需求。一方面，中国企业要树立开放包容、协同协作理念，制定明确的国际化战略，坚持"走出去"的方向，在继续深挖国内市场机会的同时，要放眼全球市场，积极开拓国际市场，与当地市场需求紧密结合，尽快参与全球行业整合与资源配置，快速提升国际市场份额，增强行业影响力。另一方面，中国企业应与外国企业在产业整合、股权投资等领域开展深度合作，探索多种跨境投资合作方式，共同开发国际市场，完善产业链、价值链、创新链的全球化布局，加快形成面向全球的生产服务网络。

加快建设世界一流企业应以举国体制优势为支撑，增强大型企业的韧性。目前，中国大型企业的韧性相比较有一定优势，但是需要维护和提升。中国要充分发挥国有企业优势，以大型企业为链主拉动价值链融通发展，中国式现代化工业体系需要实现价值链融通发展、各类所有制企业共同发展。进入世界500强的企业应充分发挥价值链链主职能，关注产业链各环节中企业的重要作用，提升现代产业链关键核心技术和"卡脖子"技术的攻关能力和关键产品供给能力，充分发挥技术优势、规模优势和市场优势等资源优势，搭建利益共享、合作共赢的长效机制平台，以链式思维引领、带动价值链上中下游企业协同发展，形成对行业关键环节和发展趋势的把控力，有效提升价值链、供应链的韧性，力争实现对产业链的自主可控。链主企业应按照现代价值链总体目标分解具体任务和重点指标，围绕技术、产品、服务构建开放、协同、高效的共性技术研发平台，牢牢掌握核心技术、关键零部件和重要材料等制约现代产业链发展的关键资源，并通过有序嵌入全球供应链网络，共同向价值链中高端不断迈进，实现现代价值链企业整体发展。

加快建设世界一流企业要以新一代信息技术产业等新兴产业为突破口，大力培育重点企业。目前，中国新一代信息技术产业处于前列，但尚存在薄弱环节。新一代信息技术产业发展直接影响未来所有产业的全球竞争力，在"脱钩断链"背景下，中国企业要深刻认识和把握新一代信息技术产业对企业发展和产业变革的作用，明确新一代信息技术与实体经济融合的愿景和目标，做好新技术应用和新业务的发展布局，抢占技术应用先发优势，加快新一代信息技术与实体经济融合的应用场景创新，充分释放生产要素价值和经济发展效能。在新一轮科技革命中，数智技术内涵已超越了管理工具和提效手段。未来的先进生产力必定是依托于科技护城河的生产力。中国企业应聚焦新一代信息技术产业链的关键环节，填补缺口领域，强化薄弱环节，以新技术的创造性应用为导向，以供需联动为路径，着力创新新一代信息技术的应用场景，实现新技术迭代升级和产业的快速增长，重点培育新兴领域的大型企业。中国企业应围绕制造、农业、物流、金融、商务、家居等重点行业挖掘智能管理、智能制造等领域的场景创新，促进智能经济高端高效发展，推动智能经济提质增效，以应用创新赋能新质生产力的形成，加速市场规模发展和企业规模成长，打造新一代信息技术领域具有全球竞争力的大型企业。

第八章
2024 中国 500 强与世界 500 强行业领先企业主要经济指标对比

2024 中国 500 强与世界 500 强行业领先企业主要经济指标对比，见表 8-1 至表 8-27。

第八章 2024中国500强与世界500强行业领先企业主要经济指标对比

表8-1 2024中国500强与世界500强财产与意外保险（股份）业领先企业对比

对比指标	伯克希尔-哈撒韦公司（1）（美国）	中国人民保险集团股份有限公司（2）	[（2）/（1）]/%
营业收入/百万美元	364482	78182	21.45
净利润/百万美元	96223	3153	3.28
资产/百万美元	1069978	219319	20.50
所有者权益/百万美元	561273	34265	6.10
员工人数/人	396500	175881	44.36
收入净利率/%	26.40	4.00	15.15
资产净利率/%	9.00	1.40	15.56
净资产收益率/%	17.14	9.20	53.68
劳动生产率/（万美元/人）	91.92	44.45	48.36
人均净利润/（万美元/人）	24.27	1.79	7.38

表8-2 2024中国500强与世界500强采矿、原油生产业领先企业对比

对比指标	沙特阿美公司（1）（沙特阿拉伯）	中国海洋石油集团有限公司（2）	[（2）/（1）]/%
营业收入/百万美元	494890	141732	28.64
净利润/百万美元	120699	14559	12.06
资产/百万美元	660819	225842	34.18
所有者权益/百万美元	409250	115598	28.25
员工人数/人	73311	82560	112.62
收入净利率/%	24.40	10.30	42.21
资产净利率/%	18.30	6.40	34.97
净资产收益率/%	29.49	12.59	42.69
劳动生产率/（万美元/人）	675.06	171.67	25.43
人均净利润/（万美元/人）	164.64	17.63	10.71

表8-3 2024中国500强与世界500强车辆与零部件业领先企业对比

对比指标	大众公司（1）（德国）	上海汽车集团股份有限公司（2）	[（2）/（1）]/%
营业收入/百万美元	348408	105196	30.19
净利润/百万美元	17945	1993	11.11
资产/百万美元	663064	141826	21.39
所有者权益/百万美元	194051	40339	20.79
员工人数/人	684025	149505	21.86
收入净利率/%	5.20	1.90	36.54
资产净利率/%	2.70	1.40	51.85
净资产收益率/%	9.25	4.94	53.41
劳动生产率/（万美元/人）	50.93	70.36	138.15
人均净利润/（万美元/人）	2.62	1.33	50.76

表8-4　2024中国500强与世界500强船务业领先企业对比

对比指标	马士基集团（1）（丹麦）	中国远洋海运集团有限公司（2）	[（2）/（1）]/%
营业收入/百万美元	51065	53930	105.61
净利润/百万美元	3822	3584	93.77
资产/百万美元	82100	151545	184.59
所有者权益/百万美元	54030	40891	75.68
员工人数/人	105909	106221	100.29
收入净利率/%	7.50	6.60	88.00
资产净利率/%	4.70	2.40	51.06
净资产收益率/%	7.07	8.77	124.05
劳动生产率/（万美元/人）	48.22	50.77	105.29
人均净利润/（万美元/人）	3.61	3.37	93.35

表8-5　2024中国500强与世界500强电信业领先企业对比

对比指标	威瑞森电信（1）（美国）	中国移动通信集团有限公司（2）	[（2）/（1）]/%
营业收入/百万美元	133974	142832	106.61
净利润/百万美元	11614	15253	131.33
资产/百万美元	380255	338347	88.98
所有者权益/百万美元	92430	187929	203.32
员工人数/人	105400	453394	430.17
收入净利率/%	8.70	10.70	122.99
资产净利率/%	3.00	4.50	150.00
净资产收益率/%	12.57	8.12	64.60
劳动生产率/（万美元/人）	127.11	31.50	24.78
人均净利润/（万美元/人）	11.02	3.36	30.49

表8-6　2024中国500强与世界500强电子、电气设备业领先企业对比

对比指标	三星电子（1）（韩国）	美的集团股份有限公司（2）	[（2）/（1）]/%
营业收入/百万美元	198257	52790	26.63
净利润/百万美元	11082	4763	42.98
资产/百万美元	351937	68477	19.46
所有者权益/百万美元	272679	22948	8.42
员工人数/人	267860	198613	74.15
收入净利率/%	5.60	9.00	160.71
资产净利率/%	3.20	7.00	218.75
净资产收益率/%	4.06	20.76	511.33
劳动生产率/（万美元/人）	74.02	26.58	35.91
人均净利润/（万美元/人）	4.14	2.40	57.97

表8-7 2024中国500强与世界500强多元化金融业领先企业对比

对比指标	房利美（1）（美国）	中国中信集团有限公司（2）	[（2）/（1）]/%
营业收入/百万美元	141240	131242	92.92
净利润/百万美元	17408	4125	23.69
资产/百万美元	4325437	1617681	37.40
所有者权益/百万美元	77682	63212	81.37
员工人数/人	8100	213290	2633.21
收入净利率/%	12.30	3.10	25.20
资产净利率/%	0.40	0.30	75.00
净资产收益率/%	22.41	6.52	29.10
劳动生产率/（万美元/人）	1743.70	61.53	3.53
人均净利润/（万美元/人）	214.91	1.93	0.90

表8-8 2024中国500强与世界500强工程与建筑业领先企业对比

对比指标	万喜集团（1）（法国）	中国建筑集团有限公司（2）	[（2）/（1）]/%
营业收入/百万美元	75551	320431	424.13
净利润/百万美元	5083	4372	86.01
资产/百万美元	130945	410144	313.22
所有者权益/百万美元	31050	33720	108.60
员工人数/人	279426	382894	137.03
收入净利率/%	6.70	1.40	20.90
资产净利率/%	3.90	1.10	28.21
净资产收益率/%	16.37	12.96	79.17
劳动生产率/（万美元/人）	27.04	83.69	309.50
人均净利润/（万美元/人）	1.82	1.14	62.64

表8-9 2024中国500强与世界500强工业机械业领先企业对比

对比指标	西门子（1）（德国）	中国机械工业集团有限公司（2）	[（2）/（1）]/%
营业收入/百万美元	82932	46482	56.05
净利润/百万美元	8477	182	2.14
资产/百万美元	153510	45848	29.87
所有者权益/百万美元	50573	9096	17.99
员工人数/人	320000	117357	36.67
收入净利率/%	10.20	0.40	3.92
资产净利率/%	5.50	0.40	7.27
净资产收益率/%	16.76	2.00	11.93
劳动生产率/（万美元/人）	25.92	39.61	152.82
人均净利润/（万美元/人）	2.65	0.15	5.66

表 8-10 2024 中国 500 强与世界 500 强公用设施业领先企业对比

对比指标	法国电力公司（1）（法国）	国家电网有限公司（2）	[（2）/（1）]/%
营业收入/百万美元	151040	545948	361.46
净利润/百万美元	10828	9204	85.00
资产/百万美元	402929	781126	193.86
所有者权益/百万美元	57619	344177	597.33
员工人数/人	171862	1361423	792.16
收入净利率/%	7.20	1.70	23.61
资产净利率/%	2.70	1.20	44.44
净资产收益率/%	6.30	0.68	10.79
劳动生产率/（万美元/人）	87.88	40.10	45.63
人均净利润/（万美元/人）	6.30	0.68	10.79

表 8-11 2024 中国 500 强与世界 500 强航天与防务业领先企业对比

对比指标	波音（1）（美国）	中国航空工业集团有限公司（2）	[（2）/（1）]/%
营业收入/百万美元	77794	82689	106.29
净利润/百万美元	−2222	1788	—
资产/百万美元	137012	75355	55.00
所有者权益/百万美元	−17233	21290	—
员工人数/人	171000	216339	126.51
收入净利率/%	−2.90	2.16	—
资产净利率/%	−1.60	2.37	—
净资产收益率/%	—	8.40	—
劳动生产率/（万美元/人）	45.49	38.22	84.02
人均净利润/（万美元/人）	−1.30	0.83	—

表 8-12 2024 中国 500 强与世界 500 强互联网服务和零售业领先企业对比

对比指标	亚马逊（1）（美国）	京东集团股份有限公司（2）	[（2）/（1）]/%
营业收入/百万美元	574785	153217	26.66
净利润/百万美元	30425	3414	11.22
资产/百万美元	527854	88613	16.79
所有者权益/百万美元	201875	32666	16.18
员工人数/人	1525000	517124	33.91
收入净利率/%	5.30	2.20	41.51
资产净利率/%	5.80	3.80	65.52
净资产收益率/%	15.07	10.45	69.34
劳动生产率/（万美元/人）	37.69	29.63	78.61
人均净利润/（万美元/人）	2.00	0.66	33.00

表8-13 2024中国500强与世界500强化学品业领先企业对比

对比指标	巴斯夫公司（1）（德国）	中国中化控股有限责任公司（2）	[(2)/(1)]/%
营业收入/百万美元	74487	143240	192.30
净利润/百万美元	243	-3666	—
资产/百万美元	85482	223940	261.97
所有者权益/百万美元	38963	-5072	—
员工人数/人	111991	203727	181.91
收入净利率/%	0.30	-2.60	—
资产净利率/%	0.30	-1.60	—
净资产收益率/%	0.62	—	—
劳动生产率/（万美元/人）	66.51	70.31	105.71
人均净利润/（万美元/人）	0.22	-1.80	—

表8-14 2024中国500强与世界500强计算机、办公设备业领先企业对比

对比指标	苹果公司（1）（美国）	联想集团有限公司（2）	[(2)/(1)]/%
营业收入/百万美元	383285	56864	14.84
净利润/百万美元	96995	1011	1.04
资产/百万美元	352583	38751	10.99
所有者权益/百万美元	62146	5583	8.98
员工人数/人	161000	69500	43.17
收入净利率/%	25.30	1.80	7.11
资产净利率/%	27.50	2.60	9.45
净资产收益率/%	156.08	18.10	11.60
劳动生产率/（万美元/人）	238.07	81.82	34.37
人均净利润/（万美元/人）	60.25	1.45	2.41

表8-15 2024中国500强与世界500强建材、玻璃业领先企业对比

对比指标	圣戈班集团（1）（法国）	中国建材集团有限公司（2）	[(2)/(1)]/%
营业收入/百万美元	51830	49089	94.71
净利润/百万美元	2918	198	6.79
资产/百万美元	63286	99340	156.97
所有者权益/百万美元	25705	6683	26.00
员工人数/人	144422	206518	143.00
收入净利率/%	5.60	0.40	7.14
资产净利率/%	4.60	0.20	4.35
净资产收益率/%	11.35	2.97	26.17
劳动生产率/（万美元/人）	35.89	23.77	66.23
人均净利润/（万美元/人）	2.02	0.10	4.95

表 8-16 2024 中国 500 强与世界 500 强金属产品业领先企业对比

对比指标	安赛乐米塔尔（1）（卢森堡）	中国宝武钢铁集团有限公司（2）	[(2)/(1)]/%
营业收入/百万美元	68275	157216	230.27
净利润/百万美元	919	2494	271.38
资产/百万美元	93917	191964	204.40
所有者权益/百万美元	53961	42087	78.00
员工人数/人	126756	258697	204.09
收入净利率/%	1.40	1.60	114.29
资产净利率/%	1.00	1.30	130.00
净资产收益率/%	1.70	5.93	348.82
劳动生产率/（万美元/人）	53.86	60.77	112.83
人均净利润/（万美元/人）	0.73	0.96	131.51

表 8-17 2024 中国 500 强与世界 500 强炼油业领先企业对比

对比指标	埃克森美孚（1）（美国）	中国石油化工集团有限公司（2）	[(2)/(1)]/%
营业收入/百万美元	344582	429700	124.70
净利润/百万美元	36010	9393	26.08
资产/百万美元	376317	382688	101.69
所有者权益/百万美元	204802	130003	63.48
员工人数/人	61500	513434	834.85
收入净利率/%	10.40	2.20	21.15
资产净利率/%	9.60	2.40	25.00
净资产收益率/%	17.58	7.23	41.13
劳动生产率/（万美元/人）	560.30	83.69	14.94
人均净利润/（万美元/人）	58.55	1.83	3.12

表 8-18 2024 中国 500 强与世界 500 强贸易业领先企业对比

对比指标	托克集团（1）（新加坡）	厦门建发集团有限公司（2）	[(2)/(1)]/%
营业收入/百万美元	244280	110666	45.30
净利润/百万美元	7393	1058	14.31
资产/百万美元	83383	125003	149.91
所有者权益/百万美元	16343	9273	56.74
员工人数/人	12479	62740	502.76
收入净利率/%	3.00	1.00	33.33
资产净利率/%	8.90	0.80	8.99
净资产收益率/%	45.24	11.41	25.22
劳动生产率/（万美元/人）	1957.53	176.39	9.01
人均净利润/（万美元/人）	59.25	1.69	2.85

第八章 2024中国500强与世界500强行业领先企业主要经济指标对比

表8-19 2024中国500强与世界500强能源业领先企业对比

对比指标	Uniper公司（1）（德国）	国家能源投资集团有限责任公司（2）	[（2）/（1）]/%
营业收入/百万美元	116663	112049	96.05
净利润/百万美元	6819	6339	92.96
资产/百万美元	60704	294883	485.77
所有者权益/百万美元	11275	74489	660.66
员工人数/人	6863	309037	4502.94
收入净利率/%	5.80	5.70	98.28
资产净利率/%	11.20	2.20	19.64
净资产收益率/%	60.48	8.51	14.07
劳动生产率/（万美元/人）	1699.88	36.26	2.13
人均净利润/（万美元/人）	99.36	2.05	2.06

表8-20 2024中国500强与世界500强保健品批发业领先企业对比

对比指标	麦克森公司（1）（美国）	中国医药集团有限公司（2）	[（2）/（1）]/%
营业收入/百万美元	308951	96072	31.10
净利润/百万美元	3002	1150	38.31
资产/百万美元	67443	82843	122.83
所有者权益/百万美元	-1971	18823	—
员工人数/人	48000	202426	421.72
收入净利率/%	1.00	1.20	120.00
资产净利率/%	4.40	1.40	31.82
净资产收益率/%	—	6.11	—
劳动生产率/（万美元/人）	643.65	47.46	7.37
人均净利润/（万美元/人）	6.25	0.57	9.12

表8-21 2024中国500强与世界500强人寿与健康保险（股份）业领先企业对比

对比指标	安联保险集团（1）（德国）	中国平安保险（集团）股份有限公司（2）	[（2）/（1）]/%
营业收入/百万美元	113518	145759	128.40
净利润/百万美元	9233	12101	131.06
资产/百万美元	1085900	1631973	150.29
所有者权益/百万美元	64587	126661	196.11
员工人数/人	157883	288751	182.89
收入净利率/%	8.10	8.30	102.47
资产净利率/%	0.80	0.70	87.50
净资产收益率/%	14.30	9.55	66.78
劳动生产率/（万美元/人）	71.90	50.48	70.21
人均净利润/（万美元/人）	5.85	4.19	71.62

表8-22 2024中国500强与世界500强人寿与健康保险（互助）业领先企业对比

对比指标	日本生命保险公司（1）（日本）	泰康保险集团股份有限公司（2）	[（2）/（1）]/%
营业收入/百万美元	83090	39412	47.43
净利润/百万美元	2854	1786	62.58
资产/百万美元	645392	235069	36.42
所有者权益/百万美元	14840	19344	130.35
员工人数/人	85740	55408	64.62
收入净利率/%	3.40	4.50	132.36
资产净利率/%	0.40	0.80	200.00
净资产收益率/%	19.23	9.23	48.00
劳动生产率/（万美元/人）	96.91	71.13	73.40
人均净利润/（万美元/人）	3.33	3.22	96.70

表8-23 2024中国500强与世界500强食品生产业领先企业对比

对比指标	ADM公司（1）（美国）	新希望控股集团有限公司（2）	[（2）/（1）]/%
营业收入/百万美元	93935	39988	42.57
净利润/百万美元	3483	-93	—
资产/百万美元	54631	41771	76.46
所有者权益/百万美元	24132	3315	13.74
员工人数/人	41008	79066	192.81
收入净利率/%	3.70	-0.20	—
资产净利率/%	6.40	-0.20	—
净资产收益率/%	14.43	-2.81	—
劳动生产率/（万美元/人）	229.07	50.58	22.08
人均净利润/（万美元/人）	8.49	-0.12	—

表8-24 2024中国500强与世界500强网络、通信设备业领先企业对比

对比指标	思科公司（1）（美国）	华为投资控股有限公司（2）	[（2）/（1）]/%
营业收入/百万美元	56998	99470	174.51
净利润/百万美元	12613	12274	97.31
资产/百万美元	101852	178027	174.79
所有者权益/百万美元	44353	71491	161.19
员工人数/人	84900	207000	243.82
收入净利率/%	22.10	12.30	55.66
资产净利率/%	12.40	6.90	55.65
净资产收益率/%	28.44	17.17	60.37
劳动生产率/（万美元/人）	67.14	48.05	71.57
人均净利润/（万美元/人）	14.86	5.93	39.91

表 8-25 2024 中国 500 强与世界 500 强商业银行储蓄业领先企业对比

对比指标	摩根大通公司（1）（美国）	中国工商银行股份有限公司（2）	[（2）/（1）]/%
营业收入/百万美元	239425	222484	92.92
净利润/百万美元	49552	51417	103.76
资产/百万美元	3875393	6297315	162.49
所有者权益/百万美元	327878	529303	161.43
员工人数/人	309926	419252	135.27
收入净利率/%	20.70	23.10	111.59
资产净利率/%	1.30	0.80	61.54
净资产收益率/%	15.11	9.71	64.28
劳动生产率/（万美元/人）	77.25	53.07	68.69
人均净利润/（万美元/人）	15.99	12.26	76.71

表 8-26 2024 中国 500 强与世界 500 强邮件、包裹及货物包装运输业领先企业对比

对比指标	联合包裹速递服务公司（1）（美国）	中国邮政集团有限公司（2）	[（2）/（1）]/%
营业收入/百万美元	90958	112779	123.99
净利润/百万美元	6708	5885	87.72
资产/百万美元	70857	2310572	3260.89
所有者权益/百万美元	17306	73988	427.53
员工人数/人	382550	728776	190.50
收入净利率/%	7.40	5.20	70.27
资产净利率/%	9.50	0.20	2.11
净资产收益率/%	38.76	7.95	20.52
劳动生产率/（万美元/人）	23.78	15.48	65.08
人均净利润/（万美元/人）	1.75	0.81	46.05

表 8-27 2024 中国 500 强与世界 500 强制药业领先企业对比

对比指标	强生（1）（美国）	广州医药集团有限公司（2）	[（2）/（1）]/%
营业收入/百万美元	95195	36310	38.14
净利润/百万美元	35153	324	0.92
资产/百万美元	167558	11795	7.04
所有者权益/百万美元	68774	2241	3.26
员工人数/人	131900	35391	26.83
收入净利率/%	36.90	0.90	2.44
资产净利率/%	21.00	2.80	13.33
净资产收益率/%	51.11	14.46	28.29
劳动生产率/（万美元/人）	72.17	102.60	142.15
人均净利润/（万美元/人）	26.65	0.92	3.44

注：本章数据和行业分类依据美国《财富》的 2024 世界 500 强排行榜。

第九章
2024 中国企业 500 强

2024 中国企业 500 强情况，见表 9-1 至表 9-19。

表9-1 2024中国企业500强

上年名次	排名	企业名称	营业收入/万元	净利润/万元	资产总额/万元	所有者权益/万元	从业人数/人
1	1	国家电网有限公司	386489168	6515936	554427738	244289786	1442302
3	2	中国石油化工集团有限公司	304194600	6649826	271624254	92273332	513434
2	3	中国石油天然气集团有限公司	298541055	15075005	447560258	219735440	1026301
4	4	中国建筑股份有限公司	226552924	5426417	290332252	42760989	382894
5	5	中国工商银行股份有限公司	161163000	36399300	4469707900	375688700	419252
6	6	中国建设银行股份有限公司	141402900	33265300	3832482600	315014500	376871
7	7	中国农业银行股份有限公司	136139300	26935600	3987298900	288924800	451003
10	8	中国铁路工程集团有限公司	126408895	1523820	183703708	14927549	317641
14	9	中国银行股份有限公司	121869900	23190400	3243216600	262951000	306931
12	10	中国铁道建筑集团有限公司	113867666	1204200	166781911	12929167	336433
13	11	中国宝武钢铁集团有限公司	111297172	1765430	136252241	29872410	235971
15	12	京东集团股份有限公司	108466200	2416700	62895800	23185800	517124
8	13	中国平安保险（集团）股份有限公司	103116700	8566500	1158341700	89901100	288751
9	14	中国中化控股有限责任公司	101402951	-2595247	158532371	-3590304	203727
17	15	中国移动通信集团有限公司	101114414	10798272	240151652	133387903	453394
11	16	中国海洋石油集团有限公司	100335259	10306775	160298196	82049413	82560
16	17	中国人寿保险（集团）公司	98837400	-595500	677142400	20122100	176625
18	18	中国交通建设集团有限公司	96752434	1183847	256551917	18815660	219034
19	19	中国五矿集团有限公司	93459851	542272	113287068	7153173	175524
30	20	中国中信集团有限公司	92909508	2919899	1148197539	44866936	213290
20	21	阿里巴巴（中国）有限公司	92749400	10028800	182096600	101059000	219260
23	22	中国华润有限公司	89318000	2688000	260513000	33660036	394112
22	23	山东能源集团有限公司	86637961	587318	100204140	10883913	214409
25	24	中国南方电网有限责任公司	84110863	1658065	122819788	45581642	313062
36	25	恒力集团有限公司	81173689	694332	37395704	6805955	173250
27	26	中国邮政集团有限公司	79838546	4165748	1639997697	52514858	728776
24	27	国家能源投资集团有限责任公司	79321897	4487584	209302206	52870689	309744
21	28	厦门建发集团有限公司	78342822	748730	88724752	6581440	62740
26	29	上海汽车集团股份有限公司	74470513	1410617	100665028	28631875	150670
32	30	华为投资控股有限公司	70417400	8689300	126359700	50742800	207200
28	31	中粮集团有限公司	69210215	899240	73065438	13016049	111630
31	32	中国电力建设集团有限公司	68693274	549277	141011127	10998601	184567
33	33	中国医药集团有限公司	68011791	813758	58646243	13325036	202426
38	34	中国第一汽车集团有限公司	63348535	2027654	67073934	26144183	102425
39	35	中国电信集团有限公司	62270012	1522590	107827456	40691111	391691

续表

上年名次	排名	企业名称	营业收入/万元	净利润/万元	资产总额/万元	所有者权益/万元	从业人数/人
40	36	浙江荣盛控股集团有限公司	61260568	52831	41047249	4315914	23373
44	37	腾讯控股有限公司	60901500	11521600	157724600	80859100	105417
29	38	厦门国贸控股集团有限公司	60753156	126656	35662496	4136234	37208
65	39	比亚迪股份有限公司	60231535	3004081	67954767	13881007	703504
45	40	中国航空工业集团有限公司	58968032	1163872	133056273	25357872	384000
41	41	物产中大集团股份有限公司	58016061	361705	16613481	3676554	26354
47	42	交通银行股份有限公司	55747700	9272800	1406047200	108803000	94275
52	43	江西铜业集团有限公司	55390197	262768	22112448	3447915	31925
35	44	中国人民保险集团股份有限公司	55309700	2277300	155715900	24235500	551179
43	45	中国兵器工业集团有限公司	54161047	1368398	55841606	15994132	219697
46	46	太平洋建设集团有限公司	54108735	3564608	41795888	24186922	293125
51	47	陕西煤业化工集团有限责任公司	52936203	788393	71586795	11219352	140142
66	48	盛虹控股集团有限公司	52882491	388300	22543729	4312565	56863
59	49	中国保利集团有限公司	52385301	699586	180398028	12213725	102834
53	50	山东魏桥创业集团有限公司	52021385	844063	27912834	9641147	97281
56	51	招商银行股份有限公司	50879000	14660200	1102848300	107637000	116529
49	52	广州汽车工业集团有限公司	50535930	244538	42060646	6486779	110847
68	53	浙江吉利控股集团有限公司	49807231	575227	66804667	11265394	143994
42	54	厦门象屿集团有限公司	49049816	10286	33158811	2957542	33214
61	55	北京汽车集团有限公司	48034175	232291	46672984	7334850	90000
54	56	万科企业股份有限公司	46573908	1216268	150485017	25012845	131097
48	57	晋能控股集团有限公司	45052098	703356	112919695	7564643	439051
50	58	中国铝业集团有限公司	45020689	620497	61657142	10980285	127701
55	59	招商局集团有限公司	44754508	5820494	280973545	51062027	276019
57	60	联想控股股份有限公司	43601217	-387428	66573257	5696457	89577
67	61	兴业银行股份有限公司	41877100	7711600	1015832600	79622400	66569
64	62	中国华能集团有限公司	40982294	1155402	156084742	15108373	124623
73	63	中国能源建设集团有限公司	40852938	424754	80129071	5301691	119182
58	64	东风汽车集团有限公司	40773516	-277219	50430973	13044830	122658
70	65	浙江恒逸集团有限公司	40682953	16648	13362876	1257952	22147
69	66	河钢集团有限公司	40159331	16779	54559511	6160646	97802
85	67	宁德时代新能源科技股份有限公司	40091704	3181445	71716804	19770805	116055
72	68	中国电子科技集团有限公司	39703034	1814419	65870305	24438684	241097
76	69	国家电力投资集团有限公司	38570952	1143896	175347695	22135197	127514
74	70	青山控股集团有限公司	38213706	1100276	14654583	6124157	107805

续表

上年名次	排名	企业名称	营业收入/万元	净利润/万元	资产总额/万元	所有者权益/万元	从业人数/人
34	71	中国远洋海运集团有限公司	38178011	2537503	107563227	29023608	106221
77	72	中国联合网络通信集团有限公司	37398581	807933	70281657	20058428	255353
81	73	美的集团股份有限公司	37370980	3371994	48603818	16287883	198613
79	74	海尔集团公司	37182197	1162561	52156119	8108187	122742
78	75	陕西延长石油（集团）有限责任公司	36476432	706033	48547681	15577022	130202
62	76	绿地控股集团股份有限公司	36024502	-955602	119392208	8033966	59970
75	77	上海浦东发展银行股份有限公司	36017900	3670200	900724700	72474900	63582
84	78	金川集团股份有限公司	35325909	962399	15456904	6279696	31025
71	79	中国建材集团有限公司	34751095	140310	70509454	4743150	199122
80	80	中国船舶集团有限公司	34610425	1704931	102001013	30239969	196309
88	81	敬业集团有限公司	34065252	176225	9489655	3702245	33000
82	82	中国机械工业集团有限公司	32905848	128539	32542123	6456048	114730
86	83	浙江省交通投资集团有限公司	32403094	540558	93529732	14413900	43266
60	84	中国太平洋保险（集团）股份有限公司	32394541	2725746	234396169	24958597	104270
89	85	中国华电集团有限公司	32234637	1351771	109775214	12123844	93459
87	86	苏商建设集团有限公司	32044451	808448	23595735	11312055	141256
92	87	中国兵器装备集团有限公司	31708012	804781	46394496	10219416	159837
90	88	中国民生银行股份有限公司	31175200	3582300	767496500	62460200	63742
156	89	潍柴控股集团有限公司	31050808	135720	36569899	1609588	105811
94	90	上海建工集团股份有限公司	30462765	155786	38207766	4104904	52286
102	91	广州市建筑集团有限公司	30018248	107566	21220106	1915821	50608
100	92	紫金矿业集团有限公司	29340324	2111942	34300571	10750594	55239
106	93	深圳市投资控股有限公司	29042736	999938	115285973	19268711	103928
83	94	鞍钢集团有限公司	28801572	-58860	48267392	9321633	135598
98	95	新希望控股集团有限公司	28308461	-65840	29648431	2352942	79066
103	96	中国核工业集团有限公司	28057060	918432	133842782	19965294	182750
116	97	泰康保险集团股份有限公司	27900403	1264386	166846871	13729976	55408
93	98	江苏沙钢集团有限公司	27779839	161192	36672833	7957353	44004
126	99	美团公司	27674495	1385583	29302963	15201321	114860
176	100	奇瑞控股集团有限公司	27673962	414661	26507961	1188657	56584
113	101	广州工业投资控股集团有限公司	27145473	106689	34749708	3962643	83649
97	102	小米集团	27097014	1747517	32424744	16399549	33627
152	103	杭州市实业投资集团有限公司	26474897	257779	8585521	2003837	4432
111	104	杭州钢铁集团有限公司	26117680	142118	10862050	3093632	12993
120	105	上海医药集团股份有限公司	26029509	376800	21197253	6852414	48164

续表

上年名次	排名	企业名称	营业收入/万元	净利润/万元	资产总额/万元	所有者权益/万元	从业人数/人
121	106	山东高速集团有限公司	26011809	348006	151374345	20068900	56432
115	107	广东省广新控股集团有限公司	25916280	60876	12345743	1730367	44837
101	108	顺丰控股股份有限公司	25840940	823449	22149066	9279034	153125
114	109	广州医药集团有限公司	25704534	229397	8371529	1590614	35391
107	110	中国大唐集团有限公司	25673816	235648	86864341	9609935	87991
136	111	海亮集团有限公司	25274166	22809	7316645	2087369	26828
99	112	中国电子信息产业集团有限公司	25054057	18951	43359969	7529983	183469
105	113	蜀道投资集团有限责任公司	25045857	485562	133755327	30064953	55878
95	114	中国中煤能源集团有限公司	25035017	1525015	52520109	11199761	144531
119	115	铜陵有色金属集团控股有限公司	24950389	42243	10104739	873772	21443
N. A.	116	拼多多控股公司	24763921	6002654	34807812	18724161	17403
118	117	中国中车集团有限公司	24437304	609866	54370353	9659334	161133
122	118	上海德龙钢铁集团有限公司	24352182	158069	15483494	2570483	42843
124	119	北京建龙重工集团有限公司	24118660	98331	18974428	4722107	57863
117	120	陕西建工控股集团有限公司	24112537	249667	43350540	1793404	41390
129	121	通威集团有限公司	23879171	420424	17811242	2976937	58329
110	122	首钢集团有限公司	23801320	243416	52700728	10799568	83509
96	123	山西焦煤集团有限责任公司	23738929	886639	52038542	6342243	210943
134	124	广西投资集团有限公司	23664534	48231	80588790	2697154	32241
125	125	湖南钢铁集团有限公司	23605602	590387	17370501	4307230	36114
132	126	中国航空油料集团有限公司	23350298	69913	7594630	3159451	14184
131	127	立讯精密工业股份有限公司	23190546	1095266	16199210	5631018	232585
158	128	辽宁方大集团实业有限公司	22520226	40535	41282420	3461141	124530
137	129	天能控股集团有限公司	22515144	336612	7218292	1967507	25776
123	130	安徽海螺集团有限责任公司	21696994	333733	29793207	7451832	64134
135	131	新疆广汇实业投资（集团）有限责任公司	21460318	82047	24719285	3923221	69301
139	132	云南省投资控股集团有限公司	20980590	46276	58647128	7776482	46756
143	133	珠海格力电器股份有限公司	20397927	2901739	36805390	11679372	72610
142	134	万向集团公司	20237496	421415	11565483	3847051	34589
146	135	海信集团控股股份有限公司	20222566	419909	20404885	2377126	107647
154	136	中国化学工程集团有限公司	20093574	305796	26744134	4081775	56508
155	137	复星国际有限公司	19820031	137910	80838759	12493679	108000
138	138	冀南钢铁集团有限公司	19386914	145398	18333682	5890223	35014
N. A.	139	北京嘀嘀无限科技发展有限公司	19237992	49351	14382649	9779474	19300
161	140	雅戈尔集团（宁波）有限公司	19159142	360408	10144470	4066553	21458

续表

上年名次	排名	企业名称	营业收入/万元	净利润/万元	资产总额/万元	所有者权益/万元	从业人数/人
190	141	山东黄金集团有限公司	18678307	10289	20144376	875553	23451
159	142	洛阳栾川钼业集团股份有限公司	18626897	824971	17297453	7151319	11995
128	143	多弗国际控股集团有限公司	18561437	173018	13961867	7676102	18500
109	144	龙湖集团控股有限公司	18073658	1285001	70040688	15196671	29116
183	145	桐昆控股集团有限公司	18033065	84784	11669493	1214283	36082
149	146	协鑫（集团）控股有限公司	17917777	329972	19564033	7204423	32622
N. A.	147	蚂蚁科技集团股份有限公司	17845321	5050908	61813799	30835502	29740
140	148	北大荒农垦集团有限公司	17766320	15432	24983118	4554953	85038
141	149	河北新华联合冶金控股集团有限公司	17760122	72160	13683682	1420162	20157
172	150	四川省宜宾五粮液集团有限公司	17706062	869375	31350468	6070686	46137
153	151	陕西有色金属控股集团有限责任公司	17673498	212832	14303201	3926950	41386
169	152	珠海华发集团有限公司	17568688	176469	72964896	5176947	43882
165	153	万华化学集团股份有限公司	17536093	1681576	25304039	8865621	29053
N. A.	154	京东方科技集团股份有限公司	17454345	254744	41918710	12942831	90563
163	155	TCL科技集团股份有限公司	17444617	221494	38285909	5292187	75217
171	156	亨通集团有限公司	17401914	41011	10236221	858443	21050
189	157	长城汽车股份有限公司	17321207	702155	20127028	6850878	82439
127	158	潞安化工集团有限公司	17300713	737640	29911772	2778907	112925
160	159	云南省建设投资控股集团有限公司	17221630	425857	82395804	17017257	41129
385	160	中国重型汽车集团有限公司	17131327	327982	14047649	2470904	33222
197	161	南山集团有限公司	17120433	505087	22834315	7759445	39729
164	162	湖南建设投资集团有限责任公司	17005775	327398	22572114	4928111	39620
162	163	浙江省能源集团有限公司	17000950	766578	33223475	9793972	27777
151	164	河北津西钢铁集团股份有限公司	16830377	9571	8731194	2564115	9312
112	165	新疆中泰（集团）有限责任公司	16374047	−372252	13491156	228069	49312
150	166	北京首农食品集团有限公司	16192714	116371	16776153	4299978	52550
278	167	中国南方航空集团有限公司	16163999	−140698	33936884	4847974	107983
167	168	中国平煤神马控股集团有限公司	16066135	275211	25824381	4022716	114064
179	169	卓尔控股有限公司	15731274	1051	10049709	3891012	15930
206	170	正泰集团股份有限公司	15501491	197143	17499502	2430485	48231
177	171	北京城建集团有限责任公司	15424605	218571	35885022	3771704	26754
188	172	山东省港口集团有限公司	15405858	379012	27255651	6789250	60542
147	173	甘肃省公路航空旅游投资集团有限公司	15244169	25187	72547416	20527254	55581
166	174	无锡产业发展集团有限公司	15175614	4609	14055273	1757547	32572
168	175	浙江省兴合集团有限责任公司	15026227	−16754	7420644	593977	17148

续表

上年名次	排名	企业名称	营业收入/万元	净利润/万元	资产总额/万元	所有者权益/万元	从业人数/人
184	176	九州通医药集团股份有限公司	15013985	217404	9278910	2398317	30100
186	177	山东东明石化集团有限公司	15007876	81247	6618193	2273659	8510
191	178	中国广核集团有限公司	14984906	953581	100085384	16505551	47109
194	179	江苏银行股份有限公司	14955283	2875035	340336184	25040999	19597
181	180	传化集团有限公司	14516624	299091	8193608	1269570	13854
173	181	新奥天然气股份有限公司	14375398	709111	13457350	2365482	38321
174	182	上海电气控股集团有限公司	14295131	25657	38234299	2488056	65991
195	183	宁波金田投资控股有限公司	14266515	15724	2521510	259408	7803
193	184	山西建设投资集团有限公司	14210915	288063	19792789	3290944	36750
430	185	中国国际航空股份有限公司	14110023	-104638	33530268	3722997	102874
208	186	利华益集团股份有限公司	14065245	257265	5740704	2913945	7085
178	187	四川长虹电子控股集团有限公司	14028348	3406	11218256	233958	66270
175	188	中天钢铁集团有限公司	13927763	95234	6655004	1876997	15747
213	189	海澜集团有限公司	13830215	517713	11485121	8232643	17130
352	190	中国东方航空集团有限公司	13764119	44814	38316143	7579657	98786
216	191	河北普阳钢铁有限公司	13500344	91108	5853511	3072417	8700
200	192	上海均和集团有限公司	13469163	21682	4005653	1410269	4850
207	193	百度集团股份有限公司	13459800	2031500	40675900	24362600	39800
220	194	万达控股集团有限公司	13301726	99466	5547595	1676119	12676
187	195	光明食品（集团）有限公司	13274018	110531	26796474	6550902	89698
198	196	超威电源集团有限公司	13131800	96405	1974793	701435	18191
217	197	绿城房地产集团有限公司	13099819	386574	53685105	4058388	7398
199	198	北京建工集团有限责任公司	13001514	58113	23289869	4223787	33599
201	199	隆基绿能科技股份有限公司	12949767	1075142	16396920	7049231	75006
218	200	北京控股集团有限公司	12885103	42886	43794135	4463939	126128
185	201	中国有色矿业集团有限公司	12867231	260214	11563130	1444980	41924
182	202	中国国际海运集装箱（集团）股份有限公司	12780952	42125	16176323	4785781	68940
211	203	广东省广晟控股集团有限公司	12773109	161267	18162307	1253216	55949
209	204	内蒙古伊利实业集团股份有限公司	12617945	1042854	15162025	5353933	64305
223	205	中基宁波集团股份有限公司	12608513	21271	1921134	214944	2441
219	206	中国黄金集团有限公司	12538972	29067	10942515	1854274	37285
210	207	中兴通讯股份有限公司	12425088	932575	20095832	6800831	72093
235	208	广州越秀集团股份有限公司	12372199	189428	100575794	6023083	35976
227	209	江苏新长江实业集团有限公司	12311578	152582	5974553	2009481	6901
239	210	浪潮集团有限公司	12131132	159151	13232343	1298649	31937

续表

上年排名次	排名	企业名称	营业收入/万元	净利润/万元	资产总额/万元	所有者权益/万元	从业人数/人
251	211	湖北联投集团有限公司	12118796	77291	34964839	1774947	21313
241	212	富冶集团有限公司	12076934	140383	2376748	643939	3650
212	213	酒泉钢铁（集团）有限责任公司	12048884	227943	12187932	3127411	32956
234	214	TCL实业控股股份有限公司	12032191	110686	11962209	698897	42421
240	215	天津荣程祥泰投资控股集团有限公司	12023455	7967	3776088	1554386	9659
228	216	河南能源集团有限公司	12021680	28576	25461309	427579	118547
224	217	神州数码集团股份有限公司	11962389	117178	4488370	855698	6174
203	218	三一集团有限公司	11955604	263073	27966735	4594782	49504
229	219	晶科能源股份有限公司	11868178	744048	13211654	3436019	57375
231	220	内蒙古电力（集团）有限责任公司	11856209	274633	12696061	5365206	36557
276	221	河北鑫达钢铁集团有限公司	11829687	103168	8972599	2884937	22205
N.A.	222	冀中能源集团有限责任公司	11800464	6267	25396455	2218532	91542
204	223	云南省能源投资集团有限公司	11767108	368557	26050221	6120185	9162
238	224	广东海大集团股份有限公司	11611716	274125	4474673	1964710	38804
269	225	河南交通投资集团有限公司	11501596	333996	70904002	21026025	23991
202	226	牧原实业集团有限公司	11410056	-109631	21439467	1206962	135629
233	227	青岛海发国有资本投资运营集团有限公司	11383713	37668	13766062	2003764	15565
243	228	福建大东海实业集团有限公司	11352122	434172	6459180	5684763	21073
286	229	天合光能股份有限公司	11339178	553130	12031229	3152176	43031
225	230	包头钢铁（集团）有限责任公司	11289651	237835	21490717	3371589	51255
242	231	唯品会控股有限公司	11285602	811662	7232259	3407304	20995
N.A.	232	江苏省苏豪控股集团有限公司	11266784	56855	8609860	2132807	19238
232	233	上海银行股份有限公司	11011928	2254479	308551647	23857883	14365
249	234	江铃汽车集团有限公司	10914250	29783	7017159	1178039	32159
252	235	四川华西集团有限公司	10859746	130558	15601364	1572347	21629
267	236	新凤鸣控股集团有限公司	10846026	110858	4788025	1696662	16709
257	237	云账户技术（天津）有限公司	10844964	1224	261052	6966	1005
255	238	广西柳州钢铁集团有限公司	10653769	-453913	11872102	2513988	29796
360	239	湖北交通投资集团有限公司	10550008	372583	69608701	16734665	23415
244	240	山西鹏飞集团有限公司	10519804	532697	15824206	7566707	23421
254	241	旭阳控股有限公司	10507392	110197	8426363	2611097	14037
300	242	广西盛隆冶金有限公司	10429861	99032	7395059	2425477	13638
N.A.	243	江苏交通控股有限公司	10365419	1153069	83435309	15043983	22483
260	244	网易股份有限公司	10346816	2941655	18592498	12428578	29128
215	245	中天控股集团有限公司	10343706	201702	16117843	3093505	17397

续表

上年名次	排名	企业名称	营业收入/万元	净利润/万元	资产总额/万元	所有者权益/万元	从业人数/人
283	246	厦门路桥工程物资有限公司	10300931	54553	2360865	289419	542
253	247	北京能源集团有限责任公司	10276273	219617	46335345	10357461	34742
263	248	徐州工程机械集团有限公司	10270677	1821	20483741	1358652	30502
230	249	广西北部湾国际港务集团有限公司	10269779	−79004	15546077	2866092	31240
247	250	新疆特变电工集团有限公司	10143554	162487	20590022	1386624	28526
N. A.	251	陕西榆林能源集团有限公司	10135333	509418	10201342	2553700	9439
270	252	泸州老窖集团有限责任公司	10102563	390667	37385788	2362261	14911
284	253	日照钢铁控股集团有限公司	10053093	190173	14871930	4779448	11525
317	254	深圳市立业集团有限公司	9974960	273465	9509637	5379780	11200
261	255	江苏悦达集团有限公司	9938733	123617	8418413	1587076	52938
262	256	荣耀终端有限公司	9937190	821022	10733369	5392066	13389
237	257	歌尔股份有限公司	9857390	108808	7374440	3081059	81370
214	258	金地（集团）股份有限公司	9812534	88812	37384680	6505967	39750
277	259	重庆化医控股（集团）公司	9801539	−69758	10607196	389587	27781
N. A.	260	方同舟控股有限公司	9754720	65572	5859759	2704657	12208
258	261	浙江省国际贸易集团有限公司	9742753	123095	16171596	1918931	21991
271	262	中天科技集团有限公司	9582179	66474	5890835	1286061	16092
N. A.	263	河北太行钢铁集团有限公司	9554352	141559	4325017	1277596	13143
285	264	安徽建工集团控股有限公司	9542592	70941	18539507	556223	19915
281	265	南京银行股份有限公司	9512228	1850208	228827592	16956129	16342
266	266	中国铁塔股份有限公司	9400947	975019	32600626	19769497	23634
245	267	晨鸣控股有限公司	9294106	−128129	7948705	1669218	10634
256	268	浙江省建设投资集团股份有限公司	9260575	39171	12165045	781921	20624
268	269	深圳市爱施德股份有限公司	9216003	65528	1245681	596444	3450
259	270	云天化集团有限责任公司	9186052	60771	10669167	1042301	22580
349	271	弘润石化（潍坊）有限责任公司	9052769	235477	5395317	1778363	3000
274	272	四川省能源投资集团有限责任公司	9015422	176960	25185430	4259019	24405
289	273	温氏食品集团股份有限公司	8992109	−638966	9289514	3306057	52858
295	274	天津泰达投资控股有限公司	8927747	34417	47331882	10960136	37162
311	275	山东京博控股集团有限公司	8904018	151720	5667700	860343	11809
272	276	广东省建筑工程集团控股有限公司	8900101	100258	17500130	2194261	23782
306	277	富海集团新能源控股有限公司	8796947	202029	2938941	1441075	5712
280	278	甘肃省建设投资（控股）集团有限公司	8789980	79125	16449821	2571391	61605
324	279	恒申控股集团有限公司	8725749	962477	6346928	3325808	8606
279	280	白银有色集团股份有限公司	8697115	8306	4796552	1493536	18387

续表

上年名次	排名	企业名称	营业收入/万元	净利润/万元	资产总额/万元	所有者权益/万元	从业人数/人
321	281	广东省广物控股集团有限公司	8689740	58041	5990337	1583364	10037
331	282	上海闽路润贸易有限公司	8687030	31732	1384373	68403	227
287	283	双胞胎（集团）股份有限公司	8684219	-28713	3442694	1616084	20000
236	284	开滦（集团）有限责任公司	8654614	167271	9459105	1766147	45678
310	285	上海钢联电子商务股份有限公司	8631405	24034	1772023	198691	4344
298	286	奥克斯集团有限公司	8602936	253910	7261619	1582323	27652
318	287	浙江卫星控股股份有限公司	8595081	195762	6727811	1102276	4816
296	288	四川省川威集团有限公司	8572488	16013	4414715	724003	13521
264	289	华勤技术股份有限公司	8533848	270687	5150964	2086633	34900
302	290	云南省交通投资建设集团有限公司	8439552	191760	86397948	19442306	19951
282	291	武安市裕华钢铁有限公司	8427987	68290	4167003	3017161	11519
221	292	兰州新区商贸物流投资集团有限公司	8373142	4120	1611940	847566	1510
358	293	杭州市城市建设投资集团有限公司	8364442	193475	29751751	11812079	35239
316	294	广东省能源集团有限公司	8359363	304433	27611486	5987879	16234
329	295	永荣控股集团有限公司	8270890	44309	3733014	1234880	6006
301	296	汇通达网络股份有限公司	8243252	44828	2911007	777246	3900
299	297	蓝润集团有限公司	8231998	44266	9796945	4071450	21397
320	298	晶澳太阳能科技股份有限公司	8155618	703949	10658947	3511618	43559
N. A.	299	太平人寿保险有限公司	8152445	1070780	110493226	7395435	21192
305	300	淮北矿业（集团）有限责任公司	8126235	399855	10582502	2267613	48866
294	301	杭州锦江集团有限公司	8118445	203395	6613022	1494881	12850
384	302	武汉金融控股（集团）有限公司	8073964	78948	21094004	1679779	17228
407	303	河北鑫海控股集团有限公司	8065335	138575	2675058	724691	2600
336	304	远景能源有限公司	8057357	503323	15458078	4481562	3792
339	305	中景石化集团有限公司	8025315	172357	4576910	2536213	4175
340	306	重药控股股份有限公司	8011911	65496	6352368	1124586	14458
297	307	上海城建（集团）有限公司	8004861	95229	19667812	1782713	22486
303	308	恒信汽车集团股份有限公司	7962766	127392	2624488	1566425	20032
293	309	三房巷集团有限公司	7912819	18366	3018040	1212102	6200
304	310	广西北部湾投资集团有限公司	7902155	262784	42115065	11834383	25844
273	311	永辉超市股份有限公司	7864217	-132905	5205204	593907	98513
308	312	红豆集团有限公司	7815652	8818	5242133	993578	19047
196	313	阳光保险集团股份有限公司	7791155	373790	51368633	6044618	50629
376	314	贝壳控股有限公司	7777693	588322	12033193	7209982	116344
312	315	远大物产集团有限公司	7770870	5284	485754	191882	374

续表

上年名次	排名	企业名称	营业收入/万元	净利润/万元	资产总额/万元	所有者权益/万元	从业人数/人
357	316	齐成（山东）石化集团有限公司	7766856	64699	2785333	632873	3500
309	317	华泰集团有限公司	7739232	169948	3882080	1340906	8028
275	318	东方国际（集团）有限公司	7699275	82240	5919503	1768347	57745
399	319	宁波富邦控股集团有限公司	7638581	43765	5159775	1000904	12436
N.A.	320	中国农业生产资料集团有限公司	7635219	28987	5414175	1147569	6916
325	321	心里程控股集团有限公司	7586681	337042	2837928	1951249	2350
398	322	济宁能源发展集团有限公司	7582511	174258	3920756	748167	15001
356	323	东方润安集团有限公司	7519951	81048	1452817	825995	4613
370	324	山东寿光鲁清石化有限公司	7492754	313212	3448116	1413366	2982
330	325	河北省物流产业集团有限公司	7491429	5390	2645097	262909	2137
366	326	玖龙纸业（控股）有限公司	7480073	-70215	12891230	4473964	22072
N.A.	327	河北新金钢铁有限公司	7395037	1760226	4437022	1760226	4366
326	328	山东海科控股有限公司	7353033	168554	2563281	1126163	4410
319	329	山东金诚石化集团有限公司	7295496	123314	2061703	954321	2965
335	330	山东创新金属科技有限公司	7284749	99631	1925910	569264	10563
350	331	河南豫光金铅集团有限责任公司	7281187	35068	2517571	178060	6468
337	332	德力西集团有限公司	7258300	122968	2350064	677847	21365
N.A.	333	其亚集团有限公司	7255737	250230	5281308	1695319	6580
348	334	红狮控股集团有限公司	7236834	172422	8999568	2870138	19149
N.A.	335	阳光电源股份有限公司	7225067	943956	8287651	2770522	13697
332	336	山东太阳控股集团有限公司	7218017	295857	6039641	2957062	20406
288	337	陕西投资集团有限公司	7188574	326442	28087836	4800883	25371
307	338	弘阳集团有限公司	7170673	20108	10576008	2724201	5237
130	339	新华人寿保险股份有限公司	7154700	871200	140325700	10506700	30662
364	340	老凤祥股份有限公司	7143564	221440	2433385	1157398	4896
439	341	陕西泰丰盛合控股集团有限公司	7131072	62280	1155432	225849	210
333	342	河北新武安钢铁集团文安钢铁有限公司	7101635	90734	1645032	1505845	3850
313	343	唐山港陆钢铁有限公司	7100741	55387	2663567	1312858	9193
353	344	山东齐润控股集团有限公司	7066058	292765	3192809	1822569	3521
367	345	杉杉控股有限公司	7054728	23441	8754156	2225604	8581
248	346	新余钢铁集团有限公司	7042990	30482	6187249	1675047	17005
390	347	漳州市九龙江集团有限公司	7042132	198630	12459929	2964311	6534
478	348	山东东方华龙工贸集团有限公司	7032329	87833	1664088	846861	1680
347	349	三河汇福粮油集团有限公司	6981322	49975	1558370	714868	1577
315	350	水发集团有限公司	6954543	-58622	15909211	1489613	17268

续表

上年名次	排名	企业名称	营业收入/万元	净利润/万元	资产总额/万元	所有者权益/万元	从业人数/人
425	351	创维集团有限公司	6903098	56709	6716145	1813833	34008
351	352	渤海银行股份有限公司	6874788	508090	173273384	11440270	13862
354	353	兴华财富集团有限公司	6859313	2190235	2749413	2190235	6028
355	354	安徽省交通控股集团有限责任公司	6826300	555767	41114190	15224673	24002
328	355	内蒙古鄂尔多斯投资控股集团有限公司	6807550	398708	5603466	1001187	23868
346	356	淮河能源控股集团有限责任公司	6780817	437962	17358169	2704902	62252
322	357	福建省能源石化集团有限责任公司	6779420	20355	15354486	2389567	18404
N.A.	358	四川省港航投资集团有限责任公司	6773926	28168	8187505	2004058	4330
417	359	陕西交通控股集团有限公司	6700853	186656	59105930	17811326	32287
344	360	广西交通投资集团有限公司	6674313	81956	70762250	17951845	16706
387	361	中国东方电气集团有限公司	6650697	197654	13889500	2435285	20589
372	362	宁夏天元锰业集团有限公司	6633537	-752305	12809347	660491	19869
363	363	浙江华友钴业股份有限公司	6630404	335089	12552027	3427780	29548
N.A.	364	河南钢铁集团有限公司	6605175	-102855	6673615	916601	23790
338	365	青建集团	6601110	9098	4855605	1063655	13826
395	366	深圳前海微众银行股份有限公司	6579038	1081533	53557852	4622123	4028
345	367	福建省港口集团有限责任公司	6570297	45812	10807465	2239696	29726
334	368	申能（集团）有限公司	6532879	530892	21815945	9350996	19728
N.A.	369	大华（集团）有限公司	6518268	146594	17240756	3621824	4036
323	370	江苏国泰国际集团股份有限公司	6512028	160393	4313947	1524279	42262
375	371	南京新工投资集团有限责任公司	6510607	157668	8383558	2788475	34046
392	372	浙江东南网架集团有限公司	6510466	46880	3870410	618822	9825
463	373	陕西汽车控股集团有限公司	6496215	-18091	8801195	631600	25400
378	374	中华联合保险集团股份有限公司	6494091	1494	10638350	1832244	39136
447	375	三宝集团股份有限公司	6468161	21150	1723761	736483	5204
226	376	华阳新材料科技集团有限公司	6465046	-24752	19921757	2361174	57771
403	377	人民控股集团有限公司	6436292	266444	1613689	1196054	23507
393	378	武汉城市建设集团有限公司	6411377	62117	38885467	9531712	7398
418	379	山西建邦集团有限公司	6387837	68771	2243720	1440981	3615
359	380	大汉控股集团有限公司	6385064	60808	2172212	1029453	4184
N.A.	381	福州城市建设投资集团有限公司	6361884	152861	23753226	9803040	6146
361	382	南通四建集团有限公司	6356265	356067	4183742	2859119	118000
N.A.	383	永道控股集团股份有限公司	6301002	396115	2131715	1791985	4368
408	384	山西晋城钢铁控股集团有限公司	6297449	30254	3913793	1965026	9325
391	385	山东金岭集团有限公司	6283242	288840	2520502	1690627	5248

续表

上年名次	排名	企业名称	营业收入/万元	净利润/万元	资产总额/万元	所有者权益/万元	从业人数/人
N.A.	386	苏宁易购集团股份有限公司	6262746	-408954	12174828	1137542	22198
401	387	明阳新能源投资控股集团有限公司	6262489	202378	14252999	4795032	13832
N.A.	388	深圳传音控股股份有限公司	6229488	553705	4612100	1805520	17327
389	389	鲁丽集团有限公司	6185697	106756	2001790	725457	8109
450	390	山东渤海实业集团有限公司	6183682	65505	2563694	953099	2831
434	391	山东垦利石化集团有限公司	6158124	112877	1943293	1289276	2180
N.A.	392	江苏满运软件科技有限公司	6126622	-19470	549737	-41568	1328
388	393	南昌市政公用集团有限公司	6124036	35868	16200665	3583926	14020
394	394	闻泰科技股份有限公司	6121280	118125	7696795	3716616	31497
N.A.	395	荣盛控股股份有限公司	6104899	-44065	22255955	773427	16141
291	396	四川公路桥梁建设集团有限公司	6097812	344027	16816775	2917831	6876
379	397	稻花香集团	6091835	36756	1381469	408328	10002
342	398	天津友发钢管集团股份有限公司	6091822	56987	1765014	671317	11297
410	399	宜昌兴发集团有限责任公司	6079769	2699	5220250	467499	15138
467	400	华勤橡胶工业集团有限公司	6027134	304821	2817484	1486983	8500
416	401	双良集团有限公司	6024117	56939	5423635	1087427	10377
446	402	通鼎集团有限公司	6015593	161841	3115787	1306826	15740
480	403	彬县煤炭有限责任公司	6009044	45743	3111707	1236448	4879
381	404	广西南丹南方金属有限公司	6002672	171004	2978218	1173073	5921
433	405	深圳金雅福控股集团有限公司	6000410	26283	458797	238458	1705
N.A.	406	河南双汇投资发展股份有限公司	5989296	505274	3667537	2084279	43605
415	407	西部矿业集团有限公司	5911057	-136160	6711698	278000	8807
449	408	北京江南投资集团有限公司	5899090	1013209	16218818	4730015	498
468	409	济钢集团有限公司	5886496	56553	3538845	723991	7200
386	410	上海华谊控股集团有限公司	5882418	118873	10576709	2470184	18582
341	411	郑州瑞茂通供应链有限公司	5878607	11617	6195646	2389585	959
406	412	北京首都开发控股（集团）有限公司	5872270	-370596	30219308	1421681	13030
442	413	振石控股集团有限公司	5844037	286247	5303430	2075546	15018
462	414	洛阳国宏投资控股集团有限公司	5834685	1091457	10345789	3380947	16022
374	415	湖南博长控股集团有限公司	5821991	5934	1487346	356281	6458
383	416	广州产业投资控股集团有限公司	5793816	164303	15584070	3117135	17569
420	417	石横特钢集团有限公司	5789991	101478	3571650	2474951	10534
428	418	杭州东恒石油有限公司	5789509	84793	1414693	621537	556
441	419	三花控股集团有限公司	5780067	185993	4405134	1483762	36156
424	420	圆通速递股份有限公司	5768434	372254	4336703	2879918	17804

续表

上年名次	排名	企业名称	营业收入/万元	净利润/万元	资产总额/万元	所有者权益/万元	从业人数/人
400	421	龙信建设集团有限公司	5763895	31551	1572603	861331	52988
419	422	福建省金纶高纤股份有限公司	5756369	181792	2494833	663957	10127
396	423	北京首都创业集团有限公司	5753954	30970	40089435	2297703	33395
373	424	物美科技集团有限公司	5742557	130618	11388742	3228305	100000
496	425	浙江升华控股集团有限公司	5735023	41445	1177358	437882	3354
448	426	江苏阳光集团有限公司	5701471	283001	2287374	1267516	10000
474	427	重庆新鸥鹏企业（集团）有限公司	5688650	282828	7820332	675682	8132
471	428	广东省交通集团有限公司	5674693	202915	48503220	10629349	52020
437	429	浙江中成控股集团有限公司	5672421	102862	1690154	999414	52035
435	430	中铁集装箱运输有限责任公司	5652999	144180	3384263	1988179	1101
423	431	五得利面粉集团有限公司	5650576	53614	2370444	1477427	5736
421	432	重庆千信集团有限公司	5644597	8182	1624818	468473	572
499	433	宁波开发投资集团有限公司	5632258	403898	12147495	4034037	5138
409	434	天津渤海化工集团有限责任公司	5610152	69912	12978092	5531857	21122
377	435	山西晋南钢铁集团有限公司	5594810	-93924	3046617	805789	5956
N.A.	436	福佳集团有限公司	5583452	83291	8312569	5178102	1999
475	437	宁波均胜电子股份有限公司	5572847	108319	5688684	1357903	43965
427	438	恒丰银行股份有限公司	5572700	514529	143970411	13205499	12451
457	439	新疆生产建设兵团建设工程（集团）有限责任公司	5548284	56439	7935458	1290624	21027
N.A.	440	重庆市博赛矿业（集团）有限公司	5525521	100644	1988480	946628	6900
N.A.	441	胜星集团有限责任公司	5510366	30278	2896841	-278827	1650
459	442	宏旺控股集团有限公司	5501837	48594	1527522	472071	2658
456	443	远东控股集团有限公司	5501304	8806	2773707	413255	8757
443	444	通州建总集团有限公司	5491235	171605	702165	385218	72000
413	445	重庆农村商业银行股份有限公司	5479428	1090236	144108194	12173364	15017
405	446	山东招金集团有限公司	5470614	41711	6809226	294783	14273
426	447	山东如意时尚投资控股有限公司	5461245	204269	7227261	2211302	39845
453	448	江苏华西集团有限公司	5452565	-139547	3532800	1102850	7347
371	449	内蒙古伊泰集团有限公司	5448694	465496	10574168	3263111	6442
411	450	华峰集团有限公司	5429230	180226	8316607	2503953	19231
431	451	中国信息通信科技集团有限公司	5408393	113503	12846125	3637524	37102
464	452	安踏体育用品集团有限公司	5399559	762805	4321022	1716245	60000
486	453	金龙精密铜管集团股份有限公司	5382256	17027	1560754	196576	6180
485	454	青岛西海岸新区融合控股集团有限公司	5347815	12418	23490943	4699566	5100
489	455	金澳科技（湖北）化工有限公司	5315305	42045	1091426	691502	5160

续表

上年名次	排名	企业名称	营业收入/万元	净利润/万元	资产总额/万元	所有者权益/万元	从业人数/人
429	456	山东汇丰石化集团有限公司	5306664	27919	1405414	309169	2097
N.A.	457	重庆智飞生物制品股份有限公司	5291777	806987	5023219	3150608	6545
343	458	云南锡业集团（控股）有限责任公司	5277357	-40578	5742808	388818	18627
440	459	山西交通控股集团有限公司	5277345	58110	63078007	13273458	40381
461	460	重庆小康控股有限公司	5269935	-270252	5416596	129170	17119
397	461	天元建设集团有限公司	5266764	57780	9242665	1784828	15260
451	462	山东泰山钢铁集团有限公司	5251017	9410	2362647	1126147	7541
482	463	四川省商业投资集团有限责任公司	5243942	20092	3267631	245931	4953
455	464	伊电控股集团有限公司	5222377	52055	6374663	1567434	6230
488	465	贵州磷化（集团）有限责任公司	5205414	200990	8915716	1560336	17207
N.A.	466	海南省农垦投资控股集团有限公司	5203928	52130	20448604	14107862	51706
432	467	江苏华宏实业集团有限公司	5188918	10501	888542	74861	2100
479	468	新华三信息技术有限公司	5185805	389466	4642005	935808	1800
N.A.	469	河南金利金铅集团有限公司	5185749	103765	1184175	401837	5308
498	470	卧龙控股集团有限公司	5180704	87435	3746179	1235883	18078
422	471	深圳海王集团股份有限公司	5178713	-46304	5345741	919068	33287
438	472	徐州矿务集团有限公司	5170872	189589	6485264	2160120	22841
494	473	四川德胜集团钒钛有限公司	5161717	57708	3081799	1189910	9978
N.A.	474	广西农村商业联合银行股份有限公司	5151743	513564	128588029	8734715	25751
487	475	上海农村商业银行股份有限公司	5141976	1214196	139221370	11242698	10565
N.A.	476	青岛西海岸新区海洋控股集团有限公司	5130384	13792	19184691	4427678	13505
497	477	河北建工集团有限责任公司	5112163	17684	2366528	176896	8006
N.A.	478	成都交子金融控股集团有限公司	5100764	262360	118761484	3127193	33648
N.A.	479	湖南省高速公路集团有限公司	5087280	264664	67979042	19906832	15639
470	480	江苏大明工业科技集团有限公司	5057075	-11995	1358937	207229	6830
N.A.	481	天津华北集团有限公司	5055541	11926	1438562	661484	1152
460	482	山东九羊集团有限公司	5034614	48340	2059633	1501055	5651
477	483	江西省投资集团有限公司	5021757	12117	16282140	3122073	27893
466	484	江苏省苏中建设集团股份有限公司	5021427	61578	2517096	1226938	127328
N.A.	485	福建广源再生资源回收有限公司	5001003	63954	458708	284631	10229
476	486	山东科达集团有限公司	4986999	161842	1841154	1513466	8630
N.A.	487	万通海欣控股集团股份有限公司	4985535	108748	3596842	2031066	2760
N.A.	488	国华人寿保险股份有限公司	4980014	-118109	29517776	2635129	2006
484	489	万基控股集团有限公司	4978773	24013	2453627	334572	11500
N.A.	490	江苏省华建建设股份有限公司	4915418	184189	2745414	416500	72532

续表

上年名次	排名	企业名称	营业收入/万元	净利润/万元	资产总额/万元	所有者权益/万元	从业人数/人
492	491	深圳理士电源发展有限公司	4910750	50677	4270540	1239824	14411
N. A.	492	广西玉柴机器集团有限公司	4897673	58910	4355527	1370655	13367
N. A.	493	石药控股集团有限公司	4891577	912764	7319809	4659214	28119
436	494	福建省三钢（集团）有限责任公司	4829302	-56228	6089972	1605746	16408
N. A.	495	湖北文化旅游集团有限公司	4811267	1207	8497303	1472488	7589
N. A.	496	四川九洲投资控股集团有限公司	4807122	16360	4420980	743029	21567
N. A.	497	金发科技股份有限公司	4794059	224083	6157534	1381500	10629
N. A.	498	淄博鑫泰石化有限公司	4763578	-47763	3164511	173255	1590
N. A.	499	华鲁控股集团有限公司	4750802	142704	6947953	1396764	19910
N. A.	500	四川高速公路建设开发集团有限公司	4738062	301374	39802246	11571405	17719
		合计	11007050961	450915215	42885680909	5626550059	32333872

说　明

1. 2024 中国企业 500 强是中国企业联合会、中国企业家协会参照国际惯例，组织企业自愿申报，并经专家审定确认后产生的。申报企业包括在中国境内注册、2023 年实现营业收入达到 380 亿元的企业（不包括在华外资、港澳台独资、控股企业，也不包括行政性公司、政企合一的单位及各类资产经营公司、烟草公司，但包括在境外注册、投资主体为中国自然人或法人、主要业务在境内的企业），都有资格申报参加排序。属于集团公司的控股子公司或相对控股子公司，由于其财务报表最后能被合并到集团母公司的财务会计报表中，因此只允许其母公司申报。

2. 表中所列数据由企业自愿申报或属于上市公司公开数据，并经会计师事务所或审计师事务所等单位认可。

3. 营业收入是 2023 年不含增值税的收入，包括企业的所有收入，即主营业务和非主营业务、境内和境外的收入。商业银行的营业收入为 2023 年利息收入和非利息营业收入之和（不减掉对应的支出）。保险公司的营业收入是 2023 年保险费和年金收入扣除储蓄的资本收益或损失。净利润是 2023 年上交所得税的净利润扣除少数股东权益后的归属母公司所有者的净利润。资产是 2023 年度末的资产总额。所有者权益是 2023 年年末所有者权益总额扣除少数股东权益后的归属于母公司所有者权益。研究开发费用是 2023 年企业投入研究开发的所有费用。从业人数是 2023 年度的平均人数（含所有被合并报表企业的人数）。

4. 行业分类参照了国家统计局的分类方法，依据其主营业务收入所在行业来划分；地区分类是按企业总部所在地划分。

表 9-2　2024 中国企业 500 强重新上榜和新上榜名单

排名	企业名称	营业收入/万元	净利润/万元	资产总额/万元	所有者权益/万元	从业人数/人
116	拼多多控股公司	24763921	6002654	34807812	18724161	17403
139	北京嘀嘀无限科技发展有限公司	19237992	49351	14382649	9779474	19300
147	蚂蚁科技集团股份有限公司	17845321	5050908	61813799	30835502	29740
154	京东方科技集团股份有限公司	17454345	254744	41918710	12942831	90563
222	冀中能源集团有限责任公司	11800464	6267	25396455	2218532	91542
232	江苏省苏豪控股集团有限公司	11266784	56855	8609860	2132807	19238
243	江苏交通控股有限公司	10365419	1153069	83435309	15043983	22483
251	陕西榆林能源集团有限公司	10135333	509418	10201342	2553700	9439
260	方同舟控股有限公司	9754720	65572	5859759	2704657	12208
263	河北太行钢铁集团有限公司	9554352	141559	4325017	1277596	13143
299	太平人寿保险有限公司	8152445	1070780	110493226	7395435	21192
320	中国农业生产资料集团有限公司	7635219	28987	5414175	1147569	6916
327	河北新金钢铁有限公司	7395037	1760226	4437022	1760226	4366
333	其亚集团有限公司	7255737	250230	5281308	1695319	6580
335	阳光电源股份有限公司	7225067	943956	8287651	2770522	13697
358	四川省港航投资集团有限责任公司	6773926	28168	8187505	2004058	4330
364	河南钢铁集团有限公司	6605175	-102855	6673615	916601	23790
369	大华（集团）有限公司	6518268	146594	17240756	3621824	4036
381	福州城市建设投资集团有限公司	6361884	152861	23753226	9803040	6146
383	永道控股集团股份有限公司	6301002	396115	2131715	1791985	4368
386	苏宁易购集团股份有限公司	6262746	-408954	12174828	1137542	22198
388	深圳传音控股股份有限公司	6229488	553705	4612100	1805520	17327
392	江苏满运软件科技有限公司	6126622	-19470	549737	-41568	1328
395	荣盛控股股份有限公司	6104899	-44065	22255955	773427	16141
406	河南双汇投资发展股份有限公司	5989296	505274	3667537	2084279	43605
436	福佳集团有限公司	5583452	83291	8312569	5178102	1999
440	重庆市博赛矿业（集团）有限公司	5525521	100644	1988480	946628	6900
441	胜星集团有限责任公司	5510366	30278	2896841	-278827	1650
457	重庆智飞生物制品股份有限公司	5291777	806987	5023219	3150608	6545
466	海南省农垦投资控股集团有限公司	5203928	52130	20448604	14107862	51706
469	河南金利金铅集团有限公司	5185749	103765	1184175	401837	5308
474	广西农村商业联合银行股份有限公司	5151743	513564	128588029	8734715	25751
476	青岛西海岸新区海洋控股集团有限公司	5130384	13792	19184691	4427678	13505
478	成都交子金融控股集团有限公司	5100764	262360	118761484	3127193	33648

续表

排名	企业名称	营业收入/万元	净利润/万元	资产总额/万元	所有者权益/万元	从业人数/人
479	湖南省高速公路集团有限公司	5087280	264664	67979042	19906832	15639
481	天津华北集团有限公司	5055541	11926	1438562	661484	1152
485	福建广源再生资源回收有限公司	5001003	63954	458708	284631	10229
487	万通海欣控股集团股份有限公司	4985535	108748	3596842	2031066	2760
488	国华人寿保险股份有限公司	4980014	-118109	29517776	2635129	2006
490	江苏省华建建设股份有限公司	4915418	184189	2745414	416500	72532
492	广西玉柴机器集团有限公司	4897673	58910	4355527	1370655	13367
493	石药控股集团有限公司	4891577	912764	7319809	4659214	28119
495	湖北文化旅游集团有限公司	4811267	1207	8497303	1472488	7589
496	四川九洲投资控股集团有限公司	4807122	16360	4420980	743029	21567
497	金发科技股份有限公司	4794059	224083	6157534	1381500	10629
498	淄博鑫泰石化有限公司	4763578	-47763	3164511	173255	1590
499	华鲁控股集团有限公司	4750802	142704	6947953	1396764	19910
500	四川高速公路建设开发集团有限公司	4738062	301374	39802246	11571405	17719

表 9-3 2024 中国企业 500 强各行业企业分布

排名	企业名称	总排名	营业收入/万元	排名	企业名称	总排名	营业收入/万元
农林牧渔业				5	中国大唐集团有限公司	110	25673816
1	北大荒农垦集团有限公司	148	17766320	6	中国广核集团有限公司	178	14984906
2	海南省农垦投资控股集团有限公司	466	5203928	7	广东省能源集团有限公司	294	8359363
	合计		22970248		合计		188863028
煤炭采掘及采选业				农副食品			
1	山东能源集团有限公司	23	86637961	1	新希望控股集团有限公司	95	28308461
2	国家能源投资集团有限责任公司	27	79321897	2	广东海大集团股份有限公司	224	11611716
3	陕西煤业化工集团有限责任公司	47	52936203	3	牧原实业集团有限公司	226	11410056
4	晋能控股集团有限公司	57	45052098	4	温氏食品集团股份有限公司	273	8992109
5	中国中煤能源集团有限公司	114	25035017	5	双胞胎（集团）股份有限公司	283	8684219
6	山西焦煤集团有限责任公司	123	23738929	6	蓝润集团有限公司	297	8231998
7	山东黄金集团有限公司	141	18678307	7	三河汇福粮油集团有限公司	349	6981322
8	中国平煤神马控股集团有限公司	168	16066135	8	河南双汇投资发展股份有限公司	406	5989296
9	河南能源集团有限公司	216	12021680	9	五得利面粉集团有限公司	431	5650576
10	冀中能源集团有限责任公司	222	11800464		合计		95859753
11	陕西榆林能源集团有限公司	251	10135333				
12	开滦（集团）有限责任公司	284	8654614	食品			
13	淮北矿业（集团）有限责任公司	300	8126235	1	北京首农食品集团有限公司	166	16192714
14	济宁能源发展集团有限公司	322	7582511	2	光明食品（集团）有限公司	195	13274018
15	淮河能源控股集团有限责任公司	356	6780817	3	山东渤海实业集团有限公司	390	6183682
16	华阳新材料科技集团有限公司	376	6465046		合计		35650414
17	彬县煤炭有限责任公司	403	6009044				
18	内蒙古伊泰集团有限公司	449	5448694	饮料			
19	徐州矿务集团有限公司	472	5170872	1	内蒙古伊利实业集团股份有限公司	204	12617945
	合计		435661857		合计		12617945
石油、天然气开采及生产业				酒类			
1	中国石油天然气集团有限公司	3	298541055	1	四川省宜宾五粮液集团有限公司	150	17706062
2	中国海洋石油集团有限公司	16	100335259	2	泸州老窖集团有限责任公司	252	10102563
3	陕西延长石油（集团）有限责任公司	75	36476432	3	稻花香集团	397	6091835
	合计		435352746		合计		33900460
电力生产				纺织印染			
1	中国华能集团有限公司	62	40982294	1	山东魏桥创业集团有限公司	50	52021385
2	国家电力投资集团有限公司	69	38570952	2	山东如意时尚投资控股有限公司	447	5461245
3	中国华电集团有限公司	85	32234637		合计		57482630
4	中国核工业集团有限公司	96	28057060				

续表

排名	企业名称	总排名	营业收入/万元	排名	企业名称	总排名	营业收入/万元
服装及其他纺织品				10	富海集团新能源控股有限公司	277	8796947
1	雅戈尔集团（宁波）有限公司	140	19159142	11	河北鑫海控股集团有限公司	303	8065335
2	海澜集团有限公司	189	13830215	12	中景石化集团有限公司	305	8025315
3	红豆集团有限公司	312	7815652	13	齐成（山东）石化集团有限公司	316	7766856
4	内蒙古鄂尔多斯投资控股集团有限公司	355	6807550	14	山东寿光鲁清石化有限公司	324	7492754
5	江苏阳光集团有限公司	426	5701471	15	山东海科控股集团有限公司	328	7353033
6	安踏体育用品集团有限公司	452	5399559	16	山东金诚石化集团有限公司	329	7295496
	合计		58713589	17	山东齐润控股集团有限公司	344	7066058
				18	山东东方华龙工贸集团有限公司	348	7032329
家用电器制造				19	福建省能源石化集团有限责任公司	357	6779420
1	美的集团股份有限公司	73	37370980	20	山东垦利石化集团有限公司	391	6158124
2	海尔集团公司	74	37182197	21	胜星集团有限责任公司	441	5510366
3	珠海格力电器股份有限公司	133	20397927	22	金澳科技（湖北）化工有限公司	455	5315305
4	海信集团控股股份有限公司	135	20222566	23	山东汇丰石化集团有限公司	456	5306664
5	四川长虹电子控股集团有限公司	187	14028348	24	万通海欣控股集团股份有限公司	487	4985535
6	TCL实业控股股份有限公司	214	12032191	25	淄博鑫泰石化有限公司	498	4763578
7	奥克斯集团有限公司	286	8602936		合计		574440234
8	创维集团有限公司	351	6903098				
9	三花控股集团有限公司	419	5780067	轮胎及橡胶制品			
	合计		162520310	1	华勤橡胶工业集团有限公司	400	6027134
					合计		6027134
造纸及包装							
1	晨鸣控股有限公司	267	9294106	化学原料及化学品制造			
2	华泰集团有限公司	317	7739232	1	中国中化控股有限责任公司	14	101402951
3	玖龙纸业（控股）有限公司	326	7480073	2	浙江荣盛控股集团有限公司	36	61260568
4	山东太阳控股集团有限公司	336	7218017	3	盛虹控股集团有限公司	48	52882491
	合计		31731428	4	万华化学集团股份有限公司	153	17536093
				5	潞安化工集团有限公司	158	17300713
石化及炼焦				6	新疆中泰（集团）有限责任公司	165	16374047
1	中国石油化工集团有限公司	2	304194600	7	重庆化医控股（集团）公司	259	9801539
2	恒力集团有限公司	25	81173689	8	云天化集团有限责任公司	270	9186052
3	山东东明石化集团有限公司	177	15007876	9	浙江卫星控股股份有限公司	287	8595081
4	利华益集团股份有限公司	186	14065245	10	山东金岭集团有限公司	385	6283242
5	万达控股集团有限公司	194	13301726	11	宜昌兴发集团有限责任公司	399	6079769
6	山西鹏飞集团有限公司	240	10519804	12	上海华谊控股集团有限公司	410	5882418
7	旭阳控股有限公司	241	10507392	13	浙江升华控股集团有限公司	425	5735023
8	弘润石化（潍坊）有限责任公司	271	9052769	14	天津渤海化工集团有限公司	434	5610152
9	山东京博控股集团有限公司	275	8904018	15	福佳集团有限公司	436	5583452

续表

排名	企业名称	总排名	营业收入/万元
16	华峰集团有限公司	450	5429230
17	贵州磷化（集团）有限责任公司	465	5205414
18	金发科技股份有限公司	497	4794059
19	华鲁控股集团有限公司	499	4750802
	合计		349693096
化学纤维制造			
1	浙江恒逸集团有限公司	65	40682953
2	桐昆控股集团有限公司	145	18033065
3	新凤鸣控股集团有限公司	236	10846026
4	恒申控股集团有限公司	279	8725749
5	永荣控股集团有限公司	295	8270890
6	三房巷集团有限公司	309	7912819
7	福建省金纶高纤股份有限公司	422	5756369
8	江苏华宏实业集团有限公司	467	5188918
	合计		105416789
药品制造			
1	上海医药集团股份有限公司	105	26029509
2	广州医药集团有限公司	109	25704534
3	重庆智飞生物制品股份有限公司	457	5291777
4	深圳海王集团股份有限公司	471	5178713
5	石药控股集团有限公司	493	4891577
	合计		67096110
水泥及玻璃制造			
1	中国建材集团有限公司	79	34751095
2	安徽海螺集团有限责任公司	130	21696994
3	红狮控股集团有限公司	334	7236834
	合计		63684923
黑色冶金			
1	中国宝武钢铁集团有限公司	11	111297172
2	河钢集团有限公司	66	40159331
3	青山控股集团有限公司	70	38213706
4	敬业集团有限公司	81	34065252
5	鞍钢集团有限公司	94	28801572
6	江苏沙钢集团有限公司	98	27779839

排名	企业名称	总排名	营业收入/万元
7	杭州钢铁集团有限公司	104	26117680
8	上海德龙钢铁集团有限公司	118	24352182
9	北京建龙重工集团有限公司	119	24118660
10	首钢集团有限公司	122	23801320
11	湖南钢铁集团有限公司	125	23605602
12	辽宁方大集团实业有限公司	128	22520226
13	冀南钢铁集团有限公司	138	19386914
14	河北新华联合冶金控股集团有限公司	149	17760122
15	河北津西钢铁集团股份有限公司	164	16830377
16	中天钢铁集团有限公司	188	13927763
17	河北普阳钢铁有限公司	191	13500344
18	江苏新长江实业集团有限公司	209	12311578
19	酒泉钢铁（集团）有限责任公司	213	12048884
20	天津荣程祥泰投资控股集团有限公司	215	12023455
21	河北鑫达钢铁集团有限公司	221	11829687
22	福建大东海实业集团有限公司	228	11352122
23	包头钢铁（集团）有限责任公司	230	11289651
24	广西柳州钢铁集团有限公司	238	10653769
25	广西盛隆冶金有限公司	242	10429861
26	日照钢铁控股集团有限公司	253	10053093
27	方同舟控股有限公司	260	9754720
28	河北太行钢铁集团有限公司	263	9554352
29	四川省川威集团有限公司	288	8572488
30	武安市裕华钢铁有限公司	291	8427987
31	河北新金钢铁有限公司	327	7395037
32	河北新武安钢铁集团文安钢铁有限公司	342	7101635
33	唐山港陆钢铁有限公司	343	7100741
34	新余钢铁集团有限公司	346	7042990
35	兴华财富集团有限公司	353	6859313
36	河南钢铁集团有限公司	364	6605175
37	三宝集团股份有限公司	375	6468161
38	山西晋城钢铁控股集团有限公司	384	6297449
39	鲁丽集团有限公司	389	6185697
40	济钢集团有限公司	409	5886496
41	振石控股集团有限公司	413	5844037
42	石横特钢集团有限公司	417	5789991
43	山西晋南钢铁集团有限公司	435	5594810
44	山东泰山钢铁集团有限公司	462	5251017

续表

排名	企业名称	总排名	营业收入/万元	排名	企业名称	总排名	营业收入/万元
45	四川德胜集团钒钛有限公司	473	5161717	4	山东招金集团有限公司	446	5470614
46	山东九羊集团有限公司	482	5034614		合计		54493474
47	福建省三钢（集团）有限责任公司	494	4829302				
	合计		748987891	**金属制品加工**			
				1	中国国际海运集装箱（集团）股份有限公司	202	12780952
一般有色				2	东方润安集团有限公司	323	7519951
1	江西铜业集团有限公司	43	55390197	3	山东创新金属科技有限公司	330	7284749
2	中国铝业集团有限公司	58	45020689	4	浙江东南网架集团有限公司	372	6510466
3	金川集团股份有限公司	78	35325909	5	山西建邦集团有限公司	379	6387837
4	海亮集团有限公司	111	25274166	6	天津友发钢管集团股份有限公司	398	6091822
5	铜陵有色金属集团控股有限公司	115	24950389	7	湖南博长控股集团有限公司	415	5821991
6	洛阳栾川钼业集团股份有限公司	142	18626897	8	宏旺控股集团有限公司	442	5501837
7	陕西有色金属控股集团有限责任公司	151	17673498	9	江苏大明工业科技集团有限公司	480	5057075
8	南山集团有限公司	161	17120433		合计		62956680
9	宁波金田投资控股有限公司	183	14266515				
10	中国有色矿业集团有限公司	201	12867231	**锅炉及动力装备制造**			
11	富冶集团有限公司	212	12076934	1	潍柴控股集团有限公司	89	31050808
12	白银有色集团股份有限公司	280	8697115	2	广西玉柴机器集团有限公司	492	4897673
13	杭州锦江集团有限公司	301	8118445		合计		35948481
14	河南豫光金铅集团有限责任公司	331	7281187				
15	其亚集团有限公司	333	7255737	**工程机械及零部件**			
16	宁夏天元锰业集团有限公司	362	6633537	1	徐州工程机械集团有限公司	248	10270677
17	浙江华友钴业股份有限公司	363	6630404		合计		10270677
18	广西南丹南方金属有限公司	404	6002672				
19	西部矿业集团有限公司	407	5911057	**工业机械及设备制造**			
20	重庆市博赛矿业（集团）有限公司	440	5525521	1	中国机械工业集团有限公司	82	32905848
21	金龙精密铜管集团股份有限公司	453	5382256	2	广州工业投资控股集团有限公司	101	27145473
22	云南锡业集团（控股）有限责任公司	458	5277357	3	三一集团有限公司	218	11955604
23	伊电控股集团有限公司	464	5222377	4	双良集团有限公司	401	6024117
24	河南金利金铅集团有限公司	469	5185749		合计		78031042
25	天津华北集团有限公司	481	5055541				
26	万基控股集团有限公司	489	4978773	**电力电气设备制造**			
	合计		371750586	1	中国电子科技集团有限公司	68	39703034
				2	正泰集团股份有限公司	170	15501491
贵金属				3	上海电气控股集团有限公司	182	14295131
1	紫金矿业集团股份有限公司	92	29340324	4	新疆特变电工集团有限公司	250	10143554
2	中国黄金集团有限公司	206	12538972	5	中国东方电气集团有限公司	361	6650697
3	老凤祥股份有限公司	340	7143564	6	人民控股集团有限公司	377	6436292

续表

排名	企业名称	总排名	营业收入/万元	排名	企业名称	总排名	营业收入/万元
7	卧龙控股集团有限公司	470	5180704	4	中兴通讯股份有限公司	207	12425088
8	深圳理士电源发展有限公司	491	4910750	5	荣耀终端有限公司	256	9937190
	合计		102821653	6	中国铁塔股份有限公司	266	9400947
				7	华勤技术股份有限公司	289	8533848
电线电缆制造				8	深圳传音控股股份有限公司	388	6229488
1	中天科技集团有限公司	262	9582179	9	闻泰科技股份有限公司	394	6121280
2	远东控股集团有限公司	443	5501304	10	中国信息通信科技集团有限公司	451	5408393
	合计		15083483	11	新华三信息技术有限公司	468	5185805
				12	四川九洲投资控股集团有限公司	496	4807122
风能、太阳能设备制造					合计		182965489
1	通威集团有限公司	121	23879171				
2	协鑫（集团）控股有限公司	146	19917777	半导体、集成电路及面板制造			
3	隆基绿能科技股份有限公司	199	12949767	1	中国电子信息产业集团有限公司	112	25054057
4	晶科能源股份有限公司	219	11868178	2	京东方科技集团股份有限公司	154	17454345
5	天合光能股份有限公司	229	11339178	3	TCL科技集团股份有限公司	155	17444617
6	晶澳太阳能科技股份有限公司	298	8155618		合计		59953019
7	远景能源有限公司	304	8057357				
8	阳光电源股份有限公司	335	7225067	汽车及零配件制造			
9	明阳新能源投资控股集团有限公司	387	6262489	1	上海汽车集团股份有限公司	29	74470513
	合计		107654602	2	中国第一汽车集团有限公司	34	63348535
				3	比亚迪股份有限公司	39	60231535
动力和储能电池				4	广州汽车工业集团有限公司	52	50535930
1	宁德时代新能源科技股份有限公司	67	40091704	5	浙江吉利控股集团有限公司	53	49807231
2	天能控股集团有限公司	129	22515144	6	北京汽车集团有限公司	55	48034175
3	超威电源集团有限公司	196	13131800	7	东风汽车集团有限公司	64	40773516
	合计		75738648	8	奇瑞控股集团有限公司	100	27673962
				9	万向集团公司	134	20237496
计算机及办公设备				10	长城汽车股份有限公司	157	17321207
1	立讯精密工业股份有限公司	127	23190546	11	中国重型汽车集团有限公司	160	17131327
2	浪潮集团有限公司	210	12131132	12	江铃汽车集团有限公司	234	10914250
3	歌尔股份有限公司	257	9857390	13	江苏悦达集团有限公司	255	9938733
4	心里程控股集团有限公司	321	7586681	14	陕西汽车控股集团有限公司	373	6496215
	合计		52765749	15	宁波均胜电子股份有限公司	437	5572847
				16	重庆小康控股有限公司	460	5269935
通信设备制造					合计		507757407
1	华为投资控股有限公司	30	70417400				
2	小米集团	102	27097014	轨道交通设备及零部件制造			
3	亨通集团有限公司	156	17401914	1	中国中车集团有限公司	117	24437304

续表

排名	企业名称	总排名	营业收入/万元	排名	企业名称	总排名	营业收入/万元
	合计		24437304	9	湖南建设投资集团有限责任公司	162	17005775
航空航天				10	北京城建集团有限责任公司	171	15424605
1	中国航空工业集团有限公司	40	58968032	11	北京建工集团有限责任公司	198	13001514
	合计		58968032	12	中天控股集团有限公司	245	10343706
				13	浙江省建设投资集团股份有限公司	268	9260575
				14	甘肃省建设投资（控股）集团有限公司	278	8789980
兵器制造				15	青建集团	365	6601110
1	中国兵器工业集团有限公司	45	54161047	16	南通四建集团有限公司	382	6356265
2	中国兵器装备集团有限公司	87	31708012	17	龙信建设集团有限公司	421	5763895
	合计		85869059	18	浙江中成控股集团有限公司	429	5672421
				19	通州建总集团有限公司	444	5491235
船舶制造				20	河北建工集团有限责任公司	477	5112163
1	中国船舶集团有限公司	80	34610425	21	江苏省苏中建设集团股份有限公司	484	5021427
	合计		34610425	22	江苏省华建建设股份有限公司	490	4915418
					合计		558327236
综合制造业							
1	中国五矿集团有限公司	19	93459851	**土木工程建筑**			
2	复星国际有限公司	137	19820031	1	中国铁路工程集团有限公司	8	126408895
3	多弗国际控股集团有限公司	143	18561437	2	中国铁道建筑集团有限公司	10	113867666
4	无锡产业发展集团有限公司	174	15175614	3	中国交通建设集团有限公司	18	96752434
5	深圳市立业集团有限公司	254	9974960	4	中国电力建设集团有限公司	32	68693274
6	宁波富邦控股集团有限公司	319	7638581	5	中国能源建设集团有限公司	63	40852938
7	德力西集团有限公司	332	7258300	6	中国化学工程集团有限公司	136	20093574
8	杉杉控股有限公司	345	7054728	7	山西建设投资集团有限公司	184	14210915
9	永道控股集团股份有限公司	383	6301002	8	四川华西集团有限公司	235	10859746
10	江苏华西集团有限公司	448	5452565	9	安徽建工集团控股有限公司	264	9542592
11	福建广源再生资源回收有限公司	485	5001003	10	广东省建筑工程集团控股有限公司	276	8900101
	合计		195698072	11	云南省交通投资建设集团有限公司	290	8439552
				12	上海城建（集团）有限公司	307	8004861
房屋建筑				13	广西北部湾投资集团有限公司	310	7902155
1	中国建筑股份有限公司	4	226552924	14	武汉城市建设集团有限公司	378	6411377
2	太平洋建设集团有限公司	46	54108735	15	四川公路桥梁建设集团有限公司	396	6097812
3	苏商建设集团有限公司	86	32044451	16	新疆生产建设兵团建设工程(集团)有限责任公司	439	5548284
4	上海建工集团股份有限公司	90	30462765	17	天元建设集团有限公司	461	5266764
5	广州市建筑集团有限公司	91	30018248	18	山东科达集团有限公司	486	4986999
6	蜀道投资集团有限责任公司	113	25045857		合计		562839939
7	陕西建工控股集团有限公司	120	24112537				
8	云南省建设投资控股集团有限公司	159	17221630	**电网**			

续表

排名	企业名称	总排名	营业收入/万元	排名	企业名称	总排名	营业收入/万元
1	国家电网有限公司	1	386489168		合计		136504933
2	中国南方电网有限责任公司	24	84110863				
3	内蒙古电力（集团）有限责任公司	220	11856209	水上运输			
	合计		482456240	1	中国远洋海运集团有限公司	71	38178011
水务					合计		38178011
1	水发集团有限公司	350	6954543	港口服务			
2	北京首都创业集团有限公司	423	5753954	1	山东省港口集团有限公司	172	15405858
	合计		12708497	2	广西北部湾国际港务集团有限公司	249	10269779
综合能源供应				3	四川省港航投资集团有限责任公司	358	6773926
1	浙江省能源集团有限公司	163	17000950	4	福建省港口集团有限责任公司	367	6570297
2	新奥天然气股份有限公司	181	14375398		合计		39019860
3	北京控股集团有限公司	200	12885103	航空运输			
4	云南省能源投资集团有限公司	223	11767108	1	中国南方航空集团有限公司	167	16163999
5	北京能源集团有限责任公司	247	10276273	2	中国国际航空股份有限公司	185	14110023
6	四川省能源投资集团有限责任公司	272	9015422	3	中国东方航空集团有限公司	190	13764119
7	申能（集团）有限公司	368	6532879		合计		44038141
8	南昌市政公用集团有限公司	393	6124036	邮政			
	合计		87977169	1	中国邮政集团有限公司	26	79838546
铁路运输					合计		79838546
1	中铁集装箱运输有限责任公司	430	5652999	物流及供应链			
	合计		5652999	1	厦门建发集团有限公司	28	78342822
公路运输				2	厦门象屿集团有限公司	54	49049816
1	浙江省交通投资集团有限公司	83	32403094	3	顺丰控股股份有限公司	108	25840940
2	山东高速集团有限公司	106	26011809	4	传化集团有限公司	180	14516624
3	甘肃省公路航空旅游投资集团有限公司	173	15244169	5	河北省物流产业集团有限公司	325	7491429
4	河南交通投资集团有限公司	225	11501596	6	深圳金雅福控股集团有限公司	405	6000410
5	江苏交通控股有限公司	243	10365419	7	郑州瑞茂通供应链有限公司	411	5878607
6	安徽省交通控股集团有限责任公司	354	6826300	8	圆通速递股份有限公司	420	5768434
7	陕西交通控股集团有限公司	359	6700853		合计		192889082
8	广西交通投资集团有限公司	360	6674313	电信服务			
9	广东省交通集团有限公司	428	5674693	1	中国移动通信集团有限公司	15	101114414
10	山西交通控股集团有限公司	459	5277345	2	中国电信集团有限公司	35	62270012
11	湖南省高速公路集团有限公司	479	5087280	3	中国联合网络通信集团有限公司	72	37398581
12	四川高速公路建设开发集团有限公司	500	4738062				

续表

排名	企业名称	总排名	营业收入/万元	排名	企业名称	总排名	营业收入/万元
	合计		200783007		合计		18984877
软件和信息技术（IT）				**农产品及食品批发**			
1	神州数码集团股份有限公司	217	11962389	1	中粮集团有限公司	31	69210215
2	网易股份有限公司	244	10346816		合计		69210215
3	汇通达网络股份有限公司	296	8243252				
4	江苏满运软件科技有限公司	392	6126622	**生产资料商贸**			
	合计		36679079	1	物产中大集团股份有限公司	41	58016061
				2	中国农业生产资料集团有限公司	320	7635219
互联网服务					合计		65651280
1	京东集团股份有限公司	12	108466200				
2	阿里巴巴（中国）有限公司	21	92749400	**金属品商贸**			
3	腾讯控股有限公司	37	60901500	1	上海均和集团有限公司	192	13469163
4	美团公司	99	27674495	2	厦门路桥工程物资有限公司	246	10300931
5	拼多多控股公司	116	24763921	3	上海闽路润贸易有限公司	282	8687030
6	北京嘀嘀无限科技发展有限公司	139	19237992	4	大汉控股集团有限公司	380	6385064
7	蚂蚁科技集团股份有限公司	147	17845321	5	宁波开发投资集团有限公司	433	5632258
8	百度集团股份有限公司	193	13459800		合计		44474446
9	上海钢联电子商务股份有限公司	285	8631405				
10	通鼎集团有限公司	402	6015593	**综合商贸**			
	合计		37974563	1	厦门国贸控股集团有限公司	38	60753156
				2	浙江省兴合集团有限责任公司	175	15026227
能源矿产商贸				3	中基宁波集团股份有限公司	205	12608513
1	中国航空油料集团有限公司	126	23350298	4	江苏省苏豪控股集团有限公司	232	11266784
2	陕西泰丰盛合控股集团有限公司	341	7131072	5	深圳市爱施德股份有限公司	269	9216003
3	杭州东恒石油有限公司	418	5789509	6	广东省广物控股集团有限公司	281	8689740
4	重庆千信集团有限公司	432	5644597	7	兰州新区商贸物流投资集团有限公司	292	8373142
	合计		41915476	8	远大物产集团有限公司	315	7770870
				9	江苏国泰国际集团有限公司	370	6512028
化工医药商贸				10	苏宁易购集团股份有限公司	386	6262746
1	重药控股股份有限公司	306	8011911	11	四川省商业投资集团有限责任公司	463	5243942
2	漳州市九龙江集团有限公司	347	7042132		合计		151723151
3	南京新工投资集团有限责任公司	371	6510607				
	合计		21564650	**连锁超市及百货**			
				1	永辉超市股份有限公司	311	7864217
生活消费品商贸				2	物美科技集团有限公司	424	5742557
1	唯品会控股有限公司	231	11285602		合计		13606774
2	东方国际（集团）有限公司	318	7699275				

续表

排名	企业名称	总排名	营业收入/万元	排名	企业名称	总排名	营业收入/万元
汽车摩托车零售				7	新华人寿保险股份有限公司	339	7154700
1	新疆广汇实业投资（集团）有限责任公司	131	21460318	8	中华联合保险集团股份有限公司	374	6494091
2	恒信汽车集团股份有限公司	308	7962766	9	国华人寿保险股份有限公司	488	4980014
	合计		29423084		合计		249014449
医药及医疗器材零售				多元化金融			
1	中国医药集团有限公司	33	68011791	1	中国平安保险（集团）股份有限公司	13	103116700
2	九州通医药集团股份有限公司	176	15013985	2	中国中信集团有限公司	20	92909508
	合计		83025776	3	招商局集团有限公司	59	44754508
商业银行				4	广东省广新控股集团有限公司	107	25916280
1	中国工商银行股份有限公司	5	161163000	5	浙江省国际贸易集团有限公司	261	9742753
2	中国建设银行股份有限公司	6	141402900	6	武汉金融控股（集团）有限公司	302	8073964
3	中国农业银行股份有限公司	7	136139300	7	成都交子金融控股集团有限公司	478	5100764
4	中国银行股份有限公司	9	121869900		合计		289614477
5	交通银行股份有限公司	42	55747700	住宅地产			
6	招商银行股份有限公司	51	50879000	1	万科企业股份有限公司	56	46573908
7	兴业银行股份有限公司	61	41877100	2	绿地控股集团股份有限公司	76	36024502
8	上海浦东发展银行股份有限公司	77	36017900	3	龙湖集团控股有限公司	144	18073658
9	中国民生银行股份有限公司	88	31175200	4	珠海华发集团有限公司	152	17568688
10	江苏银行股份有限公司	179	14955283	5	绿城房地产集团有限公司	197	13099819
11	上海银行股份有限公司	233	11011928	6	广州越秀集团股份有限公司	208	12372199
12	南京银行股份有限公司	265	9512228	7	金地（集团）股份有限公司	258	9812534
13	渤海银行股份有限公司	352	6874788	8	弘阳集团有限公司	338	7170673
14	深圳前海微众银行股份有限公司	366	6579038	9	大华（集团）有限公司	369	6518268
15	恒丰银行股份有限公司	438	5572700	10	福州城市建设投资集团有限公司	381	6361884
16	重庆农村商业银行股份有限公司	445	5479428	11	北京首都开发控股（集团）有限公司	412	5872270
17	广西农村商业联合银行股份有限公司	474	5151743		合计		179448403
18	上海农村商业银行股份有限公司	475	5141976	商业地产			
	合计		846551112	1	荣盛控股股份有限公司	395	6104899
保险业					合计		6104899
1	中国人寿保险（集团）公司	17	98837400	多元化投资			
2	中国人民保险集团股份有限公司	44	55309700	1	联想控股股份有限公司	60	43601217
3	中国太平洋保险（集团）股份有限公司	84	32394541	2	深圳市投资控股有限公司	93	29042736
4	泰康保险集团股份有限公司	97	27900403	3	杭州市实业投资集团有限公司	103	26474897
5	太平人寿保险有限公司	299	8152445	4	广西投资集团有限公司	124	23664534
6	阳光保险集团股份有限公司	313	7791155				

续表

排名	企业名称	总排名	营业收入/万元	排名	企业名称	总排名	营业收入/万元
5	云南省投资控股集团有限公司	132	20980590				
6	卓尔控股有限公司	169	15731274		人力资源服务		
7	广东省广晟控股集团有限公司	203	12773109	1	云账户技术（天津）有限公司	237	10844964
8	青岛海发国有资本投资运营集团有限公司	227	11383713		合计		10844964
9	湖北交通投资集团有限公司	239	10550008				
10	天津泰达投资控股有限公司	274	8927747		文化娱乐		
11	杭州市城市建设投资集团有限公司	293	8364442	1	湖北文化旅游集团有限公司	495	4811267
12	陕西投资集团有限公司	337	7188574		合计		4811267
13	北京江南投资集团有限公司	408	5899090				
14	洛阳国宏投资控股集团有限公司	414	5834685		教育服务		
15	广州产业投资控股集团有限公司	416	5793816	1	重庆新鸥鹏企业（集团）有限公司	427	5688650
16	青岛西海岸新区融合控股集团有限公司	454	5347815		合计		5688650
17	青岛西海岸新区海洋控股集团有限公司	476	5130384				
18	江西省投资集团有限公司	483	5021757		综合服务业		
	合计		251710388	1	中国华润有限公司	22	89318000
				2	中国保利集团有限公司	49	52385301
	商务中介服务			3	湖北联投集团有限公司	211	12118796
1	贝壳控股有限公司	314	7777693		合计		153822097
	合计		7777693				

表 9-4　2024 中国企业 500 强各地区分布

排名	企业名称	总排名	营业收入/万元	排名	企业名称	总排名	营业收入/万元
北京				35	中国电子科技集团有限公司	68	39703034
1	国家电网有限公司	1	386489168	36	国家电力投资集团有限公司	69	38570952
2	中国石油化工集团有限公司	2	304194600	37	中国联合网络通信集团有限公司	72	37398581
3	中国石油天然气集团有限公司	3	298541055	38	中国建材集团有限公司	79	34751095
4	中国建筑股份有限公司	4	226552924	39	中国船舶集团有限公司	80	34610425
5	中国工商银行股份有限公司	5	161163000	40	中国机械工业集团有限公司	82	32905848
6	中国建设银行股份有限公司	6	141402900	41	中国华电集团有限公司	85	32234637
7	中国农业银行股份有限公司	7	136139300	42	中国兵器装备集团有限公司	87	31708012
8	中国铁路工程集团有限公司	8	126408895	43	中国民生银行股份有限公司	88	31175200
9	中国银行股份有限公司	9	121869900	44	中国核工业集团有限公司	96	28057060
10	中国铁道建筑集团有限公司	10	113867666	45	泰康保险集团股份有限公司	97	27900403
11	京东集团股份有限公司	12	108466200	46	小米集团	102	27097014
12	中国中化控股有限责任公司	14	101402951	47	中国大唐集团有限公司	110	25673816
13	中国移动通信集团有限公司	15	101114414	48	中国电子信息产业集团有限公司	112	25054057
14	中国海洋石油集团有限公司	16	100335259	49	中国中煤能源集团有限公司	114	25035017
15	中国人寿保险（集团）公司	17	98837400	50	中国中车集团有限公司	117	24437304
16	中国交通建设集团有限公司	18	96752434	51	北京建龙重工集团有限公司	119	24118660
17	中国五矿集团有限公司	19	93459851	52	首钢集团有限公司	122	23801320
18	中国中信集团有限公司	20	92909508	53	中国航空油料集团有限公司	126	23350298
19	中国邮政集团有限公司	26	79838546	54	中国化学工程集团有限公司	136	20093574
20	国家能源投资集团有限责任公司	27	79321897	55	北京嘀嘀无限科技发展有限公司	139	19237992
21	中粮集团有限公司	31	69210215	56	京东方科技集团股份有限公司	154	17454345
22	中国电力建设集团有限公司	32	68693274	57	北京首农食品集团有限公司	166	16192714
23	中国医药集团有限公司	33	68011791	58	北京城建集团有限责任公司	171	15424605
24	中国电信集团有限公司	35	62270012	59	中国国际航空股份有限公司	185	14110023
25	中国航空工业集团有限公司	40	58968032	60	百度集团股份有限公司	193	13459800
26	中国人民保险集团股份有限公司	44	55309700	61	北京建工集团有限责任公司	198	13001514
27	中国兵器工业集团有限公司	45	54161047	62	北京控股集团有限公司	200	12885103
28	中国保利集团有限公司	49	52385301	63	中国有色矿业集团有限公司	201	12867231
29	北京汽车集团有限公司	55	48034175	64	中国黄金集团有限公司	206	12538972
30	中国铝业集团有限公司	58	45020689	65	神州数码集团股份有限公司	217	11962389
31	招商局集团有限公司	59	44754508	66	旭阳控股有限公司	241	10507392
32	联想控股股份有限公司	60	43601217	67	北京能源集团有限责任公司	247	10276273
33	中国华能集团有限公司	62	40982294	68	方同舟控股有限公司	260	9754720
34	中国能源建设集团有限公司	63	40852938	69	中国铁塔股份有限公司	266	9400947

续表

排名	企业名称	总排名	营业收入/万元	排名	企业名称	总排名	营业收入/万元
70	贝壳控股有限公司	314	7777693	25	东方国际（集团）有限公司	318	7699275
71	中国农业生产资料集团有限公司	320	7635219	26	老凤祥股份有限公司	340	7143564
72	新华人寿保险股份有限公司	339	7154700	27	杉杉控股有限公司	345	7054728
73	中华联合保险集团股份有限公司	374	6494091	28	申能（集团）有限公司	368	6532879
74	北京江南投资集团有限公司	408	5899090	29	大华（集团）有限公司	369	6518268
75	北京首都开发控股（集团）有限公司	412	5872270	30	上海华谊控股集团有限公司	410	5882418
76	北京首都创业集团有限公司	423	5753954	31	圆通速递股份有限公司	420	5768434
77	物美科技集团有限公司	424	5742557	32	上海农村商业银行股份有限公司	475	5141976
78	中铁集装箱运输有限责任公司	430	5652999	33	国华人寿保险股份有限公司	488	4980014
	合计		4566055961		合计		733823197

上海				天津			
1	中国宝武钢铁集团有限公司	11	111297172	1	天津荣程祥泰投资控股集团有限公司	215	12023455
2	上海汽车集团股份有限公司	29	74470513	2	云账户技术（天津）有限公司	237	10844964
3	交通银行股份有限公司	42	55747700	3	天津泰达投资控股有限公司	274	8927747
4	中国远洋海运集团有限公司	71	38178011	4	渤海银行股份有限公司	352	6874788
5	绿地控股集团股份有限公司	76	36024502	5	天津友发钢管集团有限公司	398	6091822
6	上海浦东发展银行股份有限公司	77	36017900	6	天津渤海化工集团有限责任公司	434	5610152
7	中国太平洋保险（集团）股份有限公司	84	32394541	7	天津华北集团有限公司	481	5055541
8	苏商建设集团有限公司	86	32044451		合计		55428469
9	上海建工集团股份有限公司	90	30462765				
10	美团公司	99	27674495	重庆			
11	上海医药集团股份有限公司	105	26029509	1	龙湖集团控股有限公司	144	18073658
12	拼多多控股公司	116	24763921	2	重庆化医控股（集团）公司	259	9801539
13	上海德龙钢铁集团有限公司	118	24352182	3	重药控股股份有限公司	306	8011911
14	复星国际有限公司	137	19820031	4	重庆新鸥鹏企业（集团）有限公司	427	5688650
15	上海电气控股集团有限公司	182	14295131	5	重庆千信集团有限公司	432	5644597
16	中国东方航空集团有限公司	190	13764119	6	重庆市博赛矿业（集团）有限公司	440	5525521
17	上海均和集团有限公司	192	13469163	7	重庆农村商业银行股份有限公司	445	5479428
18	光明食品（集团）有限公司	195	13274018	8	金龙精密铜管集团有限公司	453	5382256
19	上海银行股份有限公司	233	11011928	9	重庆智飞生物制品股份有限公司	457	5291777
20	上海闽路润贸易有限公司	282	8687030	10	重庆小康控股有限公司	460	5269935
21	上海钢联电子商务股份有限公司	285	8631405		合计		74169272
22	华勤技术股份有限公司	289	8533848				
23	太平人寿保险有限公司	299	8152445	黑龙江			
24	上海城建（集团）有限公司	307	8004861	1	北大荒农垦集团有限公司	148	17766320

续表

排名	企业名称	总排名	营业收入/万元
	合计		17766320

吉林

排名	企业名称	总排名	营业收入/万元
1	中国第一汽车集团有限公司	34	63348535
	合计		63348535

辽宁

排名	企业名称	总排名	营业收入/万元
1	鞍钢集团有限公司	94	28801572
2	辽宁方大集团实业有限公司	128	22520226
3	福佳集团有限公司	436	5583452
	合计		56905250

河北

排名	企业名称	总排名	营业收入/万元
1	河钢集团有限公司	66	40159331
2	敬业集团有限公司	81	34065252
3	冀南钢铁集团有限公司	138	19386914
4	河北新华联合冶金控股集团有限公司	149	17760122
5	长城汽车股份有限公司	157	17321207
6	河北津西钢铁集团股份有限公司	164	16830377
7	新奥天然气股份有限公司	181	14375398
8	河北普阳钢铁有限公司	191	13500344
9	河北鑫达钢铁集团有限公司	221	11829687
10	冀中能源集团有限责任公司	222	11800464
11	河北太行钢铁集团有限公司	263	9554352
12	开滦（集团）有限责任公司	284	8654614
13	武安市裕华钢铁有限公司	291	8427987
14	晶澳太阳能科技股份有限公司	298	8155618
15	河北鑫海控股集团有限公司	303	8065335
16	河北省物流产业集团有限公司	325	7491429
17	河北新金钢铁有限公司	327	7395037
18	河北新武安钢铁集团文安钢铁有限公司	342	7101635
19	唐山港陆钢铁有限公司	343	7100741
20	三河汇福粮油集团有限公司	349	6981322
21	兴华财富集团有限公司	353	6859313
22	荣盛控股股份有限公司	395	6104899
23	五得利面粉集团有限公司	431	5650576
24	河北建工集团有限责任公司	477	5112163
25	石药控股集团有限公司	493	4891577
	合计		304575694

河南

排名	企业名称	总排名	营业收入/万元
1	洛阳栾川钼业集团股份有限公司	142	18626897
2	中国平煤神马控股集团有限公司	168	16066135
3	河南能源集团有限公司	216	12021680
4	河南交通投资集团有限公司	225	11501596
5	牧原实业集团有限公司	226	11410056
6	河南豫光金铅集团有限责任公司	331	7281187
7	河南钢铁集团有限公司	364	6605175
8	河南双汇投资发展股份有限公司	406	5989296
9	郑州瑞茂通供应链	411	5878607
10	洛阳国宏投资控股集团有限公司	414	5834685
11	伊电控股集团有限公司	464	5222377
12	河南金利金铅集团有限公司	469	5185749
13	万基控股集团有限公司	489	4978773
	合计		116602213

山东

排名	企业名称	总排名	营业收入/万元
1	山东能源集团有限公司	23	86637961
2	山东魏桥创业集团有限公司	50	52021385
3	海尔集团公司	74	37182197
4	潍柴控股集团有限公司	89	31050808
5	山东高速集团有限公司	106	26011809
6	海信集团控股股份有限公司	135	20222566
7	山东黄金集团有限公司	141	18678307
8	万华化学集团股份有限公司	153	17536093
9	中国重型汽车集团有限公司	160	17131327
10	南山集团有限公司	161	17120433
11	山东省港口集团有限公司	172	15405858
12	山东东明石化集团有限公司	177	15007876
13	利华益集团股份有限公司	186	14065245
14	万达控股集团有限公司	194	13301726
15	浪潮集团有限公司	210	12131132

续表

排名	企业名称	总排名	营业收入/万元	排名	企业名称	总排名	营业收入/万元
16	青岛海发国有资本投资运营集团有限公司	227	11383713	52	山东科达集团有限公司	486	4986999
17	日照钢铁控股集团有限公司	253	10053093	53	万通海欣控股集团股份有限公司	487	4985535
18	歌尔股份有限公司	257	9857390	54	淄博鑫泰石化有限公司	498	4763578
19	晨鸣控股有限公司	267	9294106	55	华鲁控股集团有限公司	499	4750802
20	弘润石化（潍坊）有限责任公司	271	9052769		合计		663586910
21	山东京博控股集团有限公司	275	8904018				
22	富海集团新能源控股有限公司	277	8796947	**山西**			
23	齐成（山东）石化集团有限公司	316	7766856	1	晋能控股集团有限公司	57	45052098
24	华泰集团有限公司	317	7739232	2	山西焦煤集团有限责任公司	123	23738929
25	济宁能源发展集团有限公司	322	7582511	3	潞安化工集团有限公司	158	17300713
26	山东寿光鲁清石化有限公司	324	7492754	4	山西建设投资集团有限公司	184	14210915
27	山东海科控股有限公司	328	7353033	5	山西鹏飞集团有限公司	240	10519804
28	山东金诚石化集团有限公司	329	7295496	6	华阳新材料科技集团有限公司	376	6465046
29	山东创新金属科技有限公司	330	7284749	7	山西建邦集团有限公司	379	6387837
30	山东太阳控股集团有限公司	336	7218017	8	山西晋城钢铁控股集团有限公司	384	6297449
31	山东齐润控股集团有限公司	344	7066058	9	山西晋南钢铁集团有限公司	435	5594810
32	山东东方华龙工贸集团有限公司	348	7032329	10	山西交通控股集团有限公司	459	5277345
33	水发集团有限公司	350	6954543		合计		140844946
34	青建集团	365	6601110				
35	山东金岭集团有限公司	385	6283242	**陕西**			
36	鲁丽集团有限公司	389	6185697	1	陕西煤业化工集团有限责任公司	47	52936203
37	山东渤海实业集团有限公司	390	6183682	2	陕西延长石油（集团）有限责任公司	75	36476432
38	山东垦利石化集团有限公司	391	6158124	3	陕西建工控股集团有限公司	120	24112537
39	华勤橡胶工业集团有限公司	400	6027134	4	陕西有色金属控股集团有限责任公司	151	17673498
40	济钢集团有限公司	409	5886496	5	隆基绿能科技股份有限公司	199	12949767
41	石横特钢集团有限公司	417	5789991	6	陕西榆林能源集团有限公司	251	10135333
42	恒丰银行股份有限公司	438	5572700	7	陕西投资集团有限公司	337	7188574
43	胜星集团有限责任公司	441	5510366	8	陕西泰丰盛合控股集团有限公司	341	7131072
44	山东招金集团有限公司	446	5470614	9	陕西交通控股集团有限公司	359	6700853
45	山东如意时尚投资控股有限公司	447	5461245	10	陕西汽车控股集团有限公司	373	6496215
46	青岛西海岸新区融合控股集团有限公司	454	5347815	11	彬县煤炭有限责任公司	403	6009044
47	山东汇丰石化集团有限公司	456	5306664		合计		187809528
48	天元建设集团有限公司	461	5266764				
49	山东泰山钢铁集团有限公司	462	5251017	**安徽**			
50	青岛西海岸新区海洋控股集团有限公司	476	5130384	1	奇瑞控股集团有限公司	100	27673962
51	山东九羊集团有限公司	482	5034614	2	铜陵有色金属集团控股有限公司	115	24950389

续表

排名	企业名称	总排名	营业收入/万元	排名	企业名称	总排名	营业收入/万元
3	安徽海螺集团有限责任公司	130	21696994	28	江苏满运软件科技有限公司	392	6126622
4	安徽建工集团控股有限公司	264	9542592	29	双良集团有限公司	401	6024117
5	淮北矿业（集团）有限责任公司	300	8126235	30	通鼎集团有限公司	402	6015593
6	阳光电源股份有限公司	335	7225067	31	龙信建设集团有限公司	421	5763895
7	安徽省交通控股集团有限责任公司	354	6826300	32	江苏阳光集团有限公司	426	5701471
8	淮河能源控股集团有限责任公司	356	6780817	33	远东控股集团有限公司	443	5501304
	合计		112822356	34	通州建总集团有限公司	444	5491235
				35	江苏华西集团有限公司	448	5452565
江苏				36	江苏华宏实业集团有限公司	467	5188918
1	恒力集团有限公司	25	81173689	37	徐州矿务集团有限公司	472	5170872
2	盛虹控股集团有限公司	48	52882491	38	江苏大明工业科技集团有限公司	480	5057075
3	江苏沙钢集团有限公司	98	27779839	39	江苏省苏中建设集团股份有限公司	484	5021427
4	协鑫（集团）控股有限公司	146	17917777	40	江苏省华建建设股份有限公司	490	4915418
5	亨通集团有限公司	156	17401914		合计		483423223
6	无锡产业发展集团有限公司	174	15175614				
7	江苏银行股份有限公司	179	14955283	湖南			
8	中天钢铁集团有限公司	188	13927763	1	湖南钢铁集团有限公司	125	23605602
9	海澜集团有限公司	189	13830215	2	湖南建设投资集团有限责任公司	162	17005775
10	江苏新长江实业集团有限公司	209	12311578	3	三一集团有限公司	218	11955604
11	天合光能股份有限公司	229	11339178	4	大汉控股集团有限公司	380	6385064
12	江苏省苏豪控股集团有限公司	232	11266784	5	湖南博长控股集团有限公司	415	5821991
13	江苏交通控股有限公司	243	10365419	6	湖南省高速公路集团有限公司	479	5087280
14	徐州工程机械集团有限公司	248	10270677		合计		69861316
15	江苏悦达集团有限公司	255	9938733				
16	中天科技集团有限公司	262	9582179	湖北			
17	南京银行股份有限公司	265	9512228	1	东风汽车集团有限公司	64	40773516
18	汇通达网络股份有限公司	296	8243252	2	卓尔控股有限公司	169	15731274
19	远景能源有限公司	304	8057357	3	九州通医药集团股份有限公司	176	15013985
20	三房巷集团有限公司	309	7912819	4	湖北联投集团有限公司	211	12118796
21	红豆集团有限公司	312	7815652	5	湖北交通投资集团有限公司	239	10550008
22	东方润安集团有限公司	323	7519951	6	武汉金融控股（集团）有限公司	302	8073964
23	弘阳集团有限公司	338	7170673	7	恒信汽车集团股份有限公司	308	7962766
24	江苏国泰国际集团股份有限公司	370	6512028	8	武汉城市建设集团有限公司	378	6411377
25	南京新工投资集团有限责任公司	371	6510607	9	闻泰科技股份有限公司	394	6121280
26	南通四建集团有限公司	382	6356265	10	稻花香集团	397	6091835
27	苏宁易购集团股份有限公司	386	6262746	11	宜昌兴发集团有限责任公司	399	6079769

续表

排名	企业名称	总排名	营业收入/万元	排名	企业名称	总排名	营业收入/万元
12	中国信息通信科技集团有限公司	451	5408393	21	宁波金田投资控股有限公司	183	14266515
13	金澳科技（湖北）化工有限公司	455	5315305	22	超威电源集团有限公司	196	13131800
14	湖北文化旅游集团有限公司	495	4811267	23	绿城房地产集团有限公司	197	13099819
	合计		150463535	24	中基宁波集团股份有限公司	205	12608513
				25	富冶集团有限公司	212	12076934
江西				26	新凤鸣控股集团有限公司	236	10846026
1	江西铜业集团有限公司	43	55390197	27	网易股份有限公司	244	10346816
2	晶科能源股份有限公司	219	11868178	28	中天控股集团有限公司	245	10343706
3	江铃汽车集团有限公司	234	10914250	29	浙江省国际贸易集团有限公司	261	9742753
4	双胞胎（集团）股份有限公司	283	8684219	30	浙江省建设投资集团有限公司	268	9260575
5	新余钢铁集团有限公司	346	7042990	31	奥克斯集团有限公司	286	8602936
6	南昌市政公用集团有限公司	393	6124036	32	浙江卫星控股股份有限公司	287	8595081
7	江西省投资集团有限公司	483	5021757	33	杭州市城市建设投资集团有限公司	293	8364442
	合计		105045627	34	杭州锦江集团有限公司	301	8118445
				35	远大物产集团有限公司	315	7770870
浙江				36	宁波富邦控股集团有限公司	319	7638581
1	阿里巴巴（中国）有限公司	21	92749400	37	德力西集团有限公司	332	7258300
2	浙江荣盛控股集团有限公司	36	61260568	38	红狮控股集团有限公司	334	7236834
3	物产中大集团股份有限公司	41	58016061	39	浙江华友钴业股份有限公司	363	6630404
4	浙江吉利控股集团有限公司	53	49807231	40	浙江东南网架集团有限公司	372	6510466
5	浙江恒逸集团有限公司	65	40682953	41	人民控股集团有限公司	377	6436292
6	青山控股集团有限公司	70	38213706	42	振石控股集团有限公司	413	5844037
7	浙江省交通投资集团有限公司	83	32403094	43	杭州东恒石油有限公司	418	5789509
8	杭州市实业投资集团有限公司	103	26474897	44	三花控股集团有限公司	419	5780067
9	杭州钢铁集团有限公司	104	26117680	45	浙江升华控股集团有限公司	425	5735023
10	海亮集团有限公司	111	25274166	46	浙江中成控股集团有限公司	429	5672421
11	天能控股集团有限公司	129	22515144	47	宁波开发投资集团有限公司	433	5632258
12	万向集团公司	134	20237496	48	宁波均胜电子股份有限公司	437	5572847
13	雅戈尔集团（宁波）有限公司	140	19159142	49	华峰集团有限公司	450	5429230
14	多弗国际控股集团有限公司	143	18561437	50	新华三信息技术有限公司	468	5185805
15	桐昆控股集团有限公司	145	18033065	51	卧龙控股集团有限公司	470	5180704
16	蚂蚁科技集团股份有限公司	147	17845321		合计		884104662
17	浙江省能源集团有限公司	163	17000950				
18	正泰集团股份有限公司	170	15501491	广东			
19	浙江省兴合集团有限责任公司	175	15026227	1	中国平安保险（集团）股份有限公司	13	103116700
20	传化集团有限公司	180	14516624	2	中国华润有限公司	22	89318000

续表

排名	企业名称	总排名	营业收入/万元	排名	企业名称	总排名	营业收入/万元
3	中国南方电网有限责任公司	24	84110863	39	心里程控股集团有限公司	321	7586681
4	华为投资控股有限公司	30	70417400	40	玖龙纸业（控股）有限公司	326	7480073
5	腾讯控股有限公司	37	60901500	41	创维集团有限公司	351	6903098
6	比亚迪股份有限公司	39	60231535	42	深圳前海微众银行股份有限公司	366	6579038
7	招商银行股份有限公司	51	50879000	43	永道控股集团股份有限公司	383	6301002
8	广州汽车工业集团有限公司	52	50535930	44	明阳新能源投资控股集团有限公司	387	6262489
9	万科企业股份有限公司	56	46573908	45	深圳传音控股股份有限公司	388	6229488
10	美的集团股份有限公司	73	37370980	46	深圳金雅福控股集团有限公司	405	6000410
11	广州市建筑集团有限公司	91	30018248	47	广州产业投资控股集团有限公司	416	5793816
12	深圳市投资控股有限公司	93	29042736	48	广东省交通集团有限公司	428	5674693
13	广州工业投资控股集团有限公司	101	27145473	49	宏旺控股集团有限公司	442	5501837
14	广东省广新控股集团有限公司	107	25916280	50	深圳海王集团股份有限公司	471	5178713
15	顺丰控股股份有限公司	108	25840940	51	深圳理士电源发展有限公司	491	4910750
16	广州医药集团有限公司	109	25704534	52	金发科技股份有限公司	497	4794059
17	立讯精密工业股份有限公司	127	23190546		合计		1179024869
18	珠海格力电器股份有限公司	133	20397927				
19	珠海华发集团有限公司	152	17568688	四川			
20	TCL科技集团股份有限公司	155	17444617	1	新希望控股集团有限公司	95	28308461
21	中国南方航空集团有限公司	167	16163999	2	蜀道投资集团有限责任公司	113	25045857
22	中国广核集团有限公司	178	14984906	3	通威集团有限公司	121	23879171
23	中国国际海运集装箱（集团）股份有限公司	202	12780952	4	四川省宜宾五粮液集团有限公司	150	17706062
24	广东省广晟控股集团有限公司	203	12773109	5	四川长虹电子控股集团有限公司	187	14028348
25	中兴通讯股份有限公司	207	12425088	6	四川华西集团有限公司	235	10859746
26	广州越秀集团股份有限公司	208	12372199	7	泸州老窖集团有限责任公司	252	10102563
27	TCL实业控股股份有限公司	214	12032191	8	四川省能源投资集团有限责任公司	272	9015422
28	广东海大集团股份有限公司	224	11611716	9	四川省川威集团有限公司	288	8572488
29	唯品会控股有限公司	231	11285602	10	蓝润集团有限公司	297	8231998
30	深圳市立业集团有限公司	254	9974960	11	其亚集团有限公司	333	7255737
31	荣耀终端有限公司	256	9937190	12	四川省港航投资集团有限责任公司	358	6773926
32	金地（集团）股份有限公司	258	9812534	13	中国东方电气集团有限公司	361	6650697
33	深圳市爱施德股份有限公司	269	9216003	14	四川公路桥梁建设集团有限公司	396	6097812
34	温氏食品集团股份有限公司	273	8992109	15	四川省商业投资集团有限责任公司	463	5243942
35	广东省建筑工程集团控股有限公司	276	8900101	16	四川德胜集团钒钛有限公司	473	5161717
36	广东省广物控股集团有限公司	281	8689740	17	成都交子金融控股集团有限公司	478	5100764
37	广东省能源集团有限公司	294	8359763	18	四川九洲投资控股集团有限公司	496	4807122
38	阳光保险集团股份有限公司	313	7791155	19	四川高速公路建设开发集团有限公司	500	4738062

续表

排名	企业名称	总排名	营业收入/万元	排名	企业名称	总排名	营业收入/万元
	合计		207579895		合计		85646499
福建				**贵州**			
1	厦门建发集团有限公司	28	78342822	1	贵州磷化（集团）有限责任公司	465	5205414
2	厦门国贸控股集团有限公司	38	60753156		合计		5205414
3	厦门象屿集团有限公司	54	49049816				
4	兴业银行股份有限公司	61	41877100	**云南**			
5	宁德时代新能源科技股份有限公司	67	40091704	1	云南省投资控股集团有限公司	132	20980590
6	紫金矿业集团股份有限公司	92	29340324	2	云南省建设投资控股集团有限公司	159	17221630
7	福建大东海实业集团有限公司	228	11352122	3	云南省能源投资集团有限公司	223	11767108
8	厦门路桥工程物资有限公司	246	10300931	4	云天化集团有限责任公司	270	9186052
9	恒申控股集团有限公司	279	8725749	5	云南省交通投资建设集团有限公司	290	8439552
10	永荣控股集团有限公司	295	8270890	6	云南锡业集团（控股）有限责任公司	458	5277357
11	中景石化集团有限公司	305	8025315		合计		72872289
12	永辉超市股份有限公司	311	7864217				
13	漳州市九龙江集团有限公司	347	7042132	**甘肃**			
14	福建省能源石化集团有限责任公司	357	6779420	1	金川集团股份有限公司	78	35325909
15	福建省港口集团有限责任公司	367	6570297	2	甘肃省公路航空旅游投资集团有限公司	173	15244169
16	三宝集团股份有限公司	375	6468161	3	酒泉钢铁（集团）有限责任公司	213	12048884
17	福州城市建设投资集团有限公司	381	6361884	4	甘肃省建设投资（控股）集团有限公司	278	8789980
18	福建省金纶高纤股份有限公司	422	5756369	5	白银有色集团股份有限公司	280	8697115
19	安踏体育用品集团有限公司	452	5399659	6	兰州新区商贸物流投资集团有限公司	292	8373142
20	福建广源再生资源回收有限公司	485	5001003		合计		88479199
21	福建省三钢（集团）有限责任公司	494	4829302				
	合计		408202273	**青海**			
				1	西部矿业集团有限公司	407	5911057
广西壮族自治区					合计		5911057
1	广西投资集团有限公司	124	23664534				
2	广西柳州钢铁集团有限公司	238	10653769	**宁夏回族自治区**			
3	广西盛隆冶金有限公司	242	10429861	1	宁夏天元锰业集团有限公司	362	6633537
4	广西北部湾国际港务集团有限公司	249	10269779		合计		6633537
5	广西北部湾投资集团有限公司	310	7902155				
6	广西交通投资集团有限公司	360	6674313	**新疆维吾尔自治区**			
7	广西南丹南方金属有限公司	404	6002672	1	太平洋建设集团有限公司	46	54108735
8	广西农村商业联合银行股份有限公司	474	5151743	2	新疆广汇实业投资（集团）有限责任公司	131	21460318
9	广西玉柴机器集团有限公司	492	4897673	3	新疆中泰（集团）有限责任公司	165	16374047

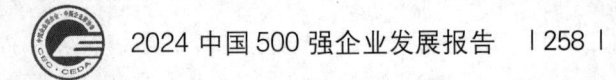

续表

排名	企业名称	总排名	营业收入/万元	排名	企业名称	总排名	营业收入/万元
4	新疆特变电工集团有限公司	250	10143554	4	内蒙古鄂尔多斯投资控股集团有限公司	355	6807550
5	新疆生产建设兵团建设工程(集团)有限责任公司	439	5548284	5	内蒙古伊泰集团有限公司	449	5448694
合计			107634938	合计			48020049

内蒙古自治区				海南			
1	内蒙古伊利实业集团股份有限公司	204	12617945	1	海南省农垦投资控股集团有限公司	466	5203928
2	内蒙古电力（集团）有限责任公司	220	11856209	合计			5203928
3	包头钢铁（集团）有限责任公司	230	11289651				

表 9-5 2024 中国企业 500 强净利润排序前 100 名企业

排名	企业名称	净利润/万元	排名	企业名称	净利润/万元
1	中国工商银行股份有限公司	36399300	51	中国中煤能源集团有限公司	1525015
2	中国建设银行股份有限公司	33265300	52	中国铁路工程集团有限公司	1523820
3	中国农业银行股份有限公司	26935600	53	中国电信集团有限公司	1522590
4	中国银行股份有限公司	23190400	54	上海汽车集团股份有限公司	1410617
5	中国石油天然气集团有限公司	15075005	55	美团公司	1385583
6	招商银行股份有限公司	14660200	56	中国兵器工业集团有限公司	1368398
7	腾讯控股有限公司	11521600	57	中国华电集团有限公司	1351771
8	中国移动通信集团有限公司	10798272	58	龙湖集团控股有限公司	1285001
9	中国海洋石油集团有限公司	10306775	59	泰康保险集团股份有限公司	1264386
10	阿里巴巴（中国）有限公司	10028800	60	万科企业股份有限公司	1216268
11	交通银行股份有限公司	9272800	61	上海农村商业银行股份有限公司	1214196
12	华为投资控股有限公司	8689300	62	中国铁道建筑集团有限公司	1204200
13	中国平安保险（集团）股份有限公司	8566500	63	中国交通建设集团有限公司	1183847
14	兴业银行股份有限公司	7711600	64	中国航空工业集团有限公司	1163872
15	中国石油化工集团有限公司	6649826	65	海尔集团公司	1162561
16	国家电网有限公司	6515936	66	中国华能集团有限公司	1155402
17	拼多多控股公司	6002654	67	江苏交通控股有限公司	1153069
18	招商局集团有限公司	5820494	68	国家电力投资集团有限公司	1143896
19	中国建筑股份有限公司	5426417	69	青山控股集团有限公司	1100276
20	蚂蚁科技集团股份有限公司	5050908	70	立讯精密工业股份有限公司	1095266
21	国家能源投资集团有限责任公司	4487584	71	洛阳国宏投资控股集团有限公司	1091457
22	中国邮政集团有限公司	4165748	72	重庆农村商业银行股份有限公司	1090236
23	上海浦东发展银行股份有限公司	3670200	73	深圳前海微众银行股份有限公司	1081533
24	中国民生银行股份有限公司	3582300	74	隆基绿能科技股份有限公司	1075142
25	太平洋建设集团有限公司	3564608	75	太平人寿保险有限公司	1070780
26	美的集团股份有限公司	3371994	76	内蒙古伊利实业集团股份有限公司	1042854
27	宁德时代新能源科技股份有限公司	3181445	77	北京江南投资集团有限公司	1013209
28	比亚迪股份有限公司	3004081	78	深圳市投资控股有限公司	999938
29	网易股份有限公司	2941655	79	中国铁塔股份有限公司	975019
30	中国中信集团有限公司	2919899	80	恒申控股集团有限公司	962477
31	珠海格力电器股份有限公司	2901739	81	金川集团股份有限公司	962399
32	江苏银行股份有限公司	2875035	82	中国广核集团有限公司	953581
33	中国太平洋保险（集团）股份有限公司	2725746	83	阳光电源股份有限公司	943956
34	中国华润有限公司	2688000	84	中兴通讯股份有限公司	932575
35	中国远洋海运集团有限公司	2537503	85	中国核工业集团有限公司	918432
36	京东集团股份有限公司	2416700	86	石药控股集团有限公司	912764
37	中国人民保险集团股份有限公司	2277300	87	中粮集团有限公司	899240
38	上海银行股份有限公司	2254479	88	山西焦煤集团有限责任公司	886639
39	兴华财富集团有限公司	2190235	89	新华人寿保险股份有限公司	871200
40	紫金矿业集团股份有限公司	2111942	90	四川省宜宾五粮液集团有限公司	869375
41	百度集团股份有限公司	2031500	91	山东魏桥创业集团有限公司	844063
42	中国第一汽车集团有限公司	2027654	92	洛阳栾川钼业集团股份有限公司	824971
43	南京银行股份有限公司	1850208	93	顺丰控股股份有限公司	823449
44	中国电子科技集团有限公司	1814419	94	荣耀终端有限公司	821022
45	中国宝武钢铁集团有限公司	1765430	95	中国医药集团有限公司	813758
46	河北新金钢铁有限公司	1760226	96	唯品会控股有限公司	811662
47	小米集团	1747517	97	苏商建设集团有限公司	808448
48	中国船舶集团有限公司	1704931	98	中国联合网络通信集团有限公司	807933
49	万华化学集团股份有限公司	1681576	99	重庆智飞生物制品股份有限公司	806987
50	中国南方电网有限责任公司	1658065	100	中国兵器装备集团有限公司	804781
				中国企业500强平均数	901830

表 9-6 2024 中国企业 500 强资产排序前 100 名企业

排名	企业名称	资产/万元	排名	企业名称	资产/万元
1	中国工商银行股份有限公司	4469707900	51	华为投资控股有限公司	126359700
2	中国农业银行股份有限公司	3987298900	52	中国南方电网有限责任公司	122819788
3	中国建设银行股份有限公司	3832482600	53	绿地控股集团股份有限公司	119392208
4	中国银行股份有限公司	3243216600	54	成都交子金融控股集团有限公司	118761484
5	中国邮政集团有限公司	1639997697	55	深圳市投资控股有限公司	115285973
6	交通银行股份有限公司	1406047200	56	中国五矿集团有限公司	113287068
7	中国平安保险（集团）股份有限公司	1158341700	57	晋能控股集团有限公司	112919695
8	中国中信集团有限公司	1148197539	58	太平人寿保险有限公司	110493226
9	招商银行股份有限公司	1102848300	59	中国华电集团有限公司	109775214
10	兴业银行股份有限公司	1015832600	60	中国电信集团有限公司	107827456
11	上海浦东发展银行股份有限公司	900724700	61	中国远洋海运集团有限公司	107563227
12	中国民生银行股份有限公司	767496500	62	中国船舶集团有限公司	102001013
13	中国人寿保险（集团）公司	677142400	63	上海汽车集团股份有限公司	100665028
14	国家电网有限公司	554427738	64	广州越秀集团股份有限公司	100575794
15	中国石油天然气集团有限公司	447560258	65	山东能源集团有限公司	100204140
16	江苏银行股份有限公司	340336184	66	中国广核集团有限公司	100085384
17	上海银行股份有限公司	308551647	67	浙江省交通投资集团有限公司	93529732
18	中国建筑股份有限公司	290332252	68	厦门建发集团有限公司	88724752
19	招商局集团有限公司	280973545	69	中国大唐集团有限公司	86864341
20	中国石油化工集团有限公司	271624254	70	云南省交通投资建设集团有限公司	86397948
21	中国华润有限公司	260513000	71	江苏交通控股有限公司	83435309
22	中国交通建设集团有限公司	256551917	72	云南省建设投资控股集团有限公司	82395804
23	中国移动通信集团有限公司	240151652	73	复星国际有限公司	80838759
24	中国太平洋保险（集团）股份有限公司	234396169	74	广西投资集团有限公司	80588790
25	南京银行股份有限公司	228827592	75	中国能源建设集团有限公司	80129071
26	国家能源投资集团有限责任公司	209302206	76	中粮集团有限公司	73065438
27	中国铁路工程集团有限公司	183703708	77	珠海华发集团有限公司	72964896
28	阿里巴巴（中国）有限公司	182096600	78	甘肃省公路航空旅游投资集团有限公司	72547416
29	中国保利集团有限公司	180398028	79	宁德时代新能源科技股份有限公司	71716804
30	国家电力投资集团有限公司	175347695	80	陕西煤业化工集团有限责任公司	71586795
31	渤海银行股份有限公司	173273384	81	河南交通投资集团有限公司	70904002
32	泰康保险集团股份有限公司	166846871	82	广西交通投资集团有限公司	70762250
33	中国铁道建筑集团有限公司	166781911	83	中国建材集团有限公司	70509454
34	中国海洋石油集团有限公司	160298196	84	中国联合网络通信集团有限公司	70281657
35	中国中化控股有限责任公司	158532371	85	龙湖集团控股有限公司	70040688
36	腾讯控股有限公司	157724600	86	湖北交通投资集团有限公司	69608701
37	中国华能集团有限公司	156084742	87	湖南省高速公路集团有限公司	67979042
38	中国人民保险集团股份有限公司	155715900	88	比亚迪股份有限公司	67954767
39	山东高速集团有限公司	151374345	89	中国第一汽车集团有限公司	67073934
40	万科企业股份有限公司	150485017	90	浙江吉利控股集团有限公司	66804667
41	重庆农村商业银行股份有限公司	144108194	91	联想控股股份有限公司	66573257
42	恒丰银行股份有限公司	143970411	92	中国电子科技集团有限公司	65870305
43	中国电力建设集团有限公司	141011127	93	山西交通控股集团有限公司	63078007
44	新华人寿保险股份有限公司	140325700	94	京东集团股份有限公司	62895800
45	上海农村商业银行股份有限公司	139221370	95	中国铝业集团有限公司	61657142
46	中国宝武钢铁集团有限公司	136252241	96	陕西交通控股集团有限公司	59105930
47	中国核工业集团有限公司	133842782	97	云南省投资控股集团有限公司	58647128
48	蜀道投资集团有限责任公司	133755327	98	中国医药集团有限公司	58646243
49	中国航空工业集团有限公司	133056273	99	中国兵器工业集团有限公司	55841606
50	广西农村商业联合银行股份有限公司	128588029	100	河钢集团有限公司	54559511
				中国企业 500 强平均数	85771362

表 9-7 2024 中国企业 500 强从业人数排序前 100 名企业

排名	企业名称	从业人数/人	排名	企业名称	从业人数/人
1	国家电网有限公司	1442302	51	中国中煤能源集团有限公司	144531
2	中国石油天然气集团有限公司	1026301	52	浙江吉利控股集团有限公司	143994
3	中国邮政集团有限公司	728776	53	苏商建设集团有限公司	141256
4	比亚迪股份有限公司	703504	54	陕西煤业化工集团有限责任公司	140142
5	中国人民保险集团股份有限公司	551179	55	牧原实业集团有限公司	135629
6	京东集团股份有限公司	517124	56	鞍钢集团有限公司	135598
7	中国石油化工集团有限公司	513434	57	万科企业股份有限公司	131097
8	中国移动通信集团有限公司	453394	58	陕西延长石油（集团）有限责任公司	130202
9	中国农业银行股份有限公司	451003	59	中国铝业集团有限公司	127701
10	晋能控股集团有限公司	439051	60	国家电力投资集团有限公司	127514
11	中国工商银行股份有限公司	419252	61	江苏省苏中建设集团股份有限公司	127328
12	中国华润有限公司	394112	62	北京控股集团有限公司	126128
13	中国电信集团有限公司	391691	63	中国华能集团有限公司	124623
14	中国航空工业集团有限公司	384000	64	辽宁方大集团实业有限公司	124530
15	中国建筑股份有限公司	382894	65	海尔集团公司	122742
16	中国建设银行股份有限公司	376871	66	东风汽车集团有限公司	122658
17	中国铁道建筑集团有限公司	336433	67	中国能源建设集团有限公司	119182
18	中国铁路工程集团有限公司	317641	68	河南能源集团有限公司	118547
19	中国南方电网有限责任公司	313062	69	南通四建集团有限公司	118000
20	国家能源投资集团有限责任公司	309744	70	招商银行股份有限公司	116529
21	中国银行股份有限公司	306931	71	贝壳控股有限公司	116344
22	太平洋建设集团有限公司	293125	72	宁德时代新能源科技股份有限公司	116055
23	中国平安保险（集团）股份有限公司	288751	73	美团公司	114860
24	招商局集团有限公司	276019	74	中国机械工业集团有限公司	114730
25	中国联合网络通信集团有限公司	255353	75	中国平煤神马控股集团有限公司	114064
26	中国电子科技集团有限公司	241097	76	潞安化工集团有限公司	112925
27	中国宝武钢铁集团有限公司	235971	77	中粮集团有限公司	111630
28	立讯精密工业股份有限公司	232585	78	广州汽车工业集团有限公司	110847
29	中国兵器工业集团有限公司	219697	79	复星国际有限公司	108000
30	阿里巴巴（中国）有限公司	219260	80	中国南方航空集团有限公司	107983
31	中国交通建设集团有限公司	219034	81	青山控股集团有限公司	107805
32	山东能源集团有限公司	214409	82	海信集团控股股份有限公司	107647
33	中国中信集团有限公司	213290	83	中国远洋海运集团有限公司	106221
34	山西焦煤集团有限责任公司	210943	84	潍柴控股集团有限公司	105811
35	华为投资控股有限公司	207200	85	腾讯控股有限公司	105417
36	中国中化控股有限责任公司	203727	86	中国太平洋保险（集团）股份有限公司	104270
37	中国医药集团有限公司	202426	87	深圳市投资控股有限公司	103928
38	中国建材集团有限公司	199122	88	中国国际航空股份有限公司	102874
39	美的集团股份有限公司	198613	89	中国保利集团有限公司	102834
40	中国船舶集团有限公司	196309	90	中国第一汽车集团有限公司	102425
41	中国电力建设集团有限公司	184567	91	物美科技集团有限公司	100000
42	中国电子信息产业集团有限公司	183469	92	中国东方航空集团有限公司	98786
43	中国核工业集团有限公司	182750	93	永辉超市股份有限公司	98513
44	中国人寿保险（集团）公司	176625	94	河钢集团有限公司	97802
45	中国五矿集团有限公司	175524	95	山东魏桥创业集团有限公司	97281
46	恒力集团有限公司	173250	96	交通银行股份有限公司	94275
47	中国中车集团有限公司	161133	97	中国华电集团有限公司	93459
48	中国兵器装备集团有限公司	159837	98	冀中能源集团有限责任公司	91542
49	顺丰控股股份有限公司	153125	99	京东方科技集团股份有限公司	90563
50	上海汽车集团股份有限公司	150670	100	北京汽车集团有限公司	90000
				中国企业 500 强平均数	64668

表 9-8 2024 中国企业 500 强研发费用排序前 100 名企业

排名	企业名称	研发费用/万元	排名	企业名称	研发费用/万元
1	华为投资控股有限公司	16470000	51	北京嘀嘀无限科技发展有限公司	892390
2	阿里巴巴（中国）有限公司	5205100	52	潍柴控股集团有限公司	865417
3	中国建筑股份有限公司	4607357	53	东风汽车集团有限公司	863193
4	比亚迪股份有限公司	3957495	54	河钢集团有限公司	835338
5	中国移动通信集团有限公司	3683313	55	立讯精密工业股份有限公司	818877
6	中国石油天然气集团有限公司	3384983	56	山东能源集团有限公司	817236
7	中国铁路工程集团有限公司	3000004	57	中国联合网络通信集团有限公司	813048
8	中国交通建设集团有限公司	2965534	58	江苏沙钢集团有限公司	810694
9	中国兵器工业集团有限公司	2886898	59	长城汽车股份有限公司	805425
10	中国铁道建筑集团有限公司	2672545	60	奇瑞控股集团有限公司	789324
11	中兴通讯股份有限公司	2528921	61	隆基绿能科技股份有限公司	772106
12	中国电力建设集团有限公司	2498146	62	首钢集团有限公司	756606
13	百度集团股份有限公司	2419200	63	中国华润有限公司	755000
14	浙江吉利控股集团有限公司	2293054	64	湖南钢铁集团有限公司	747870
15	中国五矿集团有限公司	2270250	65	中国中信集团有限公司	744665
16	国家电网有限公司	2160492	66	中国信息通信科技集团有限公司	729490
17	蚂蚁科技集团股份有限公司	2119710	67	中国机械工业集团有限公司	716374
18	山东魏桥创业集团有限公司	1945600	68	中国化学工程集团有限公司	708717
19	中国石油化工集团有限公司	1923928	69	陕西煤业化工集团有限责任公司	690644
20	小米集团	1909770	70	晶科能源股份有限公司	689866
21	中国航空工业集团有限公司	1861470	71	海信集团控股股份有限公司	686766
22	上海汽车集团股份有限公司	1836541	72	中国铝业集团有限公司	682562
23	宁德时代新能源科技股份有限公司	1835610	73	珠海格力电器股份有限公司	676214
24	中国第一汽车集团有限公司	1661003	74	浪潮集团有限公司	663343
25	网易股份有限公司	1648491	75	浙江荣盛控股集团有限公司	661958
26	京东集团股份有限公司	1639300	76	上海电气控股集团有限公司	660679
27	国家电力投资集团有限公司	1572838	77	山西建设投资集团有限公司	660649
28	中国中车集团有限公司	1481022	78	北京建龙重工集团有限公司	618369
29	中国船舶集团有限公司	1478238	79	晋能控股集团有限公司	614818
30	联想控股股份有限公司	1471939	80	盛虹控股集团有限公司	591817
31	美的集团股份有限公司	1458331	81	陕西建工控股集团有限公司	580622
32	招商银行股份有限公司	1412600	82	北京汽车集团有限公司	577214
33	中国兵器装备集团有限公司	1388876	83	中国广核集团有限公司	567029
34	中国能源建设集团有限公司	1311478	84	包头钢铁（集团）有限责任公司	565886
35	中国宝武钢铁集团有限公司	1306026	85	天合光能股份有限公司	553046
36	中国华能集团有限公司	1274394	86	山东高速集团有限公司	546870
37	海尔集团公司	1171899	87	湖南建设投资集团有限责任公司	525669
38	中国电子信息产业集团有限公司	1140335	88	亨通集团有限公司	523236
39	荣耀终端有限公司	1135626	89	广州工业投资控股集团有限公司	518428
40	京东方科技集团股份有限公司	1131950	90	中国南方电网有限责任公司	501823
41	鞍钢集团有限公司	1118471	91	新疆特变电工集团有限公司	491814
42	国家能源投资集团有限责任公司	1093900	92	石药控股集团有限公司	485575
43	广州汽车工业集团有限公司	1088582	93	新华三信息技术有限公司	483728
44	中国海洋石油集团有限公司	1085302	94	歌尔股份有限公司	471596
45	上海建工集团股份有限公司	1081509	95	广东省广新控股集团有限公司	460278
46	中国建材集团有限公司	1073732	96	华勤技术股份有限公司	454753
47	中国核工业集团有限公司	998326	97	铜陵有色金属集团控股有限公司	454171
48	中国华电集团有限公司	989776	98	重庆小康控股有限公司	445678
49	TCL科技集团股份有限公司	952284	99	蜀道投资集团有限责任公司	445060
50	三一集团有限公司	906135	100	北京城建集团有限责任公司	442346
				中国企业 500 强平均数	391735

表 9-9 2024 中国企业 500 强研发强度排序前 100 名企业

排名	企业名称	研发强度/%	排名	企业名称	研发强度/%
1	华为投资控股有限公司	23.39	51	中国广核集团有限公司	3.78
2	中兴通讯股份有限公司	20.35	52	山东魏桥创业集团有限公司	3.74
3	百度集团股份有限公司	17.97	53	山西晋城钢铁控股集团有限公司	3.68
4	网易股份有限公司	15.93	54	山西交通控股集团有限公司	3.67
5	中国信息通信科技集团有限公司	13.49	55	华峰集团有限公司	3.66
6	蚂蚁科技集团股份有限公司	11.88	56	中国移动通信集团有限公司	3.64
7	荣耀终端有限公司	11.43	57	中国电力建设集团有限公司	3.64
8	石药控股集团有限公司	9.93	58	深圳传音控股股份有限公司	3.62
9	新华三信息技术有限公司	9.33	59	人民控股集团有限公司	3.58
10	重庆小康控股有限公司	8.46	60	中国核工业集团有限公司	3.56
11	三一集团有限公司	7.58	61	上海建工集团股份有限公司	3.55
12	小米集团	7.05	62	四川公路桥梁建设集团有限公司	3.54
13	比亚迪股份有限公司	6.57	63	立讯精密工业股份有限公司	3.53
14	宁波均胜电子股份有限公司	6.55	64	中国化学工程集团有限公司	3.53
15	京东方科技集团股份有限公司	6.49	65	福建省三钢（集团）有限责任公司	3.52
16	中国中车集团有限公司	6.06	66	TCL 实业控股股份有限公司	3.40
17	隆基绿能科技股份有限公司	5.96	67	海信集团控股有限公司	3.40
18	晶科能源股份有限公司	5.81	68	阳光电源股份有限公司	3.39
19	阿里巴巴（中国）有限公司	5.61	69	联想控股股份有限公司	3.38
20	浪潮集团有限公司	5.47	70	华泰集团有限公司	3.32
21	TCL 科技集团股份有限公司	5.46	71	珠海格力电器股份有限公司	3.32
22	中国兵器工业集团有限公司	5.33	72	广东省建筑工程集团控股有限公司	3.25
23	华勤技术股份有限公司	5.33	73	中国能源建设集团有限公司	3.21
24	深圳前海微众银行股份有限公司	5.05	74	北京能源集团有限责任公司	3.21
25	包头钢铁（集团）有限责任公司	5.01	75	首钢集团有限公司	3.18
26	闻泰科技股份有限公司	4.99	76	湖南钢铁集团有限公司	3.17
27	天合光能股份有限公司	4.88	77	中国航空工业集团有限公司	3.16
28	新疆特变电工集团有限公司	4.85	78	海尔集团公司	3.15
29	歌尔股份有限公司	4.78	79	上海华谊控股集团有限公司	3.14
30	长城汽车股份有限公司	4.65	80	中国华能集团有限公司	3.11
31	山西建设投资集团有限公司	4.65	81	开滦（集团）有限责任公司	3.10
32	北京嘀嘀无限科技发展有限公司	4.64	82	湖南建设投资集团有限责任公司	3.09
33	上海电气控股集团有限公司	4.62	83	中国建材集团有限公司	3.09
34	浙江吉利控股集团有限公司	4.60	84	内蒙古电力（集团）有限责任公司	3.08
35	宁德时代新能源科技股份有限公司	4.58	85	创维集团有限公司	3.08
36	中国电子信息产业集团有限公司	4.55	86	中国华电集团有限公司	3.07
37	中国东方电气集团有限公司	4.46	87	中国交通建设集团有限公司	3.07
38	中国兵器装备集团有限公司	4.38	88	弘润石化（潍坊）有限责任公司	3.06
39	中国船舶集团有限公司	4.27	89	亨通集团有限公司	3.01
40	华鲁控股集团有限公司	4.26	90	北京建工集团有限责任公司	3.00
41	徐州工程机械集团有限公司	4.19	91	通鼎集团有限公司	3.00
42	金发科技股份有限公司	4.12	92	广西北部湾投资集团有限公司	3.00
43	心里程控股集团有限公司	4.10	93	山东金岭集团有限公司	2.99
44	山西建邦集团有限公司	4.10	94	山东寿光鲁清石化有限公司	2.94
45	国家电力投资集团有限公司	4.08	95	江苏沙钢集团有限公司	2.92
46	美的集团股份有限公司	3.90	96	北京城建集团有限责任公司	2.87
47	山东泰山钢铁集团有限公司	3.89	97	奇瑞控股集团有限公司	2.85
48	鞍钢集团有限公司	3.88	98	潍柴控股集团有限公司	2.79
49	四川九洲投资控股集团有限公司	3.88	99	山东如意时尚投资控股有限公司	2.78
50	上海城建（集团）有限公司	3.87	100	招商银行股份有限公司	2.78
				中国企业 500 强平均数	1.90

表 9–10　2024 中国企业 500 强净资产利润率排序前 100 名企业

排名	企业名称	净资产利润率/%	排名	企业名称	净资产利润率/%
1	河北新金钢铁有限公司	100.00	51	德力西集团有限公司	18.14
2	兴华财富集团有限公司	100.00	52	中国有色矿业集团有限公司	18.01
3	上海闽路润贸易有限公司	46.39	53	青山控股集团有限公司	17.97
4	通州建总集团有限公司	44.55	54	浙江卫星控股股份有限公司	17.76
5	安踏体育用品集团有限公司	44.45	55	海信集团控股股份有限公司	17.66
6	江苏省华建建设股份有限公司	44.22	56	山东京博控股集团有限公司	17.63
7	重庆新鸥鹏企业（集团）有限公司	41.86	57	淮北矿业（集团）有限责任公司	17.63
8	新华三信息技术有限公司	41.62	58	云账户技术（天津）有限公司	17.57
9	内蒙古鄂尔多斯投资控股集团有限公司	39.82	59	天合光能股份有限公司	17.55
10	奇瑞控股集团有限公司	34.88	60	山东创新金属科技有限公司	17.50
11	阳光电源股份有限公司	34.07	61	心里程控股集团有限公司	17.27
12	洛阳国宏投资控股集团有限公司	32.28	62	华为投资控股有限公司	17.12
13	拼多多控股公司	32.06	63	天能控股集团有限公司	17.11
14	深圳传音控股股份有限公司	30.67	64	山东金岭集团有限公司	17.08
15	新奥天然气股份有限公司	29.98	65	泸州老窖集团有限责任公司	16.54
16	恒申控股集团有限公司	28.94	66	蚂蚁科技集团股份有限公司	16.38
17	陕西泰丰盛合控股集团有限公司	27.58	67	金发科技股份有限公司	16.22
18	福建省金纶高纤股份有限公司	27.38	68	淮河能源控股集团有限责任公司	16.19
19	潞安化工集团有限公司	26.54	69	宁德时代新能源科技股份有限公司	16.09
20	河南金利金铅集团有限公司	25.82	70	山东齐润控股集团有限公司	16.06
21	重庆智飞生物制品股份有限公司	25.61	71	奥克斯集团有限公司	16.05
22	珠海格力电器股份有限公司	24.84	72	TCL 实业控股股份有限公司	15.84
23	河南双汇投资发展股份有限公司	24.24	73	金川集团股份有限公司	15.33
24	唯品会控股有限公司	23.82	74	隆基绿能科技股份有限公司	15.25
25	网易股份有限公司	23.67	75	荣耀终端有限公司	15.23
26	传化集团有限公司	23.56	76	山东海科控股有限公司	14.97
27	深圳前海微众银行股份有限公司	23.40	77	其亚集团有限公司	14.76
28	济宁能源发展集团有限公司	23.29	78	太平洋建设集团有限公司	14.74
29	福建广源再生资源回收有限公司	22.47	79	鲁丽集团有限公司	14.72
30	江苏阳光集团有限公司	22.33	80	广西南丹南方金属有限公司	14.58
31	人民控股集团有限公司	22.28	81	太平人寿保险有限公司	14.48
32	山东寿光鲁清石化有限公司	22.16	82	广州医药集团有限公司	14.42
33	永道控股集团股份有限公司	22.10	83	海尔集团公司	14.34
34	富冶集团有限公司	21.80	84	四川省宜宾五粮液集团有限公司	14.32
35	晶科能源股份有限公司	21.65	85	内蒙古伊泰集团有限公司	14.27
36	比亚迪股份有限公司	21.64	86	腾讯控股有限公司	14.25
37	北京江南投资集团有限公司	21.42	87	山东招金集团有限公司	14.15
38	美的集团股份有限公司	20.70	88	通威集团有限公司	14.12
39	华勤橡胶工业集团有限公司	20.50	89	江苏华宏实业集团有限公司	14.03
40	晶澳太阳能科技股份有限公司	20.05	90	富海集团新能源控股有限公司	14.02
41	陕西榆林能源集团有限公司	19.95	91	山西焦煤集团有限责任公司	13.98
42	河南豫光金铅集团有限责任公司	19.69	92	广东海大集团股份有限公司	13.95
43	紫金矿业集团股份有限公司	19.64	93	陕西建工控股集团有限公司	13.92
44	石药控股集团有限公司	19.59	94	振石控股集团有限公司	13.79
45	内蒙古伊利实业集团股份有限公司	19.48	95	超威电源集团有限公司	13.74
46	立讯精密工业股份有限公司	19.45	96	湖南钢铁集团有限公司	13.71
47	老凤祥股份有限公司	19.13	97	中兴通讯股份有限公司	13.71
48	河北鑫海控股集团有限公司	19.12	98	神州数码集团股份有限公司	13.69
49	万华化学集团股份有限公司	18.97	99	杭州东恒石油有限公司	13.64
50	厦门路桥工程物资有限公司	18.85	100	招商银行股份有限公司	13.62
				中国企业 500 强平均数	8.01

表 9-11 2024 中国企业 500 强资产利润率排序前 100 名企业

排名	企业名称	资产利润率/%	排名	企业名称	资产利润率/%
1	兴华财富集团有限公司	79.66	51	金川集团股份有限公司	6.23
2	河北新金钢铁有限公司	39.67	52	紫金矿业集团股份有限公司	6.16
3	通州建总集团有限公司	24.44	53	广东海大集团股份有限公司	6.13
4	永道控股集团股份有限公司	18.58	54	浙江中成控股集团有限公司	6.09
5	安踏体育用品集团有限公司	17.65	55	杭州东恒石油有限公司	5.99
6	拼多多控股公司	17.25	56	山东金诚石化集团有限公司	5.98
7	人民控股集团有限公司	16.51	57	富冶集团有限公司	5.91
8	重庆智飞生物制品股份有限公司	16.07	58	山东垦利石化集团有限公司	5.81
9	网易股份有限公司	15.82	59	广西南丹南方金属有限公司	5.74
10	恒申控股集团有限公司	15.16	60	深圳金雅福控股集团有限公司	5.73
11	福建广源再生资源回收有限公司	13.94	61	晶科能源股份有限公司	5.63
12	河南双汇投资发展股份有限公司	13.78	62	东方润安集团有限公司	5.58
13	石药控股集团有限公司	12.47	63	河北新武安钢铁集团文安钢铁有限公司	5.52
14	江苏阳光集团有限公司	12.37	64	阿里巴巴（中国）有限公司	5.51
15	深圳传音控股股份有限公司	12.01	65	振石控股集团有限公司	5.40
16	心里程控股集团有限公司	11.88	66	小米集团	5.39
17	山东金岭集团有限公司	11.46	67	陕西泰丰盛合控股集团有限公司	5.39
18	阳光电源股份有限公司	11.39	68	鲁丽集团有限公司	5.33
19	唯品会控股有限公司	11.22	69	山东东方华龙工贸集团有限公司	5.28
20	华勤橡胶工业集团有限公司	10.82	70	新奥天然气股份有限公司	5.27
21	洛阳国宏投资控股集团有限公司	10.55	71	深圳市爱施德股份有限公司	5.26
22	山东齐润控股集团有限公司	9.17	72	华勤技术股份有限公司	5.26
23	老凤祥股份有限公司	9.10	73	德力西集团有限公司	5.23
24	山东寿光鲁清石化有限公司	9.08	74	通鼎集团有限公司	5.19
25	山东科达集团有限公司	8.79	75	河北鑫海控股集团有限公司	5.18
26	河南金利金铅集团有限公司	8.76	76	山东创新金属科技有限公司	5.17
27	圆通速递股份有限公司	8.58	77	重庆市博赛矿业（集团）有限公司	5.06
28	太平洋建设集团有限公司	8.53	78	百度集团股份有限公司	4.99
29	南通四建集团有限公司	8.51	79	陕西榆林能源集团有限公司	4.99
30	新华三信息技术有限公司	8.39	80	山东太阳控股集团有限公司	4.90
31	蚂蚁科技集团股份有限公司	8.17	81	贝壳控股有限公司	4.89
32	珠海格力电器股份有限公司	7.88	82	超威电源集团有限公司	4.88
33	荣耀终端有限公司	7.65	83	恒信汽车集团股份有限公司	4.85
34	青山控股集团有限公司	7.51	84	洛阳栾川钼业集团有限公司	4.77
35	腾讯控股有限公司	7.30	85	其亚集团有限公司	4.74
36	福建省金纶高纤股份有限公司	7.29	86	美团公司	4.73
37	内蒙古鄂尔多斯投资控股集团有限公司	7.12	87	天能控股集团有限公司	4.66
38	美的集团股份有限公司	6.94	88	中兴通讯股份有限公司	4.64
39	华为投资控股有限公司	6.88	89	天合光能股份有限公司	4.60
40	内蒙古伊利实业集团股份有限公司	6.88	90	海澜集团有限公司	4.51
41	富海集团新能源控股有限公司	6.87	91	中国移动通信集团有限公司	4.50
42	立讯精密工业股份有限公司	6.76	92	利华益集团股份有限公司	4.48
43	福建大东海实业集团有限公司	6.72	93	宁德时代新能源科技股份有限公司	4.44
44	江苏省华建设股份有限公司	6.71	94	济宁能源发展集团有限公司	4.44
45	万华化学集团股份有限公司	6.65	95	比亚迪股份有限公司	4.42
46	晶澳太阳能科技股份有限公司	6.60	96	内蒙古伊泰集团有限公司	4.40
47	山东海科控股有限公司	6.58	97	华泰集团有限公司	4.38
48	隆基绿能科技股份有限公司	6.56	98	弘润石化（潍坊）有限责任公司	4.36
49	中国海洋石油集团有限公司	6.43	99	中铁集装箱运输有限责任公司	4.26
50	北京江南投资集团有限公司	6.25	100	三花控股集团有限公司	4.22
				中国企业 500 强平均数	1.05

表 9-12 2024 中国企业 500 强收入利润率排序前 100 名企业

排名	企业名称	收入利润率/%	排名	企业名称	收入利润率/%
1	兴华财富集团有限公司	31.93	51	内蒙古伊利实业集团股份有限公司	8.26
2	招商银行股份有限公司	28.81	52	荣耀终端有限公司	8.26
3	网易股份有限公司	28.43	53	安徽省交通控股集团有限责任公司	8.14
4	蚂蚁科技集团股份有限公司	28.30	54	申能（集团）有限公司	8.13
5	拼多多控股公司	24.24	55	宁德时代新能源科技股份有限公司	7.94
6	河北新金钢铁有限公司	23.80	56	贝壳控股有限公司	7.56
7	上海农村商业银行股份有限公司	23.61	57	中兴通讯股份有限公司	7.51
8	中国建设银行股份有限公司	23.53	58	新华三信息技术有限公司	7.51
9	中国工商银行股份有限公司	22.59	59	渤海银行股份有限公司	7.39
10	上海银行股份有限公司	20.47	60	紫金矿业集团股份有限公司	7.20
11	重庆农村商业银行股份有限公司	19.90	61	唯品会控股有限公司	7.19
12	中国农业银行股份有限公司	19.79	62	宁波开发投资集团有限公司	7.17
13	南京银行股份有限公司	19.45	63	龙湖集团控股有限公司	7.11
14	江苏银行股份有限公司	19.22	64	中国远洋海运集团有限公司	6.65
15	中国银行股份有限公司	19.03	65	太平洋建设集团有限公司	6.59
16	腾讯控股有限公司	18.92	66	淮河能源控股集团有限责任公司	6.46
17	洛阳国宏投资控股集团有限公司	18.71	67	小米集团	6.45
18	石药控股集团有限公司	18.66	68	圆通速递股份有限公司	6.45
19	兴业银行股份有限公司	18.41	69	中国广核集团有限公司	6.36
20	北京江南投资集团有限公司	17.18	70	四川高速公路建设开发集团有限公司	6.36
21	交通银行股份有限公司	16.63	71	永道控股集团有限公司	6.29
22	深圳前海微众银行股份有限公司	16.44	72	晶科能源股份有限公司	6.27
23	重庆智飞生物制品股份有限公司	15.25	73	远景能源有限公司	6.25
24	百度集团股份有限公司	15.09	74	中国中煤能源集团有限公司	6.09
25	珠海格力电器股份有限公司	14.23	75	内蒙古鄂尔多斯投资控股集团有限公司	5.86
26	安踏体育用品集团有限公司	14.13	76	国家能源投资集团有限责任公司	5.66
27	太平人寿保险有限公司	13.13	77	四川公路桥梁建设集团有限公司	5.64
28	阳光电源股份有限公司	13.07	78	南通四建集团有限公司	5.60
29	招商局集团有限公司	13.01	79	中国邮政集团有限公司	5.22
30	华为投资控股有限公司	12.34	80	湖南省高速公路集团有限公司	5.20
31	新华人寿保险股份有限公司	12.18	81	成都交子金融控股集团有限公司	5.14
32	中国民生银行股份有限公司	11.49	82	山西鹏飞集团有限公司	5.06
33	江苏交通控股有限公司	11.12	83	华勤橡胶工业集团有限公司	5.06
34	恒申控股集团有限公司	11.03	84	中国石油天然气集团有限公司	5.05
35	阿里巴巴（中国）有限公司	10.81	85	浙江华友钴业股份有限公司	5.05
36	中国移动通信集团有限公司	10.68	86	陕西榆林能源集团有限公司	5.03
37	中国铁塔股份有限公司	10.37	87	美团公司	5.01
38	中国海洋石油集团有限公司	10.27	88	比亚迪股份有限公司	4.99
39	上海浦东发展银行股份有限公司	10.19	89	重庆新鸥鹏企业（集团）有限公司	4.97
40	广西农村商业联合银行股份有限公司	9.97	90	江苏阳光集团有限公司	4.96
41	万华化学集团股份有限公司	9.59	91	中国船舶集团有限公司	4.93
42	恒丰银行股份有限公司	9.23	92	新奥天然气股份有限公司	4.93
43	美的集团股份有限公司	9.02	93	淮北矿业（集团）有限责任公司	4.92
44	深圳传音控股股份有限公司	8.89	94	四川省宜宾五粮液集团有限公司	4.91
45	晶澳太阳能科技股份有限公司	8.63	95	振石控股集团有限公司	4.90
46	内蒙古伊泰集团有限公司	8.54	96	天合光能股份有限公司	4.88
47	河南双汇投资发展股份有限公司	8.44	97	阳光保险集团股份有限公司	4.80
48	中国太平洋保险（集团）股份有限公司	8.41	98	立讯精密工业股份有限公司	4.72
49	中国平安保险（集团）股份有限公司	8.31	99	金发科技股份有限公司	4.67
50	隆基绿能科技股份有限公司	8.30	100	山东金岭集团有限公司	4.60
				中国企业 500 强平均数	4.10

表 9–13　2024 中国企业 500 强人均营业收入排序前 100 名企业

排名	企业名称	人均营业收入/万元	排名	企业名称	人均营业收入/万元
1	上海闽路润贸易有限公司	38268.85	51	宁波金田投资控股有限公司	1828.34
2	陕西泰丰盛合控股集团有限公司	33957.49	52	河北津西钢铁集团股份有限公司	1807.39
3	远大物产集团有限公司	20777.73	53	万通海欣控股集团股份有限公司	1806.35
4	厦门路桥工程物资有限公司	19005.41	54	浙江卫星控股股份有限公司	1784.69
5	北京江南投资集团有限公司	11845.56	55	江苏新长江实业集团有限公司	1784.03
6	云账户技术（天津）有限公司	10791.01	56	绿城房地产集团有限公司	1770.72
7	杭州东恒石油有限公司	10412.79	57	山西建邦集团有限公司	1767.04
8	重庆千信集团有限公司	9868.18	58	山东东明石化集团有限公司	1763.56
9	郑州瑞茂通供应链有限公司	6129.93	59	江西铜业集团有限公司	1735.01
10	杭州市实业投资集团有限公司	5973.58	60	浙江升华控股集团有限公司	1709.91
11	兰州新区商贸物流投资集团有限公司	5545.13	61	河北新金钢铁有限公司	1693.78
12	中基宁波集团股份有限公司	5165.31	62	山东海科控股有限公司	1667.35
13	中铁集装箱运输有限责任公司	5134.42	63	中国航空油料集团有限公司	1646.24
14	江苏满运软件科技有限公司	4613.42	64	深圳前海微众银行股份有限公司	1633.33
15	三河汇福粮油集团有限公司	4426.96	65	厦门国贸控股集团有限公司	1632.80
16	天津华北集团有限公司	4388.49	66	东方润安集团有限公司	1630.16
17	山东东方华龙工贸集团有限公司	4185.91	67	大华（集团）有限公司	1615.03
18	深圳金雅福控股集团有限公司	3519.30	68	四川省港航投资集团有限责任公司	1564.42
19	河北省物流产业集团有限公司	3505.58	69	洛阳栾川钼业集团有限公司	1552.89
20	胜星集团有限责任公司	3339.62	70	河北普阳钢铁有限公司	1551.76
21	富冶集团有限公司	3308.75	71	富海集团新能源控股有限公司	1540.08
22	心里程控股集团有限公司	3228.37	72	大汉控股集团有限公司	1526.07
23	河北鑫海控股集团有限公司	3102.05	73	厦门象屿集团有限公司	1476.78
24	弘润石化（潍坊）有限责任公司	3017.59	74	老凤祥股份有限公司	1459.06
25	淄博鑫泰石化有限公司	2995.96	75	永道控股集团股份有限公司	1442.54
26	新华三信息技术有限公司	2881.00	76	拼多多控股公司	1422.97
27	山东垦利石化集团有限公司	2824.83	77	永荣控股集团有限公司	1377.10
28	福佳集团有限公司	2793.12	78	弘阳集团有限公司	1369.23
29	上海均和集团有限公司	2777.15	79	云南省能源投资集团有限公司	1284.34
30	深圳市爱施德股份有限公司	2671.31	80	三房巷集团有限公司	1276.26
31	浙江荣盛控股集团有限公司	2621.00	81	厦门建发集团有限公司	1248.69
32	山东汇丰石化集团有限公司	2530.60	82	天津荣程祥泰投资控股集团有限公司	1244.79
33	山东寿光鲁清石化有限公司	2512.66	83	三宝集团股份有限公司	1242.92
34	国华人寿保险股份有限公司	2482.56	84	彬县煤炭有限责任公司	1231.61
35	江苏华宏实业集团有限公司	2470.91	85	中国海洋石油集团有限公司	1215.30
36	山东金诚石化集团有限公司	2460.54	86	山东金岭集团有限公司	1197.26
37	齐成（山东）石化集团有限公司	2219.10	87	铜陵有色金属集团控股有限公司	1163.57
38	物产中大集团股份有限公司	2201.41	88	金川集团股份有限公司	1138.63
39	山东渤海实业集团有限公司	2184.27	89	兴华财富集团有限公司	1137.91
40	远景能源有限公司	2124.83	90	河南豫光金铅集团有限公司	1125.72
41	汇通达网络股份有限公司	2113.65	91	中国农业生产资料集团有限公司	1103.99
42	宏旺控股集团有限公司	2069.92	92	其亚集团有限公司	1102.70
43	杭州钢铁集团有限公司	2010.13	93	宁波开发投资集团有限公司	1096.20
44	山东齐润控股集团有限公司	2006.83	94	漳州市九龙江集团有限公司	1077.77
45	上海钢联电子商务股份有限公司	1986.97	95	陕西榆林能源集团有限公司	1073.77
46	利华益集团股份有限公司	1985.21	96	四川省商业投资集团有限责任公司	1058.74
47	神州数码集团股份有限公司	1937.54	97	万达控股集团有限公司	1049.36
48	中景石化集团有限公司	1922.23	98	青岛西海岸新区融合控股集团有限公司	1048.59
49	河北新武安钢铁集团文安钢铁有限公司	1844.58	99	传化集团有限公司	1047.83
50	浙江恒逸集团有限公司	1836.95	100	福州城市建设投资集团有限公司	1035.13
				中国企业 500 强平均数	340.42

表 9-14　2024 中国企业 500 强人均净利润排序前 100 名企业

排名	企业名称	人均净利润/万元	排名	企业名称	人均净利润/万元
1	北京江南投资集团有限公司	2034.56	51	小米集团	51.97
2	河北新金钢铁有限公司	403.17	52	山东垦利石化集团有限公司	51.78
3	兴华财富集团有限公司	363.34	53	江苏交通控股有限公司	51.29
4	拼多多控股公司	344.92	54	百度集团股份有限公司	51.04
5	陕西泰丰盛合控股集团有限公司	296.57	55	太平人寿保险有限公司	50.53
6	深圳前海微众银行股份有限公司	268.50	56	四川公路桥梁建设集团有限公司	50.03
7	新华三信息技术有限公司	216.37	57	阿里巴巴（中国）有限公司	45.74
8	蚂蚁科技集团股份有限公司	169.84	58	老凤祥股份有限公司	45.23
9	上海银行股份有限公司	156.94	59	龙湖集团控股有限公司	44.13
10	杭州东恒石油有限公司	152.51	60	华为投资控股有限公司	41.94
11	江苏银行股份有限公司	146.71	61	福佳集团有限公司	41.67
12	心里程控股集团有限公司	143.42	62	山东金诚石化集团有限公司	41.59
13	上海闽路润贸易有限公司	139.79	63	恒丰银行股份有限公司	41.32
14	远景能源有限公司	132.73	64	中景石化集团有限公司	41.28
15	中铁集装箱运输有限责任公司	130.95	65	中国铁塔股份有限公司	41.25
16	招商银行股份有限公司	125.81	66	浙江卫星控股股份有限公司	40.65
17	中国海洋石油集团有限公司	124.84	67	云南省能源投资集团有限公司	40.23
18	重庆智飞生物制品股份有限公司	123.30	68	珠海格力电器股份有限公司	39.96
19	兴业银行股份有限公司	115.84	69	万通海欣控股集团股份有限公司	39.40
20	上海农村商业银行股份有限公司	114.93	70	唯品会控股有限公司	38.66
21	南京银行股份有限公司	113.22	71	富冶集团有限公司	38.46
22	恒申控股集团有限公司	111.84	72	紫金矿业集团股份有限公司	38.23
23	腾讯控股有限公司	109.30	73	山东海科控股有限公司	38.22
24	山东寿光鲁清石化有限公司	105.03	74	其亚集团有限公司	38.03
25	网易股份有限公司	100.99	75	渤海银行股份有限公司	36.65
26	厦门路桥工程物资有限公司	100.65	76	大华（集团）有限公司	36.32
27	交通银行股份有限公司	98.36	77	利华益集团股份有限公司	36.31
28	永道控股集团有限公司	90.69	78	华勤橡胶工业集团有限公司	35.86
29	中国建设银行股份有限公司	88.27	79	富海集团新能源控股有限公司	35.37
30	中国工商银行股份有限公司	86.82	80	重庆新鸥鹏企业（集团）有限公司	34.78
31	山东齐润控股集团有限公司	83.15	81	石药控股集团有限公司	32.46
32	宁波开发投资集团有限公司	78.61	82	深圳传音控股股份有限公司	31.96
33	弘润石化（潍坊）有限责任公司	78.49	83	三河汇福粮油集团有限公司	31.69
34	中国银行股份有限公司	75.56	84	金川集团股份有限公司	31.02
35	重庆农村商业银行股份有限公司	72.60	85	漳州市九龙江集团有限公司	30.40
36	内蒙古伊泰集团有限公司	72.26	86	海澜集团有限公司	30.22
37	阳光电源股份有限公司	68.92	87	中国平安保险（集团）股份有限公司	29.67
38	洛阳栾川钼业集团股份有限公司	68.78	88	广西南丹南方金属有限公司	28.88
39	洛阳国宏投资控股集团有限公司	68.12	89	新华人寿保险股份有限公司	28.41
40	荣耀终端有限公司	61.32	90	江苏阳光集团有限公司	28.30
41	中国农业银行股份有限公司	59.72	91	浙江省能源集团有限公司	27.60
42	杭州市实业投资集团有限公司	58.16	92	宁德时代新能源科技股份有限公司	27.41
43	万华化学集团股份有限公司	57.88	93	申能（集团）有限公司	26.91
44	上海浦东发展银行股份有限公司	57.72	94	泸州老窖集团有限责任公司	26.20
45	中国民生银行股份有限公司	56.20	95	中国太平洋保险（集团）股份有限公司	26.14
46	山东金岭集团有限公司	55.04	96	福州城市建设投资集团有限公司	24.87
47	陕西榆林能源集团有限公司	53.97	97	深圳市立业集团有限公司	24.42
48	河北鑫海控股集团有限公司	53.30	98	中国远洋海运集团有限公司	23.89
49	山东东方华龙工贸集团有限公司	52.28	99	中国移动通信集团有限公司	23.82
50	绿城房地产集团有限公司	52.25	100	河北新武安钢铁集团文安钢铁有限公司	23.57
				中国企业 500 强平均数	13.95

表9–15　2024中国企业500强人均资产排序前100名企业

排名	企业名称	人均资产/万元	排名	企业名称	人均资产/万元
1	北京江南投资集团有限公司	32567.91	51	杭州东恒石油有限公司	2544.41
2	上海银行股份有限公司	21479.40	52	泸州老窖集团有限责任公司	2507.26
3	江苏银行股份有限公司	17366.75	53	广西投资集团有限公司	2499.57
4	兴业银行股份有限公司	15259.84	54	四川公路桥梁建设集团有限公司	2445.72
5	交通银行股份有限公司	14914.32	55	龙湖集团控股有限公司	2405.57
6	国华人寿保险股份有限公司	14714.74	56	蜀道投资集团有限责任公司	2393.70
7	上海浦东发展银行股份有限公司	14166.35	57	宁波开发投资集团有限公司	2364.25
8	南京银行股份有限公司	14002.42	58	北京首都开发控股（集团）有限公司	2319.21
9	深圳前海微众银行股份有限公司	13296.39	59	中国邮政集团有限公司	2250.35
10	上海农村商业银行股份有限公司	13177.60	60	中国太平洋保险（集团）股份有限公司	2247.97
11	渤海银行股份有限公司	12499.88	61	四川高速公路建设开发集团有限公司	2246.30
12	中国民生银行股份有限公司	12040.67	62	浙江省交通投资集团有限公司	2161.74
13	恒丰银行股份有限公司	11562.96	63	中国广核集团有限公司	2124.55
14	中国工商银行股份有限公司	10661.15	64	蚂蚁科技集团股份有限公司	2078.47
15	中国银行股份有限公司	10566.60	65	弘阳集团有限公司	2019.48
16	中国建设银行股份有限公司	10169.22	66	云南省建设投资控股集团有限公司	2003.35
17	重庆农村商业银行股份有限公司	9596.34	67	拼多多控股公司	2000.10
18	招商银行股份有限公司	9464.15	68	绿地控股集团股份有限公司	1990.87
19	中国农业银行股份有限公司	8840.96	69	淄博鑫泰石化有限公司	1990.26
20	绿城房地产集团有限公司	7256.71	70	中国海洋石油集团有限公司	1941.60
21	郑州瑞茂通供应链有限公司	6460.53	71	杭州市实业投资集团有限公司	1937.17
22	上海闽路润贸易有限公司	6098.56	72	漳州市九龙江集团有限公司	1906.94
23	陕西泰丰盛合控股集团有限公司	5502.06	73	四川省港航投资集团有限公司	1890.88
24	中国中信集团有限公司	5383.27	74	陕西交通控股集团有限公司	1830.64
25	武汉城市建设集团有限公司	5256.21	75	弘润石化（潍坊）有限责任公司	1798.44
26	太平人寿保险有限公司	5213.91	76	浙江荣盛控股集团有限公司	1756.18
27	广西农村商业联合银行股份有限公司	4993.52	77	胜星集团有限责任公司	1755.66
28	青岛西海岸新区融合控股集团有限公司	4606.07	78	中国保利集团有限公司	1754.26
29	新华人寿保险股份有限公司	4576.53	79	安徽省交通控股集团有限公司	1712.95
30	厦门路桥工程物资有限公司	4355.84	80	广东省能源集团有限公司	1700.84
31	湖南省高速公路集团有限公司	4346.76	81	珠海华发集团有限公司	1662.75
32	云南省交通投资建设集团有限公司	4330.51	82	内蒙古伊泰集团有限公司	1641.44
33	大华（集团）有限公司	4271.74	83	湖北联投集团有限公司	1640.54
34	广西交通投资集团有限公司	4235.74	84	广西北部湾投资集团有限公司	1629.59
35	福佳集团有限公司	4158.36	85	山西交通控股集团有限公司	1562.07
36	远景能源有限公司	4076.50	86	腾讯控股有限公司	1496.20
37	中国平安保险（集团）股份有限公司	4011.56	87	洛阳栾川钼业集团股份有限公司	1442.06
38	福州城市建设投资集团有限公司	3864.83	88	青岛西海岸新区海洋控股集团有限公司	1420.56
39	中国人寿保险（集团）公司	3833.79	89	厦门建发集团有限公司	1414.17
40	江苏交通控股有限公司	3711.04	90	浙江卫星控股股份有限公司	1396.97
41	成都交子金融控股集团有限公司	3529.53	91	中国铁塔股份有限公司	1379.40
42	中铁集装箱运输有限责任公司	3073.81	92	荣盛控股股份有限公司	1378.85
43	泰康保险集团股份有限公司	3011.24	93	国家电力投资集团有限公司	1375.13
44	湖北交通投资集团有限公司	2972.83	94	北京城建集团有限责任公司	1341.30
45	河南交通投资集团有限公司	2955.44	95	北京能源集团有限责任公司	1333.70
46	云南省能源投资集团有限公司	2843.29	96	甘肃省公路航空旅游投资集团有限公司	1305.26
47	重庆千信集团有限公司	2840.59	97	万通海欣控股集团股份有限公司	1303.20
48	广州越秀集团股份有限公司	2795.64	98	远大物产集团有限公司	1298.81
49	山东高速集团有限公司	2682.42	99	日照钢铁控股集团有限公司	1290.41
50	新华三信息技术有限公司	2578.89	100	天津泰达投资控股有限公司	1273.66
				中国企业500强平均数	1326.34

表 9-16 2024 中国企业 500 强收入增长率排序前 100 名企业

排名	企业名称	收入增长率/%	排名	企业名称	收入增长率/%
1	中国国际航空股份有限公司	166.74	51	河南交通投资集团有限公司	26.20
2	中国东方航空集团有限公司	108.64	52	长城汽车股份有限公司	26.12
3	胜星集团有限责任公司	99.81	53	美团公司	25.82
4	拼多多控股公司	89.68	54	正泰集团股份有限公司	25.30
5	奇瑞控股集团有限公司	84.47	55	兰州新区商贸物流投资集团有限公司	24.31
6	湖北文化旅游集团有限公司	83.87	56	三宝集团股份有限公司	24.15
7	中国南方航空集团有限公司	83.22	57	上海闽路润贸易有限公司	22.86
8	阳光电源股份有限公司	79.47	58	浙江吉利控股集团有限公司	22.59
9	荣盛控股股份有限公司	79.33	59	宁波开发投资集团有限公司	22.39
10	陕西榆林能源集团有限公司	77.58	60	彬县煤炭有限责任公司	22.29
11	海南省农垦投资控股集团有限公司	70.50	61	陕西交通控股集团有限公司	22.16
12	湖北交通投资集团有限公司	66.17	62	宁德时代新能源科技股份有限公司	22.01
13	永道控股集团股份有限公司	65.35	63	海亮集团有限公司	21.88
14	福建广源再生资源回收有限公司	64.34	64	恒申控股集团有限公司	20.62
15	淄博鑫泰石化有限公司	60.41	65	山东寿光鲁清石化有限公司	20.47
16	大华（集团）有限公司	54.53	66	漳州市九龙江集团有限公司	20.47
17	杭州市实业投资集团有限公司	49.47	67	浙江升华控股集团有限公司	20.44
18	四川省港航投资集团有限责任公司	48.91	68	广东省广物控股集团有限公司	20.28
19	河北鑫海控股集团有限公司	43.10	69	湖北联投集团有限公司	20.25
20	比亚迪股份有限公司	42.04	70	华勤橡胶工业集团有限公司	19.76
21	山东东方华龙工贸集团有限公司	41.75	71	中国银行股份有限公司	19.58
22	中国重型汽车集团有限公司	41.40	72	厦门路桥工程物资有限公司	19.56
23	福州城市建设投资集团有限公司	38.82	73	山东渤海实业集团有限公司	19.25
24	重庆智飞生物制品股份有限公司	38.30	74	齐成（山东）石化集团有限公司	19.24
25	北京嘀嘀无限科技发展有限公司	36.64	75	泰康保险集团股份有限公司	19.06
26	河南金利金铅集团有限公司	36.57	76	中景石化集团有限公司	18.82
27	山东黄金集团有限公司	36.27	77	金发科技股份有限公司	18.63
28	弘润石化（潍坊）有限责任公司	36.12	78	新凤鸣控股集团有限公司	18.55
29	深圳市立业集团有限公司	35.92	79	重药控股股份有限公司	18.12
30	陕西泰丰盛合控股集团有限公司	35.81	80	广西玉柴机器集团有限公司	17.97
31	武汉金融控股（集团）有限公司	35.38	81	重庆市博赛矿业（集团）有限公司	17.84
32	深圳传音控股股份有限公司	33.69	82	日照钢铁控股集团有限公司	17.51
33	河北鑫达钢铁集团有限公司	33.60	83	河北太行钢铁集团有限公司	17.17
34	天合光能股份有限公司	33.32	84	浙江卫星控股股份有限公司	17.13
35	宁波富邦控股集团有限公司	32.80	85	富冶集团有限公司	16.99
36	恒力集团有限公司	32.69	86	浪潮集团有限公司	16.92
37	其亚集团有限公司	31.74	87	广州越秀集团股份有限公司	16.69
38	济宁能源发展集团有限公司	31.59	88	山东京博控股集团有限公司	16.68
39	万通海欣控股集团股份有限公司	31.11	89	山东垦利石化集团有限公司	16.64
40	南山集团有限公司	31.07	90	远景能源有限公司	16.63
41	杭州市城市建设投资集团有限公司	30.33	91	天津荣程祥泰投资控股集团有限公司	16.13
42	广西盛隆冶金有限公司	29.78	92	山西建邦集团有限公司	16.08
43	辽宁方大集团实业有限公司	29.74	93	永荣控股集团有限公司	16.03
44	创维集团有限公司	29.05	94	通鼎集团有限公司	15.46
45	潍柴控股集团有限公司	28.63	95	东方润安集团有限公司	15.28
46	盛虹控股集团有限公司	28.35	96	中国保利集团有限公司	15.04
47	贝壳控股有限公司	28.20	97	海澜集团有限公司	14.94
48	陕西汽车控股集团有限公司	28.10	98	洛阳国宏投资控股集团有限公司	14.88
49	桐昆控股集团有限公司	27.67	99	利华益集团股份有限公司	14.17
50	济钢集团有限公司	26.38	100	重庆新鸥鹏企业（集团）有限公司	14.09
				中国企业 500 强平均数	3.82

表 9-17　2024 中国企业 500 强净利润增长率排序前 100 名企业

排名	企业名称	净利润增长率/%	排名	企业名称	净利润增长率/%
1	四川省港航投资集团有限责任公司	3479.16	51	拼多多控股公司	90.33
2	山东能源集团有限公司	2579.74	52	恒申控股集团有限公司	88.01
3	铜陵有色金属集团控股有限公司	1156.11	53	湖南省高速公路集团有限公司	86.33
4	潞安化工集团有限公司	1151.68	54	陕西交通控股集团有限公司	83.45
5	江苏省苏豪控股集团有限公司	830.07	55	比亚迪股份有限公司	80.72
6	洛阳国宏投资控股集团有限公司	803.43	56	东方国际（集团）有限公司	74.23
7	TCL 科技集团股份有限公司	747.60	57	天能控股集团有限公司	72.24
8	河北省物流产业集团有限公司	642.42	58	河南金利金铅集团有限公司	67.93
9	武汉金融控股（集团）有限公司	626.56	59	深圳市投资控股有限公司	63.99
10	小米集团	606.34	60	浙江卫星控股股份有限公司	62.87
11	光明食品（集团）有限公司	482.36	61	中国南方电网有限责任公司	62.65
12	中国重型汽车集团有限公司	467.30	62	包头钢铁（集团）有限责任公司	57.72
13	山东东方华龙工贸集团有限公司	457.14	63	正泰集团股份有限公司	57.68
14	山东金诚石化集团有限公司	392.45	64	中天钢铁集团有限公司	54.32
15	江西省投资集团有限公司	367.66	65	云南省投资控股集团有限公司	53.97
16	内蒙古电力（集团）有限责任公司	301.51	66	甘肃省公路航空旅游投资集团有限公司	52.64
17	山东招金集团有限公司	299.03	67	中国华能集团有限公司	52.63
18	广东省能源集团有限公司	284.45	68	奥克斯集团有限公司	52.49
19	山西焦煤集团有限责任公司	271.02	69	云南省交通投资建设集团有限公司	52.05
20	河南豫光金铅集团有限责任公司	246.80	70	太平人寿保险有限公司	50.59
21	阿里巴巴（中国）有限公司	203.69	71	天合光能股份有限公司	50.31
22	晋能控股集团有限公司	191.53	72	山东齐润控股集团有限公司	49.35
23	恒力集团有限公司	189.60	73	漳州市九龙江集团有限公司	49.20
24	开滦（集团）有限责任公司	187.65	74	方同舟控股有限公司	46.60
25	宁波均胜电子股份有限公司	174.80	75	浙江升华控股集团有限公司	45.96
26	百度集团股份有限公司	168.75	76	网易股份有限公司	44.64
27	四川省能源投资集团有限责任公司	168.56	77	宁德时代新能源科技股份有限公司	44.14
28	阳光电源股份有限公司	162.69	78	济钢集团有限公司	44.05
29	山东寿光鲁清石化有限公司	160.84	79	申能（集团）有限公司	43.25
30	晶科能源股份有限公司	153.41	80	富治集团有限公司	43.12
31	潍柴控股集团有限公司	152.81	81	上海闽路润贸易有限公司	41.71
32	白银有色集团股份有限公司	149.35	82	汇通达网络股份有限公司	41.69
33	淮北矿业（集团）有限责任公司	145.17	83	湖南建设投资集团有限公司	40.91
34	厦门建发集团有限公司	144.96	84	桐昆控股集团有限公司	40.72
35	华为投资控股有限公司	144.53	85	中国交通建设集团有限公司	40.24
36	亨通集团有限公司	143.35	86	陕西有色金属控股集团有限责任公司	39.52
37	京东集团股份有限公司	132.82	87	山东省港口集团有限公司	39.30
38	福建大东海实业集团有限公司	129.06	88	浙江省能源集团有限公司	37.28
39	国家电力投资集团有限公司	128.64	89	华泰集团有限公司	36.98
40	三一集团有限公司	128.01	90	新余钢铁集团有限公司	36.78
41	杉杉控股有限公司	123.33	91	双良集团有限公司	36.71
42	深圳传音控股股份有限公司	122.93	92	徐州矿务集团有限公司	36.71
43	湖北文化旅游集团有限公司	121.88	93	南京新工投资集团有限责任公司	36.68
44	齐成（山东）石化集团有限公司	115.70	94	洛阳栾川钼业集团股份有限公司	35.98
45	华勤橡胶工业集团有限公司	109.54	95	盛虹控股集团有限公司	34.96
46	中国华电集团有限公司	96.76	96	山东魏桥创业集团有限公司	34.75
47	奇瑞控股集团有限公司	92.89	97	成都交子金融控股集团有限公司	33.83
48	中国大唐集团有限公司	92.77	98	远景能源有限公司	33.44
49	天津友发钢管集团股份有限公司	91.86	99	顺丰控股股份有限公司	33.38
50	首钢集团有限公司	91.63	100	淮河能源控股集团有限责任公司	32.87
				中国企业 500 强平均数	5.25

表 9-18　2024 中国企业 500 强资产增长率排序前 100 名企业

排序	企业名称	资产增长率/%	排序	企业名称	资产增长率/%
1	福建广源再生资源回收有限公司	90.88	51	小米集团	18.55
2	海南省农垦投资控股集团有限公司	83.44	52	浙江升华控股集团有限公司	18.20
3	河北鑫海控股集团有限公司	50.15	53	济宁能源发展集团有限公司	18.19
4	深圳传音控股股份有限公司	49.52	54	中国能源建设集团有限公司	17.89
5	南山集团有限公司	48.46	55	湖北联投集团有限公司	17.66
6	晶澳太阳能科技股份有限公司	47.15	56	蚂蚁科技集团股份有限公司	17.54
7	拼多多控股公司	46.79	57	中国农业银行股份有限公司	17.53
8	比亚迪股份有限公司	37.60	58	隆基绿能科技股份有限公司	17.49
9	阳光电源股份有限公司	34.48	59	广西南丹南方金属有限公司	17.49
10	天合光能股份有限公司	33.72	60	广东省建筑工程集团控股有限公司	17.46
11	深圳金雅福控股集团有限公司	33.71	61	华勤技术股份有限公司	17.46
12	洛阳国宏投资控股集团有限公司	32.86	62	广西北部湾投资集团有限公司	17.33
13	重庆智飞生物制品股份有限公司	32.18	63	恒申控股集团有限公司	17.29
14	山东黄金集团有限公司	31.19	64	杭州市城市建设投资集团有限公司	17.02
15	新华三信息技术有限公司	30.88	65	华勤橡胶工业集团有限公司	16.84
16	振石控股集团有限公司	30.45	66	山西晋城钢铁控股集团有限公司	16.53
17	上海钢联电子商务股份有限公司	27.96	67	山西建设投资集团有限公司	16.39
18	其亚集团有限公司	27.16	68	中国核工业集团有限公司	16.27
19	杭州钢铁集团有限公司	27.15	69	安徽建工集团控股有限公司	16.23
20	四川华西集团有限公司	26.47	70	奥克斯集团有限公司	16.18
21	富冶集团有限公司	26.00	71	内蒙古伊利实业集团股份有限公司	15.77
22	万华化学集团股份有限公司	25.99	72	华鲁控股集团有限公司	15.66
23	晶科能源股份有限公司	25.06	73	甘肃省建设投资（控股）集团有限公司	15.36
24	正泰集团股份有限公司	24.64	74	TCL 实业控股股份有限公司	15.32
25	河北津西钢铁集团股份有限公司	23.58	75	山西鹏飞集团有限公司	15.24
26	奇瑞控股集团有限公司	23.55	76	山东齐润控股集团有限公司	15.12
27	浪潮集团有限公司	23.13	77	美的集团股份有限公司	15.02
28	淮河能源控股集团有限责任公司	22.94	78	新凤鸣控股集团有限公司	14.89
29	中天钢铁集团有限公司	22.83	79	山东高速集团有限公司	14.46
30	厦门建发集团有限公司	22.62	80	亨通集团有限公司	14.40
31	荣耀终端有限公司	22.56	81	物产中大集团股份有限公司	14.37
32	山东创新金属科技有限公司	22.36	82	海信集团控股有限公司	14.22
33	泰康保险集团股份有限公司	22.19	83	江苏银行股份有限公司	14.20
34	双良集团有限公司	22.17	84	石药控股集团有限公司	13.93
35	四川省港航投资集团有限责任公司	21.84	85	中国化学工程集团有限公司	13.93
36	红狮控股集团有限公司	21.84	86	中国华润有限公司	13.89
37	鲁丽集团有限公司	21.63	87	中国国际航空股份有限公司	13.66
38	广东省能源集团有限公司	21.36	88	浙江华友钴业股份有限公司	13.50
39	明阳新能源投资控股集团有限公司	21.14	89	宏旺控股集团有限公司	13.36
40	山东东方华龙工贸集团有限公司	20.83	90	中国铁路工程集团有限公司	13.35
41	深圳市立业集团有限公司	20.76	91	陕西榆林能源集团有限公司	13.27
42	美团公司	19.86	92	徐州矿务集团有限公司	13.26
43	安徽省交通控股集团有限责任公司	19.42	93	阳光保险集团股份有限公司	13.25
44	宁德时代新能源科技股份有限公司	19.34	94	玖龙纸业（控股）有限公司	13.25
45	武汉金融控股（集团）有限公司	19.31	95	厦门象屿集团有限公司	13.19
46	广州工业投资控股集团有限公司	19.10	96	中国太平洋保险（集团）股份有限公司	13.16
47	浙江吉利控股集团有限公司	18.91	97	国家电网有限公司	13.10
48	河南金利金铅集团有限公司	18.79	98	深圳前海微众银行股份有限公司	13.02
49	华为投资控股有限公司	18.78	99	中国工商银行股份有限公司	12.84
50	成都交子金融控股集团有限公司	18.58	100	桐昆控股集团有限公司	12.81
				中国企业 500 强平均数	9.51

表 9-19　2024 中国企业 500 强研发费用增长率排序前 100 名企业

排名	企业名称	研发费用增长率/%	排名	企业名称	研发费用增长率/%
1	深圳金雅福控股集团有限公司	1503.08	51	远景能源有限公司	43.62
2	天津友发钢管集团股份有限公司	309.09	52	奇瑞控股集团有限公司	43.21
3	万达控股集团有限公司	251.15	53	甘肃省建设投资（控股）集团有限公司	42.69
4	盛虹控股集团有限公司	244.69	54	重庆小康控股有限公司	42.28
5	山西晋城钢铁控股集团有限公司	221.01	55	浙江省建设投资集团股份有限公司	42.04
6	齐成（山东）石化集团有限公司	166.96	56	心里程控股集团有限公司	41.81
7	圆通速递股份有限公司	163.96	57	广西交通投资集团有限公司	41.73
8	南通四建集团有限公司	157.12	58	物产中大集团股份有限公司	41.49
9	重庆市博赛矿业（集团）有限公司	152.29	59	山东太阳控股集团有限公司	39.25
10	北京首都开发控股（集团）有限公司	127.37	60	西部矿业集团有限公司	39.13
11	比亚迪股份有限公司	112.15	61	福建省港口集团有限责任公司	38.11
12	湖南省高速公路集团有限公司	110.88	62	山东省港口集团有限公司	38.05
13	洛阳国宏投资控股集团有限公司	107.86	63	中国大唐集团有限公司	37.77
14	杭州锦江集团有限公司	107.13	64	云天化集团有限责任公司	37.14
15	河北新武安钢铁集团文安钢铁有限公司	105.43	65	四川省港航投资集团有限责任公司	36.78
16	上海农村商业银行股份有限公司	102.05	66	云账户技术（天津）有限公司	35.96
17	富冶集团有限公司	101.72	67	申能（集团）有限公司	35.93
18	新疆生产建设兵团建设工程（集团）有限责任公司	99.41	68	金发科技股份有限公司	35.72
19	中国航空油料集团有限公司	98.35	69	广州越秀集团股份有限公司	35.52
20	四川省能源投资集团有限责任公司	97.99	70	天能控股集团有限公司	34.53
21	浙江省能源集团有限公司	90.76	71	厦门建发集团有限公司	33.09
22	广西农村商业联合银行股份有限公司	89.79	72	中国南方航空集团有限公司	33.05
23	厦门国贸控股集团有限公司	89.10	73	福建广源再生资源回收有限公司	32.99
24	山东齐润控股集团有限公司	85.23	74	江苏满运软件科技有限公司	32.66
25	湖北文化旅游集团有限公司	82.60	75	无锡产业发展集团有限公司	32.39
26	四川省商业投资集团有限责任公司	80.67	76	中国核工业集团有限公司	32.30
27	深圳市爱施德股份有限公司	73.85	77	河北太行钢铁集团有限公司	32.17
28	通鼎集团有限公司	73.19	78	日照钢铁控股集团有限公司	31.98
29	中国铁塔股份有限公司	71.02	79	云南锡业集团（控股）有限责任公司	31.06
30	河南豫光金铅集团有限责任公司	70.74	80	浙江卫星控股股份有限公司	30.99
31	陕西交通控股集团有限公司	70.08	81	河北津西钢铁集团股份有限公司	30.70
32	方同舟控股有限公司	69.98	82	伊电控股集团有限公司	30.39
33	四川德胜集团钒钛有限公司	68.37	83	浙江省国际贸易集团有限公司	29.64
34	杭州东恒石油有限公司	66.67	84	白银有色集团股份有限公司	29.21
35	中国有色矿业集团有限公司	64.16	85	国家电网有限公司	28.71
36	彬长煤炭有限责任公司	61.62	86	四川省宜宾五粮液集团有限公司	28.50
37	永道控股集团股份有限公司	58.82	87	冀中能源集团有限责任公司	28.44
38	湖北交通投资集团有限公司	55.32	88	弘润石化（潍坊）有限公司	28.04
39	胜星集团有限责任公司	55.25	89	中国兵器工业集团有限公司	27.54
40	中国国际航空股份有限公司	53.34	90	酒泉钢铁（集团）有限责任公司	27.46
41	万通海欣控股集团股份有限公司	50.95	91	紫金矿业集团股份有限公司	27.23
42	浙江荣盛控股集团有限公司	50.80	92	济宁能源发展集团有限公司	27.23
43	山东黄金集团有限公司	48.71	93	铜陵有色金属集团控股有限公司	25.61
44	江苏交通控股有限公司	48.00	94	开滦（集团）有限公司	25.49
45	四川华西集团有限公司	47.81	95	安徽建工集团控股有限公司	25.47
46	海南省农垦投资控股集团有限公司	46.17	96	深圳理士电源发展有限公司	25.01
47	中国南方电网有限责任公司	45.69	97	长城汽车股份有限公司	24.97
48	牧原实业集团有限公司	45.00	98	中国能源建设集团有限公司	24.74
49	阳光电源股份有限公司	44.63	99	山东东明石化集团有限公司	24.46
50	奥克斯集团有限公司	44.23	100	包头钢铁（集团）有限责任公司	24.34
				中国企业 500 强平均数	8.88

第十章
2024 中国制造业企业 500 强

2024 中国制造业企业 500 强情况，见表 10-1 至表 10-29。

表 10-1 2024 中国制造业企业 500 强

名次	企业名称	地区	营业收入/万元	净利润/万元	资产/万元	所有者权益/万元	从业人数/人
1	中国石油化工集团有限公司	北京	304194600	6649826	271624254	92273332	513434
2	中国宝武钢铁集团有限公司	上海	111297172	1765430	136252241	29872410	235971
3	中国中化控股有限责任公司	北京	101402951	-2595247	158532371	-3590304	203727
4	中国五矿集团有限公司	北京	93459851	542272	113287068	7153173	175524
5	恒力集团有限公司	江苏	81173689	694332	37395704	6805955	173250
6	上海汽车集团股份有限公司	上海	74470513	1410617	100665028	28631875	150670
7	华为投资控股有限公司	广东	70417400	8689300	126359700	50742800	207200
8	中国第一汽车集团有限公司	吉林	63348535	2027654	67073934	26144183	102425
9	浙江荣盛控股集团有限公司	浙江	61260568	52831	41047249	4315914	23373
10	比亚迪股份有限公司	广东	60231535	3004081	67954767	13881007	703504
11	中国航空工业集团有限公司	北京	58968032	1163872	133056273	25357872	384000
12	江西铜业集团有限公司	江西	55390197	262768	22112448	3447915	31925
13	中国兵器工业集团有限公司	北京	54161047	1368398	55841606	15994132	219697
14	盛虹控股集团有限公司	江苏	52882491	388300	22543729	4312565	56863
15	山东魏桥创业集团有限公司	山东	52021385	844063	27912834	9641147	97281
16	广州汽车工业集团有限公司	广东	50535930	244538	42060646	6486779	110847
17	浙江吉利控股集团有限公司	浙江	49807231	575227	66804667	11265394	143994
18	北京汽车集团有限公司	北京	48034175	232291	46672984	7334850	90000
19	中国铝业集团有限公司	北京	45020689	620497	61657142	10980285	127701
20	东风汽车集团有限公司	湖北	40773516	-277219	50430973	13044830	122658
21	浙江恒逸集团有限公司	浙江	40682953	16648	13362876	1257952	22147
22	河钢集团有限公司	河北	40159331	16779	54559511	6160646	97802
23	宁德时代新能源科技股份有限公司	福建	40091704	3181445	71716804	19770805	116055
24	中国电子科技集团有限公司	北京	39703034	1814419	65870305	24438684	241097
25	青山控股集团有限公司	浙江	38213706	1100276	14654583	6124157	107805
26	美的集团股份有限公司	广东	37370980	3371994	48603818	16287883	198613
27	海尔集团公司	山东	37182197	1162561	52156119	8108187	122742
28	金川集团股份有限公司	甘肃	35325909	962399	15456904	6279696	31025
29	中国建材集团有限公司	北京	34751095	140310	70509454	4743150	199122
30	中国船舶集团有限公司	北京	34610425	1704931	102001013	30239969	196309
31	敬业集团有限公司	河北	34065252	176225	9489655	3702245	33000
32	中国机械工业集团有限公司	北京	32905848	128539	32542123	6456048	114730
33	中国兵器装备集团有限公司	北京	31708012	804781	46394496	10219416	159837
34	潍柴控股集团有限公司	山东	31050808	135720	36569899	1609588	105811

续表

名次	企业名称	地区	营业收入/万元	净利润/万元	资产/万元	所有者权益/万元	从业人数/人
35	紫金矿业集团股份有限公司	福建	29340324	2111942	34300571	10750594	55239
36	鞍钢集团有限公司	辽宁	28801572	-58860	48267392	9321633	135598
37	新希望控股集团有限公司	四川	28308461	-65840	29648431	2352942	79066
38	江苏沙钢集团有限公司	江苏	27779839	161192	36672833	7957353	44004
39	奇瑞控股集团有限公司	安徽	27673962	414661	26507961	1188657	56584
40	广州工业投资控股集团有限公司	广东	27145473	106689	34749708	3962643	83649
41	小米集团	北京	27097014	1747517	32424744	16399549	33627
42	杭州钢铁集团有限公司	浙江	26117680	142118	10862050	3093632	12993
43	上海医药集团股份有限公司	上海	26029509	376800	21197253	6852414	48164
44	广州医药集团有限公司	广东	25704534	229397	8371529	1590614	35391
45	海亮集团有限公司	浙江	25274166	22809	7316645	2087369	26828
46	中国电子信息产业集团有限公司	北京	25054057	18951	43359969	7529983	183469
47	铜陵有色金属集团控股有限公司	安徽	24950389	42243	10104739	873772	21443
48	中国中车集团有限公司	北京	24437304	609866	54370353	9659334	161133
49	上海德龙钢铁集团有限公司	上海	24352182	158069	15483494	2570483	42843
50	北京建龙重工集团有限公司	北京	24118660	98331	18974428	4722107	57863
51	通威集团有限公司	四川	23879171	420424	17811242	2976937	58329
52	首钢集团有限公司	北京	23801320	243416	52700728	10799568	83509
53	湖南钢铁集团有限公司	湖南	23605602	590387	17370501	4307230	36114
54	立讯精密工业股份有限公司	广东	23190546	1095266	16199210	5631018	232585
55	辽宁方大集团实业有限公司	辽宁	22520226	40535	41282420	3461141	124530
56	天能控股集团有限公司	浙江	22515144	336612	7218292	1967507	25776
57	安徽海螺集团有限责任公司	安徽	21696994	333733	29793207	7451832	64134
58	珠海格力电器股份有限公司	广东	20397927	2901739	36805390	11679372	72610
59	万向集团公司	浙江	20237496	421415	11565483	3847051	34589
60	海信集团控股股份有限公司	山东	20222566	419909	20404885	2377126	107647
61	复星国际有限公司	上海	19820031	137910	80838759	12493679	108000
62	冀南钢铁集团有限公司	河北	19386914	145398	18333682	5890223	35014
63	雅戈尔集团（宁波）有限公司	浙江	19159142	360408	10144470	4066553	21458
64	洛阳栾川钼业集团股份有限公司	河南	18626897	824971	17297453	7151319	11995
65	多弗国际控股集团有限公司	浙江	18561437	173018	13961867	7676102	18500
66	桐昆控股集团有限公司	浙江	18033065	84784	11669493	1214283	36082
67	协鑫（集团）控股有限公司	江苏	17917777	329972	19564033	7204423	32622
68	河北新华联合冶金控股集团有限公司	河北	17760122	72160	13683682	1420162	20157

续表

名次	企业名称	地区	营业收入/万元	净利润/万元	资产/万元	所有者权益/万元	从业人数/人
69	四川省宜宾五粮液集团有限公司	四川	17706062	869375	31350468	6070686	46137
70	陕西有色金属控股集团有限责任公司	陕西	17673498	212832	14303201	3926950	41386
71	万华化学集团股份有限公司	山东	17536093	1681576	25304039	8865621	29053
72	京东方科技集团股份有限公司	北京	17454345	254744	41918710	12942831	90563
73	TCL科技集团股份有限公司	广东	17444617	221494	38285909	5292187	75217
74	亨通集团有限公司	江苏	17401914	41011	10236221	858443	21050
75	长城汽车股份有限公司	河北	17321207	702155	20127028	6850878	82439
76	潞安化工集团有限公司	山西	17300713	737640	29911772	2778907	112925
77	中国重型汽车集团有限公司	山东	17131327	327982	14047649	2470904	33222
78	南山集团有限公司	山东	17120433	505087	22834315	7759445	39729
79	河北津西钢铁集团股份有限公司	河北	16830377	9571	8731194	2564115	9312
80	新疆中泰（集团）有限责任公司	新疆维吾尔自治区	16374047	-372252	13491156	228069	49312
81	北京首农食品集团有限公司	北京	16192714	116371	16776153	4299978	52550
82	正泰集团股份有限公司	浙江	15501491	197143	17499502	2430485	48231
83	无锡产业发展集团有限公司	江苏	15175614	4609	14055273	1757547	32572
84	山东东明石化集团有限公司	山东	15007876	81247	6618193	2273659	8510
85	上海电气控股集团有限公司	上海	14295131	25657	38234299	2488056	65991
86	宁波金田投资控股有限公司	浙江	14266515	15724	2521510	259408	7803
87	利华益集团股份有限公司	山东	14065245	257265	5740704	2913945	7085
88	四川长虹电子控股集团有限公司	四川	14028348	3406	11218256	233958	66270
89	中天钢铁集团有限公司	江苏	13927763	95234	6655004	1876997	15747
90	海澜集团有限公司	江苏	13830215	517713	11485121	8232643	17130
91	河北普阳钢铁有限公司	河北	13500344	91108	5853511	3072417	8700
92	万达控股集团有限公司	山东	13301726	99466	5547595	1676119	12676
93	光明食品（集团）有限公司	上海	13274018	110531	26796474	6550902	89698
94	超威电源集团有限公司	浙江	13131800	96405	1974793	701435	18191
95	隆基绿能科技股份有限公司	陕西	12949767	1075142	16396920	7049231	75006
96	中国有色矿业集团有限公司	北京	12867231	260214	11563130	1444980	41924
97	中国国际海运集装箱（集团）股份有限公司	广东	12780952	42125	16176323	4785781	68940
98	内蒙古伊利实业集团股份有限公司	内蒙古自治区	12617945	1042854	15162025	5353933	64305
99	中国黄金集团有限公司	北京	12538972	29067	10942515	1854274	37285
100	中兴通讯股份有限公司	广东	12425088	932575	20095832	6800831	72093
101	江苏新长江实业集团有限公司	江苏	12311578	152582	5974553	2009481	6901
102	浪潮集团有限公司	山东	12131132	159151	13232343	1298649	31937

续表

名次	企业名称	地区	营业收入/万元	净利润/万元	资产/万元	所有者权益/万元	从业人数/人
103	富冶集团有限公司	浙江	12076934	140383	2376748	643939	3650
104	酒泉钢铁（集团）有限责任公司	甘肃	12048884	227943	12187932	3127411	32956
105	TCL实业控股股份有限公司	广东	12032191	110686	11962209	698897	42421
106	天津荣程祥泰投资控股集团有限公司	天津	12023455	7967	3776088	1554386	9659
107	三一集团有限公司	湖南	11955604	263073	27966735	4594782	49504
108	晶科能源股份有限公司	江西	11868178	744048	13211654	3436019	57375
109	河北鑫达钢铁集团有限公司	河北	11829687	103168	8972599	2884937	22205
110	广东海大集团股份有限公司	广东	11611716	274125	4474673	1964710	38804
111	牧原实业集团有限公司	河南	11410056	-109631	21439467	1206962	135629
112	福建大东海实业集团有限公司	福建	11352122	434172	6459180	5684763	21073
113	天合光能股份有限公司	江苏	11339178	553130	12031229	3152176	43031
114	包头钢铁（集团）有限责任公司	内蒙古自治区	11289651	237835	21490717	3371589	51255
115	江铃汽车集团有限公司	江西	10914250	29783	7017159	1178039	32159
116	新凤鸣控股集团有限公司	浙江	10846026	110858	4788025	1696662	16709
117	广西柳州钢铁集团有限公司	广西壮族自治区	10653769	-453913	11872102	2513988	29796
118	山西鹏飞集团有限公司	山西	10519804	532697	15824206	7566707	23421
119	旭阳控股有限公司	北京	10507392	110197	8426363	2611097	14037
120	广西盛隆冶金有限公司	广西壮族自治区	10429861	99032	7395059	2425477	13638
121	徐州工程机械集团有限公司	江苏	10270677	1821	20483741	1358652	30502
122	新疆特变电工集团有限公司	新疆维吾尔自治区	10143554	162487	20590022	1386624	28526
123	泸州老窖集团有限责任公司	四川	10102563	390667	37385788	2362261	14911
124	日照钢铁控股集团有限公司	山东	10053093	190173	14871930	4779448	11525
125	深圳市立业集团有限公司	广东	9974960	273465	9509637	5379780	11200
126	江苏悦达集团有限公司	江苏	9938733	123617	8418413	1587076	52938
127	荣耀终端有限公司	广东	9937190	821022	10733369	5392066	13389
128	歌尔股份有限公司	山东	9857390	108808	7374440	3081059	81370
129	重庆化医控股（集团）公司	重庆	9801539	-69758	10607196	389587	27781
130	方同舟控股有限公司	北京	9754720	65572	5859759	2704657	12208
131	中天科技集团有限公司	江苏	9582179	66474	5890835	1286061	16092
132	河北太行钢铁集团有限公司	河北	9554352	141559	4325017	1277596	13143
133	中国铁塔股份有限公司	北京	9400947	975019	32600626	19769497	23634
134	晨鸣控股有限公司	山东	9294106	-128129	7948705	1669218	10634
135	云天化集团有限责任公司	云南	9186052	60771	10669167	1042301	22580
136	弘润石化（潍坊）有限责任公司	山东	9052769	235477	5395317	1778363	3000

续表

名次	企业名称	地区	营业收入/万元	净利润/万元	资产/万元	所有者权益/万元	从业人数/人
137	温氏食品集团股份有限公司	广东	8992109	-638966	9289514	3306057	52858
138	山东京博控股集团有限公司	山东	8904018	151720	5667700	860343	11809
139	富海集团新能源控股有限公司	山东	8796947	202029	2938941	1441075	5712
140	恒申控股集团有限公司	福建	8725749	962477	6346928	3325808	8606
141	白银有色集团股份有限公司	甘肃	8697115	8306	4796552	1493536	18387
142	双胞胎（集团）股份有限公司	江西	8684219	-28713	3442694	1616084	20000
143	奥克斯集团有限公司	浙江	8602936	253910	7261619	1582323	27652
144	浙江卫星控股股份有限公司	浙江	8595081	195762	6727811	1102276	4816
145	四川省川威集团有限公司	四川	8572488	16013	4414715	724003	13521
146	华勤技术股份有限公司	上海	8533848	270687	5150964	2086633	34900
147	武安市裕华钢铁有限公司	河北	8427987	68290	4167003	3017161	11519
148	永荣控股集团有限公司	福建	8270890	44309	3733014	1234880	6006
149	蓝润集团有限公司	四川	8231998	44266	9796945	4071450	21397
150	晶澳太阳能科技股份有限公司	河北	8155618	703949	10658947	3511618	43559
151	杭州锦江集团有限公司	浙江	8118445	203395	6613022	1494881	12850
152	河北鑫海控股集团有限公司	河北	8065335	138575	2675058	724691	2600
153	远景能源有限公司	江苏	8057357	503323	15458078	4481562	3792
154	中景石化集团有限公司	福建	8025315	172357	4576910	2536213	4175
155	三房巷集团有限公司	江苏	7912819	18366	3018040	1212102	6200
156	红豆集团有限公司	江苏	7815652	8818	5242133	993578	19047
157	齐成（山东）石化集团有限公司	山东	7766856	64699	2785333	632873	3500
158	华泰集团有限公司	山东	7739232	169948	3882080	1340906	8028
159	宁波富邦控股集团有限公司	浙江	7638581	43765	5159775	1000904	12436
160	心里程控股集团有限公司	广东	7586681	337042	2837928	1951249	2350
161	东方润安集团有限公司	江苏	7519951	81048	1452817	825995	4613
162	山东寿光鲁清石化有限公司	山东	7492754	313212	3448116	1413366	2982
163	玖龙纸业（控股）有限公司	广东	7480073	-70215	12891230	4473964	22072
164	河北新金钢铁有限公司	河北	7395037	1760226	4437022	1760226	4366
165	山东海科控股有限公司	山东	7353033	168554	2563281	1126163	4410
166	山东金诚石化集团有限公司	山东	7295496	123314	2061703	954321	2965
167	山东创新金属科技有限公司	山东	7284749	99631	1925910	569264	10563
168	河南豫光金铅集团有限责任公司	河南	7281187	35068	2517571	178060	6468
169	德力西集团有限公司	浙江	7258300	122968	2350064	677847	21365
170	其亚集团有限公司	四川	7255737	250230	5281308	1695319	6580

续表

名次	企业名称	地区	营业收入/万元	净利润/万元	资产/万元	所有者权益/万元	从业人数/人
171	红狮控股集团有限公司	浙江	7236834	172422	8999568	2870138	19149
172	阳光电源股份有限公司	安徽	7225067	943956	8287651	2770522	13697
173	山东太阳控股集团有限公司	山东	7218017	295857	6039641	2957062	20406
174	老凤祥股份有限公司	上海	7143564	221440	2433385	1157398	4896
175	河北新武安钢铁集团文安钢铁有限公司	河北	7101635	90734	1645032	1505845	3850
176	唐山港陆钢铁有限公司	河北	7100741	55387	2663567	1312858	9193
177	山东齐润控股集团有限公司	山东	7066058	292765	3192809	1822569	3521
178	杉杉控股有限公司	上海	7054728	23441	8754156	2225604	8581
179	新余钢铁集团有限公司	江西	7042990	30482	6187249	1675047	17005
180	山东东方华龙工贸集团有限公司	山东	7032329	87833	1664088	846861	1680
181	三河汇福粮油集团有限公司	河北	6981322	49975	1558370	714868	1577
182	创维集团有限公司	广东	6903098	56709	6716145	1813833	34008
183	兴华财富集团有限公司	河北	6859313	2190235	2749413	2190235	6028
184	内蒙古鄂尔多斯投资控股集团有限公司	内蒙古自治区	6807550	398708	5603466	1001187	23868
185	福建省能源石化集团有限责任公司	福建	6779420	20355	15354486	2389567	18404
186	中国东方电气集团有限公司	四川	6650697	197654	13889500	2435285	20589
187	宁夏天元锰业集团有限公司	宁夏回族自治区	6633537	-752305	12809347	660491	19869
188	浙江华友钴业股份有限公司	浙江	6630404	335089	12552027	3427780	29548
189	河南钢铁集团有限公司	河南	6605175	-102855	6673615	916601	23790
190	浙江东南网架集团有限公司	浙江	6510466	46880	3870410	618822	9825
191	陕西汽车控股集团有限公司	陕西	6496215	-18091	8801195	631600	25400
192	三宝集团股份有限公司	福建	6468161	21150	1723761	736483	5204
193	人民控股集团有限公司	浙江	6436292	266444	1613689	1196054	23507
194	山西建邦集团有限公司	山西	6387837	68771	2243720	1440981	3615
195	永道控股集团股份有限公司	广东	6301002	396115	2131715	1791985	4368
196	山西晋城钢铁控股集团有限公司	山西	6297449	30254	3913793	1965026	9325
197	山东金岭集团有限公司	山东	6283242	288840	2520502	1690627	5248
198	明阳新能源投资控股集团有限公司	广东	6262489	202378	14252999	4795032	13832
199	深圳传音控股股份有限公司	广东	6229488	553705	4612100	1805520	17327
200	鲁丽集团有限公司	山东	6185697	106756	2001790	725457	8109
201	山东渤海实业集团有限公司	山东	6183682	65505	2563694	953099	2831
202	山东垦利石化集团有限公司	山东	6158124	112877	1943293	1289276	2180
203	闻泰科技股份有限公司	湖北	6121280	118125	7696795	3716616	31497
204	稻花香集团	湖北	6091835	36756	1381469	408328	10002

续表

名次	企业名称	地区	营业收入/万元	净利润/万元	资产/万元	所有者权益/万元	从业人数/人
205	天津友发钢管集团股份有限公司	天津	6091822	56987	1765014	671317	11297
206	宜昌兴发集团有限责任公司	湖北	6079769	2699	5220250	467499	15138
207	华勤橡胶工业集团有限公司	山东	6027134	304821	2817484	1486983	8500
208	双良集团有限公司	江苏	6024117	56939	5423635	1087427	10377
209	广西南丹南方金属有限公司	广西壮族自治区	6002672	171004	2978218	1173073	5921
210	河南双汇投资发展股份有限公司	河南	5989296	505274	3667537	2084279	43605
211	西部矿业集团有限公司	青海	5911057	-136160	6711698	278000	8807
212	济钢集团有限公司	山东	5886496	56553	3538845	723991	7200
213	上海华谊控股集团有限公司	上海	5882418	118873	10576709	2470184	18582
214	振石控股集团有限公司	浙江	5844037	286247	5303430	2075546	15018
215	湖南博长控股集团有限公司	湖南	5821991	5934	1487346	356281	6458
216	石横特钢集团有限公司	山东	5789991	101478	3571650	2474951	10534
217	三花控股集团有限公司	浙江	5780067	185993	4405134	1483762	36156
218	福建省金纶高纤股份有限公司	福建	5756369	181792	2494833	663957	10127
219	浙江升华控股集团有限公司	浙江	5735023	41445	1177358	437882	3354
220	江苏阳光集团有限公司	江苏	5701471	283001	2287374	1267516	10000
221	五得利面粉集团有限公司	河北	5650576	53614	2370444	1477427	5736
222	天津渤海化工集团有限责任公司	天津	5610152	69912	12978092	5531857	21122
223	山西晋南钢铁集团有限公司	山西	5594810	-93924	3046617	805789	5956
224	福佳集团有限公司	辽宁	5583452	83291	8312569	5178102	1999
225	宁波均胜电子股份有限公司	浙江	5572847	108319	5688684	1357903	43965
226	重庆市博赛矿业（集团）有限公司	重庆	5525521	100644	1988480	946628	6900
227	胜星集团有限责任公司	山东	5510366	30278	2896841	-278827	1650
228	宏旺控股集团有限公司	广东	5501837	48594	1527522	472071	2658
229	远东控股集团有限公司	江苏	5501304	8806	2773707	413255	8757
230	山东招金集团有限公司	山东	5470614	41711	6809226	294783	14273
231	山东如意时尚投资控股有限公司	山东	5461245	204269	7227261	2211302	39845
232	江苏华西集团有限公司	江苏	5452565	-139547	3532800	1102850	7347
233	华峰集团有限公司	浙江	5429230	180226	8316607	2503953	19231
234	中国信息通信科技集团有限公司	湖北	5408393	113503	12846125	3637524	37102
235	安踏体育用品集团有限公司	福建	5399559	762805	4321022	1716245	60000
236	金龙精密铜管集团股份有限公司	重庆	5382256	17027	1560754	196576	6180
237	金澳科技（湖北）化工有限公司	湖北	5315305	42045	1091426	691502	5160
238	山东汇丰石化集团有限公司	山东	5306664	27919	1405414	309169	2097

续表

名次	企业名称	地区	营业收入/万元	净利润/万元	资产/万元	所有者权益/万元	从业人数/人
239	重庆智飞生物制品股份有限公司	重庆	5291777	806987	5023219	3150608	6545
240	云南锡业集团（控股）有限责任公司	云南	5277357	−40578	5742808	388818	18627
241	重庆小康控股有限公司	重庆	5269935	−270252	5416596	129170	17119
242	山东泰山钢铁集团有限公司	山东	5251017	9410	2362647	1126147	7541
243	伊电控股集团有限公司	河南	5222377	52055	6374663	1567434	6230
244	贵州磷化（集团）有限责任公司	贵州	5205414	200990	8915716	1560336	17207
245	江苏华宏实业集团有限公司	江苏	5188918	10501	888542	74861	2100
246	新华三信息技术有限公司	浙江	5185805	389466	4642005	935808	1800
247	河南金利金铅集团有限公司	河南	5185749	103765	1184175	401837	5308
248	卧龙控股集团有限公司	浙江	5180704	87435	3746179	1235883	18078
249	深圳海王集团股份有限公司	广东	5178713	−46304	5345741	919068	33287
250	四川德胜集团钒钛有限公司	四川	5161717	57708	3081799	1189910	9978
251	江苏大明工业科技集团有限公司	江苏	5057075	−11995	1358937	207229	6830
252	天津华北集团有限公司	天津	5055541	11926	1438562	661484	1152
253	山东九羊集团有限公司	山东	5034614	48340	2059633	1501055	5651
254	福建广源再生资源回收有限公司	福建	5001003	63954	458708	284631	10229
255	万通海欣控股集团股份有限公司	山东	4985535	108748	3596842	2031066	2760
256	万基控股集团有限公司	河南	4978773	24013	2453627	334572	11500
257	深圳理士电源发展有限公司	广东	4910750	50677	4270540	1239824	14411
258	广西玉柴机器集团有限公司	广西壮族自治区	4897673	58910	4355527	1370655	13367
259	石药控股集团有限公司	河北	4891577	912764	7319809	4659214	28119
260	福建省三钢（集团）有限责任公司	福建	4829302	−56228	6089972	1605746	16408
261	四川九洲投资控股集团有限公司	四川	4807122	16360	4420980	743029	21567
262	金发科技股份有限公司	广东	4794059	224083	6157534	1381500	10629
263	淄博鑫泰石化有限公司	山东	4763578	−47763	3164511	173255	1590
264	华鲁控股集团有限公司	山东	4750802	142704	6947953	1396764	19910
265	中联重科股份有限公司	湖南	4707485	350601	13086239	5640702	30563
266	法尔胜泓昇集团有限公司	江苏	4701168	31936	1556623	387623	7586
267	安徽楚江科技新材料股份有限公司	安徽	4631118	52922	1672797	645788	7779
268	江苏金峰水泥集团有限公司	江苏	4607856	113205	2852100	669931	4800
269	道恩集团有限公司	山东	4574341	113345	1889107	485749	4760
270	湖南五江控股集团有限公司	湖南	4562017	336672	7276168	4963278	26710
271	湖北宜化集团有限责任公司	湖北	4525048	738871	5260632	724851	15891
272	太平鸟集团有限公司	浙江	4512505	24449	1821091	317371	9802

续表

名次	企业名称	地区	营业收入/万元	净利润/万元	资产/万元	所有者权益/万元	从业人数/人
273	云南省贵金属新材料控股集团股份有限公司	云南	4508557	46830	1177455	650758	1835
274	安徽江淮汽车集团控股有限公司	安徽	4501773	4798	4727519	422710	23082
275	大全集团有限公司	江苏	4486495	55609	6533123	522179	15530
276	中新钢铁集团有限公司	江苏	4421622	69794	1678019	1151439	5753
277	桂林力源粮油食品集团有限公司	广西壮族自治区	4420954	90257	1473009	564985	14000
278	花园集团有限公司	浙江	4310174	44797	3248069	1414736	13839
279	广东德赛集团有限公司	广东	4303569	55100	3554160	401896	20894
280	河北诚信集团有限公司	河北	4284018	374945	3090833	2470573	14436
281	农夫山泉股份有限公司	浙江	4266722	1207950	4913713	2857091	24409
282	重庆机电控股（集团）公司	重庆	4261568	91720	6742844	1509445	26311
283	山东恒源石油化工股份有限公司	山东	4221348	-67213	1567726	454660	1167
284	巨化集团有限公司	浙江	4141239	52864	5448767	1761557	10612
285	湖南裕能新能源电池材料股份有限公司	湖南	4135767	158063	2679464	1128242	5525
286	江苏江润铜业有限公司	江苏	4120970	9341	395286	189789	730
287	常熟市龙腾特种钢有限公司	江苏	4106219	164953	4828963	1121058	5657
288	森马集团有限公司	浙江	4079214	18850	3287430	1139277	3308
289	福建省电子信息（集团）有限责任公司	福建	4072390	-568433	8664740	126452	40607
290	波司登股份有限公司	江苏	4042751	703918	4761437	3128029	24034
291	得力集团有限公司	浙江	4023529	202452	4155915	1693243	15605
292	甬金科技集团股份有限公司	浙江	3987381	45301	1258273	519595	3365
293	河北新武安钢铁集团烘熔钢铁有限公司	河北	3987209	8196	756526	619457	2713
294	厦门钨业股份有限公司	福建	3939791	160170	3927252	1121181	17549
295	山东恒信集团有限公司	山东	3913836	17010	1787277	591884	5063
296	云南白药集团股份有限公司	云南	3911129	409378	5378429	3987912	8834
297	河南神火集团有限公司	河南	3905016	181292	6112290	408726	25900
298	永鼎集团有限公司	江苏	3904558	25457	1697442	478256	5380
299	万丰奥特控股集团有限公司	浙江	3870928	222556	2759164	493558	13246
300	青岛啤酒集团有限公司	山东	3860660	152879	5883493	1131018	33645
301	宜宾丝丽雅集团有限公司	四川	3855150	21239	3542003	730036	9295
302	天洁集团有限公司	浙江	3853483	219395	1846992	1286934	1380
303	滨化集团	山东	3846081	84472	4825828	1799732	10363
304	河南豫联能源集团有限责任公司	河南	3825348	59213	2372399	417743	7973
305	无棣鑫岳化工集团有限公司	山东	3792258	90783	1884913	1223882	3885
306	福建福海创石油化工有限公司	福建	3789020	-165386	3965508	991534	1556
307	河北安丰钢铁集团有限公司	河北	3779868	121722	3368718	2801616	7943
308	江苏三木集团有限公司	江苏	3779860	73021	1970870	1416545	7130
309	大亚科技集团有限公司	江苏	3753657	116652	2034525	647848	9084
310	宁波申洲针织有限公司	浙江	3685398	92596	3479964	2660419	92030

续表

名次	企业名称	地区	营业收入/万元	净利润/万元	资产/万元	所有者权益/万元	从业人数/人
311	利时集团股份有限公司	浙江	3677324	105829	1865194	1209227	5021
312	郑州煤矿机械集团股份有限公司	河南	3642324	327396	4917439	2037821	16840
313	惠科股份有限公司	广东	3618104	280510	10052748	1305891	16258
314	重庆轻纺控股（集团）公司	重庆	3611292	5977	2788643	566262	22516
315	香驰控股有限公司	山东	3608035	87960	1942554	1046218	2292
316	济源市万洋冶炼（集团）有限公司	河南	3604564	68895	1329977	508200	4164
317	江苏省镔鑫钢铁集团有限公司	江苏	3598869	69591	1548764	539400	4489
318	中建信控股集团有限公司	上海	3533796	29369	4707016	388363	15477
319	浙江省机电集团有限公司	浙江	3533366	35860	4340857	472094	6747
320	东方日升新能源股份有限公司	浙江	3532680	136328	5424593	1520842	15228
321	中策橡胶集团股份有限公司	浙江	3525225	263786	3919568	1418233	22501
322	邯郸正大制管集团股份有限公司	河北	3524163	24005	498641	150802	5952
323	精工控股集团有限公司	浙江	3515507	51447	4477362	421809	15434
324	河北兴华钢铁有限公司	河北	3509112	14112	927335	848195	5618
325	浙江富春江通信集团有限公司	浙江	3501041	31996	2318205	573646	4116
326	雅迪科技集团有限公司	江苏	3476275	264015	2566009	840098	12338
327	兴惠化纤集团有限公司	浙江	3462360	5557	771640	518888	290
328	江苏新霖飞投资有限公司	江苏	3429357	88737	2546852	716661	5470
329	浙江协和集团有限公司	浙江	3400763	12570	808704	158403	1450
330	成都蛟龙投资有限责任公司	四川	3396366	201868	1256986	1038386	51375
331	红太阳集团有限公司	江苏	3391263	66184	3190868	707657	4882
332	华芳集团有限公司	江苏	3382811	19855	575828	388804	5880
333	郑州宇通企业集团	河南	3381755	17684	5385836	1478375	22745
334	胜达集团有限公司	浙江	3381536	80351	1503563	963749	3672
335	华新水泥股份有限公司	湖北	3375709	276212	6880027	2893295	20804
336	西子联合控股有限公司	浙江	3372933	198053	5731593	1684144	18022
337	福建百宏聚纤科技实业有限公司	福建	3361586	36732	5310879	1642454	11950
338	海天塑机集团有限公司	浙江	3328171	218651	4624116	1697325	11015
339	山东中海化工集团有限公司	山东	3326747	76304	1628568	1129594	2248
340	深圳市东阳光实业发展有限公司	广东	3323122	62616	8013457	1090938	22747
341	江苏洋河酒厂股份有限公司	江苏	3312628	1001593	6979229	5193852	20519
342	纳爱斯集团有限公司	浙江	3273281	143581	2706644	2397305	10776
343	河南龙成集团有限公司	河南	3265596	130769	3227966	700375	8200
344	江苏上上电缆集团有限公司	江苏	3231340	62540	1176611	915496	5919

续表

续表

名次	企业名称	地区	营业收入/万元	净利润/万元	资产/万元	所有者权益/万元	从业人数/人
345	浙江大华技术股份有限公司	浙江	3221832	736189	5288193	3471917	23452
346	兴达投资集团有限公司	江苏	3206807	27240	930797	715056	1100
347	鹏鼎控股（深圳）股份有限公司	广东	3206605	328695	4227816	2965069	41786
348	河北天柱钢铁集团有限公司	河北	3192376	-119899	2362536	717591	3778
349	中国庆华能源集团有限公司	北京	3183098	-57835	6663332	-172024	10193
350	舜宇集团有限公司	浙江	3168126	109942	5029708	2242297	29524
351	国轩高科股份有限公司	安徽	3160549	93873	9359265	2506684	22939
352	陕西鼓风机（集团）有限公司	陕西	3149623	27990	4180151	849234	6749
353	江苏中超投资集团有限公司	江苏	3131096	7971	1357089	316932	4870
354	江阴江东集团公司	江苏	3128566	235538	783218	642203	6556
355	天津天士力大健康产业投资集团有限公司	天津	3110346	159302	8312006	4019598	19651
356	广东小鹏汽车科技有限公司	广东	3100642	-959545	6100124	239780	15112
357	苏州创元投资发展（集团）有限公司	江苏	3091988	41564	5265791	1026590	16088
358	中国联塑集团控股有限公司	广东	3086829	249979	6003127	2350348	20372
359	宁波博洋控股集团有限公司	浙江	3063618	38340	1059943	264034	7521
360	广州立白凯晟控股有限公司	广东	3058885	123732	2649725	1272224	8357
361	格林美股份有限公司	广东	3052863	93449	5263238	1876153	10253
362	深圳市汇川技术股份有限公司	广东	3041993	474186	4895756	2448189	23685
363	河北文丰实业集团有限公司	河北	3034534	137453	3141072	1015062	8249
364	浙江元立金属制品集团有限公司	浙江	3028432	23009	3137799	908867	11905
365	无锡江南电缆有限公司	江苏	3025468	30091	1374874	604621	3408
366	河南济源钢铁（集团）有限公司	河南	3012382	78020	2374908	1026254	7630
367	新疆农六师铝业有限公司	新疆维吾尔自治区	3006418	345427	3141812	1139472	2894
368	久立集团股份有限公司	浙江	3001141	59938	1861390	358134	4745
369	鹰潭沪江铜基新材料有限公司	江西	2981812	3843	104914	36295	220
370	广西农垦集团有限责任公司	广西壮族自治区	2970019	66074	10111843	5613430	20127
371	江苏长电科技股份有限公司	江苏	2966096	147071	4257947	2606564	19812
372	新阳科技集团有限公司	江苏	2952682	26333	1127190	683932	2950
373	江苏扬子江船业集团有限公司	江苏	2943561	559518	6618961	4239821	31594
374	山鹰国际控股股份有限公司	安徽	2933333	15622	5473958	1374730	14024
375	浙江正凯集团有限公司	浙江	2910671	22521	2284883	284423	4159
376	山东电工电气集团有限公司	山东	2867061	77487	3259196	788796	4032
377	先导科技集团有限公司	广东	2858822	88262	3577694	850864	9365
378	上海华虹（集团）有限公司	上海	2846066	-95356	16379877	4286465	11829
379	诸城外贸有限责任公司	山东	2840158	83580	2436916	1276515	7582
380	超聚变数字技术有限公司	河南	2828503	52592	3038355	864241	3203

续表

名次	企业名称	地区	营业收入/万元	净利润/万元	资产/万元	所有者权益/万元	从业人数/人
381	广西柳工集团有限公司	广西壮族自治区	2810968	19194	4865909	498444	17584
382	天津源泰德润钢管制造集团有限公司	天津	2781405	13250	421547	301200	2300
383	金东纸业（江苏）股份有限公司	江苏	2772525	245621	6940470	2352192	5941
384	建华建材（中国）有限公司	江苏	2766823	55206	2537859	963233	28482
385	美锦能源集团有限公司	天津	2730416	−22464	7793428	1602385	16000
386	上海龙旗科技股份有限公司	上海	2718506	60532	1983900	382526	11504
387	上海爱旭新能源股份有限公司	上海	2717011	75675	3399618	867993	14240
388	宗申产业集团有限公司	重庆	2704857	18925	2826091	499729	17325
389	唐人神集团股份有限公司	湖南	2694904	−152591	1700942	549517	11537
390	潍坊特钢集团有限公司	山东	2682750	22923	793880	444137	5216
391	龙佰集团股份有限公司	河南	2676487	322643	6381724	2248208	18356
392	云南玉溪玉昆钢铁集团有限公司	云南	2668100	97482	3035455	1702321	7647
393	双星集团有限责任公司	山东	2660861	−24857	3844575	−21127	16822
394	宝业集团股份有限公司	浙江	2659738	88926	4851416	1258278	6419
395	北京顺鑫控股集团有限公司	北京	2650288	−77059	3580185	201384	6954
396	河南明泰铝业股份有限公司	河南	2644218	134749	2124261	1564460	6464
397	永兴特种材料科技股份有限公司	浙江	2631430	680396	2914012	2001856	2339
398	东岳氟硅科技集团有限公司	山东	2618639	49315	2191874	1459942	6922
399	中哲控股集团有限公司	浙江	2616088	12067	558347	155568	5750
400	万向三农集团有限公司	浙江	2610330	18841	2824866	967189	4475
401	赛轮集团股份有限公司	山东	2597826	309142	3372571	1485312	18155
402	重庆万达薄板有限公司	重庆	2582849	3856	1447655	386010	1325
403	泰开集团有限公司	山东	2550180	162113	2069733	609992	13703
404	广西贵港钢铁集团有限公司	广西壮族自治区	2522044	10132	1681536	311019	2866
405	唐山瑞丰钢铁（集团）有限公司	河北	2517426	32232	1798779	1381626	5984
406	华立集团股份有限公司	浙江	2482313	44886	2051924	444296	8076
407	佛山市海天调味食品股份有限公司	广东	2455931	562663	3842352	2853061	7863
408	人福医药集团股份公司	湖北	2452474	213448	3620430	1704360	17676
409	盛屯矿业集团股份有限公司	福建	2445581	26469	3768446	1387237	9193
410	江苏徐钢钢铁集团有限公司	江苏	2407253	41039	2318204	853203	4167
411	河南心连心化学工业集团股份有限公司	河南	2405443	161975	2780537	971234	9690
412	湖南有色产业投资集团有限责任公司	湖南	2403758	28219	1375032	238048	6311
413	天津市宝来工贸有限公司	天津	2376025	31357	359525	316724	2298
414	重庆攀华板材有限公司	重庆	2368652	220	386453	51257	207

续表

名次	企业名称	地区	营业收入/万元	净利润/万元	资产/万元	所有者权益/万元	从业人数/人
415	浙江新月控股集团有限公司	浙江	2357778	-8248	482701	-7674	800
416	安徽鸿路钢结构（集团）股份有限公司	安徽	2353912	117931	2328429	919401	21986
417	人本集团有限公司	浙江	2351650	64031	1912174	454855	25479
418	上海晨光文具股份有限公司	上海	2335130	152680	1531396	783318	5839
419	上海起帆电缆股份有限公司	上海	2334841	42319	1354759	457039	4488
420	河南丰利石化有限公司	河南	2334075	19889	1417199	738253	728
421	宁波华翔电子股份有限公司	浙江	2323626	102821	2721492	1219375	20711
422	正大天晴药业集团股份有限公司	江苏	2307645	470077	2995646	1296323	13754
423	江苏恒瑞医药股份有限公司	江苏	2281978	430244	4378451	4046580	19611
424	欧派家居集团股份有限公司	广东	2278209	303567	3434704	1811725	24044
425	安徽天康（集团）股份有限公司	安徽	2268577	44124	649324	514815	4200
426	宁波容百新能源科技股份有限公司	浙江	2265727	58091	2463910	869807	4376
427	唐山东华钢铁企业集团有限公司	河北	2261510	47638	1835315	734156	6258
428	玉锋实业集团有限公司	河北	2260195	32578	1220159	418160	3972
429	通富微电子股份有限公司	江苏	2226928	16944	3487771	1391714	19975
430	浙江天圣控股集团有限公司	浙江	2225916	166274	1781506	776410	2061
431	上海胜华电缆科技集团有限公司	上海	2206800	11258	761962	299355	2488
432	唐山三友集团有限公司	河北	2200969	22001	2645749	731958	18486
433	安徽中鼎控股（集团）股份有限公司	安徽	2188432	-42652	3282715	728970	27489
434	成都云图控股股份有限公司	四川	2176721	89186	2049876	827646	12631
435	福建长源纺织有限公司	福建	2157191	128605	1024242	626317	2280
436	宁波继峰汽车零部件股份有限公司	浙江	2157149	20387	1795211	410124	18991
437	安徽古井集团有限责任公司	安徽	2156775	272691	4253536	1369869	13451
438	青岛澳柯玛控股集团有限公司	山东	2156243	35548	2027993	306178	8396
439	黑龙江飞鹤乳业有限公司	黑龙江	2141614	132152	2226674	1076105	9489
440	攀枝花钢城集团有限公司	四川	2134334	55247	942218	86014	11198
441	山东博汇集团有限公司	山东	2129220	-20344	2773780	-89848	6635
442	玲珑集团有限公司	山东	2126535	33496	5165663	1040304	21934
443	上海仪电（集团）有限公司	上海	2123013	23957	8672511	1669654	11995
444	天津纺织集团（控股）有限公司	天津	2115134	13711	2077342	481843	4314
445	宁波力勤资源科技股份有限公司	浙江	2106841	104966	3067971	918554	17358
446	中国西电电气股份有限公司	陕西	2105145	88519	4377874	2164198	8649
447	爱玛科技集团股份有限公司	天津	2103612	188111	1989281	771203	9479
448	上海韦尔半导体股份有限公司	上海	2102064	55562	3774316	2145083	4800

续表

名次	企业名称	地区	营业收入/万元	净利润/万元	资产/万元	所有者权益/万元	从业人数/人
449	广州数字科技集团有限公司	广东	2092711	68284	7190757	1231133	59231
450	山东鲁北企业集团总公司	山东	2089844	6440	1946799	569718	4056
451	江苏中润光能科技股份有限公司	江苏	2087582	167212	2492624	459129	9160
452	高景太阳能股份有限公司	广东	2074970	254094	2362002	948923	5262
453	辛集市澳森特钢集团有限公司	河北	2049360	115150	1560545	1403142	6122
454	利欧集团股份有限公司	浙江	2047141	196603	2464425	1366620	6041
455	瑞声科技控股有限公司	广东	2041907	74037	3891078	2188145	29922
456	河南利源集团燃气有限公司	河南	2031689	71372	858556	356605	1870
457	博威集团有限公司	浙江	2027661	30320	1831783	250313	7559
458	广州视源电子科技股份有限公司	广东	2017264	137000	2180560	1247339	6780
459	凌源钢铁集团有限责任公司	辽宁	1994225	-7603	2358948	76340	9743
460	唐山东海钢铁集团有限公司	河北	1980823	62171	1562586	1227947	4547
461	宁波拓普集团股份有限公司	浙江	1970056	215064	3076977	1378438	19528
462	泰豪集团有限公司	江西	1951453	34647	2575505	899645	6211
463	福建傲农生物科技集团股份有限公司	福建	1945764	-365082	1362521	-96297	8759
464	厦门金龙汽车集团股份有限公司	福建	1939985	7510	2635907	312692	11751
465	广西百色工业投资发展集团有限公司	广西壮族自治区	1937558	7148	2343056	880047	3419
466	杭州鼎胜实业集团有限公司	浙江	1926511	14457	2241455	598973	2218
467	顾家家居股份有限公司	浙江	1921203	153515	1677969	652389	21088
468	卫华集团有限公司	河南	1911215	54937	1244121	519891	5585
469	青岛康大控股集团有限公司	山东	1895506	68921	872985	274459	7763
470	浙富控股集团股份有限公司	浙江	1895080	102563	2223169	1094266	6656
471	达利食品集团有限公司	福建	1885683	249063	2815078	1721385	35771
472	云南玉溪仙福钢铁（集团）有限公司	云南	1885645	23143	1475553	562887	5206
473	东营奥星石油化工有限公司	山东	1881940	153425	653589	624477	609
474	陕西黑猫焦化股份有限公司	陕西	1859265	-51206	2088144	761951	8775
475	今飞控股集团有限公司	浙江	1851942	21115	894293	174993	6445
476	铜陵化学工业集团有限公司	安徽	1850940	39475	1967354	339865	7041
477	福建圣农发展股份有限公司	福建	1848674	66427	2251273	1030812	28869
478	浙江力博控股集团有限公司	浙江	1837875	16453	273865	138613	1412
479	宜宾天原集团股份有限公司	四川	1836670	3996	1828902	803614	4982
480	山东潍焦控股集团有限公司	山东	1819677	21938	1184783	359566	2970
481	山东山水水泥集团有限公司	山东	1811561	-86880	3342620	1492648	16356
482	得利斯集团有限公司	山东	1809551	50917	1147031	874837	6539

续表

续表

名次	企业名称	地区	营业收入/万元	净利润/万元	资产/万元	所有者权益/万元	从业人数/人
483	云南祥丰实业集团有限公司	云南	1807528	129409	1167694	821622	2556
484	山东永鑫能源集团有限公司	山东	1805659	-146177	2384752	-500040	1354
485	浙江中财管道科技股份有限公司	浙江	1805378	167393	1595251	958306	8021
486	广博控股集团有限公司	浙江	1801889	27899	1723154	409329	3500
487	浙江晶盛机电股份有限公司	浙江	1798319	455751	3680836	1496315	7495
488	天津市医药集团有限公司	天津	1797626	112978	3732038	858635	8688
489	江阴模塑集团有限公司	江苏	1797506	18634	1407349	411559	11391
490	铜陵精达特种电磁线股份有限公司	安徽	1790586	42645	1131273	527054	3357
491	宁波方太厨具有限公司	浙江	1762946	196460	2113181	1353921	16797
492	景德镇黑猫集团有限责任公司	江西	1747859	-20058	3197468	495325	9206
493	浙江永利实业集团有限公司	浙江	1742354	12419	2271191	724146	2013
494	四川特驱农牧科技集团有限公司	四川	1732234	13009	538493	173523	2198
495	唐山正丰钢铁有限公司	河北	1724313	49141	546769	210412	2348
496	山东亚太中慧集团有限公司	山东	1720916	3189	314143	2100	6895
497	深圳市兆驰股份有限公司	广东	1716702	158842	2672354	1480165	13677
498	万邦德集团有限公司	浙江	1708806	45396	1160536	335676	2165
499	林州凤宝管业有限公司	河南	1706783	38241	1234217	500372	4554
500	闽源钢铁集团有限公司	河南	1706187	40353	787229	708252	4980
合计			5200561748	119458667	5463837268	1390886952	14697162

说 明

1. 2024 中国制造业企业 500 强是中国企业联合会、中国企业家协会参照国际惯例，组织企业自愿申报，并经专家审定确认后产生的。申报企业包括在中国境内注册、2023 年实现营业收入达到 120 亿元的企业（不包括在华外资、港澳台独资、控股企业，也不包括行政性公司、政企合一的单位，以及各类资产经营公司、烟草公司，但包括在境外注册、投资主体为中国自然人或法人、主要业务在境内的企业），都有资格申报参加排序。属于集团公司的控股子公司或相对控股子公司，由于其财务报表最后能被合并到集团母公司的财务会计报表中去，因此只允许其母公司申报。

2. 表中所列数据由企业自愿申报或属于上市公司公开数据，并经会计师事务所或审计师事务所等单位认可。

3. 营业收入是 2023 年不含增值税的收入，包括企业的所有收入，即主营业务和非主营业务、境内和境外的收入。净利润是 2023 年上交所得税的净利润扣除少数股东权益后的归属母公司所有者的净利润。资产是 2023 年度末的资产总额。所有者权益是 2023 年年末所有者权益总额扣除少数股东权益后的归属于母公司所有者权益。研究开发费用是 2023 年企业投入研究开发的所有费用。从业人数是 2023 年度的平均人数（含所有被合并报表企业的人数）。

4. 行业分类参照了国家统计局的分类方法，依据其主营业务收入所在行业来划分；地区分类是按企业总部所在地划分。

表 10-2 2024 中国制造业企业 500 强各行业企业分布

排名	企业名称	营业收入/万元	排名	企业名称	营业收入/万元
农副食品			饮料		
1	新希望控股集团有限公司	28308461	1	内蒙古伊利实业集团股份有限公司	12617945
2	广东海大集团股份有限公司	11611716	2	农夫山泉股份有限公司	4266722
3	牧原实业集团有限公司	11410056		合计	16884667
4	温氏食品集团股份有限公司	8992109			
5	双胞胎(集团)股份有限公司	8684219	酒类		
6	蓝润集团有限公司	8231998	1	四川省宜宾五粮液集团有限公司	17706062
7	三河汇福粮油集团有限公司	6981322	2	泸州老窖集团有限责任公司	10102563
8	河南双汇投资发展股份有限公司	5989296	3	稻花香集团	6091835
9	五得利面粉集团有限公司	5650576	4	青岛啤酒集团有限公司	3860660
10	香驰控股有限公司	3608035	5	江苏洋河酒厂股份有限公司	3312628
11	广西农垦集团有限责任公司	2970019	6	安徽古井集团有限责任公司	2156775
12	诸城外贸有限责任公司	2840158		合计	43230523
13	唐人神集团股份有限公司	2694904			
14	万向三农集团有限公司	2610330	轻工百货生产		
15	福建傲农生物科技集团股份有限公司	1945764	1	大亚科技集团有限公司	3753657
16	福建圣农发展股份有限公司	1848674	2	重庆轻纺控股(集团)公司	3611292
17	四川特驱农牧科技集团有限公司	1732234	3	上海晨光文具股份有限公司	2335130
18	山东亚太中慧集团有限公司	1720916	4	欧派家居集团股份有限公司	2278209
	合计	117830787	5	顾家家居股份有限公司	1921203
			6	广博控股集团有限公司	1801889
				合计	15701380
食品					
1	北京首农食品集团有限公司	16192714	纺织印染		
2	光明食品(集团)有限公司	13274018			
3	山东渤海实业集团有限公司	6183682	1	山东魏桥创业集团有限公司	52021385
4	桂林力源粮油食品集团有限公司	4420954	2	山东如意时尚投资控股有限公司	5461245
5	北京顺鑫控股集团有限公司	2650288	3	华芳集团有限公司	3382811
6	佛山市海天调味食品股份有限公司	2455931	4	福建长源纺织有限公司	2157191
7	玉锋实业集团有限公司	2260195	5	浙江永利实业集团有限公司	1742354
8	黑龙江飞鹤乳业有限公司	2141614		合计	64764986
9	青岛康大控股集团有限公司	1895506			
10	达利食品集团有限公司	1885683	服装及其他纺织品		
11	得利斯集团有限公司	1809551	1	雅戈尔集团(宁波)有限公司	19159142
	合计	55170136	2	海澜集团有限公司	13830215
			3	红豆集团有限公司	7815652

续表

排名	企业名称	营业收入/万元	排名	企业名称	营业收入/万元
4	内蒙古鄂尔多斯投资控股集团有限公司	6807550	7	金东纸业（江苏）股份有限公司	2772525
5	江苏阳光集团有限公司	5701471	8	山东博汇集团有限公司	2129220
6	安踏体育用品集团有限公司	5399559		合计	42948042
7	太平鸟集团有限公司	4512505			
8	森马集团有限公司	4079214	**石化及炼焦**		
9	波司登股份有限公司	4042751	1	中国石油化工集团有限公司	304194600
10	宁波申洲针织有限公司	3685398	2	恒力集团有限公司	81173689
11	宁波博洋控股集团有限公司	3063618	3	山东东明石化集团有限公司	15007876
12	中哲控股集团有限公司	2616088	4	利华益集团股份有限公司	14065245
13	天津纺织集团（控股）有限公司	2115134	5	万达控股集团有限公司	13301726
	合计	82828297	6	山西鹏飞集团有限公司	10519804
			7	旭阳控股有限公司	10507392
家用电器制造			8	弘润石化（潍坊）有限责任公司	9052769
1	美的集团股份有限公司	37370980	9	山东京博控股集团有限公司	8904018
2	海尔集团公司	37182197	10	富海集团新能源控股有限公司	8796947
3	珠海格力电器股份有限公司	20397927	11	河北鑫海控股集团有限公司	8065335
4	海信集团控股股份有限公司	20222566	12	中景石化集团有限公司	8025315
5	四川长虹电子控股集团有限公司	14028348	13	齐成（山东）石化集团有限公司	7766856
6	TCL实业控股股份有限公司	12032191	14	山东寿光鲁清石化有限公司	7492754
7	奥克斯集团有限公司	8602936	15	山东海科控股有限公司	7353033
8	创维集团有限公司	6903098	16	山东金诚石化集团有限公司	7295496
9	三花控股集团有限公司	5780067	17	山东齐润控股集团有限公司	7066058
10	青岛澳柯玛控股集团有限公司	2156243	18	山东东方华龙工贸集团有限公司	7032329
11	宁波方太厨具有限公司	1762946	19	福建省能源石化集团有限责任公司	6779420
12	深圳市兆驰股份有限公司	1716702	20	山东垦利石化集团有限公司	6158124
	合计	168156201	21	胜星集团有限责任公司	5510366
			22	金澳科技（湖北）化工有限公司	5315305
造纸及包装			23	山东汇丰石化集团有限公司	5306664
1	晨鸣控股有限公司	9294106	24	万通海欣控股集团股份有限公司	4985535
2	华泰集团有限公司	7739232	25	淄博鑫泰石化有限公司	4763578
3	玖龙纸业（控股）有限公司	7480073	26	山东恒源石油化工股份有限公司	4221348
4	山东太阳控股集团有限公司	7218017	27	山东恒信集团有限公司	3913836
5	胜达集团有限公司	3381536	28	山东中海化工集团有限公司	3326747
6	山鹰国际控股股份公司	2933333	29	中国庆华能源集团有限公司	3183098

续表

排名	企业名称	营业收入/万元	排名	企业名称	营业收入/万元
30	美锦能源集团有限公司	2730416	17	贵州磷化（集团）有限责任公司	5205414
31	河南丰利石化有限公司	2334075	18	金发科技股份有限公司	4794059
32	河南利源集团燃气有限公司	2031689	19	华鲁控股集团有限公司	4750802
33	东营奥星石油化工有限公司	1881940	20	道恩集团有限公司	4574341
34	陕西黑猫焦化股份有限公司	1859265	21	湖北宜化集团有限责任公司	4525048
35	山东潍焦控股集团有限公司	1819677	22	河北诚信集团有限公司	4284018
36	山东永鑫能源集团有限公司	1805659	23	巨化集团有限公司	4141239
	合计	603547984	24	滨化集团	3846081
			25	无棣鑫岳化工集团有限公司	3792258
轮胎及橡胶制品			26	福建福海创石油化工有限公司	3789020
1	华勤橡胶工业集团有限公司	6027134	27	江苏三木集团有限公司	3779860
2	利时集团股份有限公司	3677324	28	红太阳集团有限公司	3391263
3	中策橡胶集团股份有限公司	3525225	29	纳爱斯集团有限公司	3273281
4	双星集团有限责任公司	2660861	30	兴达投资集团有限公司	3206807
5	玲珑集团有限公司	2126535	31	广州立白凯晟控股有限公司	3058885
	合计	18017079	32	新阳科技集团有限公司	2952682
			33	龙佰集团股份有限公司	2676487
化学原料及化学品制造			34	东岳氟硅科技集团有限公司	2618639
1	中国中化控股有限责任公司	101402951	35	河南心连心化学工业集团股份有限公司	2405443
2	浙江荣盛控股集团有限公司	61260568	36	成都云图控股股份有限公司	2176721
3	盛虹控股集团有限公司	52882491	37	山东鲁北企业集团总公司	2089844
4	万华化学集团股份有限公司	17536093	38	铜陵化学工业集团有限公司	1850940
5	潞安化工集团有限公司	17300713	39	宜宾天原集团股份有限公司	1836670
6	新疆中泰（集团）有限责任公司	16374047	40	云南祥丰实业集团有限公司	1807528
7	重庆化医控股（集团）公司	9801539	41	景德镇黑猫集团有限责任公司	1747859
8	云天化集团有限责任公司	9186052		合计	417518010
9	浙江卫星控股股份有限公司	8595081			
10	山东金岭集团有限公司	6283242	化学纤维制造		
11	宜昌兴发集团有限责任公司	6079769	1	浙江恒逸集团有限公司	40682953
12	上海华谊控股集团有限公司	5882418	2	桐昆控股集团有限公司	18033065
13	浙江升华控股集团有限公司	5735023	3	新凤鸣控股集团有限公司	10846026
14	天津渤海化工集团有限责任公司	5610152	4	恒申控股集团有限公司	8725749
15	福佳集团有限公司	5583452	5	永荣控股集团有限公司	8270890
16	华峰集团有限公司	5429230	6	三房巷集团有限公司	7912819

续表

排名	企业名称	营业收入/万元	排名	企业名称	营业收入/万元
7	福建省金纶高纤股份有限公司	5756369	其他建材制造		
8	江苏华宏实业集团有限公司	5188918	1	中国联塑集团控股有限公司	3086829
9	宜宾丝丽雅集团有限公司	3855150	2	建华建材（中国）有限公司	2766823
10	兴惠化纤集团有限公司	3462360	3	宝业集团股份有限公司	2659738
11	福建百宏聚纤科技实业有限公司	3361586	4	浙江中财管道科技股份有限公司	1805378
12	浙江正凯集团有限公司	2910671		合计	10318768
13	浙江天圣控股集团有限公司	2225916			
14	唐山三友集团有限公司	2200969	黑色冶金		
	合计	123433441	1	中国宝武钢铁集团有限公司	111297172
			2	河钢集团有限公司	40159331
药品制造			3	青山控股集团有限公司	38213706
1	上海医药集团股份有限公司	26029509	4	敬业集团有限公司	34065252
2	广州医药集团有限公司	25704534	5	鞍钢集团有限公司	28801572
3	重庆智飞生物制品股份有限公司	5291777	6	江苏沙钢集团有限公司	27779839
4	深圳海王集团股份有限公司	5178713	7	杭州钢铁集团有限公司	26117680
5	石药控股集团有限公司	4891577	8	上海德龙钢铁集团有限公司	24352182
6	云南白药集团股份有限公司	3911129	9	北京建龙重工集团有限公司	24118660
7	深圳市东阳光实业发展有限公司	3323122	10	首钢集团有限公司	23801320
8	天津天士力大健康产业投资集团有限公司	3110346	11	湖南钢铁集团有限公司	23605602
9	人福医药集团股份公司	2452474	12	辽宁方大集团实业有限公司	22520226
10	正大天晴药业集团股份有限公司	2307645	13	冀南钢铁集团有限公司	19386914
11	江苏恒瑞医药股份有限公司	2281978	14	河北新华联合冶金控股集团有限公司	17760122
12	天津市医药集团有限公司	1797626	15	河北津西钢铁集团股份有限公司	16830377
	合计	86280430	16	中天钢铁集团有限公司	13927763
			17	河北普阳钢铁有限公司	13500344
水泥及玻璃制造			18	江苏新长江实业集团有限公司	12311578
1	中国建材集团有限公司	34751095	19	酒泉钢铁（集团）有限责任公司	12048884
2	安徽海螺集团有限责任公司	21696994	20	天津荣程祥泰投资控股集团有限公司	12023455
3	红狮控股集团有限公司	7236834	21	河北鑫达钢铁集团有限公司	11829687
4	江苏金峰水泥集团有限公司	4607856	22	福建大东海实业集团有限公司	11352122
5	华新水泥股份有限公司	3375709	23	包头钢铁（集团）有限责任公司	11289651
6	山东山水水泥集团有限公司	1811561	24	广西柳州钢铁集团有限公司	10653769
	合计	73480049	25	广西盛隆冶金有限公司	10429861
			26	日照钢铁控股集团有限公司	10053093

续表

排名	企业名称	营业收入/万元	排名	企业名称	营业收入/万元
27	方同舟控股有限公司	9754720	61	云南玉溪玉昆钢铁集团有限公司	2668100
28	河北太行钢铁集团有限公司	9554352	62	永兴特种材料科技股份有限公司	2631430
29	四川省川威集团有限公司	8572488	63	重庆万达薄板有限公司	2582849
30	武安市裕华钢铁有限公司	8427987	64	广西贵港钢铁集团有限公司	2522044
31	河北新金钢铁有限公司	7395037	65	唐山瑞丰钢铁（集团）有限公司	2517426
32	河北新武安钢铁集团文安钢铁有限公司	7101635	66	江苏徐钢钢铁集团有限公司	2407253
33	唐山港陆钢铁有限公司	7100741	67	重庆攀华板材有限公司	2368652
34	新余钢铁集团有限公司	7042990	68	唐山东华钢铁企业集团有限公司	2261510
35	兴华财富集团有限公司	6859313	69	辛集市澳森特钢集团有限公司	2049360
36	河南钢铁集团有限公司	6605175	70	凌源钢铁集团有限责任公司	1994225
37	三宝集团股份有限公司	6468161	71	唐山东海钢铁集团有限公司	1980823
38	山西晋城钢铁控股集团有限公司	6297449	72	云南玉溪仙福钢铁（集团）有限公司	1885645
39	鲁丽集团有限公司	6185697	73	唐山正丰钢铁有限公司	1724313
40	济钢集团有限公司	5886496	74	林州凤宝管业有限公司	1706783
41	振石控股集团有限公司	5844037	75	闽源钢铁集团有限公司	1706187
42	石横特钢集团有限公司	5789991		合计	826900229
43	山西晋南钢铁集团有限公司	5594810			
44	山东泰山钢铁集团有限公司	5251017	一般有色		
45	四川德胜集团钒钛有限公司	5161717	1	江西铜业集团有限公司	55390197
46	山东九羊集团有限公司	5034614	2	中国铝业集团有限公司	45020689
47	福建省三钢（集团）有限责任公司	4829302	3	金川集团股份有限公司	35325909
48	中新钢铁集团有限公司	4421622	4	海亮集团有限公司	25274166
49	常熟市龙腾特种钢有限公司	4106219	5	铜陵有色金属集团控股有限公司	24950389
50	河北新武安钢铁集团烘熔钢铁有限公司	3987209	6	洛阳栾川钼业集团股份有限公司	18626897
51	河北安丰钢铁有限公司	3779868	7	陕西有色金属控股集团有限责任公司	17673498
52	江苏省镔鑫钢铁集团有限公司	3598869	8	南山集团有限公司	17120433
53	中建信控股集团有限公司	3533796	9	宁波金田投资控股有限公司	14266515
54	河北兴华钢铁有限公司	3509112	10	中国有色矿业集团有限公司	12867231
55	河南龙成集团有限公司	3265596	11	富冶集团有限公司	12076934
56	河北天柱钢铁集团有限公司	3192376	12	白银有色集团股份有限公司	8697115
57	河北文丰实业集团有限公司	3034534	13	杭州锦江集团有限公司	8118445
58	河南济源钢铁（集团）有限公司	3012382	14	河南豫光金铅集团有限责任公司	7281187
59	天津源泰德润钢管制造集团有限公司	2781405	15	其亚集团有限公司	7255737
60	潍坊特钢集团有限公司	2682750	16	宁夏天元锰业集团有限公司	6633537

续表

排名	企业名称	营业收入/万元	排名	企业名称	营业收入/万元
17	浙江华友钴业股份有限公司	6630404	\multicolumn{3}{l	}{金属制品加工}	
18	广西南丹南方金属有限公司	6002672	1	中国国际海运集装箱（集团）股份有限公司	12780952
19	西部矿业集团有限公司	5911057	2	东方润安集团有限公司	7519951
20	重庆市博赛矿业（集团）有限公司	5525521	3	山东创新金属科技有限公司	7284749
21	金龙精密铜管集团股份有限公司	5382256	4	浙江东南网架集团有限公司	6510466
22	云南锡业集团（控股）有限责任公司	5277357	5	山西建邦集团有限公司	6387837
23	伊电控股集团有限公司	5222377	6	天津友发钢管集团股份有限公司	6091822
24	河南金利金铅集团有限公司	5185749	7	湖南博长控股集团有限公司	5821991
25	天津华北集团有限公司	5055541	8	宏旺控股集团有限公司	5501837
26	万基控股集团有限公司	4978773	9	江苏大明工业科技集团有限公司	5057075
27	厦门钨业股份有限公司	3939791	10	法尔胜泓昇集团有限公司	4701168
28	河南神火集团有限公司	3905016	11	安徽楚江科技新材料股份有限公司	4631118
29	济源市万洋冶炼（集团）有限公司	3604564	12	湖南五江控股集团有限公司	4562017
30	格林美股份有限公司	3052863	13	江苏江润铜业有限公司	4120970
31	新疆农六师铝业有限公司	3006418	14	甬金科技集团股份有限公司	3987381
32	先导科技集团有限公司	2858822	15	河南豫联能源集团有限责任公司	3825348
33	河南明泰铝业股份有限公司	2644218	16	邯郸正大制管集团有限公司	3524163
34	盛屯矿业集团股份有限公司	2445581	17	浙江协和集团有限公司	3400763
35	浙江新月控股集团有限公司	2357778	18	浙江元立金属制品集团有限公司	3028432
36	攀枝花钢城集团有限公司	2134334	19	久立集团股份有限公司	3001141
37	宁波力勤资源科技股份有限公司	2106841	20	鹰潭沪江铜基新材料有限公司	2981812
38	杭州鼎胜实业集团有限公司	1926511	21	天津市宝来工贸有限公司	2376025
39	万邦德集团有限公司	1708806	22	安徽鸿路钢结构（集团）股份有限公司	2353912
	合计	407442129	23	人本集团有限公司	2351650
			24	博威集团有限公司	2027661
\multicolumn{3}{l	}{贵金属}		25	浙江力博控股集团有限公司	1837875
1	紫金矿业集团股份有限公司	29340324		合计	115668116
2	中国黄金集团有限公司	12538972			
3	老凤祥股份有限公司	7143564	\multicolumn{3}{l	}{锅炉及动力装备制造}	
4	山东招金集团有限公司	5470614	1	潍柴控股集团有限公司	31050808
5	云南省贵金属新材料控股集团股份有限公司	4508557	2	广西玉柴机器集团有限公司	4897673
6	湖南有色产业投资集团有限责任公司	2403758		合计	35948481
	合计	61405789			
			\multicolumn{3}{l	}{物料搬运设备制造}	

续表

排名	企业名称	营业收入/万元	排名	企业名称	营业收入/万元
1	卫华集团有限公司	1911215	10	东方日升新能源股份有限公司	3532680
	合计	1911215	11	江苏新霖飞投资有限公司	3429357
			12	山东电工电气集团有限公司	2867061
工程机械及零部件			13	上海爱旭新能源股份有限公司	2717011
1	徐州工程机械集团有限公司	10270677	14	泰开集团有限公司	2550180
	合计	10270677	15	上海仪电（集团）有限公司	2123013
			16	中国西电电气股份有限公司	2105145
工业机械及设备制造			17	泰豪集团有限公司	1951453
1	中国机械工业集团有限公司	32905848	18	浙富控股集团股份有限公司	1895080
2	广州工业投资控股集团有限公司	27145473		合计	130479128
3	三一集团有限公司	11955604			
4	双良集团有限公司	6024117	电线电缆制造		
5	中联重科股份有限公司	4707485	1	中天科技集团有限公司	9582179
6	天洁集团有限公司	3853483	2	远东控股集团有限公司	5501304
7	郑州煤矿机械集团股份有限公司	3642324	3	浙江富春江通信集团有限公司	3501041
8	西子联合控股有限公司	3372933	4	江苏上上电缆集团有限公司	3231340
9	海天塑机集团有限公司	3328171	5	江苏中超投资集团有限公司	3131096
10	陕西鼓风机（集团）有限公司	3149623	6	无锡江南电缆有限公司	3025468
11	江阴江东集团公司	3128566	7	上海起帆电缆股份有限公司	2334841
12	深圳市汇川技术股份有限公司	3041993	8	安徽天康（集团）股份有限公司	2268577
13	广西柳工集团有限公司	2810968	9	上海胜华电缆科技集团有限公司	2206800
14	利欧集团股份有限公司	2047141	10	铜陵精达特种电磁线股份有限公司	1790586
	合计	111113729		合计	36573232
电力电气设备制造			风能、太阳能设备制造		
1	中国电子科技集团有限公司	39703034	1	通威集团有限公司	23879171
2	正泰集团股份有限公司	15501491	2	协鑫（集团）控股有限公司	17917777
3	上海电气控股集团有限公司	14295131	3	隆基绿能科技股份有限公司	12949767
4	新疆特变电工集团有限公司	10143554	4	晶科能源股份有限公司	11868178
5	中国东方电气集团有限公司	6650697	5	天合光能股份有限公司	11339178
6	人民控股集团有限公司	6436292	6	晶澳太阳能科技股份有限公司	8155618
7	卧龙控股集团有限公司	5180704	7	远景能源有限公司	8057357
8	深圳理士电源发展有限公司	4910750	8	阳光电源股份有限公司	7225067
9	大全集团有限公司	4486495	9	明阳新能源投资控股集团有限公司	6262489

排名	企业名称	营业收入/万元	排名	企业名称	营业收入/万元
10	浙江省机电集团有限公司	3533366	9	闻泰科技股份有限公司	6121280
11	江苏中润光能科技股份有限公司	2087582	10	中国信息通信科技集团有限公司	5408393
12	高景太阳能股份有限公司	2074970	11	新华三信息技术有限公司	5185805
	合计	115350520	12	四川九洲投资控股集团有限公司	4807122
			13	福建省电子信息（集团）有限责任公司	4072390
动力和储能电池			14	永鼎集团有限公司	3904558
1	宁德时代新能源科技股份有限公司	40091704	15	鹏鼎控股（深圳）股份有限公司	3206605
2	天能控股集团有限公司	22515144	16	舜宇集团有限公司	3168126
3	超威电源集团有限公司	13131800	17	上海龙旗科技股份有限公司	2718506
4	湖南裕能新能源电池材料股份有限公司	4135767	18	广州数字科技集团有限公司	2092711
5	国轩高科股份有限公司	3160549	19	瑞声科技控股有限公司	2041907
6	宁波容百新能源科技股份有限公司	2265727		合计	204170292
	合计	85300691			
			半导体、集成电路及面板制造		
计算机及办公设备			1	中国电子信息产业集团有限公司	25054057
1	立讯精密工业股份有限公司	23190546	2	京东方科技集团股份有限公司	17454345
2	浪潮集团有限公司	12131132	3	TCL科技集团股份有限公司	17444617
3	歌尔股份有限公司	9857390	4	惠科股份有限公司	3618104
4	心里程控股集团有限公司	7586681	5	江苏长电科技股份有限公司	2966096
5	得力集团有限公司	4023529	6	上海华虹（集团）有限公司	2846066
6	浙江大华技术股份有限公司	3221832	7	通富微电子股份有限公司	2226928
7	超聚变数字技术有限公司	2828503	8	上海韦尔半导体股份有限公司	2102064
8	广州视源电子科技股份有限公司	2017264	9	浙江晶盛机电股份有限公司	1798319
	合计	64856877		合计	75510596
通信设备制造			汽车及零配件制造		
1	华为投资控股有限公司	70417400	1	上海汽车集团股份有限公司	74470513
2	小米集团	27097014	2	中国第一汽车集团有限公司	63348535
3	亨通集团有限公司	17401914	3	比亚迪股份有限公司	60231535
4	中兴通讯股份有限公司	12425088	4	广州汽车工业集团有限公司	50535930
5	荣耀终端有限公司	9937190	5	浙江吉利控股集团有限公司	49807231
6	中国铁塔股份有限公司	9400947	6	北京汽车集团有限公司	48034175
7	华勤技术股份有限公司	8533848	7	东风汽车集团有限公司	40773516
8	深圳传音控股股份有限公司	6229488	8	奇瑞控股集团有限公司	27673962

排名	企业名称	营业收入/万元	排名	企业名称	营业收入/万元
9	万向集团公司	20237496		航空航天	
10	长城汽车股份有限公司	17321207	1	中国航空工业集团有限公司	58968032
11	中国重型汽车集团有限公司	17131327		合计	58968032
12	江铃汽车集团有限公司	10914250			
13	江苏悦达集团有限公司	9938733		兵器制造	
14	陕西汽车控股集团有限公司	6496215	1	中国兵器工业集团有限公司	54161047
15	宁波均胜电子股份有限公司	5572847	2	中国兵器装备集团有限公司	31708012
16	重庆小康控股有限公司	5269935		合计	85869059
17	安徽江淮汽车集团控股有限公司	4501773			
18	广东德赛集团有限公司	4303569		船舶制造	
19	万丰奥特控股集团有限公司	3870928	1	中国船舶集团有限公司	34610425
20	郑州宇通企业集团	3381755	2	江苏扬子江船业集团有限公司	2943561
21	广东小鹏汽车科技有限公司	3100642		合计	37553986
22	苏州创元投资发展（集团）有限公司	3091988			
23	赛轮集团股份有限公司	2597826		综合制造业	
24	宁波华翔电子股份有限公司	2323626	1	中国五矿集团有限公司	93459851
25	安徽中鼎控股（集团）股份有限公司	2188432	2	复星国际有限公司	19820031
26	宁波继峰汽车零部件股份有限公司	2157149	3	多弗国际控股集团有限公司	18561437
27	宁波拓普集团股份有限公司	1970056	4	无锡产业发展集团有限公司	15175614
28	厦门金龙汽车集团股份有限公司	1939985	5	深圳市立业集团有限公司	9974960
29	今飞控股集团有限公司	1851942	6	宁波富邦控股集团有限公司	7638581
30	江阴模塑集团有限公司	1797506	7	德力西集团有限公司	7258300
	合计	546834584	8	杉杉控股有限公司	7054728
			9	永道控股集团股份有限公司	6301002
	摩托车及零配件制造		10	江苏华西集团有限公司	5452565
1	雅迪科技集团有限公司	3476275	11	福建广源再生资源回收有限公司	5001003
2	宗申产业集团有限公司	2704857	12	花园集团有限公司	4310174
	合计	6181132	13	重庆机电控股（集团）公司	4261568
			14	精工控股集团有限公司	3515507
	轨道交通设备及零部件制造		15	成都蛟龙投资有限责任公司	3396366
1	中国中车集团有限公司	24437304	16	华立集团股份有限公司	2482313
2	爱玛科技集团股份有限公司	2103612	17	广西百色工业投资发展集团有限公司	1937558
	合计	26540916		合计	215601558

表10-3 2024中国制造业企业500强各地区分布

排名	企业名称	营业收入/万元	排名	企业名称	营业收入/万元
北京			5	复星国际有限公司	19820031
1	中国石油化工集团有限公司	304194600	6	上海电气控股集团有限公司	14295131
2	中国中化控股有限责任公司	101402951	7	光明食品（集团）有限公司	13274018
3	中国五矿集团有限公司	93459851	8	华勤技术股份有限公司	8533848
4	中国航空工业集团有限公司	58968032	9	老凤祥股份有限公司	7143564
5	中国兵器工业集团有限公司	54161047	10	杉杉控股有限公司	7054728
6	北京汽车集团有限公司	48034175	11	上海华谊控股集团有限公司	5882418
7	中国铝业集团有限公司	45020689	12	中建信控股集团有限公司	3533796
8	中国电子科技集团有限公司	39703034	13	上海华虹（集团）有限公司	2846066
9	中国建材集团有限公司	34751095	14	上海龙旗科技股份有限公司	2718506
10	中国船舶集团有限公司	34610425	15	上海爱旭新能源股份有限公司	2717011
11	中国机械工业集团有限公司	32905848	16	上海晨光文具股份有限公司	2335130
12	中国兵器装备集团有限公司	31708012	17	上海起帆电缆股份有限公司	2334841
13	小米集团	27097014	18	上海胜华电缆科技集团有限公司	2206800
14	中国电子信息产业集团有限公司	25054057	19	上海仪电（集团）有限公司	2123013
15	中国中车集团有限公司	24437304	20	上海韦尔半导体股份有限公司	2102064
16	北京建龙重工集团有限公司	24118660		合计	335070341
17	首钢集团有限公司	23801320			
18	京东方科技集团股份有限公司	17454345	天津		
19	北京首农食品集团有限公司	16192714	1	天津荣程祥泰投资控股集团有限公司	12023455
20	中国有色矿业集团有限公司	12867231	2	天津友发钢管集团股份有限公司	6091822
21	中国黄金集团有限公司	12538972	3	天津渤海化工集团有限责任公司	5610152
22	旭阳控股有限公司	10507392	4	天津华北集团有限公司	5055541
23	方同舟控股有限公司	9754720	5	天津天士力大健康产业投资集团有限公司	3110346
24	中国铁塔股份有限公司	9400947	6	天津源泰德润钢管制造集团有限公司	2781405
25	中国庆华能源集团有限公司	3183098	7	美锦能源集团有限公司	2730416
26	北京顺鑫控股集团有限公司	2650288	8	天津市宝来工贸有限公司	2376025
	合计	1097977821	9	天津纺织集团（控股）有限公司	2115134
			10	爱玛科技集团股份有限公司	2103612
上海			11	天津市医药集团有限公司	1797626
1	中国宝武钢铁集团有限公司	111297172		合计	45795534
2	上海汽车集团股份有限公司	74470513			
3	上海医药集团股份有限公司	26029509	重庆		
4	上海德龙钢铁集团有限公司	24352182	1	重庆化医控股（集团）公司	9801539

续表

排名	企业名称	营业收入/万元	排名	企业名称	营业收入/万元
2	重庆市博赛矿业（集团）有限公司	5525521	8	河北鑫达钢铁集团有限公司	11829687
3	金龙精密铜管集团股份有限公司	5382256	9	河北太行钢铁集团有限公司	9554352
4	重庆智飞生物制品股份有限公司	5291777	10	武安市裕华钢铁有限公司	8427987
5	重庆小康控股有限公司	5269935	11	晶澳太阳能科技股份有限公司	8155618
6	重庆机电控股（集团）公司	4261568	12	河北鑫海控股集团有限公司	8065335
7	重庆轻纺控股（集团）公司	3611292	13	河北新金钢铁有限公司	7395037
8	宗申产业集团有限公司	2704857	14	河北新武安钢铁集团文安钢铁有限公司	7101635
9	重庆万达薄板有限公司	2582849	15	唐山港陆钢铁有限公司	7100741
10	重庆攀华板材有限公司	2368652	16	三河汇福粮油集团有限公司	6981322
	合计	46800246	17	兴华财富集团有限公司	6859313
			18	五得利面粉集团有限公司	5650576
黑龙江			19	石药控股集团有限公司	4891577
1	黑龙江飞鹤乳业有限公司	2141614	20	河北诚信集团有限公司	4284018
	合计	2141614	21	河北新武安钢铁集团烘熔钢铁有限公司	3987209
			22	河北安丰钢铁集团有限公司	3779868
吉林			23	邯郸正大制管集团股份有限公司	3524163
1	中国第一汽车集团有限公司	63348535	24	河北兴华钢铁有限公司	3509112
	合计	63348535	25	河北天柱钢铁集团有限公司	3192376
			26	河北文丰实业集团有限公司	3034534
辽宁			27	唐山瑞丰钢铁（集团）有限公司	2517426
1	鞍钢集团有限公司	28801572	28	唐山东华钢铁企业集团有限公司	2261510
2	辽宁方大集团实业有限公司	22520226	29	玉锋实业集团有限公司	2260195
3	福佳集团有限公司	5583452	30	唐山三友集团有限公司	2200969
4	凌源钢铁集团有限责任公司	1994225	31	辛集市澳森特钢集团有限公司	2049360
	合计	58899475	32	唐山东海钢铁集团有限公司	1980823
			33	唐山正丰钢铁有限公司	1724313
河北				合计	291342603
1	河钢集团有限公司	40159331			
2	敬业集团有限公司	34065252	河南		
3	冀南钢铁集团有限公司	19386914	1	洛阳栾川钼业集团股份有限公司	18626897
4	河北新华联合冶金控股集团有限公司	17760122	2	牧原实业集团有限公司	11410056
5	长城汽车股份有限公司	17321207	3	河南豫光金铅集团有限责任公司	7281187
6	河北津西钢铁集团股份有限公司	16830377	4	河南钢铁集团有限公司	6605175
7	河北普阳钢铁有限公司	13500344	5	河南双汇投资发展股份有限公司	5989296

续表

排名	企业名称	营业收入/万元	排名	企业名称	营业收入/万元
6	伊电控股集团有限公司	5222377	13	歌尔股份有限公司	9857390
7	河南金利金铅集团有限公司	5185749	14	晨鸣控股有限公司	9294106
8	万基控股集团有限公司	4978773	15	弘润石化（潍坊）有限责任公司	9052769
9	河南神火集团有限公司	3905016	16	山东京博控股集团有限公司	8904018
10	河南豫联能源集团有限责任公司	3825348	17	富海集团新能源控股有限公司	8796947
11	郑州煤矿机械集团股份有限公司	3642324	18	齐成（山东）石化集团有限公司	7766856
12	济源市万洋冶炼（集团）有限公司	3604564	19	华泰集团有限公司	7739232
13	郑州宇通企业集团	3381755	20	山东寿光鲁清石化有限公司	7492754
14	河南龙成集团有限公司	3265596	21	山东海科控股有限公司	7353033
15	河南济源钢铁（集团）有限公司	3012382	22	山东金诚石化集团有限公司	7295496
16	超聚变数字技术有限公司	2828503	23	山东创新金属科技有限公司	7284749
17	龙佰集团股份有限公司	2676487	24	山东太阳控股集团有限公司	7218017
18	河南明泰铝业股份有限公司	2644218	25	山东齐润控股集团有限公司	7066058
19	河南心连心化学工业集团股份有限公司	2405443	26	山东东方华龙工贸集团有限公司	7032329
20	河南丰利石化有限公司	2334075	27	山东金岭集团有限公司	6283242
21	河南利源集团燃气有限公司	2031689	28	鲁丽集团有限公司	6185697
22	卫华集团有限公司	1911215	29	山东渤海实业集团有限公司	6183682
23	林州凤宝管业有限公司	1706783	30	山东垦利石化集团有限公司	6158124
24	闽源钢铁集团有限公司	1706187	31	华勤橡胶工业集团有限公司	6027134
	合计	110181095	32	济钢集团有限公司	5886496
			33	石横特钢集团有限公司	5789991
山东			34	胜星集团有限责任公司	5510366
1	山东魏桥创业集团有限公司	52021385	35	山东招金集团有限公司	5470614
2	海尔集团公司	37182197	36	山东如意时尚投资控股有限公司	5461245
3	潍柴控股集团有限公司	31050808	37	山东汇丰石化集团有限公司	5306664
4	海信集团控股股份有限公司	20222566	38	山东泰山钢铁集团有限公司	5251017
5	万华化学集团股份有限公司	17536093	39	山东九羊集团有限公司	5034614
6	中国重型汽车集团有限公司	17131327	40	万通海欣控股集团股份有限公司	4985535
7	南山集团有限公司	17120433	41	淄博鑫泰石化有限公司	4763578
8	山东东明石化集团有限公司	15007876	42	华鲁控股集团有限公司	4750802
9	利华益集团股份有限公司	14065245	43	道恩集团有限公司	4574341
10	万达控股集团有限公司	13301726	44	山东恒源石油化工股份有限公司	4221348
11	浪潮集团有限公司	12131132	45	山东恒信集团有限公司	3913836
12	日照钢铁控股集团有限公司	10053093	46	青岛啤酒集团有限公司	3860660

续表

排名	企业名称	营业收入/万元	排名	企业名称	营业收入/万元
47	滨化集团	3846081	2	隆基绿能科技股份有限公司	12949767
48	无棣鑫岳化工集团有限公司	3792258	3	陕西汽车控股集团有限公司	6496215
49	香驰控股有限公司	3608035	4	陕西鼓风机（集团）有限公司	3149623
50	山东中海化工集团有限公司	3326747	5	中国西电电气股份有限公司	2105145
51	山东电工电气集团有限公司	2867061	6	陕西黑猫焦化股份有限公司	1859265
52	诸城外贸有限责任公司	2840158		合计	44233513
53	潍坊特钢集团有限公司	2682750			
54	双星集团有限责任公司	2660861	安徽		
55	东岳氟硅科技集团有限公司	2618639	1	奇瑞控股集团有限公司	27673962
56	赛轮集团股份有限公司	2597826	2	铜陵有色金属集团控股有限公司	24950389
57	泰开集团有限公司	2550180	3	安徽海螺集团有限责任公司	21696994
58	青岛澳柯玛控股集团有限公司	2156243	4	阳光电源股份有限公司	7225067
59	山东博汇集团有限公司	2129220	5	安徽楚江科技新材料股份有限公司	4631118
60	玲珑集团有限公司	2126535	6	安徽江淮汽车集团控股有限公司	4501773
61	山东鲁北企业集团总公司	2089844	7	国轩高科股份有限公司	3160549
62	青岛康大控股集团有限公司	1895506	8	山鹰国际控股股份公司	2933333
63	东营奥星石油化工有限公司	1881940	9	安徽鸿路钢结构（集团）股份有限公司	2353912
64	山东潍焦控股集团有限公司	1819677	10	安徽天康（集团）股份有限公司	2268577
65	山东山水水泥集团有限公司	1811561	11	安徽中鼎控股（集团）股份有限公司	2188432
66	得利斯集团有限公司	1809551	12	安徽古井集团有限责任公司	2156775
67	山东永鑫能源集团有限公司	1805659	13	铜陵化学工业集团有限公司	1850940
68	山东亚太中慧集团有限公司	1720916	14	铜陵精达特种电磁线股份有限公司	1790586
	合计	529233869		合计	109382407
山西			江苏		
1	潞安化工集团有限公司	17300713	1	恒力集团有限公司	81173689
2	山西鹏飞集团有限公司	10519804	2	盛虹控股集团有限公司	52882491
3	山西建邦集团有限公司	6387837	3	江苏沙钢集团有限公司	27779839
4	山西晋城钢铁控股集团有限公司	6297449	4	协鑫（集团）控股有限公司	17917777
5	山西晋南钢铁集团有限公司	5594810	5	亨通集团有限公司	17401914
	合计	46100613	6	无锡产业发展集团有限公司	15175614
			7	中天钢铁集团有限公司	13927763
陕西			8	海澜集团有限公司	13830215
1	陕西有色金属控股集团有限责任公司	17673498	9	江苏新长江实业集团有限公司	12311578

续表

排名	企业名称	营业收入/万元	排名	企业名称	营业收入/万元
10	天合光能股份有限公司	11339178	44	苏州创元投资发展（集团）有限公司	3091988
11	徐州工程机械集团有限公司	10270677	45	无锡江南电缆有限公司	3025468
12	江苏悦达集团有限公司	9938733	46	江苏长电科技股份有限公司	2966096
13	中天科技集团有限公司	9582179	47	新阳科技集团有限公司	2952682
14	远景能源有限公司	8057357	48	江苏扬子江船业集团有限公司	2943561
15	三房巷集团有限公司	7912819	49	金东纸业（江苏）股份有限公司	2772525
16	红豆集团有限公司	7815652	50	建华建材（中国）有限公司	2766823
17	东方润安集团有限公司	7519951	51	江苏徐钢钢铁集团有限公司	2407253
18	双良集团有限公司	6024117	52	正大天晴药业集团股份有限公司	2307645
19	江苏阳光集团有限公司	5701471	53	江苏恒瑞医药股份有限公司	2281978
20	远东控股集团有限公司	5501304	54	通富微电子股份有限公司	2226928
21	江苏华西集团有限公司	5452565	55	江苏中润光能科技股份有限公司	2087582
22	江苏华宏实业集团有限公司	5188918	56	江阴模塑集团有限公司	1797506
23	江苏大明工业科技集团有限公司	5057075		合计	466605079
24	法尔胜泓昇集团有限公司	4701168			
25	江苏金峰水泥集团有限公司	4607856	湖南		
26	大全集团有限公司	4486495	1	湖南钢铁集团有限公司	23605602
27	中新钢铁集团有限公司	4421622	2	三一集团有限公司	11955604
28	江苏江润铜业有限公司	4120970	3	湖南博长控股集团有限公司	5821991
29	常熟市龙腾特种钢有限公司	4106219	4	中联重科股份有限公司	4707485
30	波司登股份有限公司	4042751	5	湖南五江控股集团有限公司	4562017
31	永鼎集团有限公司	3904558	6	湖南裕能新能源电池材料股份有限公司	4135767
32	江苏三木集团有限公司	3779860	7	唐人神集团股份有限公司	2694904
33	大亚科技集团有限公司	3753657	8	湖南有色产业投资集团有限责任公司	2403758
34	江苏省镔鑫钢铁集团有限公司	3598869		合计	59887128
35	雅迪科技集团有限公司	3476275			
36	江苏新霖飞投资有限公司	3429357	湖北		
37	红太阳集团有限公司	3391263	1	东风汽车集团有限公司	40773516
38	华芳集团有限公司	3382811	2	闻泰科技股份有限公司	6121280
39	江苏洋河酒厂股份有限公司	3312628	3	稻花香集团	6091835
40	江苏上上电缆集团有限公司	3231340	4	宜昌兴发集团有限责任公司	6079769
41	兴达投资集团有限公司	3206807	5	中国信息通信科技集团有限公司	5408393
42	江苏中超投资集团有限公司	3131096	6	金澳科技（湖北）化工有限公司	5315305
43	江阴江东集团公司	3128566	7	湖北宜化集团有限责任公司	4525048

续表

排名	企业名称	营业收入/万元	排名	企业名称	营业收入/万元
8	华新水泥股份有限公司	3375709	19	杭州锦江集团有限公司	8118445
9	人福医药集团股份公司	2452474	20	宁波富邦控股集团有限公司	7638581
	合计	80143329	21	德力西集团有限公司	7258300
			22	红狮控股集团有限公司	7236834
江西			23	浙江华友钴业股份有限公司	6630404
1	江西铜业集团有限公司	55390197	24	浙江东南网架集团有限公司	6510466
2	晶科能源股份有限公司	11868178	25	人民控股集团有限公司	6436292
3	江铃汽车集团有限公司	10914250	26	振石控股集团有限公司	5844037
4	双胞胎（集团）股份有限公司	8684219	27	三花控股集团有限公司	5780067
5	新余钢铁集团有限公司	7042990	28	浙江升华控股集团有限公司	5735023
6	鹰潭沪江铜基新材料有限公司	2981812	29	宁波均胜电子股份有限公司	5572847
7	泰豪集团有限公司	1951453	30	华峰集团有限公司	5429230
8	景德镇黑猫集团有限责任公司	1747859	31	新华三信息技术有限公司	5185805
	合计	100580958	32	卧龙控股集团有限公司	5180704
			33	太平鸟集团有限公司	4512505
浙江			34	花园集团有限公司	4310174
1	浙江荣盛控股集团有限公司	61260568	35	农夫山泉股份有限公司	4266722
2	浙江吉利控股集团有限公司	49807231	36	巨化集团有限公司	4141239
3	浙江恒逸集团有限公司	40682953	37	森马集团有限公司	4079214
4	青山控股集团有限公司	38213706	38	得力集团有限公司	4023529
5	杭州钢铁集团有限公司	26117680	39	甬金科技集团股份有限公司	3987381
6	海亮集团有限公司	25274166	40	万丰奥特控股集团有限公司	3870928
7	天能控股集团有限公司	22515144	41	天洁集团有限公司	3853483
8	万向集团公司	20237496	42	宁波申洲针织有限公司	3685398
9	雅戈尔集团（宁波）有限公司	19159142	43	利时集团股份有限公司	3677324
10	多弗国际控股集团有限公司	18561437	44	浙江省机电集团有限公司	3533366
11	桐昆控股集团有限公司	18033065	45	东方日升新能源股份有限公司	3532680
12	正泰集团股份有限公司	15501491	46	中策橡胶集团股份有限公司	3525225
13	宁波金田投资控股有限公司	14266515	47	精工控股集团有限公司	3515507
14	超威电源集团有限公司	13131800	48	浙江富春江通信集团有限公司	3501041
15	富冶集团有限公司	12076934	49	兴惠化纤集团有限公司	3462360
16	新凤鸣控股集团有限公司	10846026	50	浙江协和集团有限公司	3400763
17	奥克斯集团有限公司	8602936	51	胜达集团有限公司	3381536
18	浙江卫星控股股份有限公司	8595081	52	西子联合控股有限公司	3372933

续表

排名	企业名称	营业收入/万元	排名	企业名称	营业收入/万元
53	海天塑机集团有限公司	3328171		合计	666954733
54	纳爱斯集团有限公司	3273281			
55	浙江大华技术股份有限公司	3221832		广东	
56	舜宇集团有限公司	3168126	1	华为投资控股有限公司	70417400
57	宁波博洋控股集团有限公司	3063618	2	比亚迪股份有限公司	60231535
58	浙江元立金属制品集团有限公司	3028432	3	广州汽车工业集团有限公司	50535930
59	久立集团股份有限公司	3001141	4	美的集团股份有限公司	37370980
60	浙江正凯集团有限公司	2910671	5	广州工业投资控股集团有限公司	27145473
61	宝业集团股份有限公司	2659738	6	广州医药集团有限公司	25704534
62	永兴特种材料科技股份有限公司	2631430	7	立讯精密工业股份有限公司	23190546
63	中哲控股集团有限公司	2616088	8	珠海格力电器股份有限公司	20397927
64	万向三农集团有限公司	2610330	9	TCL科技集团股份有限公司	17444617
65	华立集团股份有限公司	2482313	10	中国国际海运集装箱（集团）股份有限公司	12780952
66	浙江新月控股集团有限公司	2357778	11	中兴通讯股份有限公司	12425088
67	人本集团有限公司	2351650	12	TCL实业控股股份有限公司	12032191
68	宁波华翔电子股份有限公司	2323626	13	广东海大集团股份有限公司	11611716
69	宁波容百新能源科技股份有限公司	2265727	14	深圳市立业集团有限公司	9974960
70	浙江天圣控股集团有限公司	2225916	15	荣耀终端有限公司	9937190
71	宁波继峰汽车零部件股份有限公司	2157149	16	温氏食品集团股份有限公司	8992109
72	宁波力勤资源科技股份有限公司	2106841	17	心里程控股集团有限公司	7586681
73	利欧集团股份有限公司	2047141	18	玖龙纸业（控股）有限公司	7480073
74	博威集团有限公司	2027661	19	创维集团有限公司	6903098
75	宁波拓普集团股份有限公司	1970056	20	永道控股集团有限公司	6301002
76	杭州鼎胜实业集团有限公司	1926511	21	明阳新能源投资控股集团有限公司	6262489
77	顾家家居股份有限公司	1921203	22	深圳传音控股股份有限公司	6229488
78	浙富控股集团股份有限公司	1895080	23	宏旺控股集团有限公司	5501837
79	今飞控股集团有限公司	1851942	24	深圳海王集团股份有限公司	5178713
80	浙江力博控股集团有限公司	1837875	25	深圳理士电源发展有限公司	4910750
81	浙江中财管道科技股份有限公司	1805378	26	金发科技股份有限公司	4794059
82	广博控股集团有限公司	1801889	27	广东德赛集团有限公司	4303569
83	浙江晶盛机电股份有限公司	1798319	28	惠科股份有限公司	3618104
84	宁波方太厨具有限公司	1762946	29	深圳市东阳光实业发展有限公司	3323122
85	浙江永利实业集团有限公司	1742354	30	鹏鼎控股（深圳）股份有限公司	3206605
86	万邦德集团有限公司	1708806	31	广东小鹏汽车科技有限公司	3100642

续表

排名	企业名称	营业收入/万元	排名	企业名称	营业收入/万元
32	中国联塑集团控股有限公司	3086829	福建		
33	广州立白凯晟控股有限公司	3058885	1	宁德时代新能源科技股份有限公司	40091704
34	格林美股份有限公司	3052863	2	紫金矿业集团股份有限公司	29340324
35	深圳市汇川技术股份有限公司	3041993	3	福建大东海实业集团有限公司	11352122
36	先导科技集团有限公司	2858822	4	恒申控股集团有限公司	8725749
37	佛山市海天调味食品股份有限公司	2455931	5	永荣控股集团有限公司	8270890
38	欧派家居集团股份有限公司	2278209	6	中景石化集团有限公司	8025315
39	广州数字科技集团有限公司	2092711	7	福建省能源石化集团有限责任公司	6779420
40	高景太阳能股份有限公司	2074970	8	三宝集团股份有限公司	6468161
41	瑞声科技控股有限公司	2041907	9	福建省金纶高纤股份有限公司	5756369
42	广州视源电子科技股份有限公司	2017264	10	安踏体育用品集团有限公司	5399559
43	深圳市兆驰股份有限公司	1716702	11	福建广源再生资源回收有限公司	5001003
	合计	518670466	12	福建省三钢（集团）有限责任公司	4829302
			13	福建省电子信息（集团）有限责任公司	4072390
四川			14	厦门钨业股份有限公司	3939791
1	新希望控股集团有限公司	28308461	15	福建福海创石油化工有限公司	3789020
2	通威集团有限公司	23879171	16	福建百宏聚纤科技实业有限公司	3361586
3	四川省宜宾五粮液集团有限公司	17706062	17	盛屯矿业集团股份有限公司	2445581
4	四川长虹电子控股集团有限公司	14028348	18	福建长源纺织有限公司	2157191
5	泸州老窖集团有限责任公司	10102563	19	福建傲农生物科技集团股份有限公司	1945764
6	四川省川威集团有限公司	8572488	20	厦门金龙汽车集团股份有限公司	1939985
7	蓝润集团有限公司	8231998	21	达利食品集团有限公司	1885683
8	其亚集团有限公司	7255737	22	福建圣农发展股份有限公司	1848674
9	中国东方电气集团有限公司	6650697		合计	167425583
10	四川德胜集团钒钛有限公司	5161717			
11	四川九洲投资控股集团有限公司	4807122	广西壮族自治区		
12	宜宾丝丽雅集团有限公司	3855150	1	广西柳州钢铁集团有限公司	10653769
13	成都蛟龙投资有限责任公司	3396366	2	广西盛隆冶金有限公司	10429861
14	成都云图控股股份有限公司	2176721	3	广西南丹南方金属有限公司	6002672
15	攀枝花钢城集团有限公司	2134334	4	广西玉柴机器集团有限公司	4897673
16	宜宾天原集团股份有限公司	1836670	5	桂林力源粮油食品集团有限公司	4420954
17	四川特驱农牧科技集团有限公司	1732234	6	广西农垦集团有限责任公司	2970019
	合计	149835839	7	广西柳工集团有限公司	2810968
			8	广西贵港钢铁集团有限公司	2522044

续表

排名	企业名称	营业收入/万元	排名	企业名称	营业收入/万元
9	广西百色工业投资发展集团有限公司	1937558		合计	56071908
	合计	46645518			
贵州			**青海**		
			1	西部矿业集团有限公司	5911057
1	贵州磷化（集团）有限责任公司	5205414		合计	5911057
	合计	5205414			
			宁夏回族自治区		
云南			1	宁夏天元锰业集团有限公司	6633537
1	云天化集团有限责任公司	9186052		合计	6633537
2	云南锡业集团（控股）有限责任公司	5277357			
3	云南省贵金属新材料控股集团股份有限公司	4508557	**新疆维吾尔自治区**		
4	云南白药集团股份有限公司	3911129	1	新疆中泰（集团）有限责任公司	16374047
5	云南玉溪玉昆钢铁集团有限公司	2668100	2	新疆特变电工集团有限公司	10143554
6	云南玉溪仙福钢铁（集团）有限公司	1885645	3	新疆农六师铝业有限公司	3006418
7	云南祥丰实业集团有限公司	1807528		合计	29524019
	合计	29244368			
			内蒙古自治区		
甘肃			1	内蒙古伊利实业集团股份有限公司	12617945
1	金川集团股份有限公司	35325909	2	包头钢铁（集团）有限责任公司	11289651
2	酒泉钢铁（集团）有限责任公司	12048884	3	内蒙古鄂尔多斯投资控股集团有限公司	6807550
3	白银有色集团股份有限公司	8697115		合计	30715146

表 10-4 2024 中国制造业企业 500 强净利润排序前 100 名企业

排名	公司名称	净利润/万元	排名	公司名称	净利润/万元
1	华为投资控股有限公司	8689300	51	浙江吉利控股集团有限公司	575227
2	中国石油化工集团有限公司	6649826	52	佛山市海天调味食品股份有限公司	562663
3	美的集团股份有限公司	3371994	53	江苏扬子江船业集团有限公司	559518
4	宁德时代新能源科技股份有限公司	3181445	54	深圳传音控股股份有限公司	553705
5	比亚迪股份有限公司	3004081	55	天合光能股份有限公司	553130
6	珠海格力电器股份有限公司	2901739	56	中国五矿集团有限公司	542272
7	兴华财富集团有限公司	2190235	57	山西鹏飞集团有限公司	532697
8	紫金矿业集团股份有限公司	2111942	58	海澜集团有限公司	517713
9	中国第一汽车集团有限公司	2027654	59	河南双汇投资发展股份有限公司	505274
10	中国电子科技集团有限公司	1814419	60	南山集团有限公司	505087
11	中国宝武钢铁集团有限公司	1765430	61	远景能源有限公司	503323
12	河北新金钢铁有限公司	1760226	62	深圳市汇川技术股份有限公司	474186
13	小米集团	1747517	63	正大天晴药业集团股份有限公司	470077
14	中国船舶集团有限公司	1704931	64	浙江晶盛机电股份有限公司	455751
15	万华化学集团股份有限公司	1681576	65	福建大东海实业集团有限公司	434172
16	上海汽车集团股份有限公司	1410617	66	江苏恒瑞医药股份有限公司	430244
17	中国兵器工业集团有限公司	1368398	67	万向集团公司	421415
18	农夫山泉股份有限公司	1207950	68	通威集团有限公司	420424
19	中国航空工业集团有限公司	1163872	69	海信集团控股股份有限公司	419909
20	海尔集团公司	1162561	70	奇瑞控股集团有限公司	414661
21	青山控股集团有限公司	1100276	71	云南白药集团股份有限公司	409378
22	立讯精密工业股份有限公司	1095266	72	内蒙古鄂尔多斯投资控股集团有限公司	398708
23	隆基绿能科技股份有限公司	1075142	73	永道控股集团有限公司	396115
24	内蒙古伊利实业集团股份有限公司	1042854	74	泸州老窖集团有限责任公司	390667
25	江苏洋河酒厂股份有限公司	1001593	75	新华三信息技术有限公司	389466
26	中国铁塔股份有限公司	975019	76	盛虹控股集团有限公司	388300
27	恒申控股集团有限公司	962477	77	上海医药集团股份有限公司	376800
28	金川集团有限公司	962399	78	河北诚信集团有限公司	374945
29	阳光电源股份有限公司	943956	79	雅戈尔集团（宁波）有限公司	360408
30	中兴通讯股份有限公司	932575	80	中联重科股份有限公司	350601
31	石药控股集团有限公司	912764	81	新疆农六师铝业有限公司	345427
32	四川省宜宾五粮液集团有限公司	869375	82	心里程控股集团有限公司	337042
33	山东魏桥创业集团有限公司	844063	83	湖南五江控股集团有限公司	336672
34	洛阳栾川钼业集团股份有限公司	824971	84	天能控股集团有限公司	336612
35	荣耀终端有限公司	821022	85	浙江华友钴业股份有限公司	335089
36	重庆智飞生物制品股份有限公司	806987	86	安徽海螺集团有限责任公司	333733
37	中国兵器装备集团有限公司	804781	87	协鑫（集团）控股有限公司	329972
38	安踏体育用品集团有限公司	762805	88	鹏鼎控股（深圳）股份有限公司	328695
39	晶科能源股份有限公司	744048	89	中国重型汽车集团有限公司	327982
40	湖北宜化集团有限责任公司	738871	90	郑州煤矿机械集团股份有限公司	327396
41	潞安化工集团有限公司	737640	91	龙佰集团股份有限公司	322643
42	浙江大华技术股份有限公司	736189	92	山东寿光鲁清石化有限公司	313212
43	晶澳太阳能科技股份有限公司	703949	93	赛轮集团股份有限公司	309142
44	波司登股份有限公司	703918	94	华勤橡胶工业集团有限公司	304821
45	长城汽车股份有限公司	702155	95	欧派家居集团股份有限公司	303567
46	恒力集团有限公司	694332	96	山东太阳控股集团有限公司	295857
47	永兴特种材料科技股份有限公司	680396	97	山东齐润控股集团有限公司	292765
48	中国铝业集团有限公司	620497	98	山东金岭集团有限公司	288840
49	中国中车集团有限公司	609866	99	振石控股集团有限公司	286247
50	湖南钢铁集团有限公司	590387	100	江苏阳光集团有限公司	283001
				中国制造业企业 500 强平均数	238917

表 10-5 2024 中国制造业企业 500 强资产排序前 100 名企业

排名	公司名称	资产/万元	排名	公司名称	资产/万元
1	中国石油化工集团有限公司	271624254	51	奇瑞控股集团有限公司	26507961
2	中国中化控股有限责任公司	158532371	52	万华化学集团股份有限公司	25304039
3	中国宝武钢铁集团有限公司	136252241	53	南山集团有限公司	22834315
4	中国航空工业集团有限公司	133056273	54	盛虹控股集团有限公司	22543729
5	华为投资控股有限公司	126359700	55	江西铜业集团有限公司	22112448
6	中国五矿集团有限公司	113287068	56	包头钢铁（集团）有限责任公司	21490717
7	中国船舶集团有限公司	102001013	57	牧原实业集团有限公司	21439467
8	上海汽车集团股份有限公司	100665028	58	上海医药集团股份有限公司	21197253
9	复星国际有限公司	80838759	59	新疆特变电工集团有限公司	20590022
10	宁德时代新能源科技股份有限公司	71716804	60	徐州工程机械集团有限公司	20483741
11	中国建材集团有限公司	70509454	61	海信集团控股有限公司	20404885
12	比亚迪股份有限公司	67954767	62	长城汽车股份有限公司	20127028
13	中国第一汽车集团有限公司	67073934	63	中兴通讯股份有限公司	20095832
14	浙江吉利控股集团有限公司	66804667	64	协鑫（集团）控股有限公司	19564033
15	中国电子科技集团有限公司	65870305	65	北京建龙重工集团有限公司	18974428
16	中国铝业集团有限公司	61657142	66	冀南钢铁集团有限公司	18333682
17	中国兵器工业集团有限公司	55841606	67	通威集团有限公司	17811242
18	河钢集团有限公司	54559511	68	正泰集团股份有限公司	17499502
19	中国中车集团有限公司	54370353	69	湖南钢铁集团有限公司	17370501
20	首钢集团有限公司	52700728	70	洛阳栾川钼业集团股份有限公司	17297453
21	海尔集团公司	52156119	71	北京首农食品集团有限公司	16776153
22	东风汽车集团有限公司	50430973	72	隆基绿能科技股份有限公司	16396920
23	美的集团股份有限公司	48603818	73	上海华虹（集团）有限公司	16379877
24	鞍钢集团有限公司	48267392	74	立讯精密工业股份有限公司	16199210
25	北京汽车集团有限公司	46672984	75	中国国际海运集装箱（集团）股份有限公司	16176323
26	中国兵器装备集团有限公司	46394496	76	山西鹏飞集团有限公司	15824206
27	中国电子信息产业集团有限公司	43359969	77	上海德龙钢铁集团有限公司	15483494
28	广州汽车工业集团有限公司	42060646	78	远景能源有限公司	15458078
29	京东方科技集团股份有限公司	41918710	79	金川集团股份有限公司	15456904
30	辽宁方大集团实业有限公司	41282420	80	福建省能源石化集团有限责任公司	15354486
31	浙江荣盛控股集团有限公司	41047249	81	内蒙古伊利实业集团股份有限公司	15162025
32	TCL 科技集团股份有限公司	38285909	82	日照钢铁控股集团有限公司	14871930
33	上海电气控股集团有限公司	38234299	83	青山控股集团有限公司	14654583
34	恒力集团有限公司	37395704	84	陕西有色金属控股集团有限责任公司	14303201
35	泸州老窖集团有限责任公司	37385788	85	明阳新能源投资控股集团有限公司	14252999
36	珠海格力电器股份有限公司	36805390	86	无锡产业发展集团有限公司	14055273
37	江苏沙钢集团有限公司	36672833	87	中国重型汽车集团有限公司	14047649
38	潍柴控股集团有限公司	36569899	88	多弗国际控股集团有限公司	13961867
39	广州工业投资控股集团有限公司	34749708	89	中国东方电气集团有限公司	13889500
40	紫金矿业集团股份有限公司	34300571	90	河北新华联合冶金控股集团有限公司	13683682
41	中国铁塔股份有限公司	32600626	91	新疆中泰（集团）有限责任公司	13491156
42	中国机械工业集团有限公司	32542123	92	浙江恒逸集团有限公司	13362876
43	小米集团	32424744	93	浪潮集团有限公司	13232343
44	四川省宜宾五粮液集团有限公司	31350468	94	晶科能源股份有限公司	13211654
45	潞安化工集团有限公司	29911772	95	中联重科股份有限公司	13086239
46	安徽海螺集团有限责任公司	29793207	96	天津渤海化工集团有限公司	12978092
47	新希望控股集团有限公司	29648431	97	玖龙纸业（控股）有限公司	12891230
48	三一集团有限公司	27966735	98	中国信息通信科技集团有限公司	12846125
49	山东魏桥创业集团有限公司	27912834	99	宁夏天元锰业集团有限公司	12809347
50	光明食品（集团）有限公司	26796474	100	浙江华友钴业股份有限公司	12552027
				中国制造业企业 500 强平均数	10927675

表 10-6 2024 中国制造业企业 500 强从业人数排序前 100 名企业

排名	公司名称	从业人数/人	排名	公司名称	从业人数/人
1	比亚迪股份有限公司	703504	51	四川长虹电子控股集团有限公司	66270
2	中国石油化工集团有限公司	513434	52	上海电气控股集团有限公司	65991
3	中国航空工业集团有限公司	384000	53	内蒙古伊利实业集团股份有限公司	64305
4	中国电子科技集团有限公司	241097	54	安徽海螺集团有限责任公司	64134
5	中国宝武钢铁集团有限公司	235971	55	安踏体育用品集团有限公司	60000
6	立讯精密工业股份有限公司	232585	56	广州数字科技集团有限公司	59231
7	中国兵器工业集团有限公司	219697	57	通威集团有限公司	58329
8	华为投资控股有限公司	207200	58	北京建龙重工集团有限公司	57863
9	中国中化控股有限责任公司	203727	59	晶科能源股份有限公司	57375
10	中国建材集团有限公司	199122	60	盛虹控股集团有限公司	56863
11	美的集团股份有限公司	198613	61	奇瑞控股集团有限公司	56584
12	中国船舶集团有限公司	196309	62	紫金矿业集团股份有限公司	55239
13	中国电子信息产业集团有限公司	183469	63	江苏悦达集团有限公司	52938
14	中国五矿集团有限公司	175524	64	温氏食品集团股份有限公司	52858
15	恒力集团有限公司	173250	65	北京首农食品集团有限公司	52550
16	中国中车集团有限公司	161133	66	成都蛟龙投资有限责任公司	51375
17	中国兵器装备集团有限公司	159837	67	包头钢铁（集团）有限责任公司	51255
18	上海汽车集团股份有限公司	150670	68	三一集团有限公司	49504
19	浙江吉利控股集团有限公司	143994	69	新疆中泰（集团）有限公司	49312
20	牧原实业集团有限公司	135629	70	正泰集团股份有限公司	48231
21	鞍钢集团有限公司	135598	71	上海医药集团股份有限公司	48164
22	中国铝业集团有限公司	127701	72	四川省宜宾五粮液集团有限公司	46137
23	辽宁方大集团实业有限公司	124530	73	江苏沙钢集团有限公司	44004
24	海尔集团公司	122742	74	宁波均胜电子股份有限公司	43965
25	东风汽车集团有限公司	122658	75	河南双汇投资发展股份有限公司	43605
26	宁德时代新能源科技股份有限公司	116055	76	晶澳太阳能科技股份有限公司	43559
27	中国机械工业集团有限公司	114730	77	天合光能股份有限公司	43031
28	潞安化工集团有限公司	112925	78	上海德龙钢铁集团有限公司	42843
29	广州汽车工业集团有限公司	110847	79	TCL 实业控股股份有限公司	42421
30	复星国际有限公司	108000	80	中国有色矿业集团有限公司	41924
31	青山控股集团有限公司	107805	81	鹏鼎控股（深圳）股份有限公司	41786
32	海信集团控股股份有限公司	107647	82	陕西有色金属控股集团有限责任公司	41386
33	潍柴控股集团有限公司	105811	83	福建省电子信息（集团）有限责任公司	40607
34	中国第一汽车集团有限公司	102425	84	山东如意时尚投资控股有限公司	39845
35	河钢集团有限公司	97802	85	南山集团有限公司	39729
36	山东魏桥创业集团有限公司	97281	86	广东海大集团股份有限公司	38804
37	宁波申洲针织有限公司	92030	87	中国黄金集团有限公司	37285
38	京东方科技集团股份有限公司	90563	88	中国信息通信科技集团有限公司	37102
39	北京汽车集团有限公司	90000	89	三花控股集团有限公司	36156
40	光明食品（集团）有限公司	89698	90	湖南钢铁集团有限公司	36114
41	广州工业投资控股集团有限公司	83649	91	桐昆控股集团有限公司	36082
42	首钢集团有限公司	83509	92	达利食品集团有限公司	35771
43	长城汽车股份有限公司	82439	93	广州医药集团有限公司	35391
44	歌尔股份有限公司	81370	94	冀南钢铁集团有限公司	35014
45	新希望控股集团有限公司	79066	95	华勤技术股份有限公司	34900
46	TCL 科技集团股份有限公司	75217	96	万向集团公司	34589
47	隆基绿能科技股份有限公司	75006	97	创维集团有限公司	34008
48	珠海格力电器股份有限公司	72610	98	青岛啤酒集团有限公司	33645
49	中兴通讯股份有限公司	72093	99	小米集团	33627
50	中国国际海运集装箱（集团）股份有限公司	68940	100	深圳海王集团股份有限公司	33287
				中国制造业企业 500 强平均数	29394

表10-7 2024中国制造业企业500强研发费用排序前100名企业

排名	公司名称	研发费用/万元	排名	公司名称	研发费用/万元
1	华为投资控股有限公司	16470000	51	包头钢铁（集团）有限责任公司	565886
2	比亚迪股份有限公司	3957495	52	天合光能股份有限公司	553046
3	中国兵器工业集团有限公司	2886898	53	亨通集团有限公司	523236
4	中兴通讯股份有限公司	2528921	54	广州工业投资控股集团有限公司	518428
5	浙江吉利控股集团有限公司	2293054	55	广东小鹏汽车科技有限公司	502025
6	中国五矿集团有限公司	2270250	56	江苏恒瑞医药股份有限公司	495388
7	山东魏桥创业集团有限公司	1945600	57	新疆特变电工集团有限公司	491814
8	中国石油化工集团有限公司	1923928	58	石药控股集团有限公司	485575
9	小米集团	1909770	59	新华三信息技术有限公司	483728
10	中国航空工业集团有限公司	1861470	60	歌尔股份有限公司	471596
11	上海汽车集团股份有限公司	1836541	61	华勤技术股份有限公司	454753
12	宁德时代新能源科技股份有限公司	1835610	62	铜陵有色金属集团控股有限公司	454171
13	中国第一汽车集团有限公司	1661003	63	重庆小康控股有限公司	445678
14	中国中车集团有限公司	1481022	64	敬业集团有限公司	442065
15	中国船舶集团有限公司	1478238	65	万向集团公司	440973
16	美的集团股份有限公司	1458331	66	徐州工程机械集团有限公司	430786
17	中国兵器装备集团有限公司	1388876	67	河北新华联合冶金控股集团有限公司	413246
18	中国宝武钢铁集团有限公司	1306026	68	TCL实业控股股份有限公司	408714
19	海尔集团公司	1171899	69	正大天晴药业集团股份有限公司	408486
20	中国电子信息产业集团有限公司	1140335	70	万华化学集团股份有限公司	408071
21	荣耀终端有限公司	1135626	71	中联重科股份有限公司	403367
22	京东方科技集团股份有限公司	1131950	72	通威集团有限公司	398234
23	鞍钢集团有限公司	1118471	73	浙江大华技术股份有限公司	396725
24	广州汽车工业集团有限公司	1088582	74	利华益集团股份有限公司	385298
25	中国建材集团有限公司	1073732	75	福建省电子信息（集团）有限责任公司	382685
26	TCL科技集团股份有限公司	952284	76	宁波均胜电子股份有限公司	364796
27	三一集团有限公司	906135	77	正泰集团股份有限公司	364522
28	潍柴控股集团有限公司	865417	78	上海德龙钢铁集团有限公司	324138
29	东风汽车集团有限公司	863193	79	潞安化工集团有限公司	318331
30	河钢集团有限公司	835338	80	心里程控股集团有限公司	311129
31	立讯精密工业股份有限公司	818877	81	闻泰科技股份有限公司	305684
32	江苏沙钢集团有限公司	810694	82	青山控股集团有限公司	297534
33	长城汽车股份有限公司	805425	83	中国东方电气集团有限公司	296856
34	奇瑞控股集团有限公司	789324	84	中国重型汽车集团有限公司	286617
35	隆基绿能科技股份有限公司	772106	85	四川长虹电子控股集团有限公司	280823
36	首钢集团有限公司	756606	86	协鑫（集团）控股有限公司	278743
37	湖南钢铁集团有限公司	747870	87	弘润石化（潍坊）有限责任公司	276811
38	中国信息通信科技集团有限公司	729490	88	深圳市东阳光实业发展有限公司	270710
39	中国机械工业集团有限公司	716374	89	广东德赛集团有限公司	268913
40	晶科能源股份有限公司	689866	90	河北普阳钢铁有限公司	266514
41	海信集团控股股份有限公司	686766	91	深圳市汇川技术股份有限公司	262415
42	中国铝业集团有限公司	682562	92	山西建邦集团有限公司	261901
43	珠海格力电器股份有限公司	676214	93	江铃汽车集团有限公司	261714
44	浪潮集团有限公司	663343	94	舜宇集团有限公司	256648
45	浙江荣盛控股集团有限公司	661958	95	华泰集团有限公司	256586
46	上海电气控股集团有限公司	660679	96	无锡产业发展集团有限公司	252863
47	上海华虹（集团）有限公司	657272	97	中天钢铁集团有限公司	247682
48	北京建龙重工集团有限公司	618369	98	阳光电源股份有限公司	244739
49	盛虹控股集团有限公司	591817	99	中天科技集团有限公司	243627
50	北京汽车集团有限公司	577214	100	中国国际海运集装箱（集团）股份有限公司	242915
				中国制造业企业500强平均数	252742

表 10-8 2024 中国制造业企业 500 强研发强度排序前 100 名企业

排名	公司名称	研发强度/%	排名	公司名称	研发强度/%
1	华为投资控股有限公司	23.39	51	浙江中财管道科技股份有限公司	4.81
2	上海华虹（集团）有限公司	23.09	52	歌尔股份有限公司	4.78
3	江苏恒瑞医药股份有限公司	21.71	53	泰开集团有限公司	4.68
4	中兴通讯股份有限公司	20.35	54	长城汽车股份有限公司	4.65
5	正大天晴药业集团股份有限公司	17.70	55	上海电气控股集团有限公司	4.62
6	广东小鹏汽车科技有限公司	16.19	56	浙江吉利控股集团有限公司	4.60
7	中国信息通信科技集团有限公司	13.49	57	宁德时代新能源科技股份有限公司	4.58
8	浙江大华技术股份有限公司	12.31	58	天津天士力大健康产业投资集团有限公司	4.57
9	荣耀终端有限公司	11.43	59	中国电子信息产业集团有限公司	4.55
10	广州数字科技集团有限公司	11.28	60	上海爱旭新能源股份有限公司	4.51
11	上海韦尔半导体股份有限公司	10.63	61	中国东方电气集团有限公司	4.46
12	石药控股集团有限公司	9.93	62	超聚变数字技术有限公司	4.44
13	福建省电子信息（集团）有限责任公司	9.40	63	卫华集团有限公司	4.42
14	新华三信息技术有限公司	9.33	64	中国兵器装备集团有限公司	4.38
15	深圳市汇川技术股份有限公司	8.63	65	惠科股份有限公司	4.34
16	中联重科股份有限公司	8.57	66	郑州煤矿机械集团股份有限公司	4.28
17	重庆小康控股有限公司	8.46	67	中国船舶集团有限公司	4.27
18	深圳市东阳光实业发展有限公司	8.15	68	华鲁控股集团有限公司	4.26
19	舜宇集团有限公司	8.10	69	浙富控股集团股份有限公司	4.22
20	瑞声科技控股有限公司	7.71	70	徐州工程机械集团有限公司	4.19
21	三一集团有限公司	7.58	71	金发科技股份有限公司	4.12
22	广州视源电子科技股份有限公司	7.05	72	万丰奥特控股集团有限公司	4.11
23	小米集团	7.05	73	先导科技集团有限公司	4.11
24	比亚迪股份有限公司	6.57	74	心里程控股集团有限公司	4.10
25	宁波均胜电子股份有限公司	6.55	75	山西建邦集团有限公司	4.10
26	国轩高科股份有限公司	6.52	76	河南明泰铝业股份有限公司	4.10
27	京东方科技集团股份有限公司	6.49	77	深圳市兆驰股份有限公司	4.10
28	浙江晶盛机电股份有限公司	6.37	78	厦门钨业股份有限公司	4.08
29	广东德赛集团有限公司	6.25	79	中国联塑集团控股有限公司	4.01
30	上海龙旗科技股份有限公司	6.21	80	上海仪电（集团）有限公司	3.99
31	鹏鼎控股（深圳）股份有限公司	6.10	81	中策橡胶集团股份有限公司	3.97
32	中国中车集团有限公司	6.06	82	辛集市澳森特钢集团有限公司	3.96
33	隆基绿能科技股份有限公司	5.96	83	格林美股份有限公司	3.94
34	人福医药集团股份有限公司	5.96	84	美的集团股份有限公司	3.90
35	郑州宇通企业集团	5.88	85	山东泰山钢铁集团有限公司	3.89
36	晶科能源股份有限公司	5.81	86	鞍钢集团有限公司	3.88
37	浪潮集团有限公司	5.47	87	四川九洲投资控股集团有限公司	3.88
38	TCL科技集团股份有限公司	5.46	88	厦门金龙汽车集团股份有限公司	3.86
39	中国兵器工业集团有限公司	5.33	89	泰豪集团有限公司	3.86
40	华勤技术股份有限公司	5.33	90	玲珑集团有限公司	3.85
41	宁波方太厨具有限公司	5.30	91	龙佰集团股份有限公司	3.79
42	通富微电子股份有限公司	5.22	92	河南心连心化学工业集团有限公司	3.79
43	包头钢铁（集团）有限责任公司	5.01	93	安徽中鼎控股（集团）股份有限公司	3.74
44	宁波拓普集团股份有限公司	5.01	94	山东魏桥创业集团有限公司	3.74
45	闻泰科技股份有限公司	4.99	95	山西晋城钢铁控股集团有限公司	3.68
46	安徽江淮汽车集团控股有限公司	4.96	96	华峰集团有限公司	3.66
47	欧派家居集团股份有限公司	4.94	97	深圳传音控股股份有限公司	3.62
48	天合光能股份有限公司	4.88	98	金东纸业（江苏）股份有限公司	3.62
49	江苏长电科技股份有限公司	4.85	99	西子联合控股有限公司	3.60
50	新疆特变电工集团有限公司	4.85	100	人民控股集团有限公司	3.58
				中国制造业企业500强平均数	2.42

表 10-9 2024 中国制造业企业 500 强净资产利润率排序前 100 名企业

排名	公司名称	净资产利润率/%	排名	公司名称	净资产利润率/%
1	山东亚太中慧集团有限公司	151.86	51	福建长源纺织有限公司	20.53
2	湖北宜化集团有限责任公司	101.93	52	华勤橡胶工业集团有限公司	20.50
3	河北新金钢铁有限公司	100.00	53	晶澳太阳能科技股份有限公司	20.05
4	兴华财富集团有限公司	100.00	54	河南利源集团燃气有限公司	20.01
5	攀枝花钢城集团有限公司	64.23	55	安徽古井集团有限责任公司	19.91
6	万丰奥特控股集团有限公司	45.09	56	佛山市海天调味食品股份有限公司	19.72
7	安踏体育用品集团有限公司	44.45	57	河南豫光金铅集团有限责任公司	19.69
8	河南神火集团有限公司	44.36	58	紫金矿业集团股份有限公司	19.64
9	农夫山泉股份有限公司	42.28	59	石药控股集团有限公司	19.59
10	新华三信息技术有限公司	41.62	60	上海晨光文具股份有限公司	19.49
11	内蒙古鄂尔多斯投资控股集团有限公司	39.82	61	内蒙古伊利实业集团股份有限公司	19.48
12	江阴江东集团公司	36.68	62	立讯精密工业股份有限公司	19.45
13	江苏中润光能科技股份有限公司	36.42	63	成都蛟龙投资有限责任公司	19.44
14	正大天晴药业集团股份有限公司	36.26	64	深圳市汇川技术股份有限公司	19.37
15	奇瑞控股集团有限公司	34.88	65	江苏洋河酒厂股份有限公司	19.28
16	阳光电源股份有限公司	34.07	66	老凤祥股份有限公司	19.13
17	永兴特种材料科技股份有限公司	33.99	67	河北鑫海控股集团有限公司	19.12
18	雅迪科技集团有限公司	31.43	68	万华化学集团股份有限公司	18.97
19	深圳传音控股股份有限公司	30.67	69	河南龙成集团有限公司	18.67
20	浙江晶盛机电股份有限公司	30.46	70	中策橡胶集团股份有限公司	18.60
21	新疆农六师铝业有限公司	30.31	71	德力西集团有限公司	18.14
22	恒申控股集团有限公司	28.94	72	中国有色矿业集团有限公司	18.01
23	福建省金纶高纤股份有限公司	27.38	73	大亚科技集团有限公司	18.01
24	高景太阳能股份有限公司	26.78	74	青山控股集团有限公司	17.97
25	泰开集团有限公司	26.58	75	浙江卫星控股股份有限公司	17.76
26	潞安化工集团有限公司	26.54	76	海信集团控股股份有限公司	17.66
27	河南金利金铅集团有限公司	25.82	77	山东京博控股集团有限公司	17.63
28	重庆智飞生物制品股份有限公司	25.61	78	天合光能股份有限公司	17.55
29	青岛康大控股集团有限公司	25.11	79	山东创新金属科技有限公司	17.50
30	珠海格力电器股份有限公司	24.84	80	浙江中财管道科技股份有限公司	17.47
31	东营奥星石油化工有限公司	24.57	81	心里程控股集团有限公司	17.27
32	爱玛科技集团股份有限公司	24.39	82	华为投资控股有限公司	17.12
33	河南双汇投资发展股份有限公司	24.24	83	天能控股集团有限公司	17.11
34	顾家家居股份有限公司	23.53	84	山东金岭集团有限公司	17.08
35	唐山正丰钢铁有限公司	23.35	85	天洁集团有限公司	17.05
36	道恩集团有限公司	23.33	86	江苏金峰水泥集团有限公司	16.90
37	波司登股份有限公司	22.50	87	欧派家居集团股份有限公司	16.76
38	福建广源再生资源回收有限公司	22.47	88	久立集团股份有限公司	16.74
39	江苏阳光集团有限公司	22.33	89	河南心连心化学工业集团股份有限公司	16.68
40	人民控股集团有限公司	22.28	90	泸州老窖集团有限责任公司	16.54
41	山东寿光鲁清石化有限公司	22.16	91	金发科技股份有限公司	16.22
42	永道控股集团股份有限公司	22.10	92	宁德时代新能源科技股份有限公司	16.09
43	富冶集团有限公司	21.80	93	郑州煤矿机械集团股份有限公司	16.07
44	晶科能源股份有限公司	21.65	94	山东齐润控股集团有限公司	16.06
45	比亚迪股份有限公司	21.64	95	奥克斯集团有限公司	16.05
46	惠科股份有限公司	21.48	96	桂林力源粮油食品集团有限公司	15.98
47	浙江天圣控股集团有限公司	21.42	97	邯郸正大制管集团有限公司	15.92
48	浙江大华技术股份有限公司	21.20	98	TCL 实业控股股份有限公司	15.84
49	赛轮集团股份有限公司	20.81	99	上海龙旗科技股份有限公司	15.82
50	美的集团股份有限公司	20.70	100	云南祥丰实业集团有限公司	15.75
				中国制造业企业 500 强平均数	8.79

表 10-10 2024 中国制造业企业 500 强资产利润率排序前 100 名企业

排名	公司名称	资产利润率/%	排名	公司名称	资产利润率/%
1	兴华财富集团有限公司	79.66	51	河南金利金铅集团有限公司	8.76
2	河北新金钢铁有限公司	39.67	52	天津市宝来工贸有限公司	8.72
3	江阴江东集团公司	30.07	53	江苏扬子江船业集团有限公司	8.45
4	农夫山泉股份有限公司	24.58	54	新华三信息技术有限公司	8.39
5	东营奥星石油化工有限公司	23.47	55	河南利源集团燃气有限公司	8.31
6	永兴特种材料科技股份有限公司	23.35	56	万丰奥特控股集团有限公司	8.07
7	永道控股集团股份有限公司	18.58	57	利欧集团股份有限公司	7.98
8	安踏体育用品集团有限公司	17.65	58	青岛康大控股集团有限公司	7.89
9	人民控股集团有限公司	16.51	59	珠海格力电器股份有限公司	7.88
10	重庆智飞生物制品股份有限公司	16.07	60	泰开集团有限公司	7.83
11	成都蛟龙投资有限责任公司	16.06	61	鹏鼎控股（深圳）股份有限公司	7.77
12	正大天晴药业集团股份有限公司	15.69	62	荣耀终端有限公司	7.65
13	恒申控股集团有限公司	15.16	63	云南白药集团股份有限公司	7.61
14	波司登股份有限公司	14.78	64	青山控股集团有限公司	7.51
15	佛山市海天调味食品股份有限公司	14.64	65	辛集市澳森特钢集团有限公司	7.38
16	江苏洋河酒厂股份有限公司	14.35	66	福建省金纶高纤股份有限公司	7.29
17	湖北宜化集团有限责任公司	14.05	67	内蒙古鄂尔多斯投资控股集团有限公司	7.12
18	福建广源再生资源回收有限公司	13.94	68	宁波拓普集团股份有限公司	6.99
19	浙江大华技术股份有限公司	13.92	69	美的集团股份有限公司	6.94
20	河南双汇投资发展股份有限公司	13.78	70	内蒙古伊利实业集团股份有限公司	6.88
21	福建长源纺织有限公司	12.56	71	华为投资控股有限公司	6.88
22	石药控股集团有限公司	12.47	72	富海集团新能源控股有限公司	6.87
23	浙江晶盛机电股份有限公司	12.38	73	安徽天康（集团）股份有限公司	6.80
24	江苏阳光集团有限公司	12.37	74	立讯精密工业股份有限公司	6.76
25	河北诚信集团有限公司	12.13	75	中策橡胶集团股份有限公司	6.73
26	深圳传音控股股份有限公司	12.01	76	福建大东海实业集团有限公司	6.72
27	天洁集团有限公司	11.88	77	江苏中润光能科技股份有限公司	6.71
28	心里程控股集团有限公司	11.88	78	郑州煤矿机械集团股份有限公司	6.66
29	山东金岭集团有限公司	11.46	79	万华化学集团股份有限公司	6.65
30	阳光电源股份有限公司	11.39	80	晶澳太阳能科技股份有限公司	6.60
31	云南祥丰实业集团有限公司	11.08	81	山东海科控股有限公司	6.58
32	新疆农六师铝业有限公司	10.99	82	隆基绿能科技股份有限公司	6.56
33	华勤橡胶工业集团有限公司	10.82	83	安徽古井集团有限责任公司	6.41
34	高景太阳能股份有限公司	10.76	84	河南明泰铝业股份有限公司	6.34
35	浙江中财管道科技股份有限公司	10.49	85	广州视源电子科技股份有限公司	6.28
36	雅迪科技集团有限公司	10.29	86	金川集团股份有限公司	6.23
37	上海晨光文具股份有限公司	9.97	87	紫金矿业集团股份有限公司	6.16
38	江苏恒瑞医药股份有限公司	9.83	88	桂林力源粮油食品集团有限公司	6.13
39	深圳市汇川技术股份有限公司	9.69	89	广东海大集团股份有限公司	6.13
40	爱玛科技集团股份有限公司	9.46	90	浙江力博控股集团有限公司	6.01
41	浙江天圣控股集团有限公司	9.33	91	道恩集团有限公司	6.00
42	宁波方太厨具有限公司	9.30	92	山东金诚石化集团有限公司	5.98
43	山东齐润控股集团有限公司	9.17	93	深圳市兆驰股份有限公司	5.94
44	赛轮集团股份有限公司	9.17	94	黑龙江飞鹤乳业有限公司	5.93
45	顾家家居股份有限公司	9.15	95	富冶集团有限公司	5.91
46	老凤祥股份有限公司	9.10	96	湖南裕能新能源电池材料股份有限公司	5.90
47	山东寿光鲁清石化有限公司	9.08	97	人福医药集团股份有限公司	5.90
48	唐山正丰钢铁有限公司	8.99	98	攀枝花钢城集团有限公司	5.86
49	达利食品集团有限公司	8.85	99	河南心连心化学工业集团股份有限公司	5.83
50	欧派家居集团股份有限公司	8.84	100	山东垦利石化集团有限公司	5.81
				中国制造业企业 500 强平均数	2.19

表 10-11 2024 中国制造业企业 500 强收入利润率排序前 100 名企业

排名	公司名称	收入利润率/%	排名	公司名称	收入利润率/%
1	兴华财富集团有限公司	31.93	51	东营奥星石油化工有限公司	8.15
2	江苏洋河酒厂股份有限公司	30.24	52	中国联塑集团控股有限公司	8.10
3	农夫山泉股份有限公司	28.31	53	江苏中润光能科技股份有限公司	8.01
4	永兴特种材料科技股份有限公司	25.86	54	顾家家居股份有限公司	7.99
5	浙江晶盛机电股份有限公司	25.34	55	宁德时代新能源科技股份有限公司	7.94
6	河北新金钢铁有限公司	23.80	56	惠科股份有限公司	7.75
7	佛山市海天调味食品股份有限公司	22.91	57	雅迪科技集团有限公司	7.59
8	浙江大华技术股份有限公司	22.85	58	江阴江东集团有限公司	7.53
9	正大天晴药业集团股份有限公司	20.37	59	新华三信息技术有限公司	7.51
10	江苏扬子江船业集团有限公司	19.01	60	中兴通讯股份有限公司	7.51
11	江苏恒瑞医药股份有限公司	18.85	61	中策橡胶集团股份有限公司	7.48
12	石药控股集团有限公司	18.66	62	浙江天圣控股集团有限公司	7.47
13	波司登股份有限公司	17.41	63	中联重科股份有限公司	7.45
14	湖北宜化集团有限责任公司	16.33	64	湖南五江控股集团有限公司	7.38
15	深圳市汇川技术股份有限公司	15.59	65	紫金矿业集团股份有限公司	7.20
16	重庆智飞生物制品股份有限公司	15.25	66	云南祥丰实业集团有限公司	7.16
17	珠海格力电器股份有限公司	14.23	67	广州视源电子科技股份有限公司	6.79
18	安踏体育用品集团有限公司	14.13	68	河南心连心化学工业集团股份有限公司	6.73
19	欧派家居集团股份有限公司	13.32	69	海天塑机集团有限公司	6.57
20	达利食品集团有限公司	13.21	70	上海晨光文具股份有限公司	6.54
21	阳光电源股份有限公司	13.07	71	小米集团	6.45
22	安徽古井集团有限责任公司	12.64	72	泰开集团有限公司	6.36
23	华为投资控股有限公司	12.34	73	永道控股集团有限公司	6.29
24	高景太阳能股份有限公司	12.25	74	天津市医药集团有限公司	6.28
25	龙佰集团股份有限公司	12.05	75	晶科能源股份有限公司	6.27
26	赛轮集团股份有限公司	11.90	76	远景能源有限公司	6.25
27	新疆农六师铝业有限公司	11.49	77	黑龙江飞鹤乳业有限公司	6.17
28	宁波方太厨具有限公司	11.14	78	福建长源纺织有限公司	5.96
29	恒申控股集团有限公司	11.03	79	成都蛟龙投资有限责任公司	5.94
30	宁波拓普集团股份有限公司	10.92	80	西子联合控股有限公司	5.87
31	云南白药集团股份有限公司	10.47	81	内蒙古鄂尔多斯投资控股集团有限公司	5.86
32	中国铁塔股份有限公司	10.37	82	万丰奥特控股集团有限公司	5.75
33	鹏鼎控股（深圳）股份有限公司	10.25	83	天洁集团有限公司	5.69
34	利欧集团股份有限公司	9.60	84	辛集市澳森特钢集团有限公司	5.62
35	万华化学集团股份有限公司	9.59	85	浙富控股集团股份有限公司	5.41
36	浙江中财管道科技股份有限公司	9.27	86	天津天士力大健康产业投资集团有限公司	5.12
37	深圳市兆驰股份有限公司	9.25	87	河南明泰铝业股份有限公司	5.10
38	美的集团股份有限公司	9.02	88	山西鹏飞集团有限公司	5.06
39	郑州煤矿机械集团股份有限公司	8.99	89	华勤橡胶工业集团有限公司	5.06
40	爱玛科技集团股份有限公司	8.94	90	浙江华友钴业股份有限公司	5.05
41	深圳传音控股股份有限公司	8.89	91	得力集团有限公司	5.03
42	金东纸业（江苏）股份有限公司	8.86	92	安徽鸿路钢结构（集团）股份有限公司	5.01
43	河北诚信集团有限公司	8.75	93	比亚迪股份有限公司	4.99
44	人福医药集团股份有限公司	8.70	94	宁波力勤资源科技股份有限公司	4.98
45	晶澳太阳能科技股份有限公司	8.63	95	江苏阳光集团有限公司	4.96
46	河南双汇投资发展股份有限公司	8.44	96	江苏长电科技股份有限公司	4.96
47	隆基绿能科技股份有限公司	8.30	97	中国船舶集团有限公司	4.93
48	内蒙古伊利实业集团股份有限公司	8.26	98	四川省宜宾五粮液集团有限公司	4.91
49	荣耀终端有限公司	8.26	99	振石控股集团有限公司	4.90
50	华新水泥股份有限公司	8.18	100	天合光能股份有限公司	4.88
				中国制造业企业 500 强平均数	2.30

表 10-12　2024 中国制造业企业 500 强人均营业收入排序前 100 名企业

排名	公司名称	人均营业收入/万元	排名	公司名称	人均营业收入/万元
1	鹰潭沪江铜基新材料有限公司	13553.69	51	河北新金钢铁有限公司	1693.78
2	兴惠化纤集团有限公司	11939.17	52	山东海科控股有限公司	1667.35
3	重庆攀华板材有限公司	11442.76	53	东方润安集团有限公司	1630.16
4	江苏江润铜业有限公司	5645.16	54	香驰控股有限公司	1574.19
5	三河汇福粮油集团有限公司	4426.96	55	洛阳栾川钼业集团股份有限公司	1552.89
6	天津华北集团有限公司	4388.49	56	河北普阳钢铁有限公司	1551.76
7	山东东方华龙工贸集团有限公司	4185.91	57	富海集团新能源控股有限公司	1540.08
8	山东恒源石油化工股份有限公司	3617.26	58	山东中海化工集团有限公司	1479.87
9	胜星集团有限责任公司	3339.62	59	河北新武安钢铁集团烘熔钢铁有限公司	1469.67
10	富冶集团有限公司	3308.75	60	老凤祥股份有限公司	1459.06
11	心里程控股集团有限公司	3228.37	61	永道控股集团股份有限公司	1442.54
12	河南丰利石化有限公司	3206.15	62	永荣控股集团有限公司	1377.10
13	河北鑫海控股集团有限公司	3102.05	63	山东永鑫能源集团有限公司	1333.57
14	东营奥星石油化工有限公司	3090.21	64	浙江力博控股集团有限公司	1301.61
15	弘润石化（潍坊）有限责任公司	3017.59	65	三房巷集团有限公司	1276.26
16	淄博鑫泰石化有限公司	2995.96	66	天津荣程祥泰投资控股集团有限公司	1244.79
17	浙江新月控股集团有限公司	2947.22	67	三宝集团股份有限公司	1242.92
18	兴达投资集团有限公司	2915.28	68	森马集团有限公司	1233.14
19	新华三信息技术有限公司	2881.00	69	天津源泰德润钢管制造集团有限公司	1209.31
20	山东垦利石化集团有限公司	2824.83	70	山东金岭集团有限公司	1197.26
21	福佳集团有限公司	2793.12	71	甬金科技集团股份有限公司	1184.96
22	天洁集团有限公司	2792.38	72	铜陵有色金属集团控股有限公司	1163.57
23	浙江荣盛控股集团有限公司	2621.00	73	金川集团股份有限公司	1138.63
24	山东汇丰石化集团有限公司	2530.60	74	兴华财富集团有限公司	1137.91
25	山东寿光鲁清石化有限公司	2512.66	75	河南豫光金铅集团有限责任公司	1125.72
26	江苏华宏实业集团有限公司	2470.91	76	永兴特种材料科技股份有限公司	1125.02
27	山东金诚石化集团有限公司	2460.54	77	其亚集团有限公司	1102.70
28	云南省贵金属新材料控股集团股份有限公司	2456.98	78	河南利源集团燃气有限公司	1086.46
29	福建福海创石油化工有限公司	2435.10	79	浙江天圣控股集团有限公司	1080.02
30	浙江协和集团有限公司	2345.35	80	万达控股集团有限公司	1049.36
31	齐成（山东）石化集团有限公司	2219.10	81	新疆农六师铝业有限公司	1038.85
32	山东渤海实业集团有限公司	2184.27	82	天津市宝来工贸有限公司	1033.95
33	远景能源有限公司	2124.83	83	敬业集团有限公司	1032.28
34	宏旺控股集团有限公司	2069.92	84	金澳科技（湖北）化工有限公司	1030.10
35	杭州钢铁集团有限公司	2010.13	85	恒申控股集团有限公司	1013.91
36	山东齐润控股集团有限公司	2006.83	86	广西南丹南方金属有限公司	1013.79
37	利华益集团股份有限公司	1985.21	87	多弗国际控股集团有限公司	1003.32
38	重庆万达薄板有限公司	1949.32	88	新阳科技集团有限公司	1000.91
39	中景石化集团有限公司	1922.23	89	五得利面粉集团有限公司	985.11
40	河北新武安钢铁集团文安钢铁有限公司	1844.58	90	河南金利金铅集团有限公司	976.97
41	浙江恒逸集团有限公司	1836.95	91	无棣鑫岳化工集团有限公司	976.13
42	宁波金田投资控股有限公司	1828.34	92	华泰集团有限公司	964.03
43	河北津西钢铁集团股份有限公司	1807.39	93	道恩集团有限公司	961.00
44	万通海欣控股集团股份有限公司	1806.35	94	江苏金峰水泥集团有限公司	959.97
45	浙江卫星控股股份有限公司	1784.69	95	福建长源纺织有限公司	946.14
46	江苏新长江实业集团有限公司	1784.03	96	海亮集团有限公司	942.08
47	山西建邦集团有限公司	1767.04	97	山西晋南钢铁集团有限公司	939.36
48	山东东明石化集团有限公司	1763.56	98	盛虹控股集团有限公司	930.00
49	江西铜业集团有限公司	1735.01	99	胜达集团有限公司	920.90
50	浙江升华控股集团有限公司	1709.91	100	湖南博长控股集团有限公司	901.52
				中国制造业企业 500 强平均数	353.85

表 10-13　2024 中国制造业企业 500 强人均净利润排序前 100 名企业

排名	公司名称	人均净利润/万元	排名	公司名称	人均净利润/万元
1	河北新金钢铁有限公司	403.17	51	利华益集团股份有限公司	36.31
2	兴华财富集团有限公司	363.34	52	江阴江东集团公司	35.93
3	永兴特种材料科技股份有限公司	290.89	53	华勤橡胶工业集团有限公司	35.86
4	东营奥星石油化工有限公司	251.93	54	富海集团新能源控股有限公司	35.37
5	新华三信息技术有限公司	216.37	55	正大天晴药业集团股份有限公司	34.18
6	天洁集团有限公司	158.98	56	山东中海化工集团有限公司	33.94
7	心里程控股集团有限公司	143.42	57	利欧集团股份有限公司	32.54
8	远景能源有限公司	132.73	58	石药控股集团有限公司	32.46
9	重庆智飞生物制品股份有限公司	123.30	59	深圳传音控股股份有限公司	31.96
10	新疆农六师铝业有限公司	119.36	60	三河汇福粮油集团有限公司	31.69
11	恒申控股集团有限公司	111.84	61	浙江大华技术股份有限公司	31.39
12	山东寿光鲁清石化有限公司	105.03	62	金川集团股份有限公司	31.02
13	永道控股集团股份有限公司	90.69	63	海澜集团有限公司	30.22
14	山东齐润控股集团有限公司	83.15	64	波司登股份有限公司	29.29
15	浙江天圣控股集团有限公司	80.68	65	常熟市龙腾特种钢有限公司	29.16
16	弘润石化（潍坊）有限责任公司	78.49	66	广西南丹南方金属有限公司	28.88
17	佛山市海天调味食品股份有限公司	71.56	67	湖南裕能新能源电池材料股份有限公司	28.61
18	阳光电源股份有限公司	68.92	68	江苏阳光集团有限公司	28.30
19	洛阳栾川钼业集团股份有限公司	68.78	69	宁德时代新能源科技股份有限公司	27.41
20	荣耀终端有限公司	61.32	70	河南丰利石化有限公司	27.32
21	浙江晶盛机电股份有限公司	60.81	71	泸州老窖集团有限责任公司	26.20
22	万华化学集团股份有限公司	57.88	72	上海晨光文具股份有限公司	26.15
23	福建长源纺织有限公司	56.41	73	河北诚信集团有限公司	25.97
24	山东金岭集团有限公司	55.04	74	云南省贵金属新材料控股集团有限公司	25.52
25	河北鑫海控股集团有限公司	53.30	75	兴达投资集团有限公司	24.76
26	山东东方华龙工贸集团有限公司	52.28	76	深圳市立业集团有限公司	24.42
27	小米集团	51.97	77	道恩集团有限公司	23.81
28	山东垦利石化集团有限公司	51.78	78	江苏金峰水泥集团有限公司	23.58
29	云南祥丰实业集团有限公司	50.63	79	河北新武安钢铁集团文安钢铁有限公司	23.57
30	农夫山泉股份有限公司	49.49	80	无棣鑫岳化工集团有限公司	23.37
31	江苏洋河酒厂股份有限公司	48.81	81	山东渤海实业集团有限公司	23.14
32	高景太阳能股份有限公司	48.29	82	山西鹏飞集团有限公司	22.74
33	湖北宜化集团有限责任公司	46.50	83	江苏新长江实业集团有限公司	22.11
34	云南白药集团股份有限公司	46.34	84	江苏恒瑞医药股份有限公司	21.94
35	老凤祥股份有限公司	45.23	85	胜达集团有限公司	21.88
36	华为投资控股有限公司	41.94	86	雅迪科技集团有限公司	21.40
37	福佳集团有限公司	41.67	87	华泰集团有限公司	21.17
38	山东金诚石化集团有限公司	41.59	88	金发科技股份有限公司	21.08
39	金东纸业（江苏）股份有限公司	41.34	89	利时集团有限公司	21.08
40	中景石化集团有限公司	41.28	90	万邦德集团有限公司	20.97
41	中国铁塔股份有限公司	41.25	91	唐山正丰钢铁有限公司	20.93
42	浙江卫星控股股份有限公司	40.65	92	浙江中财管道科技股份有限公司	20.87
43	珠海格力电器股份有限公司	39.96	93	河南明泰铝业股份有限公司	20.85
44	万通海欣控股集团股份有限公司	39.40	94	福建大东海实业集团有限公司	20.60
45	富冶集团有限公司	38.46	95	安徽古井集团有限责任公司	20.27
46	香驰控股有限公司	38.38	96	广州视源电子科技股份有限公司	20.21
47	紫金矿业集团股份有限公司	38.23	97	深圳市汇川技术股份有限公司	20.02
48	山东海科控股有限公司	38.22	98	海天塑机集团有限公司	19.85
49	河南利源集团燃气有限公司	38.17	99	爱玛科技集团股份有限公司	19.85
50	其亚集团有限公司	38.03	100	中国第一汽车集团有限公司	19.80
				中国制造业企业 500 强平均数	8.13

表 10-14 2024 中国制造业企业 500 强人均资产排序前 100 名企业

排名	公司名称	人均资产/万元	排名	公司名称	人均资产/万元
1	福佳集团有限公司	4158.36	51	深圳市立业集团有限公司	849.07
2	远景能源有限公司	4076.50	52	香驰控股有限公司	847.54
3	兴惠化纤集团有限公司	2660.83	53	兴达投资集团有限公司	846.18
4	新华三信息技术有限公司	2578.89	54	杭州钢铁集团有限公司	835.99
5	福建福海创石油化工有限公司	2548.53	55	福建省能源石化集团有限责任公司	834.30
6	泸州老窖集团有限责任公司	2507.26	56	江苏沙钢集团有限公司	833.40
7	淄博鑫泰石化有限公司	1990.26	57	利华益集团股份有限公司	810.26
8	河南丰利石化有限公司	1946.70	58	山东电工电气集团有限公司	808.33
9	重庆攀华板材有限公司	1866.92	59	其亚集团有限公司	802.63
10	弘润石化（潍坊）有限责任公司	1798.44	60	荣耀终端有限公司	801.66
11	山东永鑫能源集团有限公司	1761.26	61	齐成（山东）石化集团有限公司	795.81
12	浙江荣盛控股集团有限公司	1756.18	62	上海韦尔半导体股份有限公司	786.32
13	胜星集团有限责任公司	1755.66	63	中国中化控股有限责任公司	778.16
14	洛阳栾川钼业集团股份有限公司	1442.06	64	山东东明石化集团有限公司	777.70
15	浙江卫星控股股份有限公司	1396.97	65	重庆智飞生物制品股份有限公司	767.49
16	上海华虹（集团）有限公司	1384.72	66	西部矿业集团有限公司	762.09
17	中国铁塔股份有限公司	1379.40	67	宝业集团股份有限公司	755.79
18	山东恒源石油化工股份有限公司	1343.38	68	多弗国际控股集团有限公司	754.70
19	天洁集团有限公司	1338.40	69	复星国际有限公司	748.51
20	万通海欣控股集团股份有限公司	1303.20	70	晨鸣控股有限公司	747.48
21	日照钢铁控股集团有限公司	1290.41	71	恒申控股集团有限公司	737.50
22	天津华北集团有限公司	1248.75	72	山东中海化工集团有限公司	724.45
23	永兴特种材料科技股份有限公司	1245.84	73	上海仪电（集团）有限公司	723.01
24	心里程控股集团有限公司	1207.63	74	新疆特变电工集团有限公司	721.80
25	金东纸业（江苏）股份有限公司	1168.23	75	山东金诚石化集团有限公司	695.35
26	山东寿光鲁清石化有限公司	1156.31	76	江西铜业集团有限公司	692.64
27	浙江永利实业集团有限公司	1128.26	77	广西百色工业投资发展集团有限公司	685.30
28	中景石化集团有限公司	1096.27	78	四川省宜宾五粮液集团有限公司	679.51
29	重庆万达薄板有限公司	1092.57	79	河北新华联合冶金控股集团有限公司	678.86
30	新疆农六师铝业有限公司	1085.63	80	山西鹏飞集团有限公司	675.64
31	东营奥星石油化工有限公司	1073.22	81	中国东方电气集团有限公司	674.61
32	明阳新能源投资控股集团有限公司	1030.44	82	河北普阳钢铁有限公司	672.82
33	河北鑫海控股集团有限公司	1028.87	83	徐州工程机械集团有限公司	671.55
34	伊电控股集团有限公司	1023.22	84	海澜集团有限公司	670.47
35	杉杉控股有限公司	1020.18	85	山东汇丰石化集团有限公司	670.20
36	河北新金钢铁有限公司	1016.27	86	上海汽车集团股份有限公司	668.12
37	杭州鼎胜实业集团有限公司	1010.57	87	中国第一汽车集团有限公司	654.86
38	森马集团有限公司	993.78	88	中国庆华能源集团有限公司	653.72
39	山东东方华龙工贸集团有限公司	990.53	89	红太阳集团有限公司	653.60
40	三河汇福粮油集团有限公司	988.19	90	富冶集团有限公司	651.16
41	小米集团	964.25	91	中国五矿集团有限公司	645.42
42	超聚变数字技术有限公司	948.60	92	宁夏天元锰业集团有限公司	644.69
43	河北津西钢铁集团股份有限公司	937.63	93	浙江省机电集团有限公司	643.38
44	山东齐润控股集团有限公司	906.79	94	云南省贵金属新材料控股集团股份有限公司	641.66
45	山东渤海实业集团有限公司	905.58	95	万向三农集团有限公司	631.25
46	山东垦利石化集团有限公司	891.42	96	首钢集团有限公司	631.08
47	万华化学集团股份有限公司	870.96	97	河北天柱钢铁集团有限公司	625.34
48	江苏新长江实业集团有限公司	865.75	98	永荣控股集团有限公司	621.55
49	浙江天圣控股集团有限公司	864.39	99	紫金矿业集团股份有限公司	620.95
50	常熟市龙腾特种钢有限公司	853.63	100	山西建邦集团有限公司	620.67
				中国制造业企业 500 强平均数	371.76

表 10-15　2024 中国制造业企业 500 强收入增长率排序前 100 名企业

排名	公司名称	收入增长率/%	排名	公司名称	收入增长率/%
1	胜星集团有限责任公司	99.81	51	长城汽车股份有限公司	26.12
2	先导科技集团有限公司	85.06	52	安徽中鼎控股（集团）股份有限公司	25.98
3	奇瑞控股集团有限公司	84.47	53	云南玉溪仙福钢铁（集团）有限公司	25.59
4	阳光电源股份有限公司	79.47	54	正泰集团股份有限公司	25.30
5	浙江晶盛机电股份有限公司	69.04	55	泰开集团有限公司	24.69
6	江苏中润光能科技股份有限公司	66.31	56	三宝集团股份有限公司	24.15
7	永道控股集团股份有限公司	65.35	57	山东电工电气集团有限公司	23.22
8	福建广源再生资源回收有限公司	64.34	58	宁波拓普集团股份有限公司	23.18
9	淄博鑫泰石化有限公司	60.41	59	安徽江淮汽车集团控股有限公司	23.07
10	无锡江南电缆有限公司	57.98	60	浙江吉利控股集团有限公司	22.59
11	山东鲁北企业集团总公司	53.55	61	安徽古井集团有限责任公司	22.51
12	中新钢铁集团有限公司	51.23	62	宁德时代新能源科技股份有限公司	22.01
13	江阴江东集团公司	48.79	63	超聚变数字技术有限公司	21.90
14	滨化集团	45.09	64	海亮集团有限公司	21.88
15	河北鑫海控股集团有限公司	43.10	65	东营奥星石油化工有限公司	21.36
16	无棣鑫岳化工集团有限公司	42.35	66	恒申控股集团有限公司	20.62
17	比亚迪股份有限公司	42.04	67	山东寿光鲁清石化有限公司	20.47
18	山东东方华龙工贸集团有限公司	41.75	68	浙江升华控股集团有限公司	20.44
19	中国重型汽车集团有限公司	41.40	69	郑州宇通企业集团	20.30
20	河北文丰实业集团有限公司	40.45	70	东方日升新能源股份有限公司	20.22
21	河南丰利石化有限公司	40.24	71	宁波继峰汽车零部件股份有限公司	20.06
22	鹰潭沪江铜基新材料有限公司	39.93	72	华勤橡胶工业集团有限公司	19.76
23	重庆智飞生物制品股份有限公司	38.30	73	山东渤海实业集团有限公司	19.25
24	国轩高科股份有限公司	37.11	74	齐成（山东）石化集团有限公司	19.24
25	河南金利金铅集团有限公司	36.57	75	中景石化集团有限公司	18.82
26	弘润石化（潍坊）有限责任公司	36.12	76	江苏新霖飞投资有限公司	18.76
27	浙江力博控股集团有限公司	35.96	77	金发科技股份有限公司	18.63
28	深圳市立业集团有限公司	35.92	78	赛轮集团股份有限公司	18.61
29	深圳传音控股股份有限公司	33.69	79	安徽鸿路钢结构（集团）股份有限公司	18.60
30	河北鑫达钢铁集团有限公司	33.60	80	新凤鸣控股集团有限公司	18.55
31	惠科股份有限公司	33.34	81	双星集团有限责任公司	18.46
32	天合光能股份有限公司	33.32	82	宁波华翔电子股份有限公司	18.39
33	宁波富邦控股集团有限公司	32.80	83	高景太阳能股份有限公司	18.09
34	恒力集团有限公司	32.69	84	广西玉柴机器集团有限公司	17.97
35	深圳市汇川技术股份有限公司	32.21	85	重庆市博赛矿业（集团）有限公司	17.84
36	博威集团有限公司	31.91	86	日照钢铁控股集团有限公司	17.51
37	其亚集团有限公司	31.74	87	河北太行钢铁集团有限公司	17.17
38	万通海欣控股集团股份有限公司	31.11	88	浙江卫星控股股份有限公司	17.13
39	南山集团有限公司	31.07	89	富冶集团有限公司	16.99
40	广西盛隆冶金有限公司	29.78	90	浪潮集团有限公司	16.92
41	辽宁方大集团实业有限公司	29.74	91	上海晨光文具股份有限公司	16.78
42	创维集团有限公司	29.05	92	山东京博控股集团有限公司	16.68
43	潍柴控股集团有限公司	28.63	93	河南济源钢铁（集团）有限公司	16.67
44	农夫山泉股份有限公司	28.36	94	山东垦利石化集团有限公司	16.64
45	盛虹控股集团有限公司	28.35	95	远景能源有限公司	16.63
46	万向三农集团有限公司	28.33	96	天津荣程祥泰投资控股集团有限公司	16.13
47	陕西汽车控股集团有限公司	28.10	97	广东小鹏汽车科技有限公司	16.09
48	桐昆控股集团有限公司	27.67	98	山西建邦集团有限公司	16.08
49	江阴模塑集团有限公司	27.64	99	永荣控股集团有限公司	16.03
50	济钢集团有限公司	26.38	100	玲珑集团有限公司	15.77
				中国制造业企业 500 强平均数	5.14

表 10-16 2024 中国制造业企业 500 强净利润增长率排序前 100 名企业

排名	公司名称	净利润增长率/%	排名	公司名称	净利润增长率/%
1	唐山瑞丰钢铁（集团）有限公司	1599.10	51	比亚迪股份有限公司	80.72
2	攀枝花钢城集团有限公司	1460.65	52	天津市医药集团有限公司	75.33
3	宜宾丝丽雅集团有限公司	1337.01	53	邯郸正大制管集团股份有限公司	74.58
4	铜陵有色金属集团控股有限公司	1156.11	54	闽源钢铁集团有限公司	74.24
5	潞安化工集团有限公司	1151.68	55	天能控股集团有限公司	72.24
6	TCL 科技集团股份有限公司	747.60	56	森马集团有限公司	69.33
7	小米集团	606.34	57	河南金利金铅集团有限公司	67.93
8	唐山正丰钢铁有限公司	495.50	58	太平鸟集团有限公司	67.10
9	光明食品（集团）有限公司	482.36	59	济源市万洋冶炼（集团）有限公司	63.12
10	中国重型汽车集团有限公司	467.30	60	浙江卫星控股股份有限公司	62.87
11	湖南有色产业投资集团有限责任公司	467.10	61	福建圣农发展股份有限公司	61.66
12	湖北宜化集团有限责任公司	457.20	62	包头钢铁（集团）有限责任公司	57.72
13	山东东方华龙工贸集团有限公司	457.14	63	正泰集团股份有限公司	57.68
14	云南玉溪仙福钢铁（集团）有限公司	394.51	64	浙江晶盛机电股份有限公司	55.85
15	山东金诚石化集团有限公司	392.45	65	大全集团有限公司	55.43
16	山东招金集团有限公司	299.03	66	中天钢铁集团有限公司	54.32
17	安徽楚江科技新材料股份有限公司	295.92	67	奥克斯集团有限公司	52.49
18	河南豫光金铅集团有限责任公司	246.80	68	中联重科股份有限公司	52.04
19	浙江大华技术股份有限公司	216.73	69	广州立白凯晟控股有限公司	51.34
20	国轩高科股份有限公司	201.28	70	天合光能股份有限公司	50.31
21	恒力集团有限公司	189.60	71	山东齐润控股集团有限公司	49.35
22	博威集团有限公司	183.44	72	中新钢铁集团有限公司	46.82
23	云南玉溪玉昆钢铁集团有限公司	175.59	73	方同舟控股有限公司	46.60
24	宁波均胜电子股份有限公司	174.80	74	浙江升华控股集团有限公司	45.96
25	阳光电源股份有限公司	162.69	75	东方日升新能源股份有限公司	45.81
26	山东寿光鲁清石化有限公司	160.84	76	中国联塑集团控股有限公司	45.62
27	晶科能源股份有限公司	153.41	77	宁德时代新能源科技股份有限公司	44.14
28	潍柴控股集团有限公司	152.81	78	济钢集团有限公司	44.05
29	白银有色集团股份有限公司	149.35	79	富冶集团有限公司	43.12
30	华为投资控股有限公司	144.53	80	中国西电电气股份有限公司	42.99
31	亨通集团有限公司	143.35	81	农夫山泉股份有限公司	42.19
32	赛轮集团股份有限公司	132.12	82	重庆万达薄板有限公司	42.03
33	河北文丰实业集团有限公司	130.32	83	高景太阳能股份有限公司	41.04
34	福建大东海实业集团有限公司	129.06	84	桐昆控股集团有限公司	40.72
35	三一集团有限公司	128.01	85	广州数字科技集团有限公司	40.42
36	杉杉控股有限公司	123.33	86	泰开集团有限公司	39.71
37	深圳传音控股股份有限公司	122.93	87	陕西有色金属控股集团有限责任公司	39.52
38	无锡江南电缆有限公司	118.80	88	深圳市兆驰股份有限公司	38.61
39	江阴江东集团有限公司	117.31	89	华泰集团有限公司	36.98
40	安徽古井集团有限责任公司	115.72	90	天津天士力大健康产业投资集团有限公司	36.86
41	齐成（山东）石化集团有限公司	115.70	91	新余钢铁集团有限公司	36.78
42	中策橡胶集团股份有限公司	115.36	92	双良集团有限公司	36.71
43	华勤橡胶工业集团有限公司	109.54	93	云南白药集团股份有限公司	36.41
44	江苏新霖飞投资有限公司	107.56	94	洛阳栾川钼业集团股份有限公司	35.98
45	江苏中润光能科技有限公司	101.45	95	盛虹控股集团有限公司	34.96
46	常熟市龙腾特种钢有限公司	96.94	96	东营奥星石油化工有限公司	34.93
47	奇瑞控股集团有限公司	92.89	97	山东魏桥创业集团有限公司	34.75
48	天津友发钢管集团股份有限公司	91.86	98	远景能源有限公司	33.44
49	首钢集团有限公司	91.63	99	福建广源再生资源回收有限公司	31.34
50	恒申控股集团有限公司	88.01	100	老凤祥股份有限公司	30.23
				中国制造业企业 500 强平均数	2.66

表10-17　2024中国制造业企业500强资产增长率排序前100名企业

排名	公司名称	资产增长率/%	排名	公司名称	资产增长率/%
1	山东永鑫能源集团有限公司	91.76	51	常熟市龙腾特种钢有限公司	22.88
2	福建广源再生资源回收有限公司	90.88	52	中天钢铁集团有限公司	22.83
3	江苏中润光能科技股份有限公司	75.91	53	荣耀终端有限公司	22.56
4	黑龙江飞鹤乳业有限公司	73.54	54	浙江中财管道科技股份有限公司	22.42
5	滨化集团	71.34	55	山东创新金属科技有限公司	22.36
6	济源市万洋冶炼（集团）有限公司	54.17	56	新疆农六师铝业有限公司	22.22
7	超聚变数字技术有限公司	53.53	57	双良集团有限公司	22.17
8	云南玉溪玉昆钢铁集团有限公司	51.99	58	红狮控股集团有限公司	21.84
9	江苏新霖飞投资有限公司	51.01	59	鲁丽集团有限公司	21.63
10	河北鑫海控股集团有限公司	50.15	60	重庆攀华板材有限公司	21.59
11	深圳传音控股股份有限公司	49.52	61	明阳新能源投资控股集团有限公司	21.14
12	南山集团有限公司	48.46	62	山东东方华龙工贸集团有限公司	20.83
13	宁波力勤资源科技股份有限公司	47.21	63	深圳市立业集团有限公司	20.76
14	晶澳太阳能科技股份有限公司	47.15	64	宁波博洋控股集团有限公司	20.40
15	高景太阳能股份有限公司	45.14	65	唐山东华钢铁企业集团有限公司	20.18
16	东方日升新能源股份有限公司	41.42	66	欧派家居集团股份有限公司	20.05
17	比亚迪股份有限公司	37.60	67	无棣鑫岳化工集团有限公司	19.56
18	上海爱旭新能源股份有限公司	37.50	68	宁德时代新能源科技股份有限公司	19.34
19	久立集团股份有限公司	37.05	69	格林美股份有限公司	19.27
20	上海龙旗科技股份有限公司	36.53	70	甬金科技集团股份有限公司	19.25
21	阳光电源股份有限公司	34.48	71	安徽古井集团有限责任公司	19.16
22	广西贵港钢铁集团有限公司	34.45	72	闽源钢铁集团有限公司	19.12
23	广西百色工业投资发展集团有限公司	34.44	73	广州工业投资控股集团有限公司	19.10
24	上海华虹（集团）有限公司	33.94	74	福建圣农发展股份有限公司	18.94
25	天合光能股份有限公司	33.72	75	浙江吉利控股集团有限公司	18.91
26	重庆智飞生物制品股份有限公司	32.18	76	河南金利金铅集团有限公司	18.79
27	新华三信息技术有限公司	30.88	77	华为投资控股有限公司	18.78
28	振石控股集团有限公司	30.45	78	宁波华翔电子股份有限公司	18.64
29	东营奥星石油化工有限公司	30.25	79	小米集团	18.55
30	先导科技集团有限公司	29.83	80	宜宾天原集团股份有限公司	18.50
31	浙江正凯集团有限公司	29.53	81	浙江升华控股集团有限公司	18.20
32	宜宾丝丽雅集团有限公司	29.45	82	上海晨光文具股份有限公司	17.60
33	广东德赛集团有限公司	29.33	83	隆基绿能科技股份有限公司	17.49
34	国轩高科股份有限公司	28.87	84	广西南丹南方金属有限公司	17.49
35	山东鲁北企业集团总公司	28.79	85	华勤技术股份有限公司	17.46
36	浙江晶盛机电股份有限公司	27.41	86	恒申控股集团有限公司	17.29
37	其亚集团有限公司	27.16	87	舜宇集团有限公司	16.97
38	杭州钢铁集团有限公司	27.15	88	华勤橡胶工业集团有限公司	16.84
39	利欧集团股份有限公司	26.79	89	浙江省机电集团有限公司	16.67
40	富冶集团有限公司	26.00	90	山西晋城钢铁控股集团有限公司	16.53
41	万华化学集团股份有限公司	25.99	91	精工控股集团有限公司	16.52
42	广州数字科技集团有限公司	25.33	92	海天塑机集团有限公司	16.46
43	农夫山泉股份有限公司	25.17	93	道恩集团有限公司	16.18
44	晶科能源股份有限公司	25.06	94	奥克斯集团有限公司	16.18
45	深圳市汇川技术股份有限公司	24.85	95	宁波继峰汽车零部件股份有限公司	16.17
46	正泰集团股份有限公司	24.64	96	盛屯矿业集团股份有限公司	15.81
47	河北津西钢铁集团股份有限公司	23.58	97	内蒙古伊利实业集团股份有限公司	15.77
48	奇瑞控股集团有限公司	23.55	98	华鲁控股集团有限公司	15.66
49	浪潮集团有限公司	23.13	99	TCL实业控股股份有限公司	15.32
50	浙江天圣控股集团有限公司	22.94	100	山西鹏飞集团有限公司	15.24
				中国制造业企业500强平均数	6.56

表 10-18 2024 中国制造业企业 500 强研发费用增长率排序前 100 名企业

排名	公司名称	研发费用增长率/%	排名	公司名称	研发费用增长率/%
1	中新钢铁集团有限公司	3319.06	51	奇瑞控股集团有限公司	43.21
2	河南利源集团燃气有限公司	925.78	52	重庆小康控股有限公司	42.28
3	河北文丰实业集团有限公司	330.08	53	心里程控股集团有限公司	41.81
4	天津友发钢管集团股份有限公司	309.09	54	山东太阳控股集团有限公司	39.25
5	华新水泥股份有限公司	285.24	55	西部矿业集团有限公司	39.13
6	中国庆华能源集团有限公司	266.34	56	云天化集团有限责任公司	37.14
7	万达控股集团有限公司	251.15	57	浙江正凯集团有限公司	36.95
8	盛虹控股集团有限公司	244.69	58	宁波力勤资源科技股份有限公司	36.26
9	高景太阳能股份有限公司	230.02	59	江苏扬子江船业集团有限公司	35.87
10	山西晋城钢铁控股集团有限公司	221.01	60	金发科技股份有限公司	35.72
11	浙江新月控股集团有限公司	190.59	61	赛轮集团股份有限公司	35.02
12	齐成（山东）石化集团有限公司	166.96	62	天能控股集团有限公司	34.53
13	济源市万洋冶炼（集团）有限公司	152.40	63	福建广源再生资源回收有限公司	32.99
14	重庆市博赛矿业（集团）有限公司	152.29	64	无锡产业发展集团有限公司	32.39
15	河南神火集团有限公司	140.85	65	河北太行钢铁集团有限公司	32.17
16	华芳集团有限公司	129.44	66	日照钢铁控股集团有限公司	31.98
17	云南祥丰实业集团有限公司	113.35	67	先导科技集团有限公司	31.54
18	比亚迪股份有限公司	112.15	68	超聚变数字技术有限公司	31.52
19	杭州锦江集团有限公司	107.13	69	宁波拓普集团股份有限公司	31.39
20	河北新武安钢铁集团文安钢铁有限公司	105.43	70	云南锡业集团（控股）有限责任公司	31.06
21	富冶集团有限公司	101.72	71	浙江卫星控股股份有限公司	30.99
22	宝业集团股份有限公司	89.80	72	河北津西钢铁集团股份有限公司	30.70
23	山东齐润控股集团有限公司	85.23	73	伊电控股集团有限公司	30.39
24	唐山三友集团有限公司	79.87	74	博威集团有限公司	29.92
25	山东山水水泥集团有限公司	75.26	75	白银有色集团股份有限公司	29.21
26	江苏中润光能科技股份有限公司	71.14	76	重庆万达薄板有限公司	29.14
27	中国铁塔股份有限公司	71.02	77	泰开集团有限公司	28.91
28	河南豫光金铅集团有限责任公司	70.74	78	河北天柱钢铁集团有限公司	28.57
29	方同舟控股有限公司	69.98	79	四川省宜宾五粮液集团有限公司	28.50
30	四川德胜集团钒钛有限公司	68.37	80	弘润石化（潍坊）有限责任公司	28.04
31	滨化集团	67.70	81	中国兵器工业集团有限公司	27.54
32	成都蛟龙投资有限责任公司	64.45	82	酒泉钢铁（集团）有限责任公司	27.46
33	中国有色矿业集团有限公司	64.16	83	山东亚太中慧集团有限公司	27.35
34	太平鸟集团有限公司	61.71	84	紫金矿业集团股份有限公司	27.23
35	青岛啤酒集团有限公司	59.87	85	安徽古井集团有限责任公司	27.13
36	永道控股集团股份有限公司	58.82	86	兴达投资集团有限公司	27.10
37	深圳市东阳光实业发展有限公司	56.36	87	凌源钢铁集团有限公司	26.83
38	胜星集团有限责任公司	55.25	88	东营奥星石油化工有限公司	26.09
39	广西农垦集团有限公司	53.32	89	农夫山泉股份有限公司	25.97
40	安徽鸿路钢结构（集团）股份有限公司	51.62	90	铜陵有色金属集团控股有限公司	25.61
41	人福医药集团股份公司	51.20	91	深圳理士电源发展有限公司	25.01
42	万通海欣控股集团有限公司	50.95	92	长城汽车股份有限公司	24.97
43	花园集团有限公司	50.82	93	山东东明石化集团有限公司	24.46
44	浙江荣盛控股集团有限公司	50.80	94	包头钢铁（集团）有限责任公司	24.34
45	宁波博洋控股集团有限公司	46.90	95	河南丰利石化有限公司	24.11
46	牧原实业集团有限公司	45.00	96	旭阳控股有限公司	23.87
47	阳光电源股份有限公司	44.63	97	红太阳集团有限公司	23.52
48	奥克斯集团有限公司	44.23	98	振石控股集团有限公司	23.08
49	浙江晶盛机电股份有限公司	43.83	99	石药控股集团有限公司	22.97
50	远景能源有限公司	43.62	100	晶科能源股份有限公司	22.87
				中国制造业企业 500 强平均数	9.83

表 10-19　2024 中国制造业企业 500 强行业平均净利润

名次	行业名称	平均净利润/亿元	名次	行业名称	平均净利润/亿元
1	航空航天	116.39	20	黑色冶金	16.94
2	船舶制造	113.22	21	水泥及玻璃制造	15.82
3	饮料	112.54	22	半导体、集成电路及面板制造	15.06
4	兵器制造	108.66	23	一般有色	14.27
5	通信设备制造	77.72	24	摩托车及零配件制造	14.15
6	家用电器制造	73.81	25	其他建材制造	14.04
7	动力和储能电池	65.41	26	轮胎及橡胶制品	13.66
8	风能、太阳能设备制造	49.45	27	食品	12.74
9	酒类	45.40	28	轻工百货生产	12.67
10	贵金属	41.32	29	综合制造业	12.26
11	轨道交通设备及零部件制造	39.90	30	化学纤维制造	12.17
12	计算机及办公设备	35.36	31	锅炉及动力装备制造	9.73
13	药品制造	34.48	32	化学原料及化学品制造	9.67
14	汽车及零配件制造	30.30	33	造纸及包装	7.36
15	石化及炼焦	29.68	34	物料搬运设备制造	5.49
16	服装及其他纺织品	24.89	35	金属制品加工	5.43
17	纺织印染	24.18	36	电线电缆制造	3.48
18	电力电气设备制造	20.26	37	工程机械及零部件	0.18
19	工业机械及设备制造	20.16	38	农副食品	-0.52

表 10–20 2024 中国制造业企业 500 强行业平均营业收入

名次	行业名称	平均营业收入/亿元	名次	行业名称	平均营业收入/亿元
1	航空航天	5896.80	20	化学纤维制造	881.67
2	兵器制造	4293.45	21	饮料	844.23
3	船舶制造	1877.70	22	半导体、集成电路及面板制造	839.01
4	汽车及零配件制造	1822.78	23	计算机及办公设备	810.71
5	锅炉及动力装备制造	1797.42	24	工业机械及设备制造	793.67
6	石化及炼焦	1676.52	25	电力电气设备制造	724.88
7	动力和储能电池	1421.68	26	酒类	720.51
8	家用电器制造	1401.30	27	药品制造	719.00
9	轨道交通设备及零部件制造	1327.05	28	农副食品	654.62
10	纺织印染	1295.30	29	服装及其他纺织品	637.14
11	综合制造业	1268.24	30	造纸及包装	536.85
12	水泥及玻璃制造	1224.67	31	食品	501.55
13	黑色冶金	1102.53	32	金属制品加工	462.67
14	通信设备制造	1074.58	33	电线电缆制造	365.73
15	一般有色	1044.72	34	轮胎及橡胶制品	360.34
16	工程机械及零部件	1027.07	35	摩托车及零配件制造	309.06
17	贵金属	1023.43	36	轻工百货生产	261.69
18	化学原料及化学品制造	1018.34	37	其他建材制造	257.97
19	风能、太阳能设备制造	961.25	38	物料搬运设备制造	191.12

表 10-21　2024 中国制造业企业 500 强行业平均资产

名次	行业名称	平均资产/亿元	名次	行业名称	平均资产/亿元
1	航空航天	13305.63	20	饮料	1003.79
2	船舶制造	5431.00	21	黑色冶金	983.63
3	兵器制造	5111.81	22	贵金属	950.64
4	轨道交通设备及零部件制造	2817.98	23	纺织印染	780.23
5	工程机械及零部件	2048.37	24	一般有色	768.43
6	锅炉及动力装备制造	2046.27	25	药品制造	697.40
7	水泥及玻璃制造	2039.62	26	计算机及办公设备	678.84
8	汽车及零配件制造	1987.44	27	农副食品	606.51
9	半导体、集成电路及面板制造	1835.53	28	造纸及包装	593.17
10	家用电器制造	1719.56	29	食品	575.58
11	综合制造业	1612.71	30	化学纤维制造	447.42
12	通信设备制造	1602.66	31	服装及其他纺织品	431.76
13	动力和储能电池	1590.21	32	其他建材制造	374.69
14	酒类	1453.90	33	轮胎及橡胶制品	352.25
15	石化及炼焦	1237.85	34	摩托车及零配件制造	269.61
16	电力电气设备制造	1148.87	35	金属制品加工	237.83
17	风能、太阳能设备制造	1140.57	36	轻工百货生产	219.84
18	化学原料及化学品制造	1103.44	37	电线电缆制造	187.89
19	工业机械及设备制造	1057.70	38	物料搬运设备制造	124.41

表 10-22 2024 中国制造业企业 500 强行业平均纳税总额

名次	行业名称	平均纳税总额/亿元	名次	行业名称	平均纳税总额/亿元
1	石化及炼焦	150.73	20	电力电气设备制造	22.96
2	兵器制造	141.51	21	服装及其他纺织品	22.44
3	酒类	124.76	22	黑色冶金	22.31
4	汽车及零配件制造	105.88	23	锅炉及动力装备制造	21.89
5	家用电器制造	74.56	24	食品	17.76
6	轨道交通设备及零部件制造	68.46	25	造纸及包装	16.49
7	饮料	68.30	26	通信设备制造	16.32
8	水泥及玻璃制造	68.22	27	其他建材制造	15.91
9	化学原料及化学品制造	43.85	28	计算机及办公设备	12.25
10	工程机械及零部件	35.66	29	综合制造业	10.89
11	风能、太阳能设备制造	34.58	30	农副食品	10.23
12	药品制造	32.99	31	轻工百货生产	9.07
13	半导体、集成电路及面板制造	31.64	32	轮胎及橡胶制品	8.54
14	贵金属	27.81	33	化学纤维制造	8.30
15	动力和储能电池	27.55	34	金属制品加工	8.22
16	纺织印染	25.88	35	摩托车及零配件制造	6.92
17	工业机械及设备制造	24.61	36	电线电缆制造	6.03
18	船舶制造	23.89	37	物料搬运设备制造	5.29
19	一般有色	23.45			

表 10-23 2024 中国制造业企业 500 强行业平均研发费用

名次	行业名称	平均研发费用/亿元	名次	行业名称	平均研发费用/亿元
1	兵器制造	213.79	20	电力电气设备制造	17.60
2	航空航天	186.15	21	石化及炼焦	12.84
3	通信设备制造	138.95	22	造纸及包装	12.45
4	船舶制造	78.53	23	化学原料及化学品制造	12.19
5	轨道交通设备及零部件制造	77.00	24	摩托车及零配件制造	9.77
6	汽车及零配件制造	59.70	25	一般有色	9.26
7	半导体、集成电路及面板制造	51.52	26	物料搬运设备制造	8.45
8	锅炉及动力装备制造	50.02	27	轮胎及橡胶制品	8.27
9	家用电器制造	44.57	28	电线电缆制造	6.41
10	工程机械及零部件	43.08	29	贵金属	6.31
11	纺织印染	42.54	30	化学纤维制造	6.10
12	动力和储能电池	40.02	31	金属制品加工	6.03
13	计算机及办公设备	37.01	32	饮料	6.00
14	风能、太阳能设备制造	29.56	33	其他建材制造	5.97
15	水泥及玻璃制造	28.64	34	轻工百货生产	5.55
16	工业机械及设备制造	24.26	35	农副食品	4.47
17	药品制造	20.47	36	服装及其他纺织品	4.24
18	综合制造业	19.95	37	食品	3.89
19	黑色冶金	18.57	38	酒类	3.46

表 10-24 2024 中国制造业企业 500 强行业人均净利润

名次	行业名称	人均净利润/万元	名次	行业名称	人均净利润/万元
1	饮料	25.37	20	黑色冶金	7.62
2	贵金属	20.69	21	计算机及办公设备	7.12
3	动力和储能电池	20.35	22	工业机械及设备制造	7.12
4	通信设备制造	20.14	23	电力电气设备制造	6.49
5	酒类	19.64	24	造纸及包装	6.44
6	风能、太阳能设备制造	16.37	25	电线电缆制造	6.04
7	药品制造	15.76	26	食品	5.90
8	石化及炼焦	12.09	27	兵器制造	5.73
9	家用电器制造	11.86	28	金属制品加工	5.18
10	化学纤维制造	11.05	29	化学原料及化学品制造	4.75
11	服装及其他纺织品	10.85	30	轨道交通设备及零部件制造	4.68
12	船舶制造	9.94	31	汽车及零配件制造	4.44
13	物料搬运设备制造	9.84	32	综合制造业	3.94
14	摩托车及零配件制造	9.54	33	半导体、集成电路及面板制造	3.16
15	轮胎及橡胶制品	9.13	34	航空航天	3.03
16	其他建材制造	8.87	35	水泥及玻璃制造	2.93
17	轻工百货生产	8.83	36	锅炉及动力装备制造	1.63
18	一般有色	8.31	37	工程机械及零部件	0.06
19	纺织印染	8.21	38	农副食品	-0.19

表 10-25　2024 中国制造业企业 500 强行业人均营业收入

名次	行业名称	人均营业收入/万元	名次	行业名称	人均营业收入/万元
1	化学纤维制造	800.38	20	通信设备制造	278.49
2	石化及炼焦	683.07	21	服装及其他纺织品	277.70
3	电线电缆制造	633.91	22	汽车及零配件制造	266.99
4	一般有色	608.80	23	轮胎及橡胶制品	240.94
5	贵金属	512.40	24	农副食品	239.78
6	化学原料及化学品制造	500.03	25	食品	232.36
7	黑色冶金	496.09	26	电力电气设备制造	232.11
8	造纸及包装	469.83	27	水泥及玻璃制造	226.54
9	动力和储能电池	442.29	28	兵器制造	226.25
10	金属制品加工	441.57	29	家用电器制造	225.11
11	纺织印染	439.68	30	摩托车及零配件制造	208.38
12	综合制造业	407.89	31	饮料	190.33
13	物料搬运设备制造	342.21	32	轻工百货生产	182.42
14	工程机械及零部件	336.72	33	半导体、集成电路及面板制造	175.84
15	药品制造	328.73	34	船舶制造	164.78
16	风能、太阳能设备制造	318.29	35	计算机及办公设备	163.25
17	酒类	311.76	36	其他建材制造	163.03
18	锅炉及动力装备制造	301.64	37	轨道交通设备及零部件制造	155.56
19	工业机械及设备制造	280.10	38	航空航天	153.56

表 10-26 2024 中国制造业企业 500 强行业人均资产

名次	行业名称	人均资产/万元	名次	行业名称	人均资产/万元
1	工程机械及零部件	671.55	20	锅炉及动力装备制造	343.40
2	酒类	629.10	21	轨道交通设备及零部件制造	330.34
3	化学原料及化学品制造	541.82	22	电线电缆制造	325.65
4	造纸及包装	519.12	23	药品制造	318.85
5	综合制造业	518.68	24	汽车及零配件制造	291.11
6	石化及炼焦	504.34	25	家用电器制造	276.24
7	动力和储能电池	494.72	26	兵器制造	269.37
8	船舶制造	476.61	27	食品	266.66
9	贵金属	475.96	28	纺织印染	264.84
10	一般有色	447.79	29	其他建材制造	236.79
11	黑色冶金	442.59	30	轮胎及橡胶制品	235.53
12	通信设备制造	415.34	31	金属制品加工	226.98
13	化学纤维制造	406.17	32	饮料	226.30
14	半导体、集成电路及面板制造	384.70	33	物料搬运设备制造	222.76
15	风能、太阳能设备制造	377.66	34	农副食品	222.16
16	水泥及玻璃制造	377.28	35	服装及其他纺织品	188.19
17	工业机械及设备制造	373.28	36	摩托车及零配件制造	181.78
18	电力电气设备制造	367.87	37	轻工百货生产	153.25
19	航空航天	346.50	38	计算机及办公设备	136.70

表 10-27 2024 中国制造业企业 500 强行业人均纳税额

名次	行业名称	人均纳税额/万元	名次	行业名称	人均纳税额/万元
1	石化及炼焦	61.41	20	物料搬运设备制造	9.47
2	酒类	53.98	21	纺织印染	8.79
3	化学原料及化学品制造	27.78	22	工业机械及设备制造	8.69
4	汽车及零配件制造	15.51	23	动力和储能电池	8.57
5	饮料	15.40	24	轨道交通设备及零部件制造	8.03
6	药品制造	15.08	25	金属制品加工	7.84
7	造纸及包装	14.43	26	食品	7.79
8	一般有色	14.16	27	船舶制造	7.56
9	贵金属	13.92	28	化学纤维制造	7.54
10	水泥及玻璃制造	12.62	29	综合制造业	6.67
11	电力电气设备制造	12.16	30	兵器制造	6.44
12	家用电器制造	11.98	31	轻工百货生产	6.32
13	工程机械及零部件	11.69	32	轮胎及橡胶制品	5.71
14	风能、太阳能设备制造	11.45	33	通信设备制造	5.57
15	电线电缆制造	10.46	34	计算机及办公设备	5.21
16	半导体、集成电路及面板制造	10.29	35	摩托车及零配件制造	4.67
17	黑色冶金	10.22	36	农副食品	3.75
18	其他建材制造	10.06	37	锅炉及动力装备制造	3.67
19	服装及其他纺织品	9.78			

表 10-28 2024 中国制造业企业 500 强行业人均研发费用

名次	行业名称	人均研发费用/万元	名次	行业名称	人均研发费用/万元
1	通信设备制造	36.01	20	家用电器制造	7.16
2	物料搬运设备制造	15.13	21	船舶制造	6.89
3	纺织印染	14.44	22	摩托车及零配件制造	6.59
4	工程机械及零部件	14.12	23	化学原料及化学品制造	5.98
5	动力和储能电池	12.45	24	化学纤维制造	5.54
6	兵器制造	11.27	25	轮胎及橡胶制品	5.53
7	电线电缆制造	11.12	26	金属制品加工	5.53
8	造纸及包装	10.90	27	一般有色	5.31
9	半导体、集成电路及面板制造	10.80	28	石化及炼焦	5.00
10	风能、太阳能设备制造	9.79	29	航空航天	4.85
11	药品制造	9.36	30	水泥及玻璃制造	4.48
12	电力电气设备制造	9.32	31	轻工百货生产	3.87
13	轨道交通设备及零部件制造	9.03	32	其他建材制造	3.78
14	汽车及零配件制造	8.74	33	贵金属	3.16
15	工业机械及设备制造	8.56	34	服装及其他纺织品	1.81
16	锅炉及动力装备制造	8.39	35	食品	1.71
17	黑色冶金	8.09	36	农副食品	1.64
18	综合制造业	7.59	37	酒类	1.50
19	计算机及办公设备	7.45	38	饮料	1.35

表 10-29　2024 中国制造业企业 500 强行业平均资产利润率

名次	行业名称	平均资产利润率/%	名次	行业名称	平均资产利润率/%
1	饮料	11.21	20	食品	2.21
2	服装及其他纺织品	5.76	21	兵器制造	2.13
3	轻工百货生产	5.76	22	船舶制造	2.08
4	摩托车及零配件制造	5.25	23	工业机械及设备制造	1.91
5	计算机及办公设备	5.21	24	一般有色	1.86
6	药品制造	4.94	25	电线电缆制造	1.85
7	通信设备制造	4.85	26	电力电气设备制造	1.76
8	物料搬运设备制造	4.42	27	黑色冶金	1.72
9	贵金属	4.35	28	汽车及零配件制造	1.52
10	风能、太阳能设备制造	4.34	29	轨道交通设备及零部件制造	1.42
11	家用电器制造	4.29	30	造纸及包装	1.24
12	动力和储能电池	4.11	31	化学原料及化学品制造	0.88
13	轮胎及橡胶制品	3.88	32	航空航天	0.87
14	其他建材制造	3.75	33	半导体、集成电路及面板制造	0.82
15	酒类	3.12	34	水泥及玻璃制造	0.78
16	纺织印染	3.10	35	综合制造业	0.76
17	化学纤维制造	2.72	36	锅炉及动力装备制造	0.48
18	石化及炼焦	2.40	37	工程机械及零部件	0.01
19	金属制品加工	2.28	38	农副食品	-0.09

第十一章
2024 中国服务业企业 500 强

2024 中国服务业企业 500 强数据情况，见表 11-1 至表 11-29。

表 11-1 2024 中国服务业企业 500 强

名次	企业名称	地区	营业收入/万元	净利润/万元	资产/万元	所有者权益/万元	从业人数/人
1	国家电网有限公司	北京	386489168	6515936	554427738	244289786	1442302
2	中国工商银行股份有限公司	北京	161163000	36399300	4469707900	375688700	419252
3	中国建设银行股份有限公司	北京	141402900	33265300	3832482600	315014500	376871
4	中国农业银行股份有限公司	北京	136139300	26935600	3987298900	288924800	451003
5	中国银行股份有限公司	北京	121869900	23190400	3243216600	262951000	306931
6	京东集团股份有限公司	北京	108466200	2416700	62895800	23185800	517124
7	中国平安保险（集团）股份有限公司	广东	103116700	8566500	1158341700	89901100	288751
8	中国移动通信集团有限公司	北京	101114414	10798272	240151652	133387903	453394
9	中国人寿保险（集团）公司	北京	98837400	-595500	677142400	20122100	176625
10	中国中信集团有限公司	北京	92909508	2919899	1148197539	44866936	213290
11	阿里巴巴（中国）有限公司	浙江	92749400	10028800	182096600	101059000	219260
12	中国华润有限公司	广东	89318000	2688000	260513000	33660036	394112
13	中国南方电网有限责任公司	广东	84110863	1658065	122819788	45581642	313062
14	中国邮政集团有限公司	北京	79838546	4165748	1639997697	52514858	728776
15	厦门建发集团有限公司	福建	78342822	748730	88724752	6581440	62740
16	中粮集团有限公司	北京	69210215	899240	73065438	13016049	111630
17	中国医药集团有限公司	北京	68011791	813758	58646243	13325036	202426
18	中国电信集团有限公司	北京	62270012	1522590	107827456	40691111	391691
19	腾讯控股有限公司	广东	60901500	11521600	157724600	80859100	105417
20	厦门国贸控股集团有限公司	福建	60753156	126656	35662496	4136234	37208
21	物产中大集团股份有限公司	浙江	58016061	361705	16613481	3676554	26354
22	交通银行股份有限公司	上海	55747700	9272800	1406047200	108803000	94275
23	中国人民保险集团股份有限公司	北京	55309700	2277300	155715900	24235500	551179
24	中国保利集团有限公司	北京	52385301	699586	180398028	12213725	102834
25	招商银行股份有限公司	广东	50879000	14660200	1102848300	107637000	116529
26	厦门象屿集团有限公司	福建	49049816	10286	33158811	2957542	33214
27	万科企业股份有限公司	广东	46573908	1216268	150485017	25012845	131097
28	招商局集团有限公司	北京	44754508	5820494	280973545	51062027	276019
29	联想控股股份有限公司	北京	43601217	-387428	66573257	5696457	89577
30	兴业银行股份有限公司	福建	41877100	7711600	1015832600	79622400	66569
31	中国远洋海运集团有限公司	上海	38178011	2537503	107563227	29023608	106221
32	中国联合网络通信集团有限公司	北京	37398581	807933	70281657	20058428	255353
33	绿地控股集团股份有限公司	上海	36024502	-955602	119392208	8033966	59970
34	上海浦东发展银行股份有限公司	上海	36017900	3670200	900724700	72474900	63582

续表

名次	企业名称	地区	营业收入/万元	净利润/万元	资产/万元	所有者权益/万元	从业人数/人
35	浙江省交通投资集团有限公司	浙江	32403094	540558	93529732	14413900	43266
36	中国太平洋保险（集团）股份有限公司	上海	32394541	2725746	234396169	24958597	104270
37	中国民生银行股份有限公司	北京	31175200	3582300	767496500	62460200	63742
38	深圳市投资控股有限公司	广东	29042736	999938	115285973	19268711	103928
39	泰康保险集团股份有限公司	北京	27900403	1264386	166846871	13729976	55408
40	美团公司	上海	27674495	1385583	29302963	15201321	114860
41	杭州市实业投资集团有限公司	浙江	26474897	257779	8585521	2003837	4432
42	山东高速集团有限公司	山东	26011809	348006	151374345	20068900	56432
43	广东省广新控股集团有限公司	广东	25916280	60876	12345743	1730367	44837
44	顺丰控股股份有限公司	广东	25840940	823449	22149066	9279034	153125
45	拼多多控股公司	上海	24763921	6002654	34807812	18724161	17403
46	广西投资集团有限公司	广西壮族自治区	23664534	48231	80588790	2697154	32241
47	中国航空油料集团有限公司	北京	23350298	69913	7594630	3159451	14184
48	新疆广汇实业投资（集团）有限责任公司	新疆维吾尔自治区	21460318	82047	24719285	3923221	69301
49	云南省投资控股集团有限公司	云南	20980590	46276	58647128	7776482	46756
50	北京嘀嘀无限科技发展有限公司	北京	19237992	49351	14382649	9779474	19300
51	龙湖集团控股有限公司	重庆	18073658	1285001	70040688	15196671	29116
52	蚂蚁科技集团股份有限公司	浙江	17845321	5050908	61813799	30835502	29740
53	珠海华发集团有限公司	广东	17568688	176469	72964896	5176947	43882
54	浙江省能源集团有限公司	浙江	17000950	766578	33223475	9793972	27777
55	中国南方航空集团有限公司	广东	16163999	-140698	33936884	4847974	107983
56	卓尔控股有限公司	湖北	15731274	1051	10049709	3891012	15930
57	山东省港口集团有限公司	山东	15405858	379012	27255651	6789250	60542
58	甘肃省公路航空旅游投资集团有限公司	甘肃	15244169	25187	72547416	20527254	55581
59	浙江省兴合集团有限责任公司	浙江	15026227	-16754	7420644	593977	17148
60	九州通医药集团股份有限公司	湖北	15013985	217404	9278910	2398317	30100
61	江苏银行股份有限公司	江苏	14955283	2875035	340336184	25040999	19597
62	传化集团有限公司	浙江	14516624	299091	8193608	1269570	13854
63	新奥天然气股份有限公司	河北	14375398	709111	13457350	2365482	38321
64	中国国际航空股份有限公司	北京	14110023	-104638	33530268	3722997	102874
65	中国东方航空集团有限公司	上海	13764119	44814	38316143	7579657	98786
66	上海均和集团有限公司	上海	13469163	21682	4005653	1410269	4850
67	百度集团股份有限公司	北京	13459800	2031500	40675900	24362600	39800
68	绿城房地产集团有限公司	浙江	13099819	386574	53685105	4058388	7398

续表

名次	企业名称	地区	营业收入/万元	净利润/万元	资产/万元	所有者权益/万元	从业人数/人
69	北京控股集团有限公司	北京	12885103	42886	43794135	4463939	126128
70	广东省广晟控股集团有限公司	广东	12773109	161267	18162307	1253216	55949
71	中基宁波集团股份有限公司	浙江	12608513	21271	1921134	214944	2441
72	广州越秀集团股份有限公司	广东	12372199	189428	100575794	6023083	35976
73	湖北联投集团有限公司	湖北	12118796	77291	34964839	1774947	21313
74	神州数码集团股份有限公司	北京	11962389	117178	4488370	855698	6174
75	内蒙古电力（集团）有限责任公司	内蒙古自治区	11856209	274633	12696061	5365206	36557
76	云南省能源投资集团有限公司	云南	11767108	368557	26050221	6120185	9162
77	河南交通投资集团有限公司	河南	11501596	333996	70904002	21026025	23991
78	青岛海发国有资本投资运营集团有限公司	山东	11383713	37668	13766062	2003764	15565
79	唯品会控股有限公司	广东	11285602	811662	7232259	3407304	20995
80	江苏省苏豪控股集团有限公司	江苏	11266784	56855	8609860	2132807	19238
81	上海银行股份有限公司	上海	11011928	2254479	308551647	23857883	14365
82	云账户技术（天津）有限公司	天津	10844964	1224	261052	6966	1005
83	湖北交通投资集团有限公司	湖北	10550008	372583	69608701	16734665	23415
84	江苏交通控股有限公司	江苏	10365419	1153069	83435309	15043983	22483
85	网易股份有限公司	浙江	10346816	2941655	18592498	12428578	29128
86	厦门路桥工程物资有限公司	福建	10300931	54553	2360865	289419	542
87	北京能源集团有限责任公司	北京	10276273	219617	46335345	10357461	34742
88	广西北部湾国际港务集团有限公司	广西壮族自治区	10269779	-79004	15546077	2866092	31240
89	金地（集团）股份有限公司	广东	9812534	88812	37384680	6505967	39750
90	浙江省国际贸易集团有限公司	浙江	9742753	123095	16171596	1918931	21991
91	南京银行股份有限公司	江苏	9512228	1850208	228827592	16956129	16342
92	深圳市爱施德股份有限公司	广东	9216003	65528	1245681	596444	3450
93	四川省能源投资集团有限责任公司	四川	9015422	176960	25185430	4259019	24405
94	天津泰达投资控股有限公司	天津	8927747	34417	47331882	10960136	37162
95	广东省广物控股集团有限公司	广东	8689740	58041	5990337	1583364	10037
96	上海闽路润贸易有限公司	上海	8687030	31732	1384373	68403	227
97	上海钢联电子商务股份有限公司	上海	8631405	24034	1772023	198691	4344
98	兰州新区商贸物流投资集团有限公司	甘肃	8373142	4120	1611940	847566	1510
99	杭州市城市建设投资集团有限公司	浙江	8364442	193475	29751751	11812079	35239
100	汇通达网络股份有限公司	江苏	8243252	44828	2911007	777246	3900
101	太平人寿保险有限公司	上海	8152445	1070780	110493226	7395435	21192
102	武汉金融控股（集团）有限公司	湖北	8073964	78948	21094004	1679779	17228

续表

名次	企业名称	地区	营业收入/万元	净利润/万元	资产/万元	所有者权益/万元	从业人数/人
103	重药控股股份有限公司	重庆	8011911	65496	6352368	1124586	14458
104	恒信汽车集团股份有限公司	湖北	7962766	127392	2624488	1566425	20032
105	永辉超市股份有限公司	福建	7864217	-132905	5205204	593907	98513
106	阳光保险集团股份有限公司	广东	7791155	373790	51368633	6044618	50629
107	贝壳控股有限公司	北京	7777693	588322	12033193	7209982	116344
108	远大物产集团有限公司	浙江	7770870	5284	485754	191882	374
109	东方国际（集团）有限公司	上海	7699275	82240	5919503	1768347	57745
110	中国农业生产资料集团有限公司	北京	7635219	28987	5414175	1147569	6916
111	河北省物流产业集团有限公司	河北	7491429	5390	2645097	262909	2137
112	陕西投资集团有限公司	陕西	7188574	326442	28087836	4800883	25371
113	弘阳集团有限公司	江苏	7170673	20108	10576008	2724201	5237
114	新华人寿保险股份有限公司	北京	7154700	871200	140325700	10506700	30662
115	陕西泰丰盛合控股集团有限公司	陕西	7131072	62280	1155432	225849	210
116	漳州市九龙江集团有限公司	福建	7042132	198630	12459929	2964311	6534
117	水发集团有限公司	山东	6954543	-58622	15909211	1489613	17268
118	渤海银行股份有限公司	天津	6874788	508090	173273384	11440270	13862
119	安徽省交通控股集团有限责任公司	安徽	6826300	555767	41114190	15224673	24002
120	四川省港航投资集团有限责任公司	四川	6773926	28168	8187505	2004058	4330
121	陕西交通控股集团有限公司	陕西	6700853	186656	59105930	17811326	32287
122	广西交通投资集团有限公司	广西壮族自治区	6674313	81956	70762250	17951845	16706
123	深圳前海微众银行股份有限公司	广东	6579038	1081533	53557852	4622123	4028
124	福建省港口集团有限责任公司	福建	6570297	45812	10807465	2239696	29726
125	申能（集团）有限公司	上海	6532879	530892	21815945	9350996	19728
126	大华（集团）有限公司	上海	6518268	146594	17240756	3621824	4036
127	江苏国泰国际集团股份有限公司	江苏	6512028	160393	4313947	1524279	42262
128	南京新工投资集团有限责任公司	江苏	6510607	157668	8383558	2788475	34046
129	中华联合保险集团股份有限公司	北京	6494091	1494	10638350	1832244	39136
130	大汉控股集团有限公司	湖南	6385064	60808	2172212	1029453	4184
131	福州城市建设投资集团有限公司	福建	6361884	152861	23753226	9803040	6146
132	苏宁易购集团股份有限公司	江苏	6262746	-408954	12174828	1137542	22198
133	江苏满运软件科技有限公司	江苏	6126622	-19470	549737	-41568	1328
134	南昌市政公用集团有限公司	江西	6124036	35868	16200665	3583926	14020
135	荣盛控股股份有限公司	河北	6104899	-44065	22255955	773427	16141
136	通鼎集团有限公司	江苏	6015593	161841	3115787	1306826	15740

续表

名次	企业名称	地区	营业收入/万元	净利润/万元	资产/万元	所有者权益/万元	从业人数/人
137	深圳金雅福控股集团有限公司	广东	6000410	26283	458797	238458	1705
138	北京江南投资集团有限公司	北京	5899090	1013209	16218818	4730015	498
139	郑州瑞茂通供应链有限公司	河南	5878607	11617	6195646	2389585	959
140	北京首都开发控股（集团）有限公司	北京	5872270	-370596	30219308	1421681	13030
141	洛阳国宏投资控股集团有限公司	河南	5834685	1091457	10345789	3380947	16022
142	广州产业投资控股集团有限公司	广东	5793816	164303	15584070	3117135	17569
143	杭州东恒石油有限公司	浙江	5789509	84793	1414693	621537	556
144	圆通速递股份有限公司	上海	5768434	372254	4336703	2879918	17804
145	北京首都创业集团有限公司	北京	5753954	30970	40089435	2297703	33395
146	物美科技集团有限公司	北京	5742557	130618	11388742	3228305	100000
147	重庆新鸥鹏企业（集团）有限公司	重庆	5688650	282828	7820332	675682	8132
148	广东省交通集团有限公司	广东	5674693	202915	48503220	10629349	52020
149	中铁集装箱运输有限责任公司	北京	5652999	144180	3384263	1988179	1101
150	重庆千信集团有限公司	重庆	5644597	8182	1624818	468473	572
151	宁波开发投资集团有限公司	浙江	5632258	403898	12147495	4034037	5138
152	恒丰银行股份有限公司	山东	5572700	514529	143970411	13205499	12451
153	重庆农村商业银行股份有限公司	重庆	5479428	1090236	144108194	12173364	15017
154	青岛西海岸新区融合控股集团有限公司	山东	5347815	12418	23490943	4699566	5100
155	山西交通控股集团有限公司	山西	5277345	58110	63078007	13273458	40381
156	四川省商业投资集团有限责任公司	四川	5243942	20092	3267631	245931	4953
157	广西农村商业联合银行股份有限公司	广西壮族自治区	5151743	513564	128588029	8734715	25751
158	上海农村商业银行股份有限公司	上海	5141976	1214196	139221370	11242698	10565
159	青岛西海岸新区海洋控股集团有限公司	山东	5130384	13792	19184691	4427678	13505
160	成都交子金融控股集团有限公司	四川	5100764	262360	118761484	3127193	33648
161	湖南省高速公路集团有限公司	湖南	5087280	264664	67979042	19906832	15639
162	江西省投资集团有限公司	江西	5021757	12117	16282140	3122073	27893
163	国华人寿保险股份有限公司	上海	4980014	-118109	29517776	2635129	2006
164	湖北文化旅游集团有限公司	湖北	4811267	1207	8497303	1472488	7589
165	四川高速公路建设开发集团有限公司	四川	4738062	301374	39802246	11571405	17719
166	百联集团有限公司	上海	4736498	178970	17299725	2811995	30095
167	青岛世纪瑞丰集团有限公司	山东	4730824	2493	1240845	42228	204
168	福建漳龙集团有限公司	福建	4671786	21734	10186881	2225361	2994
169	新华锦集团有限公司	山东	4668813	17060	1533765	348287	8840
170	武汉产业投资控股集团有限公司	湖北	4656052	-28665	11062150	1336644	36665

续表

名次	企业名称	地区	营业收入/万元	净利润/万元	资产/万元	所有者权益/万元	从业人数/人
171	山东省商业集团有限公司	山东	4628238	-45172	12904717	977012	37241
172	万洋集团有限公司	浙江	4588320	482108	4780793	2642402	6998
173	长沙银行股份有限公司	湖南	4564730	746295	102003294	6610900	9584
174	广西现代物流集团有限公司	广西壮族自治区	4514977	1939	3010686	570855	4716
175	深圳市天行云供应链有限公司	广东	4473003	49521	497973	133941	1110
176	携程集团有限公司	上海	4451000	991800	21913700	12218400	36249
177	东浩兰生（集团）有限公司	上海	4408460	69435	4380867	1419028	5098
178	广州农村商业银行股份有限公司	广东	4371538	263442	131404245	8882618	13620
179	北京中能昊龙农业科技有限公司	北京	4224762	432449	3292372	2798933	8200
180	唐山国控集团有限公司	河北	4200294	214043	24789217	10314538	23634
181	合肥市建设投资控股（集团）有限公司	安徽	4164965	-146812	66257969	19477509	52173
182	山东颐养健康产业发展集团有限公司	山东	4094740	4991	8636722	2245435	24797
183	申通快递有限公司	上海	4092025	33037	2250519	694203	52400
184	湖南财信金融控股集团有限公司	湖南	4085242	208029	66287215	3390193	10091
185	深圳市中农网有限公司	广东	4079530	767	1421514	87769	646
186	华东医药股份有限公司	浙江	4062378	283886	3350936	2104761	16969
187	盛京银行股份有限公司	辽宁	4013249	73243	108005271	7933017	8574
188	四川新派餐饮管理有限公司	四川	4009442	467663	1515293	519126	150159
189	浙江省海港投资运营集团有限公司	浙江	3974111	380067	17948513	7398611	19711
190	深圳市信利康供应链管理有限公司	广东	3944732	16895	1773067	178881	542
191	源山投资控股有限公司	上海	3922717	4210	741441	323356	170
192	奥德集团有限公司	山东	3908124	352212	6153599	3781259	14756
193	重庆华宇集团有限公司	重庆	3907400	247517	10899374	6636052	4422
194	厦门夏商集团有限公司	福建	3874456	27278	2297743	616831	5637
195	深圳市特区建工集团有限公司	广东	3856821	25518	9039491	553509	19387
196	中通快递股份有限公司	上海	3841892	874900	8846522	6028041	23554
197	佛山市投资控股集团有限公司	广东	3799496	42896	7338865	1042394	13755
198	上海均瑶（集团）有限公司	上海	3764744	-22797	9962014	806995	21184
199	南通化工轻工股份有限公司	江苏	3762978	10828	369749	151763	500
200	上海国际港务（集团）股份有限公司	上海	3755157	1320313	20357551	12317544	15197
201	西安高科集团有限公司	陕西	3753853	-16442	22406645	1406531	15802
202	河北省国和投资集团有限公司	河北	3725739	3103	846688	212366	1603
203	天津银行股份有限公司	天津	3682170	375990	84077146	6418851	6693
204	浙江建华集团有限公司	浙江	3627579	20971	297063	104048	3086

续表

名次	企业名称	地区	营业收入/万元	净利润/万元	资产/万元	所有者权益/万元	从业人数/人
205	华南物资集团有限公司	重庆	3553040	1538	700670	79420	650
206	一柏集团有限公司	福建	3547786	7423	44616	33406	212
207	昆明市交通投资有限责任公司	云南	3520426	93837	19152094	6257276	3040
208	杭州市国有资本投资运营有限公司	浙江	3507015	76909	10140532	3310773	11304
209	新疆天富集团有限责任公司	新疆维吾尔自治区	3506078	779	5702667	564695	8871
210	极兔速递有限公司	上海	3497300	−641856	3234491	−733940	570
211	湖北农业发展集团有限公司	湖北	3482943	9492	5090799	408255	6571
212	青岛经济技术开发区投资控股集团有限公司	山东	3436168	13525	11618981	2460241	2845
213	广州市城市建设投资集团有限公司	广东	3419878	−118102	38528291	14644659	40356
214	月星集团有限公司	上海	3410359	395245	6038032	2945976	10711
215	福星集团控股有限公司	湖北	3367106	15906	3835450	372908	6976
216	江苏无锡朝阳集团股份有限公司	江苏	3300466	20769	261530	167324	1486
217	苏州金螳螂企业（集团）有限公司	江苏	3250807	18446	5203296	416208	11816
218	合肥维天运通信息科技股份有限公司	安徽	3235950	−2175	209667	63309	920
219	江阴长三角钢铁集团有限公司	江苏	3234277	−427	37641	5082	279
220	佛山市建设发展集团有限公司	广东	3158410	10330	5057082	869000	3427
221	泸州发展控股集团有限公司	四川	3148500	1412	6921434	1617563	7201
222	江苏华地国际控股集团有限公司	江苏	3095168	74610	1373493	457108	4794
223	四川航空股份有限公司	四川	3052315	−2350	7382390	−538914	20141
224	南京新华海科技产业集团有限公司	江苏	3047118	56737	1316592	713795	1926
225	山西云时代技术有限公司	山西	3032407	−1588	2497742	637857	12087
226	泉州发展集团有限公司	福建	3024059	28291	6018536	2057462	27500
227	淄博市城市资产运营集团有限公司	山东	3022061	42338	22072854	7210621	7384
228	武汉市城市建设投资开发集团有限公司	湖北	3016975	1718	39619090	11207689	14342
229	日出实业集团有限公司	浙江	2992890	9249	437256	58555	707
230	深圳华强集团有限公司	广东	2972784	34429	7666633	1757155	19701
231	安徽灵通集团控股有限公司	安徽	2962099	8034	175292	52550	312
232	河北交通投资集团有限公司	河北	2952043	−40236	34111408	6348256	13979
233	江阴市金桥化工有限公司	江苏	2913831	2135	216481	30692	218
234	利群集团股份有限公司	山东	2909777	18776	2625057	674801	9485
235	联发集团有限公司	福建	2882320	7234	11902681	1253156	5274
236	厦门海沧投资集团有限公司	福建	2848864	15609	3484591	819113	4713
237	广州珠江实业集团有限公司	广东	2812487	7690	12976771	1864848	23417
238	奥园集团有限公司	广东	2753332	−953357	19937149	−3218148	3998

名次	企业名称	地区	营业收入/万元	净利润/万元	资产/万元	所有者权益/万元	从业人数/人
239	东华能源股份有限公司	江苏	2712310	15052	4200000	1065616	1582
240	宁波君安控股有限公司	浙江	2688762	8890	402538	98977	613
241	无锡市交通产业集团有限公司	江苏	2679969	9375	8217920	2264396	13174
242	湖南博深实业集团有限公司	湖南	2660534	92797	1898252	1071618	1141
243	河北高速公路集团有限公司	河北	2655695	15370	34138590	13666993	19020
244	河北港口集团有限公司	河北	2614404	84220	13902798	4410299	19553
245	浙江宝利德股份有限公司	浙江	2608479	10408	831018	288018	1891
246	重庆高速公路集团有限公司	重庆	2602406	38442	23067553	6994753	11893
247	无锡市国联发展（集团）有限公司	江苏	2600314	199495	20358635	3097180	13656
248	福建漳州城投集团有限公司	福建	2557005	24818	6833764	1645358	27155
249	浙江火山口网络科技有限公司	浙江	2549295	19102	273475	110404	284
250	桂林银行股份有限公司	广西壮族自治区	2515552	212850	54263962	3798747	9420
251	江苏省粮食集团有限责任公司	江苏	2512298	9336	1419185	298126	1344
252	建业控股有限公司	河南	2502899	-401779	13638270	381329	22157
253	青岛银行股份有限公司	山东	2485685	354860	60798537	3906394	4941
254	大参林医药集团股份有限公司	广东	2453139	116649	2412330	682385	45466
255	上海塑来信息技术有限公司	上海	2438254	2502	139731	21375	202
256	中国万向控股有限公司	上海	2387401	-8483	16739220	778770	12515
257	重庆物流集团有限公司	重庆	2376881	4842	4771304	1555749	39947
258	广发证券股份有限公司	广东	2329953	697780	68218168	13571765	15034
259	福建纵腾网络有限公司	福建	2321383	54535	766785	401732	3857
260	天津城市基础设施建设投资集团有限公司	天津	2283079	192737	93709832	27047757	13682
261	东莞银行股份有限公司	广东	2280766	406692	62892466	4048595	5612
262	益丰大药房连锁股份有限公司	湖南	2258823	141199	2413654	980443	39652
263	江西银行股份有限公司	江西	2253084	103619	55234536	4677673	5438
264	老百姓大药房连锁股份有限公司	湖南	2243749	92902	2123110	670124	40881
265	浙江永安资本管理有限公司	浙江	2224563	15812	1435832	349281	214
266	湖南农业发展投资集团有限责任公司	湖南	2191405	66262	6620742	2199736	9930
267	九江银行股份有限公司	江西	2177620	72358	50384922	4015648	5429
268	河北银行股份有限公司	河北	2176392	247682	53173612	4480865	6366
269	湖北港口集团有限公司	湖北	2157057	12793	6664705	1758427	6508
270	厦门禹洲集团股份有限公司	福建	2147708	-1052057	10875134	43210	1211
271	广州轻工工贸集团有限公司	广东	2127728	73595	2260937	1280561	5114
272	马上消费金融股份有限公司	重庆	2106719	198164	7128030	1147360	2981

续表

名次	企业名称	地区	营业收入/万元	净利润/万元	资产/万元	所有者权益/万元	从业人数/人
273	砂之船商业管理集团有限公司	重庆	2102559	81246	1776717	900593	34239
274	福州市产业投资集团有限公司	福建	2090578	1802	201652	99029	232
275	广西柳药集团股份有限公司	广西壮族自治区	2081190	84959	2015945	661761	5582
276	淄博商厦股份有限公司	山东	2071234	16241	586996	325300	10000
277	欧龙汽车贸易集团有限公司	浙江	2061218	24618	760811	351908	3831
278	爱尔眼科医院集团股份有限公司	湖南	2036716	335887	3018662	1885583	32326
279	常州市化工轻工材料总公司	江苏	2028700	3111	786933	25004	156
280	新天绿色能源股份有限公司	河北	2028179	220747	7901659	2187673	2605
281	福建晟育投资发展集团有限公司	福建	2016437	1319	70803	12412	212
282	信誉楼百货集团有限公司	河北	2014315	107389	923771	494068	31000
283	江苏大经供应链股份有限公司	江苏	1989379	1647	165188	77081	480
284	鹭燕医药股份有限公司	福建	1984553	36353	1179359	294625	5475
285	广西泛糖科技有限公司	广西壮族自治区	1980748	1958	539144	9083	128
286	黑龙江倍丰农业生产资料集团有限公司	黑龙江	1966313	11620	2341442	203490	939
287	青岛农村商业银行股份有限公司	山东	1958461	256784	46793677	3811021	5500
288	中国江苏国际经济技术合作集团有限公司	江苏	1957143	26230	3090529	600063	9789
289	四川华油集团有限责任公司	四川	1945977	47426	1251859	327193	3200
290	上海春秋国际旅行社（集团）有限公司	上海	1929481	115697	4571471	694768	11327
291	天津港（集团）有限公司	天津	1927970	4121	16159758	2809525	15327
292	深圳市富森供应链管理有限公司	广东	1920659	9250	1211640	94654	498
293	安徽省徽商集团有限公司	安徽	1919218	17965	1771889	280605	2814
294	鑫荣懋果业科技集团股份有限公司	广东	1894902	26259	731768	287452	3940
295	河北建投能源投资股份有限公司	河北	1894608	16700	3848663	988678	5360
296	万友汽车投资有限公司	重庆	1885814	9066	826580	140114	6070
297	杭州市商贸旅游集团有限公司	浙江	1881847	92048	10001686	3403069	18772
298	上海赞华实业有限公司	上海	1860364	7832	55065	40003	450
299	润华集团股份有限公司	山东	1810146	41227	1619627	843304	4949
300	文一投资控股有限公司	安徽	1808704	18113	4979869	2924729	10500
301	广东宏川集团有限公司	广东	1802866	39918	1362471	303609	2397
302	天津农村商业银行股份有限公司	天津	1799336	277932	42872428	3479884	5765
303	安徽辉隆投资集团有限公司	安徽	1797989	-3242	1231545	104197	3862
304	天津天保控股有限公司	天津	1789302	85591	19796979	4876514	1160
305	四川邦泰投资集团有限责任公司	四川	1784974	115414	3158358	383129	6664
306	安徽新华发行（集团）控股有限公司	安徽	1763093	39489	3328607	1002332	6348

续表

名次	企业名称	地区	营业收入/万元	净利润/万元	资产/万元	所有者权益/万元	从业人数/人
307	深圳市九立供应链股份有限公司	广东	1761306	4163	651079	35889	225
308	软通动力信息技术（集团）股份有限公司	北京	1758068	53390	1561753	1056092	90000
309	大熊集团有限公司	山东	1757531	3324	41457	2874	140
310	安克创新科技股份有限公司	湖南	1750720	161487	1277670	799992	4017
311	绿城物业服务集团有限公司	浙江	1739327	60537	1808167	740553	50128
312	深圳市博科供应链管理有限公司	广东	1728850	10351	78415	39908	208
313	宜昌城发控股集团有限公司	湖北	1722724	63970	15162511	4249644	8230
314	嘉悦物产集团有限公司	浙江	1708395	1195	358904	36793	100
315	广东顺德农村商业银行股份有限公司	广东	1694170	345960	46787930	3702979	5005
316	利泰汽车集团有限公司	广东	1686586	5453	386581	129161	8168
317	江苏常熟农村商业银行股份有限公司	江苏	1667620	328150	33445643	2535641	7376
318	广东省广告集团股份有限公司	广东	1667336	15309	1062897	487521	2991
319	陕西粮农集团有限责任公司	陕西	1667227	1040	1415401	433485	2613
320	溧阳中联金电子商务有限公司	江苏	1665801	1339	10972	7989	100
321	安徽华源医药集团股份有限公司	安徽	1662260	18188	1761052	252854	9100
322	三七互娱网络科技集团股份有限公司	安徽	1654687	295438	1913455	1270695	3447
323	厦门翔业集团有限公司	福建	1652131	45235	5027171	1953762	12609
324	华邦控股集团有限公司	广东	1651004	19327	4369529	1494229	5200
325	广西自贸区钦州港片区开发投资集团有限责任公司	广西壮族自治区	1648960	4725	1686507	545193	590
326	仕邦控股有限公司	广东	1637553	51	66467	3585	421
327	中国（福建）对外贸易中心集团有限责任公司	福建	1621732	113	1069873	389699	688
328	南京市城市建设投资控股（集团）有限责任公司	江苏	1614070	55149	13724319	4210485	22775
329	广州华多网络科技有限公司	广东	1598790	210851	6008867	3652324	7000
330	浙江省农村发展集团有限公司	浙江	1587266	21492	1968711	256555	1933
331	四川众欣旅游资源开发有限公司	四川	1572808	−753	861776	107830	1647
332	广东天禾农资股份有限公司	广东	1551147	10015	687423	122876	2646
333	浙江省旅游投资集团有限公司	浙江	1525516	17419	1733615	539670	8485
334	广州港集团有限公司	广东	1523955	81243	6196344	1965497	12000
335	张家口银行股份有限公司	河北	1517722	87666	34172832	2506963	4215
336	汇金钢铁（天津）集团有限公司	天津	1516063	841	109358	12533	269
337	无锡城建发展集团有限公司	江苏	1503898	110161	31870397	8063865	1733
338	盐城市国有资产投资集团有限公司	江苏	1489540	50621	7341259	1832611	3664
339	河南中钢网科技集团股份有限公司	河南	1479972	5558	128489	22949	609

续表

名次	企业名称	地区	营业收入/万元	净利润/万元	资产/万元	所有者权益/万元	从业人数/人
340	鄂尔多斯市国有资产投资控股集团有限公司	内蒙古自治区	1468418	61930	6043382	3437053	6105
341	芒果超媒股份有限公司	湖南	1462802	355571	3142239	2149242	4397
342	成都建国汽车贸易有限公司	四川	1453906	18885	1033200	358533	8017
343	天晖（河北）供应链管理集团有限公司	河北	1440800	885	94543	6644	237
344	广州岭南商旅投资集团有限公司	广东	1438593	25227	3353784	1480995	15807
345	福建省人力资源发展集团有限公司	福建	1438472	4294	100786	29997	292
346	郑州公用事业投资发展集团有限公司	河南	1432950	80454	9168067	1969595	7489
347	徐州东方物流集团有限公司	江苏	1429950	23926	594613	241279	1162
348	洛阳国晟投资控股集团有限公司	河南	1425997	19927	20870215	6244181	6053
349	广州开发区控股集团有限公司	广东	1421206	-16295	15137913	2858376	5329
350	安徽天星医药集团有限公司	安徽	1417942	22414	862740	105074	1242
351	广州地铁集团有限公司	广东	1412423	2092	63611387	27159005	31120
352	无锡市市政公用产业集团有限公司	江苏	1405688	33302	4339413	1509328	11240
353	浙江出版联合集团有限公司	浙江	1399620	156382	3303963	2094435	7198
354	厦门鑫东森控股有限公司	福建	1396743	5097	367652	86246	3258
355	北京路通企业管理集团有限公司	北京	1385242	137625	357219	150543	1232
356	天津现代集团有限公司	天津	1385160	10078	2744169	1401155	398
357	广东乐居商贸集团有限公司	广东	1371796	5290	582195	38915	274
358	上海埃尔金信息技术有限公司	上海	1363828	1136	259346	29078	120
359	中南出版传媒集团股份有限公司	湖南	1361303	185470	2536861	1541567	13310
360	浙江世纪华通集团股份有限公司	浙江	1328455	52405	3734727	2489856	5656
361	上海临港经济发展（集团）有限公司	上海	1325561	83624	21837191	3252931	3588
362	深圳市分期乐网络科技有限公司	广东	1323370	53026	1180859	375033	503
363	重庆银行股份有限公司	重庆	1321147	492979	75988387	5691773	5284
364	安徽出版集团有限责任公司	安徽	1319587	17899	1863222	290242	3361
365	唐山银行股份有限公司	河北	1271137	301537	30635319	2823420	1814
366	信也科技集团	上海	1254744	234083	2129367	1374878	3648
367	瀚蓝环境股份有限公司	广东	1254129	142964	3579770	1211895	25264
368	捷通达汽车集团股份有限公司	天津	1251840	920	542707	106402	4301
369	江苏东津联国际贸易有限公司	江苏	1251603	-82	1270	975	211
370	广东鸿粤汽车销售集团有限公司	广东	1240666	9431	544101	92420	2842
371	廊坊银行股份有限公司	河北	1233852	57881	31179354	2602924	2646
372	秦皇岛中秦兴龙投资控股有限公司	河北	1227357	47625	1438103	511141	10855
373	湖南兰天集团有限公司	湖南	1224316	5443	310538	95863	3002
374	四川新华出版发行集团有限公司	四川	1222047	73318	2573670	990180	8657
375	厦门市嘉晟对外贸易有限公司	福建	1219910	578	567958	73393	300
376	江西省金融控股集团有限公司	江西	1219803	37230	7842722	1324893	2213
377	华数字电视传媒集团有限公司	浙江	1205879	24300	4155512	573170	17186

续表

名次	企业名称	地区	营业收入/万元	净利润/万元	资产/万元	所有者权益/万元	从业人数/人
378	宁波滕头集团有限公司	浙江	1203260	32590	542740	359185	7915
379	广东南海农村商业银行股份有限公司	广东	1197368	238216	30518240	2565506	3583
380	重庆三峡银行股份有限公司	重庆	1197149	131406	30196960	2230320	2287
381	邦芒服务外包有限公司	浙江	1196355	7297	106838	12222	663
382	国任财产保险股份有限公司	广东	1191837	21399	2305503	328543	5422
383	华茂集团股份有限公司	浙江	1189889	7773	1551608	735975	2996
384	同程旅行控股有限公司	江苏	1189624	155413	3171661	1854629	7757
385	绿滋肴控股集团有限公司	江西	1186728	69427	642658	466377	11013
386	上海祥源原信息咨询有限公司	上海	1184608	20163	6276214	1608933	6074
387	上海大名城企业股份有限公司	上海	1169548	22255	2532610	1252910	538
388	漳州宝鼎贸易集团有限公司	福建	1168741	14088	218026	72710	249
389	泉州城建集团有限公司	福建	1167890	131950	17974891	7969187	1176
390	湖北银丰实业集团有限责任公司	湖北	1161078	1242	1017793	237568	875
391	蓝池集团有限公司	河北	1160525	9287	623242	292919	3468
392	中原大易科技有限公司	河南	1159076	1033	189894	47078	281
393	佳都集团有限公司	广东	1150334	9922	2000796	303107	3317
394	天津滨海农村商业银行股份有限公司	天津	1128633	55211	26176368	1802097	2491
395	无锡安井食品营销有限公司	江苏	1118183	17191	519244	105942	4171
396	广州市水务投资集团有限公司	广东	1116838	14176	6867034	2804316	13648
397	浙江华瑞集团有限公司	浙江	1113824	27395	669549	327732	524
398	青岛开发区投资建设集团有限公司	山东	1111357	23827	4572715	1676413	1644
399	深圳齐心集团股份有限公司	广东	1109885	7691	827548	310696	2004
400	东方财富信息股份有限公司	上海	1108144	819347	23957832	7196286	6099
401	武汉伟鹏控股集团有限公司	湖北	1105095	89359	6431176	5719773	580
402	知识城（广州）投资集团有限公司	广东	1104881	39766	10118493	1998698	4300
403	江苏省煤炭运销有限公司	江苏	1100515	4996	223036	38312	112
404	广州酷狗计算机科技有限公司	广东	1099207	6219	1155853	734416	221
405	黑龙江省农业投资集团有限公司	黑龙江	1097051	136	2078651	202113	2560
406	南京大有恒成供应链有限公司	江苏	1092415	-64	46978	3608	220
407	厦门火炬集团有限公司	福建	1080292	33747	5959972	2018646	1534
408	西安经发控股（集团）有限责任公司	陕西	1079677	1983	7527180	1309621	10269
409	四川省供销农资集团有限公司	四川	1079645	9189	427246	102742	858
410	宁波海田控股集团有限公司	浙江	1076393	2969	320175	17431	245
411	江苏采木工业互联网科技有限公司	江苏	1073895	3036	82847	7768	273

续表

名次	企业名称	地区	营业收入/万元	净利润/万元	资产/万元	所有者权益/万元	从业人数/人
412	吉旗物联科技（天津）有限公司	天津	1065148	3980	147207	16450	180
413	山东梦金园珠宝首饰有限公司	山东	1063433	20184	266577	128810	518
414	厦门恒兴集团有限公司	福建	1063139	14992	1753686	702718	1546
415	兴业证券股份有限公司	福建	1062716	196437	27361145	5637157	9872
416	江苏凤凰新华书店集团有限公司	江苏	1062051	177917	1824021	673556	4400
417	石家庄国控城市发展投资集团有限责任公司	河北	1061272	68090	27501779	7842726	3851
418	安徽省众城集团	安徽	1055180	37654	858358	103455	850
419	河南蓝天集团股份有限公司	河南	1052933	17756	1438187	308563	1944
420	福建海峡银行股份有限公司	福建	1046909	91610	25713760	1684374	2921
421	鑫方盛数智科技股份有限公司	北京	1031541	-19322	850730	153959	5039
422	柳州银行股份有限公司	广西壮族自治区	1028080	96209	22584563	1660799	3526
423	天津水务集团有限公司	天津	1025601	-9225	5827724	1307643	5875
424	金帝联合控股集团有限公司	浙江	1025278	27965	2842603	556255	811
425	厦门安居控股集团有限公司	福建	1023134	18622	6019137	2139673	6061
426	安徽瑞英行集团有限公司	安徽	1022063	8404	389125	176977	2553
427	长江设计集团有限公司	湖北	1020616	20216	999593	276731	3190
428	四川省旅游投资集团有限责任公司	四川	1018871	-42012	1912539	259579	7969
429	河北省国有资产控股运营有限公司	河北	1012864	-6690	2220844	698969	2125
430	中原出版传媒投资控股集团有限公司	河南	1007167	98250	2178427	1159288	14027
431	漳州市交通发展集团有限公司	福建	1000092	6110	7005760	2178560	2032
432	中崛新材料科技有限公司	上海	986648	3096	28670	19572	205
433	江苏倍驰能源有限公司	江苏	983504	-65	323	86	206
434	东莞市交通投资集团有限公司	广东	981463	7523	8191068	2397204	13188
435	广州市公共交通集团有限公司	广东	979540	9806	2358284	650162	42675
436	江苏紫金农村商业银行股份有限公司	江苏	972828	161868	24766444	1847192	2405
437	中通供应链管理有限公司	浙江	949058	57914	710073	284759	21006
438	广西农村投资集团有限公司	广西壮族自治区	948534	-4962	3204603	402440	10324
439	江苏新投供应链管理有限公司	江苏	946945	-171	4680	-29	205
440	湖南湘江新区发展集团有限公司	湖南	942867	57947	11484960	3677592	3081
441	福建路港（集团）有限公司	福建	941580	30638	382814	285997	733
442	石家庄北国人百集团有限责任公司	河北	938100	37640	1377463	349721	15402
443	无锡农村商业银行股份有限公司	江苏	937798	220049	23495617	2105601	1721
444	新疆生产建设兵团能源集团有限责任公司	新疆维吾尔自治区	937677	4801	782796	117321	2118
445	绍兴银行股份有限公司	浙江	936109	155996	25272706	1570141	2863
446	深圳高速公路集团股份有限公司	广东	929530	232719	6750746	2235799	7062
447	新疆绿原国有资本投资运营有限公司	新疆维吾尔自治区	922139	28952	2017906	591365	3843

续表

名次	企业名称	地区	营业收入/万元	净利润/万元	资产/万元	所有者权益/万元	从业人数/人
448	浙江凯喜雅国际股份有限公司	浙江	922127	6362	596881	109658	4900
449	漱玉平民大药房连锁股份有限公司	山东	919101	13306	933368	229206	16485
450	江阴市川江化工有限公司	江苏	917810	333	51264	1552	207
451	齐商银行股份有限公司	山东	911621	68788	24617658	1809702	3197
452	江苏张家港农村商业银行股份有限公司	江苏	910418	178691	20712679	1703600	2403
453	无锡市宝金石油化工有限公司	江苏	907266	-1404	175465	14908	149
454	宝石花家园生活服务集团有限公司	北京	906182	7562	384928	59840	45957
455	华东建筑集团股份有限公司	上海	905919	42514	1584437	497252	10959
456	江阴宝靖有色金属材料有限公司	江苏	904056	-114	208	3	213
457	赣州发展投资控股集团有限责任公司	江西	901862	96921	29442357	9285629	3014
458	新大陆科技集团有限公司	福建	895547	24256	1465443	230227	7754
459	圣都家居装饰有限公司	浙江	891807	-87581	1143359	-23965	19710
460	浙北大厦集团有限公司	浙江	891164	2983	745011	164467	8078
461	智旦运宝宝（福建）科技有限公司	福建	886663	6258	141884	16697	204
462	深圳市华富洋供应链有限公司	广东	884063	7388	1372584	87709	231
463	润建股份有限公司	广西壮族自治区	882581	43853	1485329	589413	6258
464	宝尊电商有限公司	上海	881201	-27842	1047448	409720	7827
465	江苏零浩网络科技有限公司	江苏	879078	1058	48320	2940	432
466	山东全福元商业集团有限责任公司	山东	878920	9356	301137	149128	2591
467	东莞市水务集团有限公司	广东	876383	22537	6552006	1717522	7458
468	孩子王儿童用品股份有限公司	江苏	875259	10512	960740	314089	10923
469	河南大张实业有限公司	河南	872157	59290	331251	154733	8356
470	傲基科技股份有限公司	广东	868298	53201	517753	227277	1397
471	广州纺织工贸企业集团有限公司	广东	863251	16247	675916	380694	1184
472	厦门轨道建设发展集团有限公司	福建	857810	51763	18783602	7036302	7935
473	山西大昌汽车集团有限公司	山西	850108	8913	363255	249864	2766
474	湖州市交通投资集团有限公司	浙江	845963	6714	9270161	2906684	2610
475	河北昊洋农业科技有限公司	北京	844946	98875	947655	698214	1100
476	深圳市东信时代信息技术有限公司	广东	844283	8742	291531	77949	1299
477	南宁威宁投资集团有限责任公司	广西壮族自治区	835348	17188	5248645	1711867	4379
478	湖南佳惠百货有限责任公司	湖南	834702	14680	269840	152770	12000
479	江苏省医药有限公司	江苏	830778	7900	430992	58444	368
480	苏州裕景泰控股有限公司	江苏	829206	8352	326806	38502	223
481	欧菲斯集团股份有限公司	重庆	827831	17001	403196	106114	2176

续表

续表

名次	企业名称	地区	营业收入/万元	净利润/万元	资产/万元	所有者权益/万元	从业人数/人
482	良品铺子股份有限公司	湖北	804589	18029	552146	248931	11046
483	广州南方投资集团有限公司	广东	800059	21703	1526130	571679	5649
484	福建发展集团有限公司	福建	798369	9919	56826	53080	18992
485	东方明珠新媒体股份有限公司	上海	797335	60187	4413998	2963966	6477
486	重庆长安民生物流股份有限公司	重庆	796899	5644	517441	201625	4031
487	厦门金圆投资集团有限公司	福建	791046	138953	6627852	3097455	1227
488	合肥城建发展股份有限公司	安徽	789741	21941	3738866	659296	563
489	江苏省燃料集团有限公司	江苏	779374	3232	314425	66411	143
490	重庆海成实业（集团）有限公司	重庆	771935	28131	1673100	557652	446
491	泉州交通发展集团有限责任公司	福建	763274	35806	10360823	3455516	8046
492	江苏省广电有线信息网络股份有限公司	江苏	759710	34005	3723869	2226140	17865
493	深圳市英捷迅实业发展有限公司	广东	759437	1435	118761	30725	139
494	青岛百洋医药股份有限公司	山东	756390	65631	529860	266847	2634
495	江苏康缘医药商业有限公司	江苏	740812	7634	801568	86636	1606
496	南京大地建设集团有限责任公司	江苏	739919	20463	403017	195456	952
497	渤海人寿保险股份有限公司	天津	739587	-310471	5407412	361387	396
498	杭州泰格医药科技股份有限公司	浙江	738404	202485	2968074	2102677	9701
499	杭州市燃气集团有限公司	浙江	723627	7440	693868	247782	1471
500	江苏江阴农村商业银行股份有限公司	江苏	720789	188809	18602958	1579067	1752
	合计		4922615807	313161704	37081296226	4255305695	15707187

说 明

1. 2024 中国服务业企业 500 强是中国企业联合会、中国企业家协会参照国际惯例，组织企业自愿申报，并经专家审定确认后产生的。申报企业包括在中国境内注册、2023 年实现营业收入达到 50 亿元的企业（不包括在华外资、港澳台独资、控股企业，也不包括行政性公司、政企合一的单位，以及各类资产经营公司，但包括在境外注册、投资主体为中国自然人或法人、主要业务在境内的企业），都有资格申报参加排序。属于集团公司的控股子公司或相对控股子公司，由于其财务报表最后能被合并到集团母公司的财务会计报表中去，因此只允许其母公司申报。

2. 表中所列数据由企业自愿申报或属于上市公司公开数据，并经会计师事务所或审计师事务所等单位认可。

3. 营业收入是 2023 年不含增值税的收入，包括企业的所有收入，即主营业务和非主营业务、境内和境外的收入。商业银行的营业收入为 2023 年利息收入和非利息营业收入之和（不减掉对应的支出）。保险公司的营业收入是 2023 年保险费和年金收入扣除储蓄的资本收益或损失。净利润是 2023 年上交所得税的净利润扣除少数股东权益后的归属母公司所有者的净利润。资产是 2023 年度末的资产总额。所有者权益是 2023 年年末所有者权益总额扣除少数股东权益后的归属于母公司所有者权益。研究开发费用是 2023 年企业投入研究开发的所有费用。从业人数是 2023 年度的平均人数（含所有被合并报表企业的人数）。

表 11-2 2024 中国服务业企业 500 强各行业企业分布

排名	企业名称	营业收入/万元	排名	企业名称	营业收入/万元
电网				合计	106574686
1	国家电网有限公司	386489168			
2	中国南方电网有限责任公司	84110863	铁路运输		
3	内蒙古电力（集团）有限责任公司	11856209	1	中铁集装箱运输有限责任公司	5652999
	合计	482456240	2	广州地铁集团有限公司	1412423
			3	厦门轨道建设发展集团有限公司	857810
水务				合计	7923232
1	水发集团有限公司	6954543			
2	北京首都创业集团有限公司	5753954	公路运输		
3	无锡市市政公用产业集团有限公司	1405688	1	浙江省交通投资集团有限公司	32403094
4	瀚蓝环境股份有限公司	1254129	2	山东高速集团有限公司	26011809
5	广州市水务投资集团有限公司	1116838	3	甘肃省公路航空旅游投资集团有限公司	15244169
6	天津水务集团有限公司	1025601	4	河南交通投资集团有限公司	11501596
7	东莞市水务集团有限公司	876383	5	江苏交通控股有限公司	10365419
	合计	18387136	6	安徽省交通控股集团有限责任公司	6826300
			7	陕西交通控股集团有限公司	6700853
综合能源供应			8	广西交通投资集团有限公司	6674313
1	浙江省能源集团有限公司	17000950	9	广东省交通集团有限公司	5674693
2	新奥天然气股份有限公司	14375398	10	山西交通控股集团有限公司	5277345
3	北京控股集团有限公司	12885103	11	湖南省高速公路集团有限公司	5087280
4	云南省能源投资集团有限公司	11767108	12	四川高速公路建设开发集团有限公司	4738062
5	北京能源集团有限责任公司	10276273	13	昆明市交通投资有限责任公司	3520426
6	四川省能源投资集团有限责任公司	9015422	14	河北交通投资集团有限公司	2952043
7	申能（集团）有限公司	6532879	15	无锡市交通产业集团有限公司	2679969
8	南昌市政公用集团有限公司	6124036	16	河北高速公路集团有限公司	2655695
9	奥德集团有限公司	3908124	17	重庆高速公路集团有限公司	2602406
10	新疆天富集团有限公司	3506078	18	吉旗物联科技（天津）有限公司	1065148
11	无锡市国联发展（集团）有限公司	2600314	19	漳州市交通发展集团有限公司	1000092
12	新天绿色能源股份有限公司	2028179	20	东莞市交通投资集团有限公司	981463
13	四川华油集团有限公司	1945977	21	广州市公共交通集团有限公司	979540
14	河北建投能源投资股份有限公司	1894608	22	中通供应链管理有限公司	949058
15	河南蓝天集团股份有限公司	1052933	23	深圳高速公路集团股份有限公司	929530
16	新疆生产建设兵团能源集团有限公司	937677	24	泉州交通发展集团有限责任公司	763274
17	杭州市燃气集团有限公司	723627		合计	157583577

续表

排名	企业名称	营业收入/万元	排名	企业名称	营业收入/万元
水上运输			物流及供应链		
1	中国远洋海运集团有限公司	38178011	1	厦门建发集团有限公司	78342822
	合计	38178011	2	厦门象屿集团有限公司	49049816
			3	顺丰控股股份有限公司	25840940
港口服务			4	传化集团有限公司	14516624
1	山东省港口集团有限公司	15405858	5	河北省物流产业集团有限公司	7491429
2	广西北部湾国际港务集团有限公司	10269779	6	深圳金雅福控股集团有限公司	6000410
3	四川省港航投资集团有限责任公司	6773926	7	郑州瑞茂通供应链有限公司	5878607
4	福建省港口集团有限责任公司	6570297	8	圆通速递股份有限公司	5768434
5	浙江省海港投资运营集团有限公司	3974111	9	广西现代物流集团有限公司	4514977
6	上海国际港务（集团）股份有限公司	3755157	10	申通快递有限公司	4092025
7	东华能源股份有限公司	2712310	11	深圳市信利康供应链管理有限公司	3944732
8	河北港口集团有限公司	2614404	12	中通快递股份有限公司	3841892
9	湖北港口集团有限公司	2157057	13	河北省国和投资集团有限公司	3725739
10	天津港（集团）有限公司	1927970	14	一柏集团有限公司	3547786
11	广州港集团有限公司	1523955	15	极兔速递有限公司	3497300
	合计	57684824	16	合肥维天运通信息科技股份有限公司	3235950
			17	安徽灵通集团控股有限公司	2962099
航空运输			18	厦门海沧投资集团有限公司	2848864
1	中国南方航空集团有限公司	16163999	19	重庆物流集团有限公司	2376881
2	中国国际航空股份有限公司	14110023	20	福建纵腾网络有限公司	2321383
3	中国东方航空集团有限公司	13764119	21	福州市产业投资集团有限公司	2090578
4	四川航空股份有限公司	3052315	22	江苏大经供应链股份有限公司	1989379
5	上海春秋国际旅行社（集团）有限公司	1929481	23	深圳市富森供应链管理有限公司	1920659
	合计	49019937	24	鑫荣懋果业科技集团股份有限公司	1894902
			25	广东宏川集团有限公司	1802866
航空港及相关服务业			26	深圳市九立供应链股份有限公司	1761306
1	厦门翔业集团有限公司	1652131	27	深圳市博科供应链管理有限公司	1728850
	合计	1652131	28	广西自贸区钦州港片区开发投资集团有限责任公司	1648960
			29	徐州东方物流集团有限公司	1429950
邮政			30	泉州城建集团有限公司	1167890
1	中国邮政集团有限公司	79838546	31	中原大易科技有限公司	1159076
	合计	79838546	32	南京大有恒成供应链有限公司	1092415

续表

排名	企业名称	营业收入/万元	排名	企业名称	营业收入/万元
33	智旦运宝宝（福建）科技有限公司	886663	15	新大陆科技集团有限公司	895547
34	深圳市华富洋供应链有限公司	884063	16	润建股份有限公司	882581
35	江苏省医药有限公司	830778	17	宝尊电商有限公司	881201
36	重庆长安民生物流股份有限公司	796899	18	江苏零浩网络科技有限公司	879078
37	深圳市英捷迅实业发展有限公司	759437		合计	58657675
38	江苏康缘医药商业有限公司	740812			
	合计	258384193		**互联网服务**	
			1	京东集团股份有限公司	108466200
	电信服务		2	阿里巴巴（中国）有限公司	92749400
1	中国移动通信集团有限公司	101114414	3	腾讯控股有限公司	60901500
2	中国电信集团有限公司	62270012	4	美团公司	27674495
3	中国联合网络通信集团有限公司	37398581	5	拼多多控股公司	24763921
	合计	200783007	6	北京嘀嘀无限科技发展有限公司	19237992
			7	蚂蚁科技集团股份有限公司	17845321
	广播电视服务		8	百度集团股份有限公司	13459800
1	华数数字电视传媒集团有限公司	1205879	9	上海钢联电子商务股份有限公司	8631405
2	江苏省广电有线信息网络股份有限公司	759710	10	通鼎集团有限公司	6015593
	合计	1965589	11	深圳市天行云供应链有限公司	4473003
			12	携程集团有限公司	4451000
	软件和信息技术（IT）		13	上海塑来信息技术有限公司	2438254
1	神州数码集团股份有限公司	11962389	14	大熊集团有限公司	1757531
2	网易股份有限公司	10346816	15	安克创新科技股份有限公司	1750720
3	汇通达网络股份有限公司	8243252	16	溧阳中联金电子商务有限公司	1665801
4	江苏满运软件科技有限公司	6126622	17	河南中钢网科技集团股份有限公司	1479972
5	山西云时代技术有限公司	3032407	18	芒果超媒股份有限公司	1462802
6	深圳华强集团有限公司	2972784	19	深圳市分期乐网络有限公司	1323370
7	浙江火山口网络科技有限公司	2549295	20	信也科技集团	1254744
8	软通动力信息技术（集团）股份有限公司	1758068	21	上海祥源原信息咨询有限公司	1184608
9	三七互娱网络科技集团股份有限公司	1654687	22	东方财富信息股份有限公司	1108144
10	广州华多网络科技有限公司	1598790	23	广州酷狗计算机科技有限公司	1099207
11	上海埃尔金信息技术有限公司	1363828	24	江苏采木工业互联网有限公司	1073895
12	浙江世纪华通集团股份有限公司	1328455	25	傲基科技股份有限公司	868298
13	佳都集团有限公司	1150334	26	深圳市东信时代信息技术有限公司	844283
14	鑫方盛数智科技股份有限公司	1031541	27	东方明珠新媒体股份有限公司	797335

续表

排名	企业名称	营业收入/万元	排名	企业名称	营业收入/万元
	合计	408778594	6	湖北银丰实业集团有限责任公司	1161078
			7	圣都家居装饰有限公司	891807
能源矿产商贸			8	山东全福元商业集团有限责任公司	878920
1	中国航空油料集团有限公司	23350298	9	孩子王儿童用品股份有限公司	875259
2	陕西泰丰盛合控股集团有限公司	7131072	10	河南大张实业有限公司	872157
3	杭州东恒石油有限公司	5789509		合计	30983670
4	重庆千信集团有限公司	5644597			
5	青岛世纪瑞丰集团有限公司	4730824	农产品及食品批发		
6	漳州宝鼎贸易集团有限公司	1168741	1	中粮集团有限公司	69210215
7	江苏省煤炭运销有限公司	1100515	2	北京中能昊龙农业科技有限公司	4224762
	合计	48915556	3	深圳市中农网有限公司	4079530
			4	湖北农业发展集团有限公司	3482943
化工医药商贸			5	江苏无锡朝阳集团股份有限公司	3300466
1	重药控股股份有限公司	8011911	6	江苏省粮食集团有限责任公司	2512298
2	漳州市九龙江集团有限公司	7042132	7	湖南农业发展投资集团有限责任公司	2191405
3	南京新工投资集团有限责任公司	6510607	8	广西泛糖科技有限公司	1980748
4	南通化工轻工股份有限公司	3762978	9	陕西粮农集团有限责任公司	1667227
5	日出实业集团有限公司	2992890	10	浙江省农村发展集团有限公司	1587266
6	江阴市金桥化工有限公司	2913831	11	无锡安井食品营销有限公司	1118183
7	常州市化工轻工材料总公司	2028700	12	黑龙江省农业投资集团有限公司	1097051
8	嘉悦物产集团有限公司	1708395	13	良品铺子股份有限公司	804589
9	江苏东津联国际贸易有限公司	1251603		合计	97256683
10	中崛新材料科技有限公司	986648			
11	江苏倍驰能源有限公司	983504	生产资料商贸		
12	江阴市川江化工有限公司	917810	1	物产中大集团股份有限公司	58016061
13	青岛百洋医药股份有限公司	756390	2	中国农业生产资料集团有限公司	7635219
	合计	39867399	3	黑龙江倍丰农业生产资料集团有限公司	1966313
			4	安徽辉隆投资集团有限公司	1797989
生活消费品商贸			5	广东天禾农资股份有限公司	1551147
1	唯品会控股有限公司	11285602	6	四川省供销农资集团有限公司	1079645
2	东方国际（集团）有限公司	7699275		合计	72046374
3	浙江建华集团有限公司	3627579			
4	杭州市商贸旅游集团有限公司	1881847	金属品商贸		
5	润华集团股份有限公司	1810146	1	上海均和集团有限公司	13469163

续表

排名	企业名称	营业收入/万元	排名	企业名称	营业收入/万元
2	厦门路桥工程物资有限公司	10300931	20	中国（福建）对外贸易中心集团有限责任公司	1621732
3	上海闽路润贸易有限公司	8687030	21	天晖（河北）供应链管理集团有限公司	1440800
4	大汉控股集团有限公司	6385064	22	厦门鑫东森控股有限公司	1396743
5	宁波开发投资集团有限公司	5632258	23	厦门市嘉晟对外贸易有限公司	1219910
6	源山投资控股有限公司	3922717	24	浙江华瑞集团有限公司	1113824
7	华南物资集团有限公司	3553040	25	宁波海田控股集团有限公司	1076393
8	江阴长三角钢铁集团有限公司	3234277	26	江苏新投供应链管理有限公司	946945
9	汇金钢铁（天津）集团有限公司	1516063	27	浙江凯喜雅国际股份有限公司	922127
10	广东乐居商贸集团有限公司	1371796	28	无锡市宝金石油化工有限公司	907266
11	山东梦金园珠宝首饰有限公司	1063433	29	浙北大厦集团有限公司	891164
12	江阴宝靖有色金属材料有限公司	904056	30	广州纺织工贸企业集团有限公司	863251
13	苏州裕景泰控股有限公司	829206	31	河北昊洋农业科技有限公司	844946
	合计	60869034	32	欧菲斯集团股份有限公司	827831
			33	江苏省燃料集团有限公司	779374
综合商贸				合计	191536490
1	厦门国贸控股集团有限公司	60753156			
2	浙江省兴合集团有限责任公司	15026227	连锁超市及百货		
3	中基宁波集团股份有限公司	12608513	1	永辉超市股份有限公司	7864217
4	江苏省苏豪控股集团有限公司	11266784	2	物美科技集团有限公司	5742557
5	深圳市爱施德股份有限公司	9216003	3	百联集团有限公司	4736498
6	广东省广物控股集团有限公司	8689740	4	山东省商业集团有限公司	4628238
7	兰州新区商贸物流投资集团有限公司	8373142	5	月星集团有限公司	3410359
8	远大物产集团有限公司	7770870	6	江苏华地国际控股集团有限公司	3095168
9	江苏国泰国际集团股份有限公司	6512028	7	利群集团股份有限公司	2909777
10	苏宁易购集团股份有限公司	6262746	8	砂之船商业管理集团有限公司	2102559
11	四川省商业投资集团有限责任公司	5243942	9	淄博商厦股份有限公司	2071234
12	福建漳龙集团有限公司	4671786	10	信誉楼百货集团有限公司	2014315
13	新华锦集团有限公司	4668813	11	广州岭南商旅投资集团有限公司	1438593
14	厦门夏商集团有限公司	3874456	12	绿滋肴控股集团有限公司	1186728
15	淄博市城市资产运营集团有限公司	3022061	13	石家庄北国人百集团有限责任公司	938100
16	湖南博深实业集团有限公司	2660534	14	湖南佳惠百货有限责任公司	834702
17	广州轻工工贸集团有限公司	2127728		合计	42973045
18	福建晟育投资发展集团有限公司	2016437			
19	安徽省徽商集团有限公司	1919218	汽车摩托车零售		

续表

排名	企业名称	营业收入/万元	排名	企业名称	营业收入/万元
1	新疆广汇实业投资（集团）有限责任公司	21460318	2	中国建设银行股份有限公司	141402900
2	恒信汽车集团股份有限公司	7962766	3	中国农业银行股份有限公司	136139300
3	浙江宝利德股份有限公司	2608479	4	中国银行股份有限公司	121869900
4	欧龙汽车贸易集团有限公司	2061218	5	交通银行股份有限公司	55747700
5	万友汽车投资有限公司	1885814	6	招商银行股份有限公司	50879000
6	利泰汽车集团有限公司	1686586	7	兴业银行股份有限公司	41877100
7	成都建国汽车贸易有限公司	1453906	8	上海浦东发展银行股份有限公司	36017900
8	捷通达汽车集团股份有限公司	1251840	9	中国民生银行股份有限公司	31175200
9	广东鸿粤汽车销售集团有限公司	1240666	10	江苏银行股份有限公司	14955283
10	湖南兰天集团有限公司	1224316	11	上海银行股份有限公司	11011928
11	蓝池集团有限公司	1160525	12	南京银行股份有限公司	9512228
12	安徽瑞英行集团有限公司	1022063	13	渤海银行股份有限公司	6874788
13	山西大昌汽车集团有限公司	850108	14	深圳前海微众银行股份有限公司	6579038
	合计	45868605	15	恒丰银行股份有限公司	5572700
			16	重庆农村商业银行股份有限公司	5479428
家电及电子产品零售			17	广西农村商业联合银行股份有限公司	5151743
1	南京新华海科技产业集团有限公司	3047118	18	上海农村商业银行股份有限公司	5141976
	合计	3047118	19	长沙银行股份有限公司	4564730
			20	广州农村商业银行股份有限公司	4371538
医药及医疗器材零售			21	盛京银行股份有限公司	4013249
1	中国医药集团有限公司	68011791	22	天津银行股份有限公司	3682170
2	九州通医药集团股份有限公司	15013985	23	桂林银行股份有限公司	2515552
3	华东医药股份有限公司	4062378	24	东莞银行股份有限公司	2280766
4	大参林医药集团股份有限公司	2453139	25	江西银行股份有限公司	2253084
5	益丰大药房连锁股份有限公司	2258823	26	九江银行股份有限公司	2177620
6	老百姓大药房连锁股份有限公司	2243749	27	河北银行股份有限公司	2176392
7	广西柳药集团股份有限公司	2081190	28	青岛农村商业银行股份有限公司	1958461
8	鹭燕医药股份有限公司	1984553	29	天津农村商业银行股份有限公司	1799336
9	安徽华源医药集团有限公司	1662260	30	广东顺德农村商业银行股份有限公司	1694170
10	漱玉平民大药房连锁股份有限公司	919101	31	江苏常熟农村商业银行股份有限公司	1667620
	合计	100690969	32	张家口银行股份有限公司	1517722
			33	重庆银行股份有限公司	1321147
商业银行			34	唐山银行股份有限公司	1271137
1	中国工商银行股份有限公司	161163000	35	廊坊银行股份有限公司	1233852

续表

排名	企业名称	营业收入/万元	排名	企业名称	营业收入/万元
36	广东南海农村商业银行股份有限公司	1197368	1	武汉产业投资控股集团有限公司	4656052
37	重庆三峡银行股份有限公司	1197149	2	浙江永安资本管理有限公司	2224563
38	天津滨海农村商业银行股份有限公司	1128633	3	马上消费金融股份有限公司	2106719
39	福建海峡银行股份有限公司	1046909		合计	8987334
40	柳州银行股份有限公司	1028080			
41	江苏紫金农村商业银行股份有限公司	972828	多元化金融		
42	无锡农村商业银行股份有限公司	937798	1	中国平安保险（集团）股份有限公司	103116700
43	绍兴银行股份有限公司	936109	2	中国中信集团有限公司	92909508
44	齐商银行股份有限公司	911621	3	招商局集团有限公司	44754508
45	江苏张家港农村商业银行股份有限公司	910418	4	广东省广新控股集团有限公司	25916280
46	江苏江阴农村商业银行股份有限公司	720789	5	浙江省国际贸易集团有限公司	9742753
	合计	898037360	6	武汉金融控股（集团）有限公司	8073964
			7	成都交子金融控股集团有限公司	5100764
保险业			8	湖南财信金融控股集团有限公司	4085242
1	中国人寿保险（集团）公司	98837400	9	青岛经济技术开发区投资控股集团有限公司	3436168
2	中国人民保险集团股份有限公司	55309700	10	青岛银行股份有限公司	2485685
3	中国太平洋保险（集团）股份有限公司	32394541	11	江西省金融控股集团有限公司	1219803
4	泰康保险集团股份有限公司	27900403	12	厦门金圆投资集团有限公司	791046
5	太平人寿保险有限公司	8152445		合计	301632421
6	阳光保险集团股份有限公司	7791155			
7	新华人寿保险股份有限公司	7154700	住宅地产		
8	中华联合保险集团有限公司	6494091	1	万科企业股份有限公司	46573908
9	国华人寿保险股份有限公司	4980014	2	绿地控股集团有限公司	36024502
10	中国万向控股有限公司	2387401	3	龙湖集团控股有限公司	18073658
11	国任财产保险股份有限公司	1191837	4	珠海华发集团有限公司	17568688
12	渤海人寿保险股份有限公司	739587	5	绿城房地产集团有限公司	13099819
	合计	253333274	6	广州越秀集团股份有限公司	12372199
			7	金地（集团）股份有限公司	9812534
证券业			8	弘阳集团有限公司	7170673
1	广发证券股份有限公司	2329953	9	大华（集团）有限公司	6518268
2	兴业证券股份有限公司	1062716	10	福州城市建设投资集团有限公司	6361884
	合计	3392669	11	北京首都开发控股（集团）有限公司	5872270
			12	重庆华宇集团有限公司	3907400
基金、信托及其他金融服务			13	苏州金螳螂企业（集团）有限公司	3250807

续表

排名	企业名称	营业收入/万元	排名	企业名称	营业收入/万元
14	联发集团有限公司	2882320	4	知识城（广州）投资集团有限公司	1104881
15	广州珠江实业集团有限公司	2812487		合计	10177172
16	奥园集团有限公司	2753332			
17	建业控股有限公司	2502899		**多元化投资**	
18	厦门禹洲集团股份有限公司	2147708	1	联想控股股份有限公司	43601217
19	文一投资控股有限公司	1808704	2	深圳市投资控股有限公司	29042736
20	四川邦泰投资集团有限责任公司	1784974	3	杭州市实业投资集团有限公司	26474897
21	绿城物业服务集团有限公司	1739327	4	广西投资集团有限公司	23664534
22	无锡城建发展集团有限公司	1503898	5	云南省投资控股集团有限公司	20980590
23	安徽省众城集团	1055180	6	卓尔控股有限公司	15731274
24	厦门安居控股集团有限公司	1023134	7	广东省广晟控股集团有限公司	12773109
25	福建路港（集团）有限公司	941580	8	青岛海发国有资本投资运营集团有限公司	11383713
26	福建发展集团有限公司	798369	9	湖北交通投资集团有限公司	10550008
27	合肥城建发展股份有限公司	789741	10	天津泰达投资控股有限公司	8927747
28	重庆海成实业（集团）有限公司	771935	11	杭州市城市建设投资集团有限公司	8364442
29	南京大地建设集团有限责任公司	739919	12	陕西投资集团有限公司	7188574
	合计	212662117	13	北京江南投资集团有限公司	5899090
			14	洛阳国宏投资控股集团有限公司	5834685
	商业地产		15	广州产业投资控股集团有限公司	5793816
1	荣盛控股股份有限公司	6104899	16	青岛西海岸新区融合控股集团有限公司	5347815
2	深圳市特区建工集团有限公司	3856821	17	青岛西海岸新区海洋控股集团有限公司	5130384
3	福星集团控股有限公司	3367106	18	江西省投资集团有限公司	5021757
4	天津天保控股有限公司	1789302	19	合肥市建设投资控股（集团）有限公司	4164965
5	天津现代集团有限公司	1385160	20	佛山市投资控股集团有限公司	3799496
6	上海大名城企业股份有限公司	1169548	21	杭州市国有资本投资运营有限公司	3507015
7	武汉伟鹏控股集团有限公司	1105095	22	广州市城市建设投资集团有限公司	3419878
8	金帝联合控股集团有限公司	1025278	23	泸州发展控股集团有限公司	3148500
9	华东建筑集团股份有限公司	905919	24	武汉市城市建设投资开发集团有限公司	3016975
	合计	20709128	25	宁波君安控股有限公司	2688762
			26	福建漳州城投集团有限公司	2557005
	园区地产		27	宜昌城发控股集团有限公司	1722724
1	万洋集团有限公司	4588320	28	南京市城市建设投资控股(集团)有限责任公司	1614070
2	佛山市建设发展集团有限公司	3158410	29	盐城市国有资产投资集团有限公司	1489540
3	上海临港经济发展（集团）有限公司	1325561	30	鄂尔多斯市国有资产投资控股集团有限公司	1468418

续表

排名	企业名称	营业收入/万元	排名	企业名称	营业收入/万元
31	郑州公用事业投资发展集团有限公司	1432950			
32	洛阳国晟投资控股集团有限公司	1425997		国际经济合作（工程承包）	
33	广州开发区控股集团有限公司	1421206	1	中国江苏国际经济技术合作集团有限公司	1957143
34	秦皇岛中秦兴龙投资控股有限公司	1227357		合计	1957143
35	青岛开发区投资建设集团有限公司	1111357			
36	厦门火炬集团有限公司	1080292		旅游和餐饮	
37	厦门恒兴集团有限公司	1063139	1	四川新派餐饮管理有限公司	4009442
38	石家庄国控城市发展投资集团有限责任公司	1061272	2	四川众欣旅游资源开发有限公司	1572808
39	河北省国有资产控股运营有限公司	1012864	3	浙江省旅游投资集团有限公司	1525516
40	广西农村投资集团有限公司	948534	4	同程旅行控股有限公司	1189624
41	新疆绿原国有资本投资运营有限公司	922139	5	四川省旅游投资集团有限责任公司	1018871
42	赣州发展投资控股集团有限责任公司	901862		合计	9316261
43	湖州市交通投资集团有限公司	845963			
44	南宁威宁投资集团有限责任公司	835348		文化娱乐	
45	广州南方投资集团有限公司	800059	1	湖北文化旅游集团有限公司	4811267
	合计	300398075	2	安徽新华发行（集团）控股有限公司	1763093
			3	浙江出版联合集团有限公司	1399620
	商务中介服务		4	中南出版传媒集团股份有限公司	1361303
1	贝壳控股有限公司	7777693	5	安徽出版集团有限责任公司	1319587
2	广东省广告集团股份有限公司	1667336	6	四川新华出版发行集团有限公司	1222047
	合计	9445029	7	中原出版传媒投资控股集团有限公司	1007167
				合计	12884084
	人力资源服务				
1	云账户技术（天津）有限公司	10844964		教育服务	
2	上海赞华实业有限公司	1860364	1	重庆新鸥鹏企业（集团）有限公司	5688650
3	仕邦控股有限公司	1637553	2	华茂集团股份有限公司	1189889
4	福建省人力资源发展集团有限公司	1438472	3	江苏凤凰新华书店集团有限公司	1062051
5	邦芒服务外包有限公司	1196355		合计	7940590
	合计	16977708			
				医疗卫生健康服务	
	科技研发、规划设计		1	山东颐养健康产业发展集团有限公司	4094740
1	长江设计集团有限公司	1020616	2	爱尔眼科医院集团股份有限公司	2036716
2	杭州泰格医药科技股份有限公司	738404	3	安徽天星医药集团有限公司	1417942
	合计	1759020		合计	7549398

续表

排名	企业名称	营业收入/万元	排名	企业名称	营业收入/万元
			9	天津城市基础设施建设投资集团有限公司	2283079
	综合服务业		10	华邦控股集团有限公司	1651004
1	中国华润有限公司	89318000	11	北京路通企业管理集团有限公司	1385242
2	中国保利集团有限公司	52385301	12	宁波滕头集团有限公司	1203260
3	湖北联投集团有限公司	12118796	13	深圳齐心集团股份有限公司	1109885
4	东浩兰生（集团）有限公司	4408460	14	西安经发控股（集团）有限责任公司	1079677
5	唐山国控集团有限公司	4200294	15	湖南湘江新区发展集团有限公司	942867
6	上海均瑶（集团）有限公司	3764744	16	宝石花家园生活服务集团有限公司	906182
7	西安高科集团有限公司	3753853		合计	183534703
8	泉州发展集团有限公司	3024059			

表 11-3 2024 中国服务业企业 500 强各地区分布

排名	企业名称	营业收入/万元	排名	企业名称	营业收入/万元
北京			34	北京首都创业集团有限公司	5753954
1	国家电网有限公司	386489168	35	物美科技集团有限公司	5742557
2	中国工商银行股份有限公司	161163000	36	中铁集装箱运输有限责任公司	5652999
3	中国建设银行股份有限公司	141402900	37	北京中能昊龙农业科技有限公司	4224762
4	中国农业银行股份有限公司	136139300	38	软通动力信息技术（集团）股份有限公司	1758068
5	中国银行股份有限公司	121869900	39	北京路通企业管理集团有限公司	1385242
6	京东集团股份有限公司	108466200	40	鑫方盛数智科技股份有限公司	1031541
7	中国移动通信集团有限公司	101114414	41	宝石花家园生活服务集团有限公司	906182
8	中国人寿保险（集团）公司	98837400	42	河北昊洋农业科技有限公司	844946
9	中国中信集团有限公司	92909508		合计	2093662456
10	中国邮政集团有限公司	79838546			
11	中粮集团有限公司	69210215	上海		
12	中国医药集团有限公司	68011791	1	交通银行股份有限公司	55747700
13	中国电信集团有限公司	62270012	2	中国远洋海运集团有限公司	38178011
14	中国人民保险集团股份有限公司	55309700	3	绿地控股集团股份有限公司	36024502
15	中国保利集团有限公司	52385301	4	上海浦东发展银行股份有限公司	36017900
16	招商局集团有限公司	44754508	5	中国太平洋保险（集团）股份有限公司	32394541
17	联想控股股份有限公司	43601217	6	美团公司	27674495
18	中国联合网络通信集团有限公司	37398581	7	拼多多控股公司	24763921
19	中国民生银行股份有限公司	31175200	8	中国东方航空集团有限公司	13764119
20	泰康保险集团股份有限公司	27900403	9	上海均和集团有限公司	13469163
21	中国航空油料集团有限公司	23350298	10	上海银行股份有限公司	11011928
22	北京嘀嘀无限科技发展有限公司	19237992	11	上海闽路润贸易有限公司	8687030
23	中国国际航空股份有限公司	14110023	12	上海钢联电子商务股份有限公司	8631405
24	百度集团股份有限公司	13459800	13	太平人寿保险有限公司	8152445
25	北京控股集团有限公司	12885103	14	东方国际（集团）有限公司	7699275
26	神州数码集团股份有限公司	11962389	15	申能（集团）有限公司	6532879
27	北京能源集团有限责任公司	10276273	16	大华（集团）有限公司	6518268
28	贝壳控股有限公司	7777693	17	圆通速递股份有限公司	5768434
29	中国农业生产资料集团有限公司	7635219	18	上海农村商业银行股份有限公司	5141976
30	新华人寿保险股份有限公司	7154700	19	国华人寿保险股份有限公司	4980014
31	中华联合保险集团股份有限公司	6494091	20	百联集团有限公司	4736498
32	北京江南投资集团有限公司	5899090	21	携程集团有限公司	4451000
33	北京首都开发控股（集团）有限公司	5872270	22	东浩兰生（集团）有限公司	4408460

续表

排名	企业名称	营业收入/万元	排名	企业名称	营业收入/万元
23	申通快递有限公司	4092025	11	捷通达汽车集团股份有限公司	1251840
24	源山投资控股有限公司	3922717	12	天津滨海农村商业银行股份有限公司	1128633
25	中通快递股份有限公司	3841892	13	吉旗物联科技（天津）有限公司	1065148
26	上海均瑶（集团）有限公司	3764744	14	天津水务集团有限公司	1025601
27	上海国际港务（集团）股份有限公司	3755157	15	渤海人寿保险股份有限公司	739587
28	极兔速递有限公司	3497300		合计	46241388
29	月星集团有限公司	3410359			
30	上海塑来信息技术有限公司	2438254	重庆		
31	中国万向控股有限公司	2387401	1	龙湖集团控股有限公司	18073658
32	上海春秋国际旅行社（集团）有限公司	1929481	2	重药控股股份有限公司	8011911
33	上海赞华实业有限公司	1860364	3	重庆新鸥鹏企业（集团）有限公司	5688650
34	上海埃尔金信息技术有限公司	1363828	4	重庆千信集团有限公司	5644597
35	上海临港经济发展（集团）有限公司	1325561	5	重庆农村商业银行股份有限公司	5479428
36	信也科技集团	1254744	6	重庆华宇集团有限公司	3907400
37	上海祥源原信息咨询有限公司	1184608	7	华南物资集团有限公司	3553040
38	上海大名城企业股份有限公司	1169548	8	重庆高速公路集团有限公司	2602406
39	东方财富信息股份有限公司	1108144	9	重庆物流集团有限公司	2376881
40	中崛新材料科技有限公司	986648	10	马上消费金融股份有限公司	2106719
41	华东建筑集团股份有限公司	905919	11	砂之船商业管理集团有限公司	2102559
42	宝尊电商有限公司	881201	12	万友汽车投资有限公司	1885814
43	东方明珠新媒体股份有限公司	797335	13	重庆银行股份有限公司	1321147
	合计	410631194	14	重庆三峡银行股份有限公司	1197149
			15	欧菲斯集团股份有限公司	827831
天津			16	重庆长安民生物流股份有限公司	796899
1	云账户技术（天津）有限公司	10844964	17	重庆海成实业（集团）有限公司	771935
2	天津泰达投资控股有限公司	8927747		合计	66348024
3	渤海银行股份有限公司	6874788			
4	天津银行股份有限公司	3682170	黑龙江		
5	天津城市基础设施建设投资集团有限公司	2283079	1	黑龙江倍丰农业生产资料集团有限公司	1966313
6	天津港（集团）有限公司	1927970	2	黑龙江省农业投资集团有限公司	1097051
7	天津农村商业银行股份有限公司	1799336		合计	3063364
8	天津天保控股有限公司	1789302			
9	汇金钢铁（天津）集团有限公司	1516063	辽宁		
10	天津现代集团有限公司	1385160	1	盛京银行股份有限公司	4013249

续表

排名	企业名称	营业收入/万元	排名	企业名称	营业收入/万元
	合计	4013249	8	中原大易科技有限公司	1159076
			9	河南蓝天集团股份有限公司	1052933
河北			10	中原出版传媒投资控股集团有限公司	1007167
1	新奥天然气股份有限公司	14375398	11	河南大张实业有限公司	872157
2	河北省物流产业集团有限公司	7491429		合计	34148039
3	荣盛控股股份有限公司	6104899			
4	唐山国控集团有限公司	4200294	山东		
5	河北省国和投资集团有限公司	3725739	1	山东高速集团有限公司	26011809
6	河北交通投资集团有限公司	2952043	2	山东省港口集团有限公司	15405858
7	河北高速公路集团有限公司	2655695	3	青岛海发国有资本投资运营集团有限公司	11383713
8	河北港口集团有限公司	2614404	4	水发集团有限公司	6954543
9	河北银行股份有限公司	2176392	5	恒丰银行股份有限公司	5572700
10	新天绿色能源股份有限公司	2028179	6	青岛西海岸新区融合控股集团有限公司	5347815
11	信誉楼百货集团有限公司	2014315	7	青岛西海岸新区海洋控股集团有限公司	5130384
12	河北建投能源投资股份有限公司	1894608	8	青岛世纪瑞丰集团有限公司	4730824
13	张家口银行股份有限公司	1517722	9	新华锦集团有限公司	4668813
14	天晖（河北）供应链管理集团有限公司	1440800	10	山东省商业集团有限公司	4628238
15	唐山银行股份有限公司	1271137	11	山东颐养健康产业发展集团有限公司	4094740
16	廊坊银行股份有限公司	1233852	12	奥德集团有限公司	3908124
17	秦皇岛中秦兴龙投资控股有限公司	1227357	13	青岛经济技术开发区投资控股集团有限公司	3436168
18	蓝池集团有限公司	1160525	14	淄博市城市资产运营集团有限公司	3022061
19	石家庄国控城市发展投资集团有限责任公司	1061272	15	利群集团股份有限公司	2909777
20	河北省国有资产控股运营有限公司	1012864	16	青岛银行股份有限公司	2485685
21	石家庄北国人百集团有限责任公司	938100	17	淄博商厦股份有限公司	2071234
	合计	63097024	18	青岛农村商业银行股份有限公司	1958461
			19	润华集团股份有限公司	1810146
河南			20	大熊集团有限公司	1757531
1	河南交通投资集团有限公司	11501596	21	青岛开发区投资建设集团有限公司	1111357
2	郑州瑞茂通供应链有限公司	5878607	22	山东梦金园珠宝首饰有限公司	1063433
3	洛阳国宏投资控股集团有限公司	5834685	23	漱玉平民大药房连锁股份有限公司	919101
4	建业控股有限公司	2502899	24	齐商银行股份有限公司	911621
5	河南中钢网科技集团股份有限公司	1479972	25	山东全福元商业集团有限责任公司	878920
6	郑州公用事业投资发展集团有限公司	1432950	26	青岛百洋医药股份有限公司	756390
7	洛阳国晟投资控股集团有限公司	1425997		合计	122929446

续表

排名	企业名称	营业收入/万元	排名	企业名称	营业收入/万元
山西			江苏		
1	山西交通控股集团有限公司	5277345	1	江苏银行股份有限公司	14955283
2	山西云时代技术有限公司	3032407	2	江苏省苏豪控股集团有限公司	11266784
3	山西大昌汽车集团有限公司	850108	3	江苏交通控股有限公司	10365419
	合计	9159860	4	南京银行股份有限公司	9512228
			5	汇通达网络股份有限公司	8243252
陕西			6	弘阳集团有限公司	7170673
1	陕西投资集团有限公司	7188574	7	江苏国泰国际集团股份有限公司	6512028
2	陕西泰丰盛合控股集团有限公司	7131072	8	南京新工投资集团有限责任公司	6510607
3	陕西交通控股集团有限公司	6700853	9	苏宁易购集团股份有限公司	6262746
4	西安高科集团有限公司	3753853	10	江苏满运软件科技有限公司	6126622
5	陕西粮农集团有限责任公司	1667227	11	通鼎集团有限公司	6015593
6	西安经发控股（集团）有限责任公司	1079677	12	南通化工轻工股份有限公司	3762978
	合计	27521256	13	江苏无锡朝阳集团股份有限公司	3300466
			14	苏州金螳螂企业（集团）有限公司	3250807
安徽			15	江阴长三角钢铁集团有限公司	3234277
1	安徽省交通控股集团有限责任公司	6826300	16	江苏华地国际控股集团有限公司	3095168
2	合肥市建设投资控股（集团）有限公司	4164965	17	南京新华海科技产业集团有限公司	3047118
3	合肥维天运通信息科技股份有限公司	3235950	18	江阴市金桥化工有限公司	2913831
4	安徽灵通集团控股有限公司	2962099	19	东华能源股份有限公司	2712310
5	安徽省徽商集团有限公司	1919218	20	无锡市交通产业集团有限公司	2679969
6	文一投资控股有限公司	1808704	21	无锡市国联发展（集团）有限公司	2600314
7	安徽辉隆投资集团有限公司	1797989	22	江苏省粮食集团有限责任公司	2512298
8	安徽新华发行（集团）控股有限公司	1763093	23	常州市化工轻工材料总公司	2028700
9	安徽华源医药集团股份有限公司	1662260	24	江苏大经供应链股份有限公司	1989379
10	三七互娱网络科技集团股份有限公司	1654687	25	中国江苏国际经济技术合作集团有限公司	1957143
11	安徽天星医药集团有限公司	1417942	26	江苏常熟农村商业银行股份有限公司	1667620
12	安徽出版集团有限责任公司	1319587	27	溧阳中联金电子商务有限公司	1665801
13	安徽省众城集团	1055180	28	南京市城市建设投资控股(集团)有限责任公司	1614070
14	安徽瑞英行集团有限公司	1022063	29	无锡城建发展集团有限公司	1503898
15	合肥城建发展股份有限公司	789741	30	盐城市国有资产投资集团有限公司	1489540
	合计	33399778	31	徐州东方物流集团有限公司	1429950
			32	无锡市市政公用产业集团有限公司	1405688

续表

排名	企业名称	营业收入/万元	排名	企业名称	营业收入/万元
33	江苏东津联国际贸易有限公司	1251603	8	湖南农业发展投资集团有限责任公司	2191405
34	同程旅行控股有限公司	1189624	9	爱尔眼科医院集团股份有限公司	2036716
35	无锡安井食品营销有限公司	1118183	10	安克创新科技股份有限公司	1750720
36	江苏省煤炭运销有限公司	1100515	11	芒果超媒股份有限公司	1462802
37	南京大有恒成供应链有限公司	1092415	12	中南出版传媒集团股份有限公司	1361303
38	江苏采木工业互联网科技有限公司	1073895	13	湖南兰天集团有限公司	1224316
39	江苏凤凰新华书店集团有限公司	1062051	14	湖南湘江新区发展集团有限公司	942867
40	江苏倍驰能源有限公司	983504	15	湖南佳惠百货有限责任公司	834702
41	江苏紫金农村商业银行股份有限公司	972828		合计	39090253
42	江苏新投供应链管理有限公司	946945			
43	无锡农村商业银行股份有限公司	937798	湖北		
44	江阴市川江化工有限公司	917810	1	卓尔控股有限公司	15731274
45	江苏张家港农村商业银行股份有限公司	910418	2	九州通医药集团股份有限公司	15013985
46	无锡市宝金石油化工有限公司	907266	3	湖北联投集团有限公司	12118796
47	江阴宝靖有色金属材料有限公司	904056	4	湖北交通投资集团有限公司	10550008
48	江苏零浩网络科技有限公司	879078	5	武汉金融控股（集团）有限公司	8073964
49	孩子王儿童用品股份有限公司	875259	6	恒信汽车集团股份有限公司	7962766
50	江苏省医药有限公司	830778	7	湖北文化旅游集团有限公司	4811267
51	苏州裕景泰控股有限公司	829206	8	武汉产业投资控股集团有限公司	4656052
52	江苏省燃料集团有限公司	779374	9	湖北农业发展集团有限公司	3482943
53	江苏省广电有线信息网络股份有限公司	759710	10	福星集团控股有限公司	3367106
54	江苏康缘医药商业有限公司	740812	11	武汉市城市建设投资开发集团有限公司	3016975
55	南京大地建设集团有限责任公司	739919	12	湖北港口集团有限公司	2157057
56	江苏江阴农村商业银行股份有限公司	720789	13	宜昌城发控股集团有限公司	1722724
	合计	165326396	14	湖北银丰实业集团有限责任公司	1161078
			15	武汉伟鹏控股集团有限公司	1105095
湖南			16	长江设计集团有限公司	1020616
1	大汉控股集团有限公司	6385064	17	良品铺子股份有限公司	804589
2	湖南省高速公路集团有限公司	5087280		合计	96756295
3	长沙银行股份有限公司	4564730			
4	湖南财信金融控股集团有限公司	4085242	江西		
5	湖南博深实业集团有限公司	2660534	1	南昌市政公用集团有限公司	6124036
6	益丰大药房连锁股份有限公司	2258823	2	江西省投资集团有限公司	5021757
7	老百姓大药房连锁股份有限公司	2243749	3	江西银行股份有限公司	2253084

续表

排名	企业名称	营业收入/万元	排名	企业名称	营业收入/万元
4	九江银行股份有限公司	2177620	28	杭州市商贸旅游集团有限公司	1881847
5	江西省金融控股集团有限公司	1219803	29	绿城物业服务集团有限公司	1739327
6	绿滋肴控股集团有限公司	1186728	30	嘉悦物产集团有限公司	1708395
7	赣州发展投资控股集团有限责任公司	901862	31	浙江省农村发展集团有限公司	1587266
	合计	18884890	32	浙江省旅游投资集团有限公司	1525516
			33	浙江出版联合集团有限公司	1399620
浙江			34	浙江世纪华通集团股份有限公司	1328455
1	阿里巴巴（中国）有限公司	92749400	35	华数数字电视传媒集团有限公司	1205879
2	物产中大集团股份有限公司	58016061	36	宁波滕头集团有限公司	1203260
3	浙江省交通投资集团有限公司	32403094	37	邦芒服务外包有限公司	1196355
4	杭州市实业投资集团有限公司	26474897	38	华茂集团股份有限公司	1189889
5	蚂蚁科技集团股份有限公司	17845321	39	浙江华瑞集团有限公司	1113824
6	浙江省能源集团有限公司	17000950	40	宁波海田控股集团有限公司	1076393
7	浙江省兴合集团有限责任公司	15026227	41	金帝联合控股集团有限公司	1025278
8	传化集团有限公司	14516624	42	中通供应链管理有限公司	949058
9	绿城房地产集团有限公司	13099819	43	绍兴银行股份有限公司	936109
10	中基宁波集团股份有限公司	12608513	44	浙江凯喜雅国际股份有限公司	922127
11	网易股份有限公司	10346816	45	圣都家居装饰有限公司	891807
12	浙江省国际贸易集团有限公司	9742753	46	浙北大厦集团有限公司	891164
13	杭州市城市建设投资集团有限公司	8364442	47	湖州市交通投资集团有限公司	845963
14	远大物产集团有限公司	7770870	48	杭州泰格医药科技股份有限公司	738404
15	杭州东恒石油有限公司	5789509	49	杭州市燃气集团有限公司	723627
16	宁波开发投资集团有限公司	5632258		合计	408351727
17	万洋集团有限公司	4588320			
18	华东医药股份有限公司	4062378	**广东**		
19	浙江省海港投资运营集团有限公司	3974111	1	中国平安保险（集团）股份有限公司	103116700
20	浙江建华集团有限公司	3627579	2	中国华润有限公司	89318000
21	杭州市国有资本投资运营有限公司	3507015	3	中国南方电网有限责任公司	84110863
22	日出实业集团有限公司	2992890	4	腾讯控股有限公司	60901500
23	宁波君安控股有限公司	2688762	5	招商银行股份有限公司	50879000
24	浙江宝利德股份有限公司	2608479	6	万科企业股份有限公司	46573908
25	浙江火山口网络科技有限公司	2549295	7	深圳市投资控股有限公司	29042736
26	浙江永安资本管理有限公司	2224563	8	广东省广新控股集团有限公司	25916280
27	欧龙汽车贸易集团有限公司	2061218	9	顺丰控股股份有限公司	25840940

续表

排名	企业名称	营业收入/万元	排名	企业名称	营业收入/万元
10	珠海华发集团有限公司	17568688	44	利泰汽车集团有限公司	1686586
11	中国南方航空集团有限公司	16163999	45	广东省广告集团股份有限公司	1667336
12	广东省广晟控股集团有限公司	12773109	46	华邦控股集团有限公司	1651004
13	广州越秀集团股份有限公司	12372199	47	仕邦控股有限公司	1637553
14	唯品会控股有限公司	11285602	48	广州华多网络科技有限公司	1598790
15	金地（集团）股份有限公司	9812534	49	广东天禾农资股份有限公司	1551147
16	深圳市爱施德股份有限公司	9216003	50	广州港集团有限公司	1523955
17	广东省广物控股集团有限公司	8689740	51	广州岭南商旅投资集团有限公司	1438593
18	阳光保险集团股份有限公司	7791155	52	广州开发区控股集团有限公司	1421206
19	深圳前海微众银行股份有限公司	6579038	53	广州地铁集团有限公司	1412423
20	深圳金雅福控股集团有限公司	6000410	54	广东乐居商贸集团有限公司	1371796
21	广州产业投资控股集团有限公司	5793816	55	深圳市分期乐网络科技有限公司	1323370
22	广东省交通集团有限公司	5674693	56	瀚蓝环境股份有限公司	1254129
23	深圳市天行云供应链有限公司	4473003	57	广东鸿粤汽车销售集团有限公司	1240666
24	广州农村商业银行股份有限公司	4371538	58	广东南海农村商业银行股份有限公司	1197368
25	深圳市中农网有限公司	4079530	59	国任财产保险股份有限公司	1191837
26	深圳市信利康供应链管理有限公司	3944732	60	佳都集团有限公司	1150334
27	深圳市特区建工集团有限公司	3856821	61	广州市水务投资集团有限公司	1116838
28	佛山市投资控股集团有限公司	3799496	62	深圳齐心集团股份有限公司	1109885
29	广州市城市建设投资集团有限公司	3419878	63	知识城（广州）投资集团有限公司	1104881
30	佛山市建设发展集团有限公司	3158410	64	广州酷狗计算机科技有限公司	1099207
31	深圳华强集团有限公司	2972784	65	东莞市交通投资集团有限公司	981463
32	广州珠江实业集团有限公司	2812487	66	广州市公共交通集团有限公司	979540
33	奥园集团有限公司	2753332	67	深圳高速公路集团股份有限公司	929530
34	大参林医药集团股份有限公司	2453139	68	深圳市华富洋供应链有限公司	884063
35	广发证券股份有限公司	2329953	69	东莞市水务集团有限公司	876383
36	东莞银行股份有限公司	2280766	70	傲基科技股份有限公司	868298
37	广州轻工工贸集团有限公司	2127728	71	广州纺织工贸企业集团有限公司	863251
38	深圳市富森供应链管理有限公司	1920659	72	深圳市东信时代信息技术有限公司	844283
39	鑫荣懋果业科技集团股份有限公司	1894902	73	广州南方投资集团有限公司	800059
40	广东宏川集团有限公司	1802866	74	深圳市英捷迅实业发展有限公司	759437
41	深圳市九立供应链股份有限公司	1761306		合计	742592474
42	深圳市博科供应链管理有限公司	1728850			
43	广东顺德农村商业银行股份有限公司	1694170	四川		

续表

排名	企业名称	营业收入/万元	排名	企业名称	营业收入/万元
1	四川省能源投资集团有限责任公司	9015422	17	福建纵腾网络有限公司	2321383
2	四川省港航投资集团有限责任公司	6773926	18	厦门禹洲集团股份有限公司	2147708
3	四川省商业投资集团有限责任公司	5243942	19	福州市产业投资集团有限公司	2090578
4	成都交子金融控股集团有限公司	5100764	20	福建晟育投资发展集团有限公司	2016437
5	四川高速公路建设开发集团有限公司	4738062	21	鹭燕医药股份有限公司	1984553
6	四川新派餐饮管理有限公司	4009442	22	厦门翔业集团有限公司	1652131
7	泸州发展控股集团有限公司	3148500	23	中国(福建)对外贸易中心集团有限责任公司	1621732
8	四川航空股份有限公司	3052315	24	福建省人力资源发展集团有限公司	1438472
9	四川华油集团有限责任公司	1945977	25	厦门鑫东森控股有限公司	1396743
10	四川邦泰投资集团有限责任公司	1784974	26	厦门市嘉晟对外贸易有限公司	1219910
11	四川众欣旅游资源开发有限公司	1572808	27	漳州宝鼎贸易集团有限公司	1168741
12	成都建国汽车贸易有限公司	1453906	28	泉州城建集团有限公司	1167890
13	四川新华出版发行集团有限公司	1222047	29	厦门火炬集团有限公司	1080292
14	四川省供销农资集团有限公司	1079645	30	厦门恒兴集团有限公司	1063139
15	四川省旅游投资集团有限责任公司	1018871	31	兴业证券股份有限公司	1062716
	合计	51160601	32	福建海峡银行股份有限公司	1046909
			33	厦门安居控股集团有限公司	1023134
福建			34	漳州市交通发展集团有限公司	1000092
1	厦门建发集团有限公司	78342822	35	福建路港(集团)有限公司	941580
2	厦门国贸控股集团有限公司	60753156	36	新大陆科技集团有限公司	895547
3	厦门象屿集团有限公司	49049816	37	智旦运宝宝(福建)科技有限公司	886663
4	兴业银行股份有限公司	41877100	38	厦门轨道建设发展集团有限公司	857810
5	厦门路桥工程物资有限公司	10300931	39	福建发展集团有限公司	798369
6	永辉超市股份有限公司	7864217	40	厦门金圆投资集团有限公司	791046
7	漳州市九龙江集团有限公司	7042132	41	泉州交通发展集团有限责任公司	763274
8	福建省港口集团有限责任公司	6570297		合计	324005480
9	福州城市建设投资集团有限公司	6361884			
10	福建漳龙集团有限公司	4671786	广西壮族自治区		
11	厦门夏商集团有限公司	3874456	1	广西投资集团有限公司	23664534
12	一柏集团有限公司	3547786	2	广西北部湾国际港务集团有限公司	10269779
13	泉州发展集团有限公司	3024059	3	广西交通投资集团有限公司	6674313
14	联发集团有限公司	2882320	4	广西农村商业联合银行股份有限公司	5151743
15	厦门海沧投资集团有限公司	2848864	5	广西现代物流集团有限公司	4514977
16	福建漳州城投集团有限公司	2557005	6	桂林银行股份有限公司	2515552

续表

排名	企业名称	营业收入/万元	排名	企业名称	营业收入/万元
7	广西柳药集团股份有限公司	2081190	1	甘肃省公路航空旅游投资集团有限公司	15244169
8	广西泛糖科技有限公司	1980748	2	兰州新区商贸物流投资集团有限公司	8373142
9	广西自贸区钦州港片区开发投资集团有限责任公司	1648960		合计	23617311
10	柳州银行股份有限公司	1028080			
11	广西农村投资集团有限公司	948534	新疆维吾尔自治区		
12	润建股份有限公司	882581	1	新疆广汇实业投资（集团）有限责任公司	21460318
13	南宁威宁投资集团有限责任公司	835348	2	新疆天富集团有限责任公司	3506078
	合计	62196339	3	新疆生产建设兵团能源集团有限责任公司	937677
			4	新疆绿原国有资本投资运营有限公司	922139
云南				合计	26826212
1	云南省投资控股集团有限公司	20980590			
2	云南省能源投资集团有限公司	11767108	内蒙古自治区		
3	昆明市交通投资有限责任公司	3520426	1	内蒙古电力（集团）有限责任公司	11856209
	合计	36268124	2	鄂尔多斯市国有资产投资控股集团有限公司	1468418
				合计	13324627
甘肃					

表11-4　2024中国服务业企业500强净利润排序前100名企业

排名	公司名称	净利润/万元	排名	公司名称	净利润/万元
1	中国工商银行股份有限公司	36399300	51	中国医药集团有限公司	813758
2	中国建设银行股份有限公司	33265300	52	唯品会控股有限公司	811662
3	中国农业银行股份有限公司	26935600	53	中国联合网络通信集团有限公司	807933
4	中国银行股份有限公司	23190400	54	浙江省能源集团有限公司	766578
5	招商银行股份有限公司	14660200	55	厦门建发集团有限公司	748730
6	腾讯控股有限公司	11521600	56	长沙银行股份有限公司	746295
7	中国移动通信集团有限公司	10798272	57	新奥天然气股份有限公司	709111
8	阿里巴巴（中国）有限公司	10028800	58	中国保利集团有限公司	699586
9	交通银行股份有限公司	9272800	59	广发证券股份有限公司	697780
10	中国平安保险（集团）股份有限公司	8566500	60	贝壳控股有限公司	588322
11	兴业银行股份有限公司	7711600	61	安徽省交通控股集团有限责任公司	555767
12	国家电网有限公司	6515936	62	浙江省交通投资集团有限公司	540558
13	拼多多控股公司	6002654	63	申能（集团）有限公司	530892
14	招商局集团有限公司	5820494	64	恒丰银行股份有限公司	514529
15	蚂蚁科技集团股份有限公司	5050908	65	广西农村商业联合银行股份有限公司	513564
16	中国邮政集团有限公司	4165748	66	渤海银行股份有限公司	508090
17	上海浦东发展银行股份有限公司	3670200	67	重庆银行股份有限公司	492979
18	中国民生银行股份有限公司	3582300	68	万洋集团有限公司	482108
19	网易股份有限公司	2941655	69	四川新派餐饮管理有限公司	467663
20	中国中信集团有限公司	2919899	70	北京中能昊龙农业科技有限公司	432449
21	江苏银行股份有限公司	2875035	71	东莞银行股份有限公司	406692
22	中国太平洋保险（集团）股份有限公司	2725746	72	宁波开发投资集团有限公司	403898
23	中国华润有限公司	2688000	73	月星集团有限公司	395245
24	中国远洋海运集团有限公司	2537503	74	绿城房地产集团有限公司	386574
25	京东集团股份有限公司	2416700	75	浙江省海港投资运营集团有限公司	380067
26	中国人民保险集团股份有限公司	2277300	76	山东省港口集团有限公司	379012
27	上海银行股份有限公司	2254479	77	天津银行股份有限公司	375990
28	百度集团股份有限公司	2031500	78	阳光保险集团股份有限公司	373790
29	南京银行股份有限公司	1850208	79	湖北交通投资集团有限公司	372583
30	中国南方电网有限责任公司	1658065	80	圆通速递股份有限公司	372254
31	中国电信集团有限公司	1522590	81	云南省能源投资集团有限公司	368557
32	美团公司	1385583	82	物产中大集团股份有限公司	361705
33	上海国际港务（集团）股份有限公司	1320313	83	芒果超媒股份有限公司	355571
34	龙湖集团控股有限公司	1285001	84	青岛银行股份有限公司	354860
35	泰康保险集团股份有限公司	1264386	85	奥德集团有限公司	352212
36	万科企业股份有限公司	1216268	86	山东高速集团有限公司	348006
37	上海农村商业银行股份有限公司	1214196	87	广东顺德农村商业银行股份有限公司	345960
38	江苏交通控股有限公司	1153069	88	爱尔眼科医院集团股份有限公司	335887
39	洛阳国宏投资控股集团有限公司	1091457	89	河南交通投资集团有限公司	333996
40	重庆农村商业银行股份有限公司	1090236	90	江苏常熟农村商业银行股份有限公司	328150
41	深圳前海微众银行股份有限公司	1081533	91	陕西投资集团有限公司	326442
42	太平人寿保险有限公司	1070780	92	唐山银行股份有限公司	301537
43	北京江南投资集团有限公司	1013209	93	四川高速公路建设开发集团有限公司	301374
44	深圳市投资控股有限公司	999938	94	传化集团有限公司	299091
45	携程集团有限公司	991800	95	三七互娱网络科技集团股份有限公司	295438
46	中粮集团有限公司	899240	96	华东医药股份有限公司	283886
47	中通快递股份有限公司	874900	97	重庆新鸥鹏企业（集团）有限公司	282828
48	新华人寿保险股份有限公司	871200	98	天津农村商业银行股份有限公司	277932
49	顺丰控股股份有限公司	823449	99	内蒙古电力（集团）有限责任公司	274633
50	东方财富信息股份有限公司	819347	100	湖南省高速公路集团有限公司	264664
				中国服务业企业500强平均数	626323

表 11-5 2024 中国服务业企业 500 强资产排序前 100 名企业

排名	公司名称	资产/万元	排名	公司名称	资产/万元
1	中国工商银行股份有限公司	4469707900	51	广西投资集团有限公司	80588790
2	中国农业银行股份有限公司	3987298900	52	重庆银行股份有限公司	75988387
3	中国建设银行股份有限公司	3832482600	53	中粮集团有限公司	73065438
4	中国银行股份有限公司	3243216600	54	珠海华发集团有限公司	72964896
5	中国邮政集团有限公司	1639997697	55	甘肃省公路航空旅游投资集团有限公司	72547416
6	交通银行股份有限公司	1406047200	56	河南交通投资集团有限公司	70904002
7	中国平安保险（集团）股份有限公司	1158341700	57	广西交通投资集团有限公司	70762250
8	中国中信集团有限公司	1148197539	58	中国联合网络通信集团有限公司	70281657
9	招商银行股份有限公司	1102848300	59	龙湖集团控股有限公司	70040688
10	兴业银行股份有限公司	1015832600	60	湖北交通投资集团有限公司	69608701
11	上海浦东发展银行股份有限公司	900724700	61	广发证券股份有限公司	68218168
12	中国民生银行股份有限公司	767496500	62	湖南省高速公路集团有限公司	67979042
13	中国人寿保险（集团）公司	677142400	63	联想控股股份有限公司	66573257
14	国家电网有限公司	554427738	64	湖南财信金融控股集团有限公司	66287215
15	江苏银行股份有限公司	340336184	65	合肥市建设投资控股（集团）有限公司	66257969
16	上海银行股份有限公司	308551647	66	广州地铁集团有限公司	63611387
17	招商局集团有限公司	280973545	67	山西交通控股集团有限公司	63078007
18	中国华润有限公司	260513000	68	京东集团股份有限公司	62895800
19	中国移动通信集团有限公司	240151652	69	东莞银行股份有限公司	62892466
20	中国太平洋保险（集团）股份有限公司	234396169	70	蚂蚁科技集团股份有限公司	61813799
21	南京银行股份有限公司	228827592	71	青岛银行股份有限公司	60798537
22	阿里巴巴（中国）有限公司	182096600	72	陕西交通控股集团有限公司	59105930
23	中国保利集团有限公司	180398028	73	云南省投资控股集团有限公司	58647128
24	渤海银行股份有限公司	173273384	74	中国医药集团有限公司	58646243
25	泰康保险集团股份有限公司	166846871	75	江西银行股份有限公司	55234536
26	腾讯控股有限公司	157724600	76	桂林银行股份有限公司	54263962
27	中国人民保险集团股份有限公司	155715900	77	绿城房地产集团有限公司	53685105
28	山东高速集团有限公司	151374345	78	深圳前海微众银行股份有限公司	53557852
29	万科企业股份有限公司	150485017	79	河北银行股份有限公司	53173612
30	重庆农村商业银行股份有限公司	144108194	80	阳光保险集团有限公司	51368633
31	恒丰银行股份有限公司	143970411	81	九江银行股份有限公司	50384922
32	新华人寿保险股份有限公司	140325700	82	广东省交通集团有限公司	48503220
33	上海农村商业银行股份有限公司	139221370	83	天津泰达投资控股有限公司	47331882
34	广州农村商业银行股份有限公司	131404245	84	青岛农村商业银行股份有限公司	46793677
35	广西农村商业联合银行股份有限公司	128588029	85	广东顺德农村商业银行股份有限公司	46787930
36	中国南方电网有限责任公司	122819788	86	北京能源集团有限责任公司	46335345
37	绿地控股集团股份有限公司	119392208	87	北京控股集团有限公司	43794135
38	成都交子金融控股集团有限公司	118761484	88	天津农村商业银行股份有限公司	42872428
39	深圳市投资控股有限公司	115285973	89	安徽省交通控股集团有限责任公司	41114190
40	太平人寿保险有限公司	110493226	90	百度集团股份有限公司	40675900
41	盛京银行股份有限公司	108005271	91	北京首都创业集团有限公司	40089435
42	中国电信集团有限公司	107827456	92	四川高速公路建设开发集团有限公司	39802246
43	中国远洋海运集团有限公司	107563227	93	武汉市城市建设投资开发集团有限公司	39619090
44	长沙银行股份有限公司	102003294	94	广州市城市建设投资集团有限公司	38528291
45	广州越秀集团股份有限公司	100575794	95	中国东方航空集团有限公司	38316143
46	天津城市基础设施建设投资集团有限公司	93709832	96	金地（集团）股份有限公司	37384680
47	浙江省交通投资集团有限公司	93529732	97	厦门国贸控股集团有限公司	35662496
48	厦门建发集团有限公司	88724752	98	湖北联投集团有限公司	34964839
49	天津银行股份有限公司	84077146	99	拼多多控股公司	34807812
50	江苏交通控股有限公司	83435309	100	张家口银行股份有限公司	34172832
				中国服务业企业500强平均数	74162592

表 11-6 2024 中国服务业企业 500 强从业人数排序前 100 名企业

排名	公司名称	从业人数/人	排名	公司名称	从业人数/人
1	国家电网有限公司	1442302	51	甘肃省公路航空旅游投资集团有限公司	55581
2	中国邮政集团有限公司	728776	52	泰康保险集团股份有限公司	55408
3	中国人民保险集团股份有限公司	551179	53	申通快递有限公司	52400
4	京东集团股份有限公司	517124	54	合肥市建设投资控股（集团）有限公司	52173
5	中国移动通信集团有限公司	453394	55	广东省交通集团有限公司	52020
6	中国农业银行股份有限公司	451003	56	阳光保险集团股份有限公司	50629
7	中国工商银行股份有限公司	419252	57	绿城物业服务集团有限公司	50128
8	中国华润有限公司	394112	58	云南省投资控股集团有限公司	46756
9	中国电信集团有限公司	391691	59	宝石花家园生活服务集团有限公司	45957
10	中国建设银行股份有限公司	376871	60	大参林医药集团股份有限公司	45466
11	中国南方电网有限责任公司	313062	61	广东省广新控股集团有限公司	44837
12	中国银行股份有限公司	306931	62	珠海华发集团有限公司	43882
13	中国平安保险（集团）股份有限公司	288751	63	浙江省交通投资集团有限公司	43266
14	招商局集团有限公司	276019	64	广州市公共交通集团有限公司	42675
15	中国联合网络通信集团有限公司	255353	65	江苏国泰国际集团有限公司	42262
16	阿里巴巴（中国）有限公司	219260	66	老百姓大药房连锁股份有限公司	40881
17	中国中信集团有限公司	213290	67	山西交通控股集团有限公司	40381
18	中国医药集团有限公司	202426	68	广州市城市建设投资集团有限公司	40356
19	中国人寿保险（集团）公司	176625	69	重庆物流集团有限公司	39947
20	顺丰控股股份有限公司	153125	70	百度集团股份有限公司	39800
21	四川新派餐饮管理有限公司	150159	71	金地（集团）股份有限公司	39750
22	万科企业股份有限公司	131097	72	益丰大药房连锁股份有限公司	39652
23	北京控股集团有限公司	126128	73	中华联合保险集团股份有限公司	39136
24	招商银行股份有限公司	116529	74	新奥天然气股份有限公司	38321
25	贝壳控股有限公司	116344	75	山东省商业集团有限公司	37241
26	美团公司	114860	76	厦门国贸控股集团有限公司	37208
27	中粮集团有限公司	111630	77	天津泰达投资控股有限公司	37162
28	中国南方航空集团有限公司	107983	78	武汉产业投资控股集团有限公司	36665
29	中国远洋海运集团有限公司	106221	79	内蒙古电力（集团）有限责任公司	36557
30	腾讯控股有限公司	105417	80	携程集团有限公司	36249
31	中国太平洋保险（集团）股份有限公司	104270	81	广州越秀集团股份有限公司	35976
32	深圳市投资控股有限公司	103928	82	杭州市城市建设投资集团有限公司	35239
33	中国国际航空股份有限公司	102874	83	北京能源集团有限责任公司	34742
34	中国保利集团有限公司	102834	84	砂之船商业管理集团有限公司	34239
35	物美科技集团有限公司	100000	85	南京新工投资集团有限责任公司	34046
36	中国东方航空集团有限公司	98786	86	成都交子金融控股集团有限公司	33648
37	永辉超市股份有限公司	98513	87	北京首都创业集团有限公司	33395
38	交通银行股份有限公司	94275	88	厦门象屿集团有限公司	33214
39	软通动力信息技术（集团）股份有限公司	90000	89	爱尔眼科医院集团股份有限公司	32326
40	联想控股股份有限公司	89577	90	陕西交通控股集团有限公司	32287
41	新疆广汇实业投资（集团）有限责任公司	69301	91	广西投资集团有限公司	32241
42	兴业银行股份有限公司	66569	92	广西北部湾国际港务集团有限公司	31240
43	中国民生银行股份有限公司	63742	93	广州地铁集团有限公司	31120
44	上海浦东发展银行股份有限公司	63582	94	信誉楼百货集团有限公司	31000
45	厦门建发集团有限公司	62740	95	新华人寿保险股份有限公司	30662
46	山东省港口集团有限公司	60542	96	九州通医药集团股份有限公司	30100
47	绿地控股集团股份有限公司	59970	97	百联集团有限公司	30095
48	东方国际（集团）有限公司	57745	98	蚂蚁科技集团股份有限公司	29740
49	山东高速集团有限公司	56432	99	福建省港口集团有限责任公司	29726
50	广东省广晟控股集团有限公司	55949	100	网易股份有限公司	29128
				中国服务业企业 500 强平均数	31414

表 11-7 2024 中国服务业企业 500 强研发费用排序前 100 名企业

排名	公司名称	研发费用/万元	排名	公司名称	研发费用/万元
1	阿里巴巴（中国）有限公司	5205100	51	广州产业投资控股集团有限公司	104081
2	中国移动通信集团有限公司	3683313	52	物产中大集团股份有限公司	103891
3	百度集团股份有限公司	2419200	53	龙湖集团控股有限公司	102981
4	国家电网有限公司	2160492	54	马上消费金融股份有限公司	102979
5	蚂蚁科技集团股份有限公司	2119710	55	云南省投资控股集团有限公司	102194
6	网易股份有限公司	1648491	56	水发集团有限公司	95684
7	京东集团股份有限公司	1639300	57	软通动力信息技术（集团）股份有限公司	95664
8	联想控股股份有限公司	1471939	58	武汉产业投资控股集团有限公司	91972
9	招商银行股份有限公司	1412600	59	洛阳国宏投资控股集团有限公司	91839
10	携程集团有限公司	1212000	60	青岛西海岸新区海洋控股集团有限公司	90578
11	北京嘀嘀无限科技发展有限公司	892390	61	湖北交通投资集团有限公司	90068
12	中国联合网络通信集团有限公司	813048	62	河北建投能源投资股份有限公司	85900
13	中国华润有限公司	755000	63	重庆农村商业银行股份有限公司	85860
14	中国中信集团有限公司	744665	64	杭州市国有资本投资运营有限公司	84945
15	山东高速集团有限公司	546870	65	中粮集团有限公司	81839
16	中国南方电网有限责任公司	501823	66	陕西投资集团有限公司	79308
17	广东省广新控股集团有限公司	460278	67	新华人寿保险股份有限公司	78310
18	中国远洋海运集团有限公司	402024	68	唐山国控集团有限公司	78053
19	内蒙古电力（集团）有限责任公司	365751	69	泰康保险集团股份有限公司	77609
20	深圳前海微众银行股份有限公司	332210	70	广东省交通集团有限公司	76981
21	北京能源集团有限责任公司	329388	71	华数数字电视传媒集团有限公司	76043
22	北京控股集团有限公司	289927	72	新大陆科技集团有限公司	73882
23	中国保利集团有限公司	244406	73	三七互娱网络科技集团股份有限公司	71356
24	顺丰控股股份有限公司	228531	74	苏州金螳螂企业（集团）有限公司	68819
25	广州华多网络科技有限公司	208425	75	中通快递股份有限公司	67936
26	招商局集团有限公司	199832	76	湖北联投集团有限公司	66253
27	贝壳控股有限公司	193678	77	广州珠江实业集团有限公司	65700
28	山西交通控股集团有限公司	193583	78	广西北部湾国际港务集团有限公司	63339
29	广西投资集团有限公司	193038	79	四川省能源投资集团有限责任公司	61806
30	浙江省能源集团有限公司	183545	80	恒丰银行股份有限公司	61019
31	同程旅行控股有限公司	182057	81	杭州市城市建设投资集团有限公司	60621
32	通鼎集团有限公司	180468	82	广州市城市建设投资集团有限公司	60081
33	唯品会控股有限公司	176753	83	江西省投资集团有限公司	59784
34	交通银行股份有限公司	168800	84	云南省能源投资集团有限公司	57999
35	浙江省交通投资集团有限公司	164070	85	青岛银行股份有限公司	56795
36	广东省广晟控股集团有限公司	161868	86	奥德集团有限公司	56280
37	浙江世纪华通集团股份有限公司	157305	87	中国太平洋保险（集团）股份有限公司	56025
38	深圳市投资控股有限公司	147655	88	天津泰达投资控股有限公司	54331
39	深圳华强集团有限公司	147263	89	甘肃省公路航空旅游投资集团有限公司	52403
40	绿地控股集团股份有限公司	144348	90	佛山市投资控股集团有限公司	52247
41	合肥市建设投资控股（集团）有限公司	142160	91	中国南方航空集团有限公司	51699
42	安克创新科技股份有限公司	141387	92	信也科技集团	51099
43	新奥天然气股份有限公司	135362	93	山东省港口集团有限公司	49710
44	华东医药股份有限公司	127080	94	山东颐养健康产业发展集团有限公司	48476
45	深圳市特区建工集团有限公司	115617	95	江苏常熟农村商业银行股份有限公司	46400
46	中国万向控股有限公司	108495	96	天津银行股份有限公司	46036
47	江苏银行股份有限公司	108284	97	无锡市市政公用产业集团有限公司	45777
48	东方财富信息股份有限公司	108065	98	中国邮政集团有限公司	45744
49	珠海华发集团有限公司	106915	99	卓尔控股有限公司	45416
50	传化集团有限公司	104557	100	长沙银行股份有限公司	44384
				中国服务业企业 500 强平均数	107628

表 11-8 2024 中国服务业企业 500 强研发强度排序前 100 名企业

排名	公司名称	研发强度/%	排名	公司名称	研发强度/%
1	携程集团有限公司	27.23	51	广州地铁集团有限公司	2.39
2	百度集团股份有限公司	17.97	52	东方明珠新媒体股份有限公司	2.39
3	网易股份有限公司	15.93	53	知识城（广州）投资集团有限公司	2.36
4	同程旅行控股有限公司	15.30	54	广州珠江实业集团有限公司	2.34
5	广州华多网络科技有限公司	13.04	55	青岛银行股份有限公司	2.28
6	蚂蚁科技集团股份有限公司	11.88	56	北京控股集团有限公司	2.25
7	浙江世纪华通集团股份有限公司	11.84	57	中国联合网络通信集团有限公司	2.17
8	东方财富信息股份有限公司	9.75	58	苏州金螳螂企业（集团）有限公司	2.12
9	新大陆科技集团有限公司	8.25	59	山东高速集团有限公司	2.10
10	安克创新科技股份有限公司	8.08	60	广东省广告集团股份有限公司	1.98
11	华数数字电视传媒集团有限公司	6.31	61	武汉产业投资控股集团有限公司	1.98
12	阿里巴巴（中国）有限公司	5.61	62	郑州公用事业投资发展集团有限公司	1.93
13	软通动力信息技术（集团）股份有限公司	5.44	63	芒果超媒股份有限公司	1.91
14	深圳前海微众银行股份有限公司	5.05	64	九江银行股份有限公司	1.88
15	深圳华强集团有限公司	4.95	65	唐山国控集团有限公司	1.86
16	马上消费金融股份有限公司	4.89	66	新天绿色能源股份有限公司	1.83
17	华东建筑集团股份有限公司	4.76	67	河北银行股份有限公司	1.83
18	北京嘀嘀无限科技发展有限公司	4.64	68	广州产业投资控股集团有限公司	1.80
19	中国万向控股有限公司	4.54	69	广东省广新控股集团有限公司	1.78
20	河北建投能源投资股份有限公司	4.53	70	中通快递股份有限公司	1.77
21	宝尊电商有限公司	4.33	71	青岛西海岸新区海洋控股集团有限公司	1.77
22	三七互娱网络科技集团股份有限公司	4.31	72	广州市城市建设投资集团有限公司	1.76
23	信也科技集团	4.07	73	江苏省广电有线信息网络股份有限公司	1.72
24	长江设计集团有限公司	4.05	74	无锡市国联发展（集团）有限公司	1.70
25	润建股份有限公司	3.77	75	爱尔眼科医院集团股份有限公司	1.64
26	山西交通控股集团有限公司	3.67	76	天津港（集团）有限公司	1.63
27	中国移动通信集团有限公司	3.64	77	重庆高速公路集团有限公司	1.58
28	天津水务集团有限公司	3.58	78	洛阳国宏投资控股集团有限公司	1.57
29	杭州泰格医药科技股份有限公司	3.54	79	重庆农村商业银行股份有限公司	1.57
30	合肥市建设投资控股（集团）有限公司	3.41	80	唯品会控股有限公司	1.57
31	联想控股股份有限公司	3.38	81	京东集团股份有限公司	1.51
32	无锡市市政公用产业集团有限公司	3.26	82	福建路港（集团）有限公司	1.50
33	北京能源集团有限责任公司	3.21	83	奥德集团有限公司	1.44
34	中原大易科技有限公司	3.16	84	水发集团有限公司	1.38
35	华东医药股份有限公司	3.13	85	佛山市投资控股集团有限公司	1.38
36	内蒙古电力（集团）有限责任公司	3.08	86	傲基科技股份有限公司	1.37
37	深圳市东信时代信息技术有限公司	3.00	87	兴业证券股份有限公司	1.37
38	通鼎集团有限公司	3.00	88	广东省交通集团有限公司	1.36
39	深圳市特区建工集团有限公司	3.00	89	武汉市城市建设投资开发集团有限公司	1.30
40	廊坊银行股份有限公司	2.97	90	广东省广晟控股集团有限公司	1.27
41	广州开发区控股集团有限公司	2.85	91	河北港口集团有限公司	1.25
42	江苏常熟农村商业银行股份有限公司	2.78	92	天津银行股份有限公司	1.25
43	招商银行股份有限公司	2.78	93	广州市公共交通集团有限公司	1.24
44	唐山银行股份有限公司	2.74	94	江西省投资集团有限公司	1.19
45	广州市水务投资集团有限公司	2.70	95	山东颐养健康产业发展集团有限公司	1.18
46	北京路通企业管理集团有限公司	2.69	96	广东顺德农村商业银行股份有限公司	1.16
47	佳都集团有限公司	2.58	97	江苏江阴农村商业银行股份有限公司	1.15
48	贝壳控股有限公司	2.49	98	河北交通投资集团有限公司	1.14
49	秦皇岛中秦兴龙投资控股有限公司	2.44	99	陕西投资集团有限公司	1.10
50	杭州市国有资本投资运营有限公司	2.42	100	恒丰银行股份有限公司	1.09
				中国服务业企业 500 强平均数	1.17

表 11-9　2024 中国服务业企业 500 强净资产利润率排序前 100 名企业

排名	公司名称	净资产利润率/%	排名	公司名称	净资产利润率/%
1	大熊集团有限公司	115.66	51	溧阳中联金电子商务有限公司	16.76
2	北京路通企业管理集团有限公司	91.42	52	上海春秋国际旅行社（集团）有限公司	16.65
3	四川新派餐饮管理有限公司	90.09	53	芒果超媒股份有限公司	16.54
4	邦芒服务外包有限公司	59.70	54	蚂蚁科技集团股份有限公司	16.38
5	上海闽路润贸易有限公司	46.39	55	江苏华地国际控股集团有限公司	16.32
6	重庆新鸥鹏企业（集团）有限公司	41.86	56	无锡安井食品营销有限公司	16.23
7	江苏采木工业互联网科技有限公司	39.08	57	欧菲斯集团股份有限公司	16.02
8	河南大张实业有限公司	38.32	58	中崛新材料科技有限公司	15.82
9	智旦运宝宝（福建）科技有限公司	37.48	59	日出实业集团有限公司	15.80
10	深圳市天行云供应链有限公司	36.97	60	山东梦金园珠宝首饰有限公司	15.67
11	安徽省众城集团	36.40	61	北京中能昊龙农业科技有限公司	15.45
12	江苏零浩网络科技有限公司	35.99	62	安徽灵通集团控股有限公司	15.29
13	洛阳国宏投资控股集团有限公司	32.28	63	绿滋肴控股集团有限公司	14.89
14	拼多多控股公司	32.06	64	中通快递股份有限公司	14.51
15	四川邦泰投资集团有限责任公司	30.12	65	四川华油集团有限责任公司	14.49
16	新奥天然气股份有限公司	29.98	66	太平人寿保险有限公司	14.48
17	陕西泰丰盛合控股集团有限公司	27.58	67	益丰大药房连锁股份有限公司	14.40
18	江苏凤凰新华书店集团有限公司	26.41	68	福建省人力资源发展集团有限公司	14.31
19	深圳市博科供应链管理有限公司	25.94	69	腾讯控股有限公司	14.25
20	青岛百洋医药股份有限公司	24.59	70	河北昊洋农业科技有限公司	14.16
21	河南中钢科技集团股份有限公司	24.22	71	深圳市分期乐网络科技有限公司	14.14
22	吉旗物联科技（天津）有限公司	24.19	72	老百姓大药房连锁股份有限公司	13.86
23	唯品会控股有限公司	23.82	73	神州数码集团股份有限公司	13.69
24	网易股份有限公司	23.67	74	杭州东恒石油有限公司	13.64
25	传化集团有限公司	23.56	75	招商银行股份有限公司	13.62
26	傲基科技股份有限公司	23.41	76	广东乐居商贸集团有限公司	13.59
27	深圳前海微众银行股份有限公司	23.40	77	福建纵腾网络有限公司	13.57
28	三七互娱网络科技集团股份有限公司	23.25	78	江苏省医药有限公司	13.52
29	一柏集团有限公司	22.22	79	华东医药股份有限公司	13.49
30	信誉楼百货集团有限公司	21.74	80	月星集团有限公司	13.42
31	苏州裕景泰控股有限公司	21.69	81	天晖（河北）供应链管理集团有限公司	13.32
32	广西泛糖科技有限公司	21.56	82	广东宏川集团有限公司	13.15
33	江阴市川江化工有限公司	21.46	83	江苏省煤炭运销有限公司	13.04
34	北京江南投资集团有限公司	21.42	84	江苏常熟农村商业银行股份有限公司	12.94
35	安徽天星医药集团有限公司	21.33	85	圆通速递股份有限公司	12.93
36	中通供应链管理有限公司	20.34	86	广东省广晟控股集团有限公司	12.87
37	安克创新科技股份有限公司	20.19	87	杭州市实业投资集团有限公司	12.86
38	浙江建华集团有限公司	20.16	88	广西柳药集团有限公司	12.84
39	上海赞华实业有限公司	19.58	89	宝石花家园生活服务集团有限公司	12.64
40	漳州宝鼎贸易集团有限公司	19.38	90	常州市化工轻工材料总公司	12.44
41	厦门路桥工程物资有限公司	18.85	91	江苏无锡朝阳集团股份有限公司	12.41
42	福建发展集团有限公司	18.69	92	通鼎集团有限公司	12.38
43	万洋集团有限公司	18.25	93	鹭燕医药股份有限公司	12.34
44	爱尔眼科医院集团股份有限公司	17.81	94	上海钢联电子商务股份有限公司	12.10
45	云账户技术（天津）有限公司	17.57	95	中南出版传媒集团股份有限公司	12.03
46	浙江火山口网络科技有限公司	17.30	96	江苏江阴农村商业银行股份有限公司	11.96
47	马上消费金融股份有限公司	17.27	97	瀚蓝环境股份有限公司	11.80
48	大参林医药集团股份有限公司	17.09	98	上海塑来信息技术有限公司	11.71
49	宁波海田控股集团有限公司	17.03	99	深圳市九立供应链有限公司	11.60
50	信也科技集团	17.03	100	江苏银行股份有限公司	11.48
				中国服务业企业 500 强平均数	7.36

表11-10 2024中国服务业企业500强资产利润率排序前100名企业

排名	公司名称	资产利润率/%	排名	公司名称	资产利润率/%
1	北京路通企业管理集团有限公司	38.53	51	深圳金雅福控股集团有限公司	5.73
2	四川新派餐饮管理有限公司	30.86	52	奥德集团有限公司	5.72
3	河南大张实业有限公司	17.90	53	阿里巴巴（中国）有限公司	5.51
4	福建发展集团有限公司	17.46	54	湖南佳惠百货有限责任公司	5.44
5	拼多多控股公司	17.25	55	江苏华地国际控股集团有限公司	5.43
6	一柏集团有限公司	16.64	56	陕西泰丰盛合控股集团有限公司	5.39
7	网易股份有限公司	15.82	57	新奥天然气股份有限公司	5.27
8	三七互娱网络科技集团股份有限公司	15.44	58	深圳市爱施德股份有限公司	5.26
9	上海赞华实业有限公司	14.22	59	通鼎集团有限公司	5.19
10	深圳市博科供应链管理有限公司	13.20	60	南京大地建设集团有限责任公司	5.08
11	北京中能昊龙农业科技有限公司	13.13	61	百度集团股份有限公司	4.99
12	安克创新科技股份有限公司	12.64	62	同程旅行控股有限公司	4.90
13	青岛百洋医药股份有限公司	12.39	63	贝壳控股有限公司	4.89
14	溧阳中联金电子商务有限公司	12.20	64	湖南博深实业集团有限公司	4.89
15	信誉楼百货集团有限公司	11.63	65	恒信汽车集团股份有限公司	4.85
16	芒果超媒股份有限公司	11.32	66	大参林医药集团股份有限公司	4.84
17	唯品会控股有限公司	11.22	67	浙江出版联合集团有限公司	4.73
18	爱尔眼科医院集团股份有限公司	11.13	68	美团公司	4.73
19	信也科技集团	10.99	69	安徽灵通集团控股有限公司	4.58
20	绿滋肴控股集团有限公司	10.80	70	砂之船商业管理集团有限公司	4.57
21	中崛新材料科技有限公司	10.80	71	携程集团有限公司	4.53
22	洛阳国宏投资控股集团有限公司	10.55	72	中原出版传媒投资控股集团有限公司	4.51
23	河北昊洋农业科技有限公司	10.43	73	中国移动通信集团有限公司	4.50
24	傲基科技股份有限公司	10.28	74	深圳市分期乐网络科技有限公司	4.49
25	万洋集团有限公司	10.08	75	智旦运宝宝（福建）科技有限公司	4.41
26	深圳市天行云供应链有限公司	9.94	76	安徽省众城集团	4.39
27	中通快递股份有限公司	9.89	77	老百姓大药房连锁股份有限公司	4.38
28	江苏凤凰新华书店集团有限公司	9.75	78	河南中钢网科技集团股份有限公司	4.33
29	圆通速递有限公司	8.58	79	南京新华海科技产业集团有限公司	4.31
30	华东医药股份有限公司	8.47	80	福建省人力资源发展集团有限公司	4.26
31	蚂蚁科技集团股份有限公司	8.17	81	中铁集装箱运输有限责任公司	4.26
32	中通供应链管理有限公司	8.16	82	欧菲斯集团股份有限公司	4.22
33	大熊集团有限公司	8.02	83	广西柳药集团股份有限公司	4.21
34	福建路港（集团）有限公司	8.00	84	浙江华瑞集团有限公司	4.09
35	江苏无锡朝阳集团股份有限公司	7.94	85	徐州东方物流集团有限公司	4.02
36	山东梦金园珠宝首饰有限公司	7.57	86	瀚蓝环境股份有限公司	3.99
37	中南出版传媒集团股份有限公司	7.31	87	京东集团股份有限公司	3.84
38	腾讯控股有限公司	7.30	88	四川华油集团有限公司	3.79
39	福建纵腾网络有限公司	7.11	89	江苏国泰国际集团股份有限公司	3.72
40	浙江建华集团有限公司	7.06	90	顺丰控股股份有限公司	3.72
41	浙江火山口网络科技有限公司	6.98	91	江苏采木工业互联网科技有限公司	3.66
42	邦芒服务外包有限公司	6.83	92	四川邦泰投资集团有限责任公司	3.65
43	杭州泰格医药科技股份有限公司	6.82	93	传化集团有限公司	3.65
44	月星集团有限公司	6.55	94	重庆新鸥鹏企业（集团）有限公司	3.62
45	上海国际港务（集团）股份有限公司	6.49	95	鑫荣懋果业科技集团股份有限公司	3.59
46	漳州宝鼎贸易集团有限公司	6.46	96	广州华多网络科技有限公司	3.51
47	北京江南投资集团有限公司	6.25	97	深圳高速公路集团股份有限公司	3.45
48	宁波滕头集团有限公司	6.00	98	东方财富信息股份有限公司	3.42
49	杭州东恒石油有限公司	5.99	99	软通动力信息技术（集团）股份有限公司	3.42
50	益丰大药房连锁股份有限公司	5.85	100	绿城物业服务集团有限公司	3.35
				中国服务业企业500强平均数	0.84

表 11-11 2024 中国服务业企业 500 强收入利润率排序前 100 名企业

排名	公司名称	收入利润率/%	排名	公司名称	收入利润率/%
1	东方财富信息股份有限公司	73.94	51	太平人寿保险有限公司	13.13
2	重庆银行股份有限公司	37.31	52	青岛农村商业银行股份有限公司	13.11
3	上海国际港务（集团）股份有限公司	35.16	53	同程旅行控股有限公司	13.06
4	广发证券股份有限公司	29.95	54	招商局集团有限公司	13.01
5	招商银行股份有限公司	28.81	55	新华人寿保险股份有限公司	12.18
6	网易股份有限公司	28.43	56	河北昊洋农业科技有限公司	11.70
7	蚂蚁科技集团股份有限公司	28.30	57	四川新派餐饮管理有限公司	11.66
8	杭州泰格医药科技股份有限公司	27.42	58	月星集团有限公司	11.59
9	江苏江阴农村商业银行股份有限公司	26.19	59	中国民生银行股份有限公司	11.49
10	深圳高速公路集团股份有限公司	25.04	60	瀚蓝环境股份有限公司	11.40
11	芒果超媒股份有限公司	24.31	61	河北银行股份有限公司	11.38
12	拼多多控股公司	24.24	62	泉州城建集团有限公司	11.30
13	唐山银行股份有限公司	23.72	63	浙江出版联合集团有限公司	11.17
14	上海农村商业银行股份有限公司	23.61	64	江苏交通控股有限公司	11.12
15	中国建设银行股份有限公司	23.53	65	重庆三峡银行股份有限公司	10.98
16	无锡农村商业银行股份有限公司	23.46	66	新天绿色能源股份有限公司	10.88
17	中通快递股份有限公司	22.77	67	阿里巴巴（中国）有限公司	10.81
18	中国工商银行股份有限公司	22.59	68	赣州发展投资控股集团有限责任公司	10.75
19	携程集团有限公司	22.28	69	中国移动通信集团有限公司	10.68
20	上海银行股份有限公司	20.47	70	万洋集团有限公司	10.51
21	广东顺德农村商业银行股份有限公司	20.42	71	北京中能昊龙农业科技有限公司	10.24
22	重庆农村商业银行股份有限公司	19.90	72	天津银行股份有限公司	10.21
23	广东南海农村商业银行股份有限公司	19.89	73	上海浦东发展银行股份有限公司	10.19
24	中国农业银行股份有限公司	19.79	74	广西农村商业联合银行股份有限公司	9.97
25	江苏常熟农村商业银行股份有限公司	19.68	75	北京路通企业管理集团有限公司	9.94
26	江苏张家港农村商业银行股份有限公司	19.63	76	中原出版传媒投资控股集团有限公司	9.76
27	南京银行股份有限公司	19.45	77	浙江省海港投资运营集团有限公司	9.56
28	江苏银行股份有限公司	19.22	78	马上消费金融股份有限公司	9.41
29	中国银行股份有限公司	19.03	79	柳州银行股份有限公司	9.36
30	腾讯控股有限公司	18.92	80	恒丰银行股份有限公司	9.23
31	洛阳国宏投资控股集团有限公司	18.71	81	安克创新科技股份有限公司	9.22
32	信也科技集团	18.66	82	奥德集团有限公司	9.01
33	兴业证券股份有限公司	18.48	83	福建海峡银行股份有限公司	8.75
34	兴业银行股份有限公司	18.41	84	青岛百洋医药股份有限公司	8.68
35	三七互娱网络科技集团股份有限公司	17.85	85	桂林银行股份有限公司	8.46
36	东莞银行股份有限公司	17.83	86	天津城市基础设施建设投资集团有限公司	8.44
37	厦门金圆投资集团有限公司	17.57	87	中国太平洋保险（集团）股份有限公司	8.41
38	北京江南投资集团有限公司	17.18	88	中国平安保险（集团）股份有限公司	8.31
39	江苏凤凰新华书店集团有限公司	16.75	89	安徽省交通控股集团有限责任公司	8.14
40	绍兴银行股份有限公司	16.66	90	申能（集团）有限公司	8.13
41	江苏紫金农村商业银行股份有限公司	16.64	91	武汉伟鹏控股集团有限公司	8.09
42	交通银行股份有限公司	16.63	92	无锡市国联发展（集团）有限公司	7.67
43	爱尔眼科医院集团股份有限公司	16.49	93	贝壳控股有限公司	7.56
44	深圳前海微众银行股份有限公司	16.44	94	东方明珠新媒体股份有限公司	7.55
45	长沙银行股份有限公司	16.35	95	齐商银行股份有限公司	7.55
46	天津农村商业银行股份有限公司	15.45	96	渤海银行股份有限公司	7.39
47	百度集团股份有限公司	15.09	97	无锡城建发展集团有限公司	7.33
48	青岛银行股份有限公司	14.28	98	唯品会控股有限公司	7.19
49	中南出版传媒集团股份有限公司	13.62	99	宁波开发投资集团有限公司	7.17
50	广州华多网络科技有限公司	13.19	100	龙湖集团控股有限公司	7.11
				中国服务业企业 500 强平均数	6.36

表 11-12　2024 中国服务业企业 500 强人均营业收入排序前 100 名企业

排名	公司名称	人均营业收入/万元	排名	公司名称	人均营业收入/万元
1	上海闽路润贸易有限公司	38268.85	51	江苏倍驰能源有限公司	4774.29
2	陕西泰丰盛合控股集团有限公司	33957.49	52	漳州宝鼎贸易集团有限公司	4693.74
3	青岛世纪瑞丰集团有限公司	23190.31	53	江苏新投供应链管理有限公司	4619.24
4	源山投资控股有限公司	23074.81	54	江苏满运软件科技有限公司	4613.42
5	远大物产集团有限公司	20777.73	55	江阴市川江化工有限公司	4433.86
6	厦门路桥工程物资有限公司	19005.41	56	宁波海田控股集团有限公司	4393.44
7	嘉悦物产集团有限公司	17083.95	57	宁波君安控股有限公司	4386.23
8	一柏集团有限公司	16734.84	58	智旦运宝宝（福建）科技有限公司	4346.39
9	溧阳中联金电子商务有限公司	16658.01	59	江阴宝靖有色金属材料有限公司	4244.39
10	广西泛糖科技有限公司	15474.59	60	日出实业集团有限公司	4233.22
11	江阴市金桥化工有限公司	13366.20	61	江苏大经供应链股份有限公司	4144.54
12	常州市化工轻工材料总公司	13004.49	62	上海赞华实业有限公司	4134.14
13	大熊集团有限公司	12553.79	63	中原大易科技有限公司	4124.83
14	上海塑来信息技术有限公司	12070.56	64	厦门市嘉晟对外贸易有限公司	4066.37
15	北京江南投资集团有限公司	11845.56	65	深圳市天行云供应链有限公司	4029.73
16	江阴长三角钢铁集团有限公司	11592.39	66	江苏采木工业互联网科技有限公司	3933.68
17	上海埃尔金信息技术有限公司	11365.23	67	仕邦控股有限公司	3889.67
18	云账户技术（天津）有限公司	10791.01	68	深圳市富森供应链管理有限公司	3856.74
19	杭州东恒石油有限公司	10412.79	69	深圳市华富洋供应链有限公司	3827.11
20	浙江永安资本管理有限公司	10395.15	70	苏州裕景泰控股有限公司	3718.41
21	重庆千信集团有限公司	9868.18	71	深圳金雅福控股集团有限公司	3519.30
22	江苏省煤炭运销有限公司	9826.03	72	合肥维天运通信息科技股份有限公司	3517.34
23	福建晟育投资发展集团有限公司	9511.50	73	河北省物流产业集团有限公司	3505.58
24	安徽灵通集团控股有限公司	9493.91	74	天津现代集团有限公司	3480.30
25	福州市产业投资集团有限公司	9011.11	75	广西自贸区钦州港片区开发投资集团有限责任公司	2794.85
26	浙江火山口网络科技有限公司	8976.39	76	上海均和集团有限公司	2777.15
27	深圳市博科供应链管理有限公司	8311.78	77	深圳市爱施德股份有限公司	2671.31
28	深圳市九立供应链股份有限公司	7828.03	78	深圳市分期乐网络科技有限公司	2630.95
29	南通化工轻工股份有限公司	7525.96	79	国华人寿保险股份有限公司	2482.56
30	深圳市信利康供应链管理有限公司	7278.10	80	河南中钢网科技集团股份有限公司	2430.17
31	深圳市中农网有限公司	6315.06	81	中国（福建）对外贸易中心集团有限责任公司	2357.17
32	极兔速递有限公司	6135.61	82	湖南博深实业集团有限公司	2331.76
33	郑州瑞茂通供应链有限公司	6129.93	83	河北省国和投资集团有限公司	2324.23
34	无锡市宝金石油化工有限公司	6089.03	84	江苏省医药有限公司	2257.55
35	天晖（河北）供应链管理集团有限公司	6079.32	85	江苏无锡朝阳集团股份有限公司	2221.04
36	杭州市实业投资集团有限公司	5973.58	86	物产中大集团股份有限公司	2201.41
37	江苏东津联国际贸易有限公司	5931.77	87	上海大名城企业股份有限公司	2173.88
38	吉旗物联科技（天津）有限公司	5917.49	88	浙江华瑞集团有限公司	2125.62
39	汇金钢铁（天津）集团有限公司	5635.92	89	汇通达网络股份有限公司	2113.65
40	兰州新区商贸物流投资集团有限公司	5545.13	90	黑龙江倍丰农业生产资料集团有限公司	2094.05
41	华南物资集团有限公司	5466.22	91	山东梦金园珠宝首饰有限公司	2052.96
42	深圳市英捷迅实业发展有限公司	5463.58	92	江苏零浩网络科技有限公司	2034.90
43	江苏省燃料集团有限公司	5450.17	93	上海钢联电子商务股份有限公司	1986.97
44	中基宁波集团股份有限公司	5165.31	94	神州数码集团股份有限公司	1937.54
45	中铁集装箱运输有限责任公司	5134.42	95	武汉伟鹏控股集团有限公司	1905.34
46	广东乐居商贸集团有限公司	5006.55	96	江苏省粮食集团有限责任公司	1869.27
47	广州酷狗计算机科技有限公司	4973.79	97	渤海人寿保险股份有限公司	1867.64
48	南京大有恒成供应链有限公司	4965.52	98	邦芒服务外包有限公司	1804.46
49	福建省人力资源发展集团有限公司	4926.27	99	厦门禹洲集团有限公司	1773.50
50	中崛新材料科技有限公司	4812.92	100	绿城房地产集团有限公司	1770.72
				中国服务业企业 500 强平均数	313.40

表 11-13 2024 中国服务业企业 500 强人均净利润排序前 100 名企业

排名	公司名称	人均净利润/万元	排名	公司名称	人均净利润/万元
1	北京江南投资集团有限公司	2034.56	51	广东南海农村商业银行股份有限公司	66.49
2	拼多多控股公司	344.92	52	马上消费金融股份有限公司	66.48
3	陕西泰丰盛合控股集团有限公司	296.57	53	信也科技集团	64.17
4	深圳前海微众银行股份有限公司	268.50	54	无锡城建发展集团有限公司	63.57
5	蚂蚁科技集团股份有限公司	169.84	55	重庆海成实业（集团）有限公司	63.07
6	唐山银行股份有限公司	166.23	56	中国农业银行股份有限公司	59.72
7	上海银行股份有限公司	156.94	57	杭州市实业投资集团有限公司	58.16
8	武汉伟鹏控股集团有限公司	154.07	58	上海浦东发展银行股份有限公司	57.72
9	杭州东恒石油有限公司	152.51	59	重庆三峡银行股份有限公司	57.46
10	江苏银行股份有限公司	146.71	60	漳州宝鼎贸易集团有限公司	56.58
11	上海闽路润贸易有限公司	139.79	61	中国民生银行股份有限公司	56.20
12	东方财富信息股份有限公司	134.34	62	天津银行股份有限公司	56.18
13	中铁集装箱运输有限责任公司	130.95	63	重庆华宇集团有限公司	55.97
14	无锡农村商业银行股份有限公司	127.86	64	绍兴银行股份有限公司	54.49
15	招商银行股份有限公司	125.81	65	北京中能昊龙农业科技有限公司	52.74
16	兴业银行股份有限公司	115.84	66	浙江华瑞集团有限公司	52.28
17	上海农村商业银行股份有限公司	114.93	67	绿城房地产集团有限公司	52.25
18	厦门金圆投资集团有限公司	113.25	68	江苏交通控股有限公司	51.29
19	南京银行股份有限公司	113.22	69	百度集团股份有限公司	51.04
20	泉州城建集团有限公司	112.20	70	太平人寿保险有限公司	50.53
21	北京路通企业管理集团有限公司	111.71	71	深圳市博科供应链管理有限公司	49.76
22	腾讯控股有限公司	109.30	72	天津农村商业银行股份有限公司	48.21
23	江苏江阴农村商业银行股份有限公司	107.77	73	青岛农村商业银行股份有限公司	46.69
24	深圳市分期乐网络科技有限公司	105.42	74	广发证券股份有限公司	46.41
25	网易股份有限公司	100.99	75	阿里巴巴（中国）有限公司	45.74
26	厦门路桥工程物资有限公司	100.65	76	深圳市天行云供应链有限公司	44.61
27	交通银行股份有限公司	98.36	77	江苏省煤炭运销有限公司	44.61
28	重庆银行股份有限公司	93.30	78	江苏常熟农村商业银行股份有限公司	44.49
29	河北昊洋农业科技有限公司	89.89	79	安徽省众城集团	44.30
30	中国建设银行股份有限公司	88.27	80	龙湖集团控股有限公司	44.13
31	上海国际港务（集团）股份有限公司	86.88	81	福建路港（集团）有限公司	41.80
32	中国工商银行股份有限公司	86.82	82	上海大名城企业股份有限公司	41.37
33	三七互娱网络科技集团股份有限公司	85.71	83	恒丰银行股份有限公司	41.32
34	新天绿色能源股份有限公司	84.74	84	江苏凤凰新华书店集团有限公司	40.44
35	湖南博深实业集团有限公司	81.33	85	云南省能源投资集团有限公司	40.23
36	芒果超媒股份有限公司	80.87	86	安克创新科技股份有限公司	40.20
37	宁波开发投资集团有限公司	78.61	87	合肥城建发展股份有限公司	38.97
38	长沙银行股份有限公司	77.87	88	山东梦金园珠宝首饰有限公司	38.97
39	中国银行股份有限公司	75.56	89	河北银行股份有限公司	38.91
40	江苏张家港农村商业银行股份有限公司	74.36	90	唯品会控股有限公司	38.66
41	浙江永安资本管理有限公司	73.89	91	傲基科技股份有限公司	38.08
42	天津天保控股有限公司	73.79	92	苏州裕景泰控股有限公司	37.45
43	重庆农村商业银行股份有限公司	72.60	93	中通快递股份有限公司	37.14
44	东莞银行股份有限公司	72.47	94	月星集团有限公司	36.90
45	青岛银行股份有限公司	71.82	95	渤海银行股份有限公司	36.65
46	广东顺德农村商业银行股份有限公司	69.12	96	大华（集团）有限公司	36.32
47	万洋集团有限公司	68.89	97	一柏集团有限公司	35.01
48	洛阳国宏投资控股集团有限公司	68.12	98	重庆新鸥鹏企业（集团）有限公司	34.78
49	江苏紫金农村商业银行股份有限公司	67.30	99	金帝联合控股集团有限公司	34.48
50	浙江火山口网络科技有限公司	67.26	100	深圳高速公路集团股份有限公司	32.95
				中国服务业企业500强平均数	19.94

表 11-14 2024 中国服务业企业 500 强人均资产排序前 100 名企业

排名	公司名称	人均资产/万元	排名	公司名称	人均资产/万元
1	北京江南投资集团有限公司	32567.91	51	齐商银行股份有限公司	7700.24
2	上海银行股份有限公司	21479.40	52	天津农村商业银行股份有限公司	7436.67
3	无锡城建发展集团有限公司	18390.30	53	绿城房地产集团有限公司	7256.71
4	江苏银行股份有限公司	17366.75	54	石家庄国控城市发展投资集团有限责任公司	7141.46
5	天津天保控股有限公司	17066.36	55	天津现代集团有限公司	6894.90
6	唐山银行股份有限公司	16888.27	56	天津城市基础设施建设投资集团有限公司	6849.13
7	泉州城建集团有限公司	15284.77	57	浙江永安资本管理有限公司	6709.50
8	兴业银行股份有限公司	15259.84	58	合肥城建发展股份有限公司	6640.97
9	交通银行股份有限公司	14914.32	59	湖南财信金融控股集团有限公司	6568.94
10	国华人寿保险股份有限公司	14714.74	60	郑州瑞茂通供应链有限公司	6460.53
11	重庆银行股份有限公司	14380.85	61	柳州银行股份有限公司	6405.15
12	上海浦东发展银行股份有限公司	14166.35	62	昆明市交通投资有限责任公司	6300.03
13	南京银行股份有限公司	14002.42	63	上海闽路润贸易有限公司	6098.56
14	渤海人寿保险股份有限公司	13655.08	64	上海临港经济发展（集团）有限公司	6086.17
15	无锡农村商业银行股份有限公司	13652.31	65	青岛世纪瑞丰集团有限公司	6082.57
16	深圳前海微众银行股份有限公司	13296.39	66	深圳市华富洋供应链有限公司	5941.92
17	重庆三峡银行股份有限公司	13203.74	67	桂林银行股份有限公司	5760.51
18	上海农村商业银行股份有限公司	13177.60	68	极兔速递有限公司	5674.55
19	盛京银行股份有限公司	12596.84	69	陕西泰丰盛合控股集团有限公司	5502.06
20	天津银行股份有限公司	12561.95	70	厦门金圆投资集团有限公司	5401.67
21	渤海银行股份有限公司	12499.88	71	中国中信集团有限公司	5383.27
22	青岛银行股份有限公司	12304.91	72	广州酷狗计算机科技有限公司	5230.10
23	中国民生银行股份有限公司	12040.67	73	太平人寿保险有限公司	5213.91
24	廊坊银行股份有限公司	11783.58	74	常州市化工轻工材料总公司	5044.44
25	恒丰银行股份有限公司	11562.96	75	广西农村商业联合银行股份有限公司	4993.52
26	东莞银行股份有限公司	11206.78	76	奥园集团有限公司	4986.78
27	武汉伟鹏控股集团有限公司	11088.23	77	上海大名城企业股份有限公司	4707.45
28	中国工商银行股份有限公司	10661.15	78	青岛西海岸新区融合控股集团有限公司	4606.07
29	长沙银行股份有限公司	10643.08	79	新华人寿保险股份有限公司	4576.53
30	江苏江阴农村商业银行股份有限公司	10618.13	80	广发证券股份有限公司	4537.59
31	中国银行股份有限公司	10566.60	81	江苏常熟农村商业银行股份有限公司	4534.39
32	天津滨海农村商业银行股份有限公司	10508.38	82	源山投资控股有限公司	4361.42
33	江苏紫金农村商业银行股份有限公司	10297.90	83	厦门路桥工程物资有限公司	4355.84
34	中国建设银行股份有限公司	10169.22	84	湖南省高速公路集团有限公司	4346.76
35	江西银行股份有限公司	10157.14	85	大华（集团）有限公司	4271.74
36	赣州发展投资控股集团有限责任公司	9768.53	86	广西交通投资集团有限公司	4235.74
37	广州农村商业银行股份有限公司	9647.89	87	广西泛糖科技有限公司	4212.06
38	重庆农村商业银行股份有限公司	9596.34	88	青岛经济技术开发区投资控股集团有限公司	4084.00
39	招商银行股份有限公司	9464.15	89	中国平安保险（集团）股份有限公司	4011.56
40	广东顺德农村商业银行股份有限公司	9348.24	90	东方财富信息股份有限公司	3928.16
41	九江银行股份有限公司	9280.70	91	厦门火炬集团有限公司	3885.25
42	厦门禹州集团股份有限公司	8980.29	92	福州城市建设投资集团有限公司	3864.83
43	中国农业银行股份有限公司	8840.96	93	中国人寿保险（集团）公司	3833.79
44	绍兴银行股份有限公司	8827.35	94	重庆海成实业（集团）有限公司	3751.35
45	福建海峡银行股份有限公司	8803.07	95	湖南湘江新区发展集团有限公司	3727.67
46	江苏张家港农村商业银行股份有限公司	8619.51	96	江苏交通控股有限公司	3711.04
47	广东南海农村商业银行股份有限公司	8517.51	97	嘉悦物产集团有限公司	3589.04
48	青岛农村商业银行股份有限公司	8507.94	98	湖州市交通投资集团有限公司	3551.79
49	河北银行股份有限公司	8352.75	99	江西省金融控股集团有限公司	3543.93
50	张家口银行股份有限公司	8107.43	100	成都交子金融控股集团有限公司	3529.53
				中国服务业企业 500 强平均数	2360.79

表 11-15　2024 中国服务业企业 500 强收入增长率排序前 100 名企业

排名	公司名称	收入增长率/%	排名	公司名称	收入增长率/%
1	溧阳中联金电子商务有限公司	375.75	51	四川新派餐饮管理有限公司	33.92
2	江苏新投供应链管理有限公司	190.84	52	福建漳龙集团有限公司	33.35
3	福州市产业投资集团有限公司	188.57	53	广州岭南商旅投资集团有限公司	33.35
4	中国国际航空股份有限公司	166.74	54	江阴宝靖有色金属材料有限公司	32.90
5	携程集团有限公司	122.12	55	江苏倍驰能源有限公司	32.52
6	上海春秋国际旅行社（集团）有限公司	121.66	56	福建纵腾网络有限公司	31.86
7	中国东方航空集团有限公司	108.64	57	安徽灵通集团控股有限公司	31.59
8	漳州市交通发展集团有限公司	99.98	58	河南中钢网科技集团股份有限公司	31.31
9	合肥城建发展股份有限公司	96.17	59	嘉悦物产集团有限公司	30.87
10	拼多多控股公司	89.68	60	杭州市城市建设投资集团有限公司	30.33
11	四川航空股份有限公司	89.27	61	河北交通投资集团有限公司	30.22
12	湖北文化旅游集团有限公司	83.87	62	福建省人力资源发展集团有限公司	28.88
13	中国南方航空集团有限公司	83.22	63	深圳齐心集团股份有限公司	28.62
14	同程旅行控股有限公司	80.67	64	贝壳控股有限公司	28.20
15	荣盛控股股份有限公司	79.33	65	蓝池集团有限公司	27.55
16	四川邦泰投资集团有限责任公司	73.71	66	爱尔眼科医院集团股份有限公司	26.43
17	湖北交通投资集团有限公司	66.17	67	河南交通投资集团有限公司	26.20
18	深圳市九立供应链股份有限公司	64.98	68	安徽省徽商集团有限公司	25.84
19	福建晟育投资发展集团有限公司	64.34	69	美团公司	25.82
20	漳州宝鼎贸易集团有限公司	63.10	70	中通供应链管理有限公司	25.63
21	圣都家居装饰有限公司	62.43	71	新疆生产建设兵团能源集团有限责任公司	24.99
22	上海均瑶（集团）有限公司	60.25	72	天津天保控股有限公司	24.92
23	上海大名城企业股份有限公司	58.88	73	兰州新区商贸物流投资集团有限公司	24.31
24	厦门夏商集团有限公司	58.58	74	青岛经济技术开发区投资控股集团有限公司	23.85
25	大华（集团）有限公司	54.53	75	深圳市东信时代信息技术有限公司	22.87
26	湖南财信金融控股集团有限公司	53.53	76	上海闽路润贸易有限公司	22.86
27	佛山市建设发展集团有限公司	53.18	77	安克创新科技股份有限公司	22.85
28	湖北农业发展集团有限公司	52.98	78	日出实业集团有限公司	22.84
29	广州开发区控股集团有限公司	52.09	79	深圳市天行云供应链有限公司	22.82
30	泉州发展集团有限公司	49.93	80	无锡城建发展集团有限公司	22.82
31	杭州市实业投资集团有限公司	49.47	81	宁波开发投资集团有限公司	22.39
32	浙江省旅游投资集团有限公司	49.17	82	浙江火山口网络科技有限公司	22.33
33	四川省港航投资集团有限责任公司	48.91	83	傲基科技股份有限公司	22.29
34	奥园集团有限公司	47.15	84	陕西交通控股集团有限公司	22.16
35	新疆天富集团有限责任公司	42.49	85	申通快递有限公司	21.60
36	重庆物流集团有限公司	40.04	86	四川省旅游投资集团有限责任公司	20.51
37	福州城市建设投资集团有限公司	38.82	87	四川华油集团有限责任公司	20.50
38	山东省商业集团有限公司	38.68	88	漳州市九龙江集团有限公司	20.47
39	泉州交通发展集团有限责任公司	38.28	89	宁波君安控股有限公司	20.32
40	极兔速递有限公司	38.17	90	广东省广物控股集团有限公司	20.28
41	鑫荣懋果业科技集团股份有限公司	38.04	91	湖北联投集团有限公司	20.25
42	湖北港口集团有限公司	37.87	92	盐城市国有资产投资集团有限公司	19.87
43	山东梦金园珠宝首饰有限公司	37.42	93	上海临港经济发展（集团）有限公司	19.62
44	北京嘀嘀无限科技发展有限公司	36.64	94	中国银行股份有限公司	19.58
45	泉州城建集团有限公司	36.22	95	厦门路桥工程物资有限公司	19.56
46	陕西泰丰盛合控股集团有限公司	35.81	96	广西泛糖科技有限公司	19.44
47	江苏东津联国际贸易有限公司	35.54	97	广州市公共交通集团有限公司	19.42
48	武汉金融控股（集团）有限公司	35.38	98	泰康保险集团股份有限公司	19.06
49	广西现代物流集团有限公司	34.30	99	东方明珠新媒体股份有限公司	18.92
50	宜昌城发控股集团有限公司	34.06	100	唐山银行股份有限公司	18.77
				中国服务业企业 500 强平均数	4.13

表 11-16 2024 中国服务业企业 500 强净利润增长率排序前 100 名企业

排名	公司名称	净利润增长率/%	排名	公司名称	净利润增长率/%
1	山东颐养健康产业发展集团有限公司	4437.27	51	陕西交通控股集团有限公司	83.45
2	四川省港航投资集团有限责任公司	3479.16	52	河南大张实业有限公司	76.96
3	广西现代物流集团有限公司	1357.89	53	深圳市东信时代信息技术有限公司	76.71
4	江苏省苏豪控股集团有限公司	830.07	54	东方国际（集团）有限公司	74.23
5	洛阳国宏投资控股集团有限公司	803.43	55	山东梦金园珠宝首饰有限公司	74.18
6	利群集团股份有限公司	762.47	56	信誉楼百货集团有限公司	70.40
7	一柏集团有限公司	738.76	57	深圳市天行云供应链有限公司	67.86
8	河北省物流产业集团有限公司	642.42	58	福建省人力资源发展集团有限公司	65.98
9	武汉金融控股（集团）有限公司	626.56	59	安徽省众城集团	65.54
10	携程集团有限公司	606.91	60	上海塑来信息技术有限公司	65.04
11	浙江省旅游投资集团有限公司	592.88	61	安徽新华发行（集团）控股有限公司	64.40
12	邦芒服务外包有限公司	581.33	62	深圳市投资控股有限公司	63.99
13	湖南农业发展投资集团有限责任公司	560.84	63	东浩兰生（集团）有限公司	63.66
14	重庆高速公路集团有限公司	426.03	64	中国南方电网有限责任公司	62.65
15	江西省投资集团有限公司	367.66	65	安徽省徽商集团有限公司	61.74
16	万友汽车投资有限公司	304.37	66	厦门翔业集团有限公司	60.29
17	内蒙古电力（集团）有限责任公司	301.51	67	新疆绿原国有资本投资运营有限公司	59.09
18	湖南兰天集团有限公司	277.72	68	江阴市川江化工有限公司	57.82
19	广州酷狗计算机科技有限公司	261.78	69	河北建投能源投资股份有限公司	56.82
20	东华能源股份有限公司	255.25	70	云南省投资控股集团有限公司	53.97
21	东方明珠新媒体股份有限公司	243.63	71	甘肃省公路航空旅游投资集团有限公司	52.64
22	广东乐居商贸集团有限公司	227.55	72	厦门轨道建设发展集团有限公司	50.62
23	四川新派餐饮管理有限公司	218.76	73	太平人寿保险有限公司	50.59
24	阿里巴巴（中国）有限公司	203.69	74	深圳市信利康供应链管理有限公司	50.35
25	浙江华瑞集团有限公司	199.82	75	漳州市九龙江集团有限公司	49.20
26	深圳市中农网有限公司	188.35	76	重庆长安民生物流股份有限公司	46.67
27	厦门安居控股集团有限公司	185.66	77	广州南方投资集团有限公司	46.32
28	百度集团股份有限公司	168.75	78	网易股份有限公司	44.64
29	四川省能源投资集团有限责任公司	168.56	79	湖北港口集团有限公司	43.90
30	砂之船商业管理集团有限公司	152.82	80	申能（集团）有限公司	43.25
31	厦门恒兴集团有限公司	149.49	81	上海闽路润贸易有限公司	41.71
32	中通供应链管理有限公司	148.47	82	汇通达网络股份有限公司	41.69
33	湖北农业发展集团有限公司	146.16	83	安克创新科技股份有限公司	41.22
34	厦门建发集团有限公司	144.96	84	江苏凤凰新华书店集团有限公司	40.00
35	傲基科技股份有限公司	142.87	85	唐山银行股份有限公司	39.72
36	广州华多网络科技有限公司	142.21	86	佳都集团有限公司	39.59
37	百联集团有限公司	136.50	87	山东省港口集团有限公司	39.30
38	京东集团股份有限公司	132.82	88	广西泛糖科技有限公司	39.16
39	深圳市博科供应链管理有限公司	131.77	89	重庆海成实业（集团）有限公司	38.87
40	湖北文化旅游集团有限公司	121.88	90	浙江省能源集团有限公司	37.28
41	国任财产保险股份有限公司	110.87	91	南京新工投资集团有限责任公司	36.68
42	盐城市国有资产投资集团有限公司	102.97	92	秦皇岛中秦兴龙投资控股有限公司	36.44
43	东莞市水务集团有限公司	101.66	93	鄂尔多斯市国有资产投资控股集团有限公司	36.02
44	大熊集团有限公司	99.28	94	中原出版传媒投资控股集团有限公司	34.99
45	黑龙江倍丰农业生产资料集团有限公司	96.75	95	福建晟育投资发展有限公司	34.45
46	芒果超媒股份有限公司	90.73	96	深圳市富森供应链管理有限公司	34.14
47	漳州宝鼎贸易集团有限公司	90.69	97	成都交子金融控股集团有限公司	33.83
48	拼多多控股公司	90.33	98	顺丰控股股份有限公司	33.38
49	天晖（河北）供应链管理集团有限公司	90.32	99	爱尔眼科医院集团股份有限公司	33.07
50	湖南省高速公路集团有限公司	86.33	100	中南出版传媒集团股份有限公司	32.55
				中国服务业企业 500 强平均数	6.28

表 11-17 2024 中国服务业企业 500 强资产增长率排序前 100 名企业

排名	公司名称	资产增长率/%	排名	公司名称	资产增长率/%
1	新疆生产建设兵团能源集团有限责任公司	273.83	51	孩子王儿童用品股份有限公司	22.28
2	深圳市博科供应链管理有限公司	251.67	52	泰康保险集团股份有限公司	22.19
3	江苏采木工业互联网科技有限公司	190.68	53	江阴市金桥化工有限公司	22.14
4	湖北农业发展集团有限公司	110.06	54	山东全福元商业集团有限责任公司	22.13
5	深圳市东信时代信息技术有限公司	100.93	55	浙北大厦集团有限公司	22.07
6	一柏集团有限公司	99.33	56	厦门夏商集团有限公司	22.06
7	嘉悦物产集团有限公司	92.55	57	四川省港航投资集团有限责任公司	21.84
8	重庆物流集团有限公司	87.67	58	上海临港经济发展（集团）有限公司	21.79
9	江苏省燃料集团有限公司	86.56	59	山东梦金园珠宝首饰有限公司	21.24
10	圣都家居装饰有限公司	84.92	60	唐山银行股份有限公司	21.04
11	苏州裕景泰控股有限公司	55.98	61	福建省人力资源发展集团有限公司	20.81
12	上海塑来信息技术有限公司	55.03	62	美团公司	19.86
13	常州市化工轻工材料总公司	52.88	63	安徽省交通控股集团有限责任公司	19.42
14	拼多多控股公司	46.79	64	江苏零浩网络科技有限公司	19.39
15	广州南方投资集团有限公司	40.20	65	武汉金融控股（集团）有限公司	19.31
16	江阴市川江化工有限公司	39.69	66	溧阳中联金电子商务有限公司	19.27
17	漳州市交通发展集团有限公司	36.65	67	四川华油集团有限责任公司	18.90
18	上海赞华实业有限公司	34.97	68	浙江永安资本管理有限公司	18.84
19	佛山市建设发展集团有限公司	34.12	69	漱玉平民大药房连锁股份有限公司	18.70
20	深圳金雅福控股集团有限公司	33.71	70	佛山市投资控股集团有限公司	18.60
21	中通供应链管理有限公司	33.67	71	成都交子金融控股集团有限公司	18.58
22	洛阳国宏投资控股集团有限公司	32.86	72	广西自贸区钦州港片区开发投资集团有限责任公司	18.52
23	浙江火山口网络科技有限公司	31.92	73	湖北联投集团有限公司	17.66
24	泉州发展集团有限公司	31.90	74	蚂蚁科技集团股份有限公司	17.54
25	厦门火炬集团有限公司	30.94	75	中国农业银行股份有限公司	17.53
26	泸州发展控股集团有限公司	30.62	76	福建漳州城投集团有限公司	17.39
27	江西省金融控股集团有限公司	29.65	77	无锡市交通产业集团有限公司	17.14
28	安徽华源医药集团股份有限公司	29.06	78	绍兴银行股份有限公司	17.13
29	河北省国和投资集团有限公司	28.98	79	杭州市城市建设投资集团有限公司	17.02
30	河南中钢网科技集团股份有限公司	28.37	80	东莞银行股份有限公司	16.81
31	知识城（广州）投资集团有限公司	28.25	81	山西大昌汽车集团有限公司	16.79
32	上海钢联电子商务股份有限公司	27.96	82	无锡城建发展集团有限公司	16.72
33	山西云时代技术有限公司	27.60	83	极兔速递有限公司	16.69
34	无锡安井食品营销有限公司	27.45	84	润建股份有限公司	16.69
35	杭州市国有资本投资运营有限公司	26.93	85	无锡市宝金石油化工有限公司	16.63
36	青岛开发区投资建设集团有限公司	26.89	86	河南大张实业有限公司	16.43
37	同程旅行控股有限公司	26.69	87	万洋集团有限公司	16.41
38	天津天保控股有限公司	26.51	88	江苏常熟农村商业银行股份有限公司	16.18
39	安克创新科技股份有限公司	26.09	89	宝石花家园生活服务集团有限公司	16.14
40	中原大易科技有限公司	25.94	90	大参林医药集团股份有限公司	15.75
41	金帝联合控股有限公司	25.82	91	广州开发区控股集团有限公司	15.69
42	福建漳龙集团有限公司	25.65	92	湖北港口集团有限公司	15.68
43	成都建国汽车贸易有限公司	23.44	93	日出实业集团有限公司	15.58
44	湖南博深实业集团有限公司	23.41	94	深圳市九立供应链股份有限公司	15.29
45	捷通达汽车集团股份有限公司	23.28	95	四川航空股份有限公司	15.12
46	泉州交通发展集团有限责任公司	23.21	96	利泰汽车集团有限公司	14.94
47	黑龙江省农业投资集团有限公司	22.83	97	四川省供销农资集团有限公司	14.87
48	青岛经济技术开发区投资控股集团有限公司	22.79	98	重庆三峡银行股份有限公司	14.85
49	厦门建发集团有限公司	22.62	99	广东乐居商贸集团有限公司	14.85
50	深圳市英捷迅实业发展有限公司	22.56	100	青岛银行股份有限公司	14.80
				中国服务业企业 500 强平均数	9.97

表 11-18 2024 中国服务业企业 500 强研发费用增长率排序前 100 名企业

排名	公司名称	研发费用增长率/%	排名	公司名称	研发费用增长率/%
1	泉州城建集团有限公司	146200.00	51	上海塑来信息技术有限公司	55.43
2	深圳金雅福控股集团有限公司	1503.08	52	泉州交通发展集团有限责任公司	55.39
3	河北高速公路集团有限公司	660.12	53	湖北交通投资集团有限公司	55.32
4	东莞市水务集团有限公司	628.42	54	中国国际航空股份有限公司	53.34
5	陕西粮农集团有限责任公司	275.77	55	河南中钢网科技集团股份有限公司	51.61
6	浙江省农村发展集团有限公司	261.16	56	河北建投能源投资股份有限公司	50.77
7	日出实业集团有限公司	245.19	57	新华锦集团有限公司	50.56
8	青岛百洋医药股份有限公司	241.57	58	智旦运宝宝（福建）科技有限公司	50.49
9	广西泛糖科技有限公司	229.49	59	圣都家居装饰有限公司	48.65
10	宜昌城发控股集团有限公司	224.63	60	石家庄国控城市发展投资集团有限责任公司	48.07
11	上海祥源原信息咨询有限公司	188.50	61	江苏交通控股有限公司	48.00
12	浙江省旅游投资集团有限公司	175.57	62	江苏省医药有限公司	47.26
13	河北交通投资集团有限公司	169.63	63	湖北农业发展集团有限公司	47.25
14	河北省国有资产控股运营有限公司	166.09	64	武汉市城市建设投资开发集团有限公司	47.23
15	东莞市交通投资集团有限公司	164.67	65	中国南方电网有限责任公司	45.69
16	圆通速递股份有限公司	163.96	66	携程集团有限公司	45.31
17	北京首都开发控股（集团）有限公司	127.37	67	鑫方盛数智科技股份有限公司	44.43
18	湖南省高速公路集团有限公司	110.88	68	广西柳药集团股份有限公司	42.07
19	福建漳龙集团有限公司	108.70	69	广西交通投资集团有限公司	41.73
20	洛阳国宏投资控股集团有限公司	107.86	70	物产中大集团股份有限公司	41.49
21	上海农村商业银行股份有限公司	102.05	71	河北港口集团有限公司	40.46
22	重庆长安民生物流股份有限公司	101.66	72	广州开发区控股集团有限公司	40.27
23	福建路港（集团）有限公司	99.80	73	福建省港口集团有限责任公司	38.11
24	中国航空油料集团有限公司	98.35	74	山东省港口集团有限公司	38.05
25	四川省能源投资集团有限责任公司	97.99	75	洛阳国晟投资控股集团有限公司	37.97
26	四川省旅游投资集团有限责任公司	92.84	76	广东南海农村商业银行股份有限公司	37.23
27	天津城市基础设施建设投资集团有限公司	91.85	77	四川省港航投资集团有限责任公司	36.78
28	浙江省能源集团有限公司	90.76	78	九江银行股份有限公司	36.57
29	广西农村商业联合银行股份有限公司	89.79	79	新疆绿原国有资本投资运营有限公司	36.55
30	厦门国贸控股集团有限公司	89.10	80	浙江省海港投资运营集团有限公司	36.34
31	中国江苏国际经济技术合作集团有限公司	86.41	81	江苏常熟农村商业银行股份有限公司	36.07
32	湖南财信金融控股集团有限公司	85.95	82	云账户技术（天津）有限公司	35.96
33	佛山市建设发展集团有限公司	84.76	83	申能（集团）有限公司	35.93
34	湖北文化旅游集团有限公司	82.60	84	廊坊银行股份有限公司	35.76
35	郑州公用事业投资发展集团有限公司	82.24	85	广州越秀集团股份有限公司	35.52
36	四川省商业投资集团有限责任公司	80.67	86	无锡市市政公用产业集团有限公司	34.95
37	中通供应链管理有限公司	75.84	87	申通快递有限公司	34.82
38	溧阳中联金电子商务有限公司	75.00	88	鹭燕医药股份有限公司	33.57
39	深圳市爱施德股份有限公司	73.85	89	厦门建发集团有限公司	33.09
40	通鼎集团有限公司	73.19	90	中国南方航空集团有限公司	33.05
41	安徽省徽商集团有限公司	72.80	91	马上消费金融股份有限公司	32.99
42	安徽华源医药集团股份有限公司	72.18	92	江苏满运软件科技有限公司	32.66
43	湖北港口集团有限公司	70.13	93	益丰大药房连锁股份有限公司	32.56
44	陕西交通控股集团有限公司	70.08	94	唐山银行股份有限公司	32.15
45	厦门夏商集团有限公司	68.65	95	重庆高速公路集团有限公司	32.13
46	杭州东恒石油有限公司	66.67	96	四川新华出版发行集团有限公司	31.93
47	深圳市特区建工集团有限公司	64.32	97	江苏省广电有线信息网络股份有限公司	31.71
48	唐山国控集团有限公司	62.86	98	安克创新科技股份有限公司	30.86
49	新疆天富集团有限责任公司	61.17	99	浙江省国际贸易集团有限公司	29.64
50	浙北大厦集团有限公司	59.10	100	武汉产业投资控股集团有限公司	28.96
				中国服务业企业 500 强平均数	7.07

表 11-19　2024 中国服务业企业 500 强行业平均净利润

名次	行业名称	平均净利润/亿元	名次	行业名称	平均净利润/亿元
1	电信服务	437.63	23	多元化投资	11.01
2	邮政	416.57	24	生活消费品商贸	10.41
3	商业银行	384.41	25	文化娱乐	8.17
4	电网	281.62	26	物流及供应链	7.80
5	水上运输	253.75	27	生产资料商贸	6.97
6	多元化金融	154.87	28	连锁超市及百货	6.94
7	互联网服务	153.71	29	铁路运输	6.60
8	保险业	63.11	30	基金、信托及其他金融服务	6.18
9	证券业	44.71	31	家电及电子产品零售	5.67
10	商务中介服务	30.18	32	金属品商贸	4.71
11	综合服务业	26.22	33	航空港及相关服务业	4.52
12	综合能源供应	21.87	34	化工医药商贸	3.98
13	软件和信息技术（IT）	21.01	35	能源矿产商贸	3.52
14	港口服务	20.65	36	商业地产	3.06
15	公路运输	18.85	37	广播电视服务	2.92
16	医药及医疗器材零售	18.19	38	国际经济合作（工程承包）	2.62
17	教育服务	15.62	39	水务	2.52
18	园区地产	15.40	40	汽车摩托车零售	2.46
19	医疗卫生健康服务	12.11	41	住宅地产	2.35
20	旅游和餐饮	11.95	42	综合商贸	1.72
21	农产品及食品批发	11.52	43	人力资源服务	0.41
22	科技研发、规划设计	11.14	44	航空运输	-1.74

表11-20 2024中国服务业企业500强行业平均营业收入

名次	行业名称	平均营业收入/亿元	名次	行业名称	平均营业收入/亿元
1	电网	16081.87	23	金属品商贸	468.22
2	邮政	7983.85	24	汽车摩托车零售	352.84
3	电信服务	6692.77	25	人力资源服务	339.55
4	水上运输	3817.80	26	软件和信息技术（IT）	325.88
5	多元化金融	2513.60	27	生活消费品商贸	309.84
6	保险业	2111.11	28	连锁超市及百货	306.95
7	商业银行	1952.26	29	化工医药商贸	306.67
8	互联网服务	1513.99	30	家电及电子产品零售	304.71
9	生产资料商贸	1200.77	31	基金、信托及其他金融服务	299.58
10	综合服务业	1147.09	32	教育服务	264.69
11	医药及医疗器材零售	1006.91	33	铁路运输	264.11
12	航空运输	980.40	34	水务	262.67
13	农产品及食品批发	748.13	35	园区地产	254.43
14	住宅地产	733.32	36	医疗卫生健康服务	251.65
15	能源矿产商贸	698.79	37	商业地产	230.10
16	物流及供应链	679.96	38	国际经济合作（工程承包）	195.71
17	多元化投资	667.55	39	旅游和餐饮	186.33
18	公路运输	656.60	40	文化娱乐	184.06
19	综合能源供应	626.91	41	证券业	169.63
20	综合商贸	580.41	42	航空港及相关服务业	165.21
21	港口服务	524.41	43	广播电视服务	98.28
22	商务中介服务	472.25	44	科技研发、规划设计	87.95

表 11-21 2024 中国服务业企业 500 强行业平均资产

名次	行业名称	平均资产/亿元	名次	行业名称	平均资产/亿元
1	邮政	163999.77	23	商务中介服务	654.80
2	商业银行	51526.22	24	基金、信托及其他金融服务	654.20
3	多元化金融	24242.17	25	物流及供应链	588.30
4	电网	22998.12	26	航空港及相关服务业	502.72
5	电信服务	13942.03	27	连锁超市及百货	469.76
6	保险业	13340.81	28	生产资料商贸	445.26
7	水上运输	10756.32	29	医疗卫生健康服务	417.27
8	证券业	4778.97	30	综合商贸	399.24
9	公路运输	4234.78	31	广播电视服务	393.97
10	综合服务业	4141.48	32	教育服务	373.20
11	铁路运输	2859.31	33	文化娱乐	346.89
12	住宅地产	2850.69	34	软件和信息技术（IT）	318.64
13	互联网服务	2428.69	35	国际经济合作（工程承包）	309.05
14	航空运输	2354.74	36	生活消费品商贸	288.24
15	多元化投资	2233.76	37	汽车摩托车零售	261.19
16	综合能源供应	1612.91	38	化工医药商贸	230.59
17	港口服务	1338.42	39	科技研发、规划设计	198.38
18	水务	1188.07	40	能源矿产商贸	192.45
19	园区地产	1044.84	41	金属品商贸	191.04
20	医药及医疗器材零售	841.15	42	旅游和餐饮	183.90
21	商业地产	789.59	43	家电及电子产品零售	131.66
22	农产品及食品批发	755.73	44	人力资源服务	11.80

表 11-22　2024 中国服务业企业 500 强行业平均纳税总额

名次	行业名称	平均纳税总额/亿元	名次	行业名称	平均纳税总额/亿元
1	电网	605.38	23	商务中介服务	12.07
2	邮政	309.39	24	基金、信托及其他金融服务	11.60
3	电信服务	185.03	25	连锁超市及百货	10.59
4	水上运输	183.15	26	教育服务	10.47
5	商业银行	100.37	27	医疗卫生健康服务	10.28
6	多元化金融	89.08	28	软件和信息技术（IT）	10.24
7	保险业	45.45	29	商业地产	9.39
8	航空运输	43.65	30	汽车摩托车零售	8.83
9	住宅地产	42.97	31	综合商贸	6.98
10	综合能源供应	28.20	32	航空港及相关服务业	6.19
11	证券业	24.25	33	旅游和餐饮	5.97
12	公路运输	23.99	34	国际经济合作（工程承包）	5.97
13	港口服务	23.29	35	能源矿产商贸	5.61
14	多元化投资	22.28	36	文化娱乐	5.51
15	物流及供应链	21.50	37	化工医药商贸	5.22
16	人力资源服务	20.48	38	生活消费品商贸	5.14
17	水务	19.42	39	科技研发、规划设计	4.59
18	铁路运输	17.46	40	金属品商贸	3.16
19	互联网服务	15.65	41	家电及电子产品零售	3.08
20	综合服务业	15.25	42	生产资料商贸	2.05
21	园区地产	13.39	43	农产品及食品批发	1.86
22	医药及医疗器材零售	12.33	44	广播电视服务	1.37

表 11-23　2024 中国服务业企业 500 强行业平均研发费用

名次	行业名称	平均研发费用/亿元	名次	行业名称	平均研发费用/亿元
1	电信服务	150.53	23	生产资料商贸	3.36
2	电网	100.94	24	生活消费品商贸	3.16
3	互联网服务	58.68	25	住宅地产	3.01
4	水上运输	40.20	26	港口服务	2.32
5	软件和信息技术（IT）	14.52	27	医药及医疗器材零售	2.21
6	多元化金融	14.15	28	物流及供应链	2.03
7	商务中介服务	11.34	29	园区地产	1.55
8	基金、信托及其他金融服务	9.75	30	证券业	1.46
9	商业银行	9.43	31	连锁超市及百货	1.31
10	综合能源供应	9.08	32	铁路运输	1.20
11	综合服务业	8.31	33	人力资源服务	1.13
12	多元化投资	8.24	34	农产品及食品批发	1.12
13	旅游和餐饮	6.23	35	化工医药商贸	1.09
14	公路运输	5.64	36	汽车摩托车零售	0.83
15	保险业	5.15	37	综合商贸	0.73
16	邮政	4.57	38	文化娱乐	0.46
17	广播电视服务	4.45	39	能源矿产商贸	0.46
18	医疗卫生健康服务	4.09	40	国际经济合作（工程承包）	0.43
19	水务	3.79	41	航空港及相关服务业	0.42
20	航空运输	3.54	42	教育服务	0.32
21	商业地产	3.53	43	金属品商贸	0.23
22	科技研发、规划设计	3.37	44	家电及电子产品零售	—

表 11-24 2024 中国服务业企业 500 强行业人均净利润

名次	行业名称	人均净利润/万元	名次	行业名称	人均净利润/万元
1	商业银行	79.36	23	生活消费品商贸	7.03
2	互联网服务	35.91	24	物流及供应链	6.79
3	证券业	35.90	25	医疗卫生健康服务	6.22
4	金属品商贸	34.93	26	综合服务业	5.99
5	园区地产	33.63	27	多元化投资	5.87
6	教育服务	30.17	28	邮政	5.72
7	家电及电子产品零售	29.46	29	商务中介服务	5.06
8	水上运输	23.89	30	铁路运输	4.93
9	多元化金融	20.27	31	商业地产	4.83
10	软件和信息技术（IT）	18.05	32	电网	4.71
11	科技研发、规划设计	17.28	33	基金、信托及其他金融服务	4.65
12	能源矿产商贸	15.34	34	医药及医疗器材零售	4.41
13	电信服务	11.93	35	航空港及相关服务业	3.59
14	综合能源供应	10.68	36	旅游和餐饮	3.40
15	港口服务	10.53	37	国际经济合作（工程承包）	2.68
16	生产资料商贸	10.06	38	综合商贸	2.60
17	文化娱乐	9.46	39	汽车摩托车零售	2.35
18	农产品及食品批发	9.23	40	连锁超市及百货	2.31
19	化工医药商贸	8.59	41	广播电视服务	1.66
20	公路运输	8.14	42	水务	1.54
21	人力资源服务	7.31	43	住宅地产	1.25
22	保险业	7.22	44	航空运输	-0.26

表 11-25　2024 中国服务业企业 500 强行业人均营业收入

名次	行业名称	人均营业收入/万元	名次	行业名称	人均营业收入/万元
1	人力资源服务	5997.07	23	电网	269.24
2	金属品商贸	3470.89	24	港口服务	267.41
3	能源矿产商贸	3040.69	25	综合服务业	261.89
4	生产资料商贸	1732.93	26	医药及医疗器材零售	244.31
5	家电及电子产品零售	1582.10	27	保险业	241.40
6	综合商贸	878.04	28	基金、信托及其他金融服务	225.47
7	化工医药商贸	662.45	29	文化娱乐	213.00
8	农产品及食品批发	599.40	30	生活消费品商贸	209.35
9	物流及供应链	591.44	31	国际经济合作（工程承包）	199.93
10	园区地产	555.73	32	铁路运输	197.31
11	教育服务	511.37	33	电信服务	182.46
12	商业银行	403.03	34	水务	161.08
13	住宅地产	389.81	35	航空运输	143.71
14	商业地产	363.64	36	科技研发、规划设计	136.45
15	水上运输	359.42	37	证券业	136.22
16	多元化投资	355.89	38	航空港及相关服务业	131.03
17	互联网服务	353.67	39	医疗卫生健康服务	129.35
18	汽车摩托车零售	336.67	40	邮政	109.55
19	多元化金融	328.90	41	连锁超市及百货	102.24
20	综合能源供应	306.02	42	商务中介服务	79.15
21	公路运输	283.52	43	广播电视服务	56.08
22	软件和信息技术（IT）	280.05	44	旅游和餐饮	52.93

表 11-26 2024 中国服务业企业 500 强行业人均资产

名次	行业名称	人均资产/万元	名次	行业名称	人均资产/万元
1	商业银行	10637.21	23	综合商贸	603.97
2	证券业	3837.60	24	互联网服务	567.35
3	多元化金融	3172.09	25	物流及供应链	511.72
4	园区地产	2282.18	26	化工医药商贸	498.10
5	邮政	2250.35	27	基金、信托及其他金融服务	492.37
6	铁路运输	2136.15	28	文化娱乐	401.42
7	公路运输	1828.61	29	航空港及相关服务业	398.70
8	保险业	1525.48	30	电网	385.03
9	住宅地产	1515.34	31	电信服务	380.09
10	金属品商贸	1416.18	32	航空运输	345.16
11	商业地产	1247.81	33	国际经济合作（工程承包）	315.71
12	多元化投资	1190.89	34	科技研发、规划设计	307.79
13	水上运输	1012.64	35	软件和信息技术（IT）	273.84
14	综合服务业	945.52	36	汽车摩托车零售	249.23
15	能源矿产商贸	837.41	37	广播电视服务	224.80
16	综合能源供应	787.32	38	医疗卫生健康服务	214.48
17	水务	728.57	39	人力资源服务	208.48
18	教育服务	721.02	40	医药及医疗器材零售	204.10
19	家电及电子产品零售	683.59	41	生活消费品商贸	194.76
20	港口服务	682.50	42	连锁超市及百货	156.47
21	生产资料商贸	642.58	43	商务中介服务	109.74
22	农产品及食品批发	605.49	44	旅游和餐饮	52.24

表 11-27 2024 中国服务业企业 500 强行业人均纳税总额

名次	行业名称	人均纳税额/万元	名次	行业名称	人均纳税额/万元
1	人力资源服务	361.69	23	综合服务业	10.47
2	商业银行	34.92	24	电网	10.14
3	园区地产	29.25	25	基金、信托及其他金融服务	8.73
4	住宅地产	29.03	26	软件和信息技术（IT）	8.56
5	多元化金融	25.29	27	汽车摩托车零售	8.43
6	能源矿产商贸	24.41	28	航空运输	7.33
7	金属品商贸	23.45	29	科技研发、规划设计	7.12
8	互联网服务	23.16	30	生产资料商贸	6.74
9	教育服务	20.23	31	文化娱乐	6.37
10	证券业	19.48	32	国际经济合作（工程承包）	6.10
11	物流及供应链	18.70	33	医药及医疗器材零售	5.29
12	水上运输	17.24	34	保险业	5.29
13	家电及电子产品零售	16.01	35	医疗卫生健康服务	5.28
14	商业地产	14.84	36	电信服务	5.04
15	综合能源供应	13.77	37	航空港及相关服务业	4.91
16	水务	13.11	38	农产品及食品批发	4.42
17	铁路运输	13.05	39	邮政	4.25
18	多元化投资	11.88	40	连锁超市及百货	3.53
19	港口服务	11.88	41	生活消费品商贸	3.47
20	化工医药商贸	11.27	42	商务中介服务	2.02
21	公路运输	10.76	43	旅游和餐饮	1.70
22	综合商贸	10.56	44	广播电视服务	0.78

表 11-28 2024 中国服务业企业 500 强行业人均研发费用

名次	行业名称	人均研发费用/万元	名次	行业名称	人均研发费用/万元
1	人力资源服务	18.00	23	生活消费品商贸	1.67
2	互联网服务	15.34	24	证券业	1.48
3	软件和信息技术（IT)	12.48	25	医疗卫生健康服务	1.43
4	旅游和餐饮	7.72	26	物流及供应链	1.37
5	商业银行	6.41	27	保险业	1.29
6	科技研发、规划设计	5.23	28	港口服务	1.18
7	基金、信托及其他金融服务	4.92	29	化工医药商贸	1.12
8	电信服务	4.10	30	医药及医疗器材零售	0.91
9	多元化投资	4.06	31	铁路运输	0.90
10	综合能源供应	3.96	32	能源矿产商贸	0.90
11	水上运输	3.78	33	农产品及食品批发	0.82
12	生产资料商贸	3.38	34	综合商贸	0.73
13	园区地产	3.38	35	金属品商贸	0.71
14	商业地产	3.24	36	教育服务	0.62
15	水务	2.56	37	文化娱乐	0.53
16	广播电视服务	2.54	38	连锁超市及百货	0.46
17	多元化金融	2.48	39	航空运输	0.44
18	公路运输	2.44	40	国际经济合作（工程承包）	0.44
19	商务中介服务	1.90	41	汽车摩托车零售	0.42
20	综合服务业	1.85	42	航空港及相关服务业	0.33
21	住宅地产	1.69	43	邮政	0.06
22	电网	1.69	44	家电及电子产品零售	—

表 11-29 2024 中国服务业企业 500 强行业平均资产利润率

名次	行业名称	平均资产利润率/%	名次	行业名称	平均资产利润率/%
1	软件和信息技术（IT）	6.59	23	综合能源供应	1.36
2	旅游和餐饮	6.50	24	物流及供应链	1.33
3	互联网服务	6.33	25	电网	1.22
4	科技研发、规划设计	5.61	26	基金、信托及其他金融服务	0.94
5	商务中介服务	4.61	27	汽车摩托车零售	0.94
6	家电及电子产品零售	4.31	28	证券业	0.94
7	教育服务	4.18	29	航空港及相关服务业	0.90
8	生活消费品商贸	3.61	30	国际经济合作（工程承包）	0.85
9	人力资源服务	3.51	31	商业银行	0.75
10	电信服务	3.14	32	广播电视服务	0.74
11	医疗卫生健康服务	2.90	33	多元化金融	0.64
12	金属品商贸	2.47	34	综合服务业	0.63
13	水上运输	2.36	35	多元化投资	0.49
14	文化娱乐	2.36	36	保险业	0.47
15	医药及医疗器材零售	2.16	37	公路运输	0.45
16	能源矿产商贸	1.83	38	综合商贸	0.43
17	化工医药商贸	1.73	39	商业地产	0.39
18	生产资料商贸	1.57	40	邮政	0.25
19	港口服务	1.54	41	铁路运输	0.23
20	农产品及食品批发	1.52	42	水务	0.21
21	连锁超市及百货	1.48	43	住宅地产	0.08
22	园区地产	1.47	44	航空运输	-0.07

第十二章
2024 中国企业 1000 家

为了扩大中国大企业的分析范围，更加全面地反映中国大企业的发展状况，中国企业联合会、中国企业家协会从2018年起，开展了中国企业1000家的申报排序工作，2024年继续推出2024中国企业1000家。前500名请见表9-1，后500名见表12-1。

表12-1 2024中国企业1000家第501名至1000名名单

名次	企业名称	地区	营业收入/万元	净利润/万元	资产/万元	所有者权益/万元	从业人数/人
501	百联集团有限公司	上海	4736498	178970	17299725	2811995	30095
502	青岛世纪瑞丰集团有限公司	山东	4730824	2493	1240845	42228	204
503	中联重科股份有限公司	湖南	4707485	350601	13086239	5640702	30563
504	法尔胜泓昇集团有限公司	江苏	4701168	31936	1556623	387623	7586
505	福建漳龙集团有限公司	福建	4671786	21734	10186881	2225361	2994
506	新华锦集团有限公司	山东	4668813	17060	1533765	348287	8840
507	武汉产业投资控股集团有限公司	湖北	4656052	-28665	11062150	1336644	36665
508	安徽楚江科技新材料股份有限公司	安徽	4631118	52922	1672797	645788	7779
509	山东省商业集团有限公司	山东	4628238	-45172	12904717	977012	37241
510	江苏金峰水泥集团有限公司	江苏	4607856	113205	2852100	669931	4800
511	万洋集团有限公司	浙江	4588320	482108	4780793	2642402	6998
512	道恩集团有限公司	山东	4574341	113345	1889107	485749	4760
513	长沙银行股份有限公司	湖南	4564730	746295	102003294	6610900	9584
514	湖南五江控股集团有限公司	湖南	4562017	336672	7276168	4963278	26710
515	湖北宜化集团有限责任公司	湖北	4525048	738871	5260632	724851	15891
516	广西现代物流集团有限公司	广西壮族自治区	4514977	1939	3010686	570855	4716
517	太平鸟集团有限公司	浙江	4512505	24449	1821091	317371	9802
518	云南省贵金属新材料控股集团股份有限公司	云南	4508557	46830	1177455	650758	1835
519	安徽江淮汽车集团控股有限公司	安徽	4501773	4798	4727519	422710	23082
520	重庆建工投资控股有限责任公司	重庆	4501188	-9324	9046801	461090	13773
521	大全集团有限公司	江苏	4486495	55609	6533123	522179	15530
522	深圳市天行云供应链有限公司	广东	4473003	49521	497973	133941	1110
523	携程集团有限公司	上海	4451000	991800	21913700	12218400	36249
524	中新钢铁集团有限公司	江苏	4421622	69794	1678019	1151439	5753
525	桂林力源粮油食品集团有限公司	广西壮族自治区	4420954	90257	1473009	564985	14000
526	东浩兰生（集团）有限公司	上海	4408460	69435	4380867	1419028	5098
527	广州农村商业银行股份有限公司	广东	4371538	263442	131404245	8882618	13620
528	花园集团有限公司	浙江	4310174	44797	3248069	1414736	13839
529	广东德赛集团有限公司	广东	4303569	55100	3554160	401896	20894
530	河北诚信集团有限公司	河北	4284018	374945	3090833	2470573	14436

续表

名次	企业名称	地区	营业收入/万元	净利润/万元	资产/万元	所有者权益/万元	从业人数/人
531	农夫山泉股份有限公司	浙江	4266722	1207950	4913713	2857091	24409
532	重庆机电控股（集团）公司	重庆	4261568	91720	6742844	1509445	26311
533	北京中能昊龙农业科技有限公司	北京	4224762	432449	3292372	2798933	8200
534	山东恒源石油化工股份有限公司	山东	4221348	-67213	1567726	454660	1167
535	唐山国控集团有限公司	河北	4200294	214043	24789217	10314538	23634
536	合肥市建设投资控股（集团）有限公司	安徽	4164965	-146812	66257969	19477509	52173
537	安徽省皖北煤电集团有限责任公司	安徽	4146825	43211	4652158	-15743	31725
538	巨化集团有限公司	浙江	4141239	52864	5448767	1761557	10612
539	湖南裕能新能源电池材料股份有限公司	湖南	4135767	158063	2679464	1128242	5525
540	江苏江润铜业有限公司	江苏	4120970	9341	395286	189789	730
541	常熟市龙腾特种钢有限公司	江苏	4106219	164953	4828963	1121058	5657
542	山东颐养健康产业发展集团有限公司	山东	4094740	4991	8636722	2245435	24797
543	申通快递有限公司	上海	4092025	33037	2250519	694203	52400
544	湖南财信金融控股集团有限公司	湖南	4085242	208029	66287215	3390193	10091
545	深圳市中农网有限公司	广东	4079530	767	1421514	87769	646
546	森马集团有限公司	浙江	4079214	18850	3287430	1139277	3308
547	福建省电子信息（集团）有限责任公司	福建	4072390	-568433	8664740	126452	40607
548	华东医药股份有限公司	浙江	4062378	283886	3350936	2104761	16969
549	波司登股份有限公司	江苏	4042751	703918	4761437	3128029	24034
550	得力集团有限公司	浙江	4023529	202452	4155915	1693243	15605
551	盛京银行股份有限公司	辽宁	4013249	73243	108005271	7933017	8574
552	四川新派餐饮管理有限公司	四川	4009442	467663	1515293	519126	150159
553	甬金科技集团股份有限公司	浙江	3987381	45301	1258273	519595	3365
554	河北新武安钢铁集团烘熔钢铁有限公司	河北	3987209	8196	756526	619457	2713
555	浙江省海港投资运营集团有限公司	浙江	3974111	380067	17948513	7398611	19711
556	深圳市信利康供应链管理有限公司	广东	3944732	16895	1773067	178881	542
557	厦门钨业股份有限公司	福建	3939791	160170	3927252	1121181	17549
558	广厦控股集团有限公司	浙江	3929738	4115	3832632	572861	108650
559	源山投资控股有限公司	上海	3922717	4210	741441	323356	170
560	山东恒信集团有限公司	山东	3913836	17010	1787277	591884	5063
561	云南白药集团股份有限公司	云南	3911129	409378	5378429	3987912	8834
562	奥德集团有限公司	山东	3908124	352212	6153599	3781259	14756

续表

名次	企业名称	地区	营业收入/万元	净利润/万元	资产/万元	所有者权益/万元	从业人数/人
563	重庆华宇集团有限公司	重庆	3907400	247517	10899374	6636052	4422
564	河南神火集团有限公司	河南	3905016	181292	6112290	408726	25900
565	永鼎集团有限公司	江苏	3904558	25457	1697442	478256	5380
566	厦门夏商集团有限公司	福建	3874456	27278	2297743	616831	5637
567	万丰奥特控股集团有限公司	浙江	3870928	222556	2759164	493558	13246
568	青岛啤酒集团有限公司	山东	3860660	152879	5883493	1131018	33645
569	深圳市特区建工集团有限公司	广东	3856821	25518	9039491	553509	19387
570	宜宾丝丽雅集团有限公司	四川	3855150	21239	3542003	730036	9295
571	天洁集团有限公司	浙江	3853483	219395	1846992	1286934	1380
572	滨化集团	山东	3846081	84472	4825828	1799732	10363
573	中通快递股份有限公司	上海	3841892	874900	8846522	6028041	23554
574	河南豫联能源集团有限责任公司	河南	3825348	59213	2372399	417743	7973
575	佛山市投资控股集团有限公司	广东	3799496	42896	7338865	1042394	13755
576	无棣鑫岳化工集团有限公司	山东	3792258	90783	1884913	1223882	3885
577	福建福海创石油化工有限公司	福建	3789020	-165386	3965508	991534	1556
578	河北安丰钢铁集团有限公司	河北	3779868	121722	3368718	2801616	7943
579	江苏三木集团有限公司	江苏	3779860	73021	1970870	1416545	7130
580	上海均瑶（集团）有限公司	上海	3764744	-22797	9962014	806995	21184
581	南通化工轻工股份有限公司	江苏	3762978	10828	369749	151763	500
582	上海国际港务（集团）股份有限公司	上海	3755157	1320313	20357551	12317544	15197
583	西安高科集团有限公司	陕西	3753853	-16442	22406645	1406531	15802
584	大亚科技集团有限公司	江苏	3753657	116652	2034525	647848	9084
585	河北省国和投资集团有限公司	河北	3725739	3103	846688	212366	1603
586	宁波申洲针织有限公司	浙江	3685398	92596	3479964	2660419	92030
587	天津银行股份有限公司	天津	3682170	375990	84077146	6418851	6693
588	利时集团股份有限公司	浙江	3677324	105829	1865194	1209227	5021
589	郑州煤矿机械集团股份有限公司	河南	3642324	327396	4917439	2037821	16840
590	浙江建华集团有限公司	浙江	3627579	20971	297063	104048	3086
591	惠科股份有限公司	广东	3618104	280510	10052748	1305891	16258
592	重庆轻纺控股（集团）公司	重庆	3611292	5977	2788643	566262	22516
593	香驰控股有限公司	山东	3608035	87960	1942554	1046218	2292
594	济源市万洋冶炼（集团）有限公司	河南	3604564	68895	1329977	508200	4164
595	江苏省镔鑫钢铁集团有限公司	江苏	3598869	69591	1548764	539400	4489
596	华南物资集团有限公司	重庆	3553040	1538	700670	79420	650
597	一柏集团有限公司	福建	3547786	7423	44616	33406	212

续表

名次	企业名称	地区	营业收入/万元	净利润/万元	资产/万元	所有者权益/万元	从业人数/人
598	中建信控股集团有限公司	上海	3533796	29369	4707016	388363	15477
599	浙江省机电集团有限公司	浙江	3533366	35860	4340857	472094	6747
600	东方日升新能源股份有限公司	浙江	3532680	136328	5424593	1520842	15228
601	中策橡胶集团股份有限公司	浙江	3525225	263786	3919568	1418233	22501
602	邯郸正大制管集团股份有限公司	河北	3524163	24005	498641	150802	5952
603	昆明市交通投资有限责任公司	云南	3520426	93837	19152094	6257276	3040
604	精工控股集团有限公司	浙江	3515507	51447	4477362	421809	15434
605	河北兴华钢铁有限公司	河北	3509112	14112	927335	848195	5618
606	杭州市国有资本投资运营有限公司	浙江	3507015	76909	10140532	3310773	11304
607	新疆天富集团有限责任公司	新疆维吾尔自治区	3506078	779	5702667	564695	8871
608	浙江富春江通信集团有限公司	浙江	3501041	31996	2318205	573646	4116
609	极兔速递有限公司	上海	3497300	−641856	3234491	−733940	570
610	湖北农业发展集团有限公司	湖北	3482943	9492	5090799	408255	6571
611	雅迪科技集团有限公司	江苏	3476275	264015	2566009	840098	12338
612	兴惠化纤集团有限公司	浙江	3462360	5557	771640	518888	290
613	青岛经济技术开发区投资控股集团有限公司	山东	3436168	13525	11618981	2460241	2845
614	江苏新霖飞投资有限公司	江苏	3429357	88737	2546852	716661	5470
615	广州市城市建设投资集团有限公司	广东	3419878	−118102	38528291	14644659	40356
616	月星集团有限公司	上海	3410359	395245	6038032	2945976	10711
617	浙江协和集团有限公司	浙江	3400763	12570	808704	158403	1450
618	成都蛟龙投资有限责任公司	四川	3396366	201868	1256986	1038386	51375
619	红太阳集团有限公司	江苏	3391263	66184	3190868	707657	4882
620	华芳集团有限公司	江苏	3382811	19855	575828	388804	5880
621	郑州宇通企业集团	河南	3381755	17684	5385836	1478375	22745
622	胜达集团有限公司	浙江	3381536	80351	1503563	963749	3672
623	华新水泥股份有限公司	湖北	3375709	276212	6880027	2893295	20804
624	西子联合控股有限公司	浙江	3372933	198053	5731593	1684144	18022
625	福星集团控股有限公司	湖北	3367106	15906	3835450	372908	6976
626	福建百宏聚纤科技实业有限公司	福建	3361586	36732	5310879	1642454	11950
627	河北建设集团股份有限公司	河北	3349287	17140	6488560	604733	8005
628	海天塑机集团有限公司	浙江	3328171	218651	4624116	1697325	11015
629	山东中海化工集团有限公司	山东	3326747	76304	1628568	1129594	2248
630	深圳市东阳光实业发展有限公司	广东	3323122	62616	8013457	1090938	22747
631	江苏洋河酒厂股份有限公司	江苏	3312628	1001593	6979229	5193852	20519

续表

名次	企业名称	地区	营业收入/万元	净利润/万元	资产/万元	所有者权益/万元	从业人数/人
632	江苏无锡朝阳集团股份有限公司	江苏	3300466	20769	261530	167324	1486
633	纳爱斯集团有限公司	浙江	3273281	143581	2706644	2397305	10776
634	河南龙成集团有限公司	河南	3265596	130769	3227966	700375	8200
635	苏州金螳螂企业（集团）有限公司	江苏	3250807	18446	5203296	416208	11816
636	合肥维天运通信息科技股份有限公司	安徽	3235950	-2175	209667	63309	920
637	江阴长三角钢铁集团有限公司	江苏	3234277	-427	37641	5082	279
638	江苏上上电缆集团有限公司	江苏	3231340	62540	1176611	915496	5919
639	浙江大华技术股份有限公司	浙江	3221832	736189	5288193	3471917	23452
640	兴达投资集团有限公司	江苏	3206807	27240	930797	715056	1100
641	鹏鼎控股（深圳）股份有限公司	广东	3206605	328695	4227816	2965069	41786
642	河北天柱钢铁集团有限公司	河北	3192376	-119899	2362536	717591	3778
643	中国庆华能源集团有限公司	北京	3183098	-57835	6663332	-172024	10193
644	舜宇集团有限公司	浙江	3168126	109942	5029708	2242297	29524
645	国轩高科股份有限公司	安徽	3160549	93873	9359265	2506684	22939
646	佛山市建设发展集团有限公司	广东	3158410	10330	5057082	869000	3427
647	陕西鼓风机（集团）有限公司	陕西	3149623	27990	4180151	849234	6749
648	泸州发展控股集团有限公司	四川	3148500	1412	6921434	1617563	7201
649	江苏中超投资集团有限公司	江苏	3131096	7971	1357089	316932	4870
650	江阴江东集团公司	江苏	3128566	235538	783218	642203	6556
651	天津天士力大健康产业投资集团有限公司	天津	3110346	159302	8312006	4019598	19651
652	广东小鹏汽车科技有限公司	广东	3100642	-959545	6100124	239780	15112
653	江苏华地国际控股集团有限公司	江苏	3095168	74610	1373493	457108	4794
654	苏州创元投资发展（集团）有限公司	江苏	3091988	41564	5265791	1026590	16088
655	中国联塑集团控股有限公司	广东	3086829	249979	6003127	2350348	20372
656	宁波博洋控股集团有限公司	浙江	3063618	38340	1059943	264034	7521
657	广州立白凯晟控股有限公司	广东	3058885	123732	2649725	1272224	8357
658	格林美股份有限公司	广东	3052863	93449	5263238	1876153	10253
659	四川航空股份有限公司	四川	3052315	-2350	7382390	-538914	20141
660	南京新华海科技产业集团有限公司	江苏	3047118	56737	1316592	713795	1926
661	深圳市汇川技术股份有限公司	广东	3041993	474186	4895756	2448189	23685
662	河北文丰实业集团有限公司	河北	3034534	137453	3141072	1015062	8249
663	山西云时代技术有限公司	山西	3032407	-1588	2497742	637857	12087
664	浙江元立金属制品集团有限公司	浙江	3028432	23009	3137799	908867	11905
665	无锡江南电缆有限公司	江苏	3025468	30091	1374874	604621	3408

续表

名次	企业名称	地区	营业收入/万元	净利润/万元	资产/万元	所有者权益/万元	从业人数/人
666	泉州发展集团有限公司	福建	3024059	28291	6018536	2057462	27500
667	淄博市城市资产运营集团有限公司	山东	3022061	42338	22072854	7210621	7384
668	武汉市城市建设投资开发集团有限公司	湖北	3016975	1718	39619090	11207689	14342
669	河南济源钢铁（集团）有限公司	河南	3012382	78020	2374908	1026254	7630
670	新疆农六师铝业有限公司	新疆维吾尔自治区	3006418	345427	3141812	1139472	2894
671	久立集团股份有限公司	浙江	3001141	59938	1861390	358134	4745
672	日出实业集团有限公司	浙江	2992890	9249	437256	58555	707
673	鹰潭沪江铜基新材料有限公司	江西	2981812	3843	104914	36295	220
674	深圳华强集团有限公司	广东	2972784	34429	7666633	1757155	19701
675	广西农垦集团有限责任公司	广西壮族自治区	2970019	66074	10111843	5613430	20127
676	江苏长电科技股份有限公司	江苏	2966096	147071	4257947	2606564	19812
677	安徽灵通集团控股有限公司	安徽	2962099	8034	175292	52550	312
678	新阳科技集团有限公司	江苏	2952682	26333	1127190	683932	2950
679	河北交通投资集团有限公司	河北	2952043	-40236	34111408	6348256	13979
680	江苏扬子江船业集团有限公司	江苏	2943561	559518	6618961	4239821	31594
681	山鹰国际控股股份公司	安徽	2933333	15622	5473958	1374730	14024
682	江阴市金桥化工有限公司	江苏	2913831	2135	216481	30692	218
683	浙江正凯集团有限公司	浙江	2910671	22521	2284883	284423	4159
684	利群集团股份有限公司	山东	2909777	18776	2625057	674801	9485
685	联发集团有限公司	福建	2882320	7234	11902681	1253156	5274
686	上海源耀农业股份有限公司	上海	2869902	20478	178787	78519	697
687	山东电工电气集团有限公司	山东	2867061	77487	3259196	788796	4032
688	先导科技集团有限公司	广东	2858822	88262	3577694	850864	9365
689	厦门海沧投资集团有限公司	福建	2848864	15609	3484591	819113	4713
690	上海华虹（集团）有限公司	上海	2846066	-95356	16379877	4286465	11829
691	诸城外贸有限责任公司	山东	2840158	83580	2436916	1276515	7582
692	超聚变数字技术有限公司	河南	2828503	52592	3038355	864241	3203
693	广州珠江实业集团有限公司	广东	2812487	7690	12976771	1864848	23417
694	广西柳工集团有限公司	广西壮族自治区	2810968	19194	4865909	498444	17584
695	天津源泰德润钢管制造集团有限公司	天津	2781405	13250	421547	301200	2300
696	金东纸业（江苏）股份有限公司	江苏	2772525	245621	6940470	2352192	5941
697	建华建材（中国）有限公司	江苏	2766823	55206	2537859	963233	28482
698	奥园集团有限公司	广东	2753332	-953357	19937149	-3218148	3998
699	美锦能源集团有限公司	天津	2730416	-22464	7793428	1602385	16000

续表

名次	企业名称	地区	营业收入/万元	净利润/万元	资产/万元	所有者权益/万元	从业人数/人
700	上海龙旗科技股份有限公司	上海	2718506	60532	1983900	382526	11504
701	上海爱旭新能源股份有限公司	上海	2717011	75675	3399618	867993	14240
702	东华能源股份有限公司	江苏	2712310	15052	4200000	1065616	1582
703	宗申产业集团有限公司	重庆	2704857	18925	2826091	499729	17325
704	唐人神集团股份有限公司	湖南	2694904	−152591	1700942	549517	11537
705	宁波君安控股有限公司	浙江	2688762	8890	402538	98977	613
706	潍坊特钢集团有限公司	山东	2682750	22923	793880	444137	5216
707	无锡市交通产业集团有限公司	江苏	2679969	9375	8217920	2264396	13174
708	龙佰集团股份有限公司	河南	2676487	322643	6381724	2248208	18356
709	云南玉溪玉昆钢铁集团有限公司	云南	2668100	97482	3035455	1702321	7647
710	双星集团有限责任公司	山东	2660861	−24857	3844575	−21127	16822
711	湖南博深实业集团有限公司	湖南	2660534	92797	1898252	1071618	1141
712	宝业集团股份有限公司	浙江	2659738	88926	4851416	1258278	6419
713	河北高速公路集团有限公司	河北	2655695	15370	34138590	13666993	19020
714	北京顺鑫控股集团有限公司	北京	2650288	−77059	3580185	201384	6954
715	河南明泰铝业股份有限公司	河南	2644218	134749	2124261	1564460	6464
716	永兴特种材料科技股份有限公司	浙江	2631430	680396	2914012	2001856	2339
717	东岳氟硅科技集团有限公司	山东	2618639	49315	2191874	1459942	6922
718	中哲控股集团有限公司	浙江	2616088	12067	558347	155568	5750
719	河北港口集团有限公司	河北	2614404	84220	13902798	4410299	19553
720	万向三农集团有限公司	浙江	2610330	18841	2824866	967189	4475
721	浙江宝利德股份有限公司	浙江	2608479	10408	831018	288018	1891
722	重庆高速公路集团有限公司	重庆	2602406	38442	23067553	6994753	11893
723	无锡市国联发展（集团）有限公司	江苏	2600314	199495	20358635	3097180	13656
724	赛轮集团股份有限公司	山东	2597826	309142	3372571	1485312	18155
725	重庆万达薄板有限公司	重庆	2582849	3856	1447655	386010	1325
726	福建漳州城投集团有限公司	福建	2557005	24818	6833764	1645358	27155
727	泰开集团有限公司	山东	2550180	162113	2069733	609992	13703
728	浙江火山口网络科技有限公司	浙江	2549295	19102	273475	110404	284
729	广西贵港钢铁集团有限公司	广西壮族自治区	2522044	10132	1681536	311019	2866
730	唐山瑞丰钢铁（集团）有限公司	河北	2517426	32232	1798779	1381626	5984
731	桂林银行股份有限公司	广西壮族自治区	2515552	212850	54263962	3798747	9420
732	江苏省粮食集团有限责任公司	江苏	2512298	9336	1419185	298126	1344
733	建业控股有限公司	河南	2502899	−401779	13638270	381329	22157
734	青岛银行股份有限公司	山东	2485685	354860	60798537	3906394	4941

续表

名次	企业名称	地区	营业收入/万元	净利润/万元	资产/万元	所有者权益/万元	从业人数/人
735	华立集团股份有限公司	浙江	2482313	44886	2051924	444296	8076
736	佛山市海天调味食品股份有限公司	广东	2455931	562663	3842352	2853061	7863
737	大参林医药集团股份有限公司	广东	2453139	116649	2412330	682385	45466
738	人福医药集团股份公司	湖北	2452474	213448	3620430	1704360	17676
739	盛屯矿业集团股份有限公司	福建	2445581	26469	3768446	1387237	9193
740	上海塑来信息技术有限公司	上海	2438254	2502	139731	21375	202
741	江苏徐钢钢铁集团有限公司	江苏	2407253	41039	2318204	853203	4167
742	河南心连心化学工业集团股份有限公司	河南	2405443	161975	2780537	971234	9690
743	湖南有色产业投资集团有限责任公司	湖南	2403758	28219	1375032	238048	6311
744	中国万向控股有限公司	上海	2387401	-8483	16739220	778770	12515
745	重庆物流集团有限公司	重庆	2376881	4842	4771304	1555749	39947
746	天津市宝来工贸有限公司	天津	2376025	31357	359525	316724	2298
747	重庆攀华板材有限公司	重庆	2368652	220	386453	51257	207
748	浙江新月控股集团有限公司	浙江	2357778	-8248	482701	-7674	800
749	安徽鸿路钢结构（集团）股份有限公司	安徽	2353912	117931	2328429	919401	21986
750	人本集团有限公司	浙江	2351650	64031	1912174	454855	25479
751	上海晨光文具股份有限公司	上海	2335130	152680	1531396	783318	5839
752	上海起帆电缆股份有限公司	上海	2334841	42319	1354759	457039	4488
753	河南丰利石化有限公司	河南	2334075	19889	1417199	738253	728
754	广发证券股份有限公司	广东	2329953	697780	68218168	13571765	15034
755	宁波华翔电子股份有限公司	浙江	2323626	102821	2721492	1219375	20711
756	福建纵腾网络有限公司	福建	2321383	54535	766785	401732	3857
757	正大天晴药业集团股份有限公司	江苏	2307645	470077	2995646	1296323	13754
758	天津城市基础设施建设投资集团有限公司	天津	2283079	192737	93709832	27047757	13682
759	江苏恒瑞医药股份有限公司	江苏	2281978	430244	4378451	4046580	19611
760	东莞银行股份有限公司	广东	2280766	406692	62892466	4048595	5612
761	欧派家居集团股份有限公司	广东	2278209	303567	3434704	1811725	24044
762	安徽天康（集团）股份有限公司	安徽	2268577	44124	649324	514815	4200
763	宁波建工股份有限公司	浙江	2267267	32939	2851555	479869	5334
764	宁波容百新能源科技股份有限公司	浙江	2265727	58091	2463910	869807	4376
765	唐山东华钢铁企业集团有限公司	河北	2261510	47638	1835315	734156	6258
766	玉锋实业集团有限公司	河北	2260195	32578	1220159	418160	3972
767	益丰大药房连锁股份有限公司	湖南	2258823	141199	2413654	980443	39652

续表

名次	企业名称	地区	营业收入/万元	净利润/万元	资产/万元	所有者权益/万元	从业人数/人
768	江西银行股份有限公司	江西	2253084	103619	55234536	4677673	5438
769	老百姓大药房连锁股份有限公司	湖南	2243749	92902	2123110	670124	40881
770	通富微电子股份有限公司	江苏	2226928	16944	3487771	1391714	19975
771	浙江天圣控股集团有限公司	浙江	2225916	166274	1781506	776410	2061
772	浙江永安资本管理有限公司	浙江	2224563	15812	1435832	349281	214
773	上海胜华电缆科技集团有限公司	上海	2206800	11258	761962	299355	2488
774	唐山三友集团有限公司	河北	2200969	22001	2645749	731958	18486
775	湖南农业发展投资集团有限责任公司	湖南	2191405	66262	6620742	2199736	9930
776	安徽中鼎控股（集团）股份有限公司	安徽	2188432	−42652	3282715	728970	27489
777	九江银行股份有限公司	江西	2177620	72358	50384922	4015648	5429
778	成都云图控股股份有限公司	四川	2176721	89186	2049876	827646	12631
779	河北银行股份有限公司	河北	2176392	247682	53173612	4480865	6366
780	福建长源纺织有限公司	福建	2157191	128605	1024242	626317	2280
781	宁波继峰汽车零部件股份有限公司	浙江	2157149	20387	1795211	410124	18991
782	湖北港口集团有限公司	湖北	2157057	12793	6664705	1758427	6508
783	安徽古井集团有限责任公司	安徽	2156775	272691	4253536	1369869	13451
784	青岛澳柯玛控股集团有限公司	山东	2156243	35548	2027993	306178	8396
785	广西桂柳牧业集团有限公司	广西壮族自治区	2154593	11263	220406	220406	9062
786	厦门禹洲集团股份有限公司	福建	2147708	−1052057	10875134	43210	1211
787	黑龙江飞鹤乳业有限公司	黑龙江	2141614	132152	2226674	1076105	9489
788	攀枝花钢城集团有限公司	四川	2134334	55247	942218	86014	11198
789	山东博汇集团有限公司	山东	2129220	−20344	2773780	−89848	6635
790	广州轻工工贸集团有限公司	广东	2127728	73595	2260937	1280561	5114
791	玲珑集团有限公司	山东	2126535	33496	5165663	1040304	21934
792	上海仪电（集团）有限公司	上海	2123013	23957	8672511	1669654	11995
793	天津纺织集团（控股）有限公司	天津	2115134	13711	2077342	481843	4314
794	宁波力勤资源科技股份有限公司	浙江	2106841	104966	3067971	918554	17358
795	马上消费金融股份有限公司	重庆	2106719	198164	7128030	1147360	2981
796	中国西电电气股份有限公司	陕西	2105145	88519	4377874	2164198	8649
797	爱玛科技集团股份有限公司	天津	2103612	188111	1989281	771203	9479
798	砂之船商业管理集团有限公司	重庆	2102559	81246	1776717	900593	34239
799	上海韦尔半导体股份有限公司	上海	2102064	55562	3774316	2145083	4800
800	广州数字科技集团有限公司	广东	2092711	68284	7190757	1231133	59231
801	福州市产业投资集团有限公司	福建	2090578	1802	201652	99029	232
802	山东鲁北企业集团总公司	山东	2089844	6440	1946799	569718	4056

续表

名次	企业名称	地区	营业收入/万元	净利润/万元	资产/万元	所有者权益/万元	从业人数/人
803	江苏中润光能科技股份有限公司	江苏	2087582	167212	2492624	459129	9160
804	广西柳药集团股份有限公司	广西壮族自治区	2081190	84959	2015945	661761	5582
805	高景太阳能股份有限公司	广东	2074970	254094	2362002	948923	5262
806	淄博商厦股份有限公司	山东	2071234	16241	586996	325300	10000
807	欧龙汽车贸易集团有限公司	浙江	2061218	24618	760811	351908	3831
808	辛集市澳森特钢集团有限公司	河北	2049360	115150	1560545	1403142	6122
809	利欧集团股份有限公司	浙江	2047141	196603	2464425	1366620	6041
810	瑞声科技控股有限公司	广东	2041907	74037	3891078	2188145	29922
811	爱尔眼科医院集团股份有限公司	湖南	2036716	335887	3018662	1885583	32326
812	河南利源集团燃气有限公司	河南	2031689	71372	858556	356605	1870
813	常州市化工轻工材料总公司	江苏	2028700	3111	786933	25004	156
814	新天绿色能源股份有限公司	河北	2028179	220747	7901659	2187673	2605
815	博威集团有限公司	浙江	2027661	30320	1831783	250313	7559
816	广州视源电子科技股份有限公司	广东	2017264	137000	2180560	1247339	6780
817	福建晟育投资发展集团有限公司	福建	2016437	1319	70803	12412	212
818	信誉楼百货集团有限公司	河北	2014315	107389	923771	494068	31000
819	凌源钢铁集团有限责任公司	辽宁	1994225	-7603	2358948	76340	9743
820	江苏大经供应链股份有限公司	江苏	1989379	1647	165188	77081	480
821	鹭燕医药股份有限公司	福建	1984553	36353	1179359	294625	5475
822	唐山东海钢铁集团有限公司	河北	1980823	62171	1562586	1227947	4547
823	广西泛糖科技有限公司	广西壮族自治区	1980748	1958	539144	9083	128
824	宁波拓普集团股份有限公司	浙江	1970056	215064	3076977	1378438	19528
825	黑龙江倍丰农业生产资料集团有限公司	黑龙江	1966313	11620	2341442	203490	939
826	青岛农村商业银行股份有限公司	山东	1958461	256784	46793677	3811021	5500
827	中国江苏国际经济技术合作集团有限公司	江苏	1957143	26230	3090529	600063	9789
828	泰豪集团有限公司	江西	1951453	34647	2575505	899645	6211
829	四川华油集团有限责任公司	四川	1945977	47426	1251859	327193	3200
830	福建傲农生物科技集团股份有限公司	福建	1945764	-365082	1362521	-96297	8759
831	厦门金龙汽车集团股份有限公司	福建	1939985	7510	2635907	312692	11751
832	广西百色工业投资发展集团有限公司	广西壮族自治区	1937558	7148	2343056	880047	3419
833	上海春秋国际旅行社(集团)有限公司	上海	1929481	115697	4571471	694768	11327
834	天津港(集团)有限公司	天津	1927970	4121	16159758	2809525	15327
835	杭州鼎胜实业集团有限公司	浙江	1926511	14457	2241455	598973	2218

续表

名次	企业名称	地区	营业收入/万元	净利润/万元	资产/万元	所有者权益/万元	从业人数/人
836	顾家家居股份有限公司	浙江	1921203	153515	1677969	652389	21088
837	深圳市富森供应链管理有限公司	广东	1920659	9250	1211640	94654	498
838	安徽省徽商集团有限公司	安徽	1919218	17965	1771889	280605	2814
839	卫华集团有限公司	河南	1911215	54937	1244121	519891	5585
840	深业集团有限公司	广东	1904708	137342	19246560	2948192	24382
841	青岛康大控股集团有限公司	山东	1895506	68921	872985	274459	7763
842	浙富控股集团股份有限公司	浙江	1895080	102563	2223169	1094266	6656
843	鑫荣懋果业科技集团股份有限公司	广东	1894902	26259	731768	287452	3940
844	河北建投能源投资股份有限公司	河北	1894608	16700	3848663	988678	5360
845	万友汽车投资有限公司	重庆	1885814	9066	826580	140114	6070
846	达利食品集团有限公司	福建	1885683	249063	2815078	1721385	35771
847	云南玉溪仙福钢铁（集团）有限公司	云南	1885645	23143	1475553	562887	5206
848	东营奥星石油化工有限公司	山东	1881940	153425	653589	624477	609
849	杭州市商贸旅游集团有限公司	浙江	1881847	92048	10001686	3403069	18772
850	上海赞华实业有限公司	上海	1860364	7832	55065	40003	450
851	陕西黑猫焦化股份有限公司	陕西	1859265	-51206	2088144	761951	8775
852	今飞控股集团有限公司	浙江	1851942	21115	894293	174993	6445
853	铜陵化学工业集团有限公司	安徽	1850940	39475	1967354	339865	7041
854	福建圣农发展股份有限公司	福建	1848674	66427	2251273	1030812	28869
855	浙江力博控股集团有限公司	浙江	1837875	16453	273865	138613	1412
856	宜宾天原集团股份有限公司	四川	1836670	3996	1828902	803614	4982
857	山东潍焦控股集团有限公司	山东	1819677	21938	1184783	359566	2970
858	湖南省煤业集团有限公司	湖南	1815162	38210	1777758	458025	21906
859	山东山水水泥集团有限公司	山东	1811561	-86880	3342620	1492648	16356
860	润华集团股份有限公司	山东	1810146	41227	1619627	843304	4949
861	得利斯集团有限公司	山东	1809551	50917	1147031	874837	6539
862	文一投资控股有限公司	安徽	1808704	18113	4979869	2924729	10500
863	云南祥丰实业集团有限公司	云南	1807528	129409	1167694	821622	2556
864	山东永鑫能源集团有限公司	山东	1805659	-146177	2384752	-500040	1354
865	浙江中财管道科技股份有限公司	浙江	1805378	167393	1595251	958306	8021
866	广东宏川集团有限公司	广东	1802866	39918	1362471	303609	2397
867	广博控股集团有限公司	浙江	1801889	27899	1723154	409329	3500
868	天津农村商业银行股份有限公司	天津	1799336	277932	42872428	3479884	5765
869	浙江晶盛机电股份有限公司	浙江	1798319	455751	3680836	1496315	7495
870	安徽辉隆投资集团有限公司	安徽	1797989	-3242	1231545	104197	3862

续表

名次	企业名称	地区	营业收入/万元	净利润/万元	资产/万元	所有者权益/万元	从业人数/人
871	天津市医药集团有限公司	天津	1797626	112978	3732038	858635	8688
872	江阴模塑集团有限公司	江苏	1797506	18634	1407349	411559	11391
873	铜陵精达特种电磁线股份有限公司	安徽	1790586	42645	1131273	527054	3357
874	天津天保控股有限公司	天津	1789302	85591	19796979	4876514	1160
875	四川邦泰投资集团有限责任公司	四川	1784974	115414	3158358	383129	6664
876	安徽新华发行（集团）控股有限公司	安徽	1763093	39489	3328607	1002332	6348
877	宁波方太厨具有限公司	浙江	1762946	196460	2113181	1353921	16797
878	深圳市九立供应链股份有限公司	广东	1761306	4163	651079	35889	225
879	软通动力信息技术（集团）股份有限公司	北京	1758068	53390	1561753	1056092	90000
880	大熊集团有限公司	山东	1757531	3324	41457	2874	140
881	安克创新科技股份有限公司	湖南	1750720	161487	1277670	799992	4017
882	景德镇黑猫集团有限责任公司	江西	1747859	-20058	3197468	495325	9206
883	烟建集团有限公司	山东	1745188	115743	2207442	540034	5007
884	浙江永利实业集团有限公司	浙江	1742354	12419	2271191	724146	2013
885	绿城物业服务集团有限公司	浙江	1739327	60537	1808167	740553	50128
886	四川特驱农牧科技集团有限公司	四川	1732234	13009	538493	173523	2198
887	深圳市博科供应链管理有限公司	广东	1728850	10351	78415	39908	208
888	唐山正丰钢铁有限公司	河北	1724313	49141	546769	210412	2348
889	宜昌城发控股集团有限公司	湖北	1722724	63970	15162511	4249644	8230
890	山东亚太中慧集团有限公司	山东	1720916	3189	314143	2100	6895
891	深圳市兆驰股份有限公司	广东	1716702	158842	2672354	1480165	13677
892	万邦德集团有限公司	浙江	1708806	45396	1160536	335676	2165
893	嘉悦物产集团有限公司	浙江	1708395	1195	358904	36793	100
894	林州凤宝管业有限公司	河南	1706783	38241	1234217	500372	4554
895	中安华力建设集团有限公司	安徽	1706487	22423	678652	191571	28090
896	闽源钢铁集团有限公司	河南	1706187	40353	787229	708252	4980
897	南京高速齿轮制造有限公司	江苏	1699728	105052	2997747	725825	6916
898	深圳市德方纳米科技股份有限公司	广东	1697251	-163624	2073496	712396	4839
899	广东顺德农村商业银行股份有限公司	广东	1694170	345960	46787930	3702979	5005
900	利泰汽车集团有限公司	广东	1686586	5453	386581	129161	8168
901	欧菲光集团股份有限公司	广东	1686294	7691	1993772	340399	10639
902	浙江零跑科技股份有限公司	浙江	1674668	-148707	2845341	2293194	9314
903	金沙河集团有限公司	河北	1674602	71601	1074236	471001	6000
904	江苏常熟农村商业银行股份有限公司	江苏	1667620	328150	33445643	2535641	7376

续表

名次	企业名称	地区	营业收入/万元	净利润/万元	资产/万元	所有者权益/万元	从业人数/人
905	广东省广告集团股份有限公司	广东	1667336	15309	1062897	487521	2991
906	陕西粮农集团有限责任公司	陕西	1667227	1040	1415401	433485	2613
907	溧阳中联金电子商务有限公司	江苏	1665801	1339	10972	7989	100
908	无锡先导智能装备股份有限公司	江苏	1662836	176954	3529333	1184833	19125
909	安徽华源医药集团股份有限公司	安徽	1662260	18188	1761052	252854	9100
910	今麦郎食品股份有限公司	河北	1656964	23055	1778705	520489	19000
911	三七互娱网络科技集团股份有限公司	安徽	1654687	295438	1913455	1270695	3447
912	厦门翔业集团有限公司	福建	1652131	45235	5027171	1953762	12609
913	华邦控股集团有限公司	广东	1651004	19327	4369529	1494229	5200
914	广西自贸区钦州港片区开发投资集团有限责任公司	广西壮族自治区	1648960	4725	1686507	545193	590
915	仕邦控股有限公司	广东	1637553	51	66467	3585	421
916	湖北三宁化工股份有限公司	湖北	1629385	180344	2567482	1218082	5770
917	山西高义钢铁有限公司	山西	1627812	—	1378306	—	3784
918	杭叉集团股份有限公司	浙江	1627183	172031	1389421	861987	6076
919	太原重型机械集团有限公司	山西	1626236	-20518	6750387	1425101	10606
920	中国（福建）对外贸易中心集团有限责任公司	福建	1621732	113	1069873	389699	688
921	四川德康农牧食品集团股份有限公司	四川	1616934	-103444	1977335	563084	10699
922	南京市城市建设投资控股（集团）有限责任公司	江苏	1614070	55149	13724319	4210485	22775
923	深圳市特发集团有限公司	广东	1614003	33348	5408686	1137697	24917
924	明泉集团股份有限公司	山东	1601483	47577	1567699	815892	3737
925	广州华多网络科技有限公司	广东	1598790	210851	6008867	3652324	7000
926	福建星网锐捷通讯股份有限公司	福建	1590768	42485	1540110	643268	12492
927	浙江省农村发展集团有限公司	浙江	1587266	21492	1968711	256555	1933
928	富奥汽车零部件股份有限公司	吉林	1584263	60414	1697686	767123	7701
929	四川众欣旅游资源开发有限公司	四川	1572808	-753	861776	107830	1647
930	公牛集团股份有限公司	浙江	1569475	387013	1976220	1444592	13746
931	株洲旗滨集团股份有限公司	湖南	1568274	175088	3191525	1354944	16003
932	广西汽车集团有限公司	广西壮族自治区	1560655	994	2075341	617305	12082
933	维业建设集团股份有限公司	广东	1552896	796	1312649	82170	2674
934	广东天禾农资股份有限公司	广东	1551147	10015	687423	122876	2646
935	青岛海湾集团有限公司	山东	1547755	80127	3087104	1436795	4274
936	广州天赐高新材料股份有限公司	广东	1540464	189062	2397687	1335454	6857
937	上海璞泰来新能源科技股份有限公司	上海	1534004	191160	4367495	1777449	11627

续表

名次	企业名称	地区	营业收入/万元	净利润/万元	资产/万元	所有者权益/万元	从业人数/人
938	索通发展股份有限公司	山东	1531063	-72268	1717971	563465	5412
939	迪尚集团有限公司	山东	1529712	115035	1286464	761092	25813
940	金杯电工股份有限公司	湖南	1529308	52280	893205	387249	4324
941	浙江省旅游投资集团有限公司	浙江	1525516	17419	1733615	539670	8485
942	广州港集团有限公司	广东	1523955	81243	6196344	1965497	12000
943	深圳市裕同包装科技股份有限公司	广东	1522269	143808	2218629	1105157	20966
944	张家口银行股份有限公司	河北	1517722	87666	34172832	2506963	4215
945	汇金钢铁（天津）集团有限公司	天津	1516063	841	109358	12533	269
946	深圳中宝集团有限公司	广东	1512441	3069	66147	28399	112
947	天津新能再生资源有限公司	天津	1509198	4494	579048	106724	249
948	无锡城建发展集团有限公司	江苏	1503898	110161	31870397	8063865	1733
949	山东联盟化工集团有限公司	山东	1496371	77391	1465995	883574	5703
950	浙江航民实业集团有限公司	浙江	1493564	65312	1200597	353963	10014
951	四川铁骑力士实业有限公司	四川	1489825	-141	833076	314458	6480
952	盐城市国有资产投资集团有限公司	江苏	1489540	50621	7341259	1832611	3664
953	河南中钢网科技集团股份有限公司	河南	1479972	5558	128489	22949	609
954	鄂尔多斯市国有资产投资控股集团有限公司	内蒙古自治区	1468418	61930	6043382	3437053	6105
955	浙江南都电源动力股份有限公司	浙江	1466563	3598	1820473	542209	5161
956	浙江新安化工集团股份有限公司	浙江	1463116	14022	2181854	1261903	8174
957	芒果超媒股份有限公司	湖南	1462802	355571	3142239	2149242	4397
958	山东三星集团有限公司	山东	1461248	32126	1915413	943034	4465
959	青岛特锐德电气股份有限公司	山东	1460177	49115	2387688	668941	9299
960	金能科技股份有限公司	山东	1458378	13738	1828434	875564	2656
961	成都建国汽车贸易有限公司	四川	1453906	18885	1033200	358533	8017
962	天晖（河北）供应链管理集团有限公司	河北	1440800	885	94543	6644	237
963	广州岭南商旅投资集团有限公司	广东	1438593	25227	3353784	1480995	15807
964	福建省人力资源发展集团有限公司	福建	1438472	4294	100786	29997	292
965	郑州公用事业投资发展集团有限公司	河南	1432950	80454	9168067	1969595	7489
966	徐州东方物流集团有限公司	江苏	1429950	23926	594613	241279	1162
967	洛阳国晟投资控股集团有限公司	河南	1425997	19927	20870215	6244181	6053
968	广州开发区控股集团有限公司	广东	1421206	-16295	15137913	2858376	5329
969	安徽天星医药集团有限公司	安徽	1417942	22414	862740	105074	1242
970	广州地铁集团有限公司	广东	1412423	2092	63611387	27159005	31120
971	无锡市市政公用产业集团有限公司	江苏	1405688	33302	4339413	1509328	11240

续表

名次	企业名称	地区	营业收入/万元	净利润/万元	资产/万元	所有者权益/万元	从业人数/人
972	浙江出版联合集团有限公司	浙江	1399620	156382	3303963	2094435	7198
973	厦门鑫东森控股有限公司	福建	1396743	5097	367652	86246	3258
974	烟台杰瑞石油服务集团股份有限公司	山东	1391209	245438	3177657	1932127	6109
975	北京路通企业管理集团有限公司	北京	1385242	137625	357219	150543	1232
976	天津现代集团有限公司	天津	1385160	10078	2744169	1401155	398
977	秦皇岛宏兴钢铁有限公司	河北	1378853	20405	1286472	1136391	4049
978	广东乐居商贸集团有限公司	广东	1371796	5290	582195	38915	274
979	上海埃尔金信息技术有限公司	上海	1363828	1136	259346	29078	120
980	中南出版传媒集团股份有限公司	湖南	1361303	185470	2536861	1541567	13310
981	福建南平太阳电缆股份有限公司	福建	1354466	17655	626549	190047	2290
982	深南电路股份有限公司	广东	1352643	139811	2260687	1318374	15429
983	安徽昊源化工集团有限公司	安徽	1352567	103296	1200314	661918	3057
984	杭州金鱼电器集团有限公司	浙江	1348753	20683	879112	121363	9314
985	深圳市康冠科技股份有限公司	广东	1344666	128259	1409059	693645	7370
986	长飞光纤光缆股份有限公司	湖北	1335275	129744	2914234	1130711	3152
987	深圳市宝德投资控股有限公司	广东	1331711	-14438	1800736	480750	2567
988	浙江世纪华通集团股份有限公司	浙江	1328455	52405	3734727	2489856	5656
989	上海临港经济发展(集团)有限公司	上海	1325561	83624	21837191	3252931	3588
990	山东步长制药股份有限公司	山东	1324513	31897	2089229	1161699	8311
991	深圳市分期乐网络科技有限公司	广东	1323370	53026	1180859	375033	503
992	重庆银行股份有限公司	重庆	1321147	492979	75988387	5691773	5284
993	安徽出版集团有限责任公司	安徽	1319587	17899	1863222	290242	3361
994	安徽环新集团股份有限公司	安徽	1317667	31513	1308711	350805	7722
995	致达控股集团有限公司	上海	1316816	46748	2966201	688624	4729
996	隆鑫通用动力股份有限公司	重庆	1306648	58342	1394160	825271	8932
997	厦门宏发电声股份有限公司	福建	1292978	182041	1772293	1082025	15297
998	唐山银行股份有限公司	河北	1271137	301537	30635319	2823420	1814
999	山东朗晖石油化学股份有限公司	山东	1269285	47717	492687	136755	456
1000	甘肃省电力投资集团有限责任公司	甘肃	1264279	141186	8845089	3003652	7179
	合计		1296017989	43607411	3376040899	771035999	5448952

第十三章
2024 中国部分地区企业 100 强数据

2024 中国部分地区企业 100 强数据情况，见表 13-1 至表 13-9。

表 13-1 2024 天津市企业 100 强

排名	企业名称	营业收入/万元	排名	企业名称	营业收入/万元
1	中国石化销售股份有限公司华北分公司	36080638	51	天津港（集团）有限公司	1927970
2	天津市新天钢钢铁集团有限公司	15804049	52	工银金融租赁有限公司	1909112
3	中海石油（中国）有限公司天津分公司	13099761	53	中煤化（天津）化工销售有限公司	1825645
4	天津荣程祥泰投资控股集团有限公司	12023455	54	天津农村商业银行股份有限公司	1799336
5	一汽丰田汽车有限公司	11668030	55	天津市医药集团有限公司	1797627
6	云账户技术（天津）有限公司	10844964	56	天津天保控股有限公司	1789302
7	中国石油化工股份有限公司天津分公司	9545459	57	长城汽车股份有限公司天津哈弗分公司	1785195
8	天津泰达投资控股有限公司	8927747	58	天津中煤能源华北有限公司	1780496
9	中铁十八局集团有限公司	7337708	59	中国烟草总公司天津市公司	1753182
10	渤海银行股份有限公司	6874788	60	建发（天津）有限公司	1706513
11	国网天津市电力公司	6213491	61	中国汽车工业工程有限公司	1618935
12	天津友发钢管集团股份有限公司	6091822	62	天津三星电机有限公司	1562232
13	中国建筑第六工程局有限公司	5917138	63	中国能源建设集团天津电力建设有限公司	1529736
14	TCL中环新能源科技股份有限公司	5914646	64	汇金钢铁（天津）集团有限公司	1516063
15	天津渤海化工集团有限责任公司	5610152	65	天津新能再生资源有限公司	1509198
16	中国铁建大桥工程局集团有限公司	5501497	66	天津津路钢铁实业有限公司	1502401
17	中交第一航务工程局有限公司	5446545	67	丰益油脂科技有限公司	1496405
18	天津华北集团有限公司	5055541	68	曙光信息产业股份有限公司	1435266
19	国投物产有限公司	4489069	69	天津现代集团有限公司	1385160
20	中国铁路设计集团有限公司	4309065	70	国药控股天津有限公司	1320377
21	中铝物资有限公司	3813795	71	天津市新宇彩板有限公司	1255295
22	天津食品集团有限公司	3721998	72	中粮佳悦（天津）有限公司	1253888
23	天津银行股份有限公司	3682170	73	捷通达汽车集团股份有限公司	1251840
24	中冶天工集团有限公司	3501932	74	恒安标准人寿保险有限公司	1247913
25	天津满运软件科技有限公司	3207234	75	天津忠旺铝业有限公司	1227576
26	一汽-大众汽车有限公司天津分公司	3176555	76	天津拓径贸易有限公司	1164887
27	天津天士力大健康产业投资集团有限公司	3110346	77	三星（天津）电池有限公司	1150670
28	天津建龙钢铁实业有限公司	3085589	78	中国平安人寿保险股份有限公司天津分公司	1139603
29	中国石油天然气股份有限公司大港石化分公司	3005240	79	天津滨海农村商业银行股份有限公司	1128633
30	天津润达实业有限公司	2960252	80	天津建源供应链管理有限公司	1127950
31	路易达孚（天津）国际贸易有限公司	2913483	81	嘉里粮油（天津）有限公司	1075412
32	天津源泰德润钢管制造集团有限公司	2781405	82	吉旗物联科技（天津）有限公司	1065148
33	美锦能源集团有限公司	2730416	83	天津水务集团有限公司	1025601
34	天津宝来工贸有限公司	2376025	84	华润天津医药有限公司	999910
35	中国电建市政建设集团有限公司	2301021	85	天津立中车轮有限公司	990004
36	中沙（天津）石化有限公司	2291452	86	中国水电基础局有限公司	970923
37	天津城市基础设施建设投资集团有限公司	2283079	87	天津致瑞盈国际贸易有限公司	952759
38	中国石油天然气股份有限公司大港油田分公司	2282437	88	天津盛盈祥国际贸易有限公司	947805
39	中国石油集团渤海钻探工程有限公司	2153139	89	天津市金桥焊材集团股份有限公司	933815
40	天津启润投资有限公司	2117777	90	奥的斯电梯（中国）有限公司	933314
41	天津纺织集团（控股）有限公司	2115134	91	中铁建工集团第三建设有限公司	920340
42	爱玛科技集团股份有限公司	2103612	92	天津爱旭太阳能科技有限公司	909551
43	中国石化销售股份有限公司天津石油分公司	2090647	93	天津建发纸业有限公司	907289
44	中交天津航道局有限公司	2070117	94	天津航空有限责任公司	893621
45	中国天辰工程有限公司	2032837	95	天津三星视界移动有限公司	892531
46	富联精密电子（天津）有限公司	2024977	96	天津电装电子有限公司	888235
47	中集世联达物流科技（集团）股份有限公司	2016583	97	天津恒运能源集团有限公司	869688
48	天津巴莫科技有限责任公司	1969102	98	天津象屿进出口贸易有限公司	856430
49	天津能源投资集团有限公司	1958863	99	中国人寿保险股份有限公司天津市分公司	770593
50	天津钢管制造有限公司	1936079	100	渤海人寿保险股份有限公司	739586

发布单位：天津市企业联合会、天津市企业家协会。

表13-2 2024上海市企业100强

排名	企业名称	营业收入/万元	排名	企业名称	营业收入/万元
1	中国宝武钢铁集团有限公司	111297172	51	中国二十冶集团有限公司	4175231
2	上海汽车集团股份有限公司	74470513	52	申通快递有限公司	4092025
3	交通银行股份有限公司	51032900	53	源山投资控股有限公司	3922717
4	中国建筑第八工程局有限公司	50124669	54	万丰锦源控股集团有限公司	3870928
5	上海万科企业有限公司	42974579	55	中通快递股份有限公司	3841892
6	中国远洋海运集团有限公司	38178011	56	上海均瑶（集团）有限公司	3764744
7	绿地控股集团股份有限公司	36024502	57	上海国际港务（集团）股份有限公司	3755157
8	上海浦东发展银行股份有限公司	36017900	58	中建信控股集团有限公司	3533796
9	中国太平洋保险（集团）股份有限公司	32394541	59	极兔速递有限公司	3497300
10	苏商建设集团有限公司	32044451	60	月星集团有限公司	3410359
11	上海建工集团股份有限公司	30462765	61	江南造船（集团）有限责任公司	2986129
12	美团公司	27674495	62	立邦投资有限公司	2970882
13	上海医药集团股份有限公司	26029509	63	上海源耀农业股份有限公司	2869902
14	益海嘉里金龙鱼食品集团股份有限公司	25152374	64	上海华虹（集团）有限公司	2846066
15	拼多多控股公司	24763921	65	上海龙旗科技股份有限公司	2718506
16	上海德龙钢铁集团有限公司	24352182	66	上海爱旭新能源股份有限公司	2717011
17	复星国际有限公司	19820031	67	上海卓钢链电子商务有限公司	2462244
18	上海烟草集团有限责任公司	14855528	68	上海塑来信息技术有限公司	2438254
19	上海电气控股集团有限公司	14295131	69	中国万向控股有限公司	2387401
20	中国东方航空集团有限公司	13764119	70	上海协通（集团）有限公司	2361185
21	上海均和集团有限公司	13469163	71	上海晨光文具股份有限公司	2335130
22	光明食品（集团）有限公司	13274018	72	上海起帆电缆股份有限公司	2334841
23	上海银行股份有限公司	11011928	73	沪东中华造船（集团）有限公司	2233038
24	中国核工业建设股份有限公司	10938502	74	中智经济技术合作股份有限公司	2227242
25	中国石化上海石油化工股份有限公司	9301360	75	上海胜华电缆科技集团有限公司	2206800
26	上海闽路润贸易有限公司	8687030	76	上海仪电（集团）有限公司	2123013
27	上海钢联电子商务股份有限公司	8631405	77	上海外高桥造船有限公司	2104934
28	华勤技术股份有限公司	8533848	78	上海韦尔半导体股份有限公司	2102064
29	太平人寿保险有限公司	8152445	79	上海春秋国际旅行社（集团）有限公司	1929481
30	上海城建（集团）有限公司	8004861	80	上海赞华实业有限公司	1860364
31	东方国际（集团）有限公司	7699275	81	滔搏企业发展（上海）有限公司	1780538
32	上海宝冶集团有限公司	7638209	82	五冶集团上海有限公司	1707603
33	支付宝（中国）网络技术有限公司	7294109	83	上海棉联电子商务有限公司	1678676
34	老凤祥股份有限公司	7143564	84	国贸启润（上海）有限公司	1575222
35	杉杉控股有限公司	7054728	85	上海璞泰来新能源科技股份有限公司	1534004
36	申能（集团）有限公司	6532879	86	新西奥电梯集团有限公司	1522551
37	大华（集团）有限公司	6518268	87	中国建材国际工程集团有限公司	1481325
38	环旭电子股份有限公司	6079190	88	上海金发科技发展有限公司	1366382
39	上海华谊控股集团有限公司	5882418	89	上海埃尔金信息技术有限公司	1363828
40	圆通速递股份有限公司	5768435	90	上海临港经济发展（集团）有限公司	1325561
41	中铁上海工程局集团有限公司	5523566	91	致达控股集团有限公司	1316816
42	上海农村商业银行股份有限公司	5141976	92	信也科技集团	1254744
43	上海鼎信投资（集团）有限公司	5090035	93	万向资源有限公司	1250755
44	国华人寿保险股份有限公司	4980014	94	思源电气股份有限公司	1246003
45	百联集团有限公司	4736498	95	上海祥源原信息咨询有限公司	1184608
46	国家电投集团铝业国际贸易有限公司	4692480	96	上海大名城企业股份有限公司	1169548
47	中芯国际集成电路制造有限公司	4525043	97	科世达（上海）管理有限公司	1153840
48	携程集团有限公司	4451000	98	东方财富信息股份有限公司	1108144
49	东浩兰生（集团）有限公司	4408460	99	上期资本管理有限公司	1078579
50	中铁二十四局集团有限公司	4220069	100	正泰电气股份有限公司	1057818

发布单位：上海市企业联合会、上海市企业家协会。

表 13-3　2024 重庆市企业 100 强

排名	企业名称	营业收入/万元	排名	企业名称	营业收入/万元
1	重庆长安汽车股份有限公司	24377188	51	中国建筑第二工程局有限公司西南分公司	1046350
2	龙湖集团控股有限公司	18073658	52	中交二航局第二工程有限公司	986368
3	达丰（重庆）电脑有限公司	11171490	53	东方鑫源集团有限公司	980077
4	重庆化医控股（集团）公司	9801539	54	重庆青山工业有限责任公司	958238
5	重药控股股份有限公司	8011911	55	中国电建集团重庆工程有限公司	952133
6	国网重庆市电力公司	7484021	56	中铁隧道集团一处有限公司	948549
7	英业达（重庆）有限公司	6115633	57	重庆万凯新材料科技有限公司	938681
8	重庆新鸥鹏企业（集团）有限公司	5688650	58	重庆建峰新材料有限责任公司	893032
9	重庆千信集团有限公司	5644597	59	中国四联仪器仪表集团有限公司	872208
10	重庆市博赛矿业（集团）有限公司	5525521	60	欧菲斯集团股份有限公司	827831
11	重庆农村商业银行股份有限公司	5479428	61	重庆桐君阁股份有限公司	825323
12	金龙精密铜管集团股份有限公司	5382256	62	重庆长安民生物流股份有限公司	796899
13	重庆智飞生物制品股份有限公司	5291776	63	重庆跨越（集团）股份有限公司	794921
14	重庆小康控股有限公司	5269935	64	重庆海成实业（集团）有限公司	771935
15	重庆建工投资控股有限责任公司	4501188	65	国家电投集团重庆电力有限公司	746018
16	重庆机电控股（集团）公司	4261568	66	重庆水务集团股份有限公司	725441
17	重庆华宇集团有限公司	3907400	67	华峰重庆氨纶有限公司	717630
18	重庆轻纺控股（集团）公司	3611292	68	中铁十一局集团第五工程有限公司	717210
19	华南物资集团有限公司	3533040	69	中国石化集团重庆川维化工有限公司	715826
20	中冶建工集团有限公司	3498150	70	重庆国际复合材料股份有限公司	715633
21	重庆小传实业有限公司	3328839	71	重庆百事达汽车有限公司	696475
22	长城汽车股份有限公司重庆分公司	2930619	72	永辉物流有限公司	672788
23	宗申产业集团有限公司	2704857	73	重庆国瑞控股集团有限公司	664179
24	重庆高速公路集团有限公司	2602406	74	庆铃汽车（集团）有限公司	642356
25	重庆万达薄板有限公司	2582849	75	重庆钢铁（集团）有限责任公司	629858
26	重庆美的制冷设备有限公司	2580237	76	重庆润通控股（集团）有限公司	613702
27	重庆翊宝智慧电子装置有限公司	2533980	77	重庆美心（集团）有限公司	607121
28	重庆物流集团有限公司	2376881	78	长安汽车金融有限公司	605272
29	重庆攀华板材有限公司	2368652	79	重庆三峰环境集团股份有限公司	602666
30	西南铝业（集团）有限责任公司	2182938	80	九禾股份有限公司	594873
31	马上消费金融股份有限公司	2106719	81	重庆市人才大市场集团有限公司	586999
32	砂之船商业管理集团有限公司	2102559	82	华峰铝业有限公司	586534
33	重庆弗迪锂电池有限公司	2050096	83	重庆城市交通开发投资（集团）有限公司	581592
34	中冶赛迪集团有限公司	1959833	84	爱思开海力士半导体（重庆）有限公司	579787
35	万友汽车投资有限公司	1885814	85	重庆海尔空调器有限公司	556248
36	重庆京东方光电科技有限公司	1843354	86	重庆建设工业（集团）有限责任公司	549881
37	重庆传音科技有限公司	1678182	87	重庆药友制药有限责任公司	549765
38	重庆啤酒股份有限公司	1481484	88	中铁五局集团第六工程有限责任公司	547348
39	仁宝电脑（重庆）有限公司	1399472	89	重庆旗能电铝有限公司	532103
40	重庆银行股份有限公司	1321147	90	重庆渝江压铸股份有限公司	522499
41	隆鑫通用动力股份有限公司	1306648	91	重庆公路运输（集团）有限公司	512418
42	中建桥梁有限公司	1267173	92	安诚财产保险股份有限公司	509107
43	重庆华峰化工有限公司	1240061	93	重庆涪陵能源实业集团有限公司	505789
44	重庆三峡银行股份有限公司	1197149	94	华能重庆珞璜发电有限责任公司	503644
45	中船海装风电有限公司	1179218	95	渝新欧（重庆）物流有限公司	493009
46	华邦生命健康股份有限公司	1159459	96	重庆兴渝投资有限责任公司	490945
47	重庆永辉超市有限公司	1139955	97	鸿富锦精密电子（重庆）有限公司	487283
48	重庆巨能建设（集团）有限公司	1136915	98	重庆美的通用制冷设备有限公司	481118
49	重庆三峡水利电力（集团）股份有限公司	1117683	99	重庆惠科金渝光电科技有限公司	470770
50	中石化重庆涪陵页岩气勘探开发有限公司	1117171	100	重庆市南岸区城市建设发展（集团）有限公司	469835

发布单位：重庆市企业联合会（企业家协会）。

表 13-4　2024 山东省企业 100 强

排名	企业名称	营业收入/万元	排名	企业名称	营业收入/万元
1	山东能源集团有限公司	86637961	51	胜星集团有限责任公司	5510366
2	山东魏桥创业集团有限公司	52021385	52	山东招金集团有限公司	5470614
3	海尔集团公司	37182197	53	山东如意时尚投资控股有限公司	5461245
4	潍柴控股集团有限公司	31050808	54	青岛西海岸新区融合控股集团有限公司	5347815
5	信发集团有限公司	29075381	55	山东汇丰石化集团有限公司	5306664
6	山东高速集团有限公司	26011809	56	天元建设集团有限公司	5266764
7	海信集团控股股份有限公司	20222566	57	山东泰山钢铁集团有限公司	5251017
8	山东黄金集团有限公司	18678307	58	青岛西海岸新区海洋控股集团有限公司	5130384
9	万华化学集团股份有限公司	17536093	59	山东九羊集团有限公司	5034614
10	中国重型汽车集团有限公司	17131327	60	山东科达集团有限公司	4986999
11	南山集团有限公司	17120433	61	万通海欣控股集团股份有限公司	4985535
12	山东省港口集团有限公司	15405858	62	中国移动通信集团山东有限公司	4969939
13	山东东明石化集团有限公司	15007876	63	华能山东发电有限公司	4891664
14	利华益集团股份有限公司	14065245	64	淄博鑫泰石化有限公司	4763579
15	万达控股集团有限公司	13301726	65	华鲁控股集团有限公司	4750802
16	浪潮集团有限公司	12131132	66	青岛世纪瑞丰集团有限公司	4730824
17	青岛海发国有资本投资运营集团有限公司	11383713	67	新华锦集团有限公司	4668813
18	日照钢铁控股集团有限公司	10053093	68	山东省商业集团有限公司	4628238
19	歌尔股份有限公司	9857390	69	道恩集团有限公司	4574341
20	晨鸣控股有限公司	9294106	70	鸿富锦精密电子（烟台）有限公司	4530840
21	弘润石化（潍坊）有限责任公司	9052769	71	山东恒源石油化工股份有限公司	4213483
22	山东京博控股集团有限公司	8904018	72	山东颐养健康产业发展集团有限公司	4094740
23	富海集团新能源控股有限公司	8796948	73	山东恒信集团有限公司	3913836
24	中铁十四局集团有限公司	8352292	74	奥德集团有限公司	3908124
25	中国石油化工股份有限公司齐鲁分公司	7911401	75	青岛啤酒集团有限公司	3860660
26	齐成（山东）石化集团有限公司	7766856	76	滨化集团	3846081
27	华泰集团有限公司	7739232	77	无棣鑫岳化工集团有限公司	3792258
28	济宁能源发展集团有限公司	7582511	78	香驰控股有限公司	3608035
29	山东寿光鲁清石化有限公司	7492754	79	青岛经济技术开发区投资控股集团有限公司	3436168
30	中建八局第一建设有限公司	7403685	80	一汽解放青岛汽车有限公司	3434067
31	山东海科控股有限公司	7353033	81	山东中海化工集团有限公司	3326747
32	山东金诚石化集团有限公司	7295496	82	中车青岛四方机车车辆股份有限公司	3290254
33	山东创新金属科技有限公司	7284749	83	淄博市城市资产运营集团有限公司	3022061
34	山东新希望六和集团有限公司	7261171	84	中国联合网络通信有限公司山东省分公司	2924104
35	山东太阳控股集团有限公司	7218017	85	利群集团股份有限公司	2909777
36	山东齐润控股集团有限公司	7066058	86	山东电工电气集团有限公司	2867061
37	山东东方华龙工贸集团有限公司	7032329	87	山东中金岭南铜业有限责任公司	2854878
38	水发集团有限公司	6954543	88	诸城外贸有限责任公司	2840158
39	中铁十局集团有限公司	6840590	89	北汽福田汽车股份有限公司诸城汽车厂	2766965
40	青建集团	6601110	90	上汽通用东岳汽车有限公司	2754264
41	中建八局第二建设有限公司	6310663	91	潍坊特钢集团有限公司	2682750
42	山东金岭集团有限公司	6283242	92	双星集团有限责任公司	2660861
43	鲁丽集团有限公司	6185697	93	东岳氟硅科技集团有限公司	2618639
44	山东渤海实业集团有限公司	6183682	94	赛轮集团股份有限公司	2597826
45	山东垦利石化集团有限公司	6158124	95	山东电力建设第三工程有限公司	2562567
46	华勤橡胶工业集团有限公司	6027134	96	山东海王银河医药有限公司	2560938
47	济钢集团有限公司	5886496	97	泰开集团有限公司	2550180
48	石横特钢集团有限公司	5789991	98	青岛银行股份有限公司	2485685
49	中国石化青岛炼油化工有限责任公司	5597482	99	临沂临工机械集团有限公司	2390508
50	恒丰银行股份有限公司	5572672	100	瑞源控股集团有限公司	2347242

发布单位：山东省工业和信息化厅、山东省企业联合会。

表 13-5　2024 浙江省企业 100 强

名次	企业名称	营业收入/万元	名次	企业名称	营业收入/万元
1	阿里巴巴（中国）有限公司	92749400	51	三花控股集团有限公司	5780067
2	浙江荣盛控股集团有限公司	61260568	52	浙江升华控股集团有限公司	5735023
3	浙江吉利控股集团有限公司	49807231	53	浙江中成控股集团有限公司	5672421
4	浙江恒逸集团有限公司	40682953	54	宁波开发投资集团有限公司	5632258
5	青山控股集团有限公司	38213706	55	宁波均胜电子股份有限公司	5572847
6	杭州市实业投资集团有限公司	26474897	56	华峰集团有限公司	5429230
7	杭州钢铁集团有限公司	26117680	57	新华三信息技术有限公司	5185805
8	海亮集团有限公司	25274166	58	卧龙控股集团有限公司	5180704
9	天能控股集团有限公司	22515144	59	万洋集团有限公司	4588320
10	浙商中拓集团股份有限公司	20306450	60	太平鸟集团有限公司	4512505
11	万向集团公司	20237496	61	花园集团有限公司	4310174
12	雅戈尔集团（宁波）有限公司	19159142	62	农夫山泉股份有限公司	4266722
13	多弗国际控股集团有限公司	18561437	63	巨化集团有限公司	4141239
14	桐昆控股集团有限公司	18033065	64	森马集团有限公司	4079214
15	蚂蚁科技集团股份有限公司	17845321	65	华东医药股份有限公司	4062378
16	浙江省能源集团有限公司	17000950	66	得力集团有限公司	4023529
17	物产中大国际贸易集团有限公司	16129659	67	甬金科技集团股份有限公司	3987381
18	正泰集团股份有限公司	15501491	68	浙江省海港投资运营集团有限公司	3974111
19	浙江省兴合集团有限责任公司	15026227	69	广厦控股集团有限公司	3929738
20	中国石油化工股份有限公司镇海炼化分公司	14963344	70	万丰奥特控股集团有限公司	3870928
21	中国石化销售股份有限公司浙江石油分公司	14533981	71	天洁集团有限公司	3853483
22	传化集团有限公司	14516624	72	宁波申洲针织有限公司	3685398
23	宁波金田投资控股有限公司	14266515	73	利时集团股份有限公司	3677324
24	物产中大金属集团有限公司	14170215	74	浙江建华集团有限公司	3627579
25	超威电源集团有限公司	13131800	75	方远控股集团有限公司	3574730
26	绿城房地产集团有限公司	13099819	76	浙江省机电集团有限公司	3533366
27	中基宁波集团股份有限公司	12608513	77	东方日升新能源股份有限公司	3532680
28	富冶集团有限公司	12076934	78	中策橡胶集团股份有限公司	3525225
29	新凤鸣控股集团有限公司	10846026	79	精工控股集团有限公司	3515507
30	网易股份有限公司	10346816	80	杭州市国有资本投资运营有限公司	3507015
31	中天控股集团有限公司	10343706	81	浙江富春江通信集团有限公司	3501041
32	浙江中烟工业有限责任公司	9936555	82	兴惠化纤集团有限公司	3462360
33	物产中大化工集团有限公司	9812107	83	浙江协和集团有限公司	3400763
34	浙江省国际贸易集团有限公司	9742753	84	胜达集团有限公司	3381536
35	浙江省建设投资集团股份有限公司	9260575	85	西子联合控股有限公司	3372933
36	杭州海康威视数字技术股份有限公司	8933986	86	万华化学（宁波）有限公司	3351984
37	奥克斯集团有限公司	8602936	87	中航国际钢铁贸易有限公司	3335462
38	浙江卫星控股股份有限公司	8595081	88	海天塑机集团有限公司	3328171
39	杭州市城市建设投资集团有限公司	8364442	89	纳爱斯集团有限公司	3273281
40	杭州锦江集团有限公司	8118445	90	浙江大华技术股份有限公司	3221832
41	远大物产集团有限公司	7770870	91	浙江英特集团股份有限公司	3205212
42	宁波富邦控股集团有限公司	7638581	92	舜宇集团有限公司	3168126
43	德力西集团有限公司	7258300	93	宁波博洋控股集团有限公司	3063618
44	红狮控股集团有限公司	7236834	94	浙江元立金属制品集团有限公司	3028432
45	浙江前程投资股份有限公司	7192900	95	久立集团股份有限公司	3001141
46	浙江华友钴业股份有限公司	6630404	96	日出实业集团有限公司	2992890
47	浙江东南网架集团有限公司	6510466	97	浙江正凯集团有限公司	2910671
48	人民控股集团有限公司	6436292	98	宁波君安控股有限公司	2688762
49	振石控股集团有限公司	5844037	99	宝业集团股份有限公司	2659738
50	杭州东恒石油有限公司	5789509	100	永兴特种材料科技股份有限公司	2631430

发布单位：浙江省企业联合会、浙江省企业家协会。

表 13-6　2024 江苏省企业 100 强

排名	企业名称	营业收入/万元	排名	企业名称	营业收入/万元
1	恒力集团有限公司	81173689	51	江苏江润铜业有限公司	4120970
2	盛虹控股集团有限公司	52882491	52	波司登股份有限公司	4042751
3	江苏沙钢集团有限公司	27779839	53	永鼎集团有限公司	3904558
4	协鑫集团有限公司	17917777	54	江苏三木集团有限公司	3779860
5	亨通集团有限公司	17401914	55	南通化工轻工股份有限公司	3763942
6	无锡产业发展集团有限公司	15175614	56	大亚科技集团有限公司	3753657
7	江苏银行股份有限公司	14955283	57	江苏省镔鑫钢铁集团有限公司	3598869
8	中天钢铁集团有限公司	13927763	58	雅迪科技集团有限公司	3476275
9	海澜集团有限公司	13830215	59	江苏新霖飞投资有限公司	3429358
10	江苏新长江实业集团有限公司	12311578	60	红太阳集团有限公司	3391263
11	苏美达股份有限公司	12298081	61	华芳集团有限公司	3382811
12	天合光能股份有限公司	11339178	62	中国核工业华兴建设有限公司	3376243
13	江苏省苏豪控股集团有限公司	11266784	63	江苏洋河酒厂股份有限公司	3312628
14	江阴兴澄特种钢铁有限公司	11150702	64	江苏无锡朝阳集团股份有限公司	3300466
15	江苏交通控股有限公司	10365419	65	苏州金螳螂企业（集团）有限公司	3250807
16	徐州工程机械集团有限公司	10270677	66	江阴长三角钢铁集团有限公司	3234277
17	江苏悦达集团有限公司	9938733	67	江苏上上电缆集团有限公司	3231340
18	中天科技集团有限公司	9582179	68	兴达投资集团有限公司	3206707
19	南京银行股份有限公司	9512227	69	江苏新海石化有限公司	3161896
20	汇通达网络股份有限公司	8243252	70	江苏中超投资集团有限公司	3131096
21	远景能源有限公司	8057357	71	江阴江东集团有限公司	3128566
22	三房巷集团有限公司	7912919	72	江苏华地国际控股集团有限公司	3095168
23	红豆集团有限公司	7815652	73	苏州创元投资发展（集团）有限公司	3091988
24	东方润安集团有限公司	7519951	74	南京新华海科技产业集团有限公司	3047118
25	弘阳集团有限公司	7170673	75	无锡江南电缆有限公司	3025468
26	江苏国泰国际集团股份有限公司	6512028	76	江苏长电科技股份有限公司	2966096
27	南京新工投资集团有限责任公司	6510607	77	新阳科技集团有限公司	2952682
28	南通四建集团有限公司	6356265	78	江苏扬子江船业集团有限公司	2943561
29	苏宁易购集团股份有限公司	6262746	79	江阴市金桥化工有限公司	2913831
30	江苏满运软件科技有限公司	6126622	80	中煤能源南京有限公司	2809151
31	双良集团有限公司	6024117	81	金东纸业（江苏）股份有限公司	2772525
32	通鼎集团有限公司	6015593	82	建华建材（中国）有限公司	2766823
33	宝胜集团有限公司	5961397	83	东华能源股份有限公司	2712310
34	龙信建设集团有限公司	5763895	84	无锡市交通产业集团有限公司	2679969
35	江苏阳光集团有限公司	5701471	85	无锡市国联发展（集团）有限公司	2600314
36	远东控股集团有限公司	5501304	86	天合富家能源股份有限公司	2525323
37	通州建总集团有限公司	5491235	87	江苏省粮食集团有限责任公司	2512298
38	江苏华西集团有限公司	5452565	88	中国电子系统工程第二建设有限公司	2425481
39	攀华集团有限公司	5213865	89	江苏徐钢钢铁集团有限公司	2407253
40	江苏华宏实业集团有限公司	5188918	90	无锡小天鹅电器有限公司	2383022
41	徐州矿务集团有限公司	5170872	91	淮海控股集团有限公司	2351000
42	江苏大明工业科技集团有限公司	5057075	92	正大天晴药业集团股份有限公司	2307645
43	江苏省苏中建设集团股份有限公司	5021427	93	江苏恒瑞医药股份有限公司	2281978
44	江苏省华建建设股份有限公司	4915418	94	通富微电子股份有限公司	2226928
45	江苏汇鸿国际集团股份有限公司	4800496	95	江苏中润光能科技股份有限公司	2087582
46	法尔胜泓昇集团有限公司	4701168	96	常州市化工轻工材料总公司	2028700
47	江苏金峰水泥集团有限公司	4607856	97	闻泰科技（无锡）有限公司	2025118
48	大全集团有限公司	4486495	98	江苏大经供应链股份有限公司	1989379
49	中新钢铁集团有限公司	4421622	99	中国江苏国际经济技术合作集团有限公司	1957143
50	常熟市龙腾特种钢有限公司	4151108	100	宜兴市紫金铜业有限公司	1802436

发布单位：江苏省企业联合会。

表 13-7 2024 湖南省企业 100 强

排名	企业名称	营业收入/万元	排名	企业名称	营业收入/万元
1	湖南钢铁集团有限公司	23605602	51	和立东升国际物流集团有限公司	1199352
2	中国建筑第五工程局有限公司	19363789	52	中国邮政集团有限公司湖南省分公司	1185644
3	湖南建设投资集团有限责任公司	17005775	53	中国联合网络通信有限公司湖南省分公司	1162066
4	国网湖南省电力有限公司	13563451	54	湖南长远锂科股份有限公司	1072904
5	三一集团有限公司	11955604	55	长沙中联重科环境产业有限公司	1072363
6	湖南中烟工业有限责任公司	11488781	56	长沙中兴智能技术有限公司	1071498
7	中国烟草总公司湖南省公司	10531560	57	湖南口味王集团有限责任公司	1066875
8	长沙市比亚迪汽车有限公司	9045724	58	湖南金龙科技集团有限公司	1066414
9	中石化湖南石油化工有限公司	7522483	59	长沙比亚迪电子有限公司	1057106
10	中国石化销售股份有限公司湖南石油分公司	7300519	60	中国铁建重工集团股份有限公司	1002747
11	大汉控股集团有限公司	6385064	61	大唐华银电力股份有限公司	993885
12	湖南博长控股集团有限公司	5821991	62	湖南省轻工盐业集团有限公司	992152
13	中车株洲电力机车研究所有限公司	5230880	63	中国石油天然气股份有限公司天然气销售湖南分公司	988816
14	湖南省高速公路集团有限公司	5087280	64	五矿资本股份有限公司	977628
15	中联重科股份有限公司	4707485	65	湖南湘江新区发展集团有限公司	942867
16	长沙银行股份有限公司	4564730	66	袁隆平农业高科技股份有限公司	922322
17	湖南五江控股集团有限公司	4562017	67	岳阳林纸股份有限公司	864073
18	湖南裕能新能源电池材料股份有限公司	4135767	68	长沙惠科光电有限公司	845971
19	湖南财信金融控股集团有限公司	4085242	69	湖南省沙坪建设有限公司	845489
20	湖南有色金属控股集团有限公司	3279429	70	湖南佳惠百货有限责任公司	834702
21	中国移动通信集团湖南有限公司	2732574	71	中国航发南方工业有限公司	794533
22	唐人神集团股份有限公司	2694904	72	湖南省茶业集团股份有限公司	759091
23	湖南博深实业集团有限公司	2660534	73	湖南金弘再生资源集团有限公司	758618
24	中国水利水电第八工程局有限公司	2540933	74	湖南乔口建设有限公司	741200
25	长沙星朝汽车有限公司	2491728	75	澳优乳业（中国）有限公司	738201
26	中车株洲电力机车有限公司	2446351	76	绝味食品股份有限公司	726133
27	中铁城建集团有限公司	2432997	77	湖南望新建设集团股份有限公司	723252
28	湖南有色产业投资集团有限责任公司	2403758	78	山河智能装备股份有限公司	722930
29	益丰大药房连锁股份有限公司	2258823	79	长沙水业集团有限公司	720225
30	老百姓大药房连锁股份有限公司	2243749	80	方正证券股份有限公司	711875
31	湖南农业发展投资集团有限责任公司	2191405	81	恒飞电缆股份有限公司	706202
32	中国电信股份有限公司湖南分公司	2063486	82	道道全粮油股份有限公司	700086
33	爱尔眼科医院集团股份有限公司	2036716	83	浩天建工集团有限公司	690846
34	中国石油天然气股份有限公司湖南销售分公司	1866190	84	楚天科技股份有限公司	685336
35	湖南省煤业集团有限公司	1815162	85	中华联合财产保险股份有限公司湖南分公司	683145
36	株洲时代新材料科技股份有限公司	1753786	86	湖南盐津铺子控股有限公司	682642
37	安克创新科技股份有限公司	1750720	87	中国能源建设集团湖南火电建设有限公司	680214
38	鹏都农牧股份有限公司	1744926	88	永兴贵研资源有限公司	666344
39	湖南永通集团有限公司	1580025	89	华凯易佰科技股份有限公司	651786
40	株洲旗滨集团股份有限公司	1568274	90	中车株洲电机有限公司	650583
41	金杯电工股份有限公司	1529308	91	株洲市城市建设发展集团有限公司	646714
42	芒果超媒股份有限公司	1462802	92	湖南科伦制药有限公司	634879
43	中国电建集团中南勘测设计研究院有限公司	1458401	93	湖南对外建设集团有限公司	634783
44	湖南邦普循环科技有限公司	1434757	94	中电长城科技有限公司	629899
45	中南出版传媒集团股份有限公司	1361303	95	长沙格力暖通制冷设备有限公司	628159
46	国药控股湖南有限公司	1342303	96	株洲硬质合金集团有限公司	621254
47	特变电工衡阳变压器有限公司	1311173	97	湖南金荣企业集团有限公司	620198
48	湖南中伟新能源科技有限公司	1255657	98	湖南高岭建设集团股份有限公司	606481
49	湖南兰天集团有限公司	1224316	99	湖南海外旅游有限公司	606412
50	长沙弗迪电池有限公司	1213064	100	望建（集团）有限公司	597032

发布单位：湖南省企业和工业经济联合会。

表13-8　2024广东省企业100强

排名	企业名称	营业收入/万元	排名	企业名称	营业收入/万元
1	中国平安保险（集团）股份有限公司	103116700	51	玖龙纸业（控股）有限公司	7480073
2	中国华润有限公司	89318000	52	美的置业控股有限公司	7356450
3	中国南方电网有限责任公司	84110863	53	创维集团有限公司	6903098
4	华为投资控股有限公司	70417400	54	深圳前海微众银行股份有限公司	6579038
5	腾讯控股有限公司	60901500	55	深圳市中金岭南有色金属股份有限公司	6564666
6	比亚迪股份有限公司	60231535	56	永道控股集团股份有限公司	6301002
7	招商银行股份有限公司	50879000	57	明阳新能源投资控股集团有限公司	6262489
8	广州汽车工业集团有限公司	50535930	58	深圳传音控股股份有限公司	6229487
9	富士康工业互联网股份有限公司	47634011	59	中信证券股份有限公司	6006799
10	万科企业股份有限公司	46573908	60	深圳金雅福控股集团有限公司	6000410
11	美的集团股份有限公司	37370980	61	广州产业投资控股集团有限公司	5793816
12	保利发展控股集团股份有限公司	34689353	62	广东省交通集团有限公司	5674693
13	广州市建筑集团有限公司	30018248	63	深圳华侨城股份有限公司	5574415
14	深圳市投资控股有限公司	29042736	64	宏旺控股集团有限公司	5501837
15	广州工业投资控股集团有限公司	27145473	65	深圳海王集团股份有限公司	5178713
16	广东省广新控股集团有限公司	25916280	66	深圳理士电源发展有限公司	4910750
17	顺丰控股股份有限公司	25840940	67	惠州亿纬锂能股份有限公司	4878359
18	广州医药集团有限公司	25704534	68	广东邦普循环科技有限公司	4830371
19	立讯精密工业股份有限公司	23190546	69	金发科技股份有限公司	4794059
20	珠海格力电器股份有限公司	20397927	70	欣旺达电子股份有限公司	4786223
21	珠海华发集团有限公司	17568688	71	广州发展集团有限公司	4679739
22	招商局蛇口工业区控股股份有限公司	17500756	72	卓越置业集团有限公司	4596040
23	TCL科技集团股份有限公司	17444617	73	深圳市天行云供应链有限公司	4473003
24	中国南方航空集团有限公司	16163999	74	广东粤海控股集团有限公司	4472816
25	中国广核集团有限公司	14984906	75	广州农村商业银行股份有限公司	4371538
26	中国建筑第四工程局有限公司	13020940	76	广东德赛集团有限公司	4303569
27	中国国际海运集装箱（集团）股份有限公司	12780952	77	广州金博物流贸易集团有限公司	4144936
28	广东省广晟控股集团有限公司	12773109	78	深圳市中农网有限公司	4079530
29	中兴通讯股份有限公司	12425088	79	深圳能源集团股份有限公司	4050450
30	广州越秀集团股份有限公司	12372199	80	国药控股广州有限公司	4029743
31	TCL实业控股股份有限公司	12032191	81	深圳市信利康供应链管理有限公司	3944732
32	神州数码集团股份有限公司	11962389	82	广东中南钢铁股份有限公司	3901416
33	江西铜业（深圳）国际投资控股有限公司	11761251	83	深圳市特区建工集团有限公司	3856821
34	广东海大集团有限公司	11611716	84	广东广青金属科技有限公司	3845550
35	唯品会控股有限公司	11285602	85	佛山市投资控股集团有限公司	3799496
36	中国中电国际信息服务有限公司	10281140	86	大悦城控股集团股份有限公司	3678325
37	深圳市立业集团有限公司	9974960	87	惠科股份有限公司	3618104
38	荣耀终端有限公司	9937190	88	深圳迈瑞生物医疗电子股份有限公司	3493190
39	金地（集团）股份有限公司	9812534	89	广州市城市建设投资集团有限公司	3419878
40	深圳市怡亚通供应链股份有限公司	9442237	90	广东领益智造股份有限公司	3412371
41	深圳市爱施德股份有限公司	9216003	91	深圳市东阳光实业发展有限公司	3323122
42	温氏食品集团股份有限公司	8992110	92	天马微电子股份有限公司	3227131
43	广东省建筑工程集团控股有限公司	8900101	93	鹏鼎控股（深圳）股份有限公司	3206605
44	广东省广物控股集团有限公司	8689740	94	佛山市建设发展集团有限公司	3158410
45	海信家电集团股份有限公司	8560019	95	广东小鹏汽车科技有限公司	3100642
46	广东省能源集团有限公司	8359363	96	深圳市燃气集团股份有限公司	3092862
47	阳光保险集团股份有限公司	7791155	97	中国联塑集团控股有限公司	3086829
48	心里程控股集团有限公司	7586681	98	中国宝安集团股份有限公司	3070643
49	国药集团一致药业股份有限公司	7547748	99	广州立白凯晟控股有限公司	3058885
50	天音通信有限公司	7528510	100	格林美股份有限公司	3052863

发布单位：广东省企业联合会。

表 13-9 2024 四川省企业 100 强

排名	企业名称	营业收入/万元	排名	企业名称	营业收入/万元
1	新希望控股集团有限公司	28308461	51	四川邦泰投资集团有限责任公司	1784974
2	通威集团有限公司	23879171	52	陕西延长石油集团四川销售有限公司	1770261
3	四川长虹电子控股集团有限公司	14028348	53	成都红旗连锁股份有限公司	1733814
4	四川华西集团有限公司	10859746	54	资阳发展投资集团有限公司	1669224
5	泸州老窖集团有限责任公司	10102563	55	通合新能源（金堂）有限公司	1641198
6	中国石油天然气股份有限公司四川销售分公司	9334723	56	中建三局集团西南有限公司	1638696
7	四川省能源投资集团有限责任公司	9015423	57	四川德康农牧食品集团股份有限公司	1616935
8	中国五冶集团有限公司	9010486	58	成都轨道交通集团有限公司	1580297
9	四川省川威集团有限公司	8572488	59	太平人寿保险有限公司四川分公司	1558454
10	蓝润集团有限公司	8231998	60	绵阳科技城发展投资（集团）有限公司	1547340
11	成都建工集团有限公司	7662301	61	四川铁骑力士实业有限公司	1489825
12	航空工业成都飞机工业（集团）有限责任公司	7496826	62	中国电子科技集团公司第二十九研究所	1479019
13	攀钢集团有限公司	7078564	63	成都建国汽车贸易有限公司	1453906
14	中铁二局集团有限公司	6902598	64	四川省达州钢铁集团有限责任公司	1424373
15	中国东方电气集团有限公司	6650697	65	四川省烟草公司凉山州公司	1265298
16	四川公路桥梁建设集团有限公司	6097812	66	四川新华出版发行集团有限公司	1222047
17	四川德胜集团钒钛有限公司	5161717	67	四川雅化实业集团股份有限公司	1189526
18	四川九洲投资控股集团有限公司	4807122	68	四川成渝高速公路股份有限公司	1165186
19	四川高速公路建设开发集团有限公司	4738062	69	国机重型装备集团股份有限公司	1125805
20	中铁八局集团有限公司	4419378	70	成都产业投资集团有限公司	1110955
21	四川中烟工业有限责任公司	4305991	71	中国水利水电第十工程局有限公司	1103149
22	四川新派餐饮管理有限公司	4009442	72	四川省供销农资集团有限公司	1079645
23	四川省交通建设集团有限责任公司	3903680	73	四川中油九洲北斗科技能源有限公司	1055096
24	中国石油集团川庆钻探工程有限公司	3862825	74	中国电子科技集团第十研究所	1036527
25	宜宾丝丽雅集团有限公司	3855150	75	中国成达工程有限公司	1028145
26	成都世纪贸易有限公司	3759781	76	四川川交路桥有限责任公司	1027252
27	四川蜀道物流集团有限公司	3648935	77	四川川煤华荣能源有限公司	1026753
28	四川峨胜水泥集团股份有限公司	3626504	78	蜀道交通服务集团有限公司	1024924
29	四川省酒业集团有限责任公司	3502496	79	四川省旅游投资集团有限公司	1018871
30	德阳发展控股集团有限公司	3484343	80	四川省交通运输集团有限公司	999300
31	信息产业电子第十一设计研究院科技工程股份有限公司	3481049	81	绵阳市商业银行股份有限公司	967136
32	成都蛟龙港	3396366	82	四川省宜宾环球集团有限公司	950512
33	中国水利水电第七工程局有限公司	3370316	83	延长壳牌（四川）石油有限公司	930226
34	泸州发展控股集团有限公司	3148501	84	绵阳市投资控股（集团）有限公司	930225
35	中铁二十三局集团有限公司	2863690	85	中国电力工程顾问集团西南电力设计院有限公司	900834
36	四川省烟草公司成都市公司	2842476	86	成都启润投资有限公司	896067
37	四川安吉物流集团有限公司	2800847	87	四川富临实业集团有限公司	876323
38	四川省宜宾普什集团有限公司	2694628	88	中核建中核燃料元件有限公司	857123
39	中国十九冶集团有限公司	2680122	89	凉山矿业股份有限公司	833332
40	中国水利水电第五工程局有限公司	2602932	90	四川华鲲振宇智能科技有限责任公司	800026
41	中建八局西南建设工程有限公司	2359987	91	盛新锂能集团股份有限公司	795114
42	中国化学工程第七建设有限公司	2283196	92	泸州鑫阳钒钛钢铁有限公司	785077
43	成都云图控股股份有限公司	2176722	93	利尔化学股份有限公司	785061
44	四川特驱投资集团有限公司	2153612	94	雅安君禾铜业有限公司	780244
45	四川科伦药业股份有限公司	2145393	95	四川省高宇集团有限公司	774656
46	攀枝花钢城集团有限公司	2134334	96	四川发展龙蟒股份有限公司	770816
47	绵阳京东方光电科技有限公司	1937945	97	四川蓝剑饮品集团有限公司	763148
48	中国电建集团成都勘测设计研究院有限公司	1865298	98	四川越盛能源集团有限公司	761623
49	成都巴莫科技有限责任公司	1853920	99	四川省通信产业服务有限公司	759373
50	宜宾天原集团股份有限公司	1836670	100	四川省乐山市福华农科投资集团有限责任公司	759217

发布单位：四川省企业联合会、四川省企业家协会。

第十四章
2024 世界企业 500 强

2024 世界企业 500 强数据情况,见表 14-1。

表 14-1 2024 世界企业 500 强

上年排名	排名	公司名称	国家/地区	营业收入/百万美元	净利润/百万美元	资产/百万美元	股东权益/百万美元	员工人数/人
1	1	沃尔玛	美国	648125	15511	252399	83861	2100000
4	2	亚马逊	美国	574785	30425	527854	201875	1525000
3	3	国家电网有限公司	中国	545948	9204	781126	344177	1361423
2	4	沙特阿美公司	沙特阿拉伯	494890	120699	660819	409250	73311
6	5	中国石油化工集团有限公司	中国	429700	9393	382688	130003	513434
5	6	中国石油天然气集团有限公司	中国	421714	21295	630562	309583	1026301
8	7	苹果公司	美国	383285	96995	352583	62146	161000
10	8	联合健康集团	美国	371622	22381	273720	88756	440000
14	9	伯克希尔-哈撒韦公司	美国	364482	96223	1069978	561273	396500
11	10	CVS Health 公司	美国	357776	8344	249728	76461	259500
15	11	大众公司	德国	348408	17945	663064	194051	684025
7	12	埃克森美孚	美国	344582	36010	376317	204802	61500
9	13	壳牌公司	英国	323183	19359	406270	186607	103000
13	14	中国建筑集团有限公司	中国	320431	4372	410144	33720	382894
19	15	丰田汽车公司	日本	312018	34214	595915	226299	380793
18	16	麦克森公司	美国	308951	3002	67443	-1971	48000
17	17	Alphabet 公司	美国	307394	73795	402392	283379	182502
24	18	Cencora 公司	美国	262173	1745	62559	522	44000
12	19	托克集团	新加坡	244280	7393	83383	16343	12479
26	20	开市客	美国	242290	6292	68994	25058	316000
53	21	摩根大通公司	美国	239425	49552	3875393	327878	309926
28	22	中国工商银行股份有限公司	中国	222484	51417	6297315	529303	419252
20	23	道达尔能源公司	法国	218945	21384	283654	116753	102579
21	24	嘉能可	瑞士	217829	4280	123869	43580	83426
22	25	英国石油公司	英国	213032	15239	280294	70283	79400
30	26	微软	美国	211915	72361	411976	206223	221000
34	27	嘉德诺健康集团	美国	205012	261	43417	-2852	47520
31	28	Stellantis 集团	荷兰	204908	20103	223247	90229	258275
23	29	雪佛龙	美国	200949	21369	261632	160957	45600
29	30	中国建设银行股份有限公司	中国	199826	46990	5399536	443820	376871
25	31	三星电子	韩国	198257	11082	351937	272679	267860

续表

上年排名	排名	公司名称	国家/地区	营业收入/百万美元	净利润/百万美元	资产/百万美元	股东权益/百万美元	员工人数/人
27	32	鸿海精密工业股份有限公司	中国台湾	197876	4563	128550	48718	621393
35	33	信诺集团	美国	195265	5164	152761	46223	71413
32	34	中国农业银行股份有限公司	中国	192398	38049	5617655	407063	451003
39	35	中国铁路工程集团有限公司	中国	178563	2153	258818	21031	314149
46	36	福特汽车公司	美国	176191	4347	273310	42773	177000
49	37	中国银行股份有限公司	中国	172328	32758	4569327	370468	306931
82	38	美国银行	美国	171912	26515	3180151	291646	212985
50	39	通用汽车公司	美国	171842	10127	273064	64286	163000
51	40	Elevance Health 公司	美国	171340	5987	108928	39306	104900
57	41	宝马集团	德国	168103	12205	277104	98957	154950
47	42	梅赛德斯-奔驰集团	德国	165638	15417	290504	101362	166056
43	43	中国铁道建筑集团有限公司	中国	160847	1701	234977	18216	336433
44	44	中国宝武钢铁集团有限公司	中国	157216	2494	191964	42087	258697
99	45	花旗集团	美国	156820	9228	2411834	205453	237925
60	46	Centene 公司	美国	153999	2702	84641	25840	67700
52	47	京东集团股份有限公司	中国	153217	3414	88613	32666	517124
48	48	家得宝	美国	152669	15143	76530	1044	463100
55	49	法国电力公司	法国	151040	10828	402929	57619	171862
36	50	马拉松原油公司	美国	150307	9681	85987	24404	18200
58	51	克罗格	美国	150039	2164	50505	11615	414000
37	52	Phillips 66 公司	美国	149890	7015	75501	30583	14000
33	53	中国平安保险（集团）股份有限公司	中国	145759	12101	1631973	126661	288751
38	54	中国中化控股有限责任公司	中国	143240	-3666	223940	-5072	203727
62	55	中国移动通信集团有限公司	中国	142832	15253	338347	187929	453394
42	56	中国海洋石油集团有限公司	中国	141732	14559	225842	115598	82560
70	57	本田汽车	日本	141349	7661	196893	83964	194993
75	58	房利美	美国	141240	17408	4325437	77682	8100
54	59	中国人寿保险（集团）公司	中国	139616	-841	954017	28350	176625
66	60	沃博联	美国	139081	-3080	96628	20020	268500
40	61	瓦莱罗能源公司	美国	139001	8835	63056	26346	9897

续表

上年排名	排名	公司名称	国家/地区	营业收入/百万美元	净利润/百万美元	资产/百万美元	股东权益/百万美元	员工人数/人
104	62	西班牙国家银行	西班牙	137245	11974	1984827	105393	207206
63	63	中国交通建设集团有限公司	中国	136671	1672	361453	26509	219034
127	64	法国巴黎银行	法国	136076	11865	2862270	136671	182656
45	65	三菱商事株式会社	日本	135390	6670	155135	59806	80037
81	66	Meta Platforms 公司	美国	134902	39098	229623	153168	67317
130	67	汇丰银行控股公司	英国	134901	23533	3038677	185329	220861
64	68	威瑞森电信	美国	133974	11614	380255	92430	105400
65	69	中国五矿集团有限公司	中国	132020	766	159609	10078	175524
68	70	阿里巴巴集团控股有限公司	中国	131338	11165	244426	136635	204891
100	71	中国中信集团有限公司	中国	131242	4125	1617681	63212	213290
74	72	中国华润有限公司	中国	126170	3798	367033	47524	394112
85	73	现代汽车	韩国	124577	9159	218048	71403	73502
78	74	美国电话电报公司	美国	122428	14400	407060	103297	150470
72	75	山东能源集团有限公司	中国	122383	830	141176	15334	214409
77	76	美国康卡斯特电信公司	美国	121572	15388	264811	82703	186000
79	77	德国电信	德国	121046	19230	320637	62873	199652
83	78	中国南方电网有限责任公司	中国	118814	2342	173039	64219	268471
16	79	Uniper 公司	德国	116663	6819	60704	11275	6863
144	80	美国富国银行	美国	115340	19142	1932468	185735	226000
123	81	恒力集团有限公司	中国	114665	981	52686	9589	173250
67	82	安联保险集团	德国	113518	9233	1085900	64587	157883
86	83	中国邮政集团有限公司	中国	112779	5885	2310572	73988	728776
76	84	国家能源投资集团有限责任公司	中国	112049	6339	294883	74489	309037
69	85	厦门建发集团有限公司	中国	110666	1058	125003	9273	62740
88	86	信实工业公司	印度	108878	8413	210699	95209	347000
185	87	高盛集团	美国	108418	8516	1641594	116905	45300
133	88	房地美	美国	108050	10538	3280976	47722	8020
N. A.	89	俄罗斯石油公司	俄罗斯	107543	14870	209570	93859	323900
90	90	塔吉特公司	美国	107412	4138	55356	13432	415000
56	91	Equinor 公司	挪威	107174	11885	143580	48490	23449
116	92	哈门那公司	美国	106374	2489	47065	16262	67600

续表

上年排名	排名	公司名称	国家/地区	营业收入/百万美元	净利润/百万美元	资产/百万美元	股东权益/百万美元	员工人数/人
84	93	上海汽车集团股份有限公司	中国	105196	1993	141826	40339	149505
128	94	州立农业保险公司	美国	104199	-6272	339485	134967	65054
107	95	印度人寿保险公司	印度	103548	4944	637867	9929	98463
106	96	雀巢公司	瑞士	103505	12475	150422	42484	270000
59	97	意大利国家电力公司	意大利	103311	3717	215622	35073	61055
61	98	埃尼石油公司	意大利	102502	5158	157506	58741	33142
71	99	巴西国家石油公司	巴西	102409	24884	217067	78583	46730
92	100	SK集团	韩国	101969	-595	159771	16000	114950
73	101	意昂集团	德国	101280	559	125366	15589	72242
41	102	俄罗斯天然气工业股份公司	俄罗斯	100253	-7383	320303	174573	492200
111	103	华为投资控股有限公司	中国	99470	12274	178027	71491	207000
208	104	法国兴业银行	法国	99163	2695	1716418	72868	124089
118	105	博世集团	德国	99021	2271	119649	50291	429416
87	106	中粮集团有限公司	中国	97765	1270	102941	18338	111630
96	107	日本伊藤忠商事株式会社	日本	97074	5548	95819	35888	136334
105	108	中国电力建设集团有限公司	中国	97035	776	198669	15496	184567
80	109	墨西哥石油公司	墨西哥	96979	457	136068	-97636	128616
152	110	特斯拉	美国	96773	14997	106618	62634	140473
200	111	摩根士丹利	美国	96194	9087	1193693	99038	80006
113	112	中国医药集团有限公司	中国	96072	1150	82843	18823	202426
117	113	博枫公司	加拿大	95924	1130	490095	45777	240000
121	114	皇家阿霍德德尔海兹集团	荷兰	95835	2026	52818	16297	232000
112	115	强生	美国	95195	35153	167558	68774	131900
94	116	印度石油公司	印度	94273	5042	57878	22008	31942
98	117	ADM公司	美国	93935	3483	54631	24132	41008
134	118	法国农业信贷银行	法国	93358	6863	2418156	78513	75125
143	119	迪奥公司	法国	93137	6815	155592	23776	197141
109	120	日本电报电话公司	日本	92540	8853	195769	65098	338467
93	121	三井物产株式会社	日本	92196	7360	111754	49873	53602
125	122	家乐福	法国	91791	1794	62040	12745	305333
135	123	百事公司	美国	91471	9074	100495	18503	318000

续表

上年排名	排名	公司名称	国家/地区	营业收入/百万美元	净利润/百万美元	资产/百万美元	股东权益/百万美元	员工人数/人
101	124	联合包裹速递服务公司	美国	90958	6708	70857	17306	382550
110	125	泰国国家石油有限公司	泰国	90419	3221	100741	32640	30772
91	126	安盛	法国	90406	7772	711784	54759	94705
114	127	联邦快递	美国	90155	3972	87143	26088	423228
140	128	索尼	日本	90092	6716	225549	50173	113000
131	129	中国第一汽车集团有限公司	中国	89485	2864	94500	36834	119658
89	130	Engie集团	法国	89258	2387	214977	33198	97297
145	131	华特迪士尼公司	美国	88898	2354	205579	99277	199125
216	132	波兰国营石油公司	波兰	88718	4922	67206	38689	66554
97	133	戴尔科技公司	美国	88425	3211	82089	-2404	120000
103	134	敦豪集团	德国	88385	3975	73795	24826	551233
132	135	中国电信集团有限公司	中国	87962	2151	151917	57329	391691
160	136	日产汽车	日本	87774	2952	131300	37072	141855
270	137	加拿大皇家银行	加拿大	87499	11019	1444727	84782	91398
136	138	浙江荣盛控股集团有限公司	中国	86536	75	57831	6081	23373
108	139	美国劳氏公司	美国	86377	7726	41795	-15050	226000
156	140	乐购	英国	86231	1487	59498	14762	225659
147	141	腾讯控股有限公司	中国	86028	16275	222216	113921	105417
95	142	厦门国贸控股集团有限公司	中国	85819	179	50244	5828	34289
212	143	比亚迪股份有限公司	中国	85082	4244	95741	19557	703504
181	144	日本生命保险公司	日本	83090	2854	645392	14840	85740
162	145	西门子	德国	82932	8477	153510	50573	320000
148	146	日本邮政控股公司	日本	82906	1859	1975196	62170	221387
150	147	中国航空工业集团有限公司	中国	82654	1644	187461	35726	384000
187	148	三菱日联金融集团	日本	82270	10315	2669641	101858	145412
154	149	宝洁公司	美国	82006	14653	120829	46777	107000
138	150	物产中大集团股份有限公司	中国	81952	511	23407	5180	26354
129	151	Seven＆I控股公司	日本	80125	1569	70789	20290	117540
164	152	艾伯森公司	美国	79238	1296	26221	2748	196650
122	153	引能仕控股株式会社	日本	79021	1994	67032	21341	50269
161	154	交通银行股份有限公司	中国	78757	13099	1980962	153291	94275

续表

上年排名	排名	公司名称	国家/地区	营业收入/百万美元	净利润/百万美元	资产/百万美元	股东权益/百万美元	员工人数/人
126	155	Energy Transfer 公司	美国	78586	3935	113698	36682	13786
159	156	美国邮政	美国	78383	-6478	45289	-23112	582781
171	157	江西铜业集团有限公司	中国	78243	371	31154	4858	32746
120	158	中国人民保险集团股份有限公司	中国	78182	3153	219319	34265	175881
197	159	波音	美国	77794	-2222	137012	-17233	171000
146	160	中国兵器工业集团有限公司	中国	76507	1933	78675	22534	216528
157	161	太平洋建设集团有限公司	中国	76433	5035	59040	34166	293125
196	162	起亚公司	韩国	76419	6720	62241	35936	52871
186	163	西斯科公司	美国	76325	1770	22821	2009	71750
182	164	第一生命控股有限公司	日本	76305	2219	446636	12380	59495
141	165	印尼国家石油公司	印度尼西亚	75788	4441	91124	38059	40415
202	166	万喜集团	法国	75551	5083	130945	31050	279426
139	167	马来西亚国家石油公司	马来西亚	75410	16320	168475	96616	54105
294	168	多伦多道明银行	加拿大	75063	7996	1410163	80780	103257
N. A.	169	卢克石油公司	俄罗斯	75013	13552	95935	71213	107596
169	170	陕西煤业化工集团有限责任公司	中国	74777	1114	100858	15807	140142
222	171	盛虹控股集团有限公司	中国	74701	549	31762	6076	56863
119	172	巴斯夫公司	德国	74487	243	85482	38963	111991
191	173	中国保利集团有限公司	中国	73999	988	254161	17208	102834
300	174	法国 BPCE 银行集团	法国	73775	3031	1705477	93226	97835
172	175	山东魏桥创业集团有限公司	中国	73485	1192	39326	13583	97281
177	176	巴西 JBS 公司	巴西	72863	-213	42483	8935	272565
214	177	Alimentation Couche-Tard 公司	加拿大	71857	3091	29049	12565	128000
235	178	印度国家银行	印度	71844	8106	807979	49788	232296
179	179	招商银行股份有限公司	中国	71515	20709	1553789	151648	116529
158	180	印度石油天然气公司	印度	71466	5948	85215	40445	36549
165	181	广州汽车工业集团有限公司	中国	71386	345	59259	9139	110847
347	182	瑞银集团	瑞士	71245	27849	1717246	86108	112842
219	183	空中客车公司	荷兰	70751	4096	131291	19544	147893
176	184	丰田通商公司	日本	70498	2293	46687	16315	69517
225	185	浙江吉利控股集团有限公司	中国	70357	813	94120	15872	143994

续表

上年排名	排名	公司名称	国家/地区	营业收入/百万美元	净利润/百万美元	资产/百万美元	股东权益/百万美元	员工人数/人
168	186	台积公司	中国台湾	69416	27350	180508	111900	76478
142	187	厦门象屿集团有限公司	中国	69287	15	46717	4167	33214
195	188	雷神技术公司	美国	68920	3195	161869	59798	185000
207	189	伊塔乌联合银行控股公司	巴西	68455	6630	524124	39195	95702
155	190	安赛乐米塔尔	卢森堡	68275	919	93917	53961	126756
167	191	通用电气公司	美国	67954	9481	163045	27378	125000
193	192	北京汽车集团有限公司	中国	67852	328	65757	10334	90000
199	193	洛克希德-马丁	美国	67571	6920	52456	6835	122000
259	194	KOC 集团	土耳其	67483	3038	96812	13705	119306
253	195	美国运通公司	美国	67364	8374	261108	28057	74600
153	196	日立	日本	67314	4082	80818	37718	268655
184	197	瑞士罗氏公司	瑞士	67270	12797	107534	34845	103605
174	198	丰益国际	新加坡	67155	1525	61809	20173	114123
230	199	卡特彼勒	美国	67060	10335	87476	19494	113200
318	200	西班牙对外银行	西班牙	66978	8669	856592	57103	121486
258	201	韩国电力公司	韩国	66977	-3692	185048	27671	48696
183	202	美国大都会集团	美国	66905	1578	687584	30015	45000
189	203	日本永旺集团	日本	66727	312	86486	6104	381084
N. A.	204	英国劳埃德银行集团	英国	66698	6786	1123443	60112	62569
354	205	德意志银行	德国	65978	6845	1454900	72895	90130
173	206	万科企业股份有限公司	中国	65790	1718	212020	35333	131097
226	207	HCA 医疗保健公司	美国	64968	5242	56211	-1774	265000
321	208	日本三井住友金融集团	日本	64718	6663	1952365	70295	120373
204	209	LG 电子	韩国	64491	546	46503	15180	74000
210	210	联合利华	英国	64436	7013	83130	19993	128377
220	211	埃森哲	爱尔兰	64112	6872	51245	25693	732819
325	212	巴克莱	英国	63801	6536	1883109	90752	92400
163	213	晋能控股集团有限公司	中国	63640	994	159091	10658	439051
166	214	中国铝业集团有限公司	中国	63595	877	86868	15470	124995
170	215	慕尼黑再保险集团	德国	63353	4979	302400	32748	42812
250	216	俄罗斯联邦储蓄银行	俄罗斯	63330	17744	583489	73445	210753

续表

上年排名	排名	公司名称	国家/地区	营业收入/百万美元	净利润/百万美元	资产/百万美元	股东权益/百万美元	员工人数/人
251	217	巴西银行	巴西	63322	5980	443906	34879	86220
287	218	前进保险公司	美国	62109	3902	88691	20277	61432
224	219	国际商业机器公司	美国	61860	7502	135241	22533	296600
236	220	日本制铁集团公司	日本	61359	3801	70855	31595	121236
268	221	迪尔公司	美国	61251	10166	104087	21785	82956
N.A.	222	英伟达公司	美国	60922	29760	65728	42978	29600
198	223	StoneX 集团	美国	60856	239	21939	1379	4137
358	224	苏黎世保险集团	瑞士	60645	4351	361382	24860	59593
309	225	法国布伊格集团	法国	60600	1124	67093	13704	201498
350	226	日本瑞穗金融集团	日本	60504	4698	1842826	58960	52307
264	227	戴姆勒卡车控股股份公司	德国	60420	4081	78653	23862	102946
297	228	荷兰国际集团	荷兰	60401	4476	1082725	60398	59434
231	229	默沙东	美国	60115	365	106675	37581	71000
194	230	邦吉公司	美国	59540	2243	25372	10851	23000
241	231	百威英博	比利时	59380	5341	219340	81848	154540
223	232	兴业银行股份有限公司	中国	59152	10893	1431194	112179	66569
201	233	浦项制铁控股公司	韩国	58999	1300	78342	41798	44501
218	234	松下控股公司	日本	58787	3072	62235	30049	228420
149	235	康菲石油公司	美国	58574	10957	95924	49279	9900
102	236	辉瑞制药有限公司	美国	58496	2119	226501	89014	88000
280	237	达美航空	美国	58048	4609	73644	11105	103000
209	238	中国华能集团有限公司	中国	57891	1632	219906	21286	124623
256	239	中国能源建设集团有限公司	中国	57708	600	112893	7470	119182
188	240	东风汽车集团有限公司	中国	57596	-392	71052	18379	122658
215	241	TD Synnex 公司	美国	57555	627	29413	8183	28000
255	242	大众超级市场公司	美国	57534	4349	34384	24636	253000
244	243	浙江恒逸集团有限公司	中国	57468	24	18827	1772	22417
276	244	好事达	美国	57094	-188	103362	17770	53200
137	245	意大利忠利保险公司	意大利	57023	4051	561753	31995	81879
274	246	思科公司	美国	56998	12613	101852	44353	84900
178	247	雷普索尔公司	西班牙	56981	3425	68073	28934	23943

续表

上年排名	排名	公司名称	国家/地区	营业收入/百万美元	净利润/百万美元	资产/百万美元	股东权益/百万美元	员工人数/人
217	248	联想集团有限公司	中国	56864	1011	38751	5583	69500
229	249	河钢集团有限公司	中国	56728	24	76868	8680	97802
292	250	宁德时代新能源科技股份有限公司	中国	56633	6233	101041	27855	116055
286	251	雷诺	法国	56622	2376	134651	32861	105497
273	252	巴西布拉德斯科银行	巴西	56491	2854	397256	34280	79583
252	253	中国电子科技集团有限公司	中国	56084	2563	92804	34431	241097
275	254	美国全国保险公司	美国	54609	−45	290615	18971	24118
261	255	特许通讯公司	美国	54607	4557	147193	11086	101100
262	256	国家电力投资集团有限公司	中国	54485	1616	247045	31186	127514
288	257	德国艾德卡公司	德国	54455	462	11957	2628	410700
233	258	巴拉特石油公司	印度	54413	3245	24288	9075	8511
240	259	艾伯维	美国	54318	4863	134711	10360	50000
238	260	美国纽约人寿保险公司	美国	54317	805	408905	25294	15384
211	261	英特尔公司	美国	54228	1689	191572	105590	124800
285	262	TJX 公司	美国	54217	4474	29747	7302	349000
271	263	诺华公司	瑞士	54088	14850	99945	46667	76057
254	264	力拓集团	英国	54041	10058	103549	54586	57174
257	265	青山控股集团有限公司	中国	53980	1554	20647	8628	107805
227	266	保德信金融集团	美国	53979	2488	721123	27820	40366
115	267	中国远洋海运集团有限公司	中国	53930	3584	151545	40891	106221
180	268	必和必拓集团	澳大利亚	53817	12921	101296	44496	42319
213	269	惠普公司	美国	53718	3263	37004	−1069	58000
326	270	联合航空控股公司	美国	53717	2618	71104	9324	103300
337	271	印度塔塔汽车公司	印度	53635	3794	44476	10189	91496
304	272	Performance Food Group 公司	美国	53355	397	12499	3746	34825
246	273	Iberdrola 公司	西班牙	53334	5192	165709	47615	41448
232	274	德国联邦铁路公司	德国	53198	−2566	85567	13235	326781
221	275	日本出光兴产株式会社	日本	53043	1581	33146	10484	16571
266	276	泰森食品	美国	52881	−648	36251	18133	139000
278	277	美的集团股份有限公司	中国	52790	4763	68477	22948	198613
291	278	美国航空集团	美国	52788	822	63058	−5202	132100

续表

上年排名	排名	公司名称	国家/地区	营业收入/百万美元	净利润/百万美元	资产/百万美元	股东权益/百万美元	员工人数/人
267	279	中国联合网络通信股份有限公司	中国	52632	1155	93387	22435	242891
284	280	美国利宝互助保险集团	美国	52612	213	165208	24864	45000
415	281	加拿大丰业银行	加拿大	52536	5495	1016565	55432	89483
307	282	沃尔沃集团	瑞典	52102	4696	66906	17647	97440
383	283	意大利联合圣保罗银行	意大利	52004	8350	1064248	68866	94368
263	284	圣戈班集团	法国	51830	2918	63286	25705	144422
269	285	陕西延长石油（集团）有限责任公司	中国	51526	997	68398	21946	130427
265	286	拜耳集团	德国	51498	-3179	128406	36367	99723
290	287	东京海上日动火灾保险公司	日本	51372	4814	202320	16629	43870
308	288	耐克公司	美国	51217	5070	37531	14004	83700
151	289	马士基集团	丹麦	51065	3822	82100	54030	105909
388	290	菲尼克斯医药公司	德国	50935	235	15538	3623	41276
205	291	绿地控股集团股份有限公司	中国	50897	-1350	168210	11319	59970
260	292	上海浦东发展银行股份有限公司	中国	50865	5185	1269020	102109	63582
228	293	路易达孚集团	荷兰	50624	1013	22076	6630	17017
433	294	蒙特利尔银行	加拿大	50495	3237	931889	55490	55767
315	295	采埃孚	德国	50407	-34	43263	7915	165938
339	296	KB金融集团	韩国	50228	3547	552514	43947	25003
299	297	赛诺菲	法国	50209	5838	139678	81776	86088
190	298	丸红株式会社	日本	50167	3262	59011	22879	53804
352	299	甲骨文公司	美国	49954	8503	134384	1073	164000
289	300	金川集团股份有限公司	中国	49901	1360	21777	8847	31025
316	301	瑞士再保险股份有限公司	瑞士	49800	3214	179576	16146	14719
342	302	安达保险公司	瑞士	49735	9028	230682	59507	40000
239	303	Enterprise Products Partners公司	美国	49715	5532	70982	27673	7500
386	304	第一资本金融公司	美国	49484	4887	478464	58089	51987
303	305	电装公司	日本	49435	2164	60133	36602	162029
N. A.	306	HDFC银行	印度	49299	7741	483579	54762	213527
247	307	中国建材集团有限公司	中国	49089	198	99340	6683	206518
324	308	法国威立雅环境集团	法国	49027	1013	80148	13597	218288

续表

上年排名	排名	公司名称	国家/地区	营业收入/百万美元	净利润/百万美元	资产/百万美元	股东权益/百万美元	员工人数/人
272	309	中国船舶集团有限公司	中国	48890	2408	143708	42605	196309
302	310	沃达丰集团	英国	48872	1236	155751	64702	96282
243	311	Plains GP Holdings 公司	美国	48712	198	28597	1548	4200
N. A.	312	德国巴登-符腾堡州银行	德国	48567	1080	368130	17723	10434
317	313	EXOR 集团	荷兰	48369	4534	104682	25699	83773
320	314	敬业集团有限公司	中国	48120	249	13370	5216	33000
N. A.	315	联合信贷集团	意大利	48044	10278	866991	70774	70752
237	316	巴登-符滕堡州能源公司	德国	48032	1662	71481	10281	26943
242	317	东京电力公司	日本	47869	1853	96518	23220	38183
282	318	住友商事	日本	47813	2673	72957	29398	79692
234	319	World Kinect 公司	美国	47711	53	7375	1943	5289
319	320	Orange 公司	法国	47699	2638	121551	35150	127109
305	321	HD 现代公司	韩国	46959	203	52479	5657	34097
314	322	英格卡集团	荷兰	46938	1597	61283	50596	165353
N. A.	323	澳新银行集团	澳大利亚	46828	4724	712706	44817	40342
248	324	美国国际集团	美国	46802	3643	539306	45351	25200
295	325	软银集团	日本	46749	-1575	308982	73814	65352
279	326	中国机械工业集团有限公司	中国	46482	182	45848	9096	117357
249	327	Talanx 公司	德国	46156	1709	187041	11539	27863
349	328	美洲电信	墨西哥	46011	4292	92397	21662	176083
331	329	阿斯利康	英国	45811	5955	101119	39143	89900
310	330	浙江省交通投资集团有限公司	中国	45772	764	131773	20308	43266
192	331	中国太平洋保险（集团）股份有限公司	中国	45760	3850	330238	35164	98732
344	332	可口可乐公司	美国	45754	10714	97703	25941	79100
366	333	美国教师退休基金会	美国	45735	-1409	629370	42111	16023
406	334	巴西联邦储蓄银行	巴西	45707	2350	377308	26023	86962
298	335	CHS 公司	美国	45590	1900	18957	10448	10609
323	336	中国华电集团有限公司	中国	45534	1910	154661	17081	93459
N. A.	337	法国国民互助信贷银行集团	法国	45490	4262	1008980	66671	77283
384	338	MS&AD 保险集团控股有限公司	日本	45478	2555	178285	13513	38391

续表

上年排名	排名	公司名称	国家/地区	营业收入/百万美元	净利润/百万美元	资产/百万美元	股东权益/百万美元	员工人数/人
372	339	现代摩比斯公司	韩国	45369	2621	45225	31368	46183
313	340	苏商建设集团有限公司	中国	45265	1142	33331	15979	141256
340	341	法国国营铁路集团	法国	45145	1416	143865	30431	282786
312	342	百时美施贵宝公司	美国	45006	8025	95159	29430	34100
341	343	中国兵器装备集团公司	中国	44790	1137	65365	14398	159837
362	344	德国大陆集团	德国	44778	1250	41697	15105	202763
301	345	Raízen 公司	巴西	44694	106	25558	4263	45417
245	346	陶氏公司	美国	44622	589	57967	18607	35900
336	347	乔治威斯顿公司	加拿大	44560	1141	37750	5063	220280
370	348	欧莱雅	法国	44521	6685	57273	32112	94605
454	349	Fomento Económico Mexicano 公司	墨西哥	44168	3704	47602	17949	392932
355	350	西班牙电话公司	西班牙	43947	-964	115224	24135	104142
329	351	中国民生银行股份有限公司	中国	43554	5060	1081316	87999	63742
311	352	百思买	美国	43452	1241	14967	3053	85000
335	353	伍尔沃斯集团	澳大利亚	43257	1089	22413	4280	200364
351	354	上海建工集团股份有限公司	中国	43031	220	53830	5783	51272
371	355	LG 化学公司	韩国	42922	1024	59800	24851	40000
328	356	赛默飞世尔科技公司	美国	42857	5995	98726	46735	122000
394	357	麦格纳国际	加拿大	42797	1213	32255	11884	166000
203	358	奥地利石油天然气集团	奥地利	42662	1678	55957	20144	20592
369	359	万通互惠理财公司	美国	42641	-772	397895	28877	11323
417	360	联合服务汽车协会	美国	42493	1214	211638	29049	37376
380	361	广州市建筑集团有限公司	中国	42403	152	29897	2699	50608
379	362	通用动力	美国	42272	3315	54810	21299	111600
332	363	巴西淡水河谷公司	巴西	41784	7983	94186	39461	66807
373	364	紫金矿业集团股份有限公司	中国	41446	2983	48326	15146	55239
409	365	Travelers 公司	美国	41364	2991	125978	24921	33133
449	366	华纳兄弟探索公司	美国	41321	-3126	122757	45226	35300
N. A.	367	加拿大帝国商业银行	加拿大	41170	3704	703069	38176	48074
281	368	利安德巴塞尔工业公司	荷兰	41107	2114	37000	12930	20000
390	369	森宝利公司	英国	41088	172	31667	8678	100000

续表

上年排名	排名	公司名称	国家/地区	营业收入/百万美元	净利润/百万美元	资产/百万美元	股东权益/百万美元	员工人数/人
391	370	深圳市投资控股有限公司	中国	41025	1413	162425	27147	103928
283	371	鞍钢集团有限公司	中国	40685	−83	68003	13133	149765
296	372	韩华集团	韩国	40683	291	161907	8330	69345
N.A.	373	美国合众银行	美国	40624	5429	663491	55306	75465
439	374	汉莎集团	德国	40455	1809	50056	10668	79759
333	375	和硕	中国台湾	40357	505	18176	6161	147360
338	376	雅培公司	美国	40109	5723	73214	38603	114000
330	377	蒂森克虏伯	德国	40028	−2210	35229	12527	99981
363	378	新希望控股集团有限公司	中国	39988	−93	41771	3315	79066
357	379	日本KDDI电信公司	日本	39813	4414	93546	34740	61288
381	380	中国核工业集团有限公司	中国	39633	1297	188569	28129	182750
431	381	泰康保险集团股份有限公司	中国	39412	1786	235069	19344	55408
413	382	美国诺斯洛普格拉曼公司	美国	39290	2056	46544	14795	101000
348	383	江苏沙钢集团有限公司	中国	39241	228	51668	11211	44004
467	384	美团	中国	39093	1957	41285	21417	114860
N.A.	385	奇瑞控股集团有限公司	中国	39092	586	37347	1675	56584
444	386	Inditex公司	西班牙	38903	5824	35555	20248	114510
421	387	施耐德电气	法国	38812	4328	65053	29227	168044
408	388	西北互助人寿保险公司	美国	38788	711	358829	30310	8239
393	389	Dollar General公司	美国	38692	1661	30796	6749	185800
277	390	Cenovus Energy公司	加拿大	38690	3045	40894	21767	6925
428	391	西班牙ACS集团	西班牙	38635	843	40312	5886	122979
435	392	Coop集团	瑞士	38583	640	26139	13401	82983
N.A.	393	加拿大枫信金融控股公司	加拿大	38417	4382	91985	22951	51044
414	394	广州工业投资控股集团有限公司	中国	38345	151	48958	5583	88440
306	395	PBF Energy公司	美国	38325	2141	14388	6488	3776
N.A.	396	渣打银行	英国	38292	3469	822844	44445	84958
360	397	小米集团	中国	38277	2469	45683	23105	33627
469	398	康帕斯集团	英国	38005	1610	21490	6271	562460
375	399	日本明治安田生命保险公司	日本	37897	1062	349494	8146	47140
343	400	葛兰素史克集团	英国	37692	6125	75204	17011	70212

续表

上年排名	排名	公司名称	国家/地区	营业收入/百万美元	净利润/百万美元	资产/百万美元	股东权益/百万美元	员工人数/人
327	401	森科能源公司	加拿大	37609	6148	67156	32827	14906
N.A.	402	杭州市实业投资集团有限公司	中国	37398	364	12096	2823	4056
477	403	Uber Technologies 公司	美国	37281	1887	38699	11249	30400
N.A.	404	德国中央合作银行	德国	37221	2303	711938	32147	29901
322	405	GS 加德士	韩国	37217	883	18775	10421	3268
441	406	铃木汽车	日本	37185	1852	35615	14537	72372
419	407	海尔智家股份有限公司	中国	36929	2344	35698	14584	112458
398	408	X5 零售集团	荷兰	36922	919	17659	2335	372200
403	409	法国邮政	法国	36835	556	845509	24767	232726
411	410	杭州钢铁集团有限公司	中国	36772	197	14863	3947	11492
438	411	上海医药集团股份有限公司	中国	36769	532	29865	9654	48164
440	412	山东高速集团有限公司	中国	36744	492	213269	28275	56432
425	413	霍尼韦尔国际公司	美国	36662	5658	61525	15856	95000
427	414	广东省广新控股集团有限公司	中国	36609	86	17394	2438	44837
377	415	顺丰控股股份有限公司	中国	36502	1163	31206	13073	153125
407	416	三菱电机股份有限公司	日本	36380	1972	40784	24728	149134
426	417	广州医药集团有限公司	中国	36310	324	11795	2241	35391
396	418	中国大唐集团有限公司	中国	36266	333	122382	13539	87991
N.A.	419	曼福集团	西班牙	36098	732	60688	9351	30873
N.A.	420	CFE 公司	墨西哥	36078	5482	137340	43745	92054
395	421	怡和集团	中国香港	36049	686	89182	29010	443000
487	422	亿滋国际	美国	36016	4959	71391	28332	91000
418	423	大和房建	日本	35999	2067	43207	15066	48483
473	424	星巴克公司	美国	35976	4125	29446	-7995	381000
376	425	新加坡奥兰集团	新加坡	35953	208	25287	5556	65980
334	426	高通	美国	35820	7232	51040	21581	50000
462	427	博通公司	美国	35819	14082	72861	23988	20000
382	428	日本钢铁工程控股公司	日本	35804	1366	38057	16295	62218
N.A.	429	海亮集团有限公司	中国	35702	32	10308	2941	26727
446	430	US Foods Holding 公司	美国	35597	506	13187	4749	30000
423	431	ELO 集团	法国	35569	-410	22956	6214	145025

续表

上年排名	排名	公司名称	国家/地区	营业收入/百万美元	净利润/百万美元	资产/百万美元	股东权益/百万美元	员工人数/人
485	432	Migros 集团	瑞士	35563	206	95606	25783	72523
N. A.	433	Mercadona 公司	西班牙	35525	1091	14943	9208	98700
455	434	D. R. Horton 公司	美国	35460	4746	32582	22696	13450
368	435	中国电子信息产业集团有限公司	中国	35391	27	61089	10609	183469
389	436	蜀道投资集团有限责任公司	中国	35379	686	188446	42358	55878
356	437	中国中煤能源集团有限公司	中国	35364	2154	73995	15779	144531
436	438	铜陵有色金属集团控股有限公司	中国	35245	60	14236	1231	21443
453	439	长江和记实业有限公司	中国	35200	3002	148416	70257	300000
480	440	菲利普-莫里斯国际公司	美国	35174	7813	65304	-11225	82700
N. A.	441	帕卡公司	美国	35127	4601	40823	15879	32400
N. A.	442	拼多多控股公司	中国	34981	8479	49040	26380	17403
459	443	CRH 公司	爱尔兰	34949	3178	47469	20854	78500
345	444	广达电脑公司	中国台湾	34860	1274	22518	6076	56708
491	445	赛富时	美国	34857	4136	99823	59646	72682
N. A.	446	友邦保险控股有限公司	中国香港	34851	3764	286319	41111	27320
361	447	纽柯	美国	34714	4525	35341	20941	32000
456	448	捷普公司	美国	34702	818	19424	2866	236000
N. A.	449	澳大利亚国民银行	澳大利亚	34550	4934	682707	39421	38516
472	450	SAP 公司	德国	34542	6637	75475	47666	107602
434	451	中国中车集团有限公司	中国	34520	862	76602	13609	165344
451	452	上海德龙钢铁集团有限公司	中国	34400	223	21815	3622	42843
450	453	莱纳公司	美国	34233	3939	39234	26581	12284
447	454	损保控股有限公司	日本	34136	2879	98087	9389	48421
N. A.	455	美国礼来公司	美国	34124	5240	64006	10772	43000
374	456	韩国天然气公司	韩国	34115	-583	44198	7432	4163
475	457	Molina Healthcare 公司	美国	34072	1091	14892	4215	18000
465	458	北京建龙重工集团有限公司	中国	34070	139	26733	6653	57863
N. A.	459	康明斯公司	美国	34065	735	32005	8850	75500
432	460	陕西建工控股集团有限公司	中国	34061	353	61076	2527	41390
N. A.	461	荷兰合作银行集团	荷兰	34043	4635	677928	40029	49132
470	462	爱信	日本	33970	628	30704	14124	115140

续表

上年排名	排名	公司名称	国家/地区	营业收入/百万美元	净利润/百万美元	资产/百万美元	股东权益/百万美元	员工人数/人
353	463	Rajesh Exports 公司	印度	33944	41	2648	1830	141
445	464	英美烟草集团	英国	33907	-17855	151308	66997	49839
378	465	台湾中油股份有限公司	中国台湾	33904	-657	34350	3498	17142
N. A.	466	纽约梅隆银行	美国	33805	3286	409953	40874	53400
476	467	通威集团有限公司	中国	33731	594	25094	4194	58329
484	468	Netflix 公司	美国	33723	5408	48732	20588	13000
N. A.	469	诺和诺德公司	丹麦	33704	12143	46607	15792	63845
410	470	首钢集团有限公司	中国	33621	344	74249	15215	83509
359	471	山西焦煤集团有限责任公司	中国	33533	1253	73316	8936	214937
495	472	广西投资集团有限公司	中国	33428	68	113541	3800	32241
N. A.	473	俄罗斯外贸银行	俄罗斯	33420	4936	327760	23663	76100
N. A.	474	马自达汽车株式会社	日本	33403	1437	25075	9395	48685
466	475	湖南钢铁集团有限公司	中国	33345	834	24473	6068	36114
399	476	加拿大鲍尔集团	加拿大	33265	1665	568475	16795	40300
N. A.	477	Truist Financial 公司	美国	33246	-1091	535349	59101	49935
490	478	西门子能源	德国	33185	-4833	50695	8998	94000
N. A.	479	斯伦贝谢公司	美国	33135	4203	47957	20189	111000
397	480	哥伦比亚国家石油公司	哥伦比亚	33127	4872	72404	19567	19657
404	481	艾睿电子	美国	33107	904	21726	5806	22100
N. A.	482	Jerónimo Martins 公司	葡萄牙	33089	817	15791	3108	134379
483	483	中国航空油料集团有限公司	中国	32984	99	10700	4451	13694
N. A.	484	澳洲联邦银行	澳大利亚	32981	6789	834520	47959	49454
N. A.	485	英国森特理克集团	英国	32882	4883	27232	4941	21014
460	486	林德集团	英国	32854	6199	80811	39720	66323
N. A.	487	喜力公司	荷兰	32823	1269	60479	10750	89732
479	488	立讯精密工业股份有限公司	中国	32759	1547	22823	7934	232585
443	489	3M 公司	美国	32681	-6995	50580	4807	85000
N. A.	490	Visa 公司	美国	32653	17273	90499	38733	28800
N. A.	491	阿波罗全球管理公司	美国	32644	5047	313488	12646	6855
N. A.	492	阿联酋航空集团	阿拉伯联合酋长国	32638	4692	44635	12450	112406

续表

上年排名	排名	公司名称	国家/地区	营业收入/百万美元	净利润/百万美元	资产/百万美元	股东权益/百万美元	员工人数/人
429	493	Vibra Energia 公司	巴西	32634	955	8961	3242	3526
474	494	麦德龙	德国	32579	468	12326	2128	81834
N.A.	495	斯巴鲁公司	日本	32540	2664	31835	16950	37693
N.A.	496	法国航空-荷兰皇家航空集团	法国	32452	1010	38094	-2265	76271
365	497	Enbridge 公司	加拿大	32350	4588	136770	46613	12450
N.A.	498	瑞士 ABB 集团	瑞士	32235	3745	40940	13410	107900
499	499	日本三菱重工业股份有限公司	日本	32223	1536	41372	14843	77697
457	500	三星 C&T 公司	韩国	32078	1699	51047	26430	18685

第十五章
中国 500 强企业按照行业分类名单

中国 500 强企业按照行业分类名单情况，见表 15-1。

第十五章 中国 500 强企业按照行业分类名单

表 15-1 中国 500 强企业按照行业分类 [①]

名次	公司名称	通信地址	邮政编码	名次(1)	名次(2)	名次(3)
农林牧渔业						
1	北大荒农垦集团有限公司	黑龙江省哈尔滨市香坊区红旗大街 175 号	150036	148	—	—
2	海南省农垦投资控股集团有限公司	海南省海口市龙华区滨海大道 115 号海垦国际金融中心 42 层	570100	466	—	—
煤炭采掘及采选业						
1	山东能源集团有限公司	山东省济南市高新区舜华路 28 号	250101	23	—	—
2	国家能源投资集团有限责任公司	北京市东城区安定门西滨河路 22 号	100011	27	—	—
3	陕西煤业化工集团有限责任公司	陕西省西安市航天基地东长安街 636 号	710100	47	—	—
4	晋能控股集团有限公司	山西省大同市平城区太和路	037006	57	—	—
5	中国中煤能源集团有限公司	北京市朝阳区黄寺大街 1 号	100120	114	—	—
6	山西焦煤集团有限责任公司	山西省太原市万柏林区新晋祠路一段 1 号	030024	123	—	—
7	山东黄金集团有限公司	山东省济南市历城区经十路 2503 号	250100	141	—	—
8	中国平煤神马控股集团有限公司	河南省平顶山市矿工中路 21 号院	467000	168	—	—
9	河南能源集团有限公司	河南省郑州市郑东新区 CBD 商务外环路 6 号国龙大厦	450046	216	—	—
10	冀中能源集团有限责任公司	河北省邢台市信都区中兴西大街 191 号	054000	222	—	—
11	陕西榆林能源集团有限公司	陕西省榆林市榆阳区高新区明珠大道榆能大厦	719000	251	—	—
12	开滦（集团）有限责任公司	河北省唐山市新华东道 70 号	063018	284	—	—
13	淮北矿业（集团）有限责任公司	安徽省淮北市人民中路 276 号	235006	300	—	—
14	济宁能源发展集团有限公司	山东省济宁市高新区崇文大道 2299 号	272001	322	—	—
15	淮河能源控股集团有限责任公司	安徽省淮南市田家庵区洞山中路一号	232001	356	—	—
16	华阳新材料科技集团有限公司	山西省阳泉市北大西街 5 号	045000	376	—	—
17	彬县煤炭有限责任公司	陕西省咸阳市秦都区世纪大道中段	712000	403	—	—
18	内蒙古伊泰集团有限公司	内蒙古自治区鄂尔多斯市东胜区天骄北路伊泰大厦	017000	449	—	—
19	徐州矿务集团有限公司	江苏省徐州市云龙区钱塘路 7 号	221000	472	—	—
石油、天然气开采及生产业						
1	中国石油天然气集团有限公司	北京市东城区东直门北大街 9 号	100007	3	—	—
2	中国海洋石油集团有限公司	北京市东城区朝阳门北大街 25 号	100010	16	—	—
3	陕西延长石油（集团）有限责任公司	陕西省西安市雁塔区唐延路 61 号延长石油科研中心	710065	75	—	—
电力生产						
1	中国华能集团有限公司	北京市西城区复兴门内大街 6 号	100031	62	—	—
2	国家电力投资集团有限公司	北京市西城区北三环中路 29 号院 1 号楼	100029	69	—	—
3	中国华电集团有限公司	北京市西城区宣武门内大街 2 号中国华电大厦	100031	85	—	—
4	中国核工业集团有限公司	北京市西城区三里河南巷 1 号	100822	96	—	—

[①] 注：名次（1）为 2024 中国企业 500 强中的名次，名次（2）为 2024 中国制造业企业 500 强中的名次，名次（3）为 2024 中国服务业企业 500 强中的名次。

续表

名次	公司名称	通信地址	邮政编码	名次(1)	名次(2)	名次(3)
5	中国大唐集团有限公司	北京市西城区广宁伯街1号	100033	110	—	—
6	中国广核集团有限公司	广东省深圳市福田区深南大道2002号中广核大厦	518028	178	—	—
7	广东省能源集团有限公司	广东省广州市天河东路8号粤电广场A座	510630	294	—	—
农副食品						
1	新希望控股集团有限公司	四川省成都市锦江区金石路376号新希望中鼎国际	610021	95	37	—
2	广东海大集团股份有限公司	广东省广州市番禺区南村镇万博四路42号海大大厦2座7楼	511445	224	110	—
3	牧原实业集团有限公司	河南省南阳市卧龙区龙升工业园牧原集团	473000	226	111	—
4	温氏食品集团股份有限公司	广东省云浮市新兴县新城镇东堤北路9号	527400	273	137	—
5	双胞胎（集团）股份有限公司	江西省南昌市青山湖区昌东大道7003号	330096	283	142	—
6	蓝润集团有限公司	四川省成都市天府新区华府大道1号蓝润置地广场	610213	297	149	—
7	三河汇福粮油集团有限公司	河北省三河市燕郊开发区汇福路8号	065201	349	181	—
8	河南双汇投资发展股份有限公司	河南省漯河市牡丹江路288号	462000	406	210	—
9	五得利面粉集团有限公司	河北省邯郸市丛台区丛台东路与荀子大街交叉口五得利大厦	056004	431	221	—
10	香驰控股有限公司	山东省滨州市博兴县博城五路151号	256500	—	315	—
11	广西农垦集团有限责任公司	广西壮族自治区南宁市青秀区民族大道32号	530022	—	370	—
12	诸城外贸有限责任公司	山东省诸城市密州路东首	262200	—	379	—
13	唐人神集团股份有限公司	湖南省株洲市天元区黄河北路1291号	412007	—	389	—
14	万向三农集团有限公司	浙江省杭州市萧山经济技术开发区宁围街道万向路一号	311215	—	400	—
15	福建傲农生物科技集团股份有限公司	福建省漳州市芗城区金峰经济开发区兴亭路与宝莲路交叉处	363000	—	463	—
16	福建圣农发展股份有限公司	福建省南平市光泽县十里铺圣农总部	354100	—	477	—
17	四川特驱农牧科技集团有限公司	四川省成都市双流区西航港经济开发区西航港大道中四段615号	610218	—	494	—
18	山东亚太中慧集团有限公司	山东省潍坊市昌乐镇新昌北路525号	262400	—	496	—
食品						
1	北京首农食品集团有限公司	北京市朝阳区曙光西路28号	100028	166	81	—
2	光明食品（集团）有限公司	上海市徐汇区宝庆路20号	200031	195	93	—
3	山东渤海实业集团有限公司	山东省滨州市博兴县工业园	256500	390	201	—
4	桂林力源粮油食品集团有限公司	广西壮族自治区桂林市叠彩区中山北路122号	541001	—	277	—
5	北京顺鑫控股集团有限公司	北京市顺义区站前街1号院1号楼顺鑫国际商务中心11层	101300	—	395	—
6	佛山市海天调味食品股份有限公司	广东省佛山市文沙路16号	528000	—	407	—
7	玉锋实业集团有限公司	河北省邢台市宁晋县西城区	055550	—	428	—
8	黑龙江飞鹤乳业有限公司	黑龙江省哈尔滨市松北区创新三路600号科技大厦	150028	—	439	—

续表

名次	公司名称	通信地址	邮政编码	名次(1)	名次(2)	名次(3)
9	青岛康大控股集团有限公司	山东省青岛市黄岛区长江西路157号康大凤凰广场16楼	266000	—	469	—
10	达利食品集团有限公司	福建省惠安县紫山镇林口	362100	—	471	—
11	得利斯集团有限公司	山东省潍坊市诸城市昌城镇得利斯工业园	262216	—	482	—
饮料						
1	内蒙古伊利实业集团股份有限公司	内蒙古自治区呼和浩特市金山开发区金山大街1号	010110	204	98	—
2	农夫山泉股份有限公司	浙江省杭州市西湖区葛衙庄181号	310024	—	281	—
酒类						
1	四川省宜宾五粮液集团有限公司	四川省宜宾市翠屏区岷江西路150号	644007	150	69	—
2	泸州老窖集团有限责任公司	四川省泸州市龙马潭区南光路71号泸州老窖营销大楼	646000	252	123	—
3	稻花香集团	湖北省宜昌市夷陵区龙泉镇龙沙街1号	443112	397	204	—
4	青岛啤酒集团有限公司	山东省青岛市东海西路35号青岛啤酒大厦	266071	—	300	—
5	江苏洋河酒厂股份有限公司	江苏省宿迁市洋河新区洋河股份研发大楼	223800	—	341	—
6	安徽古井集团有限责任公司	安徽省亳州市谯城区古井镇	236800	—	437	—
轻工百货生产						
1	大亚科技集团有限公司	江苏省丹阳市经济开发区齐梁路99号	212300	—	309	—
2	重庆轻纺控股（集团）公司	重庆市渝北区人和街道黄山大道中段7号	401121	—	314	—
3	上海晨光文具股份有限公司	上海市松江区新桥镇千帆路288弄5号	201612	—	418	—
4	欧派家居集团股份有限公司	广东省广州市广花三路366号	510450	—	424	—
5	顾家家居股份有限公司	浙江省杭州市经济开发区11号大街113号	310018	—	467	—
6	广博控股集团有限公司	浙江省宁波市海曙区石碶街道车何广博工业园	315153	—	486	—
纺织印染						
1	山东魏桥创业集团有限公司	山东省滨州市邹平经济开发区魏纺路1号	256200	50	15	—
2	山东如意时尚投资控股有限公司	山东省济宁市高新区如意工业园	272000	447	231	—
3	华芳集团有限公司	江苏省苏州市张家港市城北路178号华芳国际大厦	215600	—	332	—
4	福建长源纺织有限公司	福建省福州市长乐区空港工业区（湖南片区）	350212	—	435	—
5	浙江永利实业集团有限公司	浙江省绍兴市柯桥区金柯桥大道1418号永利大厦	312000	—	493	—
服装及其他纺织品						
1	雅戈尔集团（宁波）有限公司	浙江省宁波市海曙区鄞县大道西段2号	315153	140	63	—
2	海澜集团有限公司	江苏省江阴市新桥镇陶新路8号	214426	189	90	—
3	红豆集团有限公司	江苏省无锡市锡山区东港镇港下兴港路红豆集团总部	214199	312	156	—
4	内蒙古鄂尔多斯投资控股集团有限公司	内蒙古自治区鄂尔多斯市东胜区达拉特南路102号	017000	355	184	—
5	江苏阳光集团有限公司	江苏省江阴市新桥镇陶新路18号	214426	426	220	—
6	安踏体育用品集团有限公司	福建省厦门市思明区观音山嘉义路99号安踏营运中心	361000	452	235	—
7	太平鸟集团有限公司	浙江省宁波市新晖南路255号	315000	—	272	—

续表

名次	公司名称	通信地址	邮政编码	名次(1)	名次(2)	名次(3)
8	森马集团有限公司	浙江省温州市瓯海区娄桥工业园南汇路98号	325200	—	288	—
9	波司登股份有限公司	江苏省常熟市古里镇白茆波司登工业园	215532	—	290	—
10	宁波申洲针织有限公司	浙江省宁波市北仑区县（市）甬江路18号	315800	—	310	—
11	宁波博洋控股集团有限公司	浙江省宁波市海曙区南门启文路157弄6号	315012	—	359	—
12	中哲控股集团有限公司	浙江省宁波市鄞州区金源路626号	315000	—	399	—
13	天津纺织集团（控股）有限公司	天津空港经济区中心大道东九道6号天纺大厦	300308	—	444	—
家用电器制造						
1	美的集团股份有限公司	广东省佛山市顺德区北滘镇美的大道6号	528300	73	26	—
2	海尔集团公司	山东省青岛市崂山区海尔路1号	266101	74	27	—
3	珠海格力电器股份有限公司	广东省珠海市香洲区前山金鸡西路格力电器企管部	519070	133	58	—
4	海信集团控股有限公司	山东省青岛市崂山区香港东路88号海信国际中心A座	266061	135	60	—
5	四川长虹电子控股集团有限公司	四川省绵阳市高新区绵兴东路35号	621000	187	88	—
6	TCL实业控股股份有限公司	广东省惠州仲恺高新区惠风三路17号TCL科技大厦22层	516001	214	105	—
7	奥克斯集团有限公司	浙江省宁波市鄞州区首南街道日丽中路757号	315100	286	143	—
8	创维集团有限公司	广东省深圳市南山区科技园高新南四道创维半导体设计大厦东座22层	518057	351	182	—
9	三花控股集团有限公司	浙江省绍兴市新昌县澄潭街道沃西大道219号	312500	419	217	—
10	青岛澳柯玛控股集团有限公司	山东省青岛市黄岛区太行山路2号	266510	—	438	—
11	宁波方太厨具有限公司	浙江省宁波市杭州湾新区滨海六路1266号	315336	—	491	—
12	深圳市兆驰股份有限公司	广东省深圳市龙岗区南湾街道下李朗社区李朗路一号兆驰创新产业园	518114	—	497	—
造纸及包装						
1	晨鸣控股有限公司	山东省潍坊市寿光市农圣东街2199号	262700	267	134	—
2	华泰集团有限公司	山东省东营市广饶县大王镇潍高路251号	257335	317	158	—
3	玖龙纸业（控股）有限公司	广东省东莞市松山湖园区新城路12号	523808	326	163	—
4	山东太阳控股集团有限公司	山东省济宁市兖州区友谊路1号	272100	336	173	—
5	胜达集团有限公司	浙江省杭州市萧山区市心北路2036号东方至尊国际中心	311215	—	334	—
6	山鹰国际控股股份公司	安徽省马鞍山市花山区勤俭路3号	243021	—	374	—
7	金东纸业（江苏）股份有限公司	江苏省镇江市大港兴港东路8号	212132	—	383	—
8	山东博汇集团有限公司	山东省淄博市桓台县马桥镇工业路北首	256405	—	441	—
石化及炼焦						
1	中国石油化工集团有限公司	北京市朝阳区朝阳门北大街22号	100728	2	1	—
2	恒力集团有限公司	江苏省苏州市吴江区盛泽镇恒力路1号	215226	25	5	—
3	山东东明石化集团有限公司	山东省菏泽市东明县石化大道27号	274500	177	84	—
4	利华益集团股份有限公司	山东省东营市利津县凤凰大道86号	257400	186	87	—
5	万达控股集团有限公司	山东省东营市垦利区行政办公新区民丰路万达大厦	257500	194	92	—
6	山西鹏飞集团有限公司	山西省孝义市振兴街鹏飞总部	032300	240	118	—

续表

续表

名次	公司名称	通信地址	邮政编码	名次(1)	名次(2)	名次(3)
7	旭阳控股有限公司	北京市丰台区四合庄路6号旭阳大厦1号楼	100070	241	119	—
8	弘润石化（潍坊）有限责任公司	山东省潍坊市高新区福寿东街4461号	261061	271	136	—
9	山东京博控股集团有限公司	山东省滨州市博兴县经济开发区京博工业园	256505	275	138	—
10	富海集团新能源控股有限公司	山东省东营市河口区黄河路37号富海大厦1003室	257200	277	139	—
11	河北鑫海控股集团有限公司	河北省沧州市	061113	303	152	—
12	中景石化集团有限公司	福建省福州市鼓楼区六一北路468号琼都公寓4号楼6层	350007	305	154	—
13	齐成（山东）石化集团有限公司	山东省东营市广饶县广饶街道	257300	316	157	—
14	山东寿光鲁清石化有限公司	山东省潍坊寿光市羊口镇化工产业园	262714	324	162	—
15	山东海科控股有限公司	山东省东营市北一路726号海科大厦	257088	328	165	—
16	山东金诚石化集团有限公司	山东省淄博市桓台县马桥镇	2156405	329	166	—
17	山东齐润控股集团有限公司	山东省东营市丁庄街道东八路18号	257000	344	177	—
18	山东东方华龙工贸集团有限公司	山东省东营市广饶县经济开发区团结路673号	257300	348	180	—
19	福建省能源石化集团有限责任公司	福建省福州市鼓楼区北二环西路118号11-16层	350003	357	185	—
20	山东垦利石化集团有限公司	山东省东营市垦利区胜兴路1001号	257500	391	202	—
21	胜星集团有限责任公司	山东省东营市广饶县山东大王经济开发区胜利路16号	257335	441	227	—
22	金澳科技（湖北）化工有限公司	湖北省潜江市章华北路66号	433132	455	237	—
23	山东汇丰石化集团有限公司	山东省淄博市桓台县果里镇石化南路	256410	456	238	—
24	万通海欣控股集团股份有限公司	山东省东营市东营区庐山路1036号	257000	487	255	—
25	淄博鑫泰石化有限公司	山东省淄博市临淄区凤凰镇刘地村	255420	498	263	—
26	山东恒源石油化工股份有限公司	山东省德州市临邑县林子镇红坛大街67号	251511	—	283	—
27	山东恒信集团有限公司	山东省济宁市邹城市经济开发区恒信大厦	273517	—	295	—
28	山东中海化工集团有限公司	山东省东营市河口区西湖路245号	257200	—	339	—
29	中国庆华能源集团有限公司	北京市朝阳区建国门外大街中海广场中楼38层	100020	—	349	—
30	美锦能源集团有限公司	山西省太原市清徐县文源路东段9号	030400	—	385	—
31	河南丰利石化有限公司	河南省濮阳市范县濮州化工工业园区	457512	—	420	—
32	河南利源集团燃气有限公司	河南省安阳市殷都区铜冶镇李村河南利源集团燃气有限公司4楼发展部	455141	—	456	—
33	东营奥星石油化工有限公司	山东省东营市广饶县李鹊镇南十里	257300	—	473	—
34	陕西黑猫焦化股份有限公司	陕西省韩城市煤化工业园	715400	—	474	—
35	山东潍焦控股集团有限公司	山东省潍坊市昌乐县宝通街667号	262404	—	480	—
36	山东永鑫能源集团有限公司	山东省滨州市博兴县湖滨镇工业园	256511	—	484	—
轮胎及橡胶制品						
1	华勤橡胶工业集团有限公司	山东省济宁市兖州区华勤工业园	272100	400	207	—
2	利时集团股份有限公司	浙江省宁波市鄞州区投资创业中心诚信路518号	315105	—	311	—
3	中策橡胶集团股份有限公司	浙江省杭州市钱塘区1号大街1号	310018	—	321	—

续表

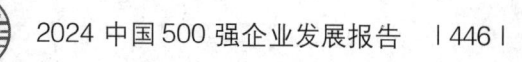

名次	公司名称	通信地址	邮政编码	名次(1)	名次(2)	名次(3)
4	双星集团有限责任公司	山东省青岛市崂山区文岭路5号白金广场A座	266000	—	393	—
5	玲珑集团有限公司	山东省烟台市招远市金龙路777号	265400	—	442	—
化学原料及化学品制造						
1	中国中化控股有限责任公司	北京市西城区复兴门外大街	100032	14	3	—
2	浙江荣盛控股集团有限公司	浙江省杭州市萧山区益农镇荣盛控股大楼	311247	36	9	—
3	盛虹控股集团有限公司	江苏省苏州市吴江区盛泽镇西环二路1555号	215228	48	14	—
4	万华化学集团股份有限公司	山东省烟台市经济技术开发区三亚路3号	264002	153	71	—
5	潞安化工集团有限公司	山西省襄垣县侯堡镇	046204	158	76	—
6	新疆中泰（集团）有限责任公司	新疆维吾尔自治区乌鲁木齐市经济技术开发区阳澄湖路39号	830026	165	80	—
7	重庆化医控股（集团）公司	重庆市渝北区星光大道70号天王星A1座	401121	259	129	—
8	云天化集团有限责任公司	云南省昆明市滇池路1417号	650228	270	135	—
9	浙江卫星控股股份有限公司	浙江省嘉兴市东栅街道富强路196号16楼	314000	287	144	—
10	山东金岭集团有限公司	山东省东营市广饶县大王镇青垦路161号	257300	385	197	—
11	宜昌兴发集团有限公司	湖北省宜昌市兴山县古夫镇高阳大道58号	443700	399	206	—
12	上海华谊控股集团有限公司	上海市静安区常德路809号	200040	410	213	—
13	浙江升华控股集团有限公司	浙江省湖州市德清县下渚湖街道下仁公路99号	313220	425	219	—
14	天津渤海化工集团有限责任公司	天津市和平区湖北路10号	300040	434	222	—
15	福佳集团有限公司	辽宁省大连市沙河口区兴工街4号福佳新天地广场A栋24楼	116021	436	224	—
16	华峰集团有限公司	浙江省温州市瑞安市经济开发区大道1688号	325200	450	233	—
17	贵州磷化（集团）有限责任公司	贵州省贵阳市市南路57号瓮福国际大厦	550005	465	244	—
18	金发科技股份有限公司	广东省广州市黄埔区科学城科丰路33号	510663	497	262	—
19	华鲁控股集团有限公司	山东省济南市历下区舜海路219号华创管理中心A座21、22楼	250102	499	264	—
20	道恩集团有限公司	山东省烟台市龙口市龙口经济开发区和平北路道恩经济园区	265700	—	269	—
21	湖北宜化集团有限责任公司	湖北省宜昌市沿江大道52号宜化大楼	443000	—	271	—
22	河北诚信集团有限公司	河北省石家庄市元氏县	051130	—	280	—
23	巨化集团有限公司	浙江省衢州市柯城区巨化集团有限公司办公室	324004	—	284	—
24	滨化集团	山东省滨州市滨城区黄河五路869号	256600	—	303	—
25	无棣鑫岳化工集团有限公司	山东省滨州市无棣县埕口镇东	251909	—	305	—
26	福建福海创石油化工有限公司	福建省漳州市古雷经济开发区杜昌路9号	363216	—	306	—
27	江苏三木集团有限公司	江苏省宜兴市官林镇三木路85号	214258	—	308	—
28	红太阳集团有限公司	江苏省南京市高淳区经济开发区古檀大道18号	211316	—	331	—
29	纳爱斯集团有限公司	浙江省丽水市括苍中路19号	323000	—	342	—
30	兴达投资集团有限公司	江苏省无锡市锡山区东港镇锡港南路100号	214196	—	346	—
31	广州立白凯晟控股有限公司	广东省广州市荔湾区陆居路2号	510370	—	360	—
32	新阳科技集团有限公司	江苏省常州市新北区长江北路558号新阳科技集团总部大厦	213032	—	372	—

续表

名次	公司名称	通信地址	邮政编码	名次(1)	名次(2)	名次(3)
33	龙佰集团股份有限公司	河南省焦作市中站区焦克路1669号	454191	—	391	
34	东岳氟硅科技集团有限公司	山东省淄博市东岳经济开发区东岳研究院	256401	—	398	
35	河南心连心化学工业集团股份有限公司	河南省新乡市经济开发区心连心大道	453700	—	411	
36	成都云图控股股份有限公司	四川省成都市新都区蓉都大道南二段98号附101号	610500	—	434	
37	山东鲁北企业集团总公司	山东省滨州市无棣县埕口镇	251909	—	450	
38	铜陵化学工业集团有限公司	安徽省铜陵市翠湖一路2758号	244000	—	476	
39	宜宾天原集团股份有限公司	四川省宜宾市临港经济技术开发区港园路西段61号	644005	—	479	
40	云南祥丰实业集团有限公司	云南省昆明市安宁市圆山北路2号祥丰大厦	650300	—	483	
41	景德镇黑猫集团有限责任公司	江西省景德镇市昌江区历尧	333000	—	492	
化学纤维制造						
1	浙江恒逸集团有限公司	浙江省杭州市萧山区市心北路260号恒逸南岸明珠3幢	311215	65	21	
2	桐昆控股集团有限公司	浙江省嘉兴市桐乡市梧桐街道凤凰湖大道518号1幢906室	314500	145	66	
3	新凤鸣控股集团有限公司	浙江省桐乡市洲泉镇工业区德胜路888号	314513	236	116	—
4	恒申控股集团有限公司	福建省福州市长乐区文武砂镇福建省恒申合纤科技有限公司	350207	279	140	
5	永荣控股集团有限公司	福建省福州市台江区世茂国际中心16层	350000	295	148	
6	三房巷集团有限公司	江苏省江阴市周庄镇三房巷路1号	214423	309	155	
7	福建省金纶高纤股份有限公司	福建省福州市长乐区江田镇滨海工业区	350200	422	218	
8	江苏华宏实业集团有限公司	江苏省江阴市周庄镇澄杨路1128号	214423	467	245	
9	宜宾丝丽雅集团有限公司	四川省宜宾市叙州区盐坪坝工业园区宜宾丝丽雅集团有限公司	644002	—	301	
10	兴惠化纤集团有限公司	浙江省杭州市萧山区衙前镇吟龙村	311209	—	327	
11	福建百宏聚纤科技实业有限公司	福建省晋江市龙湖镇枫林工业区	362241	—	337	
12	浙江正凯集团有限公司	浙江省杭州市萧山区钱江世纪城诺德财富中心37F	311215	—	375	
13	浙江天圣控股集团有限公司	浙江省绍兴市越城区灵芝街道本觉路58号天圣大厦	312000	—	430	
14	唐山三友集团有限公司	河北省唐山市南堡开发区	063305	—	432	
药品制造						
1	上海医药集团股份有限公司	上海市太仓路200号上海医药大厦	200020	105	43	—
2	广州医药集团有限公司	广东省广州市荔湾区沙面北街45号	510130	109	44	
3	重庆智飞生物制品股份有限公司	重庆市江北区庆云路1号国金中心T1栋50层	400020	457	239	
4	深圳海王集团股份有限公司	广东省深圳市南山区粤海街道麻岭社区科技中三路1号海王银河科技大厦27层	518057	471	249	
5	石药控股集团有限公司	河北省石家庄市高新区中山东路896号	050035	493	259	
6	云南白药集团股份有限公司	云南省昆明市呈贡区云南白药街3686号	650500	—	296	
7	深圳市东阳光实业发展有限公司	广东省深圳市南山区沙河街道东方社区深南大道9017号东方花园E-25整套	518053	—	340	

续表

名次	公司名称	通信地址	邮政编码	名次(1)	名次(2)	名次(3)
8	天津天士力大健康产业投资集团有限公司	天津市北辰区普济河东道2号天士力现代中药城	300410	—	355	—
9	人福医药集团股份公司	湖北省武汉市东湖高新区高新大道666号F5栋	430075	—	408	—
10	正大天晴药业集团股份有限公司	江苏省连云港市郁州南路369号	222000	—	422	—
11	江苏恒瑞医药股份有限公司	江苏省连云港市经济技术开发区昆仑山路7号	222047	—	423	—
12	天津市医药集团有限公司	天津市河东区八纬路109号	300171	—	488	—
水泥及玻璃制造						
1	中国建材集团有限公司	北京市海淀区复兴路17号国海广场2号楼	100036	79	29	—
2	安徽海螺集团有限责任公司	安徽省芜湖市文化路39号	241000	130	57	—
3	红狮控股集团有限公司	浙江省兰溪市东郊上郭	321100	334	171	—
4	江苏金峰水泥集团有限公司	江苏省溧阳市社渚镇金庄谷山	213342	—	268	—
5	华新水泥股份有限公司	湖北省武汉市东湖高新区高新大道426号华新大厦	430074	—	335	—
6	山东山水水泥集团有限公司	山东省济南市崮云湖办事处山水工业园	250300	—	481	—
其他建材制造						
1	中国联塑集团控股有限公司	广东省佛山市顺德区龙江镇联塑C区总部大楼	528318	—	358	—
2	建华建材（中国）有限公司	江苏省镇江市润州区冠城路8号工人大厦15楼	212000	—	384	—
3	宝业集团股份有限公司	浙江省绍兴市柯桥瓜渚东路1687号	312030	—	394	—
4	浙江中财管道科技股份有限公司	浙江省绍兴市新昌县新昌大道东路658号	312500	—	485	—
黑色冶金						
1	中国宝武钢铁集团有限公司	上海市浦东新区世博大道1859号宝武大厦1号楼	200126	11	2	—
2	河钢集团有限公司	河北省石家庄市体育南大街385号	050023	66	22	—
3	青山控股集团有限公司	浙江省温州市龙湾区龙祥路2666号A幢1306室	325058	70	25	—
4	敬业集团有限公司	河北省石家庄市平山县南甸镇	050400	81	31	—
5	鞍钢集团有限公司	辽宁省鞍山市铁东区五一路63号	114001	94	36	—
6	江苏沙钢集团有限公司	江苏省苏州市张家港市锦丰镇	215625	98	38	—
7	杭州钢铁集团有限公司	浙江省杭州市拱墅区半山路178号	310022	104	42	—
8	上海德龙钢铁集团有限公司	上海市虹口区东大名路588号五楼	200080	118	49	—
9	北京建龙重工集团有限公司	北京市丰台区南四环西路188号总部基地十二区50号楼	100070	119	50	—
10	首钢集团有限公司	北京市石景山区石景山路68号首钢厂东门	100041	122	52	—
11	湖南钢铁集团有限公司	湖南省长沙市天心区湘府西路222号	410004	125	53	—
12	辽宁方大集团实业有限公司	北京市朝阳区霄云路甲26号	100016	128	55	—
13	冀南钢铁集团有限公司	河北省邯郸市武安市南环路南侧	056300	138	62	—
14	河北新华联合冶金控股集团有限公司	河北省沧州市渤海新区	061113	149	68	—
15	河北津西钢铁集团股份有限公司	河北省迁西县三屯营镇	064302	164	79	—
16	中天钢铁集团有限公司	江苏省常州市中吴大道1号	213011	188	89	—
17	河北普阳钢铁有限公司	河北省武安市阳邑镇村东	056305	191	91	—

续表

续表

名次	公司名称	通信地址	邮政编码	名次(1)	名次(2)	名次(3)
18	江苏新长江实业集团有限公司	江苏省江阴市夏港街道滨江西路328号长江村	214442	209	101	—
19	酒泉钢铁（集团）有限责任公司	甘肃省嘉峪关市雄关东路12号	735100	213	104	—
20	天津荣程祥泰投资控股集团有限公司	天津经济技术开发区MSD-B1-F12	300457	215	106	—
21	河北鑫达钢铁集团有限公司	河北省迁安市沙河驿镇上炉村东	064400	221	109	—
22	福建大东海实业集团有限公司	福建省福州市仓山区朝阳路6号中庚红鼎天下1#楼20层	350007	228	112	—
23	包头钢铁（集团）有限责任公司	内蒙古自治区包头市昆都仑区河西工业区信息大楼504室	014010	230	114	—
24	广西柳州钢铁集团有限公司	广西壮族自治区柳州市北雀路117号	545002	238	117	—
25	广西盛隆冶金有限公司	广西壮族自治区防城港经济技术开发区	538004	242	120	—
26	日照钢铁控股集团有限公司	山东省日照市岚山区沿海路600号	276806	253	124	—
27	方同舟控股有限公司	北京市经济技术开发区国锐广场B座31层	100176	260	130	—
28	河北太行钢铁集团有限公司	河北省武安市工业园区南洺河工业园	056300	263	132	—
29	四川省川威集团有限公司	四川省成都市龙泉驿区车城东6路5号	610100	288	145	—
30	武安市裕华钢铁有限公司	河北省武安市上团城乡崇义四街村北	056300	291	147	—
31	河北新金钢铁有限公司	河北省武安市骈山村东	056300	327	164	—
32	河北新武安钢铁集团文安钢铁有限公司	河北省武安市南环路	056300	342	175	—
33	唐山港陆钢铁有限公司	河北省遵化市崔家庄乡邦宽公路南侧杨家庄村	064200	343	176	—
34	新余钢铁集团有限公司	江西省新余市渝水区冶金路1号	338001	346	179	—
35	兴华财富集团有限公司	河北省武安市财富大厦18A层	056300	353	183	—
36	河南钢铁集团有限公司	河南省郑州市郑东新区崇德街29号豫盐大厦	450046	364	189	—
37	三宝集团股份有限公司	福建省漳州市芗城区浦南镇店仔圩经济开发区	363004	375	192	—
38	山西晋城钢铁控股集团有限公司	山西省晋城市巴公装备制造工业园区	048000	384	196	—
39	鲁丽集团有限公司	山东省潍坊市寿光市侯镇政府驻地	262724	389	200	—
40	济钢集团有限公司	山东省济南市历城区工业北路21号济钢集团新2号办公楼	250101	409	212	—
41	振石控股集团有限公司	浙江省嘉兴市桐乡市凤凰湖大道288号	314500	413	214	—
42	石横特钢集团有限公司	山东省肥城市石横镇	271612	417	216	—
43	山西晋南钢铁集团有限公司	山西省临汾市曲沃县高显镇工业园区	043400	435	223	—
44	山东泰山钢铁集团有限公司	山东省济南市莱芜区鲁中西大街157号	271199	462	242	—
45	四川德胜集团钒钛有限公司	四川省乐山市沙湾区铜河路南段8号	614900	473	250	—
46	山东九羊集团有限公司	山东省济南市莱芜区羊里街道办事处政通路2号	271118	482	253	—
47	福建省三钢（集团）有限责任公司	福建省三明市工业中路群工三路	365000	494	260	—
48	中新钢铁集团有限公司	江苏省新沂市经开区大桥西路168号		—	276	—
49	常熟市龙腾特种钢有限公司	江苏省苏州市常熟市梅李镇通港工业园华联路118号	215511	—	287	—
50	河北新武安钢铁集团烘熔钢铁有限公司	河北省武安市冶陶镇固镇元宝山东	056300		293	—
51	河北安丰钢铁集团有限公司	河北省秦皇岛市昌黎县靖安镇安丰大厦五楼	066603		307	—
52	江苏省镔鑫钢铁集团有限公司	江苏省连云港市赣榆区柘汪镇临港产业园区	2221113	—	317	—

续表

名次	公司名称	通信地址	邮政编码	名次(1)	名次(2)	名次(3)
53	中建信控股集团有限公司	上海市闵行区黎安路999号32楼	201199	—	318	—
54	河北兴华钢铁有限公司	河北省邯郸市武安市上团城西	056300	—	324	—
55	河南龙成集团有限公司	河南省南阳市西峡县仲景大道63号	474550	—	343	—
56	河北天柱钢铁集团有限公司	河北省唐山市海港开发区沿海公路以北东风大路以东办公楼	064000	—	348	—
57	河北文丰实业集团有限公司	河北省唐山市曹妃甸中小企业园区迁曹公路与宏远路交叉口东北侧文丰钢厂院内	063200	—	363	—
58	河南济源钢铁（集团）有限公司	河南省济源市高新技术产业开发区	459000	—	366	—
59	天津源泰德润钢管制造集团有限公司	天津市静海区大邱庄工业园恒通路1号	301606	—	382	—
60	潍坊特钢集团有限公司	山东省潍坊市钢厂工业园潍钢东路	261201	—	390	—
61	云南玉溪玉昆钢铁集团有限公司	云南省玉溪市峨山县化念镇园区大道1号	653202	—	392	—
62	永兴特种材料科技股份有限公司	浙江省湖州市杨家埠工业园区	313005	—	397	—
63	重庆万达薄板有限公司	重庆市涪陵区盘龙路6号	408000	—	402	—
64	广西贵港钢铁集团有限公司	广西壮族自治区贵港市南平中路	537101	—	404	—
65	唐山瑞丰钢铁（集团）有限公司	河北省唐山市丰南区小集镇工业区	063303	—	405	—
66	江苏徐钢钢铁集团有限公司	江苏省徐州市铜山区利国镇	221138	—	410	—
67	重庆攀华板材有限公司	重庆市涪陵区盘龙路6号	408000	—	414	—
68	唐山东华钢铁企业集团有限公司	河北省唐山市丰南区小集镇宋一村	063303	—	427	—
69	辛集市澳森特钢集团有限公司	河北省辛集市南智邱镇赵马村村东	052360	—	453	—
70	凌源钢铁集团有限责任公司	辽宁省凌源市钢铁路3号	122500	—	459	—
71	唐山东海钢铁集团有限公司	河北省滦州市经济开发区	063700	—	460	—
72	云南玉溪仙福钢铁（集团）有限公司	云南省玉溪市	653401	—	472	—
73	唐山正丰钢铁有限公司	河北省唐山市丰润区林荫路268号	063000	—	495	—
74	林州凤宝管业有限公司	河南省林州市陵阳镇凤宝大道东段凤宝特钢办公室	456561	—	499	—
75	闽源钢铁集团有限公司	河南省永城市经济技术开发区钢铁铸件专业园区	476600	—	500	—
一般有色						
1	江西铜业集团有限公司	江西省南昌市高新区昌东大道7666号	330096	43	12	—
2	中国铝业集团有限公司	北京市海淀区西直门北大街62号	100082	58	19	—
3	金川集团股份有限公司	甘肃省金昌市金川路98号	737103	78	28	—
4	海亮集团有限公司	浙江省杭州市滨江区滨盛路1508号海亮大厦	310051	111	45	—
5	铜陵有色金属集团控股有限公司	安徽省铜陵市长江西路有色大院	244001	115	47	—
6	洛阳栾川钼业集团股份有限公司	河南省洛阳市栾川县伊河以北	471500	142	64	—
7	陕西有色金属控股集团有限责任公司	陕西省西安市高新路51号高新大厦	710075	151	70	—
8	南山集团有限公司	山东省龙口市南山工业园	265706	161	78	—
9	宁波金田投资控股有限公司	浙江省宁波市江北区慈城镇胡坑基路88号050幢4-4	315034	183	86	—

续表

名次	公司名称	通信地址	邮政编码	名次(1)	名次(2)	名次(3)
10	中国有色矿业集团有限公司	北京市朝阳区安定路10号中国有色大厦	100029	201	96	—
11	富冶集团有限公司	浙江省杭州市富阳区鹿山街道谢家溪富冶集团	311407	212	103	—
12	白银有色集团股份有限公司	甘肃省白银市白银区友好路18号	730900	280	141	—
13	杭州锦江集团有限公司	浙江省杭州市拱墅区湖墅南路111号锦江大厦20–22楼	310005	301	151	—
14	河南豫光金铅集团有限责任公司	河南省济源市荆梁南街1号	459000	331	168	—
15	其亚集团有限公司	四川省成都市天府新区正兴街道汉州路1111号	610000	333	170	—
16	宁夏天元锰业集团有限公司	宁夏回族自治区中卫市中宁县石空镇宁夏天元锰业集团公司	755103	362	187	—
17	浙江华友钴业股份有限公司	浙江省桐乡经济开发区二期梧振东路18号	314500	363	188	—
18	广西南丹南方金属有限公司	广西壮族自治区河池市南丹县车河镇丰塘坳	547204	404	209	—
19	西部矿业集团有限公司	青海省西宁市城西区五四大街52号	810001	407	211	—
20	重庆市博赛矿业(集团)有限公司	重庆市两江新区财富东路8号国际商务中心7楼	401121	440	226	—
21	金龙精密铜管集团股份有限公司	重庆市万州区江南新区南滨大道1999号1号楼A区10楼	404000	453	236	—
22	云南锡业集团(控股)有限责任公司	云南省昆明市官渡区民航路471号	650200	458	240	—
23	伊电控股集团有限公司	河南省洛阳市伊川县先进制造业开发区	471312	464	243	—
24	河南金利金铅集团有限公司	河南省济源高新技术产业开发区	459000	469	247	—
25	天津华北集团有限公司	天津市北辰区津围公路15号	300400	481	252	—
26	万基控股集团有限公司	河南省新安县万基工业园	471800	489	256	—
27	厦门钨业股份有限公司	福建省厦门市思明区展鸿路81号特房波特曼财富中心A座21–22层	361009	—	294	—
28	河南神火集团有限公司	河南省永城市新城区东外环路神火总部港1号楼资产运营部	476600	—	297	—
29	济源市万洋冶炼(集团)有限公司	河南省济源市思礼镇思礼村	454690	—	316	—
30	格林美股份有限公司	广东省深圳市荣超滨海大厦A栋20层	518101	—	361	—
31	新疆农六师铝业有限公司	新疆维吾尔自治区五家渠市经济技术开发区经二路3636–2号	831300	—	367	—
32	先导科技集团有限公司	广东省广州市天河区环球都会广场40楼	510000	—	377	—
33	河南明泰铝业股份有限公司	河南省巩义市回郭镇人和路北段	451283	—	396	—
34	盛屯矿业集团股份有限公司	厦门市思明区展鸿路81号特房波特曼财富中心A座33层	361000	—	409	—
35	浙江新月控股集团有限公司	浙江省杭州市上城区钱塘航空大厦33楼	310016	—	415	—
36	攀枝花钢城集团有限公司	四川省攀枝花市东区新宏路7号24幢	617000	—	440	—
37	宁波力勤资源科技股份有限公司	浙江省宁波市高新区光华路299弄宁波研发园C区10幢10楼	315000	—	445	—
38	杭州鼎胜实业集团有限公司	浙江省杭州市余杭区仓前街道鼎创财富中心2幢1705室	310000	—	466	—

续表

名次	公司名称	通信地址	邮政编码	名次(1)	名次(2)	名次(3)
39	万邦德集团有限公司	浙江省台州市温岭市城东街道百丈北路28号	317500	—	498	—
贵金属						
1	紫金矿业集团股份有限公司	福建省龙岩市上杭县紫金大道1号	364200	92	35	—
2	中国黄金集团有限公司	北京市东城区安定门外大街9号	100011	206	99	—
3	老凤祥股份有限公司	上海市徐汇区漕溪路270号	200235	340	174	—
4	山东招金集团有限公司	山东省招远市招金大厦温泉路118号	265400	446	230	—
5	云南省贵金属新材料控股集团股份有限公司	云南省昆明市五华区高新区科技路988号	650106	—	273	—
6	湖南有色产业投资集团有限责任公司	湖南省长沙市长沙县黄花镇人民东路二段217号16楼	410129	—	412	—
金属制品加工						
1	中国国际海运集装箱(集团)股份有限公司	广东省深圳市南山区港湾大道2号中集集团研发中心	518067	202	97	—
2	东方润安集团有限公司	江苏省常州市武进区湟里镇东方路5号	213155	323	161	—
3	山东创新金属科技有限公司	山东省滨州市邹平市北外环路东首创新工业园	256200	330	167	—
4	浙江东南网架集团有限公司	浙江省杭州市萧山区衙前镇衙前路593号	311209	372	190	—
5	山西建邦集团有限公司	山西省侯马市侯北产业园	043400	379	194	—
6	天津友发钢管集团股份有限公司	天津市静海区大邱庄镇环湖南路1号	301606	398	205	—
7	湖南博长控股集团有限公司	湖南省娄底市冷水江市轧钢路5号	417500	415	215	—
8	宏旺控股集团有限公司	广东省佛山市顺德区信保广场南塔28楼	528300	442	228	—
9	江苏大明工业科技集团有限公司	江苏省无锡市通江大道1518号	214191	480	251	—
10	法尔胜泓昇集团有限公司	江苏省江阴市澄江中路165号	214434	—	266	—
11	安徽楚江科技新材料股份有限公司	安徽省芜湖市鸠江区龙腾路88号	241000	—	267	—
12	湖南五江控股集团有限公司	湖南省长沙市天心区刘家冲南路599号碧水春城18栋201	410004	—	270	—
13	江苏江润铜业有限公司	江苏省宜兴市官林镇金辉工业园A区	214251	—	286	—
14	甬金科技集团股份有限公司	浙江省兰溪市灵洞乡耕头畈999号	321100	—	292	—
15	河南豫联能源集团有限责任公司	河南省郑州市巩义市新华路31号	451200	—	304	—
16	邯郸正大制管集团股份有限公司	河北省邯郸市成安县工业区聚良大道9号	056700	—	322	—
17	浙江协和集团有限公司	浙江省杭州市萧山区红山农场	311234	—	329	—
18	浙江元立金属制品集团有限公司	浙江省丽水市遂昌县元立大道479号	323300	—	364	—
19	久立集团股份有限公司	浙江省湖州市吴兴区中兴大道1899号	313000	—	368	—
20	鹰潭沪江铜基新材料有限公司	江西省鹰潭市鹰潭高新技术产业开发区白露科技园206国道旁	335000	—	369	—
21	天津市宝来工贸有限公司	天津市静海区大邱庄镇海河道6号	301606	—	413	—
22	安徽鸿路钢结构(集团)股份有限公司	安徽省合肥市长丰县双凤开发区鸿路大厦	231131	—	416	—
23	人本集团有限公司	浙江省温州市经济技术开发区滨海五道515号	325025	—	417	—
24	博威集团有限公司	浙江省宁波市鄞州区鄞州大道1777号	315137	—	457	—
25	浙江力博控股集团有限公司	浙江省绍兴市柯桥区平水镇力博工业园区	312050	—	478	—
锅炉及动力装备制造						
1	潍柴控股集团有限公司	山东省潍坊市高新技术产业开发区福寿东街197号甲	261000	89	34	—

续表

名次	公司名称	通信地址	邮政编码	名次(1)	名次(2)	名次(3)
2	广西玉柴机器集团有限公司	广西壮族自治区玉林市玉州区玉柴路2号	537005	492	258	—
物料搬运设备制造						
1	卫华集团有限公司	河南省新乡市长垣市山海大道26号	453400	—	468	—
工程机械及零部件						
1	徐州工程机械集团有限公司	江苏省徐州市经济技术开发区驮蓝山路26号	221004	248	121	—
工业机械及设备制造						
1	中国机械工业集团有限公司	北京市海淀区丹棱街3号	100080	82	32	—
2	广州工业投资控股集团有限公司	广东省广州市荔湾区观海路9号	510000	101	40	—
3	三一集团有限公司	湖南省长沙市经济技术开发区三一路三一工业城	410000	218	107	—
4	双良集团有限公司	江苏省江阴市利港街道西利路88号	214444	401	208	—
5	中联重科股份有限公司	湖南省长沙市银盆南路361号	410013	—	265	—
6	天洁集团有限公司	浙江省诸暨市牌头镇小砚石村	311825	—	302	—
7	郑州煤矿机械集团股份有限公司	河南省郑州市经济技术开发区第九大街167号	450016	—	312	—
8	西子联合控股有限公司	浙江省杭州市上城区庆春东路1-1号	310016	—	336	—
9	海天塑机集团有限公司	浙江省宁波市北仑区小港海天路1688号	315800	—	338	—
10	陕西鼓风机（集团）有限公司	陕西省西安市高新区沣惠南路8号	710075	—	352	—
11	江阴江东集团公司	江苏省江阴市周庄镇周庄村至公东路71号	214423	—	354	—
12	深圳市汇川技术股份有限公司	广东省深圳市龙华区观澜街道高新技术产业园汇川技术总部大厦	518110	—	362	—
13	广西柳工集团有限公司	广西壮族自治区柳州市柳太路1号	545007	—	381	—
14	利欧集团股份有限公司	浙江省台州市温岭东部产业集聚区第三街1号	317500	—	454	—
电力电气设备制造						
1	中国电子科技集团有限公司	北京市海淀区万寿路27号	100846	68	24	—
2	正泰集团股份有限公司	浙江省温州市北白象正泰高科技工业园	325603	170	82	—
3	上海电气控股集团有限公司	上海市黄浦区四川中路110号	200002	182	85	—
4	新疆特变电工集团有限公司	新疆维吾尔自治区昌吉回族自治州昌吉市北京南路189号	831100	250	122	—
5	中国东方电气集团有限公司	四川省成都市高新西区西芯大道18号	611731	361	186	—
6	人民控股集团有限公司	浙江省乐清市柳市镇柳乐路555号	325604	377	193	—
7	卧龙控股集团有限公司	浙江省绍兴市上虞区人民西路1801号	312300	470	248	—
8	深圳理士电源发展有限公司	广东省深圳市龙华区民治街道北站社区汇德大厦1号楼18楼	518000	491	257	—
9	大全集团有限公司	江苏省扬中市新坝镇大全路66号	212200	—	275	—
10	东方日升新能源股份有限公司	浙江省宁波市宁海县梅林街道塔山工业园区	315609	—	320	—
11	江苏新霖飞投资有限公司	江苏省扬州市高邮经济开发区洞庭湖路55号	225600	—	328	—
12	山东电工电气集团有限公司	山东省济南市中区英雄山路101号	250000	—	376	—
13	上海爱旭新能源股份有限公司	浙江省义乌市好派路699号	322009	—	387	—
14	泰开集团有限公司	山东省泰安市岱岳区泰安高新区中天门大街中段	271000	—	403	—

续表

名次	公司名称	通信地址	邮政编码	名次(1)	名次(2)	名次(3)
15	上海仪电（集团）有限公司	上海市徐汇区田林路168号	200233	—	443	—
16	中国西电电气股份有限公司	陕西省西安市高新区唐兴路7号	710075	—	446	—
17	泰豪集团有限公司	江西省南昌市高新开发区高新大道590号	330096	—	462	—
18	浙富控股集团股份有限公司	浙江省杭州市余杭区仓前街道绿汀路21号浙富控股大厦	311121	—	470	—
电线电缆制造						
1	中天科技集团有限公司	江苏省南通市崇川区齐心路88号中天科技南通科创中心	226010	262	131	—
2	远东控股集团有限公司	江苏省宜兴市高塍镇远东大道6号	214257	443	229	—
3	浙江富春江通信集团有限公司	浙江省杭州市富阳区江滨东大道138号	311401	—	325	—
4	江苏上上电缆集团有限公司	江苏省溧阳市上上路68号	213300	—	344	—
5	江苏中超投资集团有限公司	江苏省宜兴市西郊工业园区振丰东路999号	214200	—	353	—
6	无锡江南电缆有限公司	江苏省宜兴市官林镇新官东路53号	214251	—	365	—
7	上海起帆电缆股份有限公司	上海市金山区张堰镇振康路238号	201514	—	419	—
8	安徽天康（集团）股份有限公司	安徽省天长市仁和南路20号	239300	—	425	—
9	上海胜华电缆科技集团有限公司	上海市浦东新区新场镇湖南公馆7577号	201314	—	431	—
10	铜陵精达特种电磁线股份有限公司	安徽省铜陵市经济技术开发区黄山大道	244000	—	490	—
风能、太阳能设备制造						
1	通威集团有限公司	四川省成都市高新区天府大道中段588号通威国际中心	610093	121	51	—
2	协鑫（集团）控股有限公司	江苏省苏州市工业园区新庆路28号协鑫能源中心	216000	146	67	—
3	隆基绿能科技股份有限公司	北京市东城区中海地产广场东塔12层	100010	199	95	—
4	晶科能源股份有限公司	上海市闵行区申长路1466弄1号晶科中心	201106	219	108	—
5	天合光能股份有限公司	江苏省常州市新北区天合光伏产业园天合路2号	213031	229	113	—
6	晶澳太阳能科技股份有限公司	河北省邢台市宁晋县新兴路123号	055550	298	150	—
7	远景能源有限公司	江苏省江阴市申港街道申庄路3号	214443	304	153	—
8	阳光电源股份有限公司	安徽省合肥市高新区习友路1699号	230088	335	172	—
9	明阳新能源投资控股集团有限公司	广东省中山市火炬开发区火炬路22号	528437	387	198	—
10	浙江省机电集团有限公司	浙江省杭州市上城区西湖大道259-1号定安名都B座3楼	310002	—	319	—
11	江苏中润光能科技股份有限公司	江苏省徐州市经济技术开发区高新路29号	221000	—	451	—
12	高景太阳能股份有限公司	广东省珠海市金湾区三灶镇湖滨路1566号	519040	—	452	—
动力和储能电池						
1	宁德时代新能源科技股份有限公司	福建省宁德市蕉城区漳湾镇新港路2号	351200	67	23	—
2	天能控股集团有限公司	浙江省湖州市长兴县画溪工业功能区包桥路18号	313100	129	56	—
3	超威电源集团有限公司	浙江省湖州市长兴县城南路18号	313100	196	94	—
4	湖南裕能新能源电池材料股份有限公司	湖南省湘潭市雨湖区鹤岭镇日丽路18号	411100	—	285	—
5	国轩高科股份有限公司	安徽省合肥市包河区花园大道566号	230051	—	351	—

续表

名次	公司名称	通信地址	邮政编码	名次(1)	名次(2)	名次(3)
6	宁波容百新能源科技股份有限公司	浙江省余姚市谭家岭东路39号	315400	—	426	

计算机及办公设备

名次	公司名称	通信地址	邮政编码	名次(1)	名次(2)	名次(3)
1	立讯精密工业股份有限公司	广东省东莞市清溪镇青皇村青皇工业区葵青路17号	523650	127	54	—
2	浪潮集团有限公司	山东省济南市高新区浪潮路1036号	250101	210	102	—
3	歌尔股份有限公司	山东省潍坊市高新区东方路268号	261031	257	128	—
4	心里程控股集团有限公司	广东省深圳市福田区深南中路3031号汉国中心23层	518000	321	160	—
5	得力集团有限公司	浙江省宁波市宁海县得力工业园	315600	—	291	—
6	浙江大华技术股份有限公司	浙江省杭州市滨江区滨安路1199号	310053	—	345	—
7	超聚变数字技术有限公司	河南省郑州市郑东新区龙子湖智慧岛正商博雅广场1号楼9楼	450046	—	380	—
8	广州视源电子科技股份有限公司	广东省广州市黄埔区云埔四路6号	510530	—	458	—

通信设备制造

名次	公司名称	通信地址	邮政编码	名次(1)	名次(2)	名次(3)
1	华为投资控股有限公司	广东省深圳市龙岗区坂田华为基地	518129	30	7	—
2	小米集团	北京市海淀区毛纺路58号院3号楼小米总部	100085	102	41	—
3	亨通集团有限公司	江苏省苏州市吴江区中山北路2288号	215200	156	74	—
4	中兴通讯股份有限公司	北京市朝阳区安定路5号院8号楼外运大厦A座8层	100029	207	100	—
5	荣耀终端有限公司	广东省深圳市福田区香蜜湖街道东海社区红荔西路8089号	518000	256	127	—
6	中国铁塔股份有限公司	北京市海淀区	100142	266	133	—
7	华勤技术股份有限公司	上海市浦东新区科苑路399号1号楼	201203	289	146	—
8	深圳传音控股股份有限公司	广东省深圳市南山区西丽街道仙元路8号传音大厦	518000	388	199	—
9	闻泰科技股份有限公司	湖北省黄石市开发区铁山区汪仁镇新城路东18号	435109	394	203	—
10	中国信息通信科技集团有限公司	湖北省武汉市江夏区光谷大道高新四路6号	430205	451	234	—
11	新华三信息技术有限公司	浙江省杭州市滨江区长河路466号	310052	468	246	—
12	四川九洲投资控股集团有限公司	四川省绵阳市科创园区九华路6号	621000	496	261	—
13	福建省电子信息（集团）有限责任公司	福建省福州市鼓楼区五一北路153号正祥中心2号楼16层	350001	—	289	—
14	永鼎集团有限公司	江苏省苏州市吴江区黎里镇江苏路1号	215211	—	298	—
15	鹏鼎控股（深圳）股份有限公司	广东省深圳市宝安区燕罗街道燕川社区松罗路鹏鼎园区	518105	—	347	—
16	舜宇集团有限公司	浙江省余姚市丰乐路67-69号	315400	—	350	—
17	上海龙旗科技股份有限公司	上海市闵行区顾戴路2337号维璟中心H栋7层	201100	—	386	—
18	广州数字科技集团有限公司	广东省广州市天河区黄埔大道西平云路163号	510656	—	449	—
19	瑞声科技控股有限公司	广东省深圳市南山区粤兴三道6号南京大学深圳产学研基地A座	518057	—	455	—

半导体、集成电路及面板制造

名次	公司名称	通信地址	邮政编码	名次(1)	名次(2)	名次(3)
1	中国电子信息产业集团有限公司	北京市海淀区	100036	112	46	—

续表

名次	公司名称	通信地址	邮政编码	名次(1)	名次(2)	名次(3)
2	京东方科技集团股份有限公司	北京市亦庄经济技术开发区西环中路12号	100176	154	72	—
3	TCL科技集团股份有限公司	广东省惠州仲恺高新区惠风三路17号TCL科技大厦	516006	155	73	—
4	惠科股份有限公司	广东省深圳市宝安区石岩街道石龙社区惠科工业园1栋	518108	—	313	—
5	江苏长电科技股份有限公司	江苏省江阴市长山路78号	214400	—	371	—
6	上海华虹（集团）有限公司	上海市浦东新区碧波路177号A区四楼	201203	—	378	—
7	通富微电子股份有限公司	江苏省南通市崇川路288号	226006	—	429	—
8	上海韦尔半导体股份有限公司	上海市浦东新区上科路88号豪威科技园7层	201210	—	448	—
9	浙江晶盛机电股份有限公司	浙江省绍兴市上虞区五星西路99号	312300	—	487	—
汽车及零配件制造						
1	上海汽车集团股份有限公司	上海市静安区威海路489号	200041	29	6	—
2	中国第一汽车集团有限公司	吉林省长春市新红旗大街1号中国一汽总部NBD	130013	34	8	—
3	比亚迪股份有限公司	广东省深圳市大鹏新区葵涌街道延安路一号	518119	39	10	—
4	广州汽车工业集团有限公司	广东省广州市天河区珠江新城兴国路23号广汽中心	510623	52	16	—
5	浙江吉利控股集团有限公司	浙江省杭州市滨江区江陵路1760号	310051	53	17	—
6	北京汽车集团有限公司	北京市顺义区双河大街99号	101300	55	18	—
7	东风汽车集团有限公司	湖北省武汉市经济技术开发区东风大道特1号	430056	64	20	—
8	奇瑞控股集团有限公司	安徽省芜湖市经济技术开发区鞍山路8号	241006	100	39	—
9	万向集团公司	浙江省杭州市萧山经济技术开发区建设二路855号	311201	134	59	—
10	长城汽车股份有限公司	河北省保定市朝阳南大街2266号	071000	157	75	—
11	中国重型汽车集团有限公司	山东省济南市历城区舜华北路688号	250101	160	77	—
12	江铃汽车集团有限公司	江西省南昌市红谷滩区金融大街969号	330000	234	115	—
13	江苏悦达集团有限公司	江苏省盐城市亭湖区世纪大道东路2号	224007	255	126	—
14	陕西汽车控股集团有限公司	陕西省西安市经济技术开发区泾渭新城陕汽大道1号	710200	373	191	—
15	宁波均胜电子股份有限公司	浙江省宁波市高新区清逸路99号	315040	437	225	—
16	重庆小康控股有限公司	重庆市沙坪坝区五云湖路5号附13号	400033	460	241	—
17	安徽江淮汽车集团控股有限公司	安徽省合肥市包河区东流路176号	230022	—	274	—
18	广东德赛集团有限公司	广东省惠州市惠城区江北云山西路12号德赛大厦22楼	516003	—	279	—
19	万丰奥特控股集团有限公司	浙江省绍兴市新昌县城关镇江滨西路518号万丰广场	312500	—	299	—
20	郑州宇通企业集团	河南省郑州市管城区宇通路宇通工业园	450061	—	333	—
21	广东小鹏汽车科技有限公司	广东省广州市天河区长兴街道岑村松岗大街8号小鹏汽车智能产业园区	510640	—	356	—
22	苏州创元投资发展（集团）有限公司	江苏省苏州市工业园区苏桐路37号	215000	—	357	—
23	赛轮集团股份有限公司	山东省青岛市黄岛区茂山路588号	266045	—	401	—

续表

名次	公司名称	通信地址	邮政编码	名次(1)	名次(2)	名次(3)
24	宁波华翔电子股份有限公司	上海市浦东新区世纪大道1168号A座6楼	200122	—	421	—
25	安徽中鼎控股（集团）股份有限公司	安徽省宣城市宁国市宁国经济技术开发区	242300	—	433	—
26	宁波继峰汽车零部件股份有限公司	浙江省宁波市北仑区大碶璎珞河路17号	315806	—	436	—
27	宁波拓普集团股份有限公司	浙江省宁波市北仑区大碶街道育王山路268号	315800	—	461	—
28	厦门金龙汽车集团股份有限公司	福建省厦门市湖里区湖里大道69号	361013	—	464	—
29	今飞控股集团有限公司	浙江省金华市婺城区夹溪路888号	321000	—	475	—
30	江阴模塑集团有限公司	江苏省无锡市江阴市周庄镇长青路2号	214423	—	489	—
摩托车及零配件制造						
1	雅迪科技集团有限公司	江苏省无锡市锡山区安镇大成工业园东盛路	214100	—	326	—
2	宗申产业集团有限公司	重庆市巴南区炒油场宗申工业园	400054	—	388	—
轨道交通设备及零部件制造						
1	中国中车集团有限公司	北京市海淀区西四环中路16-5号	100036	117	48	—
2	爱玛科技集团股份有限公司	天津市静海经济开发区南区爱玛路5号	301600	—	447	—
航空航天						
1	中国航空工业集团有限公司	北京市朝阳区曙光西里甲5号院19号楼	100028	40	11	—
兵器制造						
1	中国兵器工业集团有限公司	北京市西城区三里河路44号	100821	45	13	—
2	中国兵器装备集团有限公司	北京市海淀区车道沟十号	100089	87	33	—
船舶制造						
1	中国船舶集团有限公司	北京市海淀区昆明湖南路72号	100097	80	30	—
2	江苏扬子江船业集团有限公司	江苏省无锡市江阴市江阴-靖江工业园区联谊路1号	214532	—	373	—
综合制造业						
1	中国五矿集团有限公司	北京市海淀区三里河路5号	100044	19	4	—
2	复星国际有限公司	上海市黄浦区复兴路2号复星商务大厦	200010	137	61	—
3	多弗国际控股集团有限公司	浙江省温州市经济技术开发区金海园区金海湖B座	325000	143	65	—
4	无锡产业发展集团有限公司	江苏省无锡市梁溪区县前西街168号	214031	174	83	—
5	深圳市立业集团有限公司	广东省深圳市南山区深南大道9668号华润置地大厦C座35层	518000	254	125	—
6	宁波富邦控股集团有限公司	浙江省宁波市海曙区长春路2号	315010	319	159	—
7	德力西集团有限公司	浙江省温州市乐清市柳市镇柳青路1号	325604	332	169	—
8	杉杉控股有限公司	上海市自由贸易试验区郭守敬路351号2号楼	200135	345	178	—
9	永道控股集团股份有限公司	广东省深圳市福田华富街道莲花一村社区彩田路7018号新浩壹都A40层	518026	383	195	—
10	江苏华西集团有限公司	江苏省江阴市华士镇华西新市村民族路2号	214420	448	232	—
11	福建广源再生资源回收有限公司	福建省福州市台江区江滨中大道386号国资大厦6楼	350000	485	254	—
12	花园集团有限公司	浙江省金华市东阳市南马镇花园村花园大厦	322121	—	278	—

续表

名次	公司名称	通信地址	邮政编码	名次(1)	名次(2)	名次(3)
13	重庆机电控股（集团）公司	重庆市北部新区黄山大道中段60号	401123	—	282	—
14	精工控股集团有限公司	浙江省绍兴市柯桥区湖塘街道杨绍路2579号	312000	—	323	—
15	成都蛟龙投资有限责任公司	四川省成都市双流区蛟龙港管理委员会	610200	—	330	—
16	华立集团股份有限公司	浙江省杭州市余杭区五常大道181号	310023	—	406	—
17	广西百色工业投资发展集团有限公司	广西壮族自治区百色市右江区环岛路8号	533000	—	465	—
房屋建筑						
1	中国建筑股份有限公司	北京市朝阳区安定路5号院3号楼中建财富国际中心	100029	4	—	—
2	太平洋建设集团有限公司	新疆维吾尔自治区乌鲁木齐市高新区第四平路2288号	830001	46	—	—
3	苏商建设集团有限公司	江苏省南京市五台山1号	210029	86	—	—
4	上海建工集团股份有限公司	上海市虹口区东大名路666号	200084	90	—	—
5	广州市建筑集团有限公司	广东省广州市越秀区广卫路4号建工大厦	510030	91	—	—
6	蜀道投资集团有限责任公司	四川省成都市高新区交子大道499号蜀道集团大厦	610000	113	—	—
7	陕西建工控股集团有限公司	陕西省西安市莲湖区北大街199号	710003	120	—	—
8	云南省建设投资控股集团有限公司	云南省昆明市经济技术开发区信息产业基地林溪路188号	650501	159	—	—
9	湖南建设投资集团有限责任公司	湖南省长沙市天心区芙蓉南路一段788号	410004	162	—	—
10	北京城建集团有限责任公司	北京市海淀区北太平庄路18号	100088	171	—	—
11	北京建工集团有限责任公司	北京市西城区广莲路1号建工大厦	100055	198	—	—
12	中天控股集团有限公司	浙江省杭州市城星路69号中天国开大厦19楼	310020	245	—	—
13	浙江省建设投资集团股份有限公司	浙江省杭州市文三西路52号浙江省建投大厦	310013	268	—	—
14	甘肃省建设投资（控股）集团有限公司	甘肃省兰州市七里河区西津东路575号	730050	278	—	—
15	青建集团	山东省青岛市市南区南海支路5号	266071	365	—	—
16	南通四建集团有限公司	江苏省南通市通州区新世纪大道999号祥云楼	226300	382	—	—
17	龙信建设集团有限公司	江苏省南通市海门区北京东路1号	226100	421	—	—
18	浙江中成控股集团有限公司	浙江省绍兴市越城区凤林西路123号	312000	429	—	—
19	通州建总集团有限公司	江苏省南通市高新区新世纪大道998号建总大厦	226300	444	—	—
20	河北建工集团有限责任公司	河北省石家庄市友谊北大街146号	050051	477	—	—
21	江苏省苏中建设集团股份有限公司	江苏省海安市中坝南路18号	226600	484	—	—
22	江苏省华建建设股份有限公司	江苏省扬州市文昌东路10号	225002	490	—	—
土木工程建筑						
1	中国铁路工程集团有限公司	北京市海淀区复兴路69号中国中铁广场	100039	8	—	—
2	中国铁道建筑集团有限公司	北京市海淀区复兴路40号	100855	10	—	—
3	中国交通建设集团有限公司	北京市西城区德胜门外大街85号	100088	18	—	—
4	中国电力建设集团有限公司	北京市海淀区车公庄西路22号海赋国际A座	100048	32	—	—
5	中国能源建设集团有限公司	北京市朝阳区西大望路26号院1号楼	100022	63	—	—
6	中国化学工程集团有限公司	北京市东城区东直门内大街2号	100007	136	—	—

续表

名次	公司名称	通信地址	邮政编码	名次(1)	名次(2)	名次(3)
7	山西建设投资集团有限公司	山西省太原市山西示范区新化路8号	030032	184	—	—
8	四川华西集团有限公司	四川省成都市解放路二段95号	610081	235	—	—
9	安徽建工集团控股有限公司	安徽省合肥市黄山路459号安建国际大厦	230031	264	—	—
10	广东省建筑工程集团控股有限公司	广东省广州市荔湾区流花路85号	510013	276	—	—
11	云南省交通投资建设集团有限公司	云南省昆明市前兴路37号	650100	290	—	—
12	上海城建（集团）有限公司	上海市徐汇区宛平南路1099号	200032	307	—	—
13	广西北部湾投资集团有限公司	广西壮族自治区南宁市中泰路11号北部湾大厦北楼1401室	530029	310	—	—
14	武汉城市建设集团有限公司	湖北省武汉市江汉区常青路9号	430022	378	—	—
15	四川公路桥梁建设集团有限公司	四川省成都市高新区九兴大道12号	610041	396	—	—
16	新疆生产建设兵团建设工程（集团）有限责任公司	新疆维吾尔自治区乌鲁木齐市天山区新民路113号	830000	439	—	—
17	天元建设集团有限公司	山东省临沂市兰山区银雀山路63号	276000	461	—	—
18	山东科达集团有限公司	山东省东营市东营区府前大街65号	257000	486	—	—
电网						
1	国家电网有限公司	北京市西城区西长安街86号	100031	1	—	1
2	中国南方电网有限责任公司	广东省广州市科学城科翔路11号	510530	24	—	13
3	内蒙古电力（集团）有限责任公司	内蒙古自治区呼和浩特市赛罕区前达门路9号	016000	220	—	75
水务						
1	水发集团有限公司	山东省济南市历城区经十东路33399号	250001	350	—	117
2	北京首都创业集团有限公司	北京市东城区朝阳门北大街6号首创大厦15层	100027	423	—	145
3	无锡市市政公用产业集团有限公司	江苏省无锡市梁溪区解放东路800号	214002	—	—	352
4	瀚蓝环境股份有限公司	广东省佛山市南海区桂城街道融和路23号瀚蓝广场12楼	528200	—	—	367
5	广州市水务投资集团有限公司	广东省广州市天河区临江大道501号	510655	—	—	396
6	天津水务集团有限公司	天津市河西区解放南路与绍兴道交口东北侧海汇名邸3号	300042	—	—	423
7	东莞市水务集团有限公司	广东省东莞市东城街道育华路1号	523000	—	—	467
综合能源供应						
1	浙江省能源集团有限公司	浙江省杭州市天目山路152号	310007	163	—	54
2	新奥天然气股份有限公司	河北省廊坊经济技术开发区华祥路118号新奥科技园B座	065001	181	—	63
3	北京控股集团有限公司	北京市朝阳区化工路59号焦奥中心2号楼	100023	200	—	69
4	云南省能源投资集团有限公司	云南省昆明市西山区日新中路616号云南能投集团集控综合楼	650100	223	—	76
5	北京能源集团有限责任公司	北京市朝阳区永安里16号CBD国际大厦A区	100022	247	—	87
6	四川省能源投资集团有限责任公司	四川省成都市高新区剑南大道中段719号清凤时代城	610095	272	—	93
7	申能（集团）有限公司	上海市闵行区虹井路159号申能能源中心	201103	368	—	125
8	南昌市政公用集团有限公司	江西省南昌市青山湖区湖滨东路1399号	330039	393	—	134

续表

名次	公司名称	通信地址	邮政编码	名次(1)	名次(2)	名次(3)
9	奥德集团有限公司	山东省临沂市河东区北京东路6666号奥德商务中心	276000	—	—	192
10	新疆天富集团有限责任公司	新疆维吾尔自治区石河子市东城街道北一东路2号	832000	—	—	209
11	无锡市国联发展（集团）有限公司	江苏省无锡市滨湖区金融一街8号	214131	—	—	247
12	新天绿色能源股份有限公司	河北省石家庄市桥西区裕华西路9号A座9楼	050800	—	—	280
13	四川华油集团有限责任公司	四川省成都市高新区天府一街695号中环岛广场A座1206	610041	—	—	289
14	河北建投能源投资股份有限公司	河北省石家庄市裕华西路9号	050051	—	—	295
15	河南蓝天集团股份有限公司	河南省驻马店市驿城大道1516号蓝天世贸中心A座	463000	—	—	419
16	新疆生产建设兵团能源集团有限责任公司	新疆维吾尔自治区乌鲁木齐市天山区解放北路177号	830002	—	—	444
17	杭州市燃气集团有限公司	浙江省杭州市西湖区天目山路30号	310007	—	—	499
铁路运输						
1	中铁集装箱运输有限责任公司	北京市西城区鸭子桥路24号中铁商务大厦	100055	430	—	149
2	广州地铁集团有限公司	广东省广州市海珠区新港东路1238号万胜广场A塔	510330	—	—	351
3	厦门轨道建设发展集团有限公司	福建省厦门市思明区湖滨中路86-88号	361000	—	—	472
公路运输						
1	浙江省交通投资集团有限公司	浙江省杭州市钱江新城五星路199号明珠国际商务中心	310020	83	—	35
2	山东高速集团有限公司	山东省济南市历下区龙奥北路8号	250098	106	—	42
3	甘肃省公路航空旅游投资集团有限公司	甘肃省兰州市城关区南昌路1716号	730030	173	—	58
4	河南交通投资集团有限公司	河南省郑州市金水东路26号	450016	225	—	77
5	江苏交通控股有限公司	江苏省南京市建邺区江东中路399号江苏交控大厦	210002	243	—	84
6	安徽省交通控股集团有限责任公司	安徽省合肥市包河区西藏路1666号	230601	354	—	119
7	陕西交通控股集团有限公司	陕西省西安市雁塔区太白南路9号	710065	359	—	121
8	广西交通投资集团有限公司	广西壮族自治区南宁市民族大道146号三祺广场	530022	360	—	122
9	广东省交通集团有限公司	广东省广州市珠江新城珠江东路32号利通广场58-61层	510623	428	—	148
10	山西交通控股集团有限公司	山西省示范区太原市学府园区南中环街529号B座2408	030006	459	—	155
11	湖南省高速公路集团有限公司	湖南省长沙市开福区三一大道500号	41000	479	—	161
12	四川高速公路建设开发集团有限公司	四川省成都市武侯区二环路西一段90号四川高速大厦	610041	500	—	165
13	昆明市交通投资有限责任公司	云南省昆明市西山区盘龙路25号院1栋2、4楼	650011	—	—	207
14	河北交通投资集团有限公司	河北省石家庄市桥西区新石北路52号	050091	—	—	232
15	无锡市交通产业集团有限公司	江苏省无锡市运河东路100号	214031	—	—	241
16	河北高速公路集团有限公司	河北省石家庄市裕华东路509号	050000	—	—	243
17	重庆高速公路集团有限公司	重庆市渝北区银杉路66号	401121	—	—	246

名次	公司名称	通信地址	邮政编码	名次(1)	名次(2)	名次(3)
18	吉旗物联科技（天津）有限公司	天津市空港经济区空港商务园东区 E6-102	300000	—	—	412
19	漳州市交通发展集团有限公司	福建省漳州市龙文区江滨东路7号船坞建筑B座	363005	—	—	431
20	东莞市交通投资集团有限公司	广东省东莞市东城街道莞樟路东城段199号	523000	—	—	434
21	广州市公共交通集团有限公司	广东省广州市越秀区东园横路60号	510055	—	—	435
22	中通供应链管理有限公司	浙江省杭州市桐庐县凤川街道东兴路267号	311500	—	—	437
23	深圳高速公路集团股份有限公司	广东省深圳市南山区深南大道9968号汉京金融中心46层	518057	—	—	446
24	泉州交通发展集团有限责任公司	福建省泉州市丰泽区丰泽街29号公交大厦10楼	362000	—	—	491
水上运输						
1	中国远洋海运集团有限公司	上海市浦东新区滨江大道5299号	200127	71	—	31
港口服务						
1	山东省港口集团有限公司	山东省青岛市市北区港极路7号山东港口大厦	266000	172	—	57
2	广西北部湾国际港务集团有限公司	广西壮族自治区南宁市良庆区体强路12号北部湾航运中心	530200	249	—	88
3	四川省港航投资集团有限责任公司	四川省成都市高新区环岛路1288号复地金融岛A3栋	610000	358	—	120
4	福建省港口集团有限责任公司	福建省福州市台江区江滨中大道356号物流信息大厦	350014	367	—	124
5	浙江省海港投资运营集团有限公司	浙江省宁波市鄞州区宁东路269号宁波环球航运广场	315040	—	—	189
6	上海国际港务（集团）股份有限公司	上海市虹口区东大名路358号（国际港务大厦）	200080	—	—	200
7	东华能源股份有限公司	江苏省苏州市张家港保税区出口加工区东华路668号	215634	—	—	239
8	河北港口集团有限公司	河北省秦皇岛市海港区海滨路35号	066002	—	—	244
9	湖北港口集团有限公司	湖北省武汉市江岸区沿江大道136号武汉港大楼	430021	—	—	269
10	天津港（集团）有限公司	天津市滨海新区（塘沽）津港路99号	300461	—	—	291
11	广州港集团有限公司	广东省广州市越秀区沿江东路406号港口中心	510100	—	—	334
航空运输						
1	中国南方航空集团有限公司	广东省广州市白云区齐心路68号	510403	167	—	55
2	中国国际航空股份有限公司	北京市天竺空港经济开发区天柱路30号	101312	185	—	64
3	中国东方航空集团有限公司	上海市闵行区虹翔三路36号	201105	190	—	65
4	四川航空股份有限公司	四川省成都市双流国际机场四川航空大厦	610000	—	—	223
5	上海春秋国际旅行社（集团）有限公司	上海市长宁区空港一路528号2号楼	200335	—	—	290
航空港及相关服务业						
1	厦门翔业集团有限公司	福建省厦门市思明区仙岳路396号翔业大厦17楼	361000	—	—	323
邮政						
1	中国邮政集团有限公司	北京市西城区金融大街甲3号	100808	26	—	14

续表

名次	公司名称	通信地址	邮政编码	名次(1)	名次(2)	名次(3)
物流及供应链						
1	厦门建发集团有限公司	福建省厦门市思明区环岛东路1699号建发国际大厦43楼	361008	28	—	15
2	厦门象屿集团有限公司	福建省厦门市象屿路81号象屿集团大厦A栋10楼	361006	54	—	26
3	顺丰控股股份有限公司	广东省深圳市南山区科技南一路深投控创智天地大厦B座	518057	108	—	44
4	传化集团有限公司	浙江省杭州市萧山区钱江世纪城民和路945号传化大厦	311215	180	—	62
5	河北省物流产业集团有限公司	河北省石家庄市中华北大街三号	050000	325	—	111
6	深圳金雅福控股集团有限公司	广东省深圳市罗湖区深南东路4003号世界金融中心A座31楼	518010	405	—	137
7	郑州瑞茂通供应链有限公司	河南省郑州市金水区如意东路50号中瑞国际A座8–10层	450000	411	—	139
8	圆通速递股份有限公司	上海市青浦区华新镇新协路28号	201708	420	—	144
9	广西现代物流集团有限公司	广西壮族自治区南宁市邕宁区龙岗大道21号	530299	—	—	174
10	申通快递有限公司	上海市青浦区重固镇郏店路425号	201706	—	—	183
11	深圳市信利康供应链管理有限公司	广东省深圳市南山区兴海大道3044号信利康大厦33–34楼	518000	—	—	190
12	中通快递股份有限公司	上海市青浦区华新镇华志路1685号	201708	—	—	196
13	河北省国和投资集团有限公司	河北省石家庄市鹿泉区槐安西路810号	050033	—	—	202
14	一柏集团有限公司	福建省福州市晋安区横屿路9号泰禾商务中心2号楼25层	350000	—	—	206
15	极兔速递有限公司	上海市青浦区华新镇华隆路1777号A栋9楼	201708	—	—	210
16	合肥维天运通信息科技股份有限公司	安徽省合肥市创新大道2700号	230061	—	—	218
17	安徽灵通集团控股有限公司	安徽省铜陵市铜官区北斗星城C2座19层	244000	—	—	231
18	厦门海沧投资集团有限公司	福建省厦门市海沧区钟林路8号海投大厦	361026	—	—	236
19	重庆物流集团有限公司	重庆市北部新区高新园青松路33号	401121	—	—	257
20	福建纵腾网络有限公司	福建省福州市仓山区盖山镇盘屿路869号金山工业集中区福湾片标准厂房26号楼	350004	—	—	259
21	福州市产业投资集团有限公司	福建省福州市台江区江滨西大道100号融侨中心32F	350000	—	—	274
22	江苏大经供应链股份有限公司	江苏省江阴市澄杨路268号	214400	—	—	283
23	深圳市富森供应链管理有限公司	广东省深圳市福田区上梅林中康路深圳新一代产业园6号楼14–16层	518040	—	—	292
24	鑫荣懋果业科技集团股份有限公司	广东省深圳市宝安区航城街道三围社区航城大道170号鑫荣懋滨海大厦产业用房516	518128	—	—	294
25	广东宏川集团有限公司	广东省东莞市松山湖科技产业园区松科苑一栋一楼	523808	—	—	301
26	深圳市九立供应链股份有限公司	广东省深圳市罗湖区沿河北路1002号瑞思国际大厦A座17楼	518003	—	—	307
27	深圳市博科供应链管理有限公司	广东省深圳市福田区梅林中康路136号新一代产业园6栋8楼	518000	—	—	312

续表

名次	公司名称	通信地址	邮政编码	名次(1)	名次(2)	名次(3)
28	广西自贸区钦州港片区开发投资集团有限责任公司	广西壮族自治区钦州市保税港区友谊大道1号自贸中心24层 办公室	535008	—	—	325
29	徐州东方物流集团有限公司	江苏省徐州市沛县	221600	—	—	347
30	泉州城建集团有限公司	福建省泉州市丰泽区安吉南路688号泉州城建大厦	362000	—	—	389
31	中原大易科技有限公司	河南省郑州市金水区祥盛街众旺路楷林中心7座19楼	450003	—	—	392
32	南京大有恒成供应链有限公司	江苏省南京市雨花台区凤台南路197号102室	210001	—	—	406
33	智旦运宝宝（福建）科技有限公司	福建省福州市长乐区文武砂镇大数据产业园1期3号楼	350200	—	—	461
34	深圳市华富洋供应链有限公司	广东省深圳市南山区侨香路4080号侨城坊T8栋6、7、13层	518000	—	—	462
35	江苏省医药有限公司	江苏省南京市玄武区中央路258号-28锦盈大厦	210009	—	—	479
36	重庆长安民生物流股份有限公司	重庆市渝北区金开大道1881号	401122	—	—	486
37	深圳市英捷迅实业发展有限公司	广东省深圳市福田区深南大道与泰然九路交界东南本元大厦4A	518042	—	—	493
38	江苏康缘医药商业有限公司	江苏省连云港市海州区海昌北路1号	222000	—	—	495
电信服务						
1	中国移动通信集团有限公司	北京市西城区金融大街29号	100033	15	—	8
2	中国电信集团有限公司	北京市西城区金融街31号	100033	35	—	18
3	中国联合网络通信集团有限公司	北京市西城区金融大街21号 中国联通大厦	100033	72	—	32
广播电视服务						
1	华数数字电视传媒集团有限公司	浙江省杭州市滨江区长河街道长江路179号	310051	—	—	377
2	江苏省广电有线信息网络股份有限公司	江苏省南京市麒麟科创园运粮河西路101号	210046	—	—	492
软件和信息技术（IT）						
1	神州数码集团股份有限公司	北京市海淀区上地九街9号数码科技广场	100085	217	—	74
2	网易股份有限公司	浙江省杭州市滨江区网商路399号	310052	244	—	85
3	汇通达网络股份有限公司	江苏省南京市玄武区孝陵卫街道钟灵街50号汇通达大厦	210014	296	—	100
4	江苏满运软件科技有限公司	江苏省南京市雨花台区凤信路20号万博科技园A栋3-6层	210012	392	—	133
5	山西云时代技术有限公司	山西省太原市山西转型综合改革示范区太原学府园区长治路345号	030000	—	—	225
6	深圳华强集团有限公司	广东省深圳市深南中路华强路口华强集团1号楼	518031	—	—	230
7	浙江火山口网络科技有限公司	浙江省杭州市萧山区闻堰街道张家里路98号	311258	—	—	249
8	软通动力信息技术（集团）股份有限公司	北京市海淀区西北旺东路10号院东区16号楼	100193	—	—	308
9	三七互娱网络科技集团股份有限公司	安徽省芜湖市瑞祥路88号皖江财富广场B1座7层7001号	241000	—	—	322
10	广州华多网络科技有限公司	广东省广州市番禺区南村镇万博二路79号万博商务区万达商业广场北区B-1栋24层	511442	—	—	329

续表

名次	公司名称	通信地址	邮政编码	名次(1)	名次(2)	名次(3)
11	上海埃尔金信息技术有限公司	上海市闵行区宜山路2000号利丰广场2号楼16楼	201100	—	—	358
12	浙江世纪华通集团股份有限公司	浙江省绍兴市上虞区曹娥街道越爱路66号	312300	—	—	360
13	佳都集团有限公司	广东省广州市天河区新岑四路2号（科研办公楼）802B	510653	—	—	393
14	鑫方盛数智科技股份有限公司	北京市大兴区海鑫北路9号一幢三层	102628	—	—	421
15	新大陆科技集团有限公司	福建省福州市马尾区儒江西路1号新大陆科技园	350015	—	—	458
16	润建股份有限公司	广西壮族自治区南宁市西乡塘区高新区总部路1号中国东盟科技企业孵化基地一期D7栋501室	530006	—	—	463
17	宝尊电商有限公司	上海市静安区江场西路510弄数智大厦	200436	—	—	464
18	江苏零浩网络科技有限公司	江苏省南京市建邺区白龙江东街22号艺树家工场6层、7层02单元	210019	—	—	465
互联网服务						
1	京东集团股份有限公司	北京市大兴区亦庄科创11街18号A座20层	102600	12	—	6
2	阿里巴巴（中国）有限公司	浙江省杭州市滨江区长河街道网商路699号4号楼5单元508室	310000	21	—	11
3	腾讯控股有限公司	广东省深圳市南山区海天二路33号腾讯滨海大厦	518054	37	—	19
4	美团公司	上海市杨浦区互联宝地D2-4楼	200090	99	—	40
5	拼多多控股公司	上海市长宁区娄山关路533号	200051	116	—	45
6	北京嘀嘀无限科技发展有限公司	北京市海淀区唐家岭北环路6号院1号楼A座三层303	100089	139	—	50
7	蚂蚁科技集团股份有限公司	浙江省杭州市西湖区西溪路569号蚂蚁集团A空间	310000	147	—	52
8	百度集团股份有限公司	北京市海淀区上地十街10号百度大厦	100085	193	—	67
9	上海钢联电子商务股份有限公司	上海市宝山区园丰路68号	200444	285	—	97
10	通鼎集团有限公司	江苏省苏州市吴江区震泽镇八都经济开发区小平大道8号	215233	402	—	136
11	深圳市天行云供应链有限公司	广东省深圳市南山区南头街道莲花广场A栋801	518054	—	—	175
12	携程集团有限公司	上海市长宁区金钟路968号16号楼	200335	—	—	176
13	上海塑来信息技术有限公司	上海市嘉定区银翔路609号16楼	200812	—	—	255
14	大熊集团有限公司	山东省自由贸易试验区济南片区山左路大都会万科中心37层3703-3室	250013	—	—	309
15	安克创新科技股份有限公司	湖南省长沙市高新区中电软件园一期7栋	410205	—	—	310
16	溧阳中联金电子商务有限公司	江苏省常州市溧阳市昆仑街道创智路37号301室、302室	213300	—	—	320
17	河南中钢网科技集团股份有限公司	河南自贸区郑州片区（郑东）商都路166号A、B塔楼23层	450000	—	—	339
18	芒果超媒股份有限公司	湖南省长沙市开福区金鹰影视文化城湖南国际会展中心西附楼一楼	410003	—	—	341

续表

名次	公司名称	通信地址	邮政编码	名次(1)	名次(2)	名次(3)
19	深圳市分期乐网络科技有限公司	广东省深圳市南山区粤海街道科苑南路3099号中国储能大厦第23层-27层	518057	—	—	362
20	信也科技集团	上海市浦东新区丹桂路999弄G1栋	201203	—	—	366
21	上海祥源原信息咨询有限公司	上海市闵行区红松东路11100号3栋1401室	201103	—	—	386
22	东方财富信息股份有限公司	上海市徐汇区宛平南路88号金座东方财富大厦	200030	—	—	400
23	广州酷狗计算机科技有限公司	广东省广州市天河区黄埔大道中315号18栋108室	510000	—	—	404
24	江苏采木工业互联网科技有限公司	江苏省无锡市滨湖区建筑西路583号2101、2102	214000	—	—	411
25	傲基科技股份有限公司	广东省深圳市龙岗区南湾街道上李朗社区平吉大道66号康利信息谷大楼106	518111	—	—	470
26	深圳市东信时代信息技术有限公司	广东省深圳市南山区高新科技园科技南路18号深圳湾科技生态园12栋B1座20层	518000	—	—	476
27	东方明珠新媒体股份有限公司	上海市徐汇区宜山路757号	200233	—	—	485
能源矿产商贸						
1	中国航空油料集团有限公司	北京市海淀区马甸路2号航油大厦	100088	126	—	47
2	陕西泰丰盛合控股集团有限公司	陕西省西安市西咸新区沣西新城西部云谷一期A3号楼9层	712000	341	—	115
3	杭州东恒石油有限公司	浙江省杭州市上城区东宁路617号东恒大厦1505	310000	418	—	143
4	重庆千信集团有限公司	重庆市渝北区黄山大道中段67号信达国际B栋12-14楼	401121	432	—	150
5	青岛世纪瑞丰集团有限公司	山东省青岛市市南区中山路44-60号百盛国际商务中心37楼	266000	—	—	167
6	漳州宝鼎贸易集团有限公司	福建省漳州市芗城浦南镇店仔圩	363004	—	—	388
7	江苏省煤炭运销有限公司	江苏省南京市建邺区河西大街66号	210019	—	—	403
化工医药商贸						
1	重药控股股份有限公司	重庆市渝北区金石大道303号	401120	306	—	103
2	漳州市九龙江集团有限公司	福建省漳州市龙文区湖滨路1号九龙江集团大厦	363000	347	—	116
3	南京新工投资集团有限责任公司	江苏省南京市玄武区唱经楼西街65号	210008	371	—	128
4	南通化工轻工股份有限公司	江苏省南通市崇川区南大街28号14-18层	226001	—	—	199
5	日出实业集团有限公司	浙江省宁波市鄞州区宁波商会国贸中心A座42楼	315100	—	—	229
6	江阴市金桥化工有限公司	江苏省江阴市澄江中路118号国贸大厦10楼	214431	—	—	233
7	常州市化工轻工材料总公司	江苏省常州市天宁区桃园路19号	213003	—	—	279
8	嘉悦物产集团有限公司	浙江省杭州市上城区民心路万银国际大厦3005	310000	—	—	314
9	江苏东津联国际贸易有限公司	江苏省江阴市青年广场23号2203室	214400	—	—	369
10	中崛新材料科技有限公司	上海市杨浦区昆明路518号北美广场707室	200082	—	—	432
11	江苏倍驰能源有限公司	江苏省江阴市青年广场23号2211室	214400	—	—	433
12	江阴市川江化工有限公司	江苏省江阴市璜土镇澄路3808-5号	214431	—	—	450
13	青岛百洋医药股份有限公司	山东省青岛市市北区开封路88号	266000	—	—	494

续表

名次	公司名称	通信地址	邮政编码	名次(1)	名次(2)	名次(3)
生活消费品商贸						
1	唯品会控股有限公司	广东省广州市海珠区鼎新路128号唯品会总部大厦	510220	231	—	79
2	东方国际（集团）有限公司	上海市长宁区虹桥路1488号	200336	318	—	109
3	浙江建华集团有限公司	浙江省杭州市拱墅区沈半路2号	310015	—	—	204
4	杭州市商贸旅游集团有限公司	浙江省杭州市上城区盛运文创中心A幢9-14楼	310003	—	—	297
5	润华集团股份有限公司	山东省济南市槐荫区经十西路3999号	250117	—	—	299
6	湖北银丰实业集团有限责任公司	湖北省武汉市江岸区青岛路7号银丰大厦12楼	430014	—	—	390
7	圣都家居装饰有限公司	浙江省杭州市拱墅区石祥路589号	310000	—	—	459
8	山东全福元商业集团有限责任公司	山东省潍坊市寿光市	262700	—	—	466
9	孩子王儿童用品股份有限公司	江苏省南京市江宁区麒麟科技创新园智汇路300号	211135	—	—	468
10	河南大张实业有限公司	河南省洛阳市涧西区武汉路南段	471003	—	—	469
农产品及食品批发						
1	中粮集团有限公司	北京市朝阳区朝阳门南大街8号中粮福临门大厦	100020	31	—	16
2	北京中能昊龙农业科技有限公司	北京市丰台区海鹰路6号院7号楼	100071	—	—	179
3	深圳市中农网有限公司	广东省深圳市福田区福强路深圳文化创意园二期A301	518017	—	—	185
4	湖北农业发展集团有限公司	湖北省武汉市武昌区东湖路181号楚天传媒大厦10楼	430000	—	—	211
5	江苏无锡朝阳集团股份有限公司	江苏省无锡市梁溪区槐古路2号	214002	—	—	216
6	江苏省粮食集团有限责任公司	江苏省南京市玄武区中山路338号24-26楼	210018	—	—	251
7	湖南农业发展投资集团有限责任公司	湖南省长沙市天心区湘府中路369号星城荣域园	410000	—	—	266
8	广西泛糖科技有限公司	广西壮族自治区南宁市良庆区秋月路18号9层	530219	—	—	285
9	陕西粮农集团有限责任公司	陕西省西安市未央区凤城七路89号	710018	—	—	319
10	浙江省农村发展集团有限公司	浙江省杭州市拱墅区武林路437号农发大厦	310006	—	—	330
11	无锡安井食品营销有限公司	江苏省无锡市惠山区钱桥街道晓陆路68号	214151	—	—	395
12	黑龙江省农业投资集团有限公司	黑龙江省哈尔滨市道里区爱建路66号	150010	—	—	405
13	良品铺子股份有限公司	湖北省武汉市东西湖区金银湖街道良品大厦	430000	—	—	482
生产资料商贸						
1	物产中大集团股份有限公司	浙江省杭州市环城西路56号	310000	41	—	21
2	中国农业生产资料集团有限公司	北京市西城区宣武门外大街甲1号环球财讯中心C座15层	100052	320	—	110
3	黑龙江倍丰农业生产资料集团有限公司	黑龙江省哈尔滨市松北区新湾路88号	150028	—	—	286
4	安徽辉隆投资集团有限公司	安徽省合肥市包河区延安路1779号	230051	—	—	303
5	广东天禾农资股份有限公司	广东省广州市越秀区东风东路709号	510080	—	—	332
6	四川省供销农资集团有限公司	四川省成都市青羊区太升北路12号	610017	—	—	409

续表

名次	公司名称	通信地址	邮政编码	名次(1)	名次(2)	名次(3)
金属品商贸						
1	上海均和集团有限公司	上海市浦东新区陆家嘴环路166号未来资产大厦35层	200120	192	—	66
2	厦门路桥工程物资有限公司	福建省厦门市湖里区金山街道槟城道289号，厦门国际游艇汇A1栋16层	361018	246	—	86
3	上海闽路润贸易有限公司	上海市杨浦区国宾路36号万达广场B座11楼	200433	282	—	96
4	大汉控股集团有限公司	湖南省长沙市湘江新区金桥国际未来城2区4栋5楼	410200	380	—	130
5	宁波开发投资集团有限公司	浙江省宁波市鄞州区昌乐路187号发展大厦B楼16-22层	315040	433	—	151
6	源山投资控股有限公司	上海市虹口区曲阳路910号15楼	200437	—	—	191
7	华南物资集团有限公司	重庆市江北区红黄路1号1幢15-1	400025	—	—	205
8	江阴长三角钢铁集团有限公司	江苏省江阴市澄山路2号	214400	—	—	219
9	汇金钢铁（天津）集团有限公司	天津自贸试验区（空港经济区）西四道168号融合广场1-3-301	300000	—	—	336
10	广东乐居商贸集团有限公司	广东省佛山市南海区里水镇大步村	528244	—	—	357
11	山东梦金园珠宝首饰有限公司	山东省潍坊市昌乐县经济开发区梦金小镇	262400	—	—	413
12	江阴宝靖有色金属材料有限公司	江苏省江阴市青年广场23号2217室	214400	—	—	456
13	苏州裕景泰控股有限公司	江苏省苏州市张家港市锦丰镇兴业路2号玖隆大厦13层1309室	215600	—	—	480
综合商贸						
1	厦门国贸控股集团有限公司	福建省厦门市湖里区仙岳路4688号国贸中心A栋2901单元	361004	38	—	20
2	浙江省兴合集团有限责任公司	浙江省杭州市拱墅区延安路312号浙江供销大楼917室	310006	175	—	59
3	中基宁波集团股份有限公司	浙江省宁波市鄞州区天童南路666号中基大厦	315153	205	—	71
4	江苏省苏豪控股集团有限公司	江苏省南京市软件大道48号	210012	232	—	80
5	深圳市爱施德股份有限公司	广东省深圳市南山区科发路11号南山金融大厦18楼	518000	269	—	92
6	广东省广物控股集团有限公司	广东省广州市天河区珠江新城兴国路21号广物中心	510623	281	—	95
7	兰州新区商贸物流投资集团有限公司	甘肃省兰州市兰州新区综合保税区综合服务楼C区	730314	292	—	98
8	远大物产集团有限公司	浙江省宁波市高新区聚贤街道扬帆路515号远大中心1710室	315040	315	—	108
9	江苏国泰国际集团股份有限公司	江苏省张家港市杨舍镇人民中路国泰大厦31楼	215600	370	—	127
10	苏宁易购集团股份有限公司	江苏省南京市玄武区苏宁大道1号	210042	386	—	132
11	四川省商业投资集团有限责任公司	四川省成都市高新区天府大道北段966号天府国际金融中心11号楼南塔43楼	610095	463	—	156
12	福建漳龙集团有限公司	福建省漳州市龙海区颜厝镇南江滨路宅前村官田284号福建漳龙总部经济大楼	363099	—	—	168

续表

名次	公司名称	通信地址	邮政编码	名次(1)	名次(2)	名次(3)
13	新华锦集团有限公司	山东省青岛市崂山区松岭路131号新华锦发展大厦	266101	—	—	169
14	厦门夏商集团有限公司	福建省厦门市思明区湖滨中路123号第36、37、38层	361004	—	—	194
15	淄博市城市资产运营集团有限公司	山东省淄博市张店区华光路366号科创大厦A座	255000	—	—	227
16	湖南博深实业集团有限公司	湖南省长沙市岳麓区岳麓大道233号湖南科技大厦16层	410013	—	—	242
17	广州轻工工贸集团有限公司	广东省广州市越秀区沿江东路407号	510199	—	—	271
18	福建晟育投资发展集团有限公司	福建省漳州市龙文区湖滨路1号城投碧湖城市广场1幢B801室	363005	—	—	281
19	安徽省徽商集团有限公司	安徽省合肥市芜湖路258号	230061	—	—	293
20	中国(福建)对外贸易中心集团有限责任公司	福建省福州市鼓楼区五四路75号外贸中心	350001	—	—	327
21	天晖(河北)供应链管理集团有限公司	河北省秦皇岛市海港区燕塞大道40号	066000	—	—	343
22	厦门鑫东森控股有限公司	福建省厦门市观音山南投路11号22楼	361000	—	—	354
23	厦门市嘉晟对外贸易有限公司	福建省厦门市思明区塔埔东路165号1803单元	361008	—	—	375
24	浙江华瑞集团有限公司	浙江省杭州市萧山区建设一路1027号华瑞中心1号楼28楼	311215	—	—	397
25	宁波海田控股集团有限公司	浙江省宁波市江北区文教路72弄16号海田大厦1212室	315000	—	—	410
26	江苏新投供应链管理有限公司	江苏省江阴市长泾镇花园路100号	214400	—	—	439
27	浙江凯喜雅国际股份有限公司	浙江省杭州市体育场路105号	310004	—	—	448
28	无锡市宝金石油化工有限公司	江苏省无锡市惠山区洛社镇振石路108号	214185	—	—	453
29	浙北大厦集团有限公司	浙江省湖州市吴兴区公园路188号	313000	—	—	460
30	广州纺织工贸企业集团有限公司	广东省广州市越秀区东风中路438号广德大厦11–14楼	510040	—	—	471
31	河北昊洋农业科技有限公司	北京市丰台区海鹰路6号院7号楼	100071	—	—	475
32	欧菲斯集团股份有限公司	重庆市渝北区金开大道西段106号1幢	401121	—	—	481
33	江苏省燃料集团有限公司	江苏省南京市玄武区玄武大道108号聚慧园4楼	210042	—	—	489
连锁超市及百货						
1	永辉超市股份有限公司	福建省福州市鼓楼区湖头街120号	350001	311	—	105
2	物美科技集团有限公司	北京市海淀区西四环北路158号	100142	424	—	146
3	百联集团有限公司	上海市黄浦区中山南路315号百联大厦13楼	200010	—	—	166
4	山东省商业集团有限公司	山东省济南市经十路9777号鲁商国奥城	250014	—	—	171
5	月星集团有限公司	上海市中山北路3300号环球港写字楼A座42楼	200063	—	—	214
6	江苏华地国际控股集团有限公司	江苏省无锡市锡山区东亭街道锡沪路东亭西段1号写字楼8楼	214000	—	—	222
7	利群集团股份有限公司	山东省青岛市崂山区海尔路83号金鼎大厦	266100	—	—	234
8	砂之船商业管理集团有限公司	重庆市璧山区璧泉街道白羊路9号奥特莱斯办公室	402760	—	—	273

续表

名次	公司名称	通信地址	邮政编码	名次(1)	名次(2)	名次(3)
9	淄博商厦股份有限公司	山东省淄博市张店区中心路125号	255000	—	—	276
10	信誉楼百货集团有限公司	河北省沧州市黄骅市文化路信誉楼培训中心	061100	—	—	282
11	广州岭南商旅投资集团有限公司	广东省广州市越秀区流花路122号中国大酒店商业大厦C座9楼	510015	—	—	344
12	绿滋肴控股集团有限公司	江西省南昌市小蓝经济开发区小蓝中大道518号	330200	—	—	385
13	石家庄北国人百集团有限责任公司	河北省石家庄市桥西区中山东路188号	050000	—	—	442
14	湖南佳惠百货有限责任公司	湖南省怀化市佳惠农产品批发大市场（佳惠总部）	418000	—	—	478
汽车摩托车零售						
1	新疆广汇实业投资（集团）有限责任公司	新疆维吾尔自治区乌鲁木齐市新华北路165号广汇中天广场32层	830002	131	—	48
2	恒信汽车集团股份有限公司	湖北省武汉市汉阳区龙阳三路1号	430000	308	—	104
3	浙江宝利德股份有限公司	浙江省杭州市西湖区求是路8号公元大厦南楼503	310013	—	—	245
4	欧龙汽车贸易集团有限公司	浙江省温州市龙湾区温州大道268号	325000	—	—	277
5	万友汽车投资有限公司	重庆市渝中区华盛路7号企业天地7号楼20层	400043	—	—	296
6	利泰汽车集团有限公司	广东省佛山市南海区港口路12号3座利泰科创中心8-10层	528000	—	—	316
7	成都建国汽车贸易有限公司	四川省成都市天府新区万安镇万福寺路1233号	614000	—	—	342
8	捷通达汽车集团股份有限公司	天津市西青经济技术开发区大寺高新技术产业园储源道018号	300380	—	—	368
9	广东鸿粤汽车销售集团有限公司	广东省广州市白云区永平街均禾大道永嘉路501号鸿粤大楼15楼	510000	—	—	370
10	湖南兰天集团有限公司	湖南省长沙市岳麓大道3599号河西汽车城红馆二楼	410000	—	—	373
11	蓝池集团有限公司	河北省邢台市信都区邢州大道2332号	054000	—	—	391
12	安徽瑞英行集团有限公司	安徽省合肥市包河区天津路3号	230041	—	—	426
13	山西大昌汽车集团有限公司	山西省太原市小店区平阳南路88号	030032	—	—	473
家电及电子产品零售						
1	南京新华海科技产业集团有限公司	江苏省南京市玄武区珠江路435号华海大厦A层	210018	—	—	224
医药及医疗器材零售						
1	中国医药集团有限公司	北京市海淀区知春路20号中国医药大厦	100195	33	—	17
2	九州通医药集团股份有限公司	湖北省武汉市汉阳区龙兴西街5号	430051	176	—	60
3	华东医药股份有限公司	浙江省杭州市莫干山路858号	310006	—	—	186
4	大参林医药集团股份有限公司	广东省广州市荔湾区龙溪大道410号、410-1号	510000	—	—	254
5	益丰大药房连锁股份有限公司	湖南省长沙市岳麓区金洲大道68号	410000	—	—	262
6	老百姓大药房连锁股份有限公司	湖南省长沙市开福区青竹湖路808号	410100	—	—	264
7	广西柳药集团股份有限公司	广西壮族自治区柳州市鱼峰区官塘大道68号	545000	—	—	275
8	鹭燕医药股份有限公司	福建省厦门市湖里区安岭路1004号	361006	—	—	284

续表

名次	公司名称	通信地址	邮政编码	名次(1)	名次(2)	名次(3)
9	安徽华源医药集团股份有限公司	安徽省阜阳市太和县沙河东路168号	236600	—	—	321
10	漱玉平民大药房连锁股份有限公司	山东省济南市历城区山大北路56号	250111	—	—	449
商业银行						
1	中国工商银行股份有限公司	北京市西城区复兴门内大街55号	100140	5	—	2
2	中国建设银行股份有限公司	北京市西城区金融大街25号	100033	6	—	3
3	中国农业银行股份有限公司	北京市东城区建国门内大街69号	100005	7	—	4
4	中国银行股份有限公司	北京市复兴门内大街1号	100818	9	—	5
5	交通银行股份有限公司	上海市银城中路188号	200120	42	—	22
6	招商银行股份有限公司	广东省深圳市福田区深南大道7088号	518040	51	—	25
7	兴业银行股份有限公司	福建省福州市台江区江滨中大道398号兴业银行大厦	350014	61	—	30
8	上海浦东发展银行股份有限公司	上海市中山东一路12号	200002	77	—	34
9	中国民生银行股份有限公司	北京市西城区复兴门内大街2号	100031	88	—	37
10	江苏银行股份有限公司	江苏省南京市中华路26号	210001	179	—	61
11	上海银行股份有限公司	上海市浦东新区银城中路168号	200120	233	—	81
12	南京银行股份有限公司	江苏省南京市建邺区江山大街88号	210000	265	—	91
13	渤海银行股份有限公司	天津市河东区海河东路218号	300012	352	—	118
14	深圳前海微众银行股份有限公司	广东省深圳市南山区沙河西路深圳湾科技生态园7栋A座	518057	366	—	123
15	恒丰银行股份有限公司	山东省济南市泺源大街8号	250012	438	—	152
16	重庆农村商业银行股份有限公司	重庆市江北区金沙门路36号	400023	445	—	153
17	广西农村商业联合银行股份有限公司	广西壮族自治区南宁市民族大道148号广西金融广场	530022	474	—	157
18	上海农村商业银行股份有限公司	上海市黄浦区中山东二路70号上海农商银行总行	200002	475	—	158
19	长沙银行股份有限公司	湖南省长沙市岳麓区滨江路53号楷林商务中心B座	410205	—	—	173
20	广州农村商业银行股份有限公司	广东省广州市天河区华夏路1号信合大厦	510623	—	—	178
21	盛京银行股份有限公司	辽宁省沈阳市沈河区北站路109号	110013	—	—	187
22	天津银行股份有限公司	天津市河西区友谊路10号	300201	—	—	203
23	桂林银行股份有限公司	广西壮族自治区桂林市临桂区公园北路8号	541100	—	—	250
24	东莞银行股份有限公司	广东省东莞市莞城区体育路21号	523000	—	—	261
25	江西银行股份有限公司	江西省南昌市红谷滩区金融大街699号	330038	—	—	263
26	九江银行股份有限公司	江西省九江市濂溪区长虹大道619号	332005	—	—	267
27	河北银行股份有限公司	河北省石家庄市长安区建设南大街21号中商大厦	050011	—	—	268
28	青岛农村商业银行股份有限公司	山东省青岛市崂山区秦岭路6号1号楼	266061	—	—	287
29	天津农村商业银行股份有限公司	天津市河西区友谊路32号	300061	—	—	302
30	广东顺德农村商业银行股份有限公司	广东省佛山市顺德区大良街道办事处德和居委会拥翠路2号	528300	—	—	315
31	江苏常熟农村商业银行股份有限公司	江苏省常熟市新世纪大道58号	215500	—	—	317
32	张家口银行股份有限公司	河北省张家口市桥东区胜利北路51号	075000	—	—	335

续表

名次	公司名称	通信地址	邮政编码	名次(1)	名次(2)	名次(3)
33	重庆银行股份有限公司	重庆市江北区永平门街6号	400010	—	—	363
34	唐山银行股份有限公司	河北省唐山市路南区建设南路19号唐山新世界中心	063000	—	—	365
35	廊坊银行股份有限公司	河北省廊坊市广阳区爱民东道83号新世界中心办公楼大厦C区17号楼5-14层，22层	065000	—	—	371
36	广东南海农村商业银行股份有限公司	广东省佛山市南海区桂城街道南海大道北26号	528200	—	—	379
37	重庆三峡银行股份有限公司	重庆市渝北区嘉州路88号中渝国际都会4号楼	400000	—	—	380
38	天津滨海农村商业银行股份有限公司	天津市自贸试验区（空港经济区）西三道158号金融中心一号楼	300308	—	—	394
39	福建海峡银行股份有限公司	福建省福州市台江区江滨中大道358号海峡银行大厦	350009	—	—	420
40	柳州银行股份有限公司	广西壮族自治区柳州市东堤路12号	545001	—	—	422
41	江苏紫金农村商业银行股份有限公司	江苏省南京市建邺区江东中路381号	210019	—	—	436
42	无锡农村商业银行股份有限公司	江苏省无锡市金融二街9号	214125	—	—	443
43	绍兴银行股份有限公司	浙江省绍兴市越城区中兴南路1号	312000	—	—	445
44	齐商银行股份有限公司	山东省淄博市张店区人民西路212号	255000	—	—	451
45	江苏张家港农村商业银行股份有限公司	江苏省苏州市张家港市人民中路66号	215600	—	—	452
46	江苏江阴农村商业银行股份有限公司	江苏省江阴市澄江中路1号	214431	—	—	500
保险业						
1	中国人寿保险（集团）公司	北京市西城区金融大街17号	100033	17	—	9
2	中国人民保险集团股份有限公司	北京市西城区西长安街88号中国人保大厦	100031	44	—	23
3	中国太平洋保险（集团）股份有限公司	上海市黄浦区中山南路1号	200011	84	—	36
4	泰康保险集团股份有限公司	北京市朝阳区景辉街16号院1号楼泰康集团大厦42层	100026	97	—	39
5	太平人寿保险有限公司	上海市浦东新区银城中路488号太平金融大厦	200120	299	—	101
6	阳光保险集团股份有限公司	北京市朝阳区景辉街33号院1号楼阳光金融中心	100020	313	—	106
7	新华人寿保险股份有限公司	北京市朝阳区建国门外大街甲12号新华保险大厦	100022	339	—	114
8	中华联合保险集团股份有限公司	北京市丰台区丽泽商务区南区凤凰嘴街3号中华保险大厦	100071	374	—	129
9	国华人寿保险股份有限公司	上海市虹口区新建路200号国华金融中心A栋32层	200080	488	—	163
10	中国万向控股有限公司	上海市浦东新区陆家嘴西路99号万向大厦	200120	—	—	256
11	国任财产保险股份有限公司	广东省深圳市罗湖区笋岗街道田心社区梅园路128号招商开元中心1栋B单元25层-29层	518000	—	—	382
12	渤海人寿保险股份有限公司	天津市和平区西康路与成都路交口东北侧塞顿中心C座写字楼21层	300070	—	—	497
证券业						
1	广发证券股份有限公司	广东省广州市天河区马场路26号广发证券大厦	510627	—	—	258
2	兴业证券股份有限公司	福建省福州市湖东路268号兴业证券大厦	350001	—	—	415

续表

名次	公司名称	通信地址	邮政编码	名次(1)	名次(2)	名次(3)
基金、信托及其他金融服务						
1	武汉产业投资控股集团有限公司	湖北省武汉市江汉区唐家墩路32号国创大厦B座	430015	—	—	170
2	浙江永安资本管理有限公司	浙江省杭州市钱江新城新业路200号华峰国际	310016	—	—	265
3	马上消费金融股份有限公司	重庆市渝北区黄山大道中段渝兴广场B2栋4-8楼	401120	—	—	272
多元化金融						
1	中国平安保险（集团）股份有限公司	广东省深圳市福田区益田路5033号平安金融中心	519033	13	—	7
2	中国中信集团有限公司	北京市朝阳区光华路10号中信大厦	100020	20	—	10
3	招商局集团有限公司	香港干诺道中168-200号信德中心招商局大厦40楼	—	59	—	28
4	广东省广新控股集团有限公司	广东省广州市海珠区新港东路1000号保利世贸中心C座东塔	510308	107	—	43
5	浙江省国际贸易集团有限公司	浙江省杭州市江干区香樟街39号	310016	261	—	90
6	武汉金融控股（集团）有限公司	湖北省武汉市长江日报路77号投资大厦	430015	302	—	102
7	成都交子金融控股集团有限公司	四川省成都市天府大道北段966号天府国际金融中心3号楼	610041	478	—	160
8	湖南财信金融控股集团有限公司	湖南省长沙市天心区城南西路3号	410000	—	—	184
9	青岛经济技术开发区投资控股集团有限公司	山东省青岛市西海岸新区庐山路57号经控大厦	266555	—	—	212
10	青岛银行股份有限公司	山东省青岛市崂山区秦岭路6号青岛银行大厦	266000	—	—	253
11	江西省金融控股集团有限公司	江西省南昌市南昌经济技术开发区南昌北郊新祺周大道99号	330038	—	—	376
12	厦门金圆投资集团有限公司	福建省厦门市思明区展鸿路82号厦门国际金融中心46层	361008	—	—	487
住宅地产						
1	万科企业股份有限公司	广东省深圳市盐田区大梅沙环路33号万科中心	518083	56	—	27
2	绿地控股集团股份有限公司	上海市黄浦区打浦路700号绿地总部大厦	200023	76	—	33
3	龙湖集团控股有限公司	重庆市渝北区礼贤路12号	401120	144	—	51
4	珠海华发集团有限公司	广东省珠海市香洲区昌盛路155号	519020	152	—	53
5	绿城房地产集团有限公司	浙江省杭州市杭大路1号黄龙世纪广场A12	310000	197	—	68
6	广州越秀集团股份有限公司	广东省广州市天河区珠江新城珠江西路5号广州国际金融中心64楼	510623	208	—	72
7	金地（集团）股份有限公司	广东省深圳市福田区福田街道深南大道2007号金地中心32层	518048	258	—	89
8	弘阳集团有限公司	江苏省南京市大桥北路9号弘阳大厦	210031	338	—	113
9	大华（集团）有限公司	上海市大渡河路388弄1号	200062	369	—	126
10	福州城市建设投资集团有限公司	福建省福州市台江区鳌峰街道鸡笼洲路2号城投榕发大厦18-22层	350009	381	—	131
11	北京首都开发控股（集团）有限公司	北京市朝阳区小营路25号	100101	412	—	140
12	重庆华宇集团有限公司	重庆市渝北区泰山大道东段118号	401121	—	—	193

续表

名次	公司名称	通信地址	邮政编码	名次(1)	名次(2)	名次(3)
13	苏州金螳螂企业（集团）有限公司	江苏省苏州市姑苏区西环路888号	215004	—	—	217
14	联发集团有限公司	福建省厦门市湖里区湖里大道31号	361006	—	—	235
15	广州珠江实业集团有限公司	广东省广州市越秀区东风中路362号颐德中心30楼	510000	—	—	237
16	奥园集团有限公司	广东省广州市天河区黄埔大道西108号奥园大厦19层	511442	—	—	238
17	建业控股有限公司	河南省郑州市郑东新区建业总部港E座	450000	—	—	252
18	厦门禹洲集团股份有限公司	广东省深圳市南山区科苑北398号禹洲广场	518000	—	—	270
19	文一投资控股有限公司	安徽省合肥市包河区西藏路与南宁路交口向东100米宏图路文一集团	230000	—	—	300
20	四川邦泰投资集团有限责任公司	四川省成都市武侯区交子大道575号中海国际中心J座1801号	610000	—	—	305
21	绿城物业服务集团有限公司	浙江省杭州市西湖区文一西路767号西溪国际B座	310012	—	—	311
22	无锡城建发展集团有限公司	江苏省无锡市滨湖区隐秀路328号	214072	—	—	337
23	安徽省众城集团	安徽省合肥市庐阳区阜阳路70号振信大厦A座12楼	230001	—	—	418
24	厦门安居控股集团有限公司	福建省厦门市湖里区华泰路3号6楼	361009	—	—	425
25	福建路港（集团）有限公司	福建省泉州市城东浔美工业区福建路港集团大厦6楼	362000	—	—	441
26	福建发展集团有限公司	福建省福州市晋安区福飞北路175号蓝海大厦16D	350013	—	—	484
27	合肥城建发展股份有限公司	安徽省合肥市蜀山区潜山路100号琥珀五环国际A座9-14层	230001	—	—	488
28	重庆海成实业（集团）有限公司	重庆市渝北区龙晴路复地复城国际18楼	401147	—	—	490
29	南京大地建设集团有限责任公司	江苏省南京市华侨路56号大地大厦27楼	210029	—	—	496
商业地产						
1	荣盛控股股份有限公司	河北省廊坊市开发区春明道北侧	065001	395	—	135
2	深圳市特区建工集团有限公司	广东省深圳市福田区莲花街道紫荆社区红荔路7019号天健商务大厦19楼	518034	—	—	195
3	福星集团控股有限公司	湖北省汉川市沉湖镇福星街1号	431608	—	—	215
4	天津天保控股有限公司	天津市空港经济区西三道166号投资服务中心C区	300308	—	—	304
5	天津现代集团有限公司	天津市河北区李公祠大街中段东北侧凤凰商贸广场3-101	300000	—	—	356
6	上海大名城企业股份有限公司	上海市长宁区红宝石路500号东银中心B栋29楼	201103	—	—	387
7	武汉伟鹏控股集团有限公司	湖北省武汉市武昌区紫阳东路77号伟鹏大厦19楼	430061	—	—	401
8	金帝联合控股集团有限公司	浙江省杭州市萧山区萧山经济技术开发区启迪路188号宜合大厦A座	311215	—	—	424
9	华东建筑集团股份有限公司	上海市石门二路258号	200041	—	—	455

续表

名次	公司名称	通信地址	邮政编码	名次(1)	名次(2)	名次(3)
园区地产						
1	万洋集团有限公司	浙江省温州市龙湾区蒲州街道灵江路58号	325011	—	—	172
2	佛山市建设发展集团有限公司	广东省佛山市禅城区石湾镇街道影荫路6号汇通大厦三楼（住所申报）	528000	—	—	220
3	上海临港经济发展（集团）有限公司	上海市浦东新区海港大道1515号创晶科技中心T2座19层	201306	—	—	361
4	知识城（广州）投资集团有限公司	广东省广州市黄埔区九龙大道知识大厦	510555	—	—	402
多元化投资						
1	联想控股股份有限公司	北京市海淀区科学院南路2号融科资讯中心B座17层	100190	60	—	29
2	深圳市投资控股有限公司	广东省深圳市深南中路4009号投资大厦1806室	518000	93	—	38
3	杭州市实业投资集团有限公司	浙江省杭州市西湖区保俶路宝石山下四弄19号	310007	103	—	41
4	广西投资集团有限公司	广西壮族自治区南宁市青秀区民族大道109号	530028	124	—	46
5	云南省投资控股集团有限公司	云南省昆明市西山区人民西路285号云投商务大厦	650100	132	—	49
6	卓尔控股有限公司	湖北省武汉市江汉区建设大道588号卓尔国际中心47层	430021	169	—	56
7	广东省广晟控股集团有限公司	广东省广州市天河区珠江西路17号广晟国际大厦50-58楼	510623	203	—	70
8	青岛海发国有资本投资运营集团有限公司	山东省青岛市黄岛区滨海大道2267号	266000	227	—	78
9	湖北交通投资集团有限公司	湖北省武汉市汉阳区四新大道26号湖北国展中心东塔湖北交投	430050	239	—	83
10	天津泰达投资控股有限公司	天津市经济技术开发区盛达街9号	300457	274	—	94
11	杭州市城市建设投资集团有限公司	浙江省杭州市西湖区益乐路25号嘉文商务大楼	310012	293	—	99
12	陕西投资集团有限公司	陕西省西安市碑林区朱雀路中段1号 金信国际大厦	710061	337	—	112
13	北京江南投资集团有限公司	北京市朝阳区红坊路8号	100176	408	—	138
14	洛阳国宏投资控股集团有限公司	河南省洛阳市洛龙区开元大道218号洛阳日报社报业集团8层	471000	414	—	141
15	广州产业投资控股集团有限公司	广东省广州市天河区临江大道3号发展中心9楼	510623	416	—	142
16	青岛西海岸新区融合控股集团有限公司	山东省青岛市黄岛区国汇金融中心A座12楼	266500	454	—	154
17	青岛西海岸新区海洋控股集团有限公司	山东省青岛市西海岸新区车轮山路388号	266400	476	—	159
18	江西省投资集团有限公司	江西省南昌市东湖区阳明东路66号投资大厦	330006	483	—	162
19	合肥市建设投资控股（集团）有限公司	安徽省合肥市滨湖新区武汉路229号	230000	—	—	181
20	佛山市投资控股集团有限公司	广东省佛山市禅城区季华五路22号季华大厦	528000	—	—	197
21	杭州市国有资本投资运营有限公司	浙江省杭州市庆春东路68号国有资本投资大厦A座10-11楼	310000	—	—	208
22	广州市城市建设投资集团有限公司	广东省广州市越秀区中山四路228号城投大厦	510030	—	—	213

续表

名次	公司名称	通信地址	邮政编码	名次(1)	名次(2)	名次(3)
23	泸州发展控股集团有限公司	四川省泸州市江阳区龙腾路10号发展控股大厦15楼	646200	—	—	221
24	武汉市城市建设投资开发集团有限公司	湖北省武汉市洪山区团结大道1020号	430061	—	—	228
25	宁波君安控股有限公司	浙江省宁波市高新区菁华路58号	315000	—	—	240
26	福建漳州城投集团有限公司	福建省漳州市龙文区江滨路碧湖城市广场1号楼2405室	363005	—	—	248
27	宜昌城发控股集团有限公司	湖北省宜昌市伍家岗区沿江大道189号	443000	—	—	313
28	南京市城市建设投资控股（集团）有限责任公司	江苏省南京市玄武区中央路256号	210018	—	—	328
29	盐城市国有资产投资集团有限公司	江苏省盐城市世纪大道669号一楼（B）	224006	—	—	338
30	鄂尔多斯市国有资产投资控股集团有限公司	内蒙古自治区鄂尔多斯市康巴什新区巨力广场A座7楼	017000	—	—	340
31	郑州公用事业投资发展集团有限公司	河南省郑州市管城回族区中兴南路商鼎路交叉口新发展科创大厦8–12楼	450000	—	—	346
32	洛阳国晟投资控股集团有限公司	湖南省洛阳市洛龙区开元大道237号市民之家西塔楼7楼	471000	—	—	348
33	广州开发区控股集团有限公司	广东省广州市经济技术开发区科学大道60号开发区控股中心33、34层	510700	—	—	349
34	秦皇岛中秦兴龙投资控股有限公司	河北省秦皇岛市经济技术开发区龙海道191号	066000	—	—	372
35	青岛开发区投资建设集团有限公司	山东省青岛市西海岸新区庐山路57号经控大厦	2665000	—	—	398
36	厦门火炬集团有限公司	福建省厦门市火炬高新区火炬广场南五楼	361006	—	—	407
37	厦门恒兴集团有限公司	福建省厦门市思明区鹭江道100号财富中心42F	361001	—	—	414
38	石家庄国控城市发展投资集团有限责任公司	河北省石家庄市裕华区建设南大街249号	050024	—	—	417
39	河北省国有资产控股运营有限公司	河北省石家庄市桥西区站前街10号	050000	—	—	429
40	广西农村投资集团有限公司	广西壮族自治区南宁市青秀区厢竹大道30号	530023	—	—	438
41	新疆绿原国有资本投资运营有限公司	新疆维吾尔自治区库尔勒市人民西路19号	841000	—	—	447
42	赣州发展投资控股集团有限责任公司	江西省赣州市章贡区兴国路65号总部经济区西座17–21楼	341000	—	—	457
43	湖州市交通投资集团有限公司	浙江省湖州市吴兴区二环西路2008号	313000	—	—	474
44	南宁威宁投资集团有限责任公司	广西壮族自治区南宁市良庆区凯旋路1号威宁总部大厦	530201	—	—	477
45	广州南方投资集团有限公司	广东省广州市海珠区琶洲大道188号南方投资大厦23楼	510320	—	—	483
商务中介服务						
1	贝壳控股有限公司	北京市海淀区创业路2号东方电子科技大厦	100080	314	—	107
2	广东省广告集团股份有限公司	广东省广州市海珠区新港东路996号保利世界贸易中心G座	510220	—	—	318
人力资源服务						
1	云账户技术（天津）有限公司	天津市滨海高新区天百中心1号楼6层、15层、21–24层	300384	237	—	82
2	上海赞华实业有限公司	上海市浦东新区浦东南路855号35层	200120	—	—	298
3	仕邦控股有限公司	广东省广州市天河区天河北路大都会广场21楼	515900	—	—	326

续表

名次	公司名称	通信地址	邮政编码	名次(1)	名次(2)	名次(3)
4	福建省人力资源发展集团有限公司	福建省福州市台江区江滨中大道386号国资大厦13F	350004	—	—	345
5	邦芒服务外包有限公司	浙江省嘉兴市新气象路922-924号邦芒大数据中心	314000	—	—	381
科技研发、规划设计						
1	长江设计集团有限公司	湖北省武汉市汉口解放大道1863号	430010	—	—	427
2	杭州泰格医药科技股份有限公司	浙江省杭州市滨江区聚工路19号盛大科技园A座18层	310051	—	—	498
国际经济合作（工程承包）						
1	中国江苏国际经济技术合作集团有限公司	江苏省南京市北京西路5号	210008	—	—	288
旅游和餐饮						
1	四川新派餐饮管理有限公司	四川省成都市简阳市雄州大道南段389号旭海时代广场7层01号	641499	—	—	188
2	四川众欣旅游资源开发有限公司	四川省成都市高新区天府二街269号	610041	—	—	331
3	浙江省旅游投资集团有限公司	浙江省杭州市西湖区文三路555号浙旅投大厦	310063	—	—	333
4	同程旅行控股有限公司	江苏省苏州市苏州工业园区酝慧路66号同程旅行大厦	215000	—	—	384
5	四川省旅游投资集团有限责任公司	四川省成都市锦江区人民南路二段80号锦江宾馆锦苑楼	610000	—	—	428
文化娱乐						
1	湖北文化旅游集团有限公司	湖北省武汉市武昌区中北路86号汉街总部国际E座	430061	495	—	164
2	安徽新华发行（集团）控股有限公司	安徽省合肥市北京路8号	230001	—	—	306
3	浙江出版联合集团有限公司	浙江省杭州市拱墅区环城北路177号	310000	—	—	353
4	中南出版传媒集团股份有限公司	湖南省长沙市营盘东路38号	410005	—	—	359
5	安徽出版集团有限责任公司	安徽省合肥市政务文化新区翡翠路1118号	230071	—	—	364
6	四川新华出版发行集团有限公司	四川省成都市人民南路一段86号10楼	610017	—	—	374
7	中原出版传媒投资控股集团有限公司	河南省郑州市金水东路39号	450016	—	—	430
教育服务						
1	重庆新鸥鹏企业（集团）有限公司	重庆市江北区江北嘴国华金融中心A座30层	400020	427	—	147
2	华茂集团股份有限公司	浙江省宁波市海曙区望春工业区龙嘘路125号	315175	—	—	383
3	江苏凤凰新华书店集团有限公司	江苏省南京市玄武区百子亭34号	210009	—	—	416
医疗卫生健康服务						
1	山东颐养健康产业发展集团有限公司	山东省济南市高新区经十路7000号汉峪金融商务中心一区2号楼	250102	—	—	182
2	爱尔眼科医院集团股份有限公司	湖南省长沙市天心区芙蓉南路一段188号爱尔大厦	410000	—	—	278
3	安徽天星医药集团有限公司	安徽省合肥市经济技术开发区慈光路118号	230061	—	—	350
综合服务业						
1	中国华润有限公司	香港湾仔港湾道26号华润大厦49层	—	22	—	12
2	中国保利集团有限公司	北京市东城区朝阳门北大街1号新保利大厦28楼	100010	49	—	24

续表

名次	公司名称	通信地址	邮政编码	名次(1)	名次(2)	名次(3)
3	湖北联投集团有限公司	湖北省武汉市武昌区中南路99号保利大厦A座17层	430061	211	—	73
4	东浩兰生（集团）有限公司	上海市黄浦区会馆街55号 绿地外滩中心T3栋47楼	200040	—	—	177
5	唐山国控集团有限公司	河北省唐山市曹妃甸工业区市政服务大厦B座9层	063000	—	—	180
6	上海均瑶（集团）有限公司	上海市徐汇区肇嘉浜路789号均瑶国际广场37楼	200032	—	—	198
7	西安高科集团有限公司	陕西省西安市高新区锦业路59号高科智慧园	710076	—	—	201
8	泉州发展集团有限公司	福建省泉州市鲤城区丰泽街361号金控大厦15楼	362000	—	—	226
9	天津城市基础设施建设投资集团有限公司	天津市和平区大沽北路161号城投大厦	300040	—	—	260
10	华邦控股集团有限公司	广东省广州市越秀区沿江东路408号港口中心裙楼5楼	510030	—	—	324
11	北京路通企业管理集团有限公司	北京市西城区姚家井二巷路通集团	100032	—	—	355
12	宁波滕头集团有限公司	浙江省宁波市奉化区萧王庙街道滕头村	315500	—	—	378
13	深圳齐心集团股份有限公司	广东省深圳市坪山区锦绣中路18号齐心科技园	518118	—	—	399
14	西安经发控股（集团）有限责任公司	陕西省西安市经济技术开发区文景路中段16号白桦林国际A座5层	710018	—	—	408
15	湖南湘江新区发展集团有限公司	湖南省长沙市岳麓区天顶街道环湖路1177号方茂苑第13栋34－36层	410205	—	—	440
16	宝石花家园生活服务集团有限公司	北京市朝阳区北苑路82号时腾大厦10层	100101	—	—	454

后 记

一、《中国 500 强企业发展报告》是由中国企业联合会、中国企业家协会组织编写的全面记载和反映中国 500 强企业创新发展的综合性大型年度报告。

二、为深入贯彻习近平新时代中国特色社会主义思想和党的二十大精神及二十届三中全会精神，促进我国企业做强做优做大，加快建设世界一流企业，并为国内外各界提供中国大企业发展的相关数据与研究信息，我会连续第 23 年参照国际惯例推出了中国企业 500 强及其与世界企业 500 强的对比分析报告，连续第 20 年推出了中国制造业企业 500 强、中国服务业企业 500 强及其分析报告，在此基础上连续第 14 年推出了中国跨国公司 100 大及其分析报告，连续第 6 年推出了中国战略性新兴产业领军企业 100 强及其分析报告，连续第 4 年推出中国大企业创新 100 强分析报告。国务院领导多次做出批示，希望中国企业联合会继续把这方面的工作做好。2024 中国企业 500 强、中国制造业企业 500 强、中国服务业企业 500 强、中国跨国公司 100 大、中国战略性新兴产业领军企业 100 强、中国大企业创新 100 强的产生得到了各有关企联（企协）、企业家协会和相关企业的大力支持，在此深表感谢！

三、本报告为中国企业联合会、中国企业家协会的研究成果。各章作者为，第一章：刘兴国；第二章：丁春燕；第三章：高蕊；第四章：李建明；第五章：陈劲、吴丰、王福世、杨硕；第六章：苗仲桢、周源；第七章：崔新健、李俊超、任静；第八章至第十五章：张德华、吴晓、张玄同、聂安捷、余梓怡、王威超。全书由郝玉峰统稿，参加编辑工作的有：郝玉峰、高蕊、张德华、吴晓、丁春燕、聂安捷、张玄同、滑婷、余梓怡、王威超等。

四、凡引用本报告研究数据、研究成果的，应注明引自"中国企业联合会《2024 中国 500 强企业发展报告》"，未经授权不得转载 2024 中国企业 500 强、2024 中国制造业企业 500 强、2024 中国服务业企业 500 强、2024 中国跨国公司 100 大、2024 中国战略性新兴产业领军企业 100 强、2024 中国大企业创新 100 强名单。

五、2025 年我会将继续对中国企业 500 强、中国制造业企业 500 强、中国服务业企业 500 强进行分析研究，出版《中国 500 强企业发展报告》，申报 2025 中国企业 500 强、2025 中国制造业企业

500 强、2025 中国服务业企业 500 强的企业，请与我会研究部联系，电话：010 – 88512628、68701280、68431613、88413605；传真：010 –68411739。

六、本报告得到了中国企业管理科学基金会、渤海银行股份有限公司、埃森哲（中国）有限公司、金蝶软件（中国）有限公司、天津泰达投资控股有限公司、云账户技术（天津）有限公司、中国企业联合会可持续发展工商委员会、麦斯特人才集团、山东安然纳米集团公司、同方知网数字出版技术股份有限公司、贵州金沙酒业销售有限公司、清华大学中国工程科技发展战略研究院、中关村中慧先进制造产业联盟的大力支持，在此特别致谢！

由于时间仓促，本报告难免出现疏漏和不尽人意之处，恳请经济界、企业界及其他各界人士提出宝贵意见和建议。

在本书即将出版之际，我们还要向一直给予本报告大力支持的中国企业管理科学基金会表示感谢，向一直负责本书出版的企业管理出版社表示感谢！

编　者

二〇二四年九月

2024中国企业500强
2024中国制造业企业500强
2024中国服务业企业500强

部分企业介绍

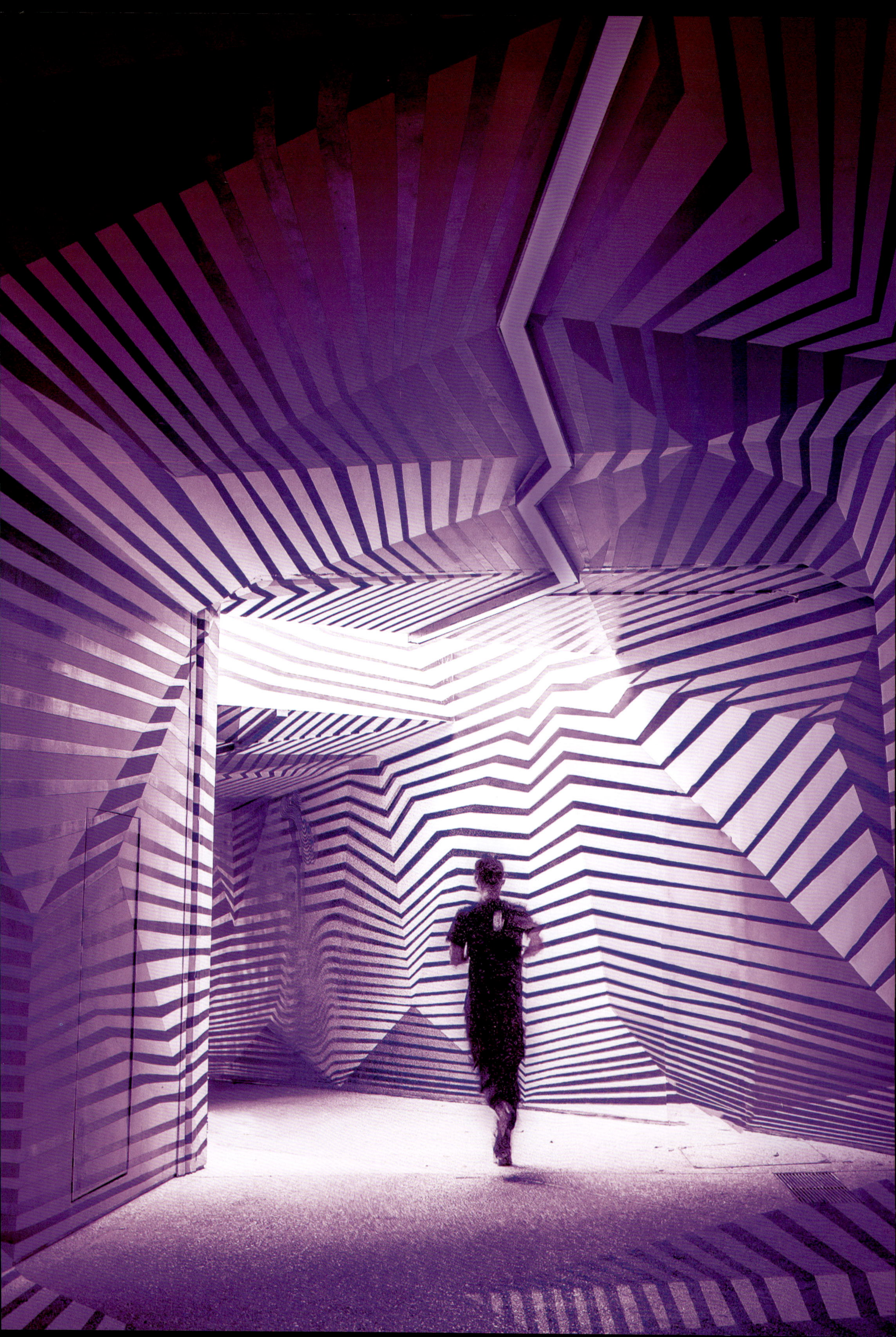

重塑生产力，增长新前沿

2024埃森哲中国企业数字化转型指数

埃森哲连续七年追踪评估中国企业转型进程。2024年指数显示，中国企业重塑者比例逐步提升，企业聚焦回归创新与增长。在推动新质生产力发展、驱动企业可持续增长方面，埃森哲建议企业重塑关注四个关键点：以价值为导向、强化数字核心、重塑人才和工作、打造负责任的AI。

关于埃森哲

埃森哲注册于爱尔兰，是一家全球领先的专业服务公司，致力于帮助全球领先企业、政府和各界组织构建数字核心、优化运营成本、加速营收增长并提升社会服务水平，实现快速且规模化的价值创造。埃森哲是《财富》世界500强企业之一，目前拥有约75万名员工，服务于120多个国家的客户。我们以卓越人才和创新引领为核心，引领全球技术变革。凭借在云、数据和人工智能方面深厚的行业经验、独特的专业技能、强大的生态协作网络以及翘楚全球的一体化交付中心，我们为客户提供战略&咨询、技术服务、智能运营、工业X和Accenture Song等全方位服务。基于卓越的服务能力、共享成功的企业文化，以及创造360°价值的承诺，我们帮助客户实现企业全面重塑，并建立长久互信的合作关系。同时，埃森哲以360°价值衡量自身，为客户、员工、股东、合作伙伴和整个社会创造美好未来。

埃森哲在中国市场开展业务37年，运营和办公地点包括北京、上海、大连、成都、广州、深圳、杭州、香港和台北等多个城市。作为可信赖的数字化转型卓越伙伴，我们不断创新、积极参与商业和技术生态建设，致力于帮助中国的企业和组织把握数字化机遇，通过战略制定、流程优化、技术赋能，实现高质量发展。

© 2024埃森哲版权所有。

| **743**万 | **11000+** | **172**个 | **51.2**% | **43**% |

服务的企业及机构数量 | 其中研发人员 5000+ 拥有深圳、北京、长沙、上海 4 地研发中心 | 业务遍布全球的数量 | 支持超过一半的中国 500 强企业 | 专精特新"小巨人"选择金蝶

金蝶

金蝶国际软件集团有限公司（以下简称金蝶国际或金蝶）始创于 1993 年，是香港联交所主板上市公司，总部位于中国深圳，是全球领先、中国第一的企业管理云 SaaS 公司。其以"致良知、走正道、行王道"为核心价值观，以"予力企业，成就不凡"为使命，致力成为"最值得托付的企业服务平台"。

国际权威机构 IDC 在 2023 年的报告显示：金蝶在 SaaS ERM（企业资源管理云服务）、财务云、企业级 EPM（企业绩效管理云）中国市场占有率位居第一；连续 4 次获得低代码与零代码软件中国市场占有率第一；连续 19 年在中国成长型企业应用软件市场占有率保持第一。

目前，金蝶已为世界范围内超过 740 万家企业等组织提供数字化管理解决方案。

予力企业　成就不凡

金蝶云

500强的
新选择

🔍 金蝶云 EBC　搜索　　📞 4008-830-830

敬业集团办公楼

敬业集团
JINGYE GROUP

　　敬业集团是以钢铁为主业，下辖总部钢铁、乌兰浩特钢铁、英国钢铁、广东敬业钢铁、广东粤北钢铁等生产基地，兼营钢材深加工、增材制造3D打印、国际贸易、康养旅游、酒店的跨国集团，现有员工40000名。2023年敬业集团销售收入3407亿元，2024年敬业集团品牌价值968.79亿元，居民营钢企第一位。2022年获评"环保绩效A级企业""钢铁企业竞争力A+级（极强）企业"。

　　敬业集团拥有国家企业技术中心、院士工作站，主要产品有宽厚板、热卷板、螺纹钢、冷轧板、镀锌板、彩涂板、圆钢、异型钢、型钢、钢轨，是国家高强钢筋生产示范企业、国家高新技术企业。产品获得冶金产品MC认证、中国钢铁工业协会"冶金产品实物质量认定金杯奖"等，出口到130多个国家和地区，应用于北京大兴国际机场、文莱跨海大桥、韩国济州岛梦想大厦等国内外重点项目工程。

　　敬业集团进行颠覆性的转型升级，建设短流程薄带铸轧和全流程增材制造项目，同时，打造年产值100亿元的机械装备园区，发展钢结构、专用汽车、精密制管、钢筋加工等，延伸产业链，提高附加值。建设黄金寨、王母山、迪山云顶、民族风情园景区，打造华北大型康养旅游基地。

　　敬业集团时刻牢记"绿水青山就是金山银山"的重要理念，坚持以高端化、智能化、绿色化为方向，在节能减排、能源综合利用、发展循环经济方面投资超百亿元，致力于实现碳达峰、碳中和。所有指标优于国家、地方排放标准，厂区植被覆盖率达到50%以上，被评为"环保绩效A级企业"。

　　致富员工、回报社会是敬业集团的宗旨。员工工资奖金逐年递增，重大疾病全额补助，免费体检、旅游、让员工快乐工作、幸福生活。敬业集团热心公益，积极履行社会责任，在扶贫、救灾、修路、教育及抗疫等方面慷慨解囊，投入已超过8亿元！

　　敬业集团在"双碳"目标和以国内大循环为主体、国内国际双循环相互促进的新发展格局指引下，坚持做强做优做大，打造全球绿色低碳、效益领先的钢材和金属制品供应服务商，为建设制造强国、质量强国贡献力量。

敬业集团铁路专用线

3D打印中心

增材制造3D打印百台级项目

宽厚板项目生产线

冷轧项目生产线

敬业集团镀锌板

污水零排放项目

广州塔和亚运会开闭幕式场馆——海心沙广场

广州市建筑集团有限公司

广州市建筑集团有限公司（以下简称广州建筑集团）成立于1950年，是广州市国有大型企业，华南地区首家同时持有房屋建筑工程施工总承包特级和市政公用工程施工总承包特级资质、建筑行业甲级设计和市政行业甲级设计资质的企业集团，现有施工总承包特级资质3项，各类施工总承包一级资质59项，各类专业承包一级资质93项，各类甲级资质43项。业务范围基本覆盖建筑行业的全部专业范畴及与其相关配套产业链，综合实力走在全国建筑企业前列。

2023年广州建筑集团实现营业收入3001.82亿元，利润总额46.34亿元，组织新任务超过4000亿元，连续4年入选《财富》世界500强企业榜单，2024年位居第361位，在全球工程与建筑行业排名第12位，占据全世界工程与建筑行业的第一梯队、第一方阵。

粤港澳大湾区高端装备制造创新中心

广州海珠国家湿地公园

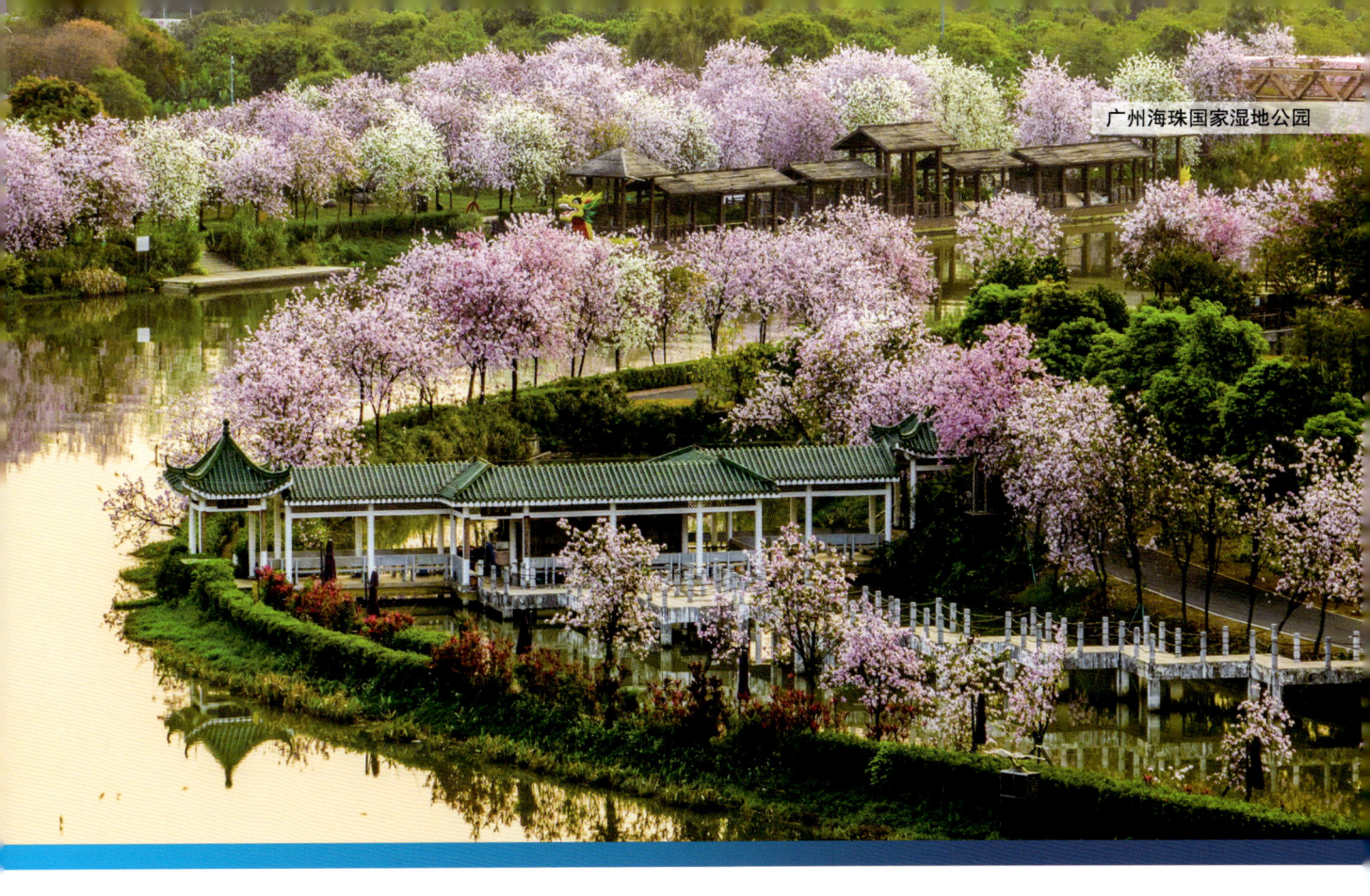

作为广州建筑业产业链"链主"企业，广州建筑集团承建了广州大学城、白云国际会议中心、广交会展馆、广州塔、广州国际金融中心、广州大剧院、珠江新城核心区市政交通项目，及广州亚运会开闭幕式场馆——海心沙广场等一批标志性工程，累计获得"中国建设工程鲁班奖"42项、"中国土木工程詹天佑奖"33项、"中国市政金杯示范工程奖"47项、"国家优质工程奖"68项、"中国风景园林学会科学技术奖"61项。

广州建筑集团坚持以科技创新引领现代化产业体系建设，现拥有55家高新技术企业、1个院士工作站、2家研究院、7家甲级设计院、5个博士后科研工作站、4个省博士工作站、2个博士后创新实践基地、1个国家级技术中心、1个国家级科改示范企业、1个国家级工程分中心、30个省级工程中心、15个省级企业技术中心、16家省专精特新企业。

未来，广州建筑集团将加快发展新质生产力，不断塑造建筑业高质量发展的新动能新优势，朝着打造世界一流城市建设运营商阔步前进。

广州市建筑集团有限公司总部大厦

中国进出口商品交易会展馆

新奥天然气股份有限公司

新奥天然气股份有限公司（以下简称新奥股份，股票代码600803.SH）是能源行业A股上市公司，在全国运营260个城市燃气项目，业务覆盖天然气销售、基础设施运营、储运、产业智能平台建设与运营、工程等天然气全场景。

通过多年的业务发展和资产布局，新奥股份基本形成了贯通天然气全产业链、全场景的四大支点，包括国内近400亿方的客户池，以及多元自主灵活可控的海内外资源池，依托舟山接收站为支点的气液态交付网络，以天津国际油气交易中心为支点的先进国际风控体系。新奥股份自主建设运营的天然气产业智能平台——好气网，利用数智技术链接天然气需求侧和供给侧，提升产业运转效率。

面向未来，新奥股份将持续优化天然气产业大模型，利用智能重构天然气产业发展模式，为推动天然气产业生态繁荣、建设现代能源体系做出积极贡献。

数说 2023

天然气总销售量：386.71 亿方，约占中国天然气总消费量的10%
营业总收入：1438.42 亿元
气候减排：助力社会及客户减排 5614 万吨
各项慈善公益支出：7724 万元

新奥舟山LNG接收及加注站三期项目4座LNG储罐外罐主体结构施工全部完成

新奥股份是首家获得SGS颁发的合规与反贿赂管理体系整合认证的天然气行业企业

优化资产结构聚焦天然气主业，新奥股份与凯鸿科技签署股权转让协议

江苏省苏豪控股集团

南京金融城二期苏豪金融科技大厦

江苏省苏豪控股集团（以下简称苏豪）是江苏省属大型国有独资企业集团。2023年7月，江苏省委、省政府研究决定，苏豪控股集团等5家省属大型国有企业重组整合，成立新的苏豪控股集团，这是江苏省属国企迄今涉及面最广、力度最大、最为系统完整的一次改革。重组整合后，苏豪控股集团旗下各级企业达370余家，员工近2万人，资产总额861亿元，净资产300亿元，年营业收入1127亿元，营收规模在江苏省国资委监管企业中位列第一。

苏豪与160多个国家和地区建立广泛的经贸关系，2023年进出口总额110亿美元，位于全国同类企业前列。苏豪获批江苏省首批内外贸一体化试点企业，坚持服务"双循环"大局，拓展国际国内两个市场、两种资源，进出口商品包含能源矿产、纺织服装、机电设备、医药化工、粮油食品等丰富的品类，承担江苏省60%以上的储备品类。苏豪现有66家境外企业或机构，在欧洲、东南亚、非洲多地建立了海外生产基地、海外仓或办事机构，近期正在牵头建设"中亚江苏中心"。苏豪统筹运营江苏省中欧（亚）班列，目前已稳定开行班列线路24条，覆盖欧亚26个国家、近80个国际站点，2023年开行2123列，运送进出口货物货值43亿美元，有力推动与共建"一带一路"国家和地区的经贸合作。

苏豪坚持金融服务实体，是数家金融机构的重要股东，覆盖证券、银行、信托、保险等主要金融业态。苏豪拥有境内外重要业务牌照，为产业链上下游提供多维度、特色化的交易平台与金融服务，服务江苏在共建"一带一路"国家的贸易和投资需求。苏豪控股境内外4家上市公司，其中，汇鸿集团是全国首批、省内第一家整体上市的国有企业，江苏舜天是具备完整产业链一体化服务功能的全省服装贸易龙头企业，苏豪弘业是全省外贸行业第一家上市公司，弘业期货是国内期货业第一家A+H股上市公司。

华东进出口商品交易会苏豪控股集团跨境电商展区 　　第135届广交会苏豪控股集团展区 　　中欧班列

立业集团

正直做人 诚信立业

集团简介

深圳市立业集团有限公司（以下简称立业集团），创建于1995年，注册资本100亿元，总部位于深圳，是一家持续稳健发展的综合产业控股集团。

长期以来，立业集团始终以远见洞察时代变革，奉行"正直做人、诚信立业"的核心价值观，脚踏实地，以开阔的胸襟和恢弘的气度为员工创造事业舞台，激发企业发展活力；以市场为导向、价值为目标、实业增值经营为手段，不断超越自己。

二十余年发展过程中，立业集团坚持"产业+金融"的发展模式，致力于打造多个具有领先地位的发展平台，主要涉及的领域有电力设备制造、新能源、化工、生物医药、金融服务、供应链等。目前集团控、参股子公司已超百家，旗下拥有华林证券、立业电力变压器、立业电子、精进能源、西藏能源等一系列国内优秀企业；同时，立业集团参股了微众银行（第二大发起股东）、深创投（第五大股东）、中国平安等知名企业，形成"覆盖全国，辐射海外"的网络布局。

1995年 成立　　**100亿元** 注册资本

- 500强中国企业
- 500强制造企业
- 500强中国品牌
- 总部优秀企业
- 十佳投资机构

创始人简介

林立
深圳市立业集团有限公司　创始人、董事长
华林证券股份有限公司　　董事长
金融学博士

林立先生始终秉承"正直、忠诚、专业"的经营理念，带领立业集团稳健发展，旗下已拥有电力设备制造、新能源、化工、生物医药等众多实体产业及华林证券等金融企业；此外，林立先生还担任深圳市第五届人大代表，深圳市第三届、第四届政协委员，深圳市深商总会副会长，深商公益基金会主席，广东省客家商会常务副会长，同心俱乐部副主席等。

在带领企业发展壮大的同时，林立先生坚持弘扬"服务国家、回馈社会"的企业家精神，热心公益慈善事业，践行企业社会责任。多年来，林立先生以个人和公司名义累计捐款捐物数亿元，获得了"2017年杰出企业社会责任奖""2018年度扶贫突出贡献奖""2019年脱贫攻坚荣誉证书""2020年度扶贫成果奖""广东省抗击新冠肺炎疫情重要贡献民营企业"等荣誉。

产业布局

新能源板块

新能源板块通过整合集团旗下资源，从光伏组件、变压器、逆变器到光伏电站进行完整的产业链布局，并联合行业知名合作伙伴，在西藏、新疆、青海等地开展新能源综合业务，推动能源清洁低碳转型，服务"双碳"目标落地。

旗下公司：立业风光 · 西藏能源 · 立业电力 · 立业电子

锂电板块

锂电板块依托集团在锂电领域的技术和资源积淀，联合行业知名合作伙伴，在锂电池全产业链进行深度布局，将在储能+动力领域重点发力，为市场提供优质的锂能解决方案。

旗下公司：精进能源 · 强能锂电 · 立业锂矿

生物医药板块

生物医药板块旗下产业主要包括立业制药、立业生物、祥牛牧业、厚德医院等，在创新中积聚前行力量，旨在打造综合性、全方位的健康产业，共同推动行业创新发展。

旗下公司：立业制药 · 立业生物 · 祥牛牧业 · 厚德医院

智慧集采板块

智慧集采作为集团旗下科技型集中采购业务单元，正在构建中国300个城市的服务网络，业务覆盖建材、芯片、有色金属、煤炭、农副产品、IT、通信、快消品等领域的综合供应链管理。

旗下公司：立业供应链科技 · 立业有色金属

综合金融板块

立业集团深度布局金融领域，按照银行、保险、证券、投资等业务线，专注金融科技相融，助力实业可持续发展，打造综合型金融控股平台。

旗下公司：华林证券 · 参股微众银行、深创投、中国平安

立业集团将秉承新时代"立德、立功、立言"精神

树商业文明之德，建服务实体之功，立企业公民之言

携手产业伙伴，深耕实业，共享成长

打造行业领先的多元产业发展平台，成就一流综合产业控股集团的战略目标

甘肃建投

- 20 项 中国建筑工程鲁班奖
- 3 项 中国土木工程詹天佑奖
- 22 项 国家优质工程奖
- 17 项 中国建筑工程装饰奖
- 11 项 中国钢结构金奖
- 7 项 中国安装之星奖
- 6 项 广厦奖

2022年度"中国建筑工程鲁班奖"项目——张掖市第二人民医院业务综合楼

2023年度"中国建筑工程鲁班奖"项目——兰州理工大学西校区图书馆

甘肃省建设投资(控股)集团有限公司(以下简称甘肃建投),创建于1953年,是甘肃省专业化发展最久、市场化经营最早、一体化实力最强、国际化指数最高的企业,是甘肃省首批国有资本投资公司改革试点单位,注册资本200亿元,主体信用评级AAA级,拥有4项建筑工程总承包特级资质和公路、市政公用、机电工程、石油化工、电力工程、装饰装修、钢结构工程、核工程、环保工程等60多项一级资质,拥有出资企业49家、各类专业技术人员2.7万人,是国家企业技术中心、国家知识产权优势企业、国家装配式建筑产业基地、国家高新技术企业,打造了房屋建筑工程、基础设施、房地产、新能源、生态环保、工程咨询、绿色建材、装备制造、现代服务业等经济板块,连续12年进入中国企业500强。

甘肃建投具有对外经营权,是甘肃省唯一一家具有外交部驻外机构馆舍建设总承包资格和商务部对外援助成套项目总承包及援外技术项目资格的企业,在非洲、南美洲、东欧及中东、南亚等40多个国家和地区深耕布局,开展国际工程总承包、工业园区、海外贸易仓、国际贸易等业务,建成了一大批在国际上有较大影响力的经援工程及承包项目,中甘国际公司位列ENR"全球最大250家国际承包商"第184位,是甘肃省唯一一家入选该榜单的企业。

甘肃建投集团始终坚持融入和服务国家发展战略,贯彻落实甘肃省构建"一核三带"区域发展格局和"四强"行动,建设效益更好、作用更强、产业更优、效率更高、机制更活的国内一流、国际知名现代建设投资集团。

2023年度"中国土木工程詹天佑奖"项目——成都百郦锦城

2023年度"国家优质工程奖"项目——天水市体育中心

金地集团
Gemdale 科学筑家

金地集团董事长　徐家俊

金地集团深圳总部大厦金地中心

　　金地集团1988年年初创于中国深圳，2001年在上交所上市（600383.SH），历经数十年的探索和实践，现已发展成为一家以房地产开发为主营业务、相关多元业务全面发展的综合型上市公司。业务涵盖房地产开发、商用地产及产业园镇开发运营、房地产金融、物业服务等相关产业，在中国300余座大中城市和美国东西海岸的8个不同城市和地区实现了业务布局。截至2023年年末，金地集团总资产约3738亿元，归属于股东净资产约652亿元。

　　金地集团从1993年开始经营房地产业务，是中国较早上市并实现全国化布局的房地产企业。2023年，实现房地产销售金额约1536亿元。

　　金地集团旗下成员金地商置集团是香港上市企业（00535.HK），集地产综合开发和资产管理平台于一体，通过商业中心综合体、产业园镇、精品住宅、长租公寓等多元物业的开发销售、投资管理和服务运营，为企业和个人提供集成式空间与服务。

　　金地管理是金地集团旗下专属代建业务平台，开展商业代建、政府代建、资本代建三大代建业务，为委托方提供项目管理和顾问咨询等多元服务。凭借不断积累的代建实力，已成长为中国房地产代建运营市场的优秀企业。

　　金地集团旗下的金地智慧服务集团，是提供物业管理服务、资产和客户资源运营的综合管理平台，为中国物业管理一级资质企业。截至2023年年末，金地智慧服务集团的业务已遍及中国300余座大中城市，合同管理面积达3.91亿平方米。

　　凭借多年的稳健经营，金地集团连续多年入选福布斯全球企业2000强、《财富》中国500强、中国房地产开发企业500强等榜单。展望未来，金地集团将以价值创造为目的，以效益与规模的平衡均好发展为导向，向"做中国最有价值的国际化企业"的宏伟愿景持续迈进。

金地商置总部——深圳金地威新中心

金地集团旗下的明星产业园区——位于深圳南山的金地威新软件科技园，吸引了英特尔、英伟达、亚马逊、大疆创新等大批科技企业入驻

金地集团御湖颂（广州）项目荣获"2024上半年全国十大轻奢作品"

金地集团杭州金地·江映云邸项目荣获"2024第十届CREDAWARD地建师设计大奖"

双胞胎集团

双胞胎集团董事长——鲍洪星

双胞胎集团是农业产业化国家重点龙头企业，是一家集饲料生产、生猪养殖、兽药生产、生猪屠宰与深加工、粮食收储及贸易为一体的大型跨国企业集团，集团现有子公司500余家，公司员工2万余人。自2013年起集团连续10年跻身3个中国500强：中国企业500强、中国制造业企业500强、中国民营企业500强；规模实力在江西民营企业界乃至全国农牧行业中名列前茅。

2023年，双胞胎集团坚持高质量发展，稳中求进，克服了猪肉价格持续低迷等诸多困难，实现饲料销量1366万吨，猪饲料销量连续多年位居全国前列，生猪上市72万头，稳居全国同行业前四，实现营业收入866.94亿元，为江西经济稳增长做出了积极贡献，获评"2023江西年度领军企业"。

双胞胎集团拥有前沿的动物遗传与育种、动物营养与饲喂、疾病防控、生物发酵、生物制品、智能装备和健康养殖等核心技术，拥有国家CNAS认证实验室、国家企业技术中心，曾两次荣获"国家科技进步奖"二等奖，累计获得国家专利300多项。

近年来，双胞胎集团积极响应国家"乡村振兴战略"，通过"公司+农户""合同养猪"和自建现代化规模猪场等模式，联农带农，近5年向养户结算代养费超110亿元，带动合作农户共同富裕；通过高性价比的饲料产品和优质的养猪服务，切实提升养户自我发展能力，实现当地农业产业发展和农民增收。

目前，双胞胎集团按照市场化、法制化原则已完成正邦科技、正邦养殖系列公司重整计划全部执行工作，同时借助集团优势，助力正邦科技实现持续稳健的发展。

双胞胎坚持以客户为中心，为客户创造价值，致力让家人吃上放心肉。通过从原料、饲料、养猪、屠宰、肉食品深加工闭环管理，让养猪更简单，让猪肉更安全，立志将安全、健康、美味的猪肉带给每个家庭、每张餐桌。

着眼未来十年，奋战"关键四年"，实现"两大目标"：聚焦主业，打造成全国行业排名前三的大型农牧企业集团，挺进世界500强，打造成世界一流的农牧企业。

中农集团位于上海吴泾的万吨级码头

中农集团位于青海茫崖大浪滩的钾肥项目

中国农业生产资料集团有限公司
CHINA NATIONAL AGRICULTURAL MEANS OF PRODUCTION GROUP CO.,LTD.

  中国农业生产资料集团有限公司（以下简称中农集团）成立于1950年，现为中国供销集团所属全资公司，是供销合作社系统落实党和政府"农资保供"任务的重要抓手和骨干力量。中农集团坚持"为农服务"根本宗旨，围绕农资保供主责主业，形成化肥、农药、种业、农用汽柴油、农业社会化服务等多个业务板块协同发展、相互支撑的经营格局。

  中农集团是国内最大的农资流通企业，年销售化肥超2700万吨，占国内市场份额的16%；年销售农药超30万吨，占国内市场份额的10%。国内经营服务网络覆盖100%粮食主产区、超92%的地级市和超70%的县级区域。拥有总储量2.4亿吨钾盐资源、1个万吨级码头、7条铁路专用线、14个农资生产基地、25000余个基层网点。国际贸易网络遍布100余个国家和地区。是中国钾肥谈判小组牵头单位，年进口钾肥超400万吨，占进口总量的40%。经营进口品牌农药占全国市场份额的35%。承担国家化肥储备、救灾农药储备及救灾备荒种子储备的战略任务，总承储量超5000万吨。

  中农集团大力发展新质生产力，不断向综合服务商转型升级，现年服务耕地达1.2亿亩次，受益农户超500万户。在最靠近农民的农资消费终端市场，建设近140家中国农资服务中心，在助力粮食增产、农民增收、化肥农药减量增效及巩固拓展脱贫攻坚成果等方面发挥了积极作用。获

中农集团位于山东泰安的农药生产基地入选国家级"绿色工厂"

中农集团在全国布局农资物流网络配送体系，图为中农集团位于湖北宜昌的国家化肥商业储备库

得2个"国家科技进步奖"二等奖，拥有发明专利274项。2个农药技术研发中心取得CNAS（中国合格评定国家认可委员会）和农药登记试验单位认定，自主创制的2个农药产品投入市场。成立"柑桔黄龙病研究工作站""种业研究院"等，持续提升科技研发力量。

新征程上，中农集团将完整、准确、全面贯彻新发展理念，牢记"为农服务"根本宗旨，扛稳农资保供责任，为促进乡村全面振兴、加快建设农业强国贡献更大的力量！

2024年夏收期间，中农集团在全国多地开展小麦测产观摩会，图为在河北唐山玉田县，中农集团当地服务团队与种植大户等共享丰收时刻

2024年春耕期间，中农集团位于山西襄汾的中国农资·服务中心技术人员操作无人机对麦苗喷洒营养肥

2023年秋收期间，中农集团位于吉林公主岭的中国农资·服务中心帮助种植大户进行水稻收割作业

济宁能源
JINING ENERGY
中国企业 500 强

济宁能源发展集团有限公司(以下简称济宁能源)是济宁市属骨干国有企业,主营**煤电(新能源)**、**港航物流**、**大宗商品贸易**、**高端制造**等业务,拥有全资、控股、参股公司 100 余家。2023 年,实现营业收入 **758.25 亿元**、利税 **55.59 亿元**,位列中国煤炭企业 50 强第 **32** 位、中国物流企业 50 强第 **18** 位。位列财富中国 500 强第 **252** 位。

近年来,济宁能源发展集团大力实施"**一体两翼、双轮驱动 + 园区经济**"战略,确立了"**12326**"战略布局,即:围绕"**打造国内一流的综合能源集团和大宗商品供应链集成服务商**"这一目标,延伸**煤电**和**港航**两大产业链条,做强**能源**、**港航运营**和**物流贸易**三大产业,做优**高端制造**和**金融服务**两大增值产业,重点打造**六大百亿园区**,加快建设立足京杭运河、对接长三角、辐射"一带一路"、影响全国、联通世界的千亿级物产集团。目前,煤炭年产能超千万吨,港口吞吐能力突破 **5000 万吨**,集装箱吞吐能力 **60 万标箱**,拥有内河运输船舶 **4200 余艘**。拥有国家高新技术企业 **5** 家,国家专精特新"**小巨人**"企业 **2** 家。

集团公司先后荣获"全国'五一劳动奖状'"、国务院国资委"**双百企业**"、"**全国煤炭工业优秀企业**"、全国煤炭行业"**安全高效集团**"、"**山东省文明单位**"等荣誉。

758	**55**	**32**	**18**
2023 年销售收入(亿元)	2023 年利税(亿元)	中国煤炭企业 50 强 第 32 位	中国物流企业 50 强 第 18 位

梁山港区

JINING ENERGY DEVELOPMENT GROUP

面向未来

济宁能源建设亿吨大港，发展亿吨物流，培育千亿产业，
努力拓展区域化产业发展的承接平台，
布局**晋陕蒙、长三角、珠三角、闽三角、香港**，
以及**新加坡**等国内外贸易交易中转基地，
使济宁能源的产品和贸易走出国门、奔向世界，
打造**立足济宁、领航运河、辐射全国、联通世界**的千亿级集团。

- 济宁能源总部
- 龙拱港区
- 江北现代粮食物流园
- 阳城煤电
- 海纳科技
- 融汇物产

煤电（新能源） ｜ 港航物流 ｜ 高端制造 ｜ 大宗商品贸易

新能船业

四川省港航投资集团有限责任公司

四川省港投集团党委书记、董事长杨军一行在EWE全球快递公司位于澳大利亚布里斯班的海外仓考察

四川省港航投资集团有限责任公司（以下简称四川港投）作为四川省一级国有资本投资公司，于2019年9月成立，注册资金101.6亿元，现有总资产820亿元、控股企业180余家、员工4600人。四川港投承担四川省委、省政府赋予的"服务四川开放经济高地建设"职责使命，主要从事现代综合物流贸易投资运营、港口航道建设运营、临港沿江现代产业投资运营及产融投资，既是水陆港口、物流园区等现代物流基础设施的提供商和服务商，也是相关多元产业生态系统的打造者和促进者。现已成为西部地区资产规模大、物流产业链全、跨境供应链服务能力强的现代综合物流贸易龙头企业，蝉联中国物流企业50强，荣膺全国5A级物流企业，主体信用保持AAA级。

四川港投已构建起"铁公水空"综合运输服务体系，统筹资源搭建全省多式联运管理平台。高效运行省

四川首个5G智慧港口项目在集团所属宜宾港上线试运行

集团所属陆海云港公司在"中国（四川）——土耳其经贸交流会"上与土耳其国家邮政PtteM公司签订合作协议

集团所属陆海云港公司从印尼进口煤顺利运抵国内港口 　　　　　集团运营的跨境公路班车首发

级南向通道运营平台，统筹负责四川至北部湾铁海联运和中老、中越、中缅国际铁路班列开行；在冷链、大件、新能源、跨境等运输细分领域优势突出，运营省内唯一的跨境道路运输平台，发运6大班车线路，具备覆盖亚欧大陆的跨境运输服务能力；拥有国家水运（泸州、宜宾）临时开放口岸，稳定运行直达柬埔寨、印尼等地的江海、铁海联运航线近50条；开通成都至东南亚、欧洲等地的航空货运包机及舱位代理业务，推动实施低空经济与物流、文旅、应急等融合发展。已构建起"立足川渝、辐射全国、连通欧亚"的物流枢纽网络体系，一体化运营管理泸州港、宜宾港、乐山港、南充港、广安港5大港口，沿西部陆海新通道等落地120余个物流枢纽、海外仓、营销网点。已构建起"以运促贸、以贸促产"国际经贸合作体系，连续2年进出口总额稳居四川省属企业首位。

　　集团坚定学习贯彻习近平新时代中国特色社会主义思想，围绕四川省委"四化同步、城乡融合、五区共兴"发展战略，加快打造"一载体"（四川开放型经济的重要载体）、"四平台"（全球物贸服务平台、战略资源整合平台、现代产业发展平台、国有资本投资平台），创新"物流+科技+供应链金融+贸易+产业"发展模式，全力推进物贸港、产业港、枢纽港、数智港和供应链金融港"五港"建设，持续做强做大现代物流贸易产业链、供应链，打造现代综合物流贸易龙头企业。

集团运营的四川西部陆海新通道班列多点齐发（成都—万象） 　　集团开行的至乌兹别克斯坦跨境公路货物运输首发

武汉金融控股集团
Wuhan Financial Holdings (Group)

武汉金融控股（集团）有限公司（以下简称武汉金融控股集团）2005年8月成立，注册资本210亿元，为武汉市属国有独资企业，是武汉市属唯一的一级金融国资平台，旗下拥有银行、证券、金融租赁、信托、期货、基金、资产管理、融资租赁等金融业态20余项，实业板块主要集中在国际贸易、集成电路、北斗导航、光伏能源、现代物流等领域。武汉金融控股集团旗下全资、控股企业137家，控股3家全国性持牌金融机构，控股主板上市公司两家，集团系统职工近两万人。

获批国家级多式联运示范工程

集团旗下国通信托被评为湖北省优秀慈善信托

近年来，武汉金融控股集团深入学习贯彻习近平总书记关于国企改革重要指示精神和考察武汉重要讲话精神，坚持"金融+实业"融合发展，切实履行金融国资保值增值责任，推动主要指标保持快速增长，打造新时期"汉派国资"高质量发展样本。武汉金融控股集团主体信用稳居AAA最高等级，主要指标综合排名位居全国副省级国有金控集团前列，成为武汉区域金融中心建设重要推动力量，被列为武汉市建设世界一流企业的3家市属国企之一。

集团建设的武汉综合金融服务平台（汉融通）上线

湖北金融租赁公司积极开展转型战略研讨

集团旗下华源证券实现更名，扎根武汉

武汉城建集团
WUHAN URBAN CONSTRUCTION GROUP

近年来，武汉城建集团坚持目标导向，深入开展"对标一流、推进高质量发展"行动，一手抓生产经营、转型发展，一手抓改革创新、精细管理，企业发展进中向好，主要指标稳定增长。2023年，集团营收超过640亿元，同比增长10%，实现利润总额25亿元，利税总额超过90亿元，资产总量近3900亿元，净资产超过1000亿元，高质量发展走在武汉市属国企前列。

聚焦产业抓转型，武汉城建集团围绕打造一流城市综合运营商的目标，构建了城市建设、城市运营、科技+资本运作的产业体系，通过提升产品和服务品质推动传统产业转型，促进科技创新与产业创新融合发展新质生产力，以互联网思维打造首个房地供应链平台、探索发展新模式，房地产销售稳居武汉市场第一，建筑施工、设计咨询、城市运营板块市场竞争力不断提升，新能源、新材料和资本运作等新兴产业初见成效，打造了新市委党校、动物园、和平大道等新地标。

深化改革增活力，武汉城建集团坚持市场化企业定位，全面加强企业治理，完善现代企业制度，健全市场化经营机制，对标一流推进组织机构和管理体系创新，构建以市场为导向的选人用人机制、以业绩为导向的薪酬激励机制，积极推进劳动、人事、分配三项制度改革，健全人员能进能出、岗位能上能下、薪酬能增能减的管理制度，树立以业绩论英雄、以实干定奖惩、凭实绩用干部的鲜明导向，充分激发企业内生动力，营造干事创业的浓厚氛围。

奋楫新征程，笃行创未来。武汉城建集团正深入学习贯彻党的二十大，以及二十届二中、三中全会精神，按照武汉市委、市政府加快"三个优势转化"的决策部署，扎实开展国企改革深化提升行动，不断增强核心功能、提升核心竞争力，加快向一流城市综合运营商转型，推动高质量发展再上新台阶，力争在中国企业500强排名中再进位，为武汉加快现代化建设贡献城建力量。

武汉建工集团获"武汉市第八届市长质量奖"

全国首个住房供应链平台——武汉安居供应链平台

武汉城市新地标——武汉动物园焕新亮相

国家4A级旅游景区——武汉园博园

高品质住宅——武汉长江天地项目

华中地区首座大型冰雪主题文旅城——武汉甘露山文创城

国内首个地景式复杂双曲面清水混凝土建筑——琴台美术馆（荣获"中国建设工程鲁班奖"）

福州城市建设投资集团有限公司
FUZHOU URBAN CONSTRUCTION INVESTMENT

福州城市建设投资集团有限公司（以下简称福州城投集团）组建于2013年6月，是福州首家3A信用评级的市属大型国企，注册资本20.685亿元。截至2023年年底，福州城投集团总资产2375.32亿元，营业收入636.19亿元。现集团所属企业共120余家，其中，国家高新技术企业、省科技型中小企业、省"瞪羚"企业等共十余家。

近年来，结合国资国企改革工作要求，福州城投集团创造性转型，创新性发展，深度融入城市开发、城市建设、城市运营、战略投资的发展脉络，在服务城市发展大局的同时，不断推进企业市场化高质量发展，目前已高质高效建成或运营3000多个项目，获得"中国建设工程鲁班奖""国家优质工程奖""未来城市大奖""IAA国际建筑奖"等上百个省级以上大奖。

• 橘园洲大桥

• 省委党校

福州城投

· 产业联盟大会

· 5G+智慧城市

· 闽江之心

- 深耕城市开发，以城市整体规划目标为导向，统筹规划片区功能、道路交通、生活配套等，尽力打造城市标杆项目。

- 做强城市建设，聚焦优势、拥抱趋势，围绕建筑工程、工程专业技术服务、建材制造等领域，推动群众美好生活提质增效。

- 拓展城市运营，构建"管理+服务+运营"城市治理新模式，对接央企、国企及本土龙头企业，全力推动供应链业务发展，并全面推进5G+智慧城市、韧性城市、养老服务等相关项目。

- 聚焦战略投资，以产业型投资和孵化型投资为双支撑的综合投资模式，围绕产业链上下游深挖"风口"产业，推动战略性新兴产业融合集群发展，助力福州构建现代化产业体系。

"十四五"期间，福州城投集团将深入贯彻落实党的二十大精神，以打造"一流的智慧城市建设运营商"为方向，深化拓展"深学争优、敢为争先、实干争效"行动，培育新增长点、发展新质生产力，持续增强企业的核心功能、提升核心竞争力，为奋力谱写中国式现代化福建篇章、福州实践做出更大贡献。

山东金岭集团有限公司董事长　赵曰岭

山东金岭集团有限公司总裁　赵栋

金岭集团
JINLING GROUP

一、企业基本情况

山东金岭集团有限公司（以下简称金岭集团）是一家以化工新材料、热电能源、地产开发、餐饮服务为主导产业的大型企业，是中国企业500强、山东省企业100强、山东省海洋产业民营企业10强，荣获"国家级高新技术企业""国家火炬计划盐化工特色产业基地""中国优秀企业""中国AAA级信用企业""山东省质量竞争力百强企业""首届东营市功勋企业"等多项荣誉称号。

二、企业转型升级、高质量发展情况

多年以来，金岭集团立足渤海湾丰富的原盐资源优势，不断推动科技创新，优化产品结构，拉长产业链条，发展循环经济，促进转型升级，实现了企业的持续、快速、健康发展，现已形成年产烧碱140万吨、甲烷氯化物80万吨、苯胺40万吨、环氧丙烷30万吨、双氧水30万吨、有机硅及配套产品20万吨的生产规模，热电装机容量达45万千瓦，成为全国最大的烧碱、苯胺、甲烷氯化物生产基地之一。

为加快推进转型升级，提高发展质量，金岭集团成立山东省氯甲烷材料工程技术研究中心，研发转化了一批高科技项目；引进国内外最先进的高新技术，抢占行业技术制高点；积极实施技术创新，不断淘汰落后产能和工艺技术，获得300多项专利；投巨资与用友网络合作开发NC-ERP项目，全面实施财务业务一体化、客户和供应商协同化、生产与管理对接数字化的现代化信息管理，建立电子采购平台、优化业务流程，实现了整个集团公司人财物的统一管理。

在今后的发展中，金岭集团将抢抓经济发展新常态带来的机遇，立足化工领域，集中产业优势，促进产业结构调整和优化升级，坚持科学发展、创新发展、绿色发展，树立新理念，构建新格局，创造新作为，推动企业持续快速高质量发展。

热电生产装置

山东省氯甲烷材料工程技术研究中心

新材料公司鸟瞰

富强新材料生产区

DCS控制中心

金岭化工生产装置区

稻花香：创新绘就高质量发展画卷

稻花香集团董事长、湖北稻花香酒业股份有限公司董事长、总经理　蔡开云

稻花香集团（以下简称稻花香）坐落于举世瞩目的长江三峡大坝东侧，水电之都宜昌市东大门——中国白酒名镇龙泉镇，这里地处世界黄金酿酒带北纬30度，不仅是酿酒的"天然窖池"，也是中国白酒中南核心产区的重要腹地。

在40多年的发展中，稻花香牢固树立"以消费者为中心"的经营理念，始终以"创百年品牌、建百亿企业、富百万人民"为发展愿景，坚持走"人企共赢、生态共享、企地共荣"和谐发展之路，构建以白酒为主业，物流、配套、文化旅游为辅的"一主三辅"产业集群，连续多年领跑湖北民营企业制造业，蝉联中国企业500强、中国民营企业500强、中国500最具价值品牌，入选CCTV民族匠心品牌，主动彰显民营企业担当，以务实行动助力地方经济社会发展。

稻花香集团

近年来，稻花香积极拥抱数字化浪潮，抢抓数字化发展和产业变革新机遇，利用智能酿造深入推进关键工序智能化、生产控制自动化和供应链优化，加快建设万吨馥香型白酒智能化酿造基地等重点项目，协同推进科技创新、工艺创新和管理创新，助力产业转型升级；立足消费者需求，进行产品迭代升级，在稻花香酒业2025全国经销商年会上发布五大系列15款新品，实现"品质再升级、品类再丰富、品牌再投入"；聚力打造活力之光品牌IP，通过"白酒+演唱会"模式，实现美酒与音乐的融合创新，进一步扩大品牌声量，丰富稻花香的文化内涵和形象表达。

稻花香持续深化"燎原"战略和"131"战略，加大改革创新力度，不断创新营销动作、提升品牌价值、强化消费引领，实现市场精细化运作；专注品质升级，加快构建稻花香生态质量圈，着力打造"从一粒粮食到一滴美酒"全生命周期质量管控体系，通过酒体创新、产品创新、营销创新，让稻花香产品深入人心；坚持平台引领、聚力科技攻关、深化产学研用，持续探索白酒生产关键核心技术攻关，加速科技成果转化……面对白酒产业结构性调整，稻花香将信心和底气转化为迎难而上的战略定力，将优势和实力转化为披荆斩棘的奋进力量，把高质量发展理念刻进品牌基因，进一步带动白酒产业规模稳步增长、生产效益持续提升。

■ 集团地址：湖北省宜昌市夷陵区龙泉镇
■ 服务热线：400-895-9999

稻花香酒业2025全国经销商年会

稻花香发布五大系列15款新品

三峡科技包装工业园

三峡物流园

彬县煤炭有限责任公司
BIN COUNTY COAL CO.,LTD.

彬县煤炭有限责任公司（以下简称彬煤公司）肇始于1956年，前身是公私合营与社会主义改造时成立的彬县百子沟煤矿，1998年改制为股份合作制企业，2015年改制为有限责任公司组织形式，公司现有资产总额314亿元，拥有控股、参股公司30多家，员工5000余人，位居中国能源集团500强第105位、中国煤炭企业50强第18位、陕西百强企业第15位、咸阳市第1位。

2023年彬煤公司实现工业总产值532亿元，销售收入601亿元，利税总额82亿元，上缴国家税费13亿元。自公司改革以来，累计实现工业总产值2664亿元，销售收入3017亿元，利税总额506亿元，上缴国家税费138亿元。彬煤公司先后获得"联合国清洁煤示范和推广企业""全国煤炭工业优秀企业""中国煤炭工业科学技术"一等奖、二等奖、"陕西省先进集体""陕西文明单位""陕西强势品牌企业"等多项荣誉称号。

领航舵手

站在新的历史起点上，彬煤公司将以习近平新时代中国特色社会主义思想为指导，全面学习贯彻党的二十大和二十届三中全会精神，积极实施产业转型升级战略，加快构建以煤炭产业为基础，以高端精细化工、盐化工为两翼，以新能源、新材料产业为两大增长极，以电力、建材、商贸、物流、金融投资、酒店服务业为六大支撑的"一基两翼两极六支撑"产业发展新格局，促进公司从传统能化生产主导型企业向高端能化创新驱动型企业转型跨越，推动公司全面实现高质量发展。力争到"十四五"末，高质量建成全国一流企业，为经济社会发展做出新的、更大贡献。

陕西华彬雅店煤业有限公司

陕西润中清洁能源有限公司

跨河运煤栈

金雅福 KINGHOOD 中国企业500强

智慧金店 SMART GOLD STORE

智能黄金ATM机
24小时自助黄金买卖

- 中国企业 500 强
- "专精特新"企业
- 国家级高新技术企业
- 200+ 银行准入供应商

回收范围广 支持K金/金条/金饰	**实时金价** 上海黄金交易所实时金价	**全程可视** 实时屏幕播放并录像	**快速收款** 最快30分钟到账
便捷收款 支持数字人民币结算	**免费测金** 3分钟无损测金	**安全规范** 通过《银行安全防范要求》	**自助购买** 海量产品 自助挑选

联系电话：400-082-2828

济钢集团有限公司

济钢集团有限公司（以下简称济钢）是中国缔造的第一批地方骨干钢铁企业，经过半个多世纪的发展，成为一家以钢铁为主、多业并举的特大型钢铁联合企业，年产钢最高时达1200多万吨，跻身全国十大钢铁企业行列，曾是全国最大的中厚板生产基地、第一批循环经济试点单位和"十一五"规划重点建设的循环经济示范企业，获得"全国文明单位""全国质量管理奖""国家环境友好企业""国家绿化模范单位"等荣誉称号及奖项。

为落实供给侧结构性改革、推动山东省钢铁产业优化布局转型升级、适应济南市省会城市功能定位的重大部署，2017年7月，济钢安全关停650万吨钢铁产能，成为我国首家全面关停钢铁主业的千万吨级钢铁企业。去产能不是去企业，加快新旧动能转换是关键，济钢在无钢、无主业的条件下，开启了转型创业的新征程。

党委书记、董事长 苗 刚

行波管生产线　　　高端装备智能加工中心　　　环保新材料产业园

济钢空天信息产业园

钢铁主业关停后，济钢初步确立了"结构调整、转型升级存续产业；多元主打、培育发展新兴产业""两步走"战略目标，向机遇大势要出路、向科技创新要动能、向深化改革要活力，奋力蹚出了一条新旧动能转换、科技成果转化、传统企业转型的发展新路子。集团经营规模以年均32.48%的速度快速增长，顺利实现"三年再造一个新济钢"的目标，2021年营收规模超过了钢铁主业停产前水平，2022年以来连续跻身中国企业500强。

聚焦"产城融合，跨界融合"战略主线，集团制定实施《高质量发展三年行动计划》，逐步构建起存续产业、新增产业、未来产业的产业架构，确立了空天信息、高端装备及新材料制造、产业服务三大主业，以及空天信息、先进材料制造、高端装备制造、产业服务4条产业链条。面向国家战略急需的技术和科技前沿，提前布局发展空天信息产业，加快推进"星箭一体化"联动发展，成为山东省航空航天骨干企业、济南市空天信息产业"链主"企业和产业共同体头部企业。

济钢现拥有普通合金、复合合金、特种合金、炼钢炉料、脱氧铝制品等合金炉料主导产业，同时经营大宗原燃料（煤炭、铁精粉等）及资产租赁业务。业务以山东为中心辐射华东、华北、东北等地区，服务宝武、河钢、山钢、沙钢等全国近40家大型钢铁企业。

济钢拥有高效冶金、节能环保等20余项自主知识产权的工程技术，干熄焦技术国际领先，拥有70～260T/H系列化的干熄焦技术，主编《干熄焦节能技术规范》国家标准，在国内外承接了160余套的设计和总承包项目，市场占有率超30%，成功输出至印度、俄罗斯等国的企业。

济钢以"探究未知，研究未来"的科学精神，深耕检验检测行业，为客户提供质量控制全产业链业务，涵盖标准物质研制及销售、能力验证、材料测试评价、计量校准、生态环境服务及"双碳"咨询业务、认证认可技术服务、实验室耗材试剂一站式服务等，并圆满完成世界第一大不锈钢整锻支承环理化检测试验。

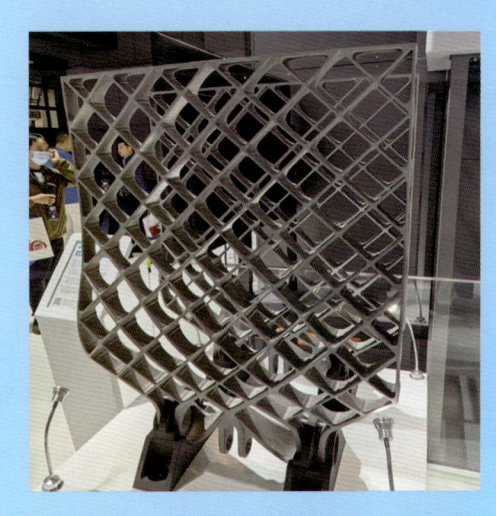

济钢以"嫁接式跨界融合"为路径，以"产业链、创新链、资金链、人才链"四链融合为保障，重点围绕商业航天高端装备及新材料生产、研发与应用领域相关"四新"产业，采取基金投资、股权合作、成果转化、业务合作等多种方式进行产业投资运营。

洛阳国宏投资控股集团有限公司
LUOYANG GUOHONG INVESTMENT HOLDING GROUP CO.,LTD

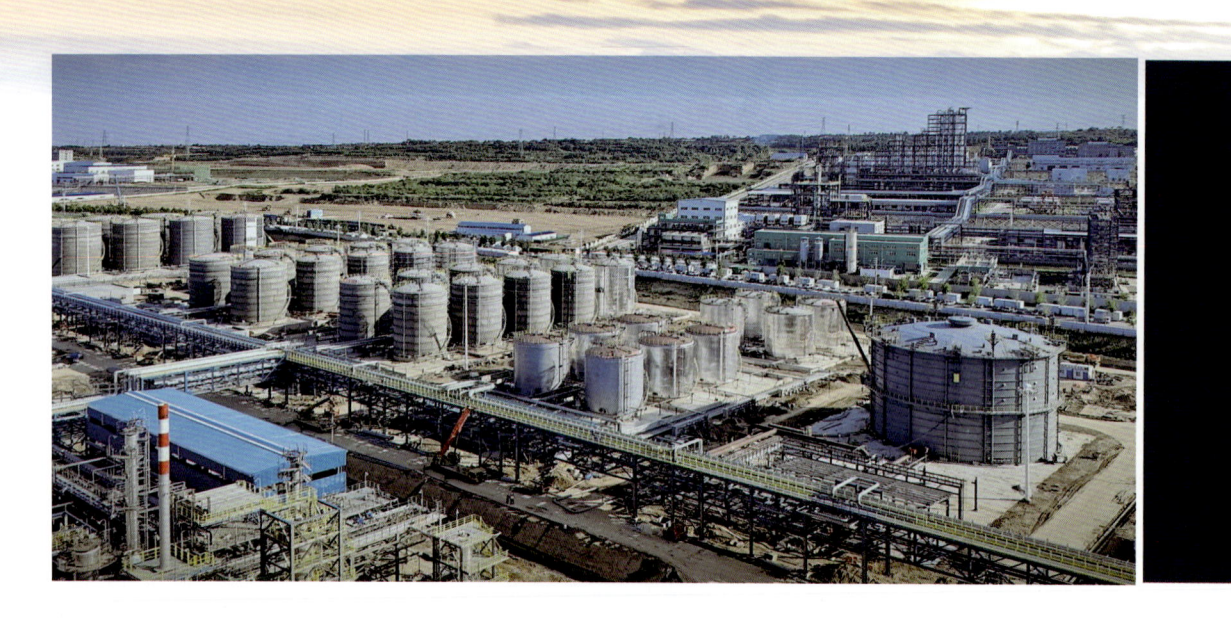

关于我们

洛阳国宏投资控股集团有限公司（以下简称国宏投控集团）成立于2013年6月19日，是洛阳市面向工业领域的综合类国有资本投资（运营）公司，注册资本100亿元。国宏投控集团以"挺起洛阳制造业脊梁"为己任，始终把发展的着力点放在推动洛阳市制造业高质量发展上，以优质制造业项目为抓手，聚焦新能源、新材料、高端装备、绿色环保等新兴产业，打造"产业投资、产业运营、产业服务、战略投资"的"3+1"业务布局，通过价值投资和"以投带引"，充分发挥国有资本投资运营公司的平台作用。

牵手国宏
铸就成功

　　十年来，国宏投控集团始终坚持以"服务区域发展、提升自身价值"为使命，着力推进先进制造业投资、先进产业集群培育和工业类国资重组上市，逐步进入高质量发展的轨道。坚持完整、准确、全面贯彻新发展理念，强化高质量发展导向，营业收入由2016年的35亿元增加到2023年的583亿元，资产总额由152亿元增加到1034亿元；2023年实现利润总额164亿元，纳税总额28.5亿元，连续多年跻身"中国服务业企业500强""河南企业100强"。在2023年企业成立10周年之际，国宏投控集团荣登国务院国资委"双百企业"榜单，荣列中国企业联合会2023中国企业500强第462位，打赢了企业"从无到有""从弱到强""从微末到知名"的生存之战，成为河南省国有资本投资（运营）公司对标试点企业。

　　作为工业领域投融资平台，国宏投控集团将在提高全市工业类国有资本配置效率、做大制造业投资运营板块、化解企业债务风险方面发挥重要功能，以推动先进制造业发展为主攻方向、以资本投资运营为主要手段，优化资产结构，采取灵活体制，做强投资板块，将集团打造为发展方式新、公司治理新、经营机制新、布局结构新的现代新国企，力争成为助推制造业高质量发展的"产业航母"。

胜星集团
SHENGXING GROUP

办公楼

"月生胜，日生星，日月相生胜星明"。自2009年起，胜星集团有限责任公司（以下简称胜星集团）便深深根植于黄河三角洲这片共和国最年轻的土地，围绕产业链深耕布局，持续转型升级，现在已在炼油及产品深加工、仓储、电子商务、国际贸易、新材料，以及科技研发等行业展现出了胜星品质和胜星信誉。

胜星集团位于山东省级开发区——山东大王经济开发区，公司占地2010亩，从业人员1670人。现已成为一家以石油化工为主导产业，集炼油及产品深加工、仓储物流、电子商务、国际贸易，以及环保科技等于一体的综合型企业。

胜星集团为全国民营企业500强、全国制造业民营企业500强、山东工业企业100强、山东企业100强、山东综合企业100强、山东化工发展潜力指数TOP50企业。

胜星集团始终将科技创新作为发展的第一引擎，目前，胜星集团已获专利130项，其中，已授权发明专利38项，并已成功实施科技成果转化7项。胜星集团始终秉持着"不忘初心，担当作为，回馈社会，弘扬大爱"的理念。

总之，胜星集团以石油炼制发展为源头，在不断完善炼化产业链上下游延伸加工的同时，积极谋划布局，逐渐向芳烃、烯烃结合的方向发展，建立"绿色化、高端化、差异化、智慧化"化工产业集群，形成具有胜星特色的"炼化一体化"新型化工基地。

装置厂区

宏旺控股集团介绍 | ABOUT HONGWANG

宏旺控股集团(以下简称宏旺)是专业生产冷轧不锈钢、硅钢卷板和配套精加工产品的企业集团,相关子公司为国家高新技术企业,产品品牌荣获"中国驰名商标"称号。目前拥有专业技术人员3000余人,产品广泛应用于餐饮厨具、医疗器械、建筑装潢、家用电器、汽车组件、电机电气等领域。

宏旺始终坚持以创新发展新思维推动产业的变革与升级。从2005年成为国内第一家宽幅冷轧卷材民营企业,2012年成功打造国内第一条不锈钢五连轧及配套连续退火酸洗机组,到2019年建成国内冷轧不锈钢行业开创性"智能化"机组,宏旺成功建设了全工厂集中控制的智慧工厂,实现了产线"无人化"运行。

基于在冷轧不锈钢领域多年的产业积累与技术创新,宏旺首次向行业推出了整卷镜面,整卷PVD真空镀膜,纳米无指纹,整卷抗菌、耐磨、耐候等功能型不锈钢核心产品,始终不断探索彩钢领域的巅峰,实现了彩钢行业的又一次革新,完成了全球彩色不锈钢制造,从技术跟随者到技术引领者的华丽转身!

在"双碳"目标的背景下,宏旺紧抓产业发展的新风口,在不断稳固不锈钢产业的人才、技术、区域布局与规模化优势的基础上,大力发展硅钢冷轧及配套铁芯、电机制造。硅钢,被誉为"钢铁行业皇冠上的明珠",是符合国家新质生产力定位的创新性、时代性产品。得益于丰富的冷连轧产线经验,宏旺已覆盖全流程智能制造管控系统,具备了批量化生产高性能硅钢的能力,目前已能稳定生产高磁感取向硅钢、高牌号无取向硅钢及新能源汽车用无取向硅钢,工艺技术和产品质量标准达到国内领先水平。

宏旺,敢于担当行业发展先锋,建立有"产学研"博士工作站,打造行业高标准的研发中心、行业领先的材料检测中心、不锈钢和硅钢应用展示中心,责无旁贷地推动建立核心产品行业技术标准。同时,全面推进数字化改造提升,真正实现了产品全生命周期管理,在各个领域持续不断优化管理机制、提高流程效率、提升管理效能、加强人才培养,进一步增强企业核心竞争力。

未来,宏旺将继续秉承"专注绿色智造,持续为客户创造价值"的企业使命,以"实现共同梦想"为公司愿景,以"诚信、务实、开放、创新"作为核心价值观,持续为客户创造价值,为员工成长提供平台,积极为产业升级、为经济和社会发展贡献"宏旺力量"!

徐州矿务集团有限公司

徐州矿务集团有限公司（以下简称徐矿集团）是江苏省政府授权的国有资产投资主体，拥有自有和服务外包煤炭产量3000万吨、电力权益装机1206万千瓦，拥有分公司16家、全资及控股各级子公司94家，总资产680亿元。

近年来，徐矿集团深入学习贯彻习近平新时代中国特色社会主义思想，积极践行"四个革命、一个合作"能源安全新战略，聚焦30·60双碳目标，深入推进高质量绿色转型发展，持续推动产业布局优化和结构调整，不断增强企业核心功能并提升核心竞争力，发展成为集煤炭、电力、煤化工、战略性矿产资源、新能源、矿业工程、煤矿装备、能源服务外包于一体的特大型能源企业，位列"中国企业500强""能源企业全球综合竞争力500强"。所属苏能股份公司成功登陆沪市主板挂牌上市，并成功进入"中证500"指数，获得企业信用ＡＡＡ最高等级认证。徐矿集团先后荣获国务院国资委"全国国有重点企业管理标杆企业"、"中国工业碳达峰'领跑者'企业"、全国总工会"产业工人队伍建设改革示范单位"等荣誉称号；绿色转型实践荣获"中国工业大奖"，入编国务院国资委《中国国有企业践行"四个革命、一个合作"能源安全新战略案例集》；"徐州矿区生态修复工程"入选中国工程院中国近现代超级工程排行榜。

率先建成国内本安智能生态文明矿井——陕西郭家河煤业公司

集发电、供热、大数据、新能源于一体——江苏华美热电公司

运营质量和效益水平位居全国同类装置前列——陕西长青能化公司

建设运营孟加拉国第一座现代化矿井——巴拉普库利亚煤矿

国家级专精特新"小巨人"企业——江苏威拉里新材料有限公司

在建国内首台、国际首创百万褐煤发电项目——苏能(锡)电乌拉盖2×100万千瓦发电项目

雅西高速腊八斤特大桥，最高主墩达182.6米，为"亚洲桥梁第一高墩"。被誉为"天梯高速"的雅西高速荣获"第十七届中国土木工程詹天佑"奖

蜀道集团总工程师、川高公司党委书记、董事长 黄兵

蜀道集团总工程师、川高公司党委书记、董事长黄兵（右一）督查成绵扩容项目建设工作

四川高速公路建设开发集团有限公司

　　四川高速公路建设开发集团有限公司（以下简称川高公司）成立于1992年7月，注册资本94亿元，主要业务涉及高速公路的投资、建设及经营管理，以及路域资源投资等相关多元产业。

　　川高公司经过30多年的发展，从投资建设四川省第一条高速公路，到目前已成为总资产超4400亿元、净资产超1393亿元的特大型国有企业。川高公司本部内设15个职能部门，下辖独资、控股、参股子公司合计60余家，职工总数1.4万余人。川高公司管理的高速公路总里程5665公里，其中通车高速公路里程4326公里，占全省通车里程近一半，在建和新建的高速公路里程1339公里，总投资3032亿元。

　　川高公司主体信用评级和债项评级3A级，为企业信用最高评级；先后荣获"国际隧道协会（ITA）隧道工程大奖"等国际知名大奖和"国家科技进步奖一等奖""四川省科学技术进步一等奖""国家优质工程奖""詹天佑土木工程大奖""中国公路学会科技进步奖"等国内科技和质量奖项40余项；2023年荣登四川省百强企业第18位、服务企业百强第4位，多年来位居全省前列。

　　立足新时代新征程，川高公司将更好地履行国企责任，同心协力、拼搏奉献、勇为人先、追求卓越，为实现川高"653"高质量发展目标努力奋斗，成为产业优势明显、产业结构完善、可持续发展能力更强的现代化高速公路管理集团。

成绵扩容项目柏龙村大桥

四川首个基于全国产化软硬件平台和云控技术的新型收费站——广南高速南部站

四川首个货车司机"暖心之家"——成德南高速金堂服务区

川高公司党委副书记、总经理江勇顺（一排右二）督查高速高危边坡路段防治工作

沿江高速新市金沙江特大桥主塔顺利封顶

九绵高速平武互通

金沙江特大桥位于G5京昆高速K2441+283处（西攀高速攀枝花段）

成南高速扩容工程成都入城复线段

贵金属集团
SINO-PLATINUM METALS CO.,LTD.
SINCE 1928

党委书记、董事长 王建强

云南省贵金属新材料控股集团股份有限公司（以下简称贵金属集团），是集贵金属系列功能材料研究、开发和生产经营于一体的高新技术企业。前身为始建于1928年的"国立中央研究院工程研究所"，1962年更名为贵金属研究所，1999年改制为科技型企业，2000年发起设立股份有限公司，2003年在上海证券交易所上市，2016年成立贵金属集团，2022年在云南省属国企中率先实现整体上市。贵金属集团开创了中国的贵金属领域，被誉为"铂族摇篮"，入选国家级专精特新"小巨人"和国务院国资委创建世界一流专业领军示范企业。目前位居贵金属领域国内第一、全球第五。

近5年产业规模连续迈上200亿元、300亿元、400亿元台阶，连续5年上榜《财富》中国500强，位列"2023云南企业100强"第10位、"2023云南制造业企业100强"第3位。培育高新技术企业8家、专精特新"小巨人"企业3家。

贵金属集团胸怀"国之大者"，依托在新材料精深加工和二次资源回收领域的综合竞争优势，为中国国防工业、新兴工业的发展提供高精尖的贵金属新材料产品和一体化服务，是我国在贵金属领域成果转化和产业发展的关键力量。

贵金属集团拥有贵金属领域系列核心技术和完整创新体系，承担国家贵金属领域80%以上科研项目累计3000余项，多项成果填补国内空白。拥有9个国家级、11个省部级创新平台，8个院士工作站、9个专家工作站，在云南国企中首家建立国家重点实验室，首批建设云南贵金属实验室，"产学研用"深度融合。

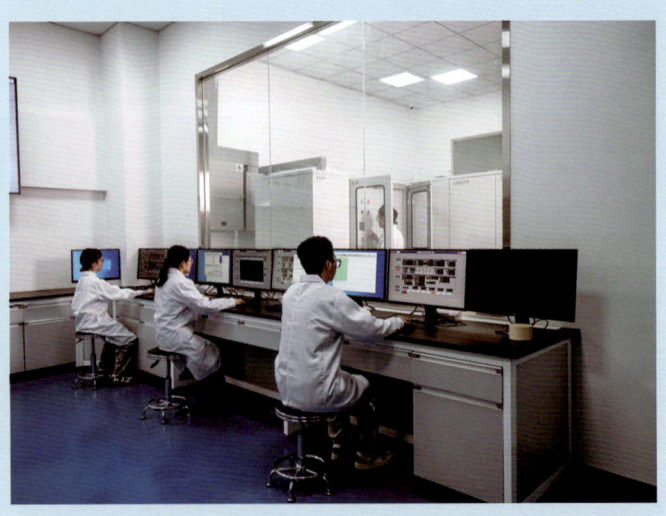

▲ 中国的"铂族摇篮"
▲ 中国贵金属新材料领军企业
▲ 中国民用领域重要保障基地
▲ 中国机动车污染治理排头兵
▲ 中国最大的铂族金属资源循环利用基地
▲ 云南省新材料产业运营主体
▲ 国务院国资委"双百企业"试点
▲ 国务院国资委创建世界一流专业领军示范企业

大全集团总部办公大楼

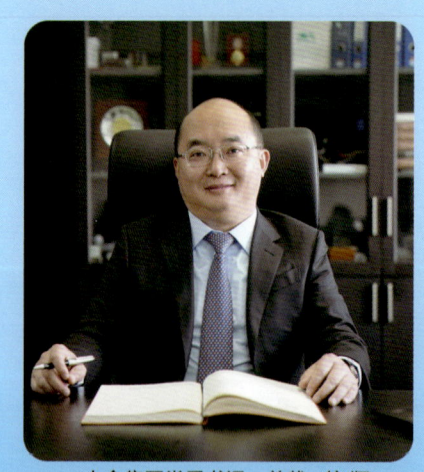

大全集团党委书记、总裁　徐 翔

集团简介

　　大全集团历经数十年的发展，已成为集电气、新能源、电力电子、元器件于一体的大型企业集团。集团总资产超过600亿元，员工总数逾17000人，在全国范围内拥有6个生产基地、4家研究院和32家制造公司。

　　大全集团积极投身自主创新，拥有武汉新能源接入装备与技术研究院、南京大全电气研究院、大全西交大先进电气技术研究院、中科大—大全双碳智能联合实验室，以及国家级博士后科研工作站、院士工作站、国家级企业技术中心、国家级电气检测站等研究机构，承担和实施160项国家和省级科技项目，主导和参与制定70项国家、行业和团体标准，取得有效专利2125

大全集团扬中生产基地鸟瞰图

个，其中发明专利296个。2016年获得"国家技术发明奖"二等奖，2017年获得"国家科技进步奖"一等奖，2019年获得"国家科技进步奖"特等奖。

近年来，大全集团持续推进"数字大全"战略，打造数字化研发制造体系，实现了从产品设计到制造全过程的信息化、标准化、数字化和智能化，成功构建了"数字大全"管理运营平台，不仅全面提升了运营效率，也为企业向智能制造转型奠定了坚实基础。通过搭建5G+工业互联网平台，大全集团构建了与客户间的无缝对接通道，实时感知客户需求，并反馈履约进展与质量信息。利用5G技术，客户可远程监控制造过程，确保产品交付的高效与品质。数字孪生技术与生产看板的结合，全面展示了企业全业务的生产经营状况，成为企业监控与决策的有力助手，极大地促进了信息的透明与共享。通过精准的数据分析和智能化的管理系统，大全集团能够在短时间内高效响应市场需求，生产效率和经济效益得到大幅提升。2023年，大全集团实现订单464亿元，利润87亿元，纳税额也攀升至51亿元。

大全变压器乔格机器人堆垛横剪线 　　大全充气柜自动装配线 　　大全低压柜框架自动装配线

鹏鼎控股
AVARY HOLDING

鹏鼎时代大厦

鹏鼎控股董事长　沈庆芳

深圳第一园区 　　　深圳第二园区 　　　秦皇岛园区

鹏鼎控股(深圳)股份有限公司（以下简称鹏鼎控股）成立于1999年4月29日，2018年于深圳证券交易所上市，股票代码002938。

鹏鼎控股为全球范围内少数同时具备各类PCB产品研发、设计、制造与销售服务的专业大型厂商，拥有优质多样的PCB产品线，产品范围涵盖FPC、SMA、SLP、HDI、Mini LED、RPCB、Rigid Flex等多类产品，并广泛应用于通信电子产品、消费电子及高性能计算机类产品，以及EV汽车和AI服务器等产品，具备为不同客户提供电子互联产品及服务的强大实力，打造了全方位的PCB产品一站式服务平台。鹏鼎控股在深圳、秦皇岛、淮安、台湾建立了现代化制造基地，正在建设泰国制造基地。据Prismark资料，鹏鼎控股2017—2023年连续7年卫冕全球最大PCB生产企业。

鹏鼎控股为国家企业技术中心，高度重视企业的技术研发及学习型组织的建立。鹏鼎控股与世界一流客户协同研发，参与先期产品开发与设计，准确布局未来3~5年的产品与技术，掌握市场趋势及新产品商机。与两岸三地多所知名大学及研究院建立长期合作关系，促进人才的培育、技术整合与工艺开发，截至2024年6月30日，累计取得的国内外专利共计1355个。

鹏鼎控股全面导入环保理念，积极推动绿色文化建设，提出"鹏鼎七绿"理念：绿色创新、绿色采购、绿色生产、绿色运筹、绿色服务、绿色再生和绿色生活7个主题，涵盖在所有营运过程中，已获得各行业超过130多项绿色环保相关荣誉，包括工业和信息化部颁发的"绿色供应链管理企业"、可持续水管理联盟"AWS白金级认证"等。

追求企业长久持续发展，秉承"长期重视、持续发展、力争最优"的宗旨，鹏鼎控股设立了ESG（环境、社会、公司）发展委员会和董事会战略与风险管理委员会，以健全公司ESG管理体系，已连续3年入选中国上市公司《上市公司ESG优秀实践案例》、新华社中国经济信息社金兰杯——ESG实践优秀案例、中诚信绿粤港澳大湾区ESG百强榜、证券时报中国上市公司ESG百强、万得中国上市公司"ESG最佳实践奖"等，S&P CSA评级为行业领导者。

在人工智能、云技术、大数据、6G通信等快速发展的大环境下，PCB行业将迎来更多的发展机遇。鹏鼎控股将持续为维护环境竭尽心力、培育更多发展人才，加强创新、放眼全球，领导全球PCB产业持续发扬光大。

淮安园区

台湾园区

源泰德润
Yuan Tai De Run

源泰德润集团创立于2002年，总部位于天津大邱庄，拥有天津、唐山两大生产基地，是中国民营企业500强、中国制造业企业500强及国家级绿色工厂。集团牵头和参与起草相关标准30余项。方矩管产品远销国内外多个省市和国家，市场占有率稳居中国和全球第一，是国家级制造业单项冠军示范企业。

天津厂区专注于方矩管产业研发生产20余年，在方矩管产业生态体系中占据优势领跑地位，是国内外最大的方矩管生产制造基地，产能约500万吨，产品服务于卡塔尔世界杯场馆、国家大剧院、迪拜世博会等重大工程，带动了方矩管装配式钢结构建筑产业、高精密电力新能源光伏、智慧农业种植业等金属构件的发展。

国家级制造业单项冠军示范企业证书

天津源泰德润总部办公楼	天津厂区鸟瞰图	方矩管生产机组
方矩管成品	热镀锌生产线	镀锌方矩管成品图
异形钢管成品	高铁雄安站	北京大兴机场

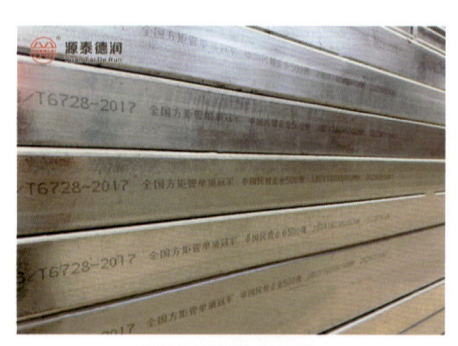

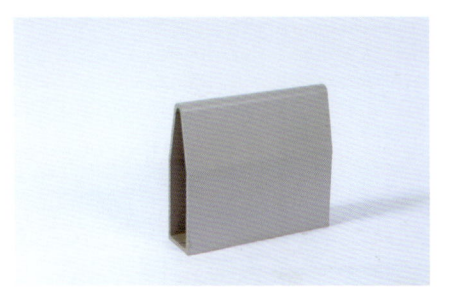

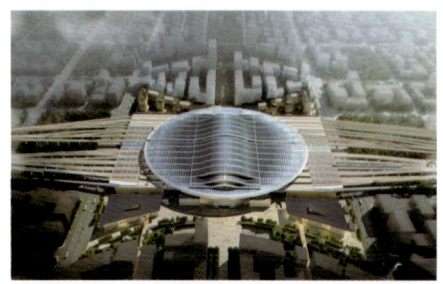

唐山厂区于2023年5月正式投产，占地面积约570亩，员工1000人，设计产能约500万吨。生产产品包括：锌铝镁钢带、锌铝镁钢管、光伏用锌铝镁支架、焊管、热镀锌焊管、方矩管、热镀锌方矩管等。

唐山厂区鸟瞰图 　　焊接圆管生产线

锌铝镁带钢生产线 　　锌铝镁带钢生产线 　　工人正对生产中的冷轧带钢进行检测 　　冷轧带钢成品 　　光伏支架生产线

源泰德润集团在产品深加工方面也持续做努力，现已拥有热镀锌加工、回火退火、在线热弯尖角、超大口径超厚壁的挤压成型等加工配套工艺，实现了为客户提供方矩管产品一站式采购平台；提供定尺规格订单、非标规格订单、异型规格订单等服务，利用区域配套供应链优势为客户提供方矩管外的钢材品种代购代发、切割打孔、焊接等二次加工，公路水路铁路等一站式、一票式运输服务，通过资源整合降低用户多源采购的成本问题和同步调度难的工程进度问题。同时我们已拥有ISO 9001，ISO 14001，OHSAS 18001，欧盟CE认证，法国船级社BV认证，日本JIS工业标准认证，API，DNV等国内外体系认证资质。

联合行业上下游起草编写了方矩管行业首批以产品应用为考量的系列团体标准和行业标准，其中Q301606YTDR001-2018《机械结构用方矩管》、Q301606YTDR002-2018《建筑结构用方矩管》、Q301606YTDR003-2018《结构用热镀锌方矩管》也成了国家市场监督管理总局实施企业标准领跑者以来国内首批方矩管行业企业标准领跑者。

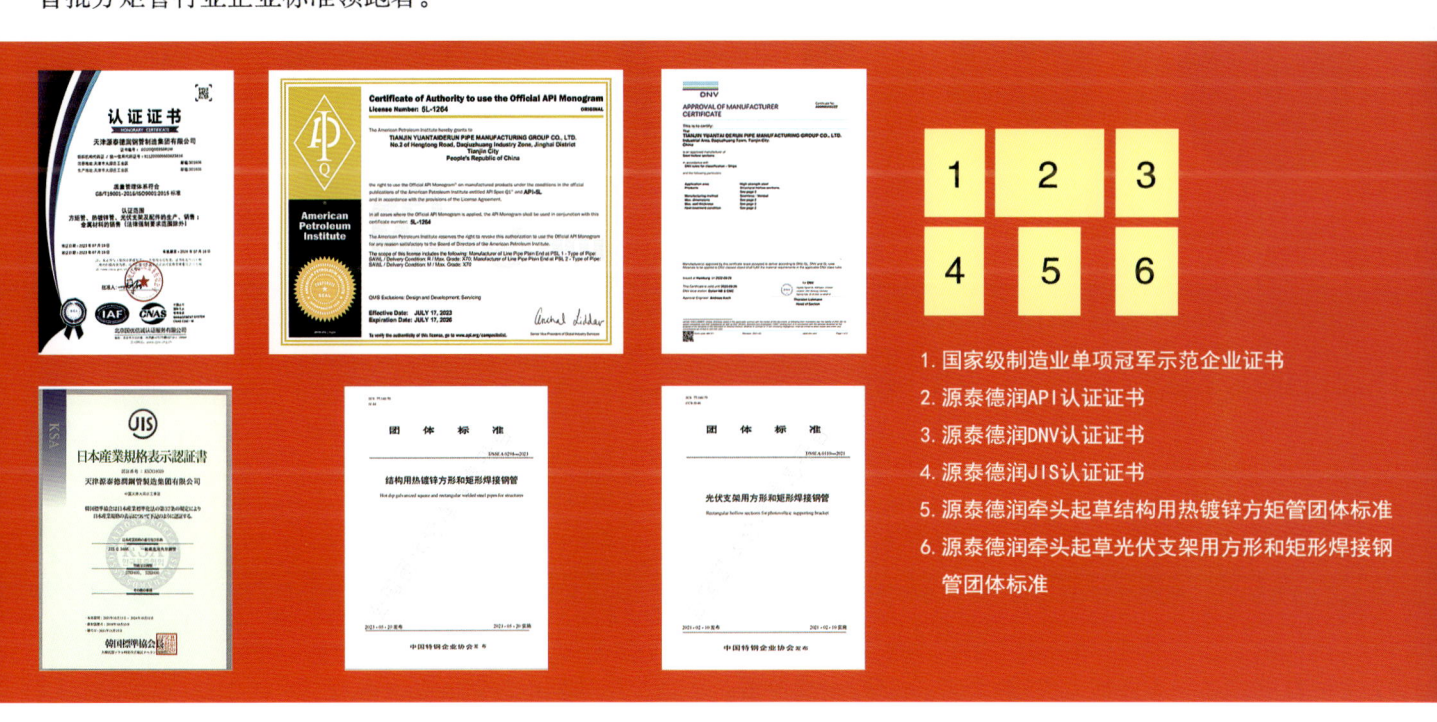

1. 国家级制造业单项冠军示范企业证书
2. 源泰德润API认证证书
3. 源泰德润DNV认证证书
4. 源泰德润JIS认证证书
5. 源泰德润牵头起草结构用热镀锌方矩管团体标准
6. 源泰德润牵头起草光伏支架用方形和矩形焊接钢管团体标准

未来，我们坚定科技创新走高质量发展之路，也欣喜地看到结构钢管在装配式钢结构建筑、光伏新能源基建、智慧农业种植业和养殖业等国家新兴产业中有着广泛的应用和不可替代的地位。我们期望所有合作伙伴能够一如既往地支持我们，携手源泰德润再度见证中国奇迹！

起帆 QIFAN

起帆电缆大门 　　起帆大厅 　　起帆实验室 　　起帆展厅

宜昌起帆外景

海缆 　　电梯电缆　　计算机电缆 　　机器人电缆　　控制电缆 　　耐火电缆 　　水下用光电复合漂浮电缆 　　同轴电缆

　　上海起帆电缆股份有限公司（以下简称公司）成立于1994年，历经近30年的建设，现已发展成研发实力雄厚的创新型电线电缆企业。公司现拥有上海金山、安徽池州、湖北宜昌、上海闵行、福建平潭5个大型生产基地。在陕西西安和福建三明设立了两个直属销售中心，250多家签约经销商分布在国内各省市。公司目前有员工4500余名，拥有国内外先进的电线电缆研发、生产、检测设备3000余台（套）。

　　公司先后获得过国家发明专利和实用新型专利160余项，与哈尔滨理工大学、上海交通大学、河南工学院等高校建立了紧密的产学研合作关系。2023年公司名列中国线缆行业最具竞争力企业10强、上海企业100强，2023年位列中国制造业500强。

　　多年来，公司积极实施科技创造产品名牌、以名牌产品提高企业知名度、以企业知名度带动产品销售的发展策略，通过加强质量管理争创产品品牌，建立了有效运行的质量管理体系，形成了自我完善的持续改进机制。公司注重强化质量意识，不断解决质量管理上深层次的问题，进一步提高产品质量水平，打造名牌产品。

　　公司长期坚持质量第一的信念，秉承诚信经营的理念，逐步打造并形成了以质量诚信为核心的企业文化。

　　现公司产品涵盖电力电缆、电气装备用电线电缆、通信电缆和裸电线四大类，包括500KV及以下塑料绝缘陆上和海底电力电缆、35KV及以下橡皮绝缘电线电缆、架空绝缘电缆、架空导线、矿用电缆、船用电缆、耐高温电缆、耐极寒电缆、海洋工程装备用电缆、控制电缆、计算机电缆、光伏系统用电缆、拖链电缆、机器人电缆、电梯电缆、新能源汽车用电缆、预分支电缆、布电线、射频电缆、网络线等近30个系列，共计近4000种型号、50000余个规格。

　　"起帆"电缆——质连世界，信达未来！

广西现代物流集团
GUANGXI MODERN LOGISTICS GROUP

广西现代物流集团有限公司成立于1950年4月（前身为广西物资集团），是自治区直属的大型国有企业。根据自治区党委、政府赋予的职能定位，集团公司聚焦物流、环保、机电三大主业，以打造广西供应链产业链安全稳定的维护者、生态环境保护的先锋队、汽车生活服务潮流的领航员、再生资源循环利用的主力军、物流职业教育的排头兵为发展定位，立足"五年三步走"发展目标，实施"一核两极八体系"战略，努力打造成为具有较强竞争力和影响力的全国一流的综合性物流企业，为构建广西现代流通体系、服务实体经济发展做出应有的贡献。

行业地位

自治区直属大型国有企业	广西服务业企业50强（8位）
中国物流与采购联合会副会长单位	广西物流与采购联合会会长单位
中国物资储运协会副会长单位	广西冷链协会会长单位
中国AAAAA级物流企业	广西汽车旅游协会会长单位
中国服务业企业500强（201位）	广西环保产业协会副会长单位
中国物流企业50强（39位）	广西循环经济协会会长单位
中国交通500强（156位）	广西固体废物利用处置联合会会长单位
广西企业100强（18位）	广西壮族自治区文明单位

1 广西北部湾国际生鲜冷链园区项目总投资40亿元，总占地1800亩，是国家重大项目库入库项目、广西壮族自治区统筹推进重大项目、防城港市国家骨干冷链物流基地核心承载项目。项目依托北部湾经济区和防城港海陆双向冷链通道优势，打造立足广西、面向东盟，服务国内国际双循环的现代化大型冷链物流服务平台。

2 南宁市武鸣区流域水环境综合整治PPP项目，合作期17年，建设内容包括武鸣区下辖9个乡镇新建的污水处理工程及三河两岸河道治理两部分。项目建成后，将进一步改善武鸣区河水状况，提升整个城区人居环境，展现出环保美丽的"中国壮乡"新形象。（图为项目效果图）

3 五象汽车生活广场地处中国(广西)自由贸易试验区南宁片区核心区域，占地232亩，建筑面积20万平方米，总投资超10亿元，可以为消费者提供包括学车、看车、买车、玩车、审车、换车在内的一站式服务，是广西最大的一站式汽车文旅生活综合体、广西首批新能源汽车推广应用示范点。

4 固体废物回收体系项目是国家发展改革委重大项目库项目，广西现代物流集团以广西桂物循环产业集团为载体，积极探索建立全区固体废物统一回收、分拣打包、终端处置一体化循环利用体系，助推自治区绿色发展。

5 广西物流公共信息服务平台——"行·好运"网以"互联网+"整合物流资源要素，深化物流数字场景应用，驱动物流产业数字化，培育广西物流数字经济新发展。截至2024年7月，"行·好运"网有效整合社会车辆超8.5万辆，累计服务货运量超22600万吨，服务货值突破39900亿元。

广州农商银行持续加大对实体经济的支持力度

广州农商银行
GUANGZHOU RURAL COMMERCIAL BANK

广州农村商业银行股份有限公司（以下简称广州农商银行）的前身是1952年成立的广州市农村信用合作社，2006年完成统一法人改革并成立广州市农村信用合作联社，2009年改制为广州农村商业银行股份有限公司，2017年6月在香港挂牌上市。全行职工1.3万人，下辖拥有11家中心支行、7家分行，营业网点585家，其中广州地区565家，数量位列广州地区首位；下辖有子公司30家，分布在8省1市，其中金融租赁公司1家、控股农商银行4家、珠江村镇银行25家，获得信用卡专营牌照。

广州农商银行将金融服务送入田间地头

广州农商银行为从化区西和村提供整村授信，支持种植户升级大棚、扩大生产规模

近年来，广州农商银行始终坚持以习近平新时代中国特色社会主义思想为指导，坚决贯彻落实党中央、国务院决策部署和省、市工作要求，始终坚守"支农支小"发展定位，坚定践行服务实体经济本职本分，以"成为国内一流商业银行"为愿景目标，大力发展"乡村金融、产业金融、消费金融、财富金融"四大特色业务，稳妥推进经营管理模式、全面风险管理、选人用人、薪酬与绩效考核四大改革创新措施，基本形成了以乡村金融为特色、产业金融为主战场、消费金融和财富金融不断增强的发展路径，逐步探索出了以营业网点为主阵地、以中小额资产业务为核心竞争力的特色化经营模式，持续为地方经济社会高质量发展提供有力的金融支撑。

2023年年末，全行总资产13140亿元，同比增长6.5%，稳居全国农商行前列，客户存款9471.86亿元、贷款及垫资净额7089.09亿元，同比分别增长4.03%、5.95%，支农支小等业务增长较好，业务结构持续优化。2023年圆满完成增资扩股工作，现注册资本达144.10亿元，资本实力显著提升。综合实力排名全球银行第159位、中国银行业第31位，荣获"乡村振兴突出贡献金融机构""卓越竞争力中小企业服务银行""度财富管理奖"等奖项。

广州农商银行为广州港四期码头建设提供授信支持

唐山国控集团有限公司
Tangshan State Holding Group Co.,Ltd

唐山国控集团有限公司于2022年4月注册成立，系唐山市国资委下属国有独资公司，注册资本金202.56亿元，总资产规模超2400亿元。先后取得了中诚信国际等3家主流评级机构AAA主体信用评级，标普中国AA主体信用评级，远东国际ESGA-评级，主要业务涵盖城市建设运营、交通运输、现代农业、大宗商品贸易及产业投资，并着力培育新能源和生态环保产业，积极探索发展新质生产力，构建"5+2+N"业务体系，倾力承担唐山市沿海经济带高质量发展的重任。

三友化工　　　　　　　　　　　　　　　　　　泰坦能源技术

　　在产业投资领域，积极推进产业转型，目前旗下已拥有三友化工（600409.SH）和泰坦能源技术（02188.HK）两家上市公司，同时还持有河北港口集团、河北金租、新天LNG等省内知名企业股权，有效推动区域产业集群快速发展，构建了专业化产业资本运作平台，实现了经营性业务拓展。

　　在港口交通领域，利用港口设施、货源与航线资源优势，承担国家煤炭储备、矿石储运基地、铁路及大宗商贸物流等重大项目，整合港口资源和服务链，布局港后产业，谋划综合服务中心、海上服务区等特色港口服务业项目，为未来产业发展奠定坚实基础。

　　在新能源领域，秉持创新理念，践行绿色发展，全力推进创新绿色产业。在风力发电、光伏发电、充换电站运营、绿电储能、海陆风光发电耦合制氢等领域实现阶段性突破。特别是在冷能产业利用方面走在了全国前列，持续推进液态空气储能示范、中心换冷站等项目，助力全市经济社会发展绿色转型。

　　唐山国控集团有限公司作为综合性市属大型国有企业，未来将打造成国有资本投资公司、城市综合服务运营商、地方产业引导投资商，打开多元资源整合与多元产业投资布局的新局面，在奋力谱写中国式现代化建设河北唐山篇章中担重任、挑大梁。

曹妃甸国际职教城（中国匠谷）　　　　　　　　　揽月湾旅游景区

曹妃甸港矿石码头40万吨泊位　　　　　　　　　对虾喜获丰收

经控集团 JINGKONG GROUP

以高质量党建推动国企高质量发展

从7名党员、2个支部、5000万元启动资金创业开始，发展到742名党员、44个支部、企业总资产1300亿元，获评中国服务业企业500强、"中国企业改革发展优秀成果奖"、"全国企业管理现代化创新成果奖"、"全国诚信经营示范单位"、"全国优秀企业文化成果奖"、"山东综合百强企业"、"山东社会责任企业"，被青岛市委授予"青岛市先进基层党组织"荣誉称号……

经控集团、开投集团、融发集团赴延安开展党性教育活动

作为国家级新区青岛西海岸新区国有企业改革试点，青岛经济技术开发区投资控股集团有限公司（以下简称经控集团）近年来打造"阳光经控、奉献有我"党建品牌，在服务经济社会高质量发展中打头阵、当先锋，不断做强做优做大国有资本，忠实践行国有企业的初心使命。现拥有4个AA+企业，实控2家A股上市公司，参股1家港交所上市公司。累计引进外资8.8亿美元、内资273亿元、全口径税源12亿元。发起18只产业投资基金，自身总实缴29.74亿元，返投金额61.36亿元，返投比例2.06倍。高标准高效率推动412个重大工程，成为保障国家级新区高质量发展的基石。

党旗红则国企兴，党建强则国企强。站在新起点，经控集团将紧扣国家战略，按照省市新区统一部署，擦亮"阳光经控、奉献有我"党建品牌，传承红色基因，发扬延安精神，团结带领广大党员干部职工，像当年的延安一样，每个人心里都有一团火，激活"红引擎"、注入"新动能"、点燃"助推器"，全力打造全国一流的专业化产业投资平台，不断书写国有企业高质量发展新篇章，为推进中国式现代化做出新的更大贡献。

经控集团、融发集团承办西海岸新区"打头阵 当先锋 建功高质量发展"劳动和技能竞赛

经控集团潍坊高端智慧供应链产业园一期项目

青岛市城市更新建设重点工程三沙路综合管廊项目

融发核电机械厂主管道生产场景

山东省重大实施项目中国石油大学（华东）古镇口校区（西区）加快建设

山东省重点项目青岛大学医学医疗中心一期冲出"正负零"

经控集团借助港澳平台汇聚全球金融资源

福州产投集团
FUZHOU INDUSTRIAL INVESTMENT GROUPS

产融共生 科创未来
——福州市产业投资集团有限公司

福州产投集团董事长 林胜

福州市产业投资集团有限公司（以下简称福州产投集团）成立于2020年12月，注册资本100亿元，集团致力于做创新价值的发掘者和培育者，打造专业化、市场化、价值化的赋能型投资平台，发展战略性新兴产业、未来产业，培育新质生产力，为产业投资和遴选产业赛道提供资本动能。荣膺"2023福建服务业企业100强"第69名，并荣获中国企业联合会"企业信用评价AAA级信用企业"与"2023年企业诚信建设实践优秀案例"。

"企业信用评价AAA级信用企业"证书　　　　"2023年企业诚信建设实践优秀案例"证书

国家级海上风电研究与试验检测基地项目

突出党建引领，融合业务发展。 福州产投集团紧扣福州高质量发展大局，对标世界一流，进行价值创造和管理提升，做强做优做大国企平台公司，打造**"支部建在链条上"**的党建品牌，同时推进产业链、供应链、资金链、人才链和创新链的融合发展。

筑牢产业之基，聚力创新突破。 以产业投资为主线，推动各板块协同发展。以**"产业+资本"**为核心，培育创新创业生态，聚焦"四大经济""16条重点产业链"，助力构建现代化产业体系，积极参投国家"十四五"规划重大项目——国家级海上风电研究与试验检测基地项目。**服务国家区域协调发展战略**，提升协同发展水平，推动形成优势互补、高质量发展的区域经济布局，促进闽东北协同发展区、福州都市圈一体化发展。

与中金资本签署战略合作协议 　　　　　　　　福州产投集团

强化资本运作，赋能价值创造。 福州产投集团以战略的高度、投行的思维，引入金融活水；以基金撬动资本、以资本引入产业，实现资本裂变，助力产业集群发展壮大。参投目前A股新能源行业最大规模的IPO——华电新能项目，该项目主营以风力发电、太阳能发电为主的新能源项目的开发、投资和运营。设立总规模300亿元的福州产业投资母基金，采用**"母基金+子基金+直投"**方式，打造"基金丛林"。母基金下设创投、并购、院士、大健康、低空经济等12支子基金，聚焦战略性新兴产业及未来产业，拓展产业集群，服务实体经济，实现产业与资本双轮驱动。

通过不断实践，爱尔眼科成功探索出了一套适应中国国情和市场环境的眼科医院连锁经营管理模式——"分级连锁"，促进核心医疗资源的高效利用，有效对接国家医改政策"分级诊疗、双向转诊"，真正使老百姓享受到优质、可及的医疗资源。

科研创新、人才培养是长远发展的基石，目前，爱尔眼科全球员工总数达50000余人，其中眼科医生13000余人，包括一大批博士生导师、硕士生导师、博士、博士后、留学欧美的学者及临床经验丰富的核心专家。

爱尔眼科不断加大科研投入，持续构建"多院""多所""五站""五中心""四基地""一平台""一

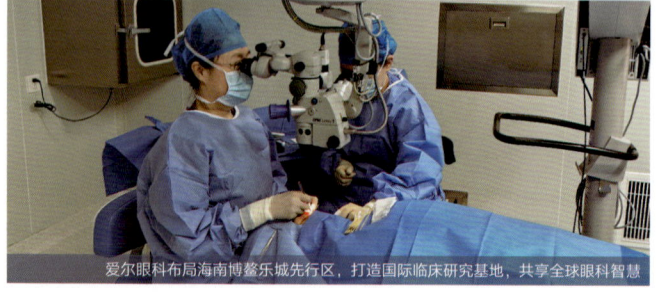

百年爱尔 行稳致远

当爱尔眼科的使命与人类健康的命运交织在一起时，才有百年爱
当爱尔眼科的奋斗目标与发展目标同频共振时，才有百年爱
当爱尔眼科的前行步调与生态环境休戚与共时，才有百年爱

爱尔眼科医院集团董事长陈邦（左）与全球总裁李力（右）

爱尔眼科承办"白内障防治技术国际培训班"

爱尔全球眼科医学研究中心启动仪式

爱尔眼科布局海南博鳌乐城先行区，打造国际临床研究基地，共享全球眼科智慧

爱尔眼科
以患者为中心 守护光明视界

爱尔眼科医院集团是中国及全球范围医院规模和医疗能力领先的眼科医疗集团，在中国、欧洲、东南亚拥有3家上市公司。目前在世界范围内开设眼科医疗机构达880余家，其中中国700余家。

室"的创新型医教研一体化平台，大力支持开展具有前沿性、原创性的眼科学术研究，全力推进全球化平台上的眼健康生态圈战略。

在发展的过程中，爱尔眼科始终坚持以患者为中心，践行"使所有人，无论贫穷富裕，都享有眼健康的权利"的使命，追求社会责任和自身发展的和谐统一。

在为患者提供更高品质的眼科医疗服务的同时，爱尔眼科全面开展防盲治盲工作、投身社会公益、帮助弱势群体，积极联合社会各界力量，推动中国防盲事业乃至国民眼健康事业的全面发展。2018年、2021年、2023年蝉联三届国家级别最高慈善奖项"中华慈善奖"，荣获中国公益年会"中国公益企业奖"等荣誉。同时积极响应国家号召，作为中国代表企业牵头参与"一带一路光明行""湄南河光明行"等公益活动，获得组织者、受援国政府和患者的高度好评，逐步发展成为全球慈善公益活动的一张名片。

爱尔眼科连续多年被权威机构评为"中国最受投资者尊重的上市公司前十强"，蝉联三届中国品牌节"华谱奖"，荣获"最佳持续投资价值奖""中国上市公司最佳股东回报奖""中国上市公司实业贡献大奖"等多项殊荣。

爱尔眼科蝉联三届"中华慈善奖"

天津港集团有限公司
TIANJIN PORT GROUP CO.,LTD.

  天津港是国家重要的战略资源，是京津冀及"三北"地区（即东北、华北、西北）的海上门户、雄安新区的主要出海口，是"一带一路"的海陆交汇点、新亚欧大陆桥经济走廊的重要节点和服务全面对外开放的国际枢纽港，连续多年跻身世界港口前十强。

  天津港是我国重要的现代化综合性港口、世界等级最高的人工深水大港，码头等级达30万吨级，航道水深−22米，拥有各类泊位213个，万吨级以上泊位128个，主要由北疆、东疆、南疆、大沽口、高沙岭、大港6个港区组成。天津港对外对内服务辐射能力强，拥有集装箱航线147条，每月航班550余班，同世界上180多个国家和地区的500多个港口保持贸易往来；辐射京津冀及中西部地区的14个省、区、市，腹地面积近500万平方千米，占全国总面积的52%；70%左右的货物吞吐量和50%以上的口岸进出口货值来自天津以外的各省、区、市。

  2019年1月，习近平总书记到天津港视察做出"经济要发展，国家要强大，交通特别是海运首先要强起来。要志在万里，努力打造世界一流的智慧港口、绿色港口，更好服务京津冀协同发展和共建'一带一路'"重要指示，为天津港发展指明前进方向。

天津港全景

近年来,天津港(集团)有限公司(以下简称天津港集团)在市委市政府坚强领导下,制定实施"一二三四五"强港兴企战略,世界一流港口和世界一流港口营运集团建设取得显著成效。2023年,天津港集团完成货物吞吐量4.76亿吨,同比增长1.1%;集装箱吞吐量2217万标箱,同比增长5.5%,增速领先世界前十大港口,再创历史同期最好水平。

天津港集团深入学习贯彻党的二十大精神,以服务国家战略为己任,完整、准确、全面贯彻新发展理念,深度服务新发展格局,充分发挥天津港战略资源和"硬核"优势,深化落实京津冀协同发展走深走实行动、港产城融合发展等"十项行动"。聚力智慧创新、数字转型、绿色低碳、生态美丽、开放合作、枢纽联通、协调融合、服务大局,人本共享、凝心铸魂,争做建设中国式现代化港口排头兵,以世界一流绿色智慧枢纽港口和世界一流港口营运集团建设的优异成绩,更好服务京津冀协同发展和共建"一带一路"。

天津港第二集装箱码头有限公司　　　　　　天津国际邮轮母港有限公司

宜昌城发 让生活更美好

宜昌城发控股集团有限公司是宜昌市委、市政府组建的市级国有资本投资运营公司。集团注册资本100亿元,总资产超1600亿元,国内主体信用评级AAA,国际主体信用评级A-,直接管理子公司超200家,业务范围涉及文化旅游、民生服务、地产开发、基础设施、交通物流、金融发展、设计咨询七大板块和高端装备制造、新能源船舶、绿色矿山、大数据新兴产业。自2022年1月挂牌成立以来,秉持"城发让生活更美好"的价值追求,锚定"打造国内一流、国际知名的城市发展与金融控股集团"愿景目标,着力构建城建、产业、金融三大产业布局,全力打造中国式现代化地方平台企业转型发展新样板。

宜昌城发总部大楼

宜昌至喜长江大桥

宜昌滨江公园

以大地为基,为人民筑城

集团汇聚宜昌市优质的资源、强大的资本、丰厚的资金,全力构建"策划、投资、规划、建设、营运"全生命周期投融资体系。成立以来,累计完成投资近1000亿元,建设项目超400个,拓展城市骨架、提升城市能级、优化城市功能,打造城市建设新中心,服务三峡水运新通道,服从国家重大战略与重点工程项目建设,建设长江大保护典范城市,打造世界级宜昌。

以产业为核,为城市聚力

集团致力于当好美好生活服务商、城市发展供应商。围绕文化旅游与民生服务,在游轮游船、宾馆酒店、景区景点、文化演艺、交通运输、物流贸易、公交服务、供水供气、公园场馆、停车物业、健康养老等城市生活场景具备全生命周期运营服务能力。围绕"电化长江"战略,布局新能源船舶制造、新能源电池包生产,形成集"研发、设计、建造、运营、管理"一体化的绿色智能船舶产业链。围绕做大实体产业,控股航天电工集团有限公司,拓展高端装备制造业。围绕新质生产力,培育绿色能源、数字经济、低空经济、智能检测、大数据战略性新兴产业。

以金融为翼,为发展赋能

集团以金融资本为纽带,整合产业链上下游资源,构建国内一流的综合金融服务商。旗下拥有上市公司三峡旅游(002627)及融资租赁、小额贷款、创投、保理、资管类金融牌照,是武汉农村商业银行、三峡农村商业银行战略股东,战略入股湖北宜化(000422)、一致魔芋(839273)、宏裕包材(837174)、康农种业(837403)上市公司。提升金融服务实体经济功能,搭建湖北地级市第一家供应链金融平台"三峡e链",设立100亿元城市发展母基金,落地50亿元文旅产业、低碳发展子基金,为产融结合打下坚实基础。

200家+
直接管理子公司
Direct management of subsidiary

100亿元+
集团注册资本
Group registered capital

1600亿元+
集团资产总额
Total group assets

- 叠拼别墅·雨山前
- 宜昌白洋供热中心
- 宜昌奥体中心
- 宜昌电池包生产线
- 长江三峡1号纯电动游轮
- 宜昌江城大道
- 三峡枢纽·白洋港

服务城市建设　助力产业发展　做优国资平台

建投集团

合肥市建设投资控股（集团）有限公司（以下简称建投集团）于2006年6月组建成立，是经合肥市政府批准、市国资委授权经营的国有独资公司，注册资本132.98亿元。主要职能为城市重大项目建设投融资、城市基础设施重点项目建设、战新产业投资运营、城市运营服务提供保障等。经营领域涉及工程建设、战新产业投资、城市运营服务、乡村振兴、商业百货、文旅博览等行业。截至2024年3月31日，建投集团合并资产总额6799.44亿元，负债总额4537.35亿元，所有者权益2262.09亿元。

经过十几年的发展，建投集团已从传统的政府融资平台成功转型为服务城市建设和运营、引领产业发展的国有资本投资试点公司。建投集团发挥平台作用、赋能城市发展、提升管理水平，企业信用等级长期为AAA级，拥有全资及参控股企业60余家，其中上市公司3家，获得"安徽省先进集体"等多项殊荣，综合实力大幅提升、品牌影响日益扩大，为市属国有企业中的领头企业、全国城投类企业中的示范标兵，为打造支撑合肥市高质量发展的战略力量做出建投贡献。

集团大厦

投资企业晶合集成

投资企业颀中科技

代建宿松路（南二环—深圳路）快速化改造工程

承寓·星澜里住房租赁社区

山口凌乡村振兴综合体

嘉悦物产集团有限公司
JIAYUE GROUP CO.,LTD.

公司介绍

嘉悦物产集团有限公司成立于2017年，是一家聚焦能源化工、农产品、黑色金属等大宗商品的全球化贸易服务商，集团通过积极的服务理念、完善的管理体系、先进的研投框架、扎实的产业渠道、丰富的金融手段，以贸易为根基，以研投为核心，以服务为手段，最终实现为上下游客户创造价值。

目前集团拥有9家境内子公司和2家境外子公司，总部位于杭州市上城区，子公司分布在上海、广州、三亚、舟山、香港等地区，以及新加坡。2023年集团全年完成销售实物量345万吨，销售规模186亿元，规模持续高速增长。未来，集团将继续致力于实现全球化布局，始终坚持以产业为中心，凭借强大的战略定力和成熟的战略远见，依托科学严谨的管理体系和灵活高效的组织架构，实现稳定健康可持续发展。

JIAYUE 为共行者创造价值

业务板块

- 能化板块
- 农产品板块
- 黑色板块

用心服务

SHUNDE RURAL COMMERCIAL BANK

成就理想

顺德农商银行营销人员为客户介绍产品

顺德农商银行调研企业

顺德农商银行走访鱼塘

顺德农商银行新总部大厦

顺德农商银行
SHUNDE RURAL COMMERCIAL BANK

顺德农商银行（以下简称本行）是一家具有70多年发展历史的金融企业，是佛山最大的法人金融机构。目前，本行形成了以顺德为本部，辐射珠三角及省外的经营网络：在顺德拥有260多家分支机构，相继在江门恩平、佛山南海、清远英德、广州南沙、珠海横琴等地设立了直属分支机构，并在佛山高明、江西丰城和樟树控股了三家村镇银行。本行在全国中小银行中具有较高美誉度和影响力：连续三届成为贷款市场报价利率（LPR）报价行，是全国20家报价行之一；全国唯一一家获公开市场一级交易商资格的县域农村金融机构，且2017—2024年连续八年获得该资格；2024全球银行1000强榜单排名第313位，2024中国银行业100强榜单排名第55位，全国农商银行排名第10位。

未来，本行将不断丰富品牌内涵，秉承"用心服务，成就理想"的企业使命，以改革为契机，以发展为动力，以客户为中心，为地方经济发展和广大客户提供更高价值的金融服务，以建设"一流银行、百年基业"为目标，为经济社会发展、为市民生活进步做出新的卓越贡献。

溧阳中联金电子商务有限公司

企业简介

溧阳中联金电子商务有限公司(以下简称溧阳中联金)是一家专业的大宗商品供应链服务企业,依托溧阳的新能源产业优势,建设了集聚交易、仓储、物流、加工等服务功能为一体的新能源材料电子商务平台。公司已在全球建立了30多个交收仓库,贸易品种涉及不锈钢、有色金属、新能源材料、化工材料等,为超3万家客户提供服务。

溧阳中联金立足实体产业,通过不断优化产业链服务,推动了平台贸易流通量的持续增长。溧阳中联金平台简化了销售过程,极大地方便了厂家并且降低其销售成本,同时还向下游客户提供完善的供应链服务,包括质检、仓储物流、售后服务等,从而与下游客户建立了紧密的合作,使上游厂商品牌的市场占有率不断提升。

当前,溧阳中联金正积极推进全球化战略,深入参与全球新能源材料供应链的建设,公司已与硫磺、电钴国际市场接轨,通过国内外产业信息整合与协同,有效增强全球新能源产业供应链的稳定性和安全性,促进全球新能源材料行业的繁荣发展。

平台交收量/国内消费量

- 钴 75%
- 镍 30%
- 锂 20%
- 铟 90%
- 稀土 10%

企业实力

- 服务超3万家企业
- 数字化产业平台 
- 年交收额超200亿元 
- 20年供应链服务经验 

全国配套5个产业园区

无锡南方 — 淄博北方 — 无锡硕放 — 溧阳 — 重庆

承担亚运会开闭幕式接待宴会服务

浙江省旅游投资集团深入践行"八八战略"奋力推动高质量发展

一个高瞻远瞩的战略，成就一方发展大格局。多年来，浙江省旅游投资集团党委牢牢把握高质量发展这个首要任务，坚持以"八八战略"为统领，始终沿着习近平总书记指引的方向笃定前行，加快落实文旅深度融合工程，全力用新供给激发文旅消费新活力，强力推进创新深化改革攻坚开放提升和三个"一号工程"，奋力为"两个先行"贡献力量。

"万"象更新，聚势蝶变

按照浙江省委、省政府赋予的打造浙江万亿旅游产业发展投融资主平台的定位，2020年8月27日，整体合并原浙江省旅游集团（成立于1999年）与浙江浙勤集团（成立于2015年），并划转省属国有企业、省级机关事业单位所属酒店及相关旅游产业资产组建浙江省旅游投资集团。截至2024年6月底，集团总资产约200亿元，旗下拥有12家二级企业，员工1万余人，连续多年位列"中国旅游集团20强"。

浙江省旅游投资集团坚持全面优化国有资本布局和产业结构，推动旅游产业投融资引导和结构调整，深入推进区域旅游资源综合开发，发挥产业带动社会服务提升和民生保障等功能，重点培育酒店、旅游目的地开发与运营、商务与后勤

泛旅游交通——浙江外事旅游公司游轮

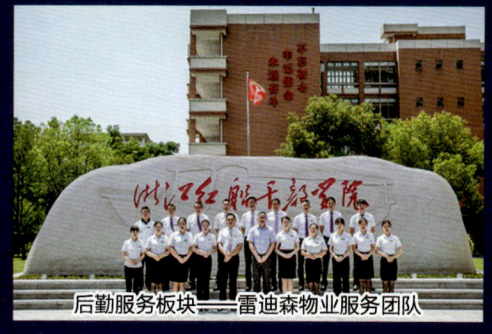

景区投资运营——独库公路红色演艺项目　　酒店板块——雅谷泉山庄酒店

酒店板块——璟园蝶来望境酒店　　后勤服务板块——雷迪森物业服务团队

服务、产业金融、医疗健康、人力资源服务六大核心业务，积极成为主动服务浙江省重大战略的"先行者"，整合区域旅游资源的"主力军"和引领文旅产业高质量发展的"排头兵"。

"百"舸争流，搏击潮头

2023年，浙江省旅游投资集团营收突破150亿元，实现"双百亿"目标。作为浙江省唯一一家以旅游和健康为主业的省属国企，多年来，浙江省旅游投资集团忠实践行"八八战略"，牢记初心使命，一张蓝图绘到底，坚守"美好生活创造者"使命，围绕服务全省发展战略等中心大局，紧扣高水平打造文旅深度融合发展"浙江样板"的目标，通过市场化方式有效统筹资源，创新商业模式，推动产业转型升级，实施文旅深度融合工程，促进文旅产品提档升级，文旅业态丰富多元，进一步提升酒店品牌竞争力和影响力、旅游项目的开发运营能力、旅游交通和旅游线路盈利能力等传统大旅游业务，助力文化和旅游产业强省建设。

浙江省旅游投资集团积极布局培育战略产业，组建浙江省人才发展集团，持续打造全省人才高地建设国际化合作平台、全球高端人才引聚市场化支撑平台、全方位人才资本开发专业化运营平台、全生命周期人才服务数字化赋能平台"四大平台"；依托浙勤集团探索全方位、生态化、智慧化的"大物业"管理新模式，在业内创新打造"五色物业"服务标准化体系，打造全省"大后勤、大服务、大保障"发展主平台；依托浙医健集团成功组建浙江省康养集团，承接集团布局大健康产业链，推进康旅融合的发展任务，大力发展以健康养老、健康商贸、健康科技为主要内容的健康产业。

大道至简，实干为要。浙江省旅游投资集团将坚定不移深入实施"八八战略"，强力推进创新深化改革攻坚开放提升，守好红色根脉，构建文旅融合、康旅融合、商旅融合的产业发展新格局。

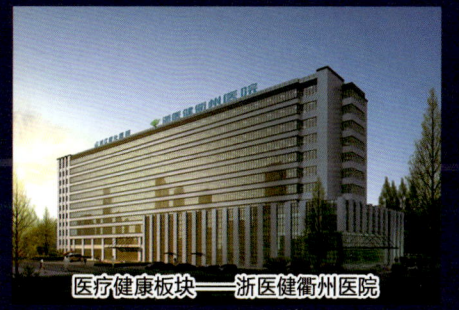

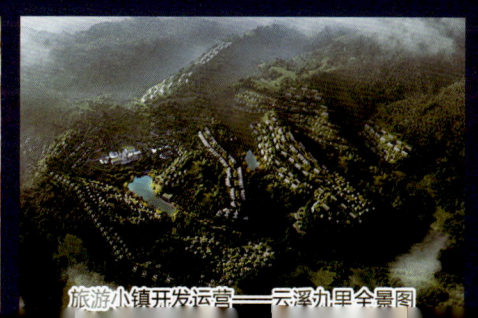

旅行服务板块——浙江省中旅集团　　医疗健康板块——浙医健衢州医院

人力资源板块——承办才聚浙聘行动
智汇浙里国企招聘引才活动　　旅游小镇开发运营——云泽办里全景图

南京市城市建设投资控股（集团）有限责任公司

企业简介：

南京市城市建设投资控股（集团）有限责任公司（以下简称市城建集团）组建于2002年11月28日，主要职能是接受南京市政府委托，承担城市基础设施及市政公用事业项目的投资、融资、建设、运营、管理等任务，主体信用为AAA等级。截至2023年年末，集团实际管理的全资、控股二级成员企业共15家，员工近3万名。

市城建集团党委书记、董事长龚成林

市城建集团总经理、党委副书记、董事尹小峰

工作板块：

集团以经营城市的理念和市场化运作的方式，从事授权范围内国有资产经营和资本运作，盘活城建存量资产，广泛吸纳社会资本，实施项目投资和管理、资产收益管理、产权监管、资产重组和经营。集团在重点工程建设、城市运营服务、投资融资、改革创新、企业党建及文化建设方面都保持在南京市属国有企业前列。

主要产品——集团负责建设的扬子江国际会议中心

主要产品——集团建设运营的城西干道

转型发展：

集团坚持做强做优主责主业，用心用情保障民生，锚定市场化、数字化、绿色化、规模化的转型发展方向，不断优化产业布局、拓展业务领域，着力打造城市更新、生态环境、综合能源、数字经济、智能建造、智慧运营"六大产业集群"，致力于成为全国一流的大型综合性城市基础设施投资建设运营商。

鄂尔多斯市国有资产投资控股集团有限公司

鄂尔多斯市国投集团
ORDOSGT GROUP

领导班子

近年来，鄂尔多斯市国有资产投资控股集团有限公司立足鄂尔多斯市"三个四"目标任务，形成了"能源+交通""科技+金融"的现代产业体系，总资产719亿元，获评主体信用等级AAA和全国"双百企业"。能源方面，共有煤矿井田10座，权益储量60亿吨、权益生产规模3300万吨；天然气产业覆盖内蒙古9个盟市42个旗区；建成投用新能源项目210万千瓦，在建新能源大基地和"光伏长城"项目总规模1400万千瓦。交通方面，建设运营10条高等级公路，里程1400多千米；参与建设地方铁路7条，里程900千米。科技方面，成立了碳中和、新能源研究院，延伸触角建设北京、上海、雄安、深圳科创中心。金融方面，牵头设立规模近百亿元的鄂尔多斯化工新材料、风光氢储车、汽车产业"3支"新质生产力产业基金，有力彰显了国企责任与担当。面向未来，集团将聚焦国企改革和提质增效目标任务，在做强做优做大国有资本的基础上，做专做精经营发展，努力打造成为内蒙古一流国有资本投资集团，奋进中国企业500强。

公路

铁路

能源

新能源

天然气

科创

徐州东方物流集团：打造全国一流现代物流企业

集团公司董事长 魏东先

徐州东方物流集团是一颗坐落在微山湖畔、闪耀在苏鲁豫皖接壤地区的现代服务业新星。总部位于江苏省沛县，重点经营内河航运、近海航运、公路货运、铁路货运、网络货运、码头中转仓储、煤炭洗选、煤炭贸易、船舶制造等核心产业。集团公司先后获得"全国AAAAA级物流企业""江苏省现代服务业高质量发展领军企业""江苏省重点物流企业""江苏省省级示范物流园区""国家煤炭战略储备库""国家多式联运示范工程"等30余项国家和省级荣誉和资质认定。2023年列"中国服务业企业500强"第292位，"江苏省服务业百强企业"第39位。董事长魏东先是全国劳动模范、全国创业之星、中国十大诚信企业家、江苏省优秀民营企业家。

一个有故事的企业——"五个最先"闯天下，留下坚实足迹

集团经过二十余年奋斗，在苏北创造了最先拥有自建铁路专用线、最先拥有自建京杭运河千万吨港口、最先拥有京杭大运河最大（5000吨/200标箱）集散两用船舶、最先拥有京杭大运河万吨级船舶运力30万吨、最先获评"江苏省现代物流示范园区"的行业奇迹，形成了集加工、配送、商贸、仓储、中转装卸、运输于一体的产业格局。

一个有韧劲的企业——"一核双驱"强筋骨,开创辉煌局面

集团围绕打造"国内煤炭供应链管理领军企业"核心目标,坚持煤炭贸易和现代物流"双轮"驱动,形成了以贸易带动物流、以物流保障贸易的良性互动机制,形成采购、销售、洗煤、配煤、筛煤、仓储、运输、中转、装卸、煤质化验、公路货运、内河航运、近海航运、网络货运等产业链条。

一个有情怀的企业——"两个坚守"跟党走,志在全国一流

坚守诚信至上,秉持"诚信赢天下、创新创未来",获评"中国诚信经营与服务示范单位""江苏省资信AAA级企业""江苏省十佳诚信企业等"荣誉称号。坚守以人为本,营造崇善为民企业文化,积极承担社会责任,近年来累计捐款捐物价值3230万元。站在新的起点,集团将以深入学习贯彻党的二十届三中全会精神为动力,在紧跟时代步伐中坚定信心,在融入地方发展中做强企业,在提升发展质效中回馈社会,奋力向着国内一流现代服务企业迈进。

洛阳国晟集团
LUOYANG GUOSHENG GROUP

聚焦城市 | 深耕城市 | 适度多元

  洛阳国晟投资控股集团有限公司（以下简称洛阳国晟集团）成立于2021年12月31日，是洛阳市属国有独资公司，注册资本金200亿元，资产超过2000亿元，拥有员工近5000人，荣获国内AAA和国际BBB-主体信用评级，下辖2家国内AA+主体信用评级企业，成功入围"中国服务企业500强"等榜单。

  洛阳国晟集团锚定"聚焦城市、深耕城市、适度多元"的发展定位，实施"1241"即"一体两翼4+1"发展战略，以市场化转型为主体，以产业、金融为两翼，大力发展城乡开发、城市运营、商业服务、资源开发与产业投资等产业集群，打造"4+1"发展格局，成为投、融、建、运、管、服产城融一体化的城市综合运营商。

  千年帝都正风华正茂，百年巨变须奋发有为。年轻的洛阳国晟集团正处于国家重大战略布局与洛阳城市复兴产业转型的珍贵机遇期，愿与一切关心、支持、参与洛阳发展的企事业单位和各界朋友，精诚合作、携手并进，共谋城市发展恢弘篇章、共享产业发展时代红利、共襄重振洛阳辉煌伟业！

洛阳城市阳台

洛阳奥体中心·演唱会现场

洛阳社区健身中心

洛阳龙宇钼业·小庙岭选矿公司

洛阳大河荟·生活即旅行

市首单产业园区类REITs：
暨"金科园"协同发展的广开模式

4月2日，以广开控股作为原始权益人的易方达广州开发区高新产业园封闭式基础设施证券投资基金正式获得中国证监会及深圳证券交易所准予注册的批复，为广州市首单获批的产业园区类基础设施REITs项目。

- 盘活国企存量资产
- 助推产业转型升级
- 优化产业投资环境

打造产业园区"产业+资本"运营模式，充分发挥本市场化机制，将募集资金用于产业园区运营开发建设，将区位优势进一步发挥，赋能项目生物医药、信息技术、新能源新材料等战略性新兴领域全链条发展，通过REITs资本运作平台，切实推动存量资产优化提升，推动产业投资环境。

打通金融、科技和园区相互协调联动的融合生态闭环，探索以"金融创新"服务实体经济，通过RE ITs资本运作平台，切实推动存量资产优化提升，推动产业投资环境。

广开控股首单产业园REITs

广开控股 北京产业中心
为广开控股在京津冀地区产业合作交流的桥头堡、驻外招商引资的"窗口"，推进粤港澳大湾区与京津冀地区的产业资源互促互补优势互补，以粤开证券、利德曼为支点，导入集团三大板块业务，为项目提供专业的投资合作、全生命周期的招商引资，以及全链条的金融服务。

广开控股 长三角产业中心
以广开首席产研院、泰胜上海总部、粤开上海分公司为支点，发挥"投行、投资、投研"三投联动效能，促进大湾区与长三角两地融合发展，打造战略性新兴产业引擎。

广开控股 欧洲产业中心
践行"走出去"发展战略，以泰胜风能、利德曼海外业务为先导，谋划广开控股招商、投资全球布局，助力将粤港澳大湾区打造成具有国际影响力的产业科创新高地。

广开控股三大产业中心

广开控股 GDD Holding Group

广州开发区控股集团有限公司（以下简称广开控股）成立于1998年，总部位于广州科学城核心区，是广州经济技术开发区为拓展资本运营和资产经营、优化产业结构、加速区域经济发展而设立的。公司以科技金融为主业，聚焦双碳智造、生物医药、新能源汽车等战略性新兴产业的经营与发展，致力于打造具有国际竞争力和影响力的科技产业投资运营旗舰。截至目前，公司注册资本116亿元，资产规模约1600亿元，控股企业14家，参股企业超110家，是粤开证券(830899)、穗恒运A(000531)、泰胜风能(300129)、利德曼(300289)和凯云发展(873596)等上市企业的控股股东，具有国内最高"AAA"信用评级和惠誉"BBB+"国际信用评级。公司创造性地打造了"科技金融+科技战投+科技园区"模式，全方位赋能科技创新，战略投资LG、百济神州、诺诚健华、小鹏汽车、星河动力、阿维塔等行业龙头，推动粤港澳大湾区战略性新兴产业蓬勃发展。2024年获批广州市首单产业园区类基础设施 REITs 项目；获广州开发区国资首次入选"中国股权投资金牛奖"，全国首个获"最佳金牛并购奖"的国资案例；发行全国首个专利许可知识产权资产证券化产品、生物医药知识产权资产证券化产品；获广州市首个QDLP、QFLP双试点资格，全国第一只券商私募子QDLP基金。

TSP 泰胜风能
证券代码 Stock Code：300129

控股上市公司泰胜风能
致力于打造全球领先的风电智造及投资运营商

成为风电装备龙头上市公司上海泰胜风能装备股份有限公司的第一大股东，顺应碳达峰、碳中和的大浪潮，整合开发区的新能源产业资源，助力广州开发区打造一流现代化新能源产业集群。

广开控股旗下上市公司泰胜风能

广开控股"金科园"模式

广开控股战略性新兴产业布局

白桦林国际—经发控股集团总部所在地

西安经发控股（集团）有限责任公司（以下简称经发控股）成立于2010年5月，是由国家级西安经济技术开发区管理委员会设立的大型国有独资企业。作为西安经开区开发建设的主力军，企业定位城市建设运营服务商，形成了城市开发与服务、城市基础设施建设与运营、城市更新、产业园投资与运营、产业服务与投资五大业务板块。截至2023年12月，经发控股注册资本100亿元，资产总额752亿元，信用评级"AA+"，连续11年位列"陕西省百强企业"，下辖全资和控股企业93家，参股企业45家，员工1万余名，由"经发集团""城建集团""产发集团"及"经开金控"四个集团公司组成。

伴随着西安经开区的快速崛起，经发控股先后实施了西安市委、市人大、市政府、市政协北迁项目；建设白桦林系列高品质住宅和商业项目，完成西安市红会医院高铁新城院区、市儿童医院经开院区、开元大剧院等公共配套项目，隆基光伏产业园等市级重点项目，代建区内多所公办学校，创办经开第一学校（经发学校）、经开第二中学（经发中学），成长为区域知名教育品牌；持有并运营凯瑞系列写字楼、吉利配套零部件产业园、西安出口加工区等；拥有市政及房建"双一级"资质，工程施工领域竞争力持续增强；2023年经发品牌价值6.00亿元，经发地产（白桦林系）品牌价值9.67亿元，经发物业品牌价值15亿元，入选2022中国国有物业服务企业综合实力50强。

着眼于国内国际双循环相互促进的新发展格局，经发控股已在新加坡设立境外全资子公司，与江苏昆山开发区、沈阳辉山经开区及新疆石河子等设立合资公司，开展跨境跨省业务；拥有两家上市公司博通股份、经发物业，持有西安银行、陕西金资、陕西增信等优质股权资产。

未来，经发控股将抢抓西安市"北跨"发展机遇及经开区"四新战略"契机，坚持深化国企改革，聚焦产业升级，全面提高运营效率，立足西安，面向世界，努力打造一流国有资本运营投资平台。

白桦林团圆——经发高端住宅项目

开元大剧院——重点代建项目

经发大厦——经发地产开发建设，全国示范大厦

白桦林金融创新中心——重点建设项目

1. 西安儿童医院经开院区——重点代建项目
2. 西安城市运动公园——重点建设项目
3. 西安市第一实验学校——民生代建重点项目
4. 西安红会医院北院区——重点代建项目
5. 白桦林溪——经发高端住宅项目

临港集团总部-创晶科技中心

临港集团是以园区招商运营、企业专业服务和科创产业投资为主业的国有企业集团，以"当好临港新片区开发建设的主力军、成为重点区域产业升级和城市更新的重要参与者"为主责和战略发展定位，服从服务临港新片区、上海国际科创中心、长三角一体化建设等国家战略，经过40年的园区开发实践，成功培育"临港、漕河泾、临港产业联动集聚区、新业坊"等著名园区品牌，汇聚中外优秀企业18000余家，是上市公司、世界500强企业的摇篮和聚集地。

临港集团东方芯港、生命蓝湾、大飞机园等特色园区对全国高端产业链起到了良好的辐射带动作用，集团所培育的国家级高新技术企业和专精特新"小巨人"增速位居全国前列，服务落地上海石油天然气交易中心、上海国际再保险登记交易中心、国际数据经济产业园等，先后率先落地标准厂房产业园公募REITs（房地产投资信托基金）等一系列"全国首单"金融创新实践，并参与制定重要标准400余项，服务全国企业4万余家，发挥了标准引领作用。集团园区服务平台聚焦产城融合体系建设，每天汇聚不少于50万人次的流量场景。目前，集团园区营业收入、工业产值、固定资产投资等重要指标均保持增长，积极争做一流的园区创新生态集成服务商和总运营商，打响具有全球影响力的高科技园区品牌。

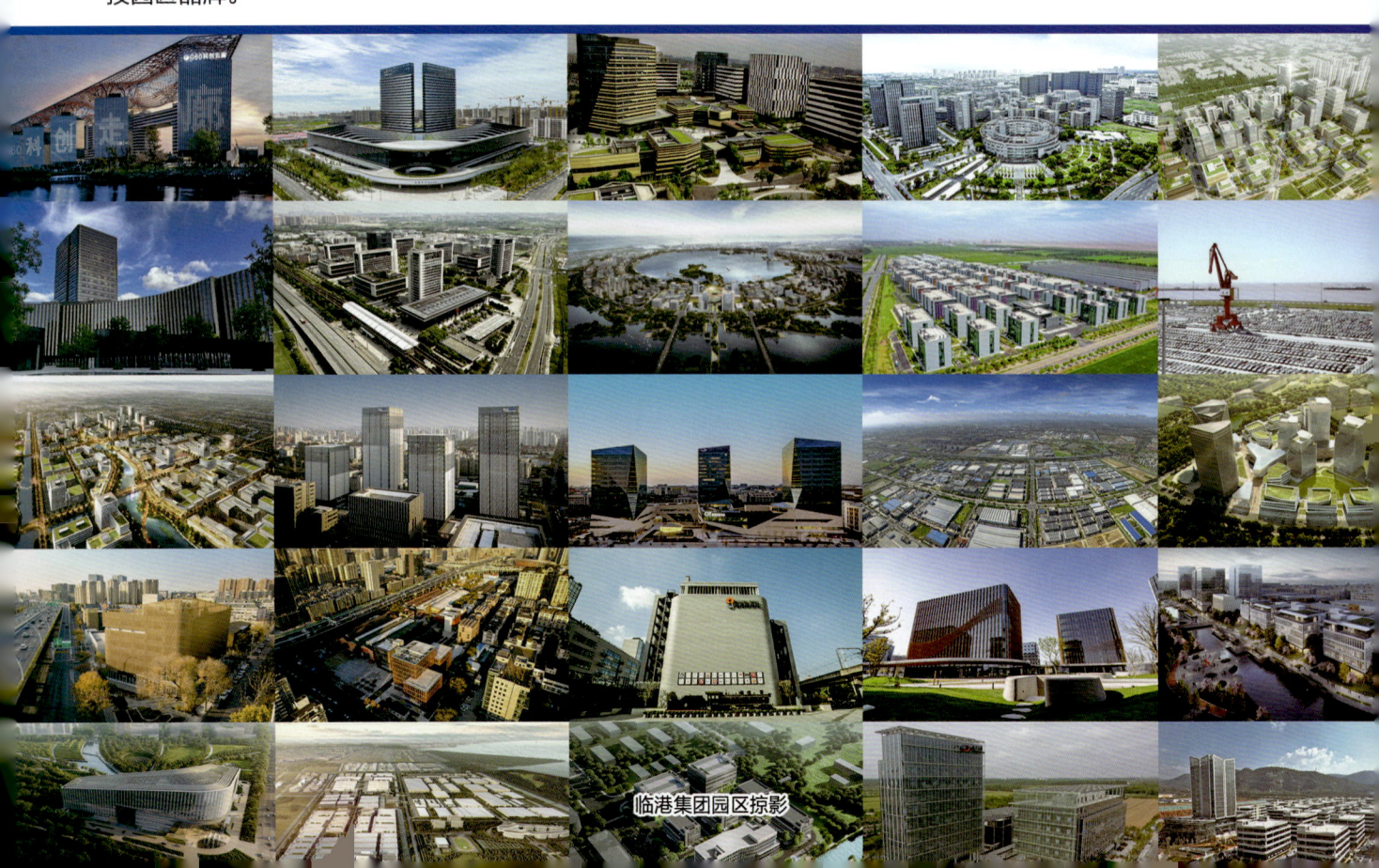

临港集团园区掠影

福建海峡银行
HAIXIA BANK OF FUJIAN

福建海峡银行大厦

　　福建海峡银行成立于1996年12月27日，是一家地方性股份制城市商业银行。截至2023年年末，本行注册资本56.34亿元，在福建9地市和浙江温州地区设立营业网点81家，员工总数2900余人。成立以来，本行始终坚守"服务地方经济、服务中小企业、服务城乡居民"的市场定位，根植福州、立足福建、辐射浙江，紧紧围绕高质量发展的主线，以为客户提供多元化金融服务为目标，初步形成了多元化的业务增长模式和良好的行业品牌形象，先后获得"全国模范职工之家""全国厂务公开民主管理先进单位""全国模范劳动关系和谐企业""全国内部审计先进集体""全国五一巾帼标兵岗""服务福建经济三星银行机构""服务民营企业和中小微企业三等奖"等荣誉。2021年2月本行正式签署联合国《可持续蓝色经济金融倡议》，成为全球第31家和国内第3家签署机构。2021年12月本行正式采纳"赤道原则"，成为中国境内第8家"赤道银行"。

福建海峡银行服务大厅

福建海峡银行开展"致高温下的你"爱心送水活动

福建海峡银行举办第十二届"海青节"露营嘉年华活动

福建海峡银行召开远洋渔业发展银企座谈会

交通集团
Traffic Group

漳州交通集团党委书记、董事长蔡艺良在第十九届福建省优秀企业家表彰大会荣获"省优秀企业家"荣誉称号。

漳州市交通发展集团有限公司（以下简称漳州交通集团）成立于2011年5月。成立以来，集团按照漳州市委、市政府做出的新部署、新要求，在市委、市政府、市国资委的正确领导和具体指导下，秉承"通畅、高效、发展、和谐"的企业精神，围绕漳州市9个千亿级产业集群，突出主责主业，加快发展步伐，持续优化产业结构布局，以科技创新的力量发展工贸建材，以现代城市理念发展运输场站和地产经济，以通畅高效的标准发展新型物流，以敢为人先的气魄发展海洋经济和低空经济产业，奋楫扬帆开创集团发展新局面。

近年来，集团改革成效突显，项目建设提质增效，管控水平持续提升，各项事业稳步发展，成为拥有福建漳州市长运集团有限公司（以下简称长运集团）、漳州市交发建设集团有限公司、漳州市交发工贸集团有限公司、漳州市交发海洋产业发展集团有限公司、漳州市交发地产集团有限公司、漳州市交发物流集团有限公司六家二级集团和漳州市铁路投资开发有限公司、漳州通裕资产管理运营有限公司两家二级子公司的"6+2"发展格局，跨越式发展成为有员工2100多人、年营业收入从2012年的6亿元达到2023年的98亿元、资产总规模从2012年的110亿元达到2024年的1032.94亿元的大型国有企业。

2024年8月2日全球三大国际评级机构之一的惠誉将漳州交通集团的国际评级从"BB+"上调至"BBB-"，标志着集团国际评级成功提升至投资级。

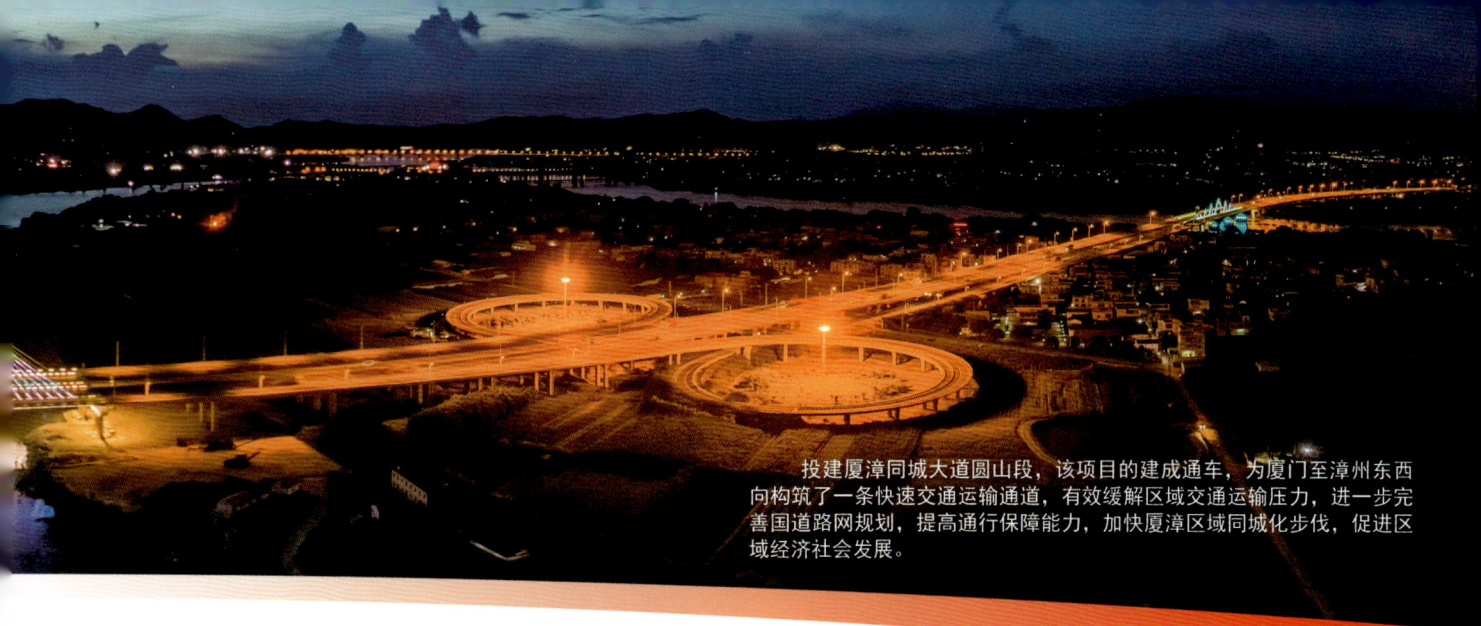

投建厦漳同城大道圆山段，该项目的建成通车，为厦门至漳州东西向构筑了一条快速交通运输通道，有效缓解区域交通运输压力，进一步完善国道路网规划，提高通行保障能力，加快厦漳区域同城化步伐，促进区域经济社会发展。

漳州交通集团协办漳州市低空经济产业发展招商大会，集团总经理林长河为漳州低空经济研究院（筹备）和中航金城低空产业研究中心福建实验室揭牌。

权属漳浦县一德石化有限公司位于古雷半岛最南端，主要经营公用石油化工码头船舶靠泊及仓储服务。一德码头规划4个泊位，现已建成2个并投入使用。其中5万吨级（水工结构15万吨级）和2000吨级泊位各一个。罐区共计储罐34座，总容积35.6万立方米。可存储燃料油、凝析油、石脑油等油品和甲醇、二甲苯等化工原料共36种危化品。

投建漳州金峰大桥项目，该项目是连接漳州金峰开发区与漳州高新区的重要通道，项目的建成通车，对加快漳州九龙江西溪两岸区域产业集群化发展，带动项目沿线土地开发和增强交通应急保障能力等具有积极意义。

漳州交通集团权属长运集团，主要经营道路客运、货运、城市公交等配套服务，为漳州市最大的国有汽车运输企业。

权属福建省漳州轮船有限公司"启宏"轮，"启宏"轮全长189.99米、载重量56132吨，是截至目前漳州辖区最大船舶，也是漳州籍最大的散货船，它的投入营运将大幅度提升漳州航运业的整体运力水平，助推漳州海洋经济发展。

投建厦门港古雷港区将军澳作业区，该项目位于福建省漳浦县赤湖镇赤湖工业园南侧，是古雷港区的重要组成部分。共规划万吨级以上生产性泊位8个，其中5~10万吨级泊位5个，2万~5万吨级泊位3个，综合年通过能力可达2350万吨左右，主要为赤湖工业园临港产业和地方经济发展服务，兼顾园区产成品的集装箱运输。

东莞交投集团
DGCI GROUP

东莞交投集团董事长 刘波

东莞交投集团总部大楼

  东莞市交通投资集团有限公司（以下简称东莞交投集团）的前身为始立于1984年的原东莞县公路桥梁开发公司。2015年根据东莞市委、市政府有关部署实施公司制改革，正式更名组建成为市属国有独资有限责任公司。东莞交投集团秉持"交通为民"理念，依托东莞热土，以"打造城市脉络，服务莞邑交通"为使命，聚焦综合交通建设运营、交通资源经营开发、产业投资和相关服务等业务领域，加快打造综合交通产业投资集团。截至2023年年末，集团资产总额819.11亿元，净资产355.23亿元，企业信用评级为AAA；辖下9家全资（控股）子公司（包含1家上市企业），员工总数约12000人；东莞交投集团上榜"2023广东企业500强"，下属上市企业东莞发展控股股份有限公司入选国务院国资委"双百企业"名单。

  东莞交投集团先后建成莞深高速、常虎高速、东江大桥、梨川大桥、从莞高速东莞段、深圳外环高速公路东莞段、莞番高速等路桥项目；运营6条高速公路（总里程达268千米），除水乡片区以外全市28个镇街的公交线路、东莞虎门往返珠海海岛及东莞虎门往返香港国际机场、全市机动车驾驶人考试考场、"东莞通"城市一卡通，与全市32个镇街达成停车项目合作；加快推动轨道交通站场综合开发。

东莞市东江大桥

常虎高速公路大有园互通航拍图

东莞交投数据中心

东莞巴士

绍兴银行
BANK OF SHAOXING

绍兴银行党委书记、董事长　金建康

总行大楼

绍兴银行是一家国有控股城市商业银行，成立于1997年11月，注册资本35.38亿元，员工2900余人，分支机构142家，经营区域覆盖绍兴、嘉兴等7个地市，并发起设立浙江兰溪越商村镇银行，逐步形成"立足绍兴、覆盖全省、辐射长三角"的业务网络。截至2024年6月，绍兴银行资产总额2582亿元，各项存款1794亿元，各项贷款1615亿元，不良率0.82%，拨备覆盖率312.5%，资本充足率13.50%。

近年来，绍兴银行深入学习贯彻习近平新时代中国特色社会主义思想，坚持党建统领，以"区域好银行，绍兴金名片"为发展愿景，坚守"服务城乡居民，服务中小企业，服务地方经济"的市场定位，扎实做好"五篇大文章"，在加强党的建设、支持地方经济、加快业务转型、强化内部管控、提升企业形象等方面取得了较好的成效。一是坚定"2+5"战略，即坚持大零售和普惠金融发展方向，着力推进小微金融、集镇金融、社区金融、文化金融和数字金融。二是打造"1+N"特色经营体系，全行围绕服务乡村振兴"1"个核心，明确战略目标为"聚焦集镇金融，服务乡村振兴，努力打造'城商行服务乡村振兴标杆行'"，推进小微金融、集镇金融等"N"个机构特色。三是构建"1+5+2"数字金融体系，以大数据平台为基础，强化数字化风控、营销、运营、服务、管理五个应用，聚焦线上化和移动化两个着力点，以数字赋能提升服务质效。四是涵养特色金融文化，积极培育以"大禹精神、陶朱商道、枫桥经验"为核心的企业文化，不断提升凝聚力和向心力。

绍兴银行先后获得"中国服务业企业500强""全国金融系统思想政治工作优秀单位""浙江省民企最满意银行""浙江省服务业百强企业""绍兴市金融支持经济发展突出贡献集体奖"等荣誉，在英国《银行家》杂志发布的2024年"全球银行业1000强"中，绍兴银行排名531位，四年攀升225位。

总行营业大厅

服务乡村振兴

智通三千+
企业数字物流服务平台

数字+新能源物流运营服务商

江苏零浩网络科技有限公司(以下简称江苏零浩)成立于2015年7月，总部位于南京，是一家数字+新能源物流运营服务商，也是中国互联网百强企业。科技领先，产品为核。江苏零浩以科技创新持续助力实体经济，以数字链接带动产业协同发展，通过做强技术、撬动金融、链接生态的发展路径，为实体企业提供数字+新能源物流运营服务综合解决方案，助力实体企业降本、提效、减碳。在全国汇聚了1000+企业合伙人，拥有100万+运力，近1000家城市线下渠道服务网点，服务超4万+企业客户，业务遍布全国31个省区市，1000多个市县。

数字链接实体，助力企业降低物流成本

江苏零浩旗下品牌数智化平台——智通三千（以下简称平台），深耕云计算、大数据、人工智能、5G和物联网等技术，构建智慧物流平台，通过线上App平台，实现4万+线下企业与100万+运力，以数字链接，打破信息孤岛现象，改变传统运输结构，带动产业协同发展。每一步的极致创造，让改变正在发生。通过科技创新，有效解决端到端调度运输环节中的运单管理、计量舞弊、偷换货、超载超速等诸多痛点问题，实现全链路的数字化管理，提高运输效率，降低事故风险，保障城市道路运输安全，实现工业物流数字化、透明化、智慧化、绿色化发展战略，助力行业降本、提效、减碳。

江苏零浩基于海量物流数据基础，充分发掘行业特有的物流数据要素价值，以数据撬动金融，为产业上下游赋能，形成数据资产。通过人工智能打造工业物流大模型，为产业深度赋能，优化路线、降低成本、提高效率、减少碳排放、打破信息壁垒，实现资源共享和优势互补，提升产业链竞争力。

厦门地铁AMTR

厦门轨道建设发展集团有限公司（原为厦门轨道交通集团有限公司）成立于2011年11月，是厦门市国资委出资监管的大型国有企业，注册资本300亿元，资产总额超1800亿元，员工约8000人。业务主要布局在交通投资建设、轨道交通运营管理及沿线城市开发运营管理三个板块，致力打造成为轨道建设、轨道沿线物业和以公共交通为导向的城市开发招商运营平台，以及集轨道建设融资和开发运营为一体的产业投资平台。

围绕服务城市发展，集团全面构建"一核两翼双擎"的发展战略，不断提升核心竞争力，增强核心功能，致力成为特色鲜明的轨道交通与城市发展标杆企业。

未来，集团将秉承"价值为先，奋斗为本"的企业精神，把握厦门岛内外一体化、闽西南协同发展机遇，打造企业发展新动能，全力推动"轨道上的都市圈"建设，为厦门"两高两化"城市建设、厦漳泉都市圈及闽西南协同区高质量发展而不懈奋斗！

厦门地铁运营服务形象

厦门地铁1号线过海段

厦门地铁运营工作场景

湿地公园TOD（以公共交通为导向的开发）项目全景